L'œuvre de Lucien Tesnière

L'œuvre de Lucien Tesnière

—

Lectures contemporaines

Édité par
Franck Neveu et Audrey Roig

DE GRUYTER

Cet ouvrage a été publié avec le soutien de la faculté Sociétés & Humanités d'Université de Paris.

ISBN 978-3-11-135268-8
e-ISBN (PDF) 978-3-11-071511-8
e-ISBN (EPUB) 978-3-11-071521-7

Library of Congress Control Number: 2021951793

Bibliographic information published by the Deutsche Nationalbibliothek
The Deutsche Nationalbibliothek lists this publication in the Deutsche Nationalbibliografie;
detailed bibliographic data are available on the Internet at http://dnb.dnb.de.

© 2023 Walter de Gruyter GmbH, Berlin/Boston
This volume is text- and page-identical with the hardback published in 2022.
Cover image: Gettyimages/shuoshu
Typesetting: Integra Software Services Pvt. Ltd.
Printing and binding: CPI books GmbH, Leck

www.degruyter.com

Sommaire

Marie-Hélène Tesnière
Préface : Lucien Tesnière (1893–1954) —— IX

Franck Neveu & Audrey Roig
Présentation —— XIX

Partie 1: Relecture des *Éléments de syntaxe structurale*

Olivier Soutet
Chapitre 1
Les niveaux d'analyse et d'interprétation dans les *Éléments de syntaxe structurale* —— 3

Jean-Pierre Desclés
Chapitre 2
Des stemmas aux analyses applicatives par opérateurs et opérandes —— 23

Nicolas Mazziotta
Chapitre 3
Employer les diagrammes pour raisonner : usage dynamique des stemmas chez Lucien Tesnière —— 45

Raphaëlle Hérout
Chapitre 4
Les *Éléments de syntaxe structurale* : la théorie et ses fondations imaginaires —— 67

Bernard Colombat
Chapitre 5
Le latin et le grec dans les *Éléments de syntaxe structurale* —— 83

Marco Fasciolo
Chapitre 6
L'héritage paradoxal de Lucien Tesnière —— 103

Partie 2: **Lucien Tesnière et le structuralisme**

Gabriel Bergounioux
Chapitre 7
Lucien Tesnière (1893–1954) : du slovène à la syntaxe structurale —— 123

Nizha Chatar-Moumni
Chapitre 8
Les syntaxes structurales et fonctionnelles de Lucien Tesnière et d'André Martinet —— 135

Patrice Pognan
Chapitre 9
Lucien Tesnière et l'École de Prague —— 153

Anne-Gaëlle Toutain
Chapitre 10
Tesnière et le structuralisme —— 175

Partie 3: **Concepts tesniériens au service d'études syntaxiques, sémantiques et morphologiques**

3.1 Études sur le francais

Dominique Klingler
Chapitre 11
Le traitement du détachement chez Tesnière dans les *Éléments de syntaxe structurale* —— 195

Michel Wauthion
Chapitre 12
Syntaxe structurale et sémantique du syntagme nominal atypique —— 213

Franck Neveu
Chapitre 13
Le modèle tesniérien du système appositif —— 227

Audrey Roig
Chapitre 14
Entre l'actant et le circonstant, l'adjet —— 249

Michele Prandi
Chapitre 15
Théorie de la valence et syntaxe de la phrase : structures autonomes et motivation conceptuelle —— 267

Jacques François
Chapitre 16
La théorie des métataxes selon Tesnière et sa généralisation —— 285

3.2 **Études sur l'allemand**

Thérèse Robin
Chapitre 17
L'application à l'allemand ancien de la théorie de la valence verbale selon Lucien Tesnière —— 311

Olivier Duplâtre
Chapitre 18
La translation en allemand et au-delà… —— 331

Pierre-Yves Modicom & Camille Noûs
Chapitre 19
Mauvais sujets ? Sujet et actance en allemand —— 349

Partie 4: **Lucien Tesnière et l'enseignement de la grammaire**

Michèle Verdelhan Bourgade
Chapitre 20
Lucien Tesnière et l'enseignement de la grammaire, d'après les expérimentations de Montpellier —— 369

Cécile Avezard-Roger
Chapitre 21
Tesnière à l'école ? La notion de *valence verbale* pour mieux appréhender les fonctions syntaxiques —— 383

Tatiana Taous & Jacques David
Chapitre 22
Questions vives autour du *nœud verbal*, des *actants* et des *circonstants* chez Lucien Tesnière et leur impact sur l'enseignement de la grammaire française —— 403

Sophie Piron
Chapitre 23
Actants et circonstants, ou le delta de la complémentation verbale —— 425

Corinne Delhay, Jean-Paul Meyer & Jean-Christophe Pellat
Chapitre 24
Les avatars du modèle actanciel de Tesnière : retour sur une ambi-valence —— 445

Cristiana De Santis
Chapitre 25
Qu'est-ce la grammaire valencielle ? À propos de la traduction et réception de Lucien Tesnière en Italie —— 467

Marie-Hélène Tesnière
Préface : Lucien Tesnière (1893–1954)

1 Un enseignant polyglotte

Qui aurait pu imaginer que Lucien Tesnière, « jeune homme plein d'enthousiasme pour l'étude et très bien doué pour l'apprentissage des langues » (lettre d'A. Meillet, septembre 1920), construirait, toute sa vie durant, une œuvre linguistique si originale et si féconde qu'elle nourrirait encore de fructueuses recherches plus d'un demi-siècle après sa mort !

Comme l'avait pressenti A. Meillet, L. Tesnière aimait passionnément les langues, mettant à profit toutes les circonstances pour s'instruire ; poursuivant des études d'allemand à Vienne, il y apprit le croate auprès d'étudiants yougoslaves réfugiés ; fait prisonnier en 1915, et interné au camp de Salzwedel, dans le Hartz, il y apprit le russe auprès de compagnons de captivité ukrainiens, ainsi que le lette et le breton : transféré au camp de Merseburg, il y servit d'interprète pour l'allemand, l'anglais, l'italien, le russe et le serbe. En août 1918, J. Vendryès lui écrivait ainsi : « Les études que vous avez faites pendant votre captivité [...] bien qu'elles aient été fort dispersées, par suite des circonstances, ne vous auront pas été inutiles ; vous avez travaillé sur de la matière vivante, vous avez eu à votre disposition des représentants d'un nombre considérable de langues, et des représentants sincères : c'est une chance que beaucoup de linguistes vous envieraient... ». À son retour de captivité, L. Tesnière est affecté au Service de la presse étrangère du Ministère des armées (section yougoslave), et passe l'agrégation d'allemand, en octobre 1919. Il se consacre l'année suivante aux langues et littératures slaves, sous la direction de P. Boyer, d'A. Meillet et de J. Vendryès.

En 1920, il accompagne, comme interprète slovène, la mission française du plébiscite de Carinthie dont le but était d'établir la frontière entre l'Autriche et le Royaume des Serbes, Croates et Slovènes, dans le bassin de Klagenfurt : « J'aurais beaucoup de choses à vous dire, écrit-il à son maître A. Meillet, le 17 octobre 1920, lors de mon retour, sur l'échec du plébiscite du point de vue slave et sur les causes qui ont amené cette solution tellement inattendue que les Autrichiens eux-mêmes ont été fort surpris de l'écrasante majorité qu'ils ont obtenue. Je préfère vous entretenir de ces questions de vive voix. Une note parvenue télégraphiquement à la mission française m'offre le poste de lecteur à Lyoublyana... ».

Selon son fils Bernard, L. Tesnière connaissait une vingtaine de langues et en parlait dix couramment. Pour élargir son savoir à des langues non indo-européennes, il se mit, à l'âge de 55 ans, à apprendre le turc. Le contenu de sa bibliothèque témoigne de l'ampleur de son appétit linguistique, puisqu'à côté des grammaires de toutes les langues indo-européennes d'Europe, de l'esperanto, de l'hébreu, de l'arabe, figuraient des manuels plus « exotiques » : géorgien, vespe, khasi, basque, turc, tamoul, annamite, laotien, mandchoue, chinois parlé, coréen, khmère, la langue des îles Fidji de Polynésie, sans parler des langues d'Afrique (fiote, peul, kabyle, kirundi, baria, bambara, tamacheq) et d'Amérique (indiens Salinians). On y trouvait également soixante-dix volumes de la *Bibliothek der Sprachenkunde* (Hartleben's Verlag, Wien-Pest-Leipzig), une vingtaine de manuels Berlitz, ainsi que bon nombre de « grammaires de conversation » de la méthode Gaspey-Otto-Sauer (Julius Groos Verlag, Heidelberg).

L. Tesnière apprenait les langues avec une étonnante facilité. Invité à faire une conférence à Prague, sur le *Duel et la géographie linguistique*, devant la Société de linguistique le 4 novembre 1927, il mit à profit un séjour de deux mois pour apprendre le tchèque ; à la fin du dîner qui suivit sa conférence remarquée, il put remercier ses hôtes par un discours en tchèque qui impressionna les participants (L. Niederlé, recteur de l'Université, M. Murko, M. Weingart, A. Fichelle, L. Brun, E. Ljacki, R. Jakobson, S. Kartsevski). Il raconte à son épouse sa méthode, relativement nouvelle pour l'époque. Deux fois par jour, il se rend à l'école Berlitz, refusant de dévoiler sa nationalité, pour qu'on ne lui parle que tchèque : « J'ai eu une 3e professeur. Celle-là a trouvé que j'étais de la Russie subcarpathique. Bravo ! Mon Herr Direktor sue toujours sang et eau pour me parler allemand. » L'après-midi, il fait des emplettes dans les magasins, mettant en pratique les cours du matin ; puis organise ses fiches, ses cahiers, ses notes. « Ça ne me coûte, écrit-il, aucun effort, et jamais je n'ai pris tant de plaisir à écouter les gens et à noter comment ils parlent ». Le soir, il va au théâtre.

Comme cela avait été le cas à Ljubljana, où il avait doté l'Institut français qu'il avait fondé d'une bibliothèque d'un millier de volumes, les missions qu'il effectua durant les mois d'été 1926, 1929 (ill. 1) et 1936, en Russie, pour y étudier le développement de la slavistique, furent l'occasion de faire parvenir un nombre impressionnant de caisses de livres – dons de grandes institutions comme l'Académie des sciences de Leningrad – à l'Université de Strasbourg, à l'École des langues orientales, à l'Institut des études slaves et à quelques slavisants. Occasion de contact avec d'autres slavisants, ces missions s'achevaient souvent en congrès, comme ce fut le cas en octobre 1929 au premier congrès de philologie slave à Prague, où L. Tesnière présenta le projet d'Atlas linguistique slave, préparé avec A. Meillet.

Dans le même temps qu'il enseignait les langues slaves aux étudiants français de l'Université de Strasbourg et, sur son temps libre, le français aux étudiants tchèques, polonais et russes venus à Strasbourg – ce qui était en quelque sorte la continuation de son enseignement de Ljubljana, qu'il poursuivra à Montpellier –, il élaborait plusieurs manuels ou grammaires de langue, par lesquels il

Ill. 1: Lucien Tesnière à Moscou en juillet 1929 (© Archives Michel Tesnière).

souhaitait faire « œuvre de pédagogue, plutôt qu'œuvre scientifique ». Seules ont été publiées la *Petite grammaire russe* (Paris, Didier, 1934, 2ᵉ éd. 1945, 3ᵉ éd. 1964) et les deux tables d'un *Petit vocabulaire russe* : *Table sémantique* (Paris, Didier, 1957), *Table étymologique* (Saint-Sulpice de Favières, Association Jean-Favard pour le développement de la linguistique quantitative, 1970), les tables grammaticale, fréquentielle et alphabétique restant inédites.

On trouve en outre dans le fonds Lucien Tesnière, déposé en 1987 à la Bibliothèque nationale de France (département des manuscrits, NAF 28026), une *Petite grammaire allemande*, pratiquement achevée dès 1935, non publiée alors, assurait-il, en raison du mauvais accueil fait à la grammaire russe à laquelle on reprochait « le caractère novateur de l'exposé » – on se rappellera aussi que *la Lutte des langues dans la Prusse orientale*, dans laquelle L. Tesnière prenait position en faveur de la Pologne, fut brûlée en place publique à Dantzig ; cette grammaire « simplifiée » où L. Tesnière cherchait « à présenter la structure interne de la langue allemande et l'économie de son fonctionnement, en dehors de toute référence au français », était dactylographiée (346 p.), prête pour l'impression en juillet 1953 ; dédiée à F. Mossé, l'ami de toujours (†1956), elle portait en exergue ce vers du *Faust* de Goethe : « Von einem Wort lässt sich kein Jota rauben ». On trouve également dans le fonds Tesnière la mise au net – copie d'une écriture large et soignée sur feuilles dotées d'une grande marge –, datant de 1935, d'une importante *Grammaire française pour étrangers* comprenant : Phonétique (212 feuillets), Graphie (488 feuillets), Morphologie (391 feuillets) ; elle est précédée d'une Noétique (« étude de la pensée limitée à son aspect linguistique »), encore en brouillons.

2 Les *Éléments de syntaxe structurale* : stemma et généalogie

Sa connaissance exigeante de nombreuses langues vivantes et sa pratique de l'enseignement du français aux étrangers lui avaient fait toucher du doigt la difficulté qu'il y a à s'approprier « fondamentalement » une langue vivante étrangère. Sa curiosité d'esprit et son goût pour la pédagogie firent le reste. Ainsi L. Tesnière posa-t-il les bases d'une syntaxe « structurale », apte à présenter « une classification quasi universelle des faits syntaxiques (F. Mossé) ». L'idée lui en vint toutefois du latin, plus exactement d'une version latine tirée du *Dialogue des orateurs* de Tacite, proposée aux étudiants passant le baccalauréat à l'Université de Strasbourg, en juin 1932, dont il surveillait l'examen. Le « premier » stemma – sous forme de tableau – dont S. Kahane et N. Mazziotta ont retrouvé le brouillon dans le fonds Tesnière, fut publié dans « Comment construire une syntaxe », *Bulletin de la Faculté des Lettres de Strasbourg*, mai-juin 1934.

La chaire de grammaire comparée que L. Tesnière occupa à partir de 1937 à l'Université de Montpellier lui permit de poursuivre ses recherches dans ce domaine. C'est ce qu'il explique à sa sœur Anne, en lui annonçant sa nomination : « J'ai toujours visé, tu le sais, l'enseignement de la grammaire générale. Un poste de slavisant n'était pour moi qu'un pis-aller. Dans mon for intérieur je ne l'ai jamais considéré que comme une position d'attente. Lorsque j'ai accepté Strasbourg, il y a treize ans, nous étions fort heureux de rentrer en France, et je me disais que je verrai dans une dizaine d'années. Mon plan était plus ou moins d'arriver à Paris pour l'École des Langues, puis de m'y spécialiser en syntaxe, ou tout au moins de publier mes travaux précédemment préparés et de tâcher de faire créer quelque part une chaire de syntaxe, ce qui était évidemment un peu aléatoire [...] La chaire de russe à l'École des Langues, n'est pour moi que ce qu'elle est, un enseignement du russe, donc un rétrécissement de ma discipline sur une seule langue, alors que je voudrais au contraire l'élargir [...] J'ai commencé à guigner le poste de Montpellier. Il s'agissait d'un enseignement de grammaire générale et comparée qui avait pour moi l'avantage de me fournir immédiatement une solution définitive conforme à mes goûts... ». Dans un *curriculum vitae* rédigé, en 1937, il explicite (à la troisième personne) l'originalité de sa démarche : « Ce qui caractérise les études personnelles de Lucien Tesnière, c'est sa vive réaction contre l'exclusivisme de la grammaire historique, et son constant souci de mettre en évidence le caractère vivant et organique des langues tant anciennes que modernes, tel qu'il se révèle en particulier dans leurs différents systèmes syntaxiques ».

Les papiers déposés à la Bibliothèque nationale de France permettent de suivre la gestation de l'œuvre, ses essais, ses interrogations : depuis les premiers brouillons de 1936 , le *Cours élémentaire de syntaxe structurale*, en 11 leçons professées à Montpellier, en 1938 ; la mise au net du manuscrit définitif dédié à son fils Michel, en classe de sixième, en 1934 (ill. 2) ; l'aide-mémoire ronéotypé pour les expériences pédagogiques à Montpellier ; les dactylographies corrigées, les fichiers d'exemples, ...

On s'est interrogé sur les sources d'inspiration des *Éléments de syntaxe structurale*. Le contenu de la bibliothèque de L. Tesnière ne répond que partiellement à cette question, car comparativement les livres de grammaire française – essentiellement scolaires – y étaient beaucoup moins nombreux que les manuels de langue. On y trouvait certes les ouvrages de linguistes contemporains, C. Bally, F. Brunot, J. Damourette et É. Pichon, V. Broendal, É. Benveniste qu'il admirait ; mais de O. Jespersen, il ne possédait que le *Lehrbuch der Phonetik* (1913) ; rien de E. Sapir, ni de L. Hjelmslev. Sans doute ne les ignorait-il pas, car les publications les plus récentes étaient présentées et commentées aux réunions du samedi de la Faculté des Lettres de l'Université de Strasbourg, creuset d'échanges et de confrontations fécondes, qui réunissaient, sous la présidence de A.-C. Juret, outre L. Tesnière, E. Cavaignac, J. Fourquet, G. Gougenheim, J. Karst. Quant au modèle russe des stemmas, il semble que L. Tesnière n'ait possédé que la grammaire de D. N. Ušakov, mais en deux exemplaires, le premier acheté à Moscou en 1936, le second que lui envoie en 1946 un de ses anciens élèves à sa demande. « Ne vous souciez pas du prix, écrit celui-ci à la fin de sa lettre, votre amitié m'est si précieuse, et je n'oublierai jamais le service inappréciable rendu par vous, si courageusement, en 1941 et 1942, aux réfugiés de Montpellier, en les groupant dans des "Cours pour Étrangers", sauvant ainsi la vie à pas mal de mes compagnons de malheur ».

Officier interprète de réserve depuis 1927, L. Tesnière fut mobilisé en 1939 et en 1940, à Paris, à l'État-Major de l'armée, au service du Chiffre. Son excellente connaissance des particularités syntaxiques de chacune des langues d'Europe lui permit non seulement de déchiffrer un certain nombre de messages codés, mais encore de préciser la langue du rédacteur du message, si celle-ci était différente de celle du message lui-même. Il fut de ce fait, aux dires de son ami F. Mossé, « un des meilleurs décrypteurs de France ».

Les arborescences de L. Tesnière n'étaient pas que linguistiques, elles étaient aussi généalogiques. Chaque été, il arpentait un mois durant la Normandie, mois-

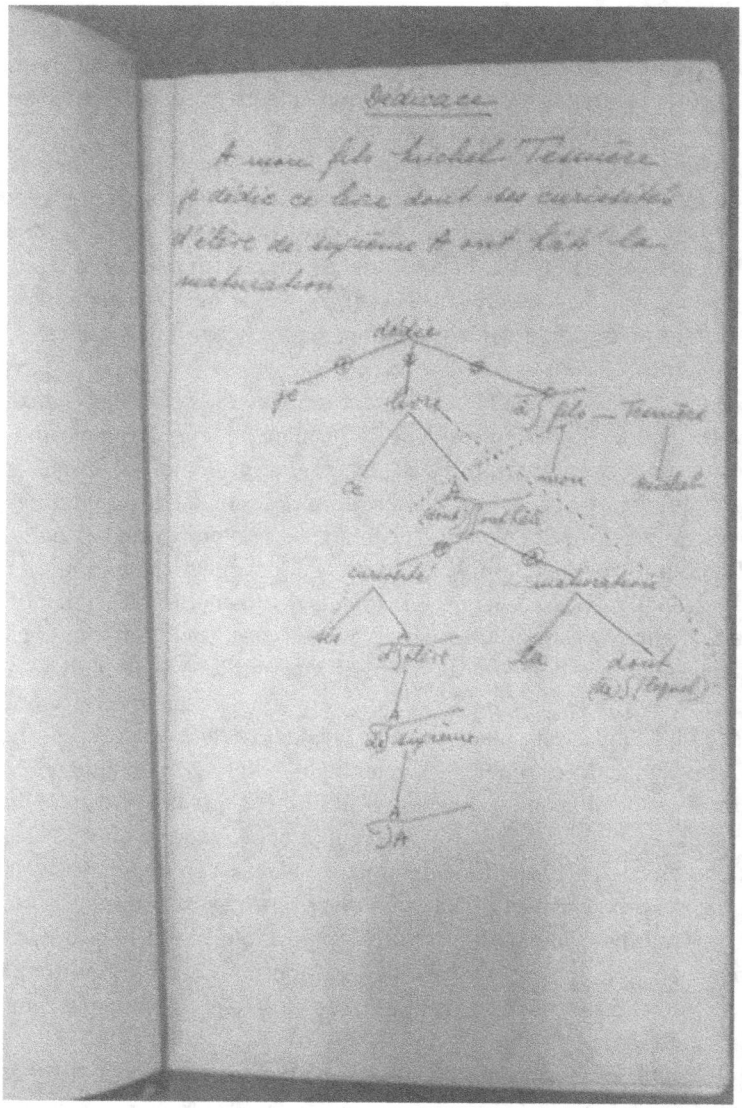

Ill. 2: Dédicace des *Éléments de syntaxe structurale* à son fils Michel, cf. BnF, NAF 28026 (46).

sonnant les Tesnière en pays de Caux, aussi méthodiquement qu'il avait autrefois « cueilli les dialectes » en pays Slovène. Ainsi fit-il remonter la lignée familiale à son « neuvième ancêtre », un certain Jehan Tesnieres, vivant avant 1600 à Sainte-Hélène (de Bondeville), un hameau aux portes de Fécamp ; cet ancêtre descendait, semble-t-il, d'un de ces paysans envoyés par l'abbaye d'Hambye (au Nord d'Avranches) à l'abbaye de Valmont, pour repeupler le pays de Caux dévasté par la Guerre de cent ans. Ainsi L. Tesnière retraçait-il, commune par commune, la progression des différentes branches familiales de Sainte-Hélène, à Angerville-la-Martel, Sassetot-le-Mauconduit, Fauville, etc. précisant à ses interlocuteurs l'origine souvent scandinave de certains toponymes. Il constitua ainsi nombre d'immenses tableaux d'ascendants et de collatéraux de la famille Tesnière...

3 Souvenirs de famille

Lucien Tesnière était né dans une famille de la bonne bourgeoisie normande installée à Mont-Saint-Aignan, près de Rouen (ill.3). Il fit ses études secondaires au lycée d'Elbeuf – ville où son père était notaire – et au lycée Corneille de Rouen. Le choix d'un métier ne fut pas chose aisée. Connaissant son goût pour les langues, son père lui proposa de devenir courtier maritime, l'envoyant se former en Angleterre, en Italie, et à la Faculté de droit de l'Université de Caen. Après quelques années d'hésitation, L. Tesnière s'inscrivit finalement à la Sorbonne, en novembre 1912, aux cours d'allemand, poursuivant ses études également à Leipzig, Dresde, Berlin et Vienne. Nommé à la Faculté de Strasbourg, il remercie son père des facilités matérielles et du soutien moral qu'il lui a toujours prodigués : « [...] je n'ai garde d'oublier que je ne serais jamais arrivé à ce poste, sans l'appui matériel et moral, sans les conseils et l'instruction que vous ne m'avez jamais refusés. L'indépendance que m'a toujours permise la situation que vous me faisiez est une des causes qui m'ont permis de pousser rapidement et sans soucis matériels des études que j'ai toujours aimées. Je profite de ce jour décisif dans ma carrière pour vous en remercier encore du fond du cœur (lettre du 2 février 1924) ».

Le soin méticuleux, avec lequel L. Tesnière travaillait au point d'être parfois pointilleux, ne doit pas faire oublier sa personnalité originale et brillante, peu soucieuse des conventions, ni son caractère enjoué volontiers facétieux. Qu'on se souvienne ainsi que cherchant des exemples pour son étude sur le duel en slovène, il fit paraître dans les journaux locaux une annonce matrimoniale, invitant la jeune fille intéressée à préciser dans sa lettre en réponse, comment elle envisageait la vie à deux ! Ou encore cette carte à son épouse, en 1922, tandis qu'il relève le dialecte de Kokra, en Haute-Carniole : « Après d'homériques péripéties et un essai infructueux avec un ivrogne, j'ai fini par noter le dialecte de Kokra, avec une jeunesse de 82 ans, qui n'avait plus qu'une dent. Mais je dois reconnaître

Ill. 3: Lucien Tesnière, son épouse Jeanne, sa mère Thérèse Tesnière (née Lamer), assis sur un banc à Mont-Saint-Aignan : à l'arrière-plan, son père Georges, son frère Fernand, sa sœur Anne, vers 1920 (© Archives Michel Tesnière).

qu'elle savait bien s'en servir. Elle prononçait d'ailleurs très bien les dentales, ce qui montre combien sont défectueuses les terminologies... ».

On ne saurait passer sous silence dans cette évocation le souvenir de la famille de L. Tesnière (ill.4) : ses enfants, Michel (1924–1980), Bernard (1926–2016), bien connu des lecteurs des *Éléments de syntaxe structurale*, car son second prénom était Alfred, et Yveline (née en 1928) ; ainsi que Jeanne Roulier, savoyarde d'origine, qu'il épousa à Zagreb, en 1921 ; licenciée ès-sciences, ayant quelque temps enseigné aux États-Unis, elle l'accompagna et le soutint dans ses recherches ; elle fut, avec quelques amis, en particulier l'égyptologue F. Daumas, une des chevilles ouvrières de la publication posthume des *Éléments de syntaxe structurale*, en 1959, qui furent traduits en plusieurs langues.

Ill. 4: Lucien Tesnière entouré de sa femme et de ses enfants, Michel, Yveline et Bernard, vers 1942 (© Archives Michel Tesnière).

Franck Neveu & Audrey Roig
Présentation

Cet ouvrage est le fruit d'une réflexion commune développée par des linguistes venus d'horizons divers au sein des sciences du langage, mus par la volonté de faire ressortir l'actualité scientifique de l'œuvre de Lucien Tesnière, et son importance dans l'histoire des idées linguistiques.

La pensée de Tesnière, diffusée depuis des décennies dans des travaux inspirés explicitement ou non par les *Éléments de syntaxe structurale*, connaît un regain d'intérêt qui se manifeste dans de nombreuses publications et rencontres scientifiques. Il se manifeste aussi bien sûr dans les diverses traductions des *Éléments*. Bien après les traductions en allemand (1980), russe (1988), espagnol (1994), italien (2001), la traduction anglaise[1] a renouvelé l'intérêt de la communauté de la Grammaire de Dépendance pour cette œuvre et elle a favorisé une approche historique mieux informée et plus approfondie de la dépendance grammaticale.

La distance chronologique avec l'œuvre, l'évolution de la réflexion sur la structure des langues et sur les domaines constitutifs de la science linguistique permettent aujourd'hui de mieux évaluer la portée des travaux de l'auteur des *Éléments de syntaxe structurale*.

Ce regain d'intérêt est sans doute à mettre en relation avec la place ménagée aux grammaires de dépendance dans les études syntaxiques. Un récent ouvrage[2] en donne une nouvelle illustration. Il s'interroge sur la relation exacte qui peut être établie entre les travaux de Tesnière et le cadre méthodologique et théorique de la grammaire de dépendance : où faut-il situer cette œuvre dans le développement historique de la notion ? Faut-il la considérer comme un point de départ ou comme un point d'aboutissement ?

Il semble très clair aux yeux des historiens des idées linguistiques que les *Éléments de syntaxe structurale* ne sauraient être légitimement tenus pour un *terminus a quo* puisque la description grammaticale orientée vers la dépendance s'est développée depuis Priscien, et puisque le concept de dépendance n'a cessé

---
[1] *Elements of structural syntax*. Trad. par T. Osborne & S. Kahane, 2015, Amsterdam/Philadelphia, John Benjamins.
[2] *Chapters of Dependency Grammar. A historical survey from Antiquity to Tesnière*. A. Imrényi & N. Mazziotta (eds.), 2020, Amsterdam/Philadelphia: John Benjamins (*Studies in Language Companion Series*, 212).

Franck Neveu, Sorbonne Université, Faculté des Lettres, *Sens Texte Informatique Histoire* – STIH
Audrey Roig, Université de Paris, *Éducation, Discours, Apprentissages* – EDA

de refaire surface jusqu'au seuil du XXe siècle, prenant une place centrale dans l'analyse syntaxique. On sait par ailleurs que la notion de dépendance en grammaire a considérablement varié au fil du temps. L'intérêt de la problématique n'est donc pas tant le problème du *terminus* (*a quo* ou *ad quem*), qui est toujours une illusion rétrospective et qui résulte souvent d'une forme de simplification épistémologique. L'intérêt réside plutôt dans les modalités d'évolution de la réflexion sur la dépendance grammaticale, dans les différentes étapes du processus historique qui ont conduit à la conception contemporaine de la notion.[3]

Mais il n'en demeure pas moins que le formalisme développé par Tesnière est considéré comme la pierre angulaire des analyses fondées sur la dépendance notamment en raison du développement de la notion de connexion, définie comme une relation grammaticale hiérarchique entre les mots, où un mot régissant est connecté à un mot subordonné. La dépendance en syntaxe est un concept qui se prête indéniablement à de nombreuses interprétations et qui a fait l'objet de diverses approches théoriques et descriptives mais le noyau commun de ces analyses reste les relations hiérarchiques entre groupes de mots. Et les notions fondamentales développées par Tesnière dans *Éléments de syntaxe structurale* (ordre linéaire *vs* ordre structural, stemmas, autonomie de la syntaxe, centralité du verbe, valence, translation, métataxe) ont joué un rôle déterminant dans l'évolution de cette conception de la grammaire.

Le choix que nous avons fait de revisiter cette œuvre à l'orée de la troisième décennie du XXIe siècle nous a amenés à considérer quatre parcours nécessaires correspondant finalement à chacune des quatre parties constitutives de l'ouvrage.

C'est tout d'abord la relecture des *Éléments de syntaxe structurale* qui s'impose. Au gré des spécialités des linguistes qui ont contribué à cette première section, un éclairage particulier sur tel ou tel aspect de l'œuvre est proposé : les niveaux d'analyse et d'interprétation, les stemmas et les analyses applicatives, les raisonnements par diagrammes, la théorie et ses fondations imaginaires, la place du latin et du grec dans l'exemplification, et l'héritage paradoxal de Lucien Tesnière.

L'histoire de la linguistique couvre une autre section, qui met l'accent sur la relation pouvant être établie entre la théorie tesniérienne de la syntaxe et le développement du structuralisme européen au XXe siècle.

Les lectures contemporaines de l'œuvre de Tesnière ne pouvaient se faire sans que soient proposées des études approfondies sur l'application de certains

---

3 Ce que nous permet de comprendre *Chapters of Dependency Grammar* (2020), c'est la manière dont le processus d'invention et de réinvention d'un même cadre théorique a pu se développer jusqu'au début du XXe siècle.

concepts tesniériens aux domaines morphologique, syntaxique et sémantique considérés du point de vue du français et de l'allemand. C'est ce que propose la troisième section, qui met l'accent sur le détachement et le système appositif, l'adjet, la théorie de la valence, la métataxe, la translation et l'actance.

Enfin, la place importante occupée par l'œuvre de Tesnière dans l'enseignement de la grammaire, en France comme au-delà des frontières de l'Hexagone, imposait que l'on ménageât une section à cette question. Six chapitres se consacrent à cette problématique de la didactisation des savoirs grammaticaux fondés sur certaines notions développées dans les *Éléments de syntaxe structurale*.

Cette somme d'études consacrées aux lectures contemporaines de l'œuvre de Tesnière saura trouver sa place, nous n'en doutons pas, dans le corpus désormais très riche des analyses historiques et théoriques de la linguistique tesniérienne.

Partie 1: **Relecture des *Éléments de syntaxe structurale***

Olivier Soutet
Chapitre 1
Les niveaux d'analyse et d'interprétation dans les *Éléments de syntaxe structurale*

Les *Éléments de syntaxe structurale* (*ESS*) proposent, au moins en première approximation, deux niveaux d'analyse, dotés, chacun, de notions spécifiques.

Le premier niveau, qui structure l'ouvrage puisqu'il lui fournit son titre et son plan, distingue trois notions : la connexion, la jonction et la translation. Ces trois notions, de nature opérative, sont jugées suffisantes pour rendre compte de la syntaxe des langues.

> Connexion, jonction et translation sont donc les trois grands chefs sous lesquels viennent se ranger tous les faits de syntaxe structurale. (*ESS* : 323)

La prise en compte d'un second niveau permet de situer la syntaxe dans l'ensemble plus large du phénomène langagier. Cet ensemble est, métaphoriquement perçu, chez Tesnière, à s'en tenir du moins à sa terminologie, à partir d'une double opposition entre, d'une part, l'extérieur et l'intérieur et, d'autre part, entre le statique et le dynamique. Ce sont ces deux couples autour desquels s'organisera ce chapitre.

Nous procéderons d'abord à un état des lieux de cet espace pensé entre extériorité et intériorité, dont le parcours est balisé par certaines sources intellectuelles bien identifiées (section 1), ensuite à l'examen de la dynamique à l'œuvre dans cet espace en concentrant notre attention sur une notion-clef, celle de forme intérieure, à compléter par celle de force intérieure (section 2).

1 L'extérieur et l'intérieur : de l'état des lieux aux sources intellectuelles

1.1 L'extérieur et l'intérieur et la répartition initiale des quatre domaines : phonétique, morphologie, syntaxe et sémantique

C'est principalement le chapitre A de la première partie qui réunit l'essentiel des propositions de Tesnière relatives aux grands domaines classiques de la linguistique, livrant par là sa vision de l'architecture globale du mécanisme langagier, sur la base, on l'a dit, d'une dichotomie spatiale, extérieur *vs* intérieur, assez claire au moins en première approche.

1.1.1 Extérieur

Relèvent de l'extérieur la phonétique et la morphologie :
- la phonétique

> Une fois disposé en ordre linéaire sur la chaîne parlée, le schème structural de la phrase est prêt à recevoir le *vêtement phonétique* qui lui donnera sa forme extérieure. (*ESS* : 34)

> Cette forme extérieure, élément sensible destiné à *frapper notre ouïe*, ne se confond ni avec le schème structural, ni avec le schème linéaire desquels elle procède, éléments abstraits dont elle diffère profondément par sa nature essentiellement concrète. (*ESS* : 34)

- la morphologie

> L'étude de la forme extérieure de la phrase est l'objet de la morphologie. L'étude de sa forme intérieure est l'objet de la syntaxe. (*ESS* : 34)

1.1.2 Intérieur

> Le schème structural et le schème sémantique, constituent donc, en face de la forme extérieure de la phrase, une véritable forme intérieure. (*ESS* : 34)

> La syntaxe est donc bien distincte de la morphologie. Elle en est indépendante. Elle a sa loi propre : elle est autonome (*ESS* : 34)

1.2 Complexité de l'extérieur et de l'intérieur

La distinction de l'extérieur et de l'intérieur, simple dans un premier temps au vu des citations précédentes, s'avère plus complexe, révélant en fait, nous semble-t-il, une réitération du rapport extérieur entre intérieur.

1.2.1 L'intérieur dans l'extérieur

Certaines des citations qui précèdent font apparaître que l'extérieur est le lieu de la morphologie et de la phonétique. Il paraît néanmoins vraisemblable d'admettre que la phonétique est vue comme l'extérieur de l'extérieur et la morphologie comme l'intérieur de l'extérieur.

Pour preuve, certaines propositions du chapitre 16 intitulé *Le marquant morphologique*, que nous citons :

> Nous donnerons le nom d'exprimende à la pensée et aux schèmes structural et linéaire qui lui correspondent sur le plan linguistique, et le nom d'exprimé au vêtement phonétique qui lui prête une forme sensible [...] L'exprimende est le sens de l'exprimé. La notion de sens ne permet, on le voit, de définir l'exprimende que par rapport à l'exprimé. Elle implique donc la primauté de l'exprimé sur l'exprimende, c'est-à-dire de la morphologie sur la syntaxe.
>
> Or cette primauté ne saurait être admise. En effet la syntaxe est antérieure à la morphologie. Lorsque nous parlons, notre intention n'est pas de trouver après coup un sens à une suite de phonèmes, mais bien de donner une forme sensible aisément transmissible à une pensée qui lui préexiste et en est la seule raison d'être [...]
>
> La primauté de la syntaxe nous contraint d'adopter dans notre terminologie un terme qui soit l'inverse de celui de sens. Nous arrêtons notre choix sur celui de marquant (ou marquant morphologique). [...] Nous dirons que l'exprimé est le marquant de l'exprimende.
>
> Il résulte de ce qui précède que la morphologie est essentiellement et uniquement l'étude des marquants.
>
> > Les marquants diffèrent entre eux par trois caractères : leur nature, leur ordre, leur adhérence.
> >
> > La nature des marquants est le vêtement phonétique qui les constitue.
>
> L'ordre des marquants est celui dans lequel ils se succèdent sur la chaîne parlée. Il n'est donc que la réplique morphologique de l'ordre linéaire. [...] (*ESS* : 35–36)

Citation qu'il faut rapprocher de celle-ci :

> Une fois disposé en ordre linéaire sur la chaîne parlée, le schème structural de la phrase est prêt à recevoir le vêtement phonétique qui lui donnera sa forme extérieure (*ESS* : 34)

le tout faisant apparaître la distinction du syntaxique linéaire et du syntaxique structural, et la solidarité étroite de la linéarité syntaxique et de la morphologie (qui inclut le vêtement phonétique).

1.2.2 L'intérieur de l'intérieur

La discussion concerne ici le rapport entre syntaxe et sémantique :

> Si la syntaxe est distincte de la morphologie, elle ne l'est pas moins de la sémantique. Autre chose est la structure d'une phrase, autre chose l'idée qu'elle exprime et qui constitue le sens. Il y a donc lieu de distinguer entre le plan structural et le plan sémantique.

> Le plan structural est celui dans lequel s'élabore l'expression linguistique de la pensée. Il relève de la grammaire et lui est intrinsèque.
>
> Le plan sémantique au contraire est le domaine propre de la pensée, abstraction faite de toute expression linguistique. Il ne relève pas de la grammaire, à laquelle il est extrinsèque, mais seulement de la psychologie et de la logique. (*ESS* : 40)
>
> Il résulte de l'indépendance du plan structural et du plan sémantique que la syntaxe est tout à fait indépendante de la logique et de la psychologie. Elle intéresse la forme de l'expression de la pensée, non la pensée qui en est le contenu. (*ESS* : 42)

On aurait donc en synthèse provisoire :
- Extérieur de l'extérieur : phonétique ;
- Intérieur de l'extérieur : morphologie, non déliée de la phonétique puisque « la nature des marquants (plan de la morphologie) » (*ESS* : 36) n'est autre que le vêtement phonétique de la phrase. Elle est donc à l'interface du phonétique et du syntaxique ;
- Intérieur de l'extérieur : syntaxe, en tant que « forme de l'expression de la pensée » ;
- Intérieur de l'intérieur : sémantique, en tant qu'elle renvoie à la pensée comme contenu.

1.3 La forme intérieure de Humboldt

Dans son usage du couple extérieur/intérieur, Tesnière s'appuie explicitement sur Humboldt et, plus précisément, sur la notion d'*innere Sprachform*.

1.3.1 Tesnière et la notion d'innere Sprachform

Tesnière fait explicitement référence dans le chapitre A à l'*Innere Sprachform* mais en lui donnant une double application ou portée :
- *innere Sprachform* et syntaxe :

> La phrase est un ensemble organisé dont les éléments constituants sont les mots.
>
> Tout mot qui fait partie d'une phrase cesse par lui-même d'être isolé comme dans le dictionnaire. Entre lui et ses voisins, l'esprit aperçoit des connexions, dont l'ensemble forme la charpente de la phrase.
>
> Ces connexions ne sont indiquées par rien. Mais il est indispensable qu'elles soient aperçues par l'esprit, sans quoi la phrase ne serait pas intelligible [...].
>
> La connexion est indispensable à l'expression de la pensée. Sans la connexion, nous ne saurions exprimer aucune pensée continue et nous ne pourrions qu'énoncer une succession d'images et d'idées isolées les unes des autres et sans ce lien entre elles. [...]

C'est d'ailleurs la notion de connexion qu'exprime le nom même de syntaxe, en grec « mise en ordre, disposition ». Et c'est également à cette notion, purement intérieure le plus souvent, que correspond la *innere Sprachform*, « forme intérieure du langage », de Guillaume de Humboldt. (*ESS* : 11–12)

– *innere Sprachform*, syntaxe et sémantique :

Le schème structural et le schème sémantique, constituent donc, en face de la forme extérieure de la phrase, une véritable forme intérieure. C'est celle dont précisément Guillaume de Humboldt avait eu l'intuition de génie, et à laquelle il avait donné le nom, fort judicieusement choisi, de *innere Sprachform*. (*ESS* : 34)

1.3.2 Histoire de la notion de forme intérieure chez Humboldt

Notion jugée souvent très typique de la pensée de Humboldt dans sa réflexion sur les langues et le langage, elle est présentée par José Voss, dans sa thèse *Le langage comme force selon Wilhelm von Humboldt*, « comme un concept prospectif [...] qui a pour toile de fond la philosophie idéaliste avec ses hypostases bien connues de la forme idéale, expression la plus pure de sa pensée, et de l'Idée, symbole de l'universalité et de l'éternité des lois de la pensée » (Voss 2017 : 257). « Son importance, précise-t-il, provient du fait qu'il sert de cheville ouvrière entre la thèse noético-linguistique de l'union du langage et de la pensée et la thèse idéologique du langage comme vision du monde » (*ibid.* : 239).

Humboldt, pour rappel, introduit en 1798 la notion de forme intérieure par le biais de l'esthétique (à travers le commentaire de l'épopée goethéenne *Hermann et Dorothée*) : la forme intérieure, dans ce cadre, est ce qui définit le caractère d'une œuvre. Le propos reste un peu sans lendemain. La question de la forme appliquée à la matière linguistique ne réapparaît qu'en 1820 dans son essai de linguistique comparée, *Über das vergleichende Sprachstudium in Beziehung auf die verschiedenen Epochen der Sprachentwicklung* – et encore sans l'adjectif *innere* :

Voici comment Humboldt y décrit la nature formelle du langage : l'être du langage consiste à mouler la matière du monde phénoménal dans le moule des idées ; fondamentalement, la visée linguistique est formelle ; et, comme les mots sont mis à la place des choses, il faut qu'à la matière des mots soit associée une forme à laquelle ils soient soumis. Cette forme peut être ajoutée mentalement sans qu'elle s'exprime au niveau des matériaux de la langue. C'est le cas du chinois. Mais avec les langues flexionnelles apparaissent les mots ou éléments de mot à signification purement grammaticale, c'est-à-dire formelle. Cette analyse révèle si ce n'est l'origine grammaticale de la notion de forme, du moins une certaine parenté entre la forme et la grammaire. (Voss 2017 : 240)

La notion de forme intérieure, littéralement parlant, ne réapparaît, selon Voss et sauf erreur, qu'en 1828, dans le traité *Über die Sprachen der Südseeinseln*, destinée de manière assez peu nette à conceptualiser « la manière d'utiliser les phonèmes pour exprimer les idées » (Voss 2017 : 241). Ignorée de la dernière synthèse achevée de Humboldt sur le langage, *Über die Verschiedenheiten des Menschlichen Sprachbaues* (1827–29), la formule est assez tardivement réintroduite dans la synthèse inachevée, reprenant largement le texte de 1827–29 et, pour une part, son titre, *Über die Verschiedenheiten des Menschlichen Sprachbaues und ihren Einfluss auf die geistige Entwicklung des Menschengeschlechts* (1836), plus connue sous le titre *Einleitung zum Kawiwerk*.[1] Reprise non sans tâtonnement, du reste, puisque l'ouvrage fait d'abord place à la seule *forme* :

> Au début du chapitre sur la forme des langues, Humboldt définit la forme comme facteur d'unité et d'ordre permettant de concevoir la langue comme un tout organique.
>
> La forme est [...] non seulement principe d'unification spirituelle des éléments matériels du langage [...] mais encore 1/ principe méthodologique de la formation des éléments linguistiques, 2/ fondement de la spécificité d'une langue, 3/ critère de classification des langues [...], le dynamisme intérieur (*innere Streben*) qui caractérise l'usage tout intérieur et purement intellectuel que les forces génératrices du langage font de la forme phonétique. (Voss 2017 : 242–43)

Plus avant dans l'*Einleitung*, la forme (re)devient *forme intérieure*. La forme intérieure est alors négativement définie comme n'étant pas la forme phonétique. Plus positivement, elle est définie (1) comme la source de la conceptualisation linguistique du réel extralinguistique, (2) comme force organisatrice et génératrice du langage (*Sprachverzeugung, Schöpferische Kräfte*).

Cette notion de forme intérieure est loin d'être une pure création humboldtienne : la critique savante de Humboldt la rapporte le plus souvent à Aristote, à Plotin et surtout à Kant, dernier point de vue largement défendu et argumenté par Cassirer. De fait,

> Kant a utilisé avant Humboldt la notion d'*innere Form* dans un ordre d'idées téléologiques organique. L'*innere Form* kantienne est structure, finalité interne, situation et relation des parties en vue de la formation dynamique d'un tout organique selon une finalité unitaire et uniforme [...] Comme l'écrit Cassirer, le concept de forme intérieure est à la linguistique humboldtienne ce que la notion générale de forme est à l'épistémologie kantienne. Tous deux figurent le veto mis à toutes les théories de la représentation-reproduction, étant entendu qu'ils suggèrent l'un et l'autre que l'objet de la représentation, dans sa constitution même, est ordonné aux modalités de son aperception subjective. (Voss 2017 : 510)

---

[1] Pour le lecteur peu averti de la pensée de W. von Humboldt, nous recommandons en première lecture l'ouvrage à soubassements très chronologiques et bio-bibliographiques de P. Bange (2014).

1.4 Forme intérieure et syntaxe chez Tesnière

Les lignes qui précèdent, qui témoignent de notre dette à l'égard de la thèse érudite de J. Voss, font apparaître le flou conceptuel qui s'attache chez Humboldt à la notion d'*innere Sprachform*, que certains commentateurs n'ont, d'ailleurs, pas manqué de signaler :

> La forme intérieure, selon Mauthner, viserait tantôt la signification, tantôt la manière d'utiliser le son articulé, tantôt la structure logique telle qu'elle se reflète soit dans la syntaxe d'une langue particulière, soit dans une sorte de grammaire générative. Est-elle individuelle, c'est-à-dire commune à tout le genre humain ? (Voss 2017 : 245)

Tesnière a eu, quant à lui, une tendance nette à lier de manière très privilégiée « forme intérieure » et syntaxe ; soucieux de donner à celle-là une portée maximale dans ce cadre, il a été du coup conduit à étendre le champ de celle-ci, au détriment du plan morphologique et du plan sémantique.

1.4.1 La marginalisation du morphologique

Le statut de la morphologie est problématique dans les *ESS*. Présentée, on l'a vu, comme simple vêtement de la phrase et, du coup confondue partiellement avec la phonétique, elle est aussi désignée comme marqueur de l'ordre linéaire de la phrase, dont elle est la « réplique » et, à ce titre, entretient un lien étroit avec la syntaxe en tant que syntaxe linéaire[2]. Cette situation médiane est la porte ouverte à son exclusion.

Cette exclusion de fait de la morphologie trouve deux expressions dans les *ESS* :
- une expression de principe, formulée au début de l'ouvrage sous la forme d'une rupture affichée avec la tradition de la grammaire historique et comparée, représentée par Meillet[3] et, aux yeux de Tesnière, trop ancrée dans la phonétique et la morphologie, au détriment de la syntaxe :

> Quant à la syntaxe, elle a toujours été depuis Bopp, traitée en parente pauvre. Quand d'aventure on consent à ne la point passer complètement sous silence, ce n'est que pour lui imposer la camisole de force d'un plan morphologique. La plupart des syntaxes qui ont été publiées depuis un siècle ne sont ainsi que des syntaxes morphologiques.
>
> A. Meillet, un des derniers et des plus illustres représentants de l'école des néo-grammairiens, ne croyait pas à l'autonomie de la syntaxe. « Une langue, écrivait-il, est définie par

---
2 Voir *ESS* : 36.
3 Sur les relations entre Meillet et Tesnière, voir Lamberterie (1995).

trois choses, un système phonétique, un système morphologique et un vocabulaire », c'est-à-dire par une manière de prononcer, par une grammaire et par certaines manières de désigner les notions. On voit que cette conception ne fait aucune place à la syntaxe proprement dite, dans laquelle Meillet ne voyait que l'étude de l'emploi des formes.

La croyance dans le caractère morphologique de la syntaxe est à tel point ancrée dans l'esprit de Meillet et de la plupart de ses élèves, qu'ils ont été jusqu'à s'approprier purement et simplement la terminologie syntaxique, sans même se rendre compte qu'ils dérobaient ainsi aux syntacticiens un bien qui leur appartenaient essentiellement [...].

Le mérite d'avoir réhabilité la forme intérieure du langage en face de la morphologie revient à Ch. Bally, dont le *Précis de stylistique* marque à ce point un tournant dans l'histoire de la linguistique. Pour Bally, la linguistique « est basée sur l'observation de ce qui se passe dans l'esprit d'un sujet parlant au moment où il exprime ce qu'il pense ». (*ESS* : 35)

- la « syntactisation » du morphologique
  Si cette *syntactisation* est à la rigueur compréhensible lorsque la morphologie est présentée comme simple marquage de la syntaxe linéaire, encore que, à s'en rapporter à Humboldt, la morphologie, en tant que morphologie flexionnelle (quand elle existe), puisse être vue comme la trace la plus manifeste de la forme intérieure, le « fruit d'une genèse invisible, toute intérieure, et qui, en dernière analyse, échappe à l'observation scientifique qui va toujours de l'extérieur vers l'intérieur » (Voss 2017 : 316), elle est plus délicate à défendre comme morphologie catégorielle. On en jugera à partir de citations extraites d'un des chapitres introductifs de la partie des *ESS* traitant de la translation :

Dans son essence, la translation consiste donc à transférer un mot plein d'une catégorie grammaticale dans une autre catégorie grammaticale, c'est-à-dire à transformer une espèce de mot en une autre espèce de mot.

[...] A son tour, le changement de catégorie a pour effet d'entraîner, ou tout au moins de permettre, un changement de fonction, la fonction des différents mots étant attachée à leur catégorie.

C'est ainsi que la translation *de Pierre* en adjectif dans ce qu'on appelle traditionnellement le complément déterminatif, permet à ce substantif *Pierre* de jouer le rôle d'épithète d'un autre substantif [...]

Mais cet effet structural n'est pas ce qui caractérise la translation. Ce n'en est que la conséquence, immédiate d'ailleurs, mais de nature différente, parce que structurale et non catégorique.

Il y a donc lieu de distinguer soigneusement les deux opérations. La première est le changement de catégorie qui constitue la translation. Elle commande la seconde. La seconde est le changement de fonction qui en résulte, et qui commande à son tour toutes les possibilités structurales.

[...]

Pour bien comprendre la nature de la translation, il importe de ne pas perdre de vue que c'est un phénomène syntaxique et qui par conséquent, dépasse les données morphologiques [...]

En effet, morphologiquement, le mot transféré conserve les caractéristiques de la catégorie à laquelle il ressortissait avant d'être transféré. Aussi certains esprits, incapables de s'affranchir du plan morphologique, et par conséquent rebelles à la syntaxe, ne peuvent-ils se résoudre à considérer qu'un substantif devienne par translation un adjectif. Pour eux, *Pierre* est un substantif, non seulement morphologiquement, mais syntaxiquement, et irrévocablement condamné à le demeurer envers et contre tout de façon immuable, quelle que soit la fonction dans laquelle on l'emploi, car, à leurs yeux, il n'y a que la forme qui compte. (*ESS* : 364–365)

Il serait ici aisé, et cela fut fait[4], de répliquer à Tesnière, que, sauf cas de translation Ø, c'est bien une nouvelle forme (par ex., *de* + substantif) qui est nécessaire pour une nouvelle fonction.

1.4.2 La syntactisation d'une partie du matériel lexical et l'hypothèse des mots vides

Dans la logique de ce qui précède, les mots grammaticaux, promus au rang exclusif d'opérateurs de translation, sont privés de tout contenu sémantique. D'où l'importance épistémologiquement stratégique donnée à la distinction entre mots pleins et mots vides :

Il y a deux espèces de mots essentielles, les mots pleins et les mots vides.

Les mots pleins sont ceux qui sont chargés d'une fonction sémantique, c'est-à-dire ceux dont la forme est associée directement à une idée, qu'elle a pour fonction de représenter et d'évoquer.

Les mots vides sont ceux qui ne sont pas chargés d'une fonction sémantique. Ce sont de simples outils grammaticaux dont le rôle est d'uniquement indiquer, de préciser ou de transformer la catégorie des mots pleins et de régler leurs rapports entre eux.

Ce que nous appelons respectivement les mots pleins et les mots vides sont des notions dont semblent être assez voisines celles que certains linguistes désignent souvent, et bien qu'ils soient loin d'être d'accord entre eux, par les termes de sémantèmes et de morphèmes. (*ESS* : 53)

Au cours du développement historique des langues, les mots pleins ont tendance à se vider de leur contenu sémantique pour devenir les outils grammaticaux que sont les mots vides.

---

4 Voir Perrot (1995 : 218–19).

> Les idées exprimées par les mots pleins ne pouvant être saisies qu'à travers la trame des catégories grammaticales, les mots pleins relèvent essentiellement de la syntaxe catégorique (statique).
>
> Les mots vides au contraire, n'ayant à intervenir, en tant qu'outils grammaticaux, que pour permettre l'édification structurale de la phrase, relèvent essentiellement de la syntaxe fonctionnelle (dynamique). (*ESS* : 55)

La thèse est illustrée à partir d'un exemple qui, au moins en première analyse, la soutient sans trop de difficulté : celui du mot *de*. Tesnière argumente à partir du *train de Paris*, dont on connaît l'ambiguïté, et de *la gare de Sceaux*, qui nous vaut une petite anecdote rafraîchissante, qu'affectionne le pédagogue Tesnière :

> Soit [...] l'union des mots la gare des Sceaux, elle implique également une ambiguïté, puisque à Paris on désigne couramment sous ce nom tout aussi bien la gare qui est à Sceaux, que la gare du Luxembourg où l'on prend le train pour Sceaux. L'auteur conserve le souvenir de l'expérience grammaticale instructive qu'il fit le jour où, ayant donné rendez-vous à quelques amis étrangers à la gare de Sceaux, pour les emmener dîner dans un restaurant du quartier latin, il ne les trouva point au rendez-vous et dut faire appel à l'amabilité du chef de gare de la gare du Luxembourg pour décrocher téléphoniquement et faire renvoyer à Paris ses invités, qui l'attendaient placidement à Sceaux. (*ESS* : 362)

avant de conclure :

> Si, dans les différents exemples, la préposition *de* peut exprimer à la fois un rapport et le rapport inverse, c'est que la valeur de cette préposition doit être plus large que celle qu'on lui attribue communément.
>
> C'est qu'on s'entête à vouloir lui prêter une valeur sémantique définie alors qu'elle n'a en fait qu'une valeur structurale beaucoup plus générale. (*ESS* : 363)

2 Forme intérieure et force intérieure : le mouvement intérieur/extérieur

2.1 Forme et force intérieures chez Humboldt et Tesnière

On l'a déjà dit : dans *l'Einleitung* de 1836, l'*innere Form* est notamment définie comme une force génératrice (*Schöpferische Kraft*). C'est ce que développe J. Voss dans sa thèse significativement nommée *Le langage comme force selon Wilhelm von Humboldt* :

> À l'instar de la forme goethéenne, avec laquelle elle partage du reste certaines affinités, l'*innere Sprachform* est principe énergétique et dynamique de formation, *forma formans*

[...] moins forme d'être que forme créatrice du mouvement [...] Elle n'est pas principe statique, mais principe formateur, bref elle est *energeia* et non *ergon*. [...] Elle est la vie même du langage. [...] Schwinger a très bien souligné ce côté organique irrationnel [...] de statique qu'il était dans les arts plastiques, le concept de forme devient dynamique dès lors qu'elle s'applique aux arts qui agissent dans le temps. [...] elle est la loi de synthèse créatrice que l'imagination opère entre l'intériorité sémantique et l'extériorité phonétique. (Voss 2017 : 248–249)

2.2 Deux couples chez Tesnière : *Energeia/ergon* et parole/langue

On retrouve un écho de cette conception de la forme intérieure dans les *ESS*, comme force, comme *energeia* :

Le stemma se trouve exprimer l'activité parlante que l'on a opposée sous le nom de parole au résultat de cette activité tel qu'il apparaît sous la forme tangible et immuable qui s'impose à une collectivité donnée et qui est ce à quoi on est convenu de réserver le nom de langue. Cette opposition avait déjà été pleinement sentie par Guillaume de Humboldt qui avait eu l'intuition de génie de la différence fondamentale entre ce qu'il appelait de deux mots grecs pleins de sens profond l'*ergon* (langue) et l'*energeia* (parole). (*ESS* : 16)

Parler une langue, c'est transformer l'ordre structural en ordre linéaire, et inversement, comprendre une langue, c'est en transformer l'ordre linéaire en ordre structural.

Le principe fondamental de la transformation de l'ordre structural en ordre linéaire est de transporter les connexions de l'ordre structural en séquences de l'ordre linéaire.

[...] La vraie phrase, c'est la phrase structurale dont la phrase linéaire n'est que l'image projetée tant bien que mal, et avec tous les inconvénients d'aplatissement que comporte cette projection, sur la chaîne parlée.

[...] C'est l'effort nécessaire pour vaincre les difficultés que l'on rencontre pour réaliser la transformation de l'ordre structural en ordre linéaire qui est la cause profonde de l'« energeia » si bien sentie par Guillaume de Humboldt. (*ESS* : 19–20)

L'ordre statique est l'ordre logique et systématique de classement des éléments du langage dans l'esprit du sujet parlant antérieurement à toute mise en œuvre dans la phrase. Ce sera par exemple celui des paradigmes de la déclinaison et de la conjugaison dans la grammaire.

L'ordre dynamique est au contraire celui dans lequel les éléments statiques s'organisent dans notre esprit et y sont mis en œuvre en vue de la constitution de la phrase. Ce sera par conséquent celui de la forme intérieure du langage, celui selon lequel s'établissent les connexions et s'organise le schème structural que matérialise le stemma.

L'ordre dynamique est donc le même que l'ordre structural, dont il ne diffère que par le point de vue. En effet, il est d'ordre dynamique en tant qu'il s'oppose à l'ordre statique, et d'ordre structural en tant qu'il s'oppose à l'ordre linéaire. (*ESS* : 50–51)

> La syntaxe est antérieure à la morphologie. Lorsque nous parlons, notre intention n'est pas de trouver après coup un sens à une suite de phonèmes qui lui préexistent, mais bien de donner une forme sensible aisément transmissible à une pensée qui lui préexiste et en est la seule raison d'être. (*ESS* : 36)

L'*energeia* est donc fondamentalement à l'œuvre (1) dans l'opération transformatrice du structural en linéaire ; (2) dans le mécanisme connexionnel.

2.2.1 Au niveau du rapport structural/linéaire

Rappelons le programme tesniérien :

> Toute la syntaxe structurale repose sur les rapports qui existent entre l'ordre structural et l'ordre linéaire. (*ESS* : 19)

> C'est l'effort nécessaire pour vaincre les difficultés que l'on rencontre pour réaliser la transformation de l'ordre structural en ordre linéaire qui est la cause profonde de l'*energeia*. (*ESS* : 20)

Les difficultés à surmonter grâce à l'*energeia* tiennent assez largement à cette sorte d'appauvrissement qu'implique le passage du structural au linéaire :

> La possibilité pour un terme de l'ordre structural d'avoir, outre son unique connexion supérieure, deux ou plusieurs connexions inférieures, se heurte dans la mise en phrase, à l'impossibilité pour un mot de la chaîne parlée, d'être en séquence immédiate avec plus de deux mots voisins. En d'autres termes, tout nœud structural est susceptible de créer des bifurcations, trifurcations, etc..., incompatibles avec l'ordre linéaire.

> Ainsi dans la phrase : *Les petits ruisseaux font les grandes rivières*, le terme *ruisseaux* forme un nœud de trois connexions structurales (1° *font* avec *ruisseaux* ; 2° *ruisseaux* avec *les* ; 3° *ruisseaux* avec *petits*), auxquelles ne peuvent répondre que deux séquences linéaires : *petits ruisseaux* et *ruisseaux font*.

> Il y a donc antinomie entre l'ordre structural, qui est à plusieurs dimensions (réduites à deux dans le stemma) et l'ordre linéaire, qui est à une dimension. Cette antinomie est la « quadrature du cercle » du langage. Sa résolution est la condition *sine qua non* de la parole.

> On ne peut résoudre l'antinomie entre l'ordre structural et l'ordre linéaire qu'en sacrifiant, lors la mise en phrase, au moins une séquence linéaire. Ainsi dans la phrase ci-dessus, on renonce à transformer la séquence entre *ruisseaux* et *les* en une séquence linéaire *les ruisseaux* ou *ruisseaux les*. (*ESS* : 21)

Cet appauvrissement est matériellement projeté dans le stemma compris comme outil de visualisation :

> Les connexions sont multiples, puisque chaque régissant peut commander plusieurs subordonnés. Il en résulte que l'ordre structural est à plusieurs dimensions.

> Le stemma, qui est l'expression graphique de l'ordre structural, obéit à la même loi. Il devrait donc être, lui aussi, à plusieurs dimensions. Mais il peut être en fait ramené à deux dimensions. (*ESS* : 16–17)

Reste à se demander comment opère cette conversion du structural au linéaire chez le locuteur :

> Parler une langue, c'est savoir quelles sont les connexions structurales qu'il y a lieu de sacrifier en transformant l'ordre structural en ordre linéaire, inversement [...] comprendre une langue, c'est savoir quelles sont les connexions structurales non exprimées par des séquences qu'il y a lieu de rétablir en transformant l'ordre linéaire en ordre structural.
>
> Dans le rétablissement des connexions non exprimées par des séquences, le rôle de l'accord grammatical est capital. (*ESS* : 21)

On passera sur le rôle implicitement central de la morphologie flexionnelle (« rôle de l'accord ») dans ce processus de conversion en faisant néanmoins observer que, guère en conformité avec la tendance de Tesnière à toujours minorer le rôle de la morphologie, elle s'inscrit en revanche, on l'a vu, dans la tradition humboltienne la plus pure, Humboldt considérant que la flexion « représente à la fois le summum de la perfection grammaticale et l'indice le plus fiable de l'autoposition énergétique de l'intellect » (Voss 2017 : 326).

On s'arrêtera en revanche sur la nature de ce *savoir* à l'œuvre dans ce processus de conversion. Il semble que la réponse que Tesnière apporte à cette question passe par la notion d'introspection :

> l'étude de la syntaxe n'est possible qu'à condition de suppléer aux lacunes des matériaux morphologiques par la connaissance directe des matériaux proprement syntaxiques. [...] Il faut se résoudre à faire appel aux moyens d'information intérieurs.
>
> Les conditions mêmes dans lesquelles se présentent les faits de syntaxe nous imposent l'usage au moins partiel de la méthode introspective. En effet, l'activité du sujet parlant sur le plan structural ne peut s'analyser que par un retour introspectif sur elle-même.
>
> C'est pour quoi l'introspection est destinée à devenir une des pièces maîtresses de la méthode d'investigation des faits de syntaxe. (*ESS* : 37)

Tout au plus Tesnière nuance-t-il son propos en insistant sur deux points : (1) cette méthode introspective doit être d'emploi toujours limité et contrôlé ; (2) elle ne vaut que pour l'auto-analyse linguistique d'un locuteur de langue maternelle.

On ajoutera que ce recours à l'introspection, aux yeux de Tesnière, distingue le structural et le sémantique :

> L'activité mentale qui s'exerce dans le plan structural est subjective et inconsciente. Elle constitue un phénomène profond, élémentaire et nécessaire. Elle échappe à tout contrôle

> de la volonté humaine. Elle est la vie même de la parole. Elle ne peut s'analyser que par un retour intuitif sur elle-même, qui n'est pas dans l'ordre naturel des choses.
>
> [...] Au contraire l'activité mentale qui s'exerce dans le plan sémantique est objective et consciente. Elle constitue un phénomène superficiel et purement contingent. (*ESS* : 41)

ce qui autorise la dissociation des deux plans et permet d'éviter tous les questionnements sur des points où se nouent le syntaxique et le sémantique comme, par exemple, les phénomènes de figement.

2.2.2 Au niveau du connexionnel

On revient ici à l'opération essentielle, qui fait la syntaxe et par laquelle commence l'ouvrage :

> C'est donc la connexion qui donne à la phrase son caractère organique et vivant, et qui en est comme le principe vital.[5]
>
> Ces connexions ne sont indiquées par rien. Mais il est indispensable qu'elles soient aperçues par l'esprit.
>
> [...] Il résulte de ce qui précède qu'une phrase du type *Alfred parle* n'est pas composée de deux éléments 1° *Alfred*, 2° *parle*, mais bien de trois éléments : 1° *Alfred*, 2° *parle* et 3° la connexion qui les unit et sans laquelle il n'y aurait pas de phrase. Dire qu'une phrase du type *Alfred parle* ne comporte que deux éléments, c'est l'analyser d'une façon superficielle, purement morphologique, et en négliger l'essentiel, qui est le lien syntaxique. (*ESS* : 11–12)

Cette troisième composante n'est autre que la relation prédicative, que Tesnière, précisément, refuse de prendre en compte. Dans le livre B de la première partie, après avoir défendu l'analyse « dramaturgique » de la phrase (verbe, actants, circonstants), il consacre un chapitre à « sujet et prédicat » et écrit :

> Le schème de la phrase verbale, tel qu'il vient d'être établi dans le chapitre précédent, diffère considérablement de celui qu'adopte la grammaire traditionnelle. Se fondant sur des principes logiques, la grammaire s'efforce de retrouver dans la phrase l'opposition logique entre le sujet et le prédicat, le sujet étant ce dont on dit quelque chose, le prédicat ce qu'on en dit.
>
> [...] Il ne faut voir dans cette conception qu'une survivance non encore éliminée, de l'époque, qui va d'Aristote à Port-Royal, où toute la grammaire était fondée sur la logique. (*ESS* : 103)

---

5 Pour les sources du soubassement (réel ou métaphorique ?) vitaliste des *ESS*, voir Klippi (2010).

Assez bizarrement, Tesnière invoque des arguments morphologiques pour récuser cette analyse sujet/prédicat :

> Quant à l'observation strictement linguistique des faits de langue, les conclusions qu'elle permet *a posteriori* sont de tout autre nature. Dans aucune langue, aucun fait proprement linguistique n'invite à opposer le sujet au prédicat.
>
> Soit par exemple la phrase lat. *filius amat patrem*, « le fils aime le père », le mot *amat* y est un agglutiné de l'élément prédicatif *ama-* et de l'élément sujet *-t*. La coupure entre le sujet et le prédicat n'est donc pas marquée par une coupure de mots.
>
> [...] L'enchevêtrement des éléments du sujet et du prédicat s'accorde mal avec l'opposition de ces deux notions [...]
>
> D'autre part, il est difficile de mettre sur un pied d'égalité le sujet, qui ne contient souvent qu'un seul mot, et qui peut même n'être pas pleinement exprimé, avec le prédicat, dont l'énonciation est obligatoire et comporte, dans la majorité des cas, des éléments beaucoup plus nombreux que ceux du sujet. (*ESS* : 104)

Dans sa contestation de la relation prédicative, on passera vite sur la faiblesse de l'argument fondé sur l'écart quantitatif entre le volume du sujet (réputé de petite dimension) et celui du prédicat (réputé de grande dimension). Quant aux langues qui témoignent d'une possible fusion en un seul mot du sujet et du prédicat, loin d'être une objection à la distinction sujet/prédicat, elles témoignent plutôt selon moi de la puissance synthétisante de la relation prédicative.

Ce rejet de la relation prédicative, telle qu'elle est transmise par l'héritage antique et classique, n'est autre que le refus du « juger » de Port-Royal. Autrement dit, c'est le rôle même de l'énonciateur qui fait défaut. Non pas qu'il soit ignoré de Tesnière, si l'on en juge par les lignes qui suivent au début du chapitre sur interrogation et négation :

> Toutes les phrases que nous avons vues jusqu'à présent donnaient l'idée exprimée par elles comme existante et réelle, sans faire à ce sujet aucune réserve, ni formuler aucun doute. Mais cette sereine certitude est loin d'être toujours le cas. Il arrive souvent que le sujet parlant ignore si la proposition avancée est exacte ou même pertinemment qu'elle ne l'est pas.
>
> Dans le premier cas, sa pensée n'est plus en repos et il est amené à se demander si la proposition en question est exacte ou si elle ne l'est pas. Cet état de suspension entre les deux termes d'une alternative et le besoin qu'éprouve l'esprit d'en sortir afin d'être fixé et de savoir à quoi s'en tenir constitue l'attitude intellectuelle de l'interrogation.
>
> [...] Soit par exemple la phrase française *Le directeur de l'usine est arrivé à dix heures*, elle énonce un certain nombre de faits qui sont donnés comme exacts. Mais chacun de ces faits peut être mis en doute et à chaque doute possible correspond une interrogation :
>
> 1/ qui est arrivé ?
> 2/ quel directeur est arrivé ?
> 3/ qu'a fait le directeur de l'usine ?

> [...] Les faits mis en doute par chacune de des questions peuvent être reconnus exacts, auquel cas la réponse se borne à les confirmer. Mais il arrive également que tel ne soit pas le cas et que la réponse soit amenée à les infirmer, auquel cas la réponse sera négative. Par exemple, les réponses faites aux interrogations ci-dessus seront :
>
>> 1/ Personne n'est arrivé.
>> 2/ Aucun directeur n'est arrivé.
>> 3/ Le directeur de l'usine n'est pas arrivé.
>
> [...] En face de ces phrases interrogatives et négatives il importe de pouvoir désigner clairement celles qui ne sont ni interrogatives, ni négatives. Le terme souvent adopté de « positif » est malheureusement ambigu, car il peut s'opposer aussi bien à « interrogatif » qu'à « négatif ». Aussi conviendrons-nous de le restreindre à l'opposition de « négatif », et d'opposer au terme d'« interrogatif » celui d'« énonciatif ». (*ESS* : 191–192)

Emploi[6], on le voit, somme toute très restreint et très différent de celui qui est devenu le nôtre, et qui renvoie à la notion de niveau énonciatif et de relation interénonciative à l'œuvre dans le mécanisme discursif.

Il est évidemment exclu de nous engager plus avant dans ce domaine. Il y a lieu cependant de considérer que l'« écrasement » discursif observable chez Tesnière a des effets très directs sur la description syntaxique elle-même. Les exemples seraient nombreux : on peut signaler notamment celui de la négation, Tesnière se bornant à distinguer en fait sous l'opposition entre négation nucléaire et négation connexionnelle, la négation partielle et la négation totale des grammaires traditionnelles, sans faire droit à l'opposition entre négation de constituant et négation comme modalité à part entière ; on peut penser aussi à l'examen de la vaste sphère adverbiale regroupant les adverbes morphologiques et certains circonstants : là encore, aucune esquisse d'une distinction entre adverbes de constituants et adverbes de phrase.

3 Conclusion

Ayant organisé notre propos autour de la notion de forme intérieure, respectueux en cela du reste de l'importance épistémologique que Tesnière lui attribue, nous voudrions revenir sur cette notion et l'usage qu'en fait Tesnière.

1. La référence à Humboldt « fonctionne » comme argument d'autorité, qui nous ramène à la fois aux choix intellectuels et méthodologiques de Tesnière. D'une formule, on peut dire qu'aux néogrammairiens, avec lesquels il n'était pas absurde

---

6 Sur la composante énonciative du langage chez Tesnière, voir Bres (1995) et Lafont (1995).

qu'il eût pu avoir des affinités au titre de ses orientations comparatistes et partiellement typologistes, il a préféré les néokantiens ;

2. Si on raisonne en termes d'universaux du langage, on peut considérer que la forme intérieure relève ontologiquement de ce que R. Martin appelle les schématisations universelles, qui, elles-mêmes, prennent place dans l'ensemble des universaux cognitifs au même titre que la conceptualisation ou la prédication. La question posée est celle-ci : comment faire d'un universel (plan de l'ontologie) un instrument de description et de découverte (plan épistémologique) ? Sous ce rapport, l'héritage de Humboldt est, nous semble-t-il, flou, c'est-à-dire incomplètement analysé comme le lui reproche, on l'a vu, F. Mauthner. Toutefois, ce flou (la notion, selon les cas, semblant pouvoir valoir en phonétique, morphologie, syntaxe et sémantique), qu'on peut évidemment présenter comme une faiblesse, est aussi interprétable positivement comme un tâtonnement heuristique, une invitation à la recherche et à l'approfondissement en vue d'une définition authentiquement opérationnelle dans l'analyse des faits de langue. Telle n'est pas cependant la démarche de Tesnière, qui, tout en admettant que la forme intérieure puisse être à l'œuvre dans l'intériorité sémantique de la langue, tranche dans un sens réductionniste, au bénéfice du seul plan syntaxique, le stemma étant à la fois la schématisation constructrice que prend cette forme intérieure et la visualisation (approximative) qu'on en donne. En concevant cette schématisation, Tesnière s'en tient en fait à une organisation hiérarchique de la phrase sans problématisation véritable. Pour le dire autrement, Tesnière ne se pose pas vraiment la question de la *forme de la forme* ou *des formes de la forme*, n'essaie pas de dépasser le seul niveau syntaxique, d'explorer ce qu'il peut en être non seulement en matière de sémantique mais aussi de morphologie – domaine d'élection de la forme intérieure, notamment dans les langues à morphologie flexionnelle, selon Humboldt. Quant à la phonologie, elle est le parent pauvre de la description de Tesnière malgré la référence qui lui est faite au début de l'ouvrage :

> On notera l'analogie frappante entre la conception de la syntaxe fonctionnelle et la phonologie de l'école de Prague, laquelle vise à découvrir, derrière la nature purement physique des phénomènes, leur aptitude à être chargés de fonctions proprement linguistiques. (*ESS* : 40)

Ce réductionnisme concerne même, à y bien regarder, la syntaxe. S'il est vrai que, d'une part, la « connexion, jonction et translation sont [...] les trois grands chefs sous lesquels viennent se ranger tous les faits de syntaxe structurale » (*ESS* : 323) et que, d'autre part, « l'ordre dynamique est [...] celui de la forme intérieure du langage, celui selon lequel s'établissent les connexions et s'organise le schème structural que matérialise le stemma » (*ESS* : 51), il ne paraît pas illégitime de se demander comment jonction et translation elles aussi procèdent de la dynamique de cette forme intérieure et suivant quelle modalité d'association avec la dynamique à l'œuvre pour la connexion.

3. Ce réductionnisme renvoie en fait à une approche très limitative de la pensée de Humboldt et de ce qu'on appelle sa conception « expressive » du langage ». Un dernier détour s'impose ici, qui passe par la distinction établie par Charles Taylor[7] entre deux grandes familles de théories du langage : les théories désignatives et les théories expressives.

Les théories désignatives présentent trois traits qui les fédèrent malgré des divergences chez ceux qui les défendent (par ex., Locke, Berkeley, Port-Royal, Leibniz) et que C. Romano résume ainsi avant de leur opposer ce qui définit les théories expressives, notamment à travers l'approche qu'en donne Humboldt:

> un atomisme sémantique selon lequel l'unité de signification minimale dans le langage est le mot ; l'assimilation des mots à des noms, c'est-à-dire à des expressions qui ne signifient qu'en tant qu'elles tiennent lieu de quelque chose (d'une idée et, par son intermédiaire, de certains objets) [...] la signification y est toujours conçue sur le modèle de la désignation ; la pensée précède en droit son expression et le langage n'est qu'un instrument à son service. Il reste subordonné à une fin extérieure qui lui est « naturelle » : la communication de pensées préalablement constituées et transparentes à elles-mêmes avant leur expression. C'est cette dernière idée qui constituera la cible privilégiée des théories expressives. [...] A l'atomisme sémantique des théories désignatives se substitue le holisme. Nous ne pouvons comprendre ce qu'est une langue en partant de mots isolés, ni d'ailleurs des règles présidant à leur combinaison telles qu'elles peuvent être reconstituées après coup par le linguiste. « Le découpage abstrait en mots et en règles, précise Humboldt, n'est que bricolage sans vie, caricature de l'analyse scientifique ». Le foyer de la langue est l'acte de parole vivant, la phrase dans sa relation à la forme intérieure de la langue. La langue elle-même n'est, tout bien considéré, que la projection totalisante de cette parole en acte [...] La forme intérieure constitue l'élément médiateur grâce auquel s'accomplit l'opération que Kant assignait originellement au schématisme. La constitution de l'objectivité n'est plus l'apanage du sujet transcendantal et de sa raison réputée « pure », elle a son origine dans le travail de l'esprit sur la sensibilité qui s'accomplit par l'intermédiaire de la langue. Par là, Humboldt approfondit une idée déjà présente en germe chez Kant, puisque, comme le remarque Cassirer, la constitution transcendantale de l'objectivité en général au moyen des catégories prend pour fil conducteur les formes du jugement et donc, indirectement, l'unité de la phrase. Mais Humboldt étend ce que Kant affirmait du jugement à la totalité de la langue, dont la « forme intérieure » accomplit un travail de mise en forme de la réceptivité sensible par la spontanéité de la pensée. La langue, écrit Humboldt, « réussit à fondre et à ordonner les deux faces de son activité : celle qui provient, en toute indépendance, de la pensée et celle qui est vouée à recevoir purement les impressions du monde extérieur. » Une telle « constitution » de l'objectivité dans et par la langue fait signe en direction d'un idéalisme transcendantal infléchi linguistiquement. (Romano 2019 : 38–39)

---

[7] Voir "Language and Human Nature", repris dans *La Liberté des modernes* (1997).

Malgré sa référence à la forme intérieure et à Humboldt, Tesnière n'a pas vraiment tranché entre vision désignative et vision expressive du langage. Quand il écrit notamment que « le plan sémantique est le domaine propre de la pensée, abstraction faite de toute expression linguistique »[8], il s'éloigne de l'inspiration humboldtienne et néokantienne, celle d'une conception expressive du langage et semble revenir à une approche désignative du langage.

Faute, en définitive, d'avoir été embrassée dans la plénitude de la sphère langagière, cette notion de forme intérieure souffre d'un défaut d'aboutissement qui en limite la portée descriptive et interprétative. Cela n'empêche pas les ESS d'être, au-delà d'une recherche indéniable de simplicité et d'homogénéité tant descriptive que classificatoire, une source féconde de réflexion épistémologique. De fait, la question de la « forme de la forme », peut-être moins, du reste, en syntaxe qu'en sémantique, est au cœur de la réflexion chez les linguistes de la seconde moitié du XXe siècle (et au-delà). Le guillaumien qui rédige ces lignes ne peut pas ne pas penser à Guillaume qui, dans les années 50, « théorise » le tenseur binaire radical[9], et à ses successeurs[10] qui en réévaluent le soubassement schématique aussi bien que la portée applicative, sans négliger bien entendu les courants cognitivistes, dont l'un des plus illustres représentants, Langacker[11], n'a pas jugé l'auteur des ESS indigne d'un article. Fût-ce par ses insuffisances, Tesnière nous apprend à penser et à repenser la question centrale de la schématisation (non confondue avec une simple visualisation) en linguistique. Ce n'est pas peu.

Bibliographie

Bange Pierre, 2014, *La philosophie du langage de Wilhelm von Humboldt (1767–1835)*, Paris, L'Harmattan.
Bres Jacques, 1995, « L'actant : de la phrase au texte narratif », in F. Madrey-Lesigne & J. Richard-Zappella (dir.), *Lucien Tesnière aujourd'hui*, Actes du colloque international, Rouen, 16-17-18 novembre 1992, Louvain/Paris, Peeters.
Guillaume Gustave, 2003, *Prolégomènes à une linguistique structurale*, I, Laval, PU Laval.
Heringer Hans Jürgen, 1996, « Empirie und Intution bei Tesnière », in G. Greciano & H. Schumacher (dir.), *Lucien Tesnière – Syntaxe structurale et opérations mentales*, Akten des deutsch-französischen Kolloquiums anläßig der 100. Wiederkehr seines Geburtstages, Strasbourg, 1993, Tübingen, Niemeyer : 63–74.
Klippi Carita, 2010, *La vie du langage. La linguistique dynamique*, Lyon, ENS Éditions.

---

8 Voir *supra*.
9 Notamment dans Guillaume (2003).
10 Notamment B. Pottier. Sur ce point, on se reportera notamment à Pottier (2012).
11 Voir Langacker (1995).

Lafont Robert, 1995, « Le spectacle linguistique : concept ou métaphore », *in* F. Madrey-Lesigne & J. Richard-Zappella (dir.), *Lucien Tesnière aujourd'hui*, Actes du colloque international, Rouen, 16-17-18 novembre 1992, Louvain/Paris, Peeters.

Lamberterie Charles (de), 1995, « Tesnière et la linguistique historique » *in* F. Madrey-Lesigne & J. Richard-Zappella (dir.), *Lucien Tesnière aujourd'hui*, Actes du colloque international, Rouen, 16-17-18 novembre 1992, Louvain/Paris, Peeters.

Langacker Ronald W., 1995, "Structural syntax : the view from cognitive grammar", *in* F. Madrey-Lesigne & J. Richard-Zappella (dir.), *Lucien Tesnière aujourd'hui*, Actes du colloque international, Rouen, 16-17-18 novembre 1992, Louvain/Paris, Peeters.

Martin Robert, 2021, *Linguistique de l'universel. Réflexions sur les universaux du langage, les concepts universels, la notion de langue universelle*, Paris, AIBL [1ère éd. : 2016].

Perrot Jean, 1995, « Sur la translation », *in* F. Madrey-Lesigne & J. Richard-Zappella (dir.), *Lucien Tesnière aujourd'hui*, Actes du colloque international, Rouen, 16-17-18 novembre 1992, Louvain/Paris, Peeters.

Pottier Bernard, 2012, *Images et modèles en sémantique*, Paris, Champion.

Romano Claude, 2019, *Les repères éblouissants. Renouveler la phénoménologie*, Paris, PUF.

Taylor Charles, 1997, *La Liberté des modernes,* Paris, PUF (traduction).

Tesnière Lucien, 1959, *Éléments de syntaxe structurale*, Paris, Klincksieck.

Voss José, 2017, *Le langage comme force selon Wilhelm von Humboldt*, Saint-Denis, Connaissances et savoirs.

Jean-Pierre Desclés
Chapitre 2
Des stemmas aux analyses applicatives par opérateurs et opérandes

Lucien Tesnière a contribué à poser un certain nombre de problèmes syntaxiques en proposant des analyses sous forme de « stemmas ». L'analyse par des stemmas a directement influencé les travaux de formalisation syntaxique des langues dans les pays de l'Europe de l'Est et en URSS ; en France, elle a été utilisée dans le programme de traduction automatique développé à Grenoble. La traduction en anglais en 2015 des *Éléments de syntaxe structurale*[1] fait connaître dans les pays anglo-saxons cette approche de la syntaxe, différente des arborescences syntagmatiques associées à l'analyse en constituants immédiats. Nous allons comparer les analyses de L. Tesnière avec les représentations formulées par différents types d'opérateurs appliqués à des opérandes[2], en particulier les représentations applicatives des Grammaires Catégorielles (simples et étendues) et des Grammaires Applicatives. Les stemmas et les opérations de « translation » sont développées par des arbres applicatifs, à l'aide des types fonctionnels de A. Church (1940) et des représentations applicatives de la Logique Combinatoire de H. B. Curry & R. Feys (1958).

---

[1] Tesnière (1959/1966), traduit en anglais par T. Osbone & S. Kahane (L. Tesnière, *Elements of Structural Syntax*, Amsterdam/Philadelphia, John Benjamins Publishing Company, 2015).
[2] Un opérateur est un processus calculatoire qui, à une entrée (ou un opérande), par exemple une donnée numérique ou une expression symbolique, construit une sortie déterminée calculée par l'opérateur. L'application d'un opérateur à un opérande est une opération binaire de construction d'un résultat, cette construction étant spécifiée par le processus calculatoire de l'opérateur. Ce processus peut être précisé de différentes façons, par exemple par une λ-expression, comme la λ-expression '$\lambda x.[x*x]$' qui explicite la construction du carré '$x^2 = x *x$' à partir d'un opérande quelconque 'x' ; appliqué à l'opérande '5', le processus calculatoire exprimé '$\lambda x.[x* x]$', construit le résultat déterminé '$5*5 = 5^2 = 25$'. Le rôle de l'opérateur peut être également explicité par une règle d'élimination de l'opérateur dans une expression symbolique, comme dans l'expression '« prendre-le-carré-de » (x)', où l'élimination de l'opérateur « prendre-le-carré-de » construit l'expression 'x^2' ; au § 6, seront donnés des exemples de règles d'élimination d'opérateurs (des combinateurs de la Logique Combinatoire).

Jean-Pierre Desclés, Sorbonne Université, *Sens Texte Informatique Histoire* – STIH

1 Arborescences syntagmatiques, stemmas et arbres de dépendance

La construction d'une arborescence syntagmatique repose sur le principe de commutation du distributionnalisme. Les arborescences syntagmatiques sont formalisées par des systèmes de règles de réécriture de la Grammaire Générative syntagmatique de Chomsky. La syntaxe structurale de Tesnière procède autrement. Prenons les exemples de Tesnière (*op cit.* : 19) :

    (a) *Luc dort bien*

    (b) *Les petits ruisseaux forment les grandes rivières*

Pour Tesnière, '*Luc*' est l'unique actant de la locution verbale '*dort-bien*' ; '*ruisseaux*' et '*rivières*' sont les deux actants successifs du verbe '*forment*' ; '*les*' et '*petits*' dépendent du premier actant '*ruisseaux*', '*les*' et '*grandes*' du second actant '*rivières*'[3]. Par la remarque suivante :

> Se fondant sur des principes logiques, la grammaire traditionnelle s'efforce de retrouver dans la phrase l'opposition logique entre le sujet et le prédicat, le sujet étant ce dont on dit quelque chose, le prédicat ce qu'on en dit. [...] Il ne faut voir dans cette conception qu'une survivance non encore éliminée, de l'époque, qui va d'Aristote à Port-Royal, où toute la grammaire était fondée sur la logique (Tesnière 1966 : 103)

Tesnière se réfère explicitement à l'ancienne logique, celle-ci décompose une proposition en un « Sujet » (logique) et un « Prédicat », reliés entre eux par une « copule », d'où les représentations logiques : (a') '*Luc* « *est* » *dormant-bien*' ; (b') '*Les petits ruisseaux* « *sont* » *formant les grandes rivières*'. À partir de Frege (1893) et de Russell (1903), la logique moderne[4] dégage la notion de « prédicat » verbal sous la forme d'une expression « insaturée » avec des places d'arguments notées par des variables 'x', 'y', ... ; les unités verbales '*dort-bien*' et '*forment*' sont représentées par les « formes propositionnelles » 'dort-bien (x)' et 'forment (x, y)'. Tesnière argumente une organisation syntaxique de la phrase élémentaire sous la forme d'un nœud verbal avec ses actants subordonnés, il refuse la décomposition entre un syntagme sujet et un syntagme verbal prédicatif. Le nœud verbal et les actants qui en dépendent entretiennent une certaine analogie avec les représentations opérées par la logique moderne mais la décomposition grammaticale s'en distingue pour au moins deux raisons : première raison, contrairement aux

---

[3] En s'inspirant directement de Tesnière, D. Hays (1964) et I. Mel'čuck (1988) utilisent des « arbres de dépendance » analogues aux stemmas.
[4] J.B. Grize (1969).

représentations structurales de Tesnière ou celles des grammaires traditionnelles, la logique moderne traite les noms et les adjectifs comme des prédicats, au même titre que les verbes intransitifs ; seconde raison, dans par exemple '*Tous les hommes sont mortels*', le syntagme quantifié '*Tous les hommes*' n'est pas analysé sous la forme d'une unité dépendante du prédicat verbal '*sont-mortels*', comme dans l'analyse par un stemma le fait apparaître, puisque, depuis Frege et Russell, avec les notations de Peano devenues usuelles en logique moderne, cette phrase est représentée par la proposition logique '($\forall$x) [est-homme (x) => est-mortel (x)]' (lire « pour tout x, si 'x' est argument du Prédicat 'est-homme', alors ce même 'x' est aussi argument du Prédicat 'est-mortel' »)[5].

2 Arbres applicatifs et représentations applicatives

Dans un stemma, en inversant le sens des flèches, avec quelques modifications supplémentaires, nous obtenons un « arbre applicatif », où les flèches signifient qu'une unité linguistique est un opérateur qui s'applique à un opérande, le résultat de l'application étant une unité linguistique plus complexe (Figure 1).

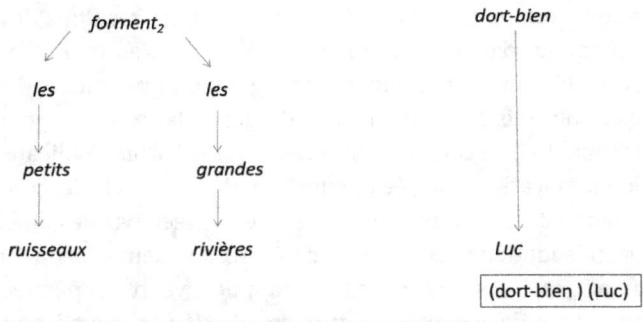

Figure 1: Arbres applicatifs où les flèches ont une orientation inversée par rapport aux relations de dépendance dans les stemmas des exemples (a) et (b).

---

5 Les verbes (comme *dort*, *regarde*, *donne à,* ...) sont des prédicats unaires, binaires, ternaires, ... selon leurs valences ; les locutions prédicatives (comme '*dort bien*', '*regarde une belle fleur*', '*donne un livre à Paul*'), qui s'opposent à des Sujets dans la construction de propositions, sont tous des Prédicats (unaires). Dans la construction d'une proposition, nous distinguons par une convention typographique, la notion de « prédicat » lexical avec ses différents actants attendus et celle de « Prédicat » opposé au « Sujet ».

Dans un arbre applicatif, les actants fonctionnent comme des opérandes absolus (qui ne sont jamais des opérateurs), déterminés éventuellement par des opérateurs. L'évaluation des applications des opérateurs à leurs opérandes construit progressivement le résultat final, ce qui revient à « remonter », depuis les feuilles jusqu'à la racine, l'arbre applicatif en inversant l'orientation des flèches. Pour la clarté dans les notations, utilisons le symbole « arobase » '@' pour noter l'opération d'application d'un opérateur 'f' à son opérande 'a', le résultat étant désigné par 'f(a)', i.e. : 'f(a) =$_{def}$ f @ a'[6]. Pour les phrases (a) et (b), nous avons les expressions applicatives préfixées (où l'opérateur précède toujours son opérande) (a') et (b') déduites directement des stemmas :

(a') $dort\text{-}bien_1$ (Luc) =$_{def}$ $dort\text{-}bien_1$ @ Luc

(b') $forment_2$ (< (*les* (*petits ruisseaux*)), (*les grandes rivières*)) >)
       =$_{def}$ $forment_2$ @ (< (*les* @ (*petits* @ *ruisseaux*)), (*les* @ (*grandes* @ *rivières*)) >)

Dans l'analyse applicative, toutes les unités linguistiques sont appréhendées comme des opérateurs ou des opérandes ; certaines unités linguistiques fonctionnent comme des opérandes absolus (c'est le cas des actants '*Luc*', '*ruisseaux*' et '*rivières*') ; la relation opérateur vs opérande est relative puisque des unités linguistiques (comme '*petits ruisseaux*' ou '*grandes rivières*') sont construites par les opérateurs de détermination ('*petits*' ou '*grandes*'), les résultats devenant à leur tour des opérandes d'opérateurs ; l'article '*les*' vient, en tant qu'opérateur de détermination, clôturer la construction des syntagmes nominaux. Les adjectifs et les articles sont mis au même niveau de dépendance par rapport à l'actant dans le stemma de (b) ; cela n'est plus le cas dans l'arbre applicatif et dans la représentation applicative associée (Figure 1) puisque l'article '*les*' est un opérateur qui s'applique à des unités nominales déterminées par des adjectifs ; si l'article et l'adjectif sont deux déterminations, ils n'effectuent cependant pas les mêmes déterminations. Dans la représentation applicative (b'), l'opérateur verbal binaire '*forment*' est appliqué globalement au couple <(*les* (*petits ruisseaux*)), (*les* (*grandes rivières*))>. Une autre représentation applicative peut être construite mais en deux étapes successives : l'opérateur '*forment*' s'applique d'abord à un premier opérande, '*les* (*grandes rivières*)', le résultat '*forment* (*les* (*grandes*

---

[6] L'application d'un opérateur 'X' sur un opérande 'Y' est notée 'X @ Y', ou, de façon simplifiée, 'XY'. L'expression applicative 'X(YZ)' signifie que 'X' s'applique au résultat 'YZ' de l'application de 'Y' à 'Z' ; elle ne doit pas être confondue avec l'expression applicative '(XY)Z' ou, dans une écriture simplifiée 'XYZ', qui signifie que 'X' s'applique à 'Y' et le résultat 'XY' à 'Z' ; autrement dit, l'opération d'application est non associative, ce qui se traduit par [XYZ = (XY)Z ≠ X(YZ)].

rivières))' est un opérateur unaire qui s'applique ensuite à l'opérande '*les (petits ruisseaux)*', d'où l'expression applicative (b") :

(b") (*forment @ (les @ (grandes @ rivières))) @ (les @ (petits @ ruisseaux))*
= *forment (les (grandes rivières)) (les (petits ruisseaux))*

Il est encore possible d'obtenir une autre construction applicative où, cette fois, le sujet syntaxique devient le premier opérande de l'application, les autres opérandes nominaux arrivant ensuite dans la construction de la relation prédicative, qui évoque les analyses grammaticales où le sujet syntaxique est, dans la prédication, le premier opérande – « de rang 1 » chez Jespersen (1924/1971) –, les « compléments » (ou arguments de rang 2, 3, ...) venant s'ajouter à cette première opération. La représentation applicative (b''') s'inscrit dans cette théorie des compléments :

(b''') (*forment @ (les @ (petits @ ruisseaux))) @ (les @ (grandes @ rivières))*
= *forment (les (petits ruisseaux)) (les (grandes rivières))*

Pour la même phrase (b), nous obtenons des constructions prédicatives différentes. Au stemma **[ST]** est associé l'arbre applicatif de Tesnière **[AT]**, dans lequel les unités, qui « dépendent » des actants dans **[ST]**, jouent des rôles d'opérateurs. La structuration applicative **[AT]** distingue explicitement le nœud verbal, ou le nucléus, des différentes composantes actancielles qui en dépendent. Les arbres **[AS]** (pour arbre applicatif syntagmatique) et **[AG]** (pour arbre applicatif de la tradition grammaticale) – exemplifiées par (b'') et (b''') – représentent les différentes constructions prédicatives de (b) ; dans **[AS]**, le sujet est le dernier opérande, dans **[AG]**, le sujet est le premier opérande. En utilisant les symboles 'I' (pour nœud verbal), 'O' (pour actant nominal) et 'A' (pour adjectif ou déterminant nominal), les trois arbres applicatifs **[AT]**, **[AS]** et **[AG]** rejoignent les graphes de Tesnière (*op cit.* : chap. 49, 11 : 104) (Figure 2).

L'arbre **[AT]** élimine la hiérarchisation des différents opérandes du prédicat verbal :

> Cet inconvénient disparaît dès qu'on adopte l'hypothèse du nœud verbal comme nœud central, et que l'on établit les stemmas en conséquence. Le parallélisme entre les deux nœuds substantivaux se trouve rétabli (Tesnière, *op cit.*, ch. 49, 12 : 105)

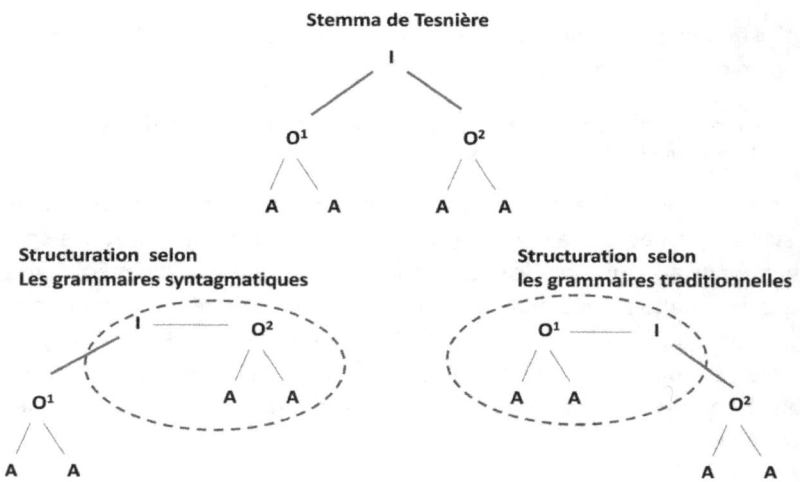

Figure 2: Le graphe du stemma est comparé aux graphes des grammaires syntagmatiques et des grammaires traditionnelles.

3 Grammaires catégorielles et types fonctionnels de Church

Les Grammaires Catégorielles simples (ou 'AB')[7] se sont constituées avec Ajdukiewicz (1935) et Bar-Hillel (1953) : le symbole catégoriel assigné à une unité linguistique indique comment cette unité fonctionne, soit comme un opérande, soit comme un opérateur qui attend un opérande. La notation catégorielle d'un opérateur 'f' prend la forme 'X/Y' (lire « X sur Y ») ou 'X\Y' (lire « X sous Y »), selon que l'opérande attendu et catégorisé par 'Y' occupe, sur la chaîne syntagmatique, une position à droite ou à gauche de l'opérateur 'f', le résultat étant catégorisé par 'X'. Désignons par [f : X/Y] ou par [f : X\Y], l'assignation de la catégorie 'X/Y', ou 'X\Y', à l'opérateur 'f' ; et par [a : Y], l'assignation de 'Y' à 'a'. Le résultat de l'application de 'f' à son opérande 'a' est une expression applicative préfixée de catégorie 'X', notée 'f(a)', ou plus simplement 'fa', l'opérateur 'f' étant toujours positionné devant son opérande 'a'. En notant par 'x' la juxtaposition (ou concaténation) syntagmatique d'unités linguistiques, les règles orientées des Grammaires Catégorielles se formulent par

---

[7] Pour une présentation des Grammaires Catégorielles, voir Desclés & *al.* (2016b : 305–355) et Desclés (2018).

les schémas applicatifs[8] (où les symboles '>' et '<' rappellent les positions syntagmatiques de l'opérande attendu par rapport à celle de l'opérateur) :

$$[f : X/Y] \times [a : Y] \longrightarrow [Ap_g]$$
$$[f(a) : X]$$

$$[a : Y] \times [f : X\backslash Y] \longleftarrow [Ap_d]$$
$$[f(a) : X]$$

Par un calcul formel qui opère uniquement avec les notations catégorielles structurées, une Grammaire Catégorielle engendre des processus opératoires qui vérifient l'éventuel statut de phrase d'une séquence syntagmatique analysée, et construisent la représentation applicative associée à chaque séquence qui a le statut de phrase. Les notations catégorielles, structurées par '/' et '\', sont engendrées à partir des catégories de base 's' (pour « sentence ») et 'n' (pour « nominal » ou « nom ») assignées à des opérandes absolus ; les autres notations catégorielles sont construites récursivement et assignées aux principales catégories morpho-syntaxiques (verbes, adjectifs, adverbes, articles, démonstratifs, conjonctions, prépositions, préverbes,...). Effectuer une analyse syntaxique d'une séquence de lexèmes et de grammèmes, c'est utiliser les deux règles [Ap_g] et [Ap_d], afin d'assigner progressivement la catégorie 's' à la séquence lorsque celle-ci est une phrase.

Afin d'éviter un grand nombre d'analyses syntaxiques erronées, nous avons introduit, à côté des symboles catégoriels de base 's' et 'n', un troisième symbole catégoriel de base, noté 'n*', qui est une forme de spécification de 'n', ce qui veut dire que toute instance linguistique de 'n*' est aussi une instance de 'n', mais pas l'inverse[9]. L'article est un opérateur de détermination qui vient clôturer la construction d'un syntagme nominal ; avec le choix {s, n, n*} des symboles catégoriels de base, le symbole catégoriel 'n*/n' est assigné aux articles, tandis que 'n/n' ou 'n\n' sont assignés aux adjectifs. Les notations catégorielles des Grammaires Catégorielles[10] sont en fait une reformulation des types fonctionnels de Church (1940) définis récursivement comme suit :

---

[8] Nous utilisons les notations de Steedman (1988) et pas celles de Bar-Hillel. Les règles applicatives rappellent les simplifications des fractions de l'arithmétique, par exemple : (2/3) x 3 = 2 = 3 x (2\3). Comme l'a montré Lambek (1958, 1961, 1988), il y a des relations pertinentes entre les opérateurs des Grammaires Catégorielles en linguistique et les opérateurs des expressions algébriques en mathématiques.
[9] Voir Desclés & *alii* (2016b : 305–355), Desclés (2018).
[10] Harris (1982) utilise également, dans ses analyses par opérateurs, des symboles catégoriels analogues aux types de Church.

(i) Les types de base (ou sortes) sont des types fonctionnels ;
(ii) Si 'α' et 'β' sont des types fonctionnels, alors '$\underline{F}αβ$' est un type fonctionnel, le type des *opérateurs* qui, en s'appliquant à des *opérandes* de type 'α', construisent des *résultats* de type 'β' ;
(iii) Si '$α_1$', '$α_2$',... ,'$α_n$' et 'β' sont des types fonctionnels, alors <$α_1, α_2,...,α_n$> est le *type d'un produit cartésien* et '$\underline{F}$ <$α_1, α_2,...,α_n$> β' est un type fonctionnel.

Il convient d'ajouter le schéma applicatif [Ap.] :

$$\frac{[f : \underline{F}αβ], \quad [a : α]}{[f(a) : β]} \quad [\mathbf{Ap.}]$$

qui signifie que si 'f' est un opérateur de type fonctionnel '$\underline{F}αβ$', et 'a' un opérande de type fonctionnel 'α', alors le résultat 'f(a)' de l'application de 'f' à 'a' est de type 'β'. Le schéma applicatif [Ap.] généralise les deux schémas orientés [$\mathbf{Ap_g}$] et [$\mathbf{Ap_d}$]. Désormais, nous utiliserons 'type catégoriel' ou 'type fonctionnel' pour désigner les notations catégorielles structurées assignées aux unités linguistiques ; ces types introduisent des restrictions sur les applications d'opérateurs. Donnons quelques exemples de types fonctionnels, notés désormais sous la forme non orientée '$\underline{F}αβ$', où 'α' est le type de l'opérande et 'β' le type du résultat. En linguistique[11], les principaux types fonctionnels construits à partir de l'ensemble {n, n*, s} des types de base ('n', type des unités nominales ; 'n*', type des syntagmes nominaux complets plus spécifique que 'n' ; 's' le type des phrases) sont :

$\underline{F}$n*s : type de verbes monovalents (avec un seul actant) ;
$\underline{F}$ <n*, n*> s : type des verbes bivalents (avec deux actants) ;
$\underline{F}$ <n*, n*> s : type des verbes trivalents (avec trois actants) ;
$\underline{F}$nn : type des adjectifs, déterminants de noms ;
$\underline{F}$nn* : type des articles, constructeurs de syntagmes nominaux complets ;
$\underline{F}$ ($\underline{F}$n*s)($\underline{F}$*s) : type d'adverbes qui déterminent des verbes monovalents ;
$\underline{F}$n($\underline{F}$($\underline{F}$n*s)($\underline{F}$n*s)) : type d'opérateurs prépositionnels, constructeurs d'un adverbe à partir d'un nom ;
$\underline{F}$ss : type d'adverbes qui déterminent globalement une phrase ;
F <s, s> s : type des conjonctions de phrases ;
$\underline{F}$($\underline{F}$nn)($\underline{F}$n*s) : type de '*est*' constructeur d'un prédicat verbal à partir d'un adjectif ;
$\underline{F}$($\underline{F}$n*s)s : type du quantificateur logique '*Tous*' dans '*Tous sont mortels*' ;
Fn($\underline{F}$($\underline{F}$n*s)s) : type du quantificateur logique restreint '*Tout*' dans '*Tout homme est mortel*' ...

---

[11] Voir Curry & Feys (1958 : 264–266), Curry (1961), Desclés & *alii* (2016a : 214–227).

L'adverbe '*bien*', de type '$\underline{F}(\underline{F}n^*s)(\underline{F}n^*s)$', construit la locution verbale '(*bien dort*). Dans la construction applicative '((*dans* (*la forêt*)) *marche*)', la préposition '*dans*' s'applique à un nom pour construire une expression adverbiale, de type '$\underline{F}(\underline{F}n^*s)(\underline{F}n^*s)$', qui s'applique à un verbe. Dans ces deux exemples très simples, les deux adverbes '*bien*' et '*dans* (*la forêt*)' ont le même type assigné '$\underline{F}(\underline{F}n^*s)(\underline{F}n^*s)$', ce que l'on peut exprimer avec le schéma de type '$\underline{F}\alpha\alpha$' avec [α = $\underline{F}n^*s$], la préposition '*dans*' ayant le type '$\underline{F}n^*(\underline{F}\alpha\alpha)$'. Alors que l'adjectif, de type '$\underline{F}nn$', est un opérateur de détermination nominale, l'adverbe est un opérateur qui ne détermine pas toujours un verbe puisqu'il peut également apporter une modification à une phrase, à un adjectif ou à un autre adverbe ('*Malheureusement, Luc est arrivé beaucoup trop tôt*') ; le schéma de type d'un adverbe est défini par '$\underline{F}\alpha\alpha$', avec [α ∈ {$\underline{F}n^*s$ / s / $\underline{F}nn$ / $\underline{F}(Fn^*s)(\underline{F}n^*s)$}], selon que l'adverbe vient déterminer un verbe monovalent, une phrase, un adjectif ou un autre adverbe. Les adjectifs et les adverbes sont deux opérateurs de détermination caractérisés par un même schéma de type '$\underline{F}\alpha\alpha$' mais ils se différencient entre eux par les spécifications de la variable de type 'α'.

Dans la représentation applicative des phrases, les opérateurs de détermination ont un rôle constructif différent des opérateurs prédicatifs – de types '$\underline{F}n^*s$' / '$\underline{F}$ <n*, n*> s' / $\underline{F}$ <n*, n*, n*>s'. Le rôle syntaxique d'un opérateur prédicatif revient à construire une phrase de type 's'. L'arbre applicatif de l'exemple (b) devient un arbre applicatif « décoré » par des types fonctionnels (Figure 3).

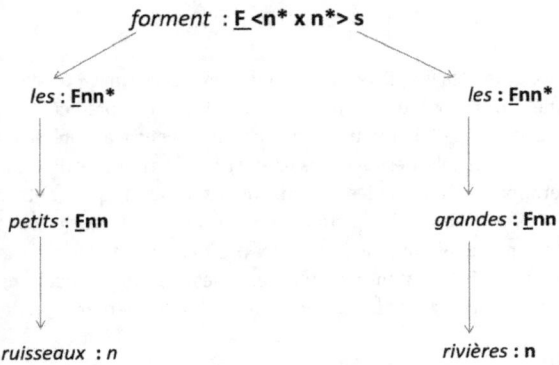

Figure 3: Arbre applicatif « décoré » par des types fonctionnels.

La distinction entre détermination et prédication n'est pas appréhendée par la logique moderne puisque, dans cette logique, les noms généraux, qui ne sont pas des noms propres, les adjectifs et les verbes sont analysés comme étant des prédicats[12]. Ne distinguant pas opérateurs de prédication et opérateurs de détermination, les analyses entreprises dans le cadre de la logique moderne ne convergent pas toujours avec les analyses grammaticales.

Pour Tesnière, 'est' est un constituant d'un nœud verbal bivalent[13], l'introduction des types permet de l'analyser plus finement. Dans 'La maison est neuve', l'unité 'est' est un opérateur, de type '$F(Fnn)(Fn*s)$', qui, en s'appliquant à l'adjectif 'neuve', de type 'Fnn', construit l'opérateur prédicatif 'est neuve', de type '$Fn*s$'. L'opérateur 'est' peut s'appliquer à un nom propre ('Napoléon est Bonaparte'), à une description définie ('Aristote est le créateur de la logique'), à une unité nominale indéfinie ('Aristote est un philosophe'), à un adjectif ('Aristote est savant') ou encore à un adverbe ('Aristote est devant'). En utilisant la variable de type 'α', avec '$\alpha \in \{n*/ n/ Fnn / F(Fn*s)(Fn*s)\}$', le schéma de type '$F\alpha(Fn*s)$' assigné à 'est' couvre ses différents emplois ; ce schéma de type précise le rôle de l'auxiliaire 'est' (qualifié parfois de « verbe substantif » par Tesnière) ; c'est un constructeur d'opérateur prédicatif (ou de Prédicat) à partir de divers types d'unités linguistiques. Ce schéma montre également que cet auxiliaire entretient des relations avec les unités verbales, sans que l'on puisse toutefois considérer que l'un de ses opérandes soit un actant :

> L'attribut faisant ici fonction de verbe est structurellement à la même place que le verbe substantif, et celui-ci, loin d'unir le substantif prime actant et l'attribut, fait corps avec l'attribut dont il sert uniquement à marqueur le rôle verbal. (Tesnière, *op cit.* : 159)[14].

---

12 Sous l'influence de la logique moderne, des linguistes utilisent des termes comme « prédicat adjectival », « prédicat prépositionnel » qui sont bien des opérateurs mais pas des prédicats (au sens strict de ce terme). Le concept générique d'opérateur évite la confusion entre les prédicats (qui construisent, à partir d'arguments actanciels, des relations prédicatives, c'est-à-dire des propositions) et les opérateurs de détermination (comme les adjectifs ou les adverbes qui ajoutent des informations aux entités nominales ou verbales). La distinction entre les opérateurs que sont les verbes, les prépositions et parfois même les conjonctions, n'est pas toujours évidente dans certaines langues (par exemple en mandarin) d'autant plus que certaines grammaticalisations de prépositions et de conjonctions peuvent dériver diachroniquement d'unités verbales prédicatives.
13 Tesnière (*op cit.*, ch. 67 : 158–161).
14 Sur les équivalents de 'est' dans diverses langues, voir Benveniste (1966 : ch. 16). Les différentes valeurs sémantiques de 'est' (identification, appartenance à une classe, inclusion entre classes, ingrédience d'une partie à un tout, localisation d'une entité dans un lieu spatial, temporel ou notionnel) sont des instanciations sémantiques de ce constructeur de Prédicat, à partir de noms propres, de noms communs, d'expressions locatives, d'expressions adjectivales et adverbiales ; voir Culioli & al. (1981). Les « phrases nominales » comme 'Socrate, un grand philosophe de l'antiquité', fréquentes dans certaines langues – par exemple slaves et sémitiques – impliquent un « marqueur zéro » associé à un constructeur de prédicat analogue à 'est', effacé

4 Équivalence de Schönfinkel-Curry

Revenons aux trois arbres applicatifs [AT], [AS] et [AG]. Dans [AT], directement associé au stemma [ST], le type '$\underline{F}$<n*, n*> s' est construit à partir du type cartésien <n*, n*> ; dans [AS] et [AG], c'est le type '$\underline{F}$n*($\underline{F}$n*s)' qui est assigné au verbe 'forment', mais ces deux analyses de la prédication diffèrent : l'une oppose le syntagme verbal au syntagme nominal sujet (le dernier constituant à entrer dans la construction prédicative), l'autre organise la prédication à partir de l'opération prédicative première qui applique le verbe à un premier syntagme nominal qui devient ainsi le sujet de la phrase, les autres constituants entrant ensuite sous forme de « compléments ».

Quelles sont les relations entre les schémas [AT], [AS] et [AG] ? Un élément de réponse est donné par l'équivalence dite de Schönfinkel-Curry[15], formulée par une équivalence entre types : si α_1 et α_2 sont des types fonctionnels ainsi que β, il y a alors l'équivalence entre les types suivants :

$$\underline{F}<\alpha_1, \alpha_2>\beta \cong \underline{F}\alpha_1(\underline{F}\alpha_2\beta) \cong \underline{F}\alpha_2(\underline{F}\alpha_1\beta)$$

Cette équivalence signifie que lorsqu'un opérateur binaire 'f_2' de type fonctionnel '$\underline{F}$ <α_1, α_2> β', s'applique globalement à un couple <a, b>, de types respectifs 'α_1' et 'α_2', il lui correspond bijectivement deux opérateurs unaires : l'opérateur '$^\wedge f_1$', de type '$\underline{F}\alpha_1(\underline{F}\alpha_2\beta)$' et '$f_1^\wedge$', de type '$\underline{F}\alpha_2(\underline{F}\alpha_1\beta)$' ; lorsque '$^\wedge f_1$' s'applique à l'opérande 'a', de type 'α_1', il construit l'opérateur unaire '$^\wedge f_1(a)$', de type '$\underline{F}\alpha_2\beta$', qui étant ensuite appliqué à l'opérande 'b', de type 'α_2', construit le résultat final '$(^\wedge f_1(a))(b)$', de type 'β' avec l'égalité des résultats : $[(^\wedge f_1(a))(b) = f_2(<a, b>)]$; de façon semblable, avec l'opérateur unaire '$f_1^\wedge$', nous avons l'égalité : $[(f_1^\wedge(b))(a) = f_2(<a, b>)]$. Les opérateurs '$^\wedge f_1$ et '$f_1^\wedge$' sont appelés les « opérateurs curryfiés » de l'opérateur 'f_2', avec l'égalité des résultats[16] :

$$(^\wedge f_1(a))(b) = f_2(<a,b>) = (f_1^\wedge(b))(a)$$

Dans les analyses de 'Les petits ruisseaux forment les grandes rivières', l'équivalence de Schönfinkel-Curry établit une bijection entre l'opérateur verbal bivalent

---

mais facilement reconstructible à partir de l'analyse de la prédication sous-jacente à ce genre de construction nominale.

[15] M. Schönfinkel (1924) a publié un seul article dans lequel est formulée l'équivalence de Schönfinkel-Curry, formulée également par H. B. Curry (1934).

[16] Dans la théorie des ensembles l'équivalence de Schönfinkel-Curry est vraie : si 'Ens (E, F)' désigne l'ensemble de toutes les applications d'un ensemble 'E' dans un ensemble 'F', on vérifie que si A, B et C sont des ensembles quelconques, il y a des bijections entre les ensembles de fonctions : [Ens (A x B, C) $\cong$ Ens (A, Ens (B, C)) $\cong$ Ens (B, Ens (A, C))].

'*forment$_2$*', selon **[AT]**, et chacun des opérateurs curryfiés unaires '^*forment$_1$*', selon **[AS]**, et '*forment$_1$*^', selon **[AG]** :

forment$_2$ (< *les (petits ruisseaux), les (grandes rivières)*>)
= ^*forment$_1$* (*les (petit ruisseaux)*) (*les (grandes rivières)*)
= *forment$_1$*^ (*les (grandes rivières)*) (*les (petits ruisseaux)*).

Avec l'équivalence formelle de Schönfinkel-Curry, le type '$\underline{F}<\alpha_1, \alpha_2> \beta$' de la construction **[AT]** est neutre vis-à-vis des constructions **[AS]** et **[AG]**, rejoignant ainsi la position de Tesnière qui place les actants au même niveau hiérarchique de dépendance par rapport au prédicat verbal.

Cette équivalence exemplifie la remarque générale du logicien N. Goodman : « *Plusieurs programmes très différents peuvent être également corrects et présenter des avantages égaux bien que différents* »[17]. Prenons un exemple. Dans '*marche en forêt*', c'est le type '$\underline{F}n\underline{F}(\underline{F}n*s)(\underline{F}n*s)$' d'un constructeur d'adverbe à partir d'un nom qui est assigné à la préposition '*en*' ; on peut aussi analyser cette préposition comme établissant une relation entre l'unité nominale '*forêt*' et le verbe '*marche*', de type '$\underline{F}n*s$', le type de '*en*' devenant '$\underline{F}<n, \underline{F}n*s> \underline{F}n*s$'. Ces deux prises de position syntaxique sur l'analyse de '*en*' sont réconciliées par l'équivalence : '$\underline{F}<n, \underline{F}n*s>\underline{F}n*s \ \underline{F}n\underline{F}(\underline{F}n*s)(\underline{F}n*s)$'.

Sous sa forme générale, l'équivalence de Schönfinkel-Curry

$$\underline{F} < \alpha_1, \alpha_2, \ldots, \alpha_n > \beta \cong \underline{F}\alpha_1 (\underline{F}\alpha_2 (\ldots (\underline{F}\alpha_n \beta))\ldots)$$

ramène tout opérateur n-aire de type '$\underline{F} <\alpha_1, \alpha_2, \ldots, \alpha_n> \beta$' à un opérateur unaire de type '$\underline{F}\alpha_1 (\underline{F}\alpha_2 (\ldots (\underline{F}\alpha_n \beta))\ldots)$' qui, appliqué à un opérande de type 'α_1', construit un opérateur unaire, de type '$\underline{F}\alpha_2 (\ldots (\underline{F}\alpha_n \beta))\ldots)$', applicable à 'n-1' opérandes successives. Avec cette équivalence, la logique fonctionne avec uniquement des opérateurs unaires de différents types et cette conception peut se transporter dans l'analyse des langues.

La préposition '*de*', de type '$\underline{F}n(\underline{F}nn)$', analysée comme un constructeur d'une détermination adjectivale, peut être analysée comme un relateur, de type '$\underline{F}<n, n>n$', mettant en relation un nom avec un autre nom au sein d'une expression nominale (exemple : '*couteau de cuisine*'). Dans d'autres constructions, par exemple '*Luc arrive de Paris*', la préposition '*de*' a le type assigné '$\underline{F}n(\underline{F}(\underline{F}n*s)(\underline{F}n*s))$' du constructeur de l'adverbe '*de Paris*' – jouant le rôle d'un circonstant dans la phrase – ; elle peut avoir également le type assigné d'un relateur '$\underline{F}<n, (\underline{F}n*s)>(\underline{F}n*s)$' qui met en relation le nom '*Paris*' avec le verbe '*arrive*', d'où le

---

17 N. Goodman, *The Structure of Appearance*, Harvard University Press, 1951, cité par D. Vernant (2018 : 249).

prédicat verbal '(*de Paris*) *arrive*'. Les deux équivalences 'F̲n(F̲nn)' ≅ F̲<n, n> n' et 'F̲n(F̲(F̲n*s)(F̲n*s))' ≅ F̲<n, (F̲n*s)> (F̲n*s)' sont des spécifications de l'équivalence schématique : 'F̲α(F̲ββ)' ≅ F̲ <α, β> β' : la préposition '*de*' est à la fois un constructeur d'une détermination nominale ou adverbiale mais aussi un relateur[18].

5 Translation et composition d'unités linguistiques

Les translations sont des opérations essentielles pour la structuration sémiotique des langues[19]. Ces opérations décrivent comment une unité linguistique change de type (donc de catégorie) dans la construction de certaines phrases, ce changement étant souvent signalé par un marqueur linguistique, appelé « translatif ».

> Il y a lieu de ranger parmi les translatifs, non seulement les conjonctions de subordination, mais encore les pronoms relatifs, les prépositions, l'article et les verbes auxiliaires de la grammaire traditionnelle, sans oublier les préverbes vides et les terminaisons grammaticales, lesquels ne sont que des translatifs agglutinés. (Tesnière, *op cit.*, chap. 40 : 82)

L'article est un translatif d'un adjectif vers un nom. La distinction entre 'indice' *vs* 'translatif' est délicate (Tesnière, *op cit.*, ch. 41 : 83). Dans '*Un livre d'Alfred*', le translatif '*de*' transforme '*Alfred*' en '*d'Alfred*', de nature adjectivale, tandis que '*un*' est un indice puisque '*livre*' est un nominal tout comme le résultat '*livre d'Alfred*'. Dans '*le bleu*', l'article '*le*' est un translatif qui transforme un adjectif en un nom. Le constructeur de prédicat '*est*', de type 'F̲α(F̲n*s)', est un translatif opérant sur différents types d'unités. Dans *Un livre d'Alfred*, '*de*' est un translatif, de type 'F̲n*(F̲nn)', qui construit le déterminant nominal '*d'Alfred*', de type 'F̲nn', traité par la grammaire traditionnelle comme un « complément du nom ».

La composition d'une préposition avec un verbe (fréquente en anglais ; exemples en français : *sortir de, commencer à, monter sur*, ...) doit être distinguée de l'application d'un préverbe sur un verbe. Il faut également expliciter la transformation d'un « prédicat transitif actif » en « un prédicat intransitif passif »

---

[18] La polysémie des prépositions comme celle des verbes est constitutive des langues ; sur les réseaux polysémiques de la préposition '*sur*' et du préverbe '*sur-*', voir Desclés (2004) ; sur la polysémie des verbes, voir entre autres Desclés (2005).
[19] Aux opérations de détermination et de prédication, il convient d'ajouter les opérations d'énonciation – voir, par exemple, Desclés (2016b : 297–531) –, absentes de la problématique syntaxique de Tesnière.

(exemple : *Alfred a écrit la lettre pour l'avocat / La lettre pour l'avocat a été écrite*) selon une analyse approfondie de la passivation qui montre que le « complément d'agent » n'est pas un second actant mais plutôt un circonstant adverbial (devenu non obligatoire) introduit par le translatif '*par*'[20].

La Logique Combinatoire paraît être un formalisme applicatif tout à fait adapté à la formalisation des translations d'une unité linguistique et des compositions entre opérateurs linguistiques.

6 La Logique Combinatoire : une logique d'opérateurs quelconques

La Logique Combinatoire de Curry (désormais LC)[21] est une logique d'opérateurs quelconques, composables et transformables par des opérateurs abstraits, appelés « combinateurs » ; ceux-ci effectuent les opérations de façon intrinsèque, *i.e.* sans faire référence aux domaines des opérateurs composés ou transformés et sans utiliser des variables liées (dont les valeurs doivent parcourir ces domaines). Cette absence de variables liées donne à la LC une plus grande flexibilité par rapport au λ-calcul de Church[22] (nécessairement formulé avec des variables liées), pourtant plus largement utilisé en sémantique formelle.

Un combinateur est un processus calculatoire de composition et de transformation d'opérateurs quelconques ; il peut s'appliquer à d'autres combinateurs, y compris à lui-même. Tous les combinateurs sont engendrés récursivement à partir d'un très petit nombre de combinateurs élémentaires. Voici quelques com-

---

20 « La diathèse passive est donc l'inverse de la diathèse active, c'est-à-dire que le transit y est conçu en sens inverse, puisque le prime actant dont il émane dans la diathèse active, en est au contraire l'aboutissement dans la diathèse passive » (Tesnière, *op cit.*, ch. 102 : 244). Dans Desclés, Guentchéva & Shaumyan (1985a), l'analyse de la passivation est différente puisque c'est un « prédicat passif » intransitif qui est construit à partir d'un « prédicat actif » composé avec le quantificateur existentiel, afin d'indiquer la présence d'un agent indéterminé.
21 Curry & Feys (1958), Hindley & Seldin (2008) ; pour une présentation en français de ce formalisme applicatif et son utilisation dans l'analyse de nombreux problèmes linguistiques, voir Desclés & *alii* (2016a, b).
22 Church (1941) ; voir aussi Desclés & *al.* (2016a). Si A(x) est une « forme propositionnelle », la λ-abstraction construit l'opérateur 'λx.[A(x)]' qui lie toutes les occurrences de la variable 'x' dans 'A(x)'. Lorsque l'opérateur 'λx.[court (x)]' s'applique à l'opérande 'Socrate', ce dernier vient se substituer à l'occurrence liée de 'x', d'où la relation (appelée techniquement une β-réduction) : (λx.[court (x)]) @ Socrate $\rightarrow_\beta$ court (Socrate).

binateurs élémentaires spécifiés par leurs actions calculatoires, exprimées par des règles d'élimination :

- **'B'** compose deux opérateurs unaires : [**B** (<f, g >) x $=_{def}$ f (g x)] ;
- **'S'** fusionne un opérateur unaire et un opérateur binaire : [**S** (<f, g >) x $=_{def}$ f x (g x)] ;
- **'Φ'** compose un opérateur avec deux opérateurs « en parallèle » : [**Φ** (<f, g, h>) x $=_{def}$ f (g x) (h x)]
- **'C'** permute les opérandes d'un opérateur : [((**C** f) y) x $=_{def}$ (f x) y] ;
- **'W'** duplique l'opérande d'un opérateur binaire : [(**W** f) @ x $=_{def}$ (f x) x] ;
- **'K'** construit un opérateur par abstraction et efface son opérande : [(**K** f) x $=_{def}$ f] ;
- **'C*'** transpose un opérande d'un opérateur en un nouvel opérateur : [(**C*** x) f $=_{def}$ f x].

On démontre que les combinateurs **'S'** et **'K'** engendrent tous les opérateurs élémentaires et donc récursivement tous les autres combinateurs[23]. Cette nouvelle approche de la logique a été utilisée par le linguiste S. K. Shaumyan (1987) dans son modèle de la Grammaire Applicative Universelle, pour une analyse (syntaxique et sémantique) du langage et des langues. À la suite de Shaumyan, nous développons des Grammaires Applicatives polystratales[24] où plusieurs niveaux d'analyse sont articulés entre eux à l'aide de combinateurs. Ces conceptions visent à ne pas opposer une « sémantique formelle » à une « sémantique cognitive » mais au contraire à les articuler avec un formalisme logique bien fondé. Certains translatifs sont des combinateurs. Donnons quelques brefs exemples.

Le prédicat réfléchi intransitif *'se lave'* est le translaté du prédicat transitif *'lave'*, au moyen du combinateur **'W'** qui duplique l'opérande d'un opérateur binaire. La relation définitoire [*se lave* $=_{def}$ **W** *lave*] entre le *definiendum* et son *definiens* conduit à analyser le morphème *'se'*, de type '<u>F</u>(<u>F</u>n*(<u>F</u>n*s))(<u>F</u>n*s)', comme étant la trace directe du combinateur-translatif **'W'**[25] ; par son élimination nous obtenons la réduction paraphrastique, notée '->$_\beta$' :

(*se lave*) *Alfred* = (**W** *lave*) *Alfred* ->$_\beta$ (*lave Alfred*) *Alfred*

Dans la phrase *'Alfred dort'*, l'actant est un opérande du prédicat verbal *'dort'*, d'où la construction applicative *'dort (Alfred)'*. L'introduction du combinateur **'C*'**

---

[23] Voir Curry & Feys (1958). Dans Desclés & *alii* (2016a), les actions calculatoires des combinateurs sont présentées par des règles d'élimination et d'introduction, dans le style de la « déduction naturelle » de Gentzen.
[24] Les modèles de la Grammaire Applicative et Cognitive (GAC) et de la GRammaire Applicative, Cognitive et Énonciative (GRACE) sont présentées dans Desclés (1990, 2011). Les analyses de la Temporalité, de l'Aspectualité et des Modalités (TAM) par des opérations de prise en charge énonciative ainsi que des représentations de significations verbales et prépositionnelles sont abordées dans Desclés & *alii* (2016b, respectivement p. 497–535 et p. 451–496).
[25] Pour une analyse générale de la réflexivité, voir Desclés, Guentchéva & Shaumyan (1985b).

transforme l'opérande '*Alfred*', de type 'n*', en un opérateur '**C***Alfred*', de type '**F**(**F**n*s)s', qui s'applique au prédicat verbal '*dort*', de type '**F**n*s', pour construire finalement l'expression applicative '(**C***Alfred*) (*dort*)', de type 's'. Ainsi, le sujet '*Alfred*' peut être analysé et représenté comme étant ou bien l'opérande du prédicat '*dort*', ou bien un opérateur dont le prédicat lexical '*dort*' est devenu son opérande, ce qui signifie que '*dort*' est l'une des propriétés qu'Alfred acquiert dans une certaine situation. Le combinateur '**C***' est un translatif qui change le type catégoriel d'un élément linguistique avec la réduction paraphrastique par l'élimination du combinateur '**C***' : (**C***Alfred*) dort $->_\beta$ dort (*Alfred*).

La translation, effectuée par le combinateur '**C***', puis la composition, effectuée par le combinateur '**B**', donnent la possibilité d'entreprendre des analyses syntaxiques « de gauche à droite », en évitant de multiples retours en arrière (en anglais *backtracking*), ce qu'illustre l'analyse catégorielle (avec types orientés), avec le changement de type [**C*** intr.] qui introduit le translatif '**C***' (Figure 4).

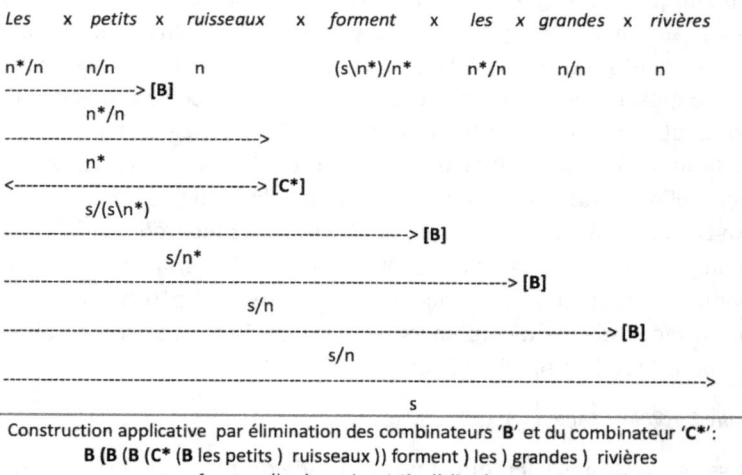

Construction applicative par élimination des combinateurs '**B**' et du combinateur '**C***':
B (B (B (C* (B les petits) ruisseaux)) forment) les) grandes) rivières
$->_\beta$ forment (les (grandes rivière)) (les (petits ruisseaux))

Figure 4: Analyse catégorielle de gauche à droite, avec la translation du sujet par le combinateur '**C***' et compositions par des introductions du combinateur '**B**', puis élimination des combinateurs pour construire la représentation applicative.

La préposition '*sur*' admet une polycatégorisation. Lorsque le type '**F**n*n*' d'un déterminant nominal est assigné à '*sur*', cette préposition est composable, par le combinateur '**B**', avec le verbe, par exemple dans la représentation applicative '(**B** *monter sur*)(*la colline*)' réductible, par élimination de '**B**,' à '*monter (sur (la col-*

line))'[26]. Lorsque le type assigné à 'sur' est '$\underline{F}$n*$\underline{F}$($\underline{F}$n*s)($\underline{F}$n*s)', cette préposition construit, à partir d'un nom, une locution adverbiale qui s'applique à un verbe ; dans ce cas, la relation entre 'sur-' et 'sur', est explicitée par la relation définitoire entre le préverbe et la préposition 'sur- =$_{def}$ C sur' à l'aide du combinateur combinateur-translatif '**C**', d'où la relation paraphrastique entre '*Luc surveille sa sœur*', représentée par '(*sur*-(*veille*)) *Luc*' et '*Luc veille sur sa sœur*' représentée par la construction avec un circonstant adverbial '(*sur* (*sa sœur*))(*veille*) *Luc*'[27]. La relation paraphrastique entre '*L'avion sur-vole la ville*' et '*L'avion vole au-dessus de la ville*' repose sur la translation '*sur-* =$_{def}$ **C** (*au-dessus de*)' ; le préverbe '*sur-*' de type '$\underline{F}$($\underline{F}$n*s')($\underline{F}$n*($\underline{F}$n*s))', s'applique au verbe '*vole*' pour former le verbe transitif '*survole*' ; la préposition '*au-dessus de*', de type '$\underline{F}$n*($\underline{F}$($\underline{F}$n*s)($\underline{F}$n*s))' construit l'expression adverbiale '(*au-dessus-de*)(*la ville*)', de type '$\underline{F}$($\underline{F}$n*s)($\underline{F}$n*s)'. Nous en déduisons les relations :

    L'avion survole la ville -> (*sur- vole*) (*la ville*) (*l'avion*)
    = (**C** (*au-dessus de*) *vole*) (*la ville*) (*l'avion*) puisque [*sur-* =$_{def}$ **C**(*au-dessus de*)]
    ->$_\beta$ (((*au-dessus de*) (*la ville*)) *vole*) (*l'avion*) par élimination de '**C**'
    <- *L'avion vole au-dessus de la ville*.

Depuis Frege et Russell, la logique moderne représente les phrases (c) et (d) par les représentations applicatives respectives (c') et (d'), cette dernière étant équivalente à l'expression plus usuelle (d'') :

(c) *Socrate est mortel.*   (c') est-mortel (Socrate)
(d) *Tout homme est mortel.* (d') ($\forall$x) (=> (est-homme (x))) (est-mortel (x))
                                (d'') ($\forall$x) [est-homme (x) => est-mortel (x)]

La représentation applicative préfixée (d') fait apparaître le rôle du syntagme quantifié sujet '*Tout homme*' ; celui-ci est représenté sous la forme de l'opérateur logique de quantification universelle restreinte '($\forall$x) (=> (est-homme (x)))' qui, en s'appliquant au Prédicat 'est-mortel (x)', construit une proposition. Cette analyse logique de la quantification présente l'inconvénient de ne pas traiter de la même façon le sujet syntaxique selon qu'il est le syntagme quantifié '*Tout homme*', ou selon qu'il est le nom propre '*Socrate*'. En effet, dans (d'), c'est le Prédicat 'est-mortel (x)' qui devient l'opérande du Sujet (logique) quantifié '($\forall$x) (=> (est-homme (x)))', tandis que dans (c'), le Sujet 'Socrate' est l'opérande du

---

[26] Du point de vue sémantique, '*sur*' détermine, dans un espace orienté par la pesanteur, une « frontière topologique » supérieure du lieu 'Loc (*la colline*)'.
[27] Pour une analyse détaillée de la relation entre le préverbe '*sur-*' et la préposition '*sur*', voir Desclés (2004).

Prédicat 'est-mortel'. Pour unifier ces deux représentations logiques, R. Montague (1974) a proposé de transformer le type catégoriel 'n*' du nom propre 'Socrate', en 'F(Fn*s)s', par ce qu'il appelle une « montée des types » ; il introduit ainsi dans l'analyse logique (mais de façon totalement implicite) le combinateur-translatif '**C***', en donnant au nom propre '*Socrate*' le rôle de l'opérateur '**C***Socrate*', de façon à obtenir une analyse de (c) sous la forme applicative :

(c'')   (**C*** Socrate) (est-mortel)

Dans (c'') et (d''), les deux Sujets logiques sont maintenant des opérateurs qui s'appliquent au même Prédicat. Les analyses catégorielles et applicatives de (c) et (d) deviennent semblables avec l'introduction du translatif '**C***' dans (c''), elles construisent des représentations applicatives analogues (Figure 5), ce que souhaitait Montague[28], en modifiant toutefois les analyses grammaticales traditionnelles pour les unifier avec leurs analyses logiques.

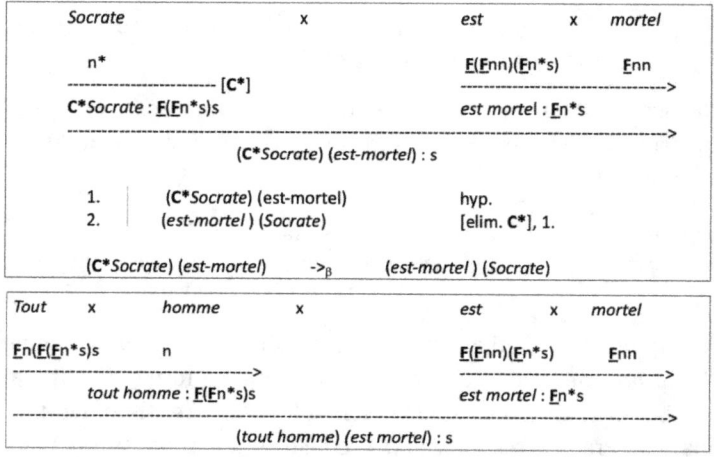

Figure 5: Les analyses catégorielles et applicatives du nom propre '*Socrate*' (avec utilisation du combinateur-translatif '**C***') et du syntagme quantifié '*Tout homme*' sont analogues.

---

[28] "There is in my opinion no important theoretical difference between natural languages and the artificial languages of logicians; indeed, I consider it possible to comprehend the syntax and semantic of both kinds of languages within a single natural and mathematically precise theory." (Montague 1974 : 222).

7 Conclusion

Le modèle structural de Tesnière peut être complexifié de façon à approfondir et à préciser certaines discussions syntaxiques et sémantiques. Les stemmas sont enrichis par des types structurés assignés aux différents nœuds, ce qui conduit aux arbres applicatifs décorés par des types fonctionnels et, par-là, à des représentations applicatives. La représentation applicative d'une phrase indique comment elle est décomposable en différents types d'opérateurs appliqués à des opérandes. Le modèle de Tesnière rejoint les Grammaires Catégorielles : à partir de la connaissance des types (de Church), orientés ou non orientés, assignés aux unités linguistiques d'une langue, les analyses syntaxiques peuvent s'effectuer en construisant des représentations applicatives directement associées. En se donnant des règles supplémentaires de composition entre types et de transformation de types, les différentes Grammaires Catégorielles étendues se coulent naturellement dans le formalisme de la Logique Combinatoire typée, puisque les règles opérant sur les types (par exemple dans ce qui est appelé le « Calcul de Lambek »[29]) sont des instances des schémas de type de certains combinateurs, ceux-ci composant et transformant des unités linguistiques qui fonctionnent comme des opérateurs. Les Grammaires Applicatives utilisent explicitement les combinateurs pour représenter des unités linguistiques complexes (grammaticales et lexicales) sous forme de compositions d'opérateurs plus élémentaires, ce qui conduit à établir des relations paraphrastiques entre phrases, par exemple des relations entre différentes diathèses, entre expressions thématisatisées ou non, entre prépositions et préverbes, ... Dans certains cas, les translatifs sont les traces de combinateurs. Contrairement à ce que soutient le mathématicien R. Thom[30], la syntaxe des langues naturelles n'est pas « pauvre », car elle n'est pas réduite aux structures arborescentes puisqu'elle elle met en jeu des opérateurs de différents types, ce qui restreint les applications et, de plus, ces types s'adaptent au contexte, pour être transformés par des translatifs et se composer entre eux…

Par l'introduction des types fonctionnels et l'utilisation du formalisme applicatif de la Logique Combinatoire, la complexification du modèle initial de Tesnière permet d'approfondir des problèmes relatifs, entre autres, aux opérations de prédication, de détermination, de quantification et d'ouvrir la voie à une prise en compte des opérations énonciatives et à leurs formalisations. Cette extension conduit à comparer systématiquement différentes formes de représenta-

---

29 Voir Lambek (1988) et Desclés (2018).
30 « Pour un mathématicien, les structures syntaxiques sont pauvres. Quand vous comparez le malheureux arbre de la grammaire générative avec le moindre groupe de Lie… » (René Thom, « Métaphysique extrême », *in* Foucault & *al*. 2021 : 77–83).

tions (stemmas, arbres de dépendance, arborescences syntagmatiques, arbres applicatifs) et diverses approches théoriques (Grammaires Catégorielles, Calcul de Lambek, Grammaire Applicative de Shaumyan, Grammaire d'opérateurs de Harris, Modèle « sens-texte » de Mel'čuck, Grammaire Universelle de Montague, Grammaire Générative et Transformationnelle de Chomsky,...), ce qui éviterait à la linguistique générale d'enfermer ses réflexions théoriques et ses analyses dans des Écoles (ou paradigmes) qui s'ignorent superbement.

Bibliographie

Ajdukiewicz Kazimierz, 1935, "Über die Syntaktische Konnexität", *Studia PhilosoPhica*, 1: 1–27.
Bar-Hillel Yesuah, 1953, "A Quasi-Arithmetical Notation for Syntactic Description", *Language*, 29: 47–58.
Benveniste Émile, 1966, *Problèmes de linguistique générale*, vol. 1, Paris, Gallimard.
Church Alonzo, 1940, "A formalization of the simple theory of types", *Journal of Symbolic Logic*, 5: 56–68.
Church Alonzo, 1941, *The Calculi of Lambda-Conversion*, Princeton, Princeton University Press.
Culioli Antoine, Desclés Jean-Pierre, Raphaël Kaboré & Djamel Koulougli, 1981, *Systèmes de représentations linguistiques et métalinguistiques. Les catégories grammaticales et le problème des langues peu étudiées*, rapport présenté à l'UNESCO (1980), publié dans la Collection ERA 642, Paris, Université de Paris 7.
Curry Haskell B., 1934, "Functionality in Combinatory Logic", Proceedings of the National Academy of Science of the USA, 20: 584–590.
Curry Haskell B., 1961, "Some logical aspects of grammatical structures", *in* R. Jakobson (ed.), *Structure of Language and its Mathematical Aspects*, American Mathematical Society, Providence, Rhode Island: 56–68.
Curry Haskel B. & Feys Robert, 1958, *Combinatory Logic*, vol. 1, Amsterdam, North-Holland Publishing Company.
Desclés Jean-Pierre, 1990, *Langages applicatifs, langues naturelles et cognition*, Paris, Hermès.
Desclés Jean-Pierre, 2004, « Analyse syntaxique et cognitive des relations entre la préposition *sur* et le préverbe *sur-* en français », *Studia Kognitywne*, 6, Warszawa, Polska Akademia Nauk, Instytut Slawistyki : 21–48.
Desclés Jean-Pierre, 2005, « La polysémie verbale. Un exemple : le verbe *avancer* », *in* O. Soutet (dir.), *La Polysémie*, Paris, Presses de l'Université Paris-Sorbonne : 111–136.
Desclés Jean-Pierre, 2011, « Une articulation entre syntaxe et sémantique cognitive : la Grammaire Applicative et Cognitive », *Mémoires de la Société Linguistique de Paris*, XX, *L'architecture, les modules et leurs interfaces*, Leuven, Peeters : 115–153.
Desclés Jean-Pierre, 2018, « Brève généalogie des grammaires catégorielles », *Verbum*, XL/2 : 143–171.
Desclés Jean-Pierre, Guentchéva Zlatka & Shaumyan Sebastian, 1985a, *Theoretical Aspects of Passivization in the Framework of Applicative Grammar*, Amsterdam, John Benjamins Publishing Company.

Desclés Jean-Pierre, Guentchéva Zlatka & Shaumyan Sebastian, 1985b, "Theoretical Analysis of Reflexivization in the Framework of Applicative Grammar", *Linguisticae Investigationes*, 10 (1): 1–65.
Desclés Jean-Pierre, Guibert Gaëll & Sauzay Benoît, 2016a, *Logique combinatoire et λ-calcul : des logiques d'opérateurs*, Toulouse, Cépaduès.
Desclés Jean-Pierre, Guibert Gaëll & Sauzay Benoît, 2016b, *Calculs de signification par une logique d'opérateurs*, Toulouse, Cépaduès.
Foucault Michel & *al.*, 2021, *Foucault, Duby, Dumézil, Changeux, Thom. Cinq grands entretiens au champ freudien*, Paris, Navarin Éditeur.
Frege Gottlob, 1893/1967, *Grundgesetze des Arithmetik, begriffsschriftich algeleitet*, Band I, Jena, Verlag Hermann Pohle, trad. en anglais: *Basic Laws of Arithmetic, Exposition of the System, translated and edited, with an introduction, by Montgomery Furth*), Berkeley, Los Angeles, University of California Press.
Grize Jean-Blaise, 1969, *Logique moderne*, Paris, Gauthier-Villars.
Hays David, 1964, "Dependency Theory: a formalism and some observations", *Language*, 40/4: 511–524.
Harris Zellig, 1982, *A Grammar of English based on Mathematical Principles*, New York, John Willey and Sons.
Hindley Roger J. & Seldin Jonathan P., 2008, *Lambda-calculus and Combinators, an introduction*, Cambridge, Cambridge University Press.
Jespersen Otto, 1924/1971, *La philosophie de la grammaire*, trad. de l'anglais, Paris, Les éditions de Minuit.
Lambek Joachim, 1958, "The Mathematics of Sentence Structure", *American Mathematical Monthly*, 65: 154–170.
Lambek Joachim, 1961, "On the Calculus of Syntactic Types", *in* R. Jakobson (ed.), *Structure of Language and its Mathematical Aspects*, American Mathematical Society, Providence, Rhode Island: 166–178.
Lambek Joachim, 1988, "Categorial and Categorical Grammars", in R. T. Oehrle, E. Bach & D. Wheeler (eds.), *Categorial Grammars and Natural Languages Structures*, D. Reidel Publishing Company: 297–317.
Mel'čuk Igor, 1988, *Dependency Syntax: Theory and Practice*, Albany, State University of New York Press.
Montague Richard, 1974, *Formal philosophy: selected papers of Richard Montague*, New Haven, Yale University Press.
Russell Bertrand, 1903, *Principles of Mathematics*, London, Allen & Unwin, trad. partielle dans *Écrits de logique philosophique*, Paris, Presses Universitaires de France.
Schönfinkel Moshe, 1924/1971, "On the Building Blocks of Mathematical Logic", in J. van Heijennoort, *From Frege to Gödel: A Source Book in Mathematical Logic*, 1879–1931, Harvard University Press: 355–366.
Shaumyan Sebastian, 1987, *A semiotic Theory of Natural Langue*, Bloomington, Indiana University Press.
Steedman Marc, 1988, "Combinators and Grammars", in R. T. Oehrle, E. Bach & D. Wheeler (eds.), Categorial Grammars and Natural Languages Structures, D. Reidel Publishing Company: 207–263.
Tesnière Lucien, 1959/1966, *Éléments de syntaxe structurale*, Paris, Klincksieck.
Vernant Denis, 2018, *Questions de logique et de philosophie*, Milan, Éditions Mimésis.

Nicolas Mazziotta
Chapitre 3
Employer les diagrammes pour raisonner : usage dynamique des stemmas chez Lucien Tesnière

Ce chapitre a pour objet le fonctionnement des diagrammes dans l'œuvre de Tesnière (auxquels ce dernier donne le nom de *stemmas*[1]). Il s'intègre dans deux ensembles de recherches que nous menons depuis quelques années avec Sylvain Kahane[2] : 1/ sur les représentations diagrammatiques en linguistique ; 2/ sur le développement de la pensée de Tesnière, le plus souvent en lien avec sa manière de concevoir les stemmas. L'originalité d'un auteur comme Tesnière est d'avoir mené l'élaboration de sa théorie au travers de l'inscription graphique des connaissances syntaxiques – même s'il ne fut pas le premier à le faire, cf. notamment Imrényi & Mazziotta (2020). La présence massive des diagrammes dans la pratique de nombreux syntacticiens d'obédiences très diverses aujourd'hui démontre le succès de la démarche. Les données que nous inspecterons sont majoritairement issues des *Éléments de syntaxe structurale* (Tesnière 1966 [1959], désormais *ESS*, dont nous utilisons la numérotation en chapitres et paragraphes), mais certains diagrammes sont issus du fonds Tesnière à la B.n.F. (N.A.F. 28026)[3].

Nous considérons que les stemmas sont des outils formels, au sens où ils sont contraints par un nombre limité de règles de construction et par un inventaire limité d'unités discrètes (traits, bulles, etc.), que nous appelons *entités* à la suite du Groupe μ (1992). Ces outils permettent d'inscrire l'analyse linguistique de manière graphique, dans ce qu'on peut appeler un *diagramme*. Si l'on suit le logicien C. S. Peirce,

> A Diagram is mainly an Icon, and an Icon of intelligible relations. It is true that what must be is not to be learned by simple inspection of anything. [...] Now since a diagram, though

---

1 Nous rappellerons les éléments essentiels des règles de construction générales des stemmas qui sont nécessaires à notre exposé. Pour davantage de détails, nous renvoyons le lecteur à l'exposé qu'en fait Tesnière (1966 [1959]), à la présentation succincte de Soutet (1999), ainsi qu'à l'analyse formalisante de Mazziotta (2014).
2 Notamment Mazziotta & Kahane (à paraître) ; Mazziotta (2014, 2019).
3 Auquel Marie-Hélène Tesnière, que nous remercions, nous a grandement facilité l'accès.

Nicolas Mazziotta, Université de Liège, Centre de linguistique française, générale et romane – UR Traverses

https://doi.org/10.1515/9783110715118-003

it will ordinarily have Symbolide Features, as well as features approaching the nature of Indices, is nevertheless in the main an Icon of the forms of relations in the constitution of its Object, the appropriateness of it for the representation of necessary inference is easily seen. (1931 : §4.531, *in fine*)

Les diagrammes sont des signes qui représentent l'analyse. Plus précisément, il s'agit d'*icônes* au sens sémiotique classique (Klinkenberg 1996 : 148 ; v. en outre Groupe μ 1992 : ch. 4) : leurs caractéristiques sont similaires aux caractéristiques de ce qu'ils représentent. Pour le cas que nous examinerons, les entités graphiques du diagramme sont agencées de manière isomorphe aux relations syntaxiques de l'analyse linguistique. Certaines entités graphiques correspondent non à des unités observables (les morphèmes), mais à des unités conceptualisées par l'analyse. Elles sont ainsi *réifiées* par des entités symboliques (figurations arbitraires discrètes) ou, plus rarement, des entités iconiques (figurations motivées discrètes). Chez Tesnière, une suite de lettres représente un mot (par autonymie), un trait représente une relation de dépendance ou d'équivalence « structurale », etc. L'originalité de la démarche de Tesnière a en effet été de réifier les relations entre les mots, conformément à l'idée que ces dernières sont un élément à part entière dans la construction des phrases (*ESS* : 1.5). C'est grâce à cela que l'organisation des stemmas peut être iconique de l'analyse syntaxique (Samain 1995 : 131 ; Petitot 1995).

Cette iconicité permet de réfléchir sur l'analyse au travers du diagramme et de faire émerger de nouvelles connaissances à propos des données linguistiques, que ce soit par comparaison, par classification ou par évaluation des différences. Selon Peirce, le diagramme permet le raisonnement « théorématique », qui ne se contente pas de l'observation de prémisses, mais ajoute du contenu pour mener à une nouvelle interprétation créative (Chauviré 2008 : 36–42). Dans ce cas, l'utilisation des diagrammes est *dynamique*. Loin de figer la connaissance en une image statique, le diagramme rend le raisonnement possible. En pratique, ce raisonnement procède par comparaison entre plusieurs diagrammes, de manière à mettre en évidence des différences et des similarités.

Au travers d'une sélection d'illustrations que nous avons jugées pertinentes et représentatives, notre exposé visera à identifier les moyens graphiques dont Tesnière fait usage pour raisonner. Nous observerons deux manières de procéder : soit par comparaison de diagrammes indépendants en vue de repérer des similarités ou des différences (1), soit par construction de *métadiagrammes*, c'est-à-dire des diagrammes qui représentent des manipulations de stemmas ou des relations entre stemmas (2). Nous verrons que la constitution d'entités graphiques complexes (que nous nommerons *surentités* à la suite du Groupe μ) est le plus souvent au cœur du raisonnement.

1 Comparaison de diagrammes indépendants

Les cas que nous allons examiner dans cette section consistent en la mise en parallèle de diagrammes indépendants. Nous montrerons comment les stemmas peuvent être employés pour rendre compte de manière synthétique de *similarités*, dans l'optique de mettre en évidence des généralisations concernant les analyses (1.1). Nous montrerons ensuite que Tesnière se sert de stemmas pour définir et pour justifier la spécificité relative des analyses (1.2). Dans les faits, il est évident que toute comparaison effective relève à la fois de l'observation de similarités et de différences. Nous séparerons ici les deux aspects dans la mesure du possible, tout en restant conscient du caractère artificiel de ce traitement.

1.1 Expression des similarités

La comparaison de dispositions similaires d'entités dans l'espace bidimensionnel (1.1.1) permet la constitution de formes récurrentes (1.1.2) et peut être mise à profit pour définir une modélisation graphique des règles syntaxiques (1.1.3).

1.1.1 Spatialisations identiques

L'entité graphique fondamentale dans les stemmas est le /trait plein/ (nous noterons désormais les noms des entités entre barres obliques). Chaque /trait plein/ entre généralement dans un réseau avec d'autres /traits pleins/, dont la *spatialisation* (orientation et position relative aux autres entités) représente des rapports de hiérarchie. Il s'agit du principe général de construction des diagrammes de Tesnière. Ce dernier l'illustre par la Figure 1.

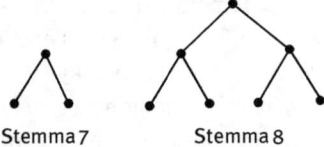

Stemma 7   Stemma 8

Figure 1: Principe général des stemmas (*ESS* : 4.4).

Les moyens graphiques à l'œuvre dans la Figure 1 sont assez simples, mais suffisent à nous faire intégrer que les stemmas ont un caractère général. Ce n'est pas pour rien que Tesnière présente ces formes très tôt dans son exposé (*ESS* : 4.4).

Leur présentation abstraite (aucun mot n'est représenté) invite à les considérer comme de pures formes géométriques, des spatialisations d'entités que le lecteur pourra *reconnaître* par la suite. Elles définissent un /angle/, pointant vers le haut, qui représente le rapport entre un gouverneur et ses dépendants. L'/angle/ ainsi défini et reconnu peut alors être mobilisé pour justifier un traitement identique de structures traditionnellement considérées comme différentes. Par exemple, les stemmas de la Figure 2 indiquent que l'analyse des dépendants du verbe *dîne* et celle du substantif déverbal *dîner* est fondamentalement identique (« L'adverbe est au verbe ce que l'adjectif est au substantif » (*ESS* : 32.18)).

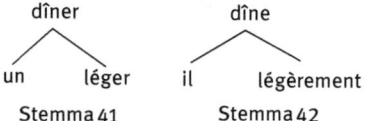

Figure 2: Structures similaires pour différentes classes de mots (*ESS* : 32.19).

Bien que son système le permette (voir par exemple *ESS* : 52 et Figure 23 ci-dessous), Tesnière omet toute /étiquette/ (entité informant sur le statut d'une autre) sur les /traits pleins/ dans le stemma 42 : il n'indique pas que *il* est sujet et que *légèrement* est circonstant. Ce choix a une valeur argumentative. En effet, les *ESS* ne proposent aucune convention pour étiqueter les dépendants du substantif dans le stemma 41. Intégrer les /étiquettes/ dans le stemma 42 aurait pour effet de créer un contraste qui nuirait à l'objectif de Tesnière : ce dernier veut montrer qu'en dépit de certaines différences, les constructions centrées sur un nom et celles centrées sur un verbe fonctionnent de manière similaire. Il s'agit d'un choix stylistique en quelque sorte, qui vise à focaliser l'attention du lecteur sur la spatialisation des /traits pleins/ et non sur le type de relation qu'ils réifient.

En appliquant le même principe, Tesnière arrive rapidement à définir l'indépendance de la syntaxe par rapport à la sémantique. Ainsi, la Figure 3 est l'équivalent tesniérien du fameux *Colorless green ideas sleep furiously* (Chomsky 1969 [1957] : 17). Par comparaison de stemmas (*ESS* : 20.17), Tesnière démontre que la structure de *Le silence vertébral indispose la voie licite* est parfaitement acceptable, puisque identique à celle de *Le signal vert indique la voie libre*.

L'apparition de plusieurs /traits pleins/ agencés de manière similaire invite à réfléchir à la manière dont les entités se combinent pour former des ensembles d'entités plus larges, mais néanmoins reconnaissables.

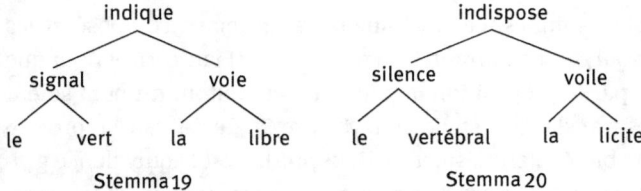

Figure 3: Structures identiques indépendamment du sens (*ESS* : 20.17).

1.1.2 Surentités récurrentes

D'autres entités, qui correspondent aux notions de *nucléus* (unité de comportement syntaxique et sémantique ; *ESS* : 22) et de *translation* (opération de changement de classe ; 3ᵉ partie des *ESS*), sont exploitées de la même manière. Le concept de *nucléus* est réifié par une /bulle/ dans les stemmas[4] (Figure 4). Quant aux translations, elles sont représentées par un /T stylisé/ (Figure 5).

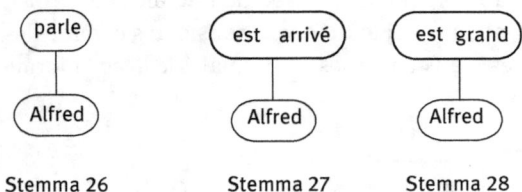

Figure 4: /Bulle/ du nucléus (*ESS* : 22.16).

Figure 5: /T stylisé/ de la translation (*ESS* : 156.9).

Dans un cas comme dans l'autre, les trois stemmas mis en parallèle présentent exactement la même spatialisation d'entités de même type – soit d'un /trait plein/ et de /bulles/, soit d'un /trait plein/ et d'un /T stylisé/. Tesnière argumente

---

[4] Tesnière parle plutôt de « cercle » (*ESS* : 22.6), mais le terme ne nous paraît pas convenir.

ainsi pour que les verbes simples, ceux conjugués à un temps composé et les verbes copules soient analysés en partant de la même base (Figure 4), et pour que les compléments régis par la préposition *de* qui gravitent autour du nom soient tous traités comme des translations en adjectif (Figure 5). Ce qui fait la force de son argument (qui reste bien entendu sujet à discussion), c'est l'équivalence graphique qu'il arrive à construire. Les exemples de traitements similaires sont nombreux dans les *ESS*[5].

Les entités spatialisées dans les différentes figures forment ce qu'on peut nommer des *surentités*. Il s'agit d'entités complexes formées de plusieurs entités plus petites (Groupe μ : 149–150). Le /trait plein/ de la connexion s'établit entre les /mots/ et construit des réseaux de formes diverses, la /bulle/ du nucléus autour des /mots/, les /mots/ de la translation autour du /T stylisé/. Ces surentités, sortes de *Gestalten*, sont distinctes d'autres configurations et identifiables au premier coup d'œil. Tesnière a remarqué l'importance de l'identification de surentités récurrentes pour modéliser la langue. Cela est particulièrement manifeste dans le traitement de la coordination, où la manière dont sont spatialisés les /traits pleins/ mène à l'établissement d'une typologie inspirée de l'héraldique. Ainsi, les deux /triangles/ qui se dessinent dans la Figure 7 sont considérés comme des occurrences des types dits « chapés » et « chaussés » par analogie avec la forme qu'ils dessinent (Figure 6).

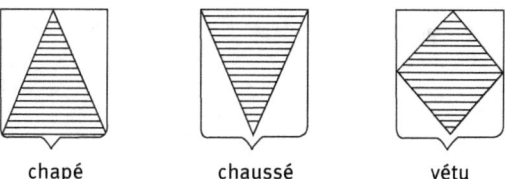

chapé   chaussé   vêtu

Figure 6: Analogie de forme entre les blasons et les stemmas contenant une coordination (*ESS* : 143.3).

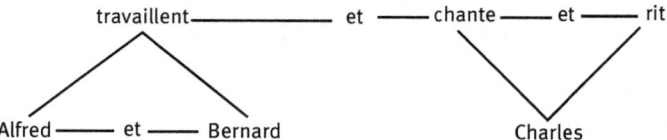

Figure 7: Exemple de stemma contenant deux coordinations de formes différentes (*ESS* : 257.11).

---

5 Voir par exemple *ESS* : 157, où Tesnière résout de manière graphique la relation entre le nucléus et la translation, dont nous reparlerons ci-dessous (1.2.1).

Les fiches de Tesnière contiennent les preuves que ce dernier raisonnait sur des formes pures. Ainsi, la Figure 8 correspond à ce que Tesnière appelle un « croisement hétérogène » des actants (*ESS* : 144.1–6), comme celui observé dans la phrase *Les enfants aiment et honorent leurs parents* (*enfants* est sujet des deux verbes et *parents* est objet direct des deux verbes).

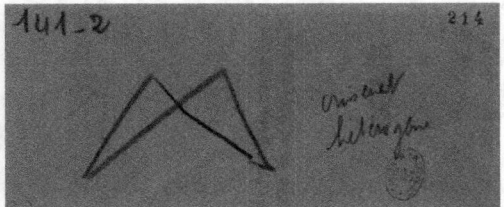

Figure 8: Classification basée sur une forme pure (N.A.F. 28026 : bte 65, 214).

1.1.3 Grammaire graphique

Les structures particulières envisagées jusqu'ici (Figure 2 à 5 et 7) servent d'exemples prototypiques pour une modélisation d'un plus haut niveau de généralité (traitement des dépendants du verbe et du nom, indépendance de la syntaxe, traitement des verbes, etc.). Cependant, dans les faits, rien ne les distingue de l'analyse ponctuelle d'une structure en discours, si ce n'est leur insertion textuelle : c'est finalement le texte autour des diagrammes qui invite à les comparer. L'appareil diagrammatique de Tesnière peut toutefois être plus autonome de ce point de vue : il y ajoute ce qu'il appelle des *stemmas virtuels*, semblables au stemma 44 de la Figure 9. À leur propos, il déclare :

> L'utilité de ce procédé est de mettre en évidence, par derrière les différences morphologiques, qui ne sont que réelles [= liées à une réalisation particulière], les ressemblances typologiques, qui sont virtuelles [donc d'un degré de généralité supérieur]. (*ESS* : 33.16)

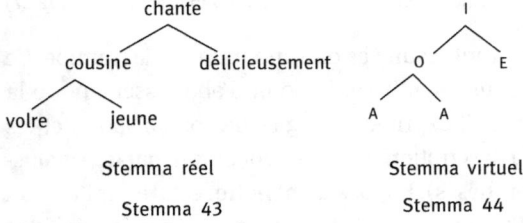

Figure 9: Généralisation symbolique d'une analyse concrète (1) (*ESS* : 33.9).

Dans le stemma 44, les /mots/ sont remplacés par les /symboles/ alphabétiques qui correspondent à leur « espèce » (classe de mot : *I* pour le verbe, *O* pour le nom, *A* pour l'adjectif et *E* pour l'adverbe). Ces /symboles/ de classes réifient le concept de *classe de mot* dans les diagrammes. Le même stemma virtuel est ensuite présenté comme correspondant à d'autres phrases effectivement réalisées. L'analyse du stemma virtuel de la Figure 9 sert de modèle à l'analyse de plusieurs phrases réelles, comme on le voit en comparant cette Figure 9 à la Figure 10 (*ESS* : 33.12).

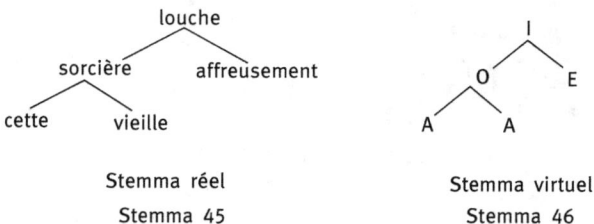

Figure 10: Généralisation symbolique d'une analyse concrète (2) (*ESS* : 33.12).

Le procédé de substitution des /symboles/ aux /mots/ correspond à une généralisation des observations de la phrase en discours : « il s'agit de rendre compte de l'invariance paradigmatique qui caractérise la loi immanente d'une série indéfinie d'occurrences » (Samain 1995 : 134). Il s'agit de la première étape de la démarche inductive qui aboutit à une description au niveau de la langue, voire du langage (voir par exemple *ESS* : 33.17).

Tesnière propose également une véritable grammaire graphique du système du nom, fondée en grande partie sur la spatialisation et résumée en ces termes :

> On voit par les chapitres précédents que le nœud substantival est susceptible de rayonner à son tour au moyen de connexions qui peuvent s'étendre dans tous les sens : par ses connexions inférieures, il régit l'épithète, par ses connexions supérieures, il est régi par l'attribut, par ses connexions horizontales structurales, il commande l'apposition, et par ses connexions sémantiques horizontales il commande l'apostrophe et permet la projection des actants. L'ensemble de toutes ces connexions peut être résumé par [la Figure 11]. (*ESS* : 72.27)

Les relations syntaxiques possibles sont résumées dans un unique diagramme. Ce dernier peut être considéré comme une synthèse, le point d'aboutissement de la comparaison de nombreux stemmas. Il exprime les règles de spatialisation et les met en relation avec les termes de la description (fonctions, débutant par une majuscule, et classes de mots, entre parenthèses). En focalisant notre lecture sur l'une ou l'autre des surentités constituées d'un /trait plein/ et de /mots/ aux extrémités dans la Figure 11, on peut observer la spatialisation prototypique des relations.

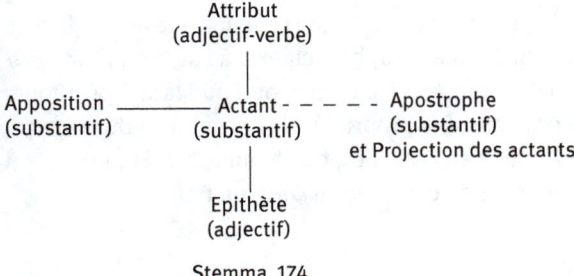

Stemma 174

Figure 11: Géométrisation commune d'un ensemble de relations (*ESS* : 72.27).

C'est par un procédé similaire que Tesnière dessine le diagramme de la Figure 12. Ce dernier indique la hiérarchie générale des classes de mots (le diagramme vient de ses brouillons et n'apparaît pas dans les *ESS*) selon des conventions différentes des conventions stemmatiques finales (voir Mazziotta 2019) : l'adverbe (*E*) et le nom (*O*) dépendent du verbe (alors noté *U* et non *I* comme il le sera dans les *ESS*), l'adjectif (*A*) du nom et l'adverbe du verbe ou de l'adjectif.

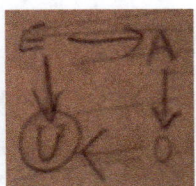

Figure 12: Modèle général des relations entre classes de mots (N.A.F. 28026 : bte 42, 148b).

Toutefois, alors que les comparaisons sont légion, les stemmas virtuels sont relativement peu mobilisés dans les *ESS*. L'exposé sur le mécanisme de translation fait cependant figure d'exception (*ESS* : 155). Tesnière note par la Figure 13 l'analyse type de la translation qui permet à un substantif (*O*) d'occuper une position syntaxique normalement occupée par un adjectif (*A*), grâce à mot grammatical dit « translatif » (*t*), permettant au mot transféré de changer de classe – comme dans *le livre de Jean*.

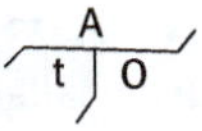

Figure 13: Modèle de la translation du nom en adjectif (*ESS* : 155.14).

Il s'agit là d'une des règles de la grammaire graphique sous-jacente au modèle de Tesnière : la translation est ici représentée graphiquement, à l'aide du /T stylisé/ et de /symboles/ dont la spatialisation relative correspond au statut spécifique. Cette surentité permet de raisonner sur les propriétés de la langue et du langage, comme dans le cas des « translations en cascade » du stemma 293 (Figure 14), où Tesnière met en évidence la récursivité de ce type de construction.

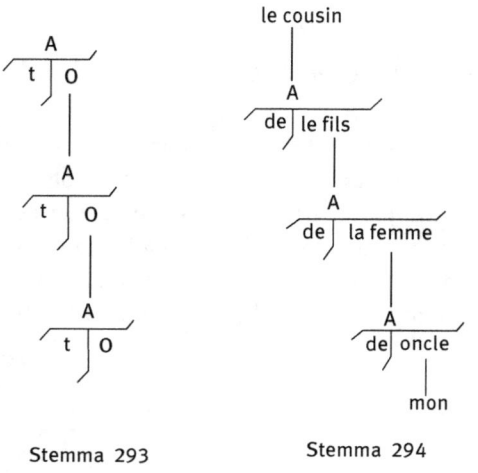

Stemma 293   Stemma 294

Figure 14: Translation « en cascade » (*ESS* : 164 : 5–6).

Retenons principalement de ces premières observations que la mise en évidence de similarités à l'aide de stemmas fonctionne par identification de surentités (spatialisations récurrentes de plusieurs entités en une unique surentité). Ces surentités sont fixées dans notre mémoire comme autant de modèles qui correspondent à une analyse spécifique.

1.2 Expression des différences

Il ressort déjà en filigrane de l'exposé qui précède que l'expression des similarités va de pair avec l'expression des différences. Ainsi les types généraux de la coordination (cf. 1.1.2, Figures 6 et 7) sont présentés comme différents. Si la spatialisation des /traits pleins/ permet de rapprocher les analyses concrètes de ces modèles, elle permet également de distinguer plusieurs catégories de constructions. Les différences peuvent se manifester soit par des spatialisations effectivement différentes (1.2.1) d'entités similaires, soit par l'opposition entre la présence et l'absence d'entités particulières (1.2.2).

1.2.1 Contraste de spatialisation

On voit dans les brouillons que Tesnière avait réfléchi à la possibilité de classer les types de phrases (avec un objectif d'analyse stylistique) : la fiche de la Figure 15 montre son intérêt pour une typologie fondée sur la spatialisation des stemmas.

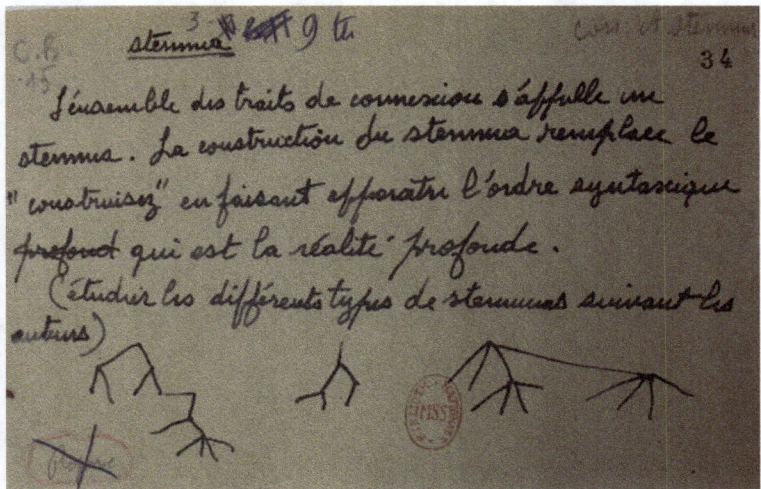

Figure 15: Idée d'une typologie basée sur la forme des stemmas (N.A.F. 28026 : bte 63, 34).

Nous n'irons pas plus loin sur le classement des phrases : ce qui nous intéresse ici, c'est que ce procédé de comparaison de spatialisation est mobilisé pour positionner les conceptions théoriques tesniériennes par rapport aux conceptions concurrentes. Ainsi, il est connu que Tesnière n'adhère pas à la bipartition *sujet/prédicat* (*ESS* : 49 ; Sériot 2020) et qu'il place le sujet en position inférieure par rapport au verbe. Il considère que le sujet est un actant, au même titre que les compléments d'objet direct et d'objet indirect. La Figure 16 reprend quatre des stemmas dont Tesnière se sert pour montrer le statut particulier de sa modélisation – il mobilise également des stemmas virtuels dans son argumentation (*ESS* : 49.11).

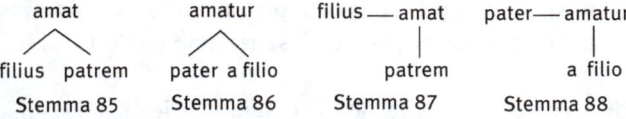

Figure 16: Position structurale du sujet (*ESS* : 49.15).

Les stemmas 85 et 86 correspondent à l'analyse de Tesnière, alors que les stemmas 87 et 88 sont l'inscription de l'analyse qu'il rejette. On voit que le stemma 85 et le stemma 87 diffèrent par la position relative d'*amat* et de *filius*, de même que par l'inclinaison du /trait plein/ qui unit ces deux mots. La position inférieure du mot *filius* dans le stemma 85 est l'expression visuelle iconique de la position de dépendant du mot sur le plan syntaxique. Les stemmas 86 et 88 présentent le même contraste visuel, qui correspond à la même différence d'analyse. La position des actants dans le diagramme sert d'argument en faveur de la nouveauté de la théorie tesniérienne, qui plaide pour la reconnaissance de la symétrie des actants, facteur essentiel de sa théorie de la valence (*ESS* : 49.16). Pour Tesnière, il est donc dommageable que « chaque actant [soit] sur un plan différent » (*ibid.*). De la même manière que ci-dessus (cf. 1.1.1), la spatialisation est l'élément primordial de la comparaison. Tesnière omet les /étiquettes/ qui réifient le typage des actants pour se focaliser sur le plus important : la position relative des termes représentés. C'est la position relative des entités qui fonde le contraste. Ce dernier est repéré par la dissimilarité des surentités récurrentes, qui se réduisent à celles représentées dans la Figure 17.

Figure 17 : Contraste entre surentités formées par spatialisations différentes.

Le positionnement relatif des /mots/ qui représentent les translatifs par rapport à la /bulle/ de nucléus dans les cas de translation illustre également l'exploitation de la spatialisation pour décrire une position théorique. Selon Tesnière, le translatif est « intranucléaire » : la translation a lieu à l'intérieur du nucléus, puis le terme transféré est connecté à son gouverneur (*ESS* : 157, 11–12 ; voir en outre Perrot 1995 et Mazziotta 2014 : 137–140). Selon cette conception, Tesnière refuse de considérer les prépositions comme gouverneurs du complément qu'elles régissent – comme c'est le cas dans de nombreuses approches dépendancielles, par exemple la Théorie Sens-Texte (Mel'čuk & Milićević 2014 : en partic. 106). Le contraste entre les deux approches est représenté par la Figure 18 : l'analyse rejetée est biffée (en bas à gauche), alors que l'analyse retenue ne l'est pas (en haut à gauche).

Indépendamment de la /croix/, qui réifie dans le diagramme le rejet de l'analyse, mais qui ne fait pas à proprement parler du système tesniérien (de même que la /flèche/ et la mention « faux »), nous retiendrons que le contraste établi est

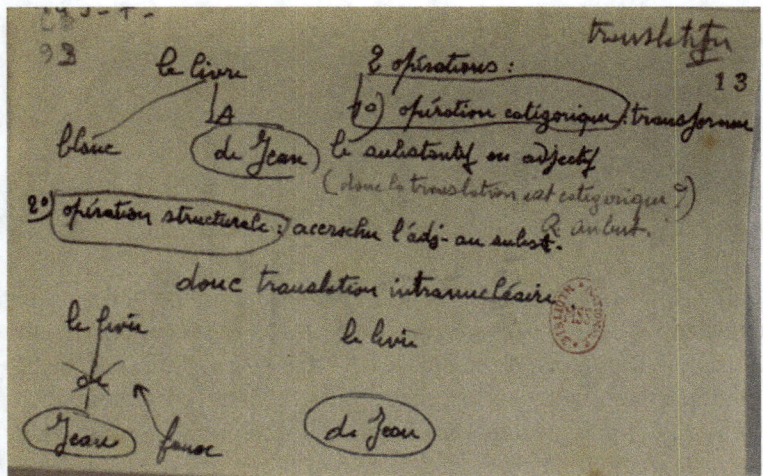

Figure 18: Justification de la position structurale des translatifs (N.A.F. 28026 : bte 66, 13).

fondé sur l'opposition /mot/ dans la /bulle/ vs /mot/ hors de la /bulle/. En d'autres termes, l'élément saillant est la constitution d'une surentité impliquant les /mots/.

La première utilisation des diagrammes pour indiquer des différences consiste donc à mettre en parallèle des stemmas de formes différentes pour montrer que certaines données observées ne sont pas du même type. Il s'agit en quelque sorte du contre-pied du procédé de mise au jour de similarités envisagé sous 1.1.1.

1.2.2 Contraste de présence

Un second procédé consiste à fonder la comparaison sur un contraste entre la présence et l'absence d'une entité pour former une surentité ou non. Ce procédé est illustré par la description des formes clitiques en français. Selon Tesnière, ces clitiques (pronoms conjoints et déterminants articles) ont cessé de jouer le rôle de « nœud » structural (*ESS* : 29). Ils ont pour ainsi dire fusionné avec les formes pleines avec lesquelles ils se combinent. Il s'agit de l'aboutissement d'un processus historique (*ESS* : 29.17–21). En effet, Tesnière explique que les formes latines dont les clitiques proviennent ont une autonomie supérieure, mais que les formes françaises ont perdu cette autonomie. Il propose de représenter cette différence au moyen des stemmas de la Figure 19.

Comme exposé précédemment (cf. 1.1.1), Tesnière omet les étiquettes actancielles. Par contre, les mots reliés par des /traits pleins/ sont également entou-

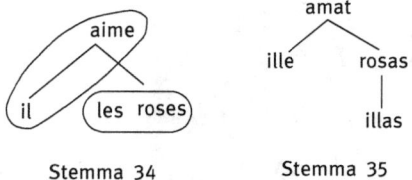

Stemma 34   Stemma 35

Figure 19: Rôle structural du pronom (indice actanciel) et de l'article (*ESS* : 29.20).

rés d'une /bulle/. Nous savons que les /bulles/ de nucléus sont le plus souvent omises, pour éviter d'« alourdir » les stemmas (*ESS* : 22.17). Tesnière a donc choisi de les omettre autour des /mots/ du stemma 35. Il s'agit encore d'un choix stylistique qui a toute son importance dans l'argumentation et dans la présentation du contraste : l'opposition présence/absence a une saillance cognitive plus importante. Le contraste s'établit ici moins par la spatialisation des entités que par l'identification d'une surentité (la /bulle/ contenant des /mots/), qui correspond à un concept (le nucléus), présent dans un cas et pas dans l'autre.

Comme l'identification des similarités, l'identification des différences se fait principalement par le biais de surentités. Les configurations de /traits pleins/ et de /bulles/ diffèrent par leur forme ou par la présence ou non de certaines entités qui se combinent avec les /mots/.

2 Métadiagrammes

Pour comprendre l'argumentation de Tesnière, nous avons vu qu'il était nécessaire de prendre en considération plusieurs diagrammes simultanément. Dans les cas abordés jusqu'ici, la mise en relation des diagrammes est exprimée par le texte qui entoure les diagrammes : elle n'est pas inscrite dans ces derniers. Dans cette section, nous allons nous occuper de cas qui, précisément, expriment de manière diagrammatique les relations entre plusieurs diagrammes. S'agissant en quelque sorte de « diagrammes de diagrammes », nous optons pour le terme *métadiagramme* pour les désigner.

2.1 Superpositions

Un premier type de métadiagramme manifeste un processus comparable à celui à l'œuvre dans les *composite photographs* chères à Peirce. Dans ces clichés représentant souvent des visages, les caractères spécifiques de plusieurs photographies se fondent les uns dans les autres pour générer une image unique qui les englobes tous (Peirce 1931 : 2.441 ; v. Stjernfelt 2007 : 187). Similairement, Tesnière peut superposer plusieurs diagrammes et les combiner en une seule image. De cette manière, il inscrit ensemble plusieurs analyses différentes, ainsi que la relation entre ces analyses. Concrètement, ce genre de procédé n'apparaît que dans ses brouillons (probablement pour des raisons matérielles ainsi qu'à cause de la dimension heuristique de la démarche).

Ainsi, la Figure 20 représente la relation entre l'organisation syntaxique et l'ordre des mots de la première phrase des *Bucoliques* :

[...] tu patulae recubans sub tegmine fagi / Silvestrem tenui musam meditaris avena[6] (Virgile, *Bucoliques*, 1.1).

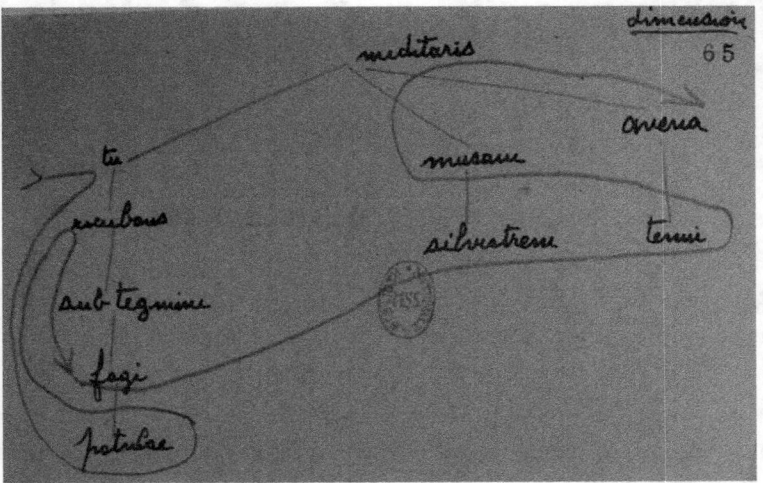

Figure 20: Superposition de l'espace de l'ordre des mots à l'espace du stemma (N.A.F. 28026 : bte 63, 65).

À l'espace graphique consacré à la structure stemmatique, constituée de /traits pleins/ et de /mots/ qui exploitent la spatialisation selon une logique hiérarchique, se superpose une flèche qui exprime l'ordre des mots. L'espace correspondant n'est pas spatialisé de manière iconique dans le stemma, mais représenté de manière symbolique. La forme de cette /flèche/ n'a absolument aucune pertinence indépendante : elle est entièrement contrainte par la spatialisation

---

6 Traduction : « Couché sous le large feuillage du hêtre, tu imagines un air sylvestre sur ton petit pipeau. »

des relations syntaxiques. Aucune *Gestalt* ne se forme : la surentité formée par la /flèche/ et les /mots/ n'est pas réutilisable.

Le même type de superposition apparaît dans un autre brouillon (Figure 21).

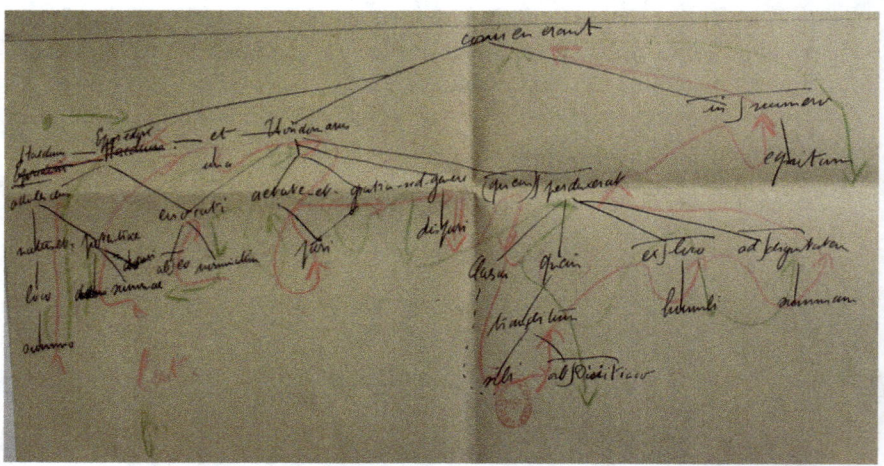

Figure 21: Superposition de deux espaces d'ordre des mots (lat. et fr.) à l'espace du stemma (lat.) (N.A.F. 28026 : bte 63, 68).

> Eporedorix Haeduus, summo loco natus adulescens et summae domi potentiae, et una Viridomarus pari aetate et gratia, sed genere dispari, quem Caesar ab Diviciaco sibi traditum ex humili loco ad summam dignitatem perduxerat, in equitum numero convenerant nominatim ab eo evocati.[7] (César, *La Guerre des Gaules*, 7.39.1.1).

Le stemma d'une phrase de la *Guerre des Gaules* est inscrit à l'encre noire. Tesnière superpose à ce stemma des /flèches/ colorées qui correspondent à la linéarisation de la phrase dans la langue de départ (en rouge) et en français (en vert). Comme dans la Figure 20, la forme dessinée par les /flèches/ est contingente. Cependant, à la différence de la figure précédente, chaque ensemble de /flèches/, dessine un /tracé/ qui contraste avec celui de l'autre ensemble. Si aucune *Gestalt* réutilisable ne se dégage, il devient par contre pertinent de comparer ponctuellement des spatialisations particulières, notamment pour constater les nombreux points où l'ordre latin est exactement l'inverse de l'ordre français. Pour cette

---

[7] Traduction : « Eporédorix l'Éduen, jeune homme de très haute naissance et très puissant dans son pays, et Viridomaros avec lui, de même âge et de même valeur, mais de moindre naissance, que César, sur la recommandation de Diviciacos, avait mené d'une basse extraction aux plus grands honneurs, avaient rejoint la cavalerie sur convocation spéciale de sa part. »

raison, Tesnière fragmente le /tracé/ en de multiples /flèches/ dont l'orientation est pertinente pour ce que l'auteur cherche à découvrir, car un tracé comme celui de la Figure 20 ne rend pas compte du fait qu'un unique /trait plein/ peut correspondre à deux directions.

Dans les deux cas que nous venons d'examiner, la comparaison entre les diagrammes se fait de manière implicite et spatiale. La lecture demande un effort d'analyse, pour considérer comme disjoints plusieurs espaces syntaxiques représentés simultanément (celui des relations structurales et celui ou ceux de l'ordre des mots dans une ou deux langues). On ne voit pas vraiment se dégager de surentité. Nous allons voir que la relation entre les stemmas peut être rendue explicite, par des procédés de réifications symboliques.

2.2 Réification des relations entre diagrammes

Les relations entre les diagrammes peuvent être réifiées de deux manières : soit par inscription des opérations reliant des stemmas complets, soit par inscription des relations entre des entités appartenant à des diagrammes différents.

Le premier cas de figure, très rare dans les *ESS*, est représenté uniquement par la Figure 22[8].

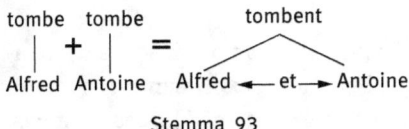

Stemma 93

Figure 22: Combinaison arithmétique de stemmas (*ESS* : 50.10).

Dans une optique pratiquement transformationnelle, Tesnière propose d'analyser la phrase *Alfred et Antoine tombent* comme le résultat de la combinaison des phrases *Alfred tombe* et *Antoine tombe*. Il distingue ainsi les conjoints coordonnés d'actants de rangs différents. Le stemma 93 est constitué de trois stemmas unis par des opérateurs mathématiques classiques. Ce sont ces opérateurs, importés d'un système formel différent du système diagrammatique, qui permettent de déterminer le statut relatif des trois stemmas : les relations syntaxiques inscrites dans les deux premiers se combinent (entité « + ») de manière à former (entité « = ») les relations syntaxiques inscrites dans le troisième.

---

8 L'utilisation des /flèches/ dans ce contexte est une exception que nous ne commenterons pas ici.

Le second cas de figure est exploité de manière intensive dans le livre E des *ESS*, intitulé « Métataxe ». La métataxe (Schubert 1987 ; Koch 2003) est une opération syntaxique décrivant les correspondances structurelles entre les stemmas, différents, d'une phrase et de sa traduction dans une autre langue ou, ce qui est plus rarement illustré dans les *ESS*, d'une phrase et d'une de ses transformations (cf. par exemple *ESS* : 129.17). La Figure 23 contient deux stemmas : celui de la phrase anglaise *I miss you* (à gauche) et celui de la phrase française *Vous me manquez* (à droite). Les deux stemmas sont différents : d'une part, la phrase anglaise comporte un prime actant et un second actant, alors que la phrase française comporte un prime actant et un tiers actant ; d'autre part, le prime actant de la phrase anglaise correspond au tiers actant de la phrase française et le second actant au prime actant.

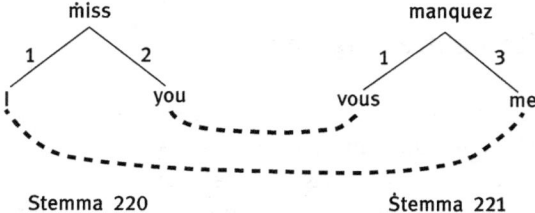

Figure 23: Métataxe : identification des différences structurales entre phrases de langues différentes (*ESS* : 123.2).

Les /traits discontinus/, que Tesnière emploie par ailleurs pour inscrire les relations sémantiques (*ESS* : 21.12), montrent que les /mots/ exprimant un contenu identique dans les deux langues sont positionnés différemment dans les stemmas. Il y a donc réification explicite de relations d'équivalence (de contenu) entre deux stemmas différents.

La combinaison des traits pleins et des /traits discontinus/ en un unique métadiagramme ouvre la porte à l'établissement d'une grammaire graphique des métataxes. Tesnière donne, selon sa propre expression, la « forme théorique » (*ESS* : 132.2) d'un seul type de métataxe dans les *ESS* (Figure 24), mais on voit dans ses brouillons qu'il avait réfléchi de manière générale à ce type de modélisation (Figure 25).

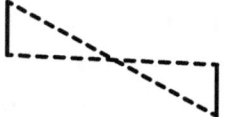

Figure 24: Modélisation de l'inversion du rapport gouverneur/dépendant (*ESS* : 132.2).

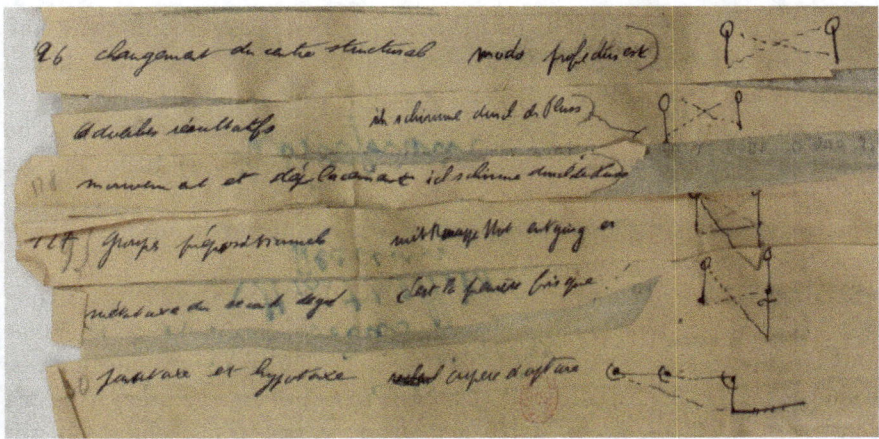

Figure 25: Extrait d'une tentative de grammaire des métataxes (N.A.F. 28026 : bte 64, 774).

Contrairement aux cas examinés sous 2.1, le procédé de réification symbolique des relations entre stemmas aboutit ici à une représentation généralisée de relations entre stemmas (mais malheureusement pas dans les *ESS*). Cette généralisation repose sur l'extraction des principales relations du métadiagramme et l'identification de la surentité qui correspond à ces relations.

3 Conclusion

Qu'il s'agisse de repérer des similarités (1.1) ou des différences (1.2), les diagrammes mobilisés par Tesnière présentent des formes récurrentes. Ces dernières, constituées d'entités spatialisées régulièrement de la même manière, constituent des *Gestalten* qui sont autant de balises du raisonnement graphique :
- Les entités minimales sont le /mot/ (autonymique), le /trait plein/ de connexion, le /trait discontinu/ d'anaphore, la /bulle/ du nucléus, le /T stylisé/ de la translation, le /symbole de classe/ et l'/étiquette/ de fonction. Plus rarement, Tesnière utilise la /flèche/ de l'ordre des mots.
- Les surentités récurrentes sont, principalement : les /angles/ (d'aperture et d'orientation différentes) constitués de /traits/, les /mots/ organisés par rapport aux /traits pleins/ et /discontinus/, à la /bulle/ et au /T stylisé/, et les configurations de /traits pleins/ et /discontinus/ (métataxe).

Reconnaître ces surentités graphiques est un élément capital de l'argumentation, qui permet à Tesnière de construire son système de règles syntaxiques (dont il peut prouver graphiquement la spécificité, cf. 1.2). Les règles se manifestent à différents niveaux de généralité, tant au niveau du discours (analyse d'une phrase) qu'au niveau de la langue (modélisation de la combinatoire) ou du langage (récurrences inter-langues). Tesnière extrait les surentités pour construire l'ébauche d'une véritable grammaire graphique (1.1.3, 2.2). On voit que quand aucune surentité récurrente ne se dessine aisément, comme dans le cas des superpositions d'espaces syntaxiques différents, il devient difficile de raisonner sur la forme générale du diagramme (2.1).

En outre, le caractère facultatif de certaines entités dans le système graphique défini par Tesnière rend le raisonnement fondé sur l'identification de surentités plus efficace. Les /étiquettes/ identifiant certaines fonctions sont facultatives, de même que les /bulles/ de nucléus. Choisir de ne pas en faire usage a comme conséquence de limiter la surcharge du diagramme, mais également de garantir la saillance des entités les plus importantes pour le raisonnement. Pareil choix stylistique, rendu possible par la souplesse du système, mériterait un examen approfondi.

Le raisonnement graphique passe par la comparaison implicite (1) ou explicite (2) de diagrammes. Dans le deuxième cas, la comparaison elle-même est réifiée par des entités qui expriment les relations entre les stemmas : des /opérateurs arithmétiques/, très circonscrits dans une utilisation particulière ou des /traits discontinus/, utilisés par ailleurs dans la théorie, mais mobilisés de manière systématique pour décrire les cas de métataxe.

De la posture de départ de Tesnière, qui consiste à reconnaître l'individualité des relations syntaxiques, à l'élaboration de principes de comparaison et de modélisation grammaticale, le simple /trait/ de connexion a permis l'élaboration d'un véritable raisonnement graphique.

Bibliographie

Chauviré Christiane, 2008, *L'œil mathématique. Essai sur la philosophie mathématique de Peirce*, Paris, Kimé.
Chomsky Noam, 1957, *Syntactic structures*, La Haye, Mouton (trad. 1969, Le Seuil).
ESS = Tesnière 1966 [1959].
Groupe µ, 1992, *Traité du signe visuel*, Paris, Le Seuil.
Imrényi András, Mazziotta Nicolas, 2020 (eds), *Chapters of dependency grammar. A historical survey from Antiquity to Tesnière*, Amsterdam/Philadelphia, J. Benjamins.
Klinkenberg Jean-Marie, 1996, *Précis de sémiotique générale*, Bruxelles, De Boeck.
Koch Peter, 2003, « Metataxe bei Lucien Tesnière », *in* V. Ágel & *al.* (eds.), *Dependency and valency: An international handbook of contemporary research (Vol. 1)*, Berlin, De Gruyter: 144–159.

Mazziotta Nicolas, 2014, « Nature et structure des relations syntaxiques dans le modèle de Lucien Tesnière », *Modèles Linguistiques*, 69 : 123–152.

Mazziotta Nicolas, 2019, 'The evolution of spatial rationales in Tesnière's stemmas', *in* K. Gerdes, S. Kahane (eds.), *Fifth International Conference on Dependency Linguistics. Proceedings*, Stroudsburg, Association for computational linguistics: 69–80.

Mazziotta Nicolas, Kahane Sylvain, à paraître, « L'émergence de la syntaxe structurale de Lucien Tesnière », *in* C. Mathieu & V. Bisconti, *Entre vie et théorie : La biographie des linguistes dans l'histoire des sciences du langage*, Limoges, Lambert-Lucas.

Mel'čuk Igor, Milićević Jasmina, 2014, *Introduction à la linguistique*, vol. 2, Paris, Hermann.

Peirce Charles S., 1931, *Collected papers of Charles Sanders Peirce*, Cambridge, Harvard University Press./Perrot Jean, 1995, « Sur la translation », *in* F. Madray-Lesigne & J. Richard-Zappella (eds), *Lucien Tesnière aujourd'hui*, Actes du colloque international CNRS URA 1160, Université de Rouen, 16, 17, 18 novembre 1992, Paris/Leuven, Peeters : 215–220.

Petitot Jean, 1995, « Approche morphodynamique de l'iconicité des stemmas », *in* F. Madray-Lesigne & J. Richard-Zappella (dir.), *Lucien Tesnière aujourd'hui*, Actes du colloque international CNRS URA 1160, Université de Rouen, 16, 17, 18 novembre 1992, Paris/Leuven, Peeters : 105–112.

Samain Didier, 1995, « Le graphe et l'icône. Remarques sur la logique du schématisme chez Lucien Tesnière », *in* F. Madray-Lesigne & J. Richard-Zappella (eds), *Lucien Tesnière aujourd'hui*, Actes du colloque international CNRS URA 1160, Université de Rouen, 16, 17, 18 novembre 1992, Paris/Leuven, Peeters : 129–135.

Schubert Klaus, 1987, *Metataxis: Contrastive dependency syntax for machine translation*, Dordrech, Foris.

Sériot Patrick, 2020, 'The Russian trail. Dmitrievsky, the little drama metaphor and dependency grammar', *in* A. Imrényi & N. Mazziotta (eds.), *Chapters of dependency grammar. A historical survey from Antiquity to Tesnière*, Amsterdam/Philadelphia, J. Benjamins: ch. 8.

Soutet Olivier, 1999, *Linguistique*, Paris, PUF.

Stjernfelt Frederik, 2007, *Diagrammatology: An investigation on the borderlines of phenomenology, ontology and semiotics*, Dordrecht, Springer.

Tesnière Lucien, 1959, *Éléments de syntaxe structurale*, Paris, Klincksieck (2ᵉ éd. 1966).

Raphaëlle Hérout
Chapitre 4
Les *Éléments de syntaxe structurale* : la théorie et ses fondations imaginaires

1 Introduction

Michel Arrivé, dans son article « Tesnière lecteur de Damourette et Pichon et de Benveniste » (1995), examine la façon dont Tesnière se nourrit des travaux de ses prédécesseurs et entretient une pratique de références et de citations explicites. Corrélativement à cela, ses écrits donnent également à lire un réseau de références, cette fois implicites, qui vont soit confirmer et compléter ce lien, soit mettre à distance les références affichées aux autres travaux linguistiques. Ces références apparaissent principalement dans les termes non métalinguistiques utilisés par Tesnière pour parler de la langue. Son œuvre regorge en effet d'expressions métaphoriques pour désigner la langue et pour caractériser certains faits linguistiques. Des métaphores vitalistes aux métaphores de la construction en passant par les métaphores de la gravitation, ou encore de la composition musicale, ces désignations travaillent l'écriture de la théorie linguistique en ajoutant à la description rationalisante un ancrage subjectivant. Ainsi souhaitons-nous analyser ces expressions utilisées pour désigner la langue, dans la mesure où elles montrent que les linguistes donnent aussi à lire un « corps imaginaire de la langue » (Philippe 2013, 2016).

Nous partons du postulat que la question de la théorie est inséparable de celle de la théorisation, c'est-à-dire de la construction du discours scientifique. Et si la science est discours, l'écriture théorique véhicule des représentations qui contribuent à la constitution des savoirs, en l'occurrence des savoirs linguistiques. Le discours linguistique est enraciné dans une pratique et dans un imaginaire de la langue (Houdebine 2002) dont il est possible, parfois, de retracer les contours, ce qui peut participer de la compréhension et de la mise en perspective des théories linguistiques. En cela nous souscrivons aux propos de François Provenzano, pour qui « le discours de la linguistique, comme d'ailleurs celui des autres disciplines scientifiques, est traversé par un imaginaire qui se lit dans les mots des linguistes » (2014 : 133). Interroger le discours scientifique sur la langue par le biais des mots qui le compose revient donc à analyser le réinvestissement

---

Raphaëlle Hérout, Université de Rennes 1

de représentations qui circulent dans un espace intellectuel donné, et qui participent à des transferts d'ordre scientifique et culturel. L'imaginaire de la langue, intimement imbriqué dans la description théorique, nous semble pertinent à mettre en lumière dans une démarche épistémologique à la fois en ce qu'il est révélateur de la circulation des idées et des sources qui nourrissent la conscience de la langue, et en ce qu'il constitue un geste énonciatif subjectif (Badir, Polis & Provenzano, 2013).

2 La métaphore : de l'intuition heuristique à l'obstacle épistémologique

Les *Éléments de syntaxe structurale* sont émaillés d'exemples nombreux, empruntés à un grand nombre de langues, et de métaphores plus ou moins figuratives ou explicatives, qui raccrochent l'analyse linguistique à d'autres domaines, d'autres champs scientifiques, notamment en recourant massivement à une imagerie tantôt technologique ou mécanique, tantôt vitaliste. Il s'agit là d'un trait idiolectal caractéristique de Tesnière – même s'il n'est pas le seul à en utiliser, loin de là – que l'on peut lire soit comme un effort à visée plus ou moins didactique ou pédagogique, soit comme les traces d'une science qui cherche à s'affirmer en recourant à des éléments institués des autres disciplines, ou encore comme la reformulation de schèmes de pensées partagés, caractéristique d'un air du temps. Arrivé (1995 : 6) considère que certaines métaphores « pertinente[s] » permettent de saisir et de systématiser certains phénomènes que Damourette & Pichon ne percevaient que de manière éparse ; Didier Samain (1994 : 199) explique qu'il faut « les prendre au sérieux » car elles « ne sont pas de simples commodités pédagogiques » mais fonctionnent, selon les termes de Robert Lafont (1995 : 159) « réellement [comme] un concept chez Tesnière ». Les métaphores agiraient donc comme un levier, permettant le passage à l'abstraction conceptuelle, et participant à la mise en forme de la connaissance : « de cette connaissance implicite, inscrite dans l'outillage lexical, Tesnière fait une connaissance rationnelle. Nous appelons cela praxis *de* linguistique » (Lafont 1995 : 161). Or le passage de l'implicite au rationnel nous semble loin d'être évident, et la praxis évoquée par Lafont moins opérante qu'il n'y paraît.

Judith Schlanger avait déjà analysé la façon dont la métaphore non seulement suscite une adhésion intuitive du lecteur, mais permet également une circulation des concepts : « Soit des notions ou des constellations de notions déplacées hors de leur terrain d'origine et employées ailleurs, dans un autre champ de pertinence. De tels transferts ne sont pas rares : ils sont, au contraire, un accompagnement mobile mais abondant de la réflexion » (Schlanger 1995a : 581). Cette mobilité –

entièrement contenue dans l'étymologie même de la métaphore –, qui reprend le principe de la « migration conceptuelle » développé par Ricœur (1975), rend visible le travail de la pensée, qui se nourrit de différents paradigmes scientifiques, mais la circulation d'un concept n'équivaut pas nécessairement à la création d'un concept en soi.

Si la métaphore présente le double avantage de permettre des passages d'un domaine notionnel à un autre – revêtant ainsi une dimension heuristique – et de permettre une appréhension intuitive des éléments pris en charge, on ne doit pas perdre de vue qu'en déterritorialisant les outils terminologiques, elle fait courir le risque d'entraver la stabilité conceptuelle nécessaire à l'analyse rationnelle. L'usage explicatif de la métaphore dans l'analyse linguistique soulève donc des questions sur la constitution du champ disciplinaire : « La forme du discours scientifique (ce qui est appelé "style" en sociologie des sciences), et tout particulièrement la terminologie, jouent donc un rôle crucial dans la constitution des champs ou sous-champs disciplinaires, puisqu'ils déterminent et rendent visible l'autonomie du domaine » (Neveu 2007 : 104). Dès lors, on peut se demander quelle est la part résiduelle de l'autonomie de la linguistique quand chaque outil de description est soit emprunté à une autre science, soit expliqué *via* une terminologie d'une autre discipline. Soit la linguistique n'est qu'une « proto-science » (Granger 1987 : 27, cité par Neveu 2007), soit l'abondance de métaphores fonctionne comme un obstacle épistémologique, tel que l'a défini Bachelard (2004 [1938]). Aussi allons-nous proposer une typologie des métaphores et comparaisons employées par Tesnière, en tentant de distinguer entre « habitude verbale » (Bachelard 2004 [1938] : 73) et performance explicative (Neveu 2007 : 112).

Ces métaphores, considérées comme une formulation qui ouvre l'accès à d'autres niveaux qui ne sont pas directement linguistiques, mais plutôt perceptifs et imaginaires, posent donc la question de savoir si l'imagination précède la perception des faits linguistiques, ou, en d'autres termes, si cet attirail de métaphores fait passer du théorique à l'empirique.

3 Métaphores de la vie quotidienne

3.1 La langue comme vêtement

Certaines métaphores employées par Tesnière dans ses raisonnements analogiques ancrent la description linguistique dans des domaines de l'expérience quotidienne. On trouve, par exemple, la métaphore de la langue comme vêtement, dès le début des *Éléments* :

(1) Une fois disposé en ordre linéaire sur la chaîne parlée, le **schème structural** de la phrase est prêt à recevoir le ***vêtement phonétique*** qui lui donnera sa **forme extérieure** (p. 34)

(2) La **nature** des marquants est le *vêtement phonétique* qui les constitue (p. 36)[1]

Ainsi pour Tesnière, la pensée est vêtue par la langue. Le vêtement est phonétique, il s'agit bien d'une matérialité sonore. En outre, cette métaphore crée une relation intertextuelle problématique avec le *Cours de linguistique générale*, puisque Saussure déjà l'employait, mais dans un autre sens. Pour lui, le vêtement est celui de l'écriture sur la langue :

> [i]l n'est pas facile de se débarrasser du *voile* que met l'écriture. Il faut toute une éducation même quand on est averti, pour voir la langue nue, non *revêtue* de l'écriture. Pour se convaincre que l'écriture n'est qu'une *guenille* sur son corps » (Saussure 1968 : 85)

Ou encore :

> Elle [l'écriture] n'est pas une coquille mais une *guenille* (Saussure 1968 : 85)

L'idée d'un vêtement grossier et mal adapté est récurrente, et montre que l'écriture n'intervient dans la langue que, selon les termes de Pierre-Yves Testenoire, comme « représentation seconde, externe, dégradée » (2016 : 35). Chez Saussure, les métaphores vestimentaires montrent le désir d'observer la langue dans un état de nudité : les vêtements sont une piètre façon qu'a l'écriture de couvrir la langue, là où, pour Tesnière, le vêtement donne de la visibilité.

L'emploi d'une métaphore commune, avec des implications divergentes, nous semble révélateur des influences latentes. En effet, il est surprenant, comme l'a montré Michel Arrivé, que Tesnière ne cite que très peu Saussure. Une seule référence apparaît dans les *Éléments*, à propos du « caractère linéaire de chaîne parlée » qui, pour Tesnière « n'apparaît pas d'emblée [...] dans une langue que nous connaissons ». Non seulement il n'y a qu'une référence, mais elle s'écarte dans son propos de la théorie saussurienne, ce qu'Arrivé interprète comme relevant « sans doute d'une divergence purement terminologique » (1995 : 53). L'exemple de la métaphore de la langue comme vêtement, qui concerne deux niveaux d'analyse différents chez les deux auteurs, nous permet donc de préciser qu'il ne s'agit pas uniquement d'une divergence d'ordre terminologique, mais qu'il s'agit de conceptualisations différentes.

On retrouve d'ailleurs la métaphore du vêtement de façon plus imagée chez Tesnière :

---

[1] Le gras est de l'auteur, nous mettons en italique.

(3) Quant à la syntaxe, elle a toujours été depuis Bopp, traitée en parente pauvre. Quand d'aventure on consent à ne la point passer complètement sous silence, ce n'est que pour lui *imposer la camisole de force d'un plan morphologique*. La plupart des syntaxes qui ont été publiées depuis un siècle ne sont ainsi que des **syntaxes morphologiques** (p. 34)

(4) Comme la phrase substantivale, la phrase adjectivale a quelque chose d'alerte et de vivant, mais aussi de *décousu et d'amorphe*. Elle est d'un style facile, mais ne donne pas une impression d'entière correction. C'est une ***phrase en manches de chemise***. Elle juge son auteur (p. 185)

L'image de la camisole ne balise aucun espace de connaissance, elle montre juste que Tesnière considère la syntaxe comme une discipline maltraitée ; ainsi Tesnière se positionne dans le champ disciplinaire, mais cela relève de la posture d'auteur et non pas de l'écriture théorique. L'image de la phrase en manches de chemise n'apporte aucun éclairage rationnel non plus, sa fonction est uniquement idéologique, elle exprime un point de vue axiologique sur un fait de langue qui reste en marge du discours explicatif.

Ces exemples relèvent des représentations de la langue, on sort du cadre de la métaphore qui serait, selon les termes de Bourdieu, un habitus scientifique, Tesnière emploie une métaphore qui appartient au champ notionnel, avec une nouvelle valeur, puis il file la métaphore sans aucun lien avec le propos original.

Hormis cet exemple, on trouve plusieurs métaphores qui corroborent l'idée que, selon Tesnière, la langue est un instrument, ou encore un outil ou un moyen de communication. Autant de formulations réinvestissant un certain nombre d'images techniques qui sont caractéristiques, selon Bachelard, de la pensée pré-scientifique, laquelle « se concentr[e] souvent autour d'objets privilégiés, autour d'instruments simples qui portent le signe de l'*homo faber* » (2004 [1938] : 80).

3.2 La langue comme outil

3.2.1 Télégraphe

(5) la **syntaxe est antérieure à la morphologie**. Lorsque nous parlons, notre intention n'est pas de trouver après coup un sens à une suite de phonèmes qui lui préexistent, mais bien de donner une forme sensible aisément transmissible à une pensée qui lui préexiste et en est la seule raison d'être. En d'autres termes, le *télégraphe* est là pour transmettre les dépêches, non les dépêches pour faire fonctionner le télégraphe (p. 36)

La thèse développée n'est pas en soi si difficile d'accès qu'elle mérite une illustration métaphorique : la pensée préexiste à la langue, la langue ne sert donc qu'à exprimer la pensée. La métaphore semble ici avoir une fonction plus didactique, elle permet de proposer une reformulation dans un discours second, de manière purement illustrative. Le recours à l'image du télégraphe ne relève en rien d'un concept, il s'agit simplement d'une analogie, par laquelle Tesnière incorpore des éléments de la vie pratique dans la théorie. En cela, elle fait largement sortir du territoire de l'explication linguistique et réintroduit l'image du fonctionnement de la langue comme un signal univoque alternativement encodé puis décodé. La métaphore, dans ce cas, ne crée pas d'agencement particulier qui permette de penser à nouveaux frais une question, ou de modifier le point de vue par lequel l'observation se fait. Elle entre bien dans la catégorie bachelardienne de l'obstacle par lequel la pensée se heurte à l'expression imagée : « Ces phénomènes, on les exprime : on croit donc les expliquer. On les reconnaît : on croit donc les connaître » (Bachelard 2004 [1938] : 73).

La vertu heuristique de la métaphore apparaît, dans le discours scientifique, lorsqu'elle est, selon les termes de Ricœur, « le produit d'une interaction conceptuelle entre deux domaines » (1975 : 105). En effet, en manipulant conjointement les ressources notionnelles de plusieurs champs épistémiques, « la métaphore maintient deux pensées différentes simultanément actives » (Ricœur 1975 : 105). Or dans la plupart des métaphores terminologiques de Tesnière, les domaines ne sont pas « simultanément acti[f]s », mais sont juxtaposés : l'un est sollicité pour illustrer un autre, les discours alternent, mais on ne peut pas conclure qu'un transfert ou un échange intervienne. C'est le cas également dans les exemples suivants.

3.2.2 Instruments d'observation

(6) C'est se payer de mots et masquer la réalité en la regardant à travers des *lunettes* d'historien, c'est-à-dire en substituant anachroniquement à la faveur d'un véritable *périscope mental* un fait antérieur à celui que l'on prétend observer (p. 396)

(7) De même que le *microscope* serait, si on voulait en faire un usage à tout propos et obtenir de tous les faits de la vie journalière un fort grossissement, aussi inutile et encombrant qu'il est précieux pour étudier de près des éléments strictement limités, de même le véritable rôle du stemma est de permettre de se rendre compte en détail de la structure de la phrase et non des grands ensembles qu'elle permet de constituer. Bref, ce serait un contresens total d'utiliser comme *télescope* ce qui est essentiellement un *microscope* (p. 631)

L'analogie avec les lunettes en tous genres cette fois ne concerne pas la langue en elle-même, mais tend à faire du métalangage un outil d'observation. Ainsi le stemma permet-il à Tesnière non seulement de développer l'analyse microscopique de la construction de phrases, mais aussi d'ancrer l'analyse linguistique dans l'imaginaire scientifique de l'observation du vivant. Le travail du linguiste sera alors de choisir le bon instrument, de se doter des bons outils. À nouveau, il apparaît que la métaphore ne développe pas l'explication rationnelle de faits de langue, mais bien plutôt la posture d'auteur, l'image du linguiste dans sa science : elle sert plus à créer une fiction qu'à approfondir la connaissance du domaine.

3.2.3 Électricité

> (8) On peut comparer avantageusement les anaphoriques à des *ampoules électriques* qui ne s'allument que lorsque le fil qui les alimente est mis en contact avec la source d'électricité. Il y a là en quelque sorte une prise de courant sémantique. En ce sens on peut dire que les anaphoriques sont des **mots-prises de courant** (p. 90)[2]

Cet exemple montre bien en quoi la métaphore fournit un support imaginatif, sans qu'il y ait nécessairement d'apport théorique, ni définition du fait envisagé. Elle travaille le texte en sous-main en développant des représentations imaginaires de la langue, sans en analyser le fonctionnement. C'est le cas également avec les métaphores qui se rattachent à d'autres domaines comme celle exploitant l'analogie, assez rebattue, de la langue comme architecture.

4 Métaphores issues des beaux-arts et autres domaines d'élection

4.1 Architecture

> (9) La phrase est un **ensemble organisé** dont les éléments constituants sont les **mots**. Tout mot qui fait partie d'une phrase cesse par lui-même d'être isolé conne dans le dictionnaire. Entre lui et ses voisins, l'esprit aperçoit des connexions, dont l'ensemble forme la *charpente* de la phrase (p. 11)

> (10) En d'autres termes, les mots constitutifs sont comme les **pierres** de construction de la phrase, tandis que les mots subsidiaires ne sont que le *ciment* qui sert à assurer plus de cohésion à leur agencement (p. 56)

> (11) La notion de mode conditionnel est particulièrement pernicieuse pour les étrangers, qu'elle empêche irrémédiablement d'apercevoir la structure réelle du système des temps en français et sa belle *architecture* (p. 592)

---

[2] Notons que l'image des mots « prise de courant », devant court-circuiter la pensée trop balisée et créer de nouvelles étincelles dans la langue, est un topos des avant-gardes poétiques de l'entre-deux guerres.

Le vocabulaire de la construction, qui tend à présenter la phrase comme édifice de pensée, agit non pas sur l'explication mais sur la représentation de la langue. D'ailleurs dans ces métaphores architecturales, la notion de structure n'est pas exploitée. L'imaginaire de la langue comme espace sémiotique et comme bâtiment abritant « l'esprit » justifie à lui seul une telle analogie visuelle. Tesnière jalonne ses *Éléments* d'images lui permettant de parler de la langue. C'est le cas également avec la référence à l'héraldique, qui se superpose à la représentation des stemmas.

4.2 Héraldique

> (12) Comme nous l'avons vu, dès que deux nœuds jonctés sont en connexion verticale, le stemma affecte la forme d'un triangle. L'étude des triangles résultant de la jonction permettra de se rendre compte des différentes variétés de la forme que celle-ci revêt dans le stemma. Afin de faciliter cette étude par l'emploi d'une terminologie adéquate, le mieux est d'adopter les termes usuels en *héraldique* de **chapé, chaussé** et **vêtu** qui nous fournissent précisément la possibilité de désigner les différents types géométriques qui sont susceptibles de se présenter dans le stemma (p. 339)

Le commentaire méta-terminologique paraît quasiment ironique, motivé qu'il est par une volonté de « faciliter » l'étude des stemmas. C'est bien la volonté de représenter les faits de langue selon un modèle géométrique qui incite Tesnière à emprunter une terminologie aussi imagée que peu usitée, qui fonctionne véritablement comme un droit d'entrée. Cette métaphore de l'héraldique véhicule en outre une conception iconique du fonctionnement du signe, qui lui permet de matérialiser une structure, mais pas de désigner un fait de langue.

4.3 Musique

Au compte des métaphores peu productives, on trouve aussi celle de la musique, utilisée pour parler de la négation :

> (13) Le discordantiel ne forme pas à lui seul la négation. Il la **prépare** seulement. Et c'est ensuite le forclusif qui la réalise. Le mécanisme pourrait se comparer à l'ensemble musical constitué par une ***dissonance*** (discordantiel) et par sa résolution dans une ***consonance*** (forclusif) (p. 224)

À nouveau, la métaphore ne propose ni explication ni problématisation, elle n'est sous-tendue par aucune matrice définitionnelle, et ne semble motivée que par la paronomase entre les termes *dissonance* et *discordantiel*. Il n'y a aucun déplacement conceptuel à l'œuvre, la métaphore semble servir la figuration de l'auteur en bel esprit, qui cherche dans les différentes pratiques expressives matière à développer ses intuitions.

4.4 Théâtre

(14) Le nœud verbal, que l'on trouve au centre de la plupart de nos langues européennes, que l'on trouve au centre de la plupart de nos langues européennes, exprime tout **un petit drame**. Comme un drame en effet il comporte obligatoirement un **procès**, et le plus souvent des **acteurs** et des **circonstances** (p. 102)

(15) L'absence d'actant dans les verbes avalents s'explique facilement si l'on songe qu'il s'agit d'un *drame* qui se joue indépendamment de tout actant (p. 239)

Contrairement à la métaphore musicale, celle du théâtre n'est pas que l'expression de la subjectivité du chercheur. En effet, Marc Arabyan (2014) a bien montré comment cette métaphore traverse le champ grammatical, depuis les grammaires scolaires de l'école de la Troisième République à Bréal en passant par Sechehaye. Elle relève donc plutôt d'un inconscient collectif, d'une représentation structurant un imaginaire de la langue. Le problème épistémologique est bien de conférer un statut scientifique à cet objet discursif véhiculant une doxa en vogue. Cela rejoint la démarche d'Irène Fenoglio qui, dans une optique génétique, interroge ce phénomène : « la visibilité de l'élaboration conceptuelle par et à l'intérieur de la chair de l'écriture (les mots, les phrases, le discours mais aussi, pour le discours en train de se fabriquer, les ratures, les reprises, les déplacements) est-elle de nature à modifier la compréhension des notions et concepts offerts dans le discours théorique publié ? » (2011 : 268)

La « chair de l'écriture » de Tesnière est ainsi habitée par un « luxe d'images » développant de « fausse[s] explication[s] obtenue[s] à l'aide d'un mot explicatif, par cet étrange renversement qui prétend développer la pensée en analysant un concept au lieu d'impliquer un concept particulier dans une synthèse rationnelle » (Bachelard 2004 [1938] : 19, 21). En revanche il est des cas plus intéressants, où d'autres champs épistémologiques constituent des modèles perceptifs à partir desquels s'élabore la théorie. La métaphore, dans ce cas, inscrit l'analyse linguistique dans d'autres paradigmes épistémiques, et la rattache à un ensemble conceptuel déjà institué.

5 Autres paradigmes scientifiques

5.1 Chimie – représentations nucléaires

C'est le cas avec la valence, qui est un des exemples d'emprunt terminologique qui a fonctionné. La métaphore est alors véritablement constitutive d'un élément théorique : en tant qu'outil de modélisation, le transfert du modèle fonctionne vraiment. D'ailleurs nous remarquons que les chapitres sur la valence verbale ne comportent aucune autre métaphore, c'est-à-dire qu'au moment où l'emprunt fonctionne, l'imagerie prolifique ne semble plus nécessaire. Nous ne développons pas l'analyse de la valence verbale, dans la mesure où elle est largement documentée avec justesse ; en revanche, nous remarquons que la métaphore de la chimie apparaît à d'autres occasions, dans des contextes discursifs qui recourent à l'empirisme, comme pour comparer des éléments ou pour prophétiser l'avenir de l'analyse structurale.

> (16) Il en va de même en *chimie*, où la combinaison du chlore Cl et du sodium Na fournit un composé, le sel de cuisine ou chlorure de sodium Cl Na, qui est un tout autre corps et présente de tout autres caractères que le chlore Cl d'une part et le sodium Na d'autre part (p. 12)

> (17) Le caractère *intranucléaire* d'un phénomène aussi important que la translation a pour effet d'orienter l'étude des nucléus vers **l'analyse intranucléaire.** Celle-ci est à la syntaxe structurale ce que l'*analyse chimique* est à l'étude des corps. Il apparaît donc que l'avenir des recherches de syntaxe est dans l'investigation intranucléaire, qui, seule, pourra permettre de reconnaître, à l'intérieur du nucléus, les phénomènes qui y siègent et qui procèdent, dans l'ordre intellectuel, de structures au moins aussi compliquées que le sont, celles de la *cellule*, de la *molécule* et de l'*atome* dans l'ordre matériel (p. 372)

Le recours à la terminologie de la chimie ne fonctionne pas comme une ressource nécessairement opératoire ; si elle sert de manière didactique la description de l'organisation de la matière, elle ne provoque pas de transfert notionnel. Ce qui apparaît à l'échelle microscopique se vérifie également à l'échelle macroscopique, avec l'image du « nucléus comme d'un astre » (p. 374), ou encore des subordonnées fonctionnant selon le principe de la « gravitation universelle [autour] du verbe » (p. 131). La logique qui sous-tend ces images est donc celle de la langue comme phénomène qui se dévoile grâce à une observation outillée, et qui répond à des lois physiques. Ces métaphores, parfois issues d'un même domaine notionnel, n'obéissent pas à une stratégie discursive précise, elles concernent autant le plan de l'observation de la langue que le plan de sa représentation. Face à la difficulté de saisir et retranscrire certains phénomènes langagiers, l'image scientifique va se substituer à l'effort interprétatif. Cela apparaît également avec les métaphores géographiques.

5.2 Géographie – représentations spatiales

Pour Tesnière, représenter une phrase comporte les mêmes difficultés que représenter le monde tridimensionnel sur une surface plane. L'enjeu est le passage de la phrase « structurale » à la phrase « linéaire ».

> (18) Il y a lieu de ne pas perdre de vue que, syntaxiquement, la vraie phrase, c'est la **phrase structurale** dont la phrase linéaire n'est que l'image *projetée* tant bien que mal, et avec tous les inconvénients d'*aplatissement* que comporte cette *projection*, sur la chaîne parlée (p. 20)

En reprenant de manière sous-jacente le thème de la carte et du territoire, Tesnière dissocie l'ordre de la pensée et l'ordre de l'expression, et semble confondre deux niveaux d'analyse. L'image de la projection sur un plan unidimensionnel va ensuite ouvrir à d'autres représentations spatiales, notamment concernant la direction à choisir.

> (19) De ce point de vue, on peut comparer le rôle des jonctifs de phrases à celui des indications, qui, aux carrefours, font connaître les endroits où mènent les différents *chemins* qui s'offrent au choix du voyageur. C'est pourquoi on peut dire que ce sont les *poteaux indicateurs* de la phrase (p. 332)

> (20) Mais la richesse en jonctifs présente un péril, c'est de s'en remettre à la valeur logique de ceux-ci pour cacher derrière une clarté apparente une absence de fermeté réelle de la pensée. Autrement dit on a alors affaire à une démarche de la pensée sans pensée, à des *poteaux indicateurs* sans *chemin* (p. 333)

La reformulation fait passer de l'idée d'espace verbal à celle du chemin que prend la phrase, puis à celle du cheminement de la pensée, qui trouve à s'exprimer dans des phrases linéaires. L'image a une vertu illustrative, mais pas explicative.

5.3 Sciences naturelles

Enfin, le texte de Tesnière est émaillé de références aux sciences dite naturelles via un grand nombre de métaphores vitalistes, qui poursuivent une certaine tradition linguistique ; Tesnière évoque sans cesse ce qui relève d'une « vie des mots » qui n'a rien à envier à Darmesteter. Selon les termes de Judith Schlanger, cet ancrage dans les sciences naturelles ne relève pas de « la connaissance biologique, mais de la rhétorique biologique, autrement dit du fonds d'énoncés virtuels que la biologie rend accessible au non-biologiste » (1995b : 32). Cette rhétorique présente le langage comme un organisme vivant, qui évolue selon les mêmes règles que n'importe quel autre élément de la nature.

5.3.1 Vie

(21) C'est donc la connexion qui donne à la phrase son caractère **organique** et **vivant**, et qui en est comme le principe vital (p. 12)

(22) Le nucléus se révèle donc, à l'analyse, comme un *organisme* au sein duquel se déroulent des opérations subtiles et complexes. Comme tous les organismes, il est *vivant*, c'est-à-dire qu'il évolue et connaît avec le temps des développements et des transformations qui ont leur histoire (p. 373)

Un véritable imaginaire de la langue empreint de représentations héritées des modèles vitalistes mêle à un certain romantisme de la vision de la nature une forme d'énergie créatrice. Ces métaphores organicistes disent qu'il y a plus que la simple activité rationnelle et intellectuelle qui est en jeu : *logos* et *physis* semblent dresser ce que Jean-Claude Coquet analyse comme étant un « continuum entre le langage [...], le monde dans lequel il est et sur lequel il agit (un monde où se situent, proches ou lointains, autrui et les objets) et l'être » (2007 : 8). Ce continuum s'observe également lorsque les métaphores désignent la mort de certaines formes langagières.

5.3.2 Fin de vie dans la langue

(23) C'est ainsi qu'il y a lieu de distinguer, parmi les translations dont le nucléus est le siège, celles qui sont encore vivantes, et celles qui sont déjà **figées** dans la *rigidité* de la *mort*. A mesure que la translation *vieillit*, elle s'atténue et a tendance à n'être plus vivante. Elle est figée quand le transférende n'est plus vivant et n'a plus qu'une valeur étymologique (p. 95)

(24) Cette nécessité n'a aucun inconvénient, bien au contraire, puisque plus le premier transférende est ancien, figé, purement étymologique et près de sa *mort*, plus le [symbole] qui en indique la translation est de petites dimensions (p. 475)

(25) Les formes périphrastiques sont donc des formes jeunes, et elles deviennent par agglutination des formes simples, qui sont des formes nouvelles, au fur et à mesure qu'elles *prennent de l'âge*, jusqu'au jour où elles sont *supplantées* par de nouvelles formes jeunes plus vivaces (p. 507)

Tesnière présente ainsi la langue comme répondant au principe de concurrence vitale, dans un darwinisme linguistique empreint de l'épistémè de la fin du XIXe siècle. Le sème de la force organique véhicule l'idée que la langue doit s'étudier comme une science naturelle, avec les mêmes outils d'analyse. La syntaxe structurale de Tesnière ressemble parfois plus à une sorte d'« histoire naturelle », on y voit toute une pensée de la langue qui se développe entre fantasmes, explications, et réinvestissement de représentations qui circulent dans un espace intellectuel donné, et qui participent à des transferts d'ordre tantôt scientifique tantôt culturel. C'est ce qu'on observe aussi avec les métaphores botaniques.

5.3.3 Botanique

La typologie des formes végétales informe la description de la langue, comme on le voit avec ces exemples :

> (26) Nous donnerons aux phrases de ce type le nom de phrases **bifides** en raison de la structure de leur extrémité inférieure. Celle-ci y apparaît, en effet, ainsi que les feuilles dites bifides en *botanique*, comme fendue en deux parties séparées par un angle aigu assez profond (p. 346)

> (27) Les phrases bifides sont comparables aux monstres animaux, qui ont deux têtes ou deux extrémités inférieures. Aussi, nous autorisons-nous de cette analogie pour les désigner en utilisant la même terminologie que les *biologistes* : assimilant la tête au début de la phrase et l'extrémité inférieure du corps à la fin de la phrase, nous distinguerons les phrases **catadidymes**, dont la bifidité va en descendant, c'est-à-dire les phrases bifides par leur début, et les phrases **anadidyme**, dont la bifidité va en montant, c'est-à-dire les phrases bifides par leur fin. (p. 347)

> (28) Il peut arriver que la bifidité soit double, c'est-à-dire que la phrase soit **clivée** par les deux bouts, tandis que le centre est commun. Les phrases de ce type sont donc à la fois *catadidymes* et *anadidymes*. Continuant à nous inspirer de la terminologie des biologistes, nous appellerons ces phrases *anacatadidymes*. (p. 349)

Cette terminologie, qui n'a pas connu de postérité dans l'analyse linguistique, pose finalement la question de savoir ce qui est observable, et avec quels moyens, dans la langue, dans la mesure où certains développements semblent plaquer des structures linguistiques sur une terminologie pré-sélectionnée. Tous ces paradigmes utilisés décrivent une langue qui s'engendre, croît et décline de son propre chef, qui se structure selon des arrangements moléculaires, bref qui répond aux lois de la nature. Ces lois sont aussi celles qui régissent le fonctionnement physique des corps, et cette image apparaît chez Tesnière, qui compare la langue à un corps, parfois monstrueux, parfois harmonieux.

5.3.4 La langue comme corps

> (30) Cette phrase se comporte donc comme un dragon qui aurait à la fois plusieurs *têtes* et plusieurs *queues*, mais un seul *tronc*. Ou encore comme des *frères siamois*, qui étaient soudés l'un à l'autre *dos à dos* par le milieu du *corps* (p. 349)

> (31) on peut dire que *ne* et *pas* se comportent comme les éléments de *l'articulation du coude ou du genou*, dont le fonctionnement normal exige le maintien d'une souplesse absolue entre les os supérieurs et les os inférieurs du bras et de la jambe. Si, pour une raison ou pour une autre, *l'articulation* s'ankylose ou qu'une opération oblige à l'*amputer* et à **souder** l'un à l'autre les os entre lesquels l'articulation doit normalement faire charnière, le jeu normal de celle-ci est annihilé, et le bras ou la jambe devient raide. Telle est cependant la belle explication que la plupart des grammairiens n'hésitent pas à proposer à leurs lecteurs : un membre infirme et ankylosé à la place d'une articulation saine et souple (p. 224)

Le corps de la langue, avec ses membres, ses pathologies, ses faiblesses mais aussi ses fonctionnalités remarquables, devient ainsi l'objet des observations du linguiste qui intervient sur la langue comme on transformerait le vivant.

6 Conclusion

L'abondance des métaphores, raisonnements analogiques et comparaisons illustratives pose un problème épistémologique. Elles forment un substrat lexical encombrant, qui déterritorialise sans cesse l'analyse linguistique sans nécessairement provoquer de transfert notionnel. Par leur syncrétisme, elles alimentent un discours kaléidoscopique dans lequel la théorie échappe plus qu'elle n'existe. La « chair de l'écriture » dresse le portrait d'une pensée linguistique traversée par un grand nombre d'influences et montre une subjectivité assumée, qui prend le relai de l'écriture théorique. Mais cette subjectivité reste dans l'ordre de la posture d'auteur : presque toutes les métaphores employées évincent la place du sujet parlant dans la construction du sens.

En cela nous retrouvons les analyses de Foucault qui, commentant les changements d'épistémè à la charnière des XIXe et XXe siècles, explique les liens entre les références organiques et la volonté émergente de concevoir l'historicité en linguistique:

> la Vie, comme forme fondamentale du savoir, a fait apparaître de nouveaux objets [...] et de nouvelles méthodes [...]. Le Discours comme mode du savoir a été remplacé par le Langage, qui définit des objets jusque-là inapparents [...] et prescrit des méthodes qui n'avaient pas encore été employées [...] (Foucault 1966 : 264)

Ces nouvelles méthodes, justement, sont permises par le changement de point de vue (discours *versus* langage) et, une fois admises, permettent de constituer véritablement le langage en objet d'étude. Mais, pour nouvelles que puissent être ces méthodes, en matière de langage, elles s'ancrent nécessairement sur les précédentes:

> La théorie de l'histoire naturelle n'est pas dissociable de celle du langage. Et pourtant, il ne s'agit pas, de l'une à l'autre, d'un transfert de méthode. Ni d'une communication de concepts, ou des prestiges d'un modèle qui, pour avoir « réussi » d'un côté serait essayé dans le domaine voisin. Il ne s'agit pas non plus d'une rationalité plus générale qui imposerait des formes identiques à la réflexion sur la grammaire et à la *taxinomia*. Mais d'une disposition fondamentale du savoir qui ordonne la connaissance des êtres à la possibilité de les représenter dans un système de noms (Foucault 1966 : 170)

La « théorie de l'histoire naturelle » apparaît chez Foucault comme un préalable nécessaire à la théorie du langage comme institution sociale. Il s'agit désormais d'intégrer le sujet parlant dans l'analyse des langues. L'affirmation de l'implication des sujets parlants sous-tend donc une modification essentielle : si les sciences naturelles fonctionnent sur le modèle des « lois », les sciences sociales, elles, sont régies par des « règles » (Auroux 1991, 2007). Le passage à une conception historiciste du langage entérine ce passage de la loi à la règle, changement d'importance car tout fonctionnement par règle est un fonctionnement normatif. C'est-à-dire que la forme du discours de Tesnière est imprégnée du paradigme naturaliste déjà inopérant à son époque. L'idéologie sous-jacente au discours métalinguistique véhicule une charge figurative empreinte d'affects qui fait que la part de l'imaginaire de la langue, avec ses représentations imagées, ses fantasmes, ses tentatives d'explications, y est considérable. Elle ne permet donc pas des représentations stables, préalables, selon Edgar Morin, à l'activité de synthèse:

> La représentation est une synthèse cognitive dotée des qualités de globalité, de cohérence, de constance et de stabilité. Si elle n'était soumise qu'aux impressions rétiniennes, elle tremblerait et se secouerait avec les mouvements de la tête et des yeux, elle grandirait ou rapetisserait selon la distance, elle se déformerait selon les changements d'angle. C'est alors le monde qui bougerait et se modifierait sans cesse, perdant sa consistance. Ce sont donc les qualités organisatrices (stabilité, cohérence, constance) qui donnent au monde sa consistance et permettent au regard, c'est-à-dire à l'esprit, de considérer ce monde stable, cohérent, constant, et d'y effectuer à chaque instant des analyses [...] et des synthèses [...] (Morin 1992 : 106)

Aux qualités requises à la constitution de représentations robustes s'oppose un fractionnement conceptuel qui se manifeste par le recours à des terminologies étrangères les unes aux autres, qui ne permet pas la synthèse cognitive attendue.

Bibliographie

Arabyan Marc, 2014, « Un drôle de petit drame », *Cahiers de praxématique*, 63.
Arrivé Michel, 1995, « Tesnière lecteur de Damourette et Pichon et de Benveniste », *in* F. Madray-Lesigne & J. Zappel (dir.), *Lucien Tesnière aujourd'hui*, Leuven, Peeters.
Auroux Sylvain, 1991, « Lois, normes et règles », *Histoire Épistémologie Langage*, 13 (1) : 77–107.
Auroux Sylvain, 2007, « Le Paradigme Naturaliste », *Histoire Épistémologie Langage*, 29 (2) : 5–15.
Bachelard Gaston, 1938, *La Formation de l'esprit scientifique : contribution à une psychanalyse de la connaissance*, Paris, Vrin (rééd. 2004).
Badir Sémir, Provenzano François, Polis Stéphane, 2013, « Dénommer. Regards rhétoriques sur la terminologie linguistique », disponible en ligne (https://orbi.uliege.be/handle/2268/170121).
Coquet Jean-Claude, 2007, *Phusis et logos : une phénoménologie du langage*, Saint-Denis, Presses Universitaires de Vincennes.
Fenoglio Irène, 2011, « Déplier l'écriture pensante pour re-lire l'article publié. Les manuscrits de "L'appareil formel de l'énonciation" d'Émile Benveniste », *in* E. Brunet & R. Mahrer, *Relire Benveniste. Réceptions actuelles des problèmes de linguistique générale*, Paris, L'Harmattan.
Foucault Michel, 1966, *Les Mots et les choses : une archéologie des sciences humaines*, Paris, Gallimard.
Houdebine-Gravaud Anne-Marie, 2002, *L'Imaginaire linguistique*, Paris, L'Harmattan.
Lafont Robert, 1995, « Le spectacle linguistique : concept ou métaphore ? », *in* F. Madray-Lesigne & J. Zappel (dir.), *Lucien Tesnière aujourd'hui*, Leuven, Peeters.
Morin Edgar, 1992, *La Méthode, tome 3. La connaissance de la connaissance : anthropologie de la connaissance*, Paris, Le Seuil.
Neveu Franck, 2007, « Singularités langagières du discours scientifique : l'exemple du discours linguistique », *Pratiques*, 135 (1) : 101–118.
Philippe Gilles, 2013, « Les deux corps du style », *Les Temps Modernes*, 676 (5) : 144–154.
Philippe Gilles, 2016, « Quelques réflexions sur les imaginaires stylistiques : Le *Criterion* et la question du style français », *COnTEXTES*, 18.
Provenzano François, 2014, « L'Imaginaire politique de la théorie de l'énonciation », *Langage et société*, 147 (1) : 133–150.
Ricœur Paul, 1975, *La métaphore vive*, Paris, Éditions du Seuil.
Samain Didier, 1994, « Chimie grammaticale. Modèles théoriques de l'épistémologie Tesnierienne » *Linguistica*, 34 (1) : 199–208.
Saussure Ferdinand de, 1968, *Cours de linguistique générale. Édition critique, tome 1*, Rudolf Engler (éd.), Wiesbaden, Allemagne, Otto Harrassowitz.
Schlanger Judith, 1995a, « Connaissance et métaphore », *Revue de synthèse*, 116 (4) : 579–592.
Schlanger Judith, 1995b, *Les Métaphores de l'organisme*, Paris, L'Harmattan.
Tesnière Lucien, 1959, *Éléments de syntaxe structurale*, Paris, Klincksieck (rééd. 1966).
Testenoire Pierre-Yves, 2016, « Sur la conceptualisation de la "langue écrite" dans les théorisations linguistiques du début du XXe siècle », *Dossiers d'HEL. Écriture(s) et représentations du langage et des langues*, 9 : 34–46.

Bernard Colombat
Chapitre 5
Le latin et le grec dans les *Éléments de syntaxe structurale*

Les *Éléments de syntaxe structurale* sont un manuel qui relève de ce qu'on appellerait aujourd'hui la typologie linguistique et à ce titre l'auteur fait intervenir de nombreuses langues. Mais il est intéressant d'y voir le traitement de ce qu'on appelle les langues classiques, à savoir le latin et le grec.

Ces deux langues sont fortement représentées dans l'ouvrage comme en attestent les nombreuses occurrences des termes *latin* et *grec*[1]. Il s'agira ici d'étudier comment Tesnière étudie les faits latins, quelles sont ses sources linguistiques concernant les langues anciennes, quels exemples il utilise, quels parallèles il établit avec d'autres langues, notamment le français et le grec, mais pas seulement. Nous procéderons de même pour le grec qui, pour être moins traité que le latin, occupe néanmoins une place non négligeable dans l'ouvrage.

Pour Tesnière, latin et grec figurent au nombre des langues « les plus importantes », comme le montre un tableau des « mots négatifs dans quelques-unes des langues les plus importantes » : ces langues sont le français, le latin, le grec, l'allemand, l'anglais et le russe (p. 218)[2].

Et la pédagogie des langues anciennes l'intéresse : dans sa conclusion, il dit s'être efforcé d'appliquer la méthode directe aux langues anciennes, étant lui-même l'auteur d'un petit traité *Pour prononcer le grec et le latin* (Paris, Didier, 1941, cité p. 662, note 1)[3].

---

[1] Par exemple : « le latin » (74 occ.), « le grec » (39 occ.) ; « en latin » (127 occ.), « en grec » (89 occ.) ; il faut y ajouter 259 occurrences de l'abréviation : « lat. » et 107 de l'abréviation « gr. ». Il est notable que la théorie de Tesnière a beaucoup inspiré un certain nombre de linguistes, notamment allemands, pour la description du latin ; cf. par ex. H. Happ, « Syntaxe latine et théorie de la valence : essai d'adaptation au latin des théories de Lucien Tesnière » (et la bibliographie afférente), *Langages*, 50, 1978 : 51–72. C'est un point que nous n'aborderons pas ici.
[2] Les références sont faites aux pages de la 2ᵉ éd. revue et corrigée, 3ᵉ tirage, Paris, Klincksieck, 1976.
[3] Nicolas Mazziotta nous fait très justement remarquer que c'est une phrase latine (tirée du *Dialogue des orateurs* de Tacite, et reprise dans les *ESS*, stemma 357, p. 644) qui a donné à Tesnière l'idée du stemma. Cette phrase est la première d'une version latine donnée comme épreuve du baccalauréat le 22 juin 1932 et intitulée « L'apprentissage de la parole dans l'ancienne Rome ». Tesnière surveillait l'épreuve ; il en tira un stemma, comme en atteste une lettre à Mossé du

1 L'importance du latin dans les *ESS*

1.1 Une mauvaise influence du cadre latin pour la description des langues

Dans sa présentation des espèces de mots traditionnelles (A.8), Tesnière s'en prend à la manie qu'ont les grammairiens de sous-entendre des mots. Ce procédé est attribuable, selon lui, à une description fondée principalement sur le latin :

> En fait, la langue dont la grammaire vient ainsi se substituer à celle que l'on prétend étudier est la plupart du temps le **latin**. Celui-ci jouit en effet dans nos sociétés humaines d'un certain nombre de positions-clés. Les études de lettres commencent par lui. Il est à la base de la formation des grammairiens. En particulier, les missionnaires, qui sont souvent les premiers à étudier les idiomes exotiques, en sont imprégnés depuis le séminaire.
>
> [...] Cette substitution se réalise par le mécanisme suivant. Si d'aventure la langue étudiée se trouve avoir le même nombre de mots que le latin, la syntaxe latine s'y applique, par définition, d'une façon on ne peut plus adéquate ! La langue étudiée présente-t-elle maintenant par malheur un mot de moins que ne le veut la typologie latine, qu'à cela ne tienne, il est **sous-entendu** ! La langue étudiée présente-t-elle au contraire un mot de plus que ne l'exige la typologie latine, la difficulté n'est pas plus grande : le mot est **explétif** ! Passez muscade ! Et voilà, Monsieur, pourquoi votre fille est muette ! (p. 52–53)

La contestation de l'opinion traditionnelle qu'il y a des mots sous-entendus revient souvent, ainsi à propos des verbes météorologiques (*uei* expliqué à partir de *Zeus uei* « Jupiter pleut », p. 239–240) ou quand « la grammaire traditionnelle enseigne [...] que l'antécédent est sous-entendu » (p. 620).

Un autre exemple des méfaits de la description du latin mal appliquée à celle du français : la prétendue invariabilité de l'adverbe :

> Si le fait est difficile à observer avec précision en français, c'est qu'il a été vicié par les grammairiens qui ont prétendu lui appliquer les normes de la grammaire latine (v. chap. 27, § 12). Érigeant en maxime universelle ce qui n'est qu'un principe de grammaire latine, ils ont voulu qu'en français, comme en latin, l'adverbe soit invariable, et ils ont réussi à imposer leur conception à l'orthographe française chaque fois que l'adverbe *tout* pouvait **sembler** être invariable, c'est-à-dire devant un adjectif féminin commençant par une voyelle ou une *h* muette : *elles sont tout étonnées, elles sont tout heureuses*. (p. 184)

---

23 juin 1932 (cf. N. Mazziotta & S. Kahane, « L'émergence de la syntaxe structurale de Lucien Tesnière », *in* V. Bisconti & C. Mathieu, *Entre vie et théorie. La biographie des linguistes dans l'histoire des sciences du langage*, Limoges, Lambert-Lucas, à par.).

Dans la suite de ce développement, Tesnière a des mots violents : il parle de « chinoiserie grammaticale », de « cuistreries ». Ce n'est évidemment pas le latin qui est en cause, mais les grammairiens qui ne peuvent pas sortir du moule latin.

De même on observe un certain agacement face au latin vivant... dans les thèses encore écrites en latin !

> *nec non* au lieu de *et* est une de ces fausses élégances du latin, surtout du latin moderne, où elle abonde, en particulier dans les thèses et écrits universitaires, où les candidats s'évertuent à singer un peu à tort et à travers les écrivains classiques chez qui cette tournure était devenue un cliché. (p. 233)

Mais cette appréciation sévère peut s'étendre à l'étroitesse d'esprit des Latins qui ont parfois mal compris l'héritage grec, ainsi à propos de la translation adjectivale γενικός < γένος :

> Les Latins, d'esprit obtus et peu accessible aux idées générales abstraites, ne comprirent pas la portée philosophique de l'appellation grecque. Ramenant la conception de celle-ci à l'étroitesse de leur propre esprit et n'envisageant que le cas particulier où le génitif sert à exprimer l'origine, la naissance, la paternité [...], ils n'y virent que la notion génétique et traduisirent l'adjectif grec γενικός par *genitiuus*, comme s'il y avait en grec γεννητικός « propre à la génération » [...]. Et c'est ainsi que la vraie nature du génitif, parfaitement vue par les Grecs, s'est trouvée fâcheusement obscurcie par la tradition que nous tenons des Latins. (p. 440)

Mais dans l'ensemble, Tesnière ne fait pas retomber sur les Latins la responsabilité du biaisement des phénomènes décrits : ce ne sont pas eux les premiers responsables des errements de la « grammaire traditionnelle » (le syntagme revient 38 fois dans les *ESS*, et pas forcément avec une nuance péjorative).

1.2 Les sources grammaticales de Tesnière pour le latin

Tesnière est lui-même imprégné de la tradition latine, comme en témoignent ces références à la terminologie latine pour désigner noms d'agent et noms d'action :

> Les noms d'action sont connus de la grammaire traditionnelle sous la désignation latine de *nomina actionis*. (p. 403)

> Au prime actant correspond le nom de celui qui fait l'action, conçu et désigné par référence à cette action. C'est le **nom d'agent**, connu dans la grammaire traditionnelle sous l'appellation latine de *nomen agentis*. (p. 404)

Il est difficile de savoir ce que Tesnière connaît de la tradition grammaticale ancienne[4]. Il évoque bien les « grammairiens latins » (p. 451) et les « grammairiens grecs » (p. 242, 451), mais sans référence précise. En revanche il utilise des manuels de grammaire latine récents et assez souvent cités :

> J. Cousin, *Évolution et structure de la langue latine*, Paris, Belles Lettres, 1944 : p. 440n

> A. Juret, *Système de la Syntaxe Latine*, Paris-Strasbourg, Belles Lettres, 1926 : p. 35 et n 2, 204n, 382–383

> O. Riemann et A. Ernout, *Syntaxe latine*, Paris, Klincksieck, 1935 (et nouveau tirage, 1940) : p. 170n, 448n, 496n, 527 et n., 569n, 569n, 575n, 621n

> O. Riemann et H. Goelzer, *Grammaire latine complète*, Paris, A. Colin, 1902 : notes des p. 297, 301, 302, 315, 448, 451, 621

1.3 Une syntaxe latine dans les *ESS* ?

On trouve dans les *ESS* de nombreux éléments permettant de (re)construire une véritable syntaxe latine dans une optique tesniérienne, même si tel n'est pas l'objet de l'ouvrage. Tesnière montre qu'il peut renouveler le cadre descriptif traditionnel sur de nombreuses questions. On retiendra, parmi bien d'autres, les quelques points suivants :
– une analyse innovante de la phrase de base :

> Lorsque l'on dit en latin : *Aulus amat*, le prime actant est en réalité exprimé **deux fois** : une première, mais à titre purement étymologique, par la désinence *-t*, qui est le résidu d'un ancien substantif personnel, et une seconde par le mot *Aulus* lui-même, qui est le prime actant senti actuellement comme tel. En disant *Aulus amat*, c'est un peu comme si l'on disait en français : *Alfred il aime*. Aussi bien la forme latine *amat* s'emploie-t-elle indifféremment, qu'elle soit ou non accompagnée d'un sujet exprimé. On dit aussi bien *amat* « il aime » que *Aulus amat* « Aulus aime ». (p. 139)

– une insistance sur la phrase attributive et la phrase nominale qu'on ne trouve guère d'ordinaire dans les grammaires latines :

> Les phrases attributives existent également en latin, où l'on peut dire : *domus noua* « la maison est neuve ». C'est le type même de la **phrase nominale**, telle que le latin l'a héritée de l'indo-européen. De même en grec πάντων μέτρον ἄνθρωπος en ἄνθρωπος « l'homme est la mesure de toute chose », (cf. st. 154). (p. 156)

---

[4] Tant pour le latin que pour le grec, des autorités plus anciennes apparaissent, mais c'est dans une note sous la plume de Fourquet : Denys de Thrace, Appolonios Dyscolos [sic] et Varron, *De lingua Latina* (note intégrée au texte p. 118–119).

L'explication du célébrissime exemple de Virgile (*Buc.* 3, 80), « Triste lupus stabulis », dans lequel les grammairiens anciens voyaient un manque d'accord (expliqué par une « variation » [*alloiotès* chez Priscien]) ou une ellipse, est renouvelée ainsi :

> Dans la phrase latine *Triste lupus stabulis* « le loup est une chose néfaste pour les étables » (v. St. 155), l'épithète *triste* est bien un adjectif, mais un adjectif pris substantivement. La preuve en est qu'il est au neutre et ne s'accorde par conséquent pas avec le prime actant.

– la translation du substantif en adjectif de quiddité :

> [En latin] la translation du substantif en adjectif de quiddité est marquée, tout au moins dans le style familier, par l'emploi du génitif dit **explicatif** : *deliciae pueri* « un amour d'enfant », *scelus pueri* « un vaurien d'enfant », *monstrum mulieris* « un monstre de femme », *id lucri* « ce gain », m.-à-m. « cela de gain », *nihil novi* « rien de neuf ». (p. 448)

Dans les autres points traités, on trouve par exemple les questions de lieu (*ubi ? quo ? unde ? qua ?*, p. 74–75), les modalités sur l'interrogation (*num ueniet ?* / *nonne ueniet ?* / *uenietne ?*, p. 208–209) reprise à propos de l'interrogation indirecte :

> en latin, le marquant de l'interrogation indirecte est l'emploi du subjonctif : *aegrotatne pater tuus ?* « ton père est-il malade ? » ou, si la réponse prévue est négative : *num aegrotat pater tuus ?* « est-ce que (par hasard) ton père est malade ? » *quaero aegrotetne pater tuus* « je te demande si ton père est malade », *quaero num aegrotet pater tuus* « je te demande si (par hasard) ton père est malade ». (p. 555)

et, plus intéressant, la possibilité en latin d'une interrogation binucléaire en latin, à la différence du français : *quis quem uerberat ?* « quel est celui qui frappe et qui frappe-t-il ? » (p. 202).

La négation est également abordée, avec l'anticipation de la négation :

> Latin : *Noli me tangere*. Mot à mot : « Ne veuille pas me toucher », c'est-à-dire en bon français : « Veuille ne pas me toucher », « ne me touche pas » (p. 221)

> Lat. : *Negauit se esse paratum*. « Il nia être prêt », c'est-à-dire : « Il dit qu'il n'était pas prêt ». (p. 222)

et l'équivalence de deux négations pour une affirmation :

> C'est ainsi que dans la phrase : *nemo hoc nunquam dixit* les deux négations de *nemo* et de *nunquam* s'annulent, et qu'au lieu de signifier « personne n'a jamais dit cela », elle signifie « il n'est personne qui n'ait jamais dit cela », ce qui revient à dire que tout le monde a dit cela une fois ou l'autre. (p. 232)

Du côté de la phrase complexe, Tesnière considère que le latin est « la langue la plus propice à l'étude de la proposition infinitive, et c'est en latin que nous en étudierons le mécanisme » (p. 421). De ce fait, son analyse est réinterprétée dans le cadre de la théorie tesniérienne :

> Soit une proposition indépendante *Deus est sanctus* « Dieu est saint » [...], si nous désirons en faire le second actant du verbe *credo* « je crois », il y a lieu de la transférer entièrement en substantif. [...]
>
> A cet effet, il faut opérer la translation du verbe *est* en substantif au moyen de l'infinitif *esse*.
>
> [...] D'autre part, il y a lieu de mettre cette phrase à l'accusatif, qui est la marque de second actant. L'infinitif latin n'est pas susceptible de prendre la forme de l'accusatif. Mais le substantif *Deus* et son attribut *sanctus*, susceptibles de cette marque, se mettront à l'accusatif : *Deum* et *sanctum*. (p. 421-422)

Tesnière mentionne aussi « une tournure très aimée du latin et connue en grammaire latine sous le nom d'ablatif absolu » par laquelle « l'ablatif transfère le substantif en adverbe » (p. 463) et le relatif de liaison :

> Le relatif de liaison est très affectionné de la phrase latine, à laquelle il communique un liant syntaxique factice en lui donnant l'apparence fictive d'une période organisée faisant un abondant usage de l'hypotaxe alors qu'il n'use au fond que de la parataxe : lat. *quod ubi audiuit...* m.-à-m. « Ce que lorsqu'il entendit... » c'est-à-dire « lorsqu'il entendit cela... ». (p. 563)

1.4 Le traitement du matériau illustratif

Pour le latin, le matériau illustratif est relativement abondant (cf., dans l'annexe 2.1, le relevé des sources latines). Tesnière ne recherche pas la difficulté et beaucoup de ses exemples ressemblent aux exemples-types de la circulaire du 22 octobre 1962, que les grammaires scolaires du latin de la seconde moitié du XXe siècle reprennent aussi[5]. Les stemmas (cf. annexe 1.1) en illustrent quelques-uns, tels que *mihi non licet esse otioso*, où « l'attribut *otioso* est au datif, parce que la qualité qu'il exprime est attribuée au substantif personnel *mihi*, lequel est également au datif en sa qualité de tiers actant de *licet* » (p. 162) ; ou *puer egregiae indolis*, exemple de « translation simple de formule O > A » / *puer egregia indole*, exemple de « translation double de formule O > E > A » (p. 495 et 511). L'exemple-type : *Quas scripsisti litteras, eae mihi iuncundissimae fuerunt* devient « *quas scripsisti litteras* (avec attraction), *eae* (sans attraction) *me delectauerunt* » (p. 569).

Beaucoup d'exemples sont génériques ou sans autorité mentionnée, tels que *Cicero creatus est consul* (p. 161), *post Ciceronem consulem* (p. 301), *Caesare inuito* (p. 528), *Iisdem libris utor quibus tu* « je me sers des mêmes livres que toi » (p. 353,

---

5 Cf. par exemple H. Petitmangin, *Grammaire latine complète*, rév. de 1963, Paris, De Gigord, 1968.

564), *habitat ad Castoris* (p. 514), *Scipionis orationes meliores sunt quam Laelii* (p. 486), etc.

Mais on trouve aussi beaucoup d'exemples littéraires, pour la plupart empruntés à la prose la plus classique (cf. annexe 2.1). Cicéron est de loin, avec plus de 50 citations, l'auteur le plus cité, toute son œuvre (les discours, les traités philosophiques ou rhétoriques, la correspondance) étant mise à contribution. Il est suivi de Phèdre (11 cit.) dont les *Fables* sont symboliques de la volonté constamment pédagogique de Tesnière, de César (9 citations, essentiellement de la *Guerre des Gaules*) et de Tite-Live (7 citations).

L'indication des sources est parfois imprécise ou sujette à caution. Prenons en exemple le § 2 du chapitre 127 (p. 298), consacré à la métataxe et à l'anti-causatif : Tesnière propose comme exemple d'anti-causatif *Solem prae iaculorum multitudine et sagittarum non uidebitis* (qu'il propose de traduire « élégamment » par « La multitude des traits et des flèches vous empêchera de voir le soleil ») sans en indiquer la source. En fait c'est une phrase des *Tusculanes* de Cicéron (1, XLII, 101). En revanche, dans le § suivant, pour *At prae lacrimis non queo plura dicere* (« Mais les larmes m'empêchent d'en dire davantage »), il donne comme source : « Cicéron *à Tullia*, 29, IV, 58 ». À notre connaissance, aucun passage des lettres *Ad familiares* ne comporte cette construction, qu'on trouve cependant à la fin du *Pro Milone* : XXXVIII, 105 sous la forme : *neque enim prae lacrimis iam loqui possumus* (« Voici que les larmes m'empêchent de parler », trad. A. Boulanger, CUF).

Néanmoins, cette imprécision reste l'exception : autant que nous avons pu en juger – mais une vraie édition critique du texte supposerait de pousser plus loin l'enquête philologique –, la plupart des exemples sont recensés avec une précision suffisante.

On trouve chez Tesnière un vrai goût pour la traduction comme le montre ce conseil :

> On peut quelquefois être très embarrassé pour trouver l'expression française susceptible de rendre la nuance circonstancielle du latin. C'est ainsi qu'il est absolument impossible de traduire mot-à-mot en français l'exclamation prêtée par Suétone à Néron expirant : *Qualis artifex pereo !* (*Vita Neronis*, 49). Le français « quel artiste je meurs ! » ne serait guère compréhensible. Mais on notera que toutes les bonnes tentatives de traduction tendent à faire intervenir sous une forme ou sous une autre la notion de circonstant : « *quel artiste meurt en moi ! quel artiste meurt en ma personne !* » (p. 166)

Cela peut tourner à l'explication de texte : à propos du « fameux passage de Virgile (*Enéide*, IX, 427) *Me, me, adsum qui feci*, où l'accusatif *me* ne peut évidemment pas être en opposition au sujet de *adsum* ; car, bien que non exprimé, ce sujet ne saurait être conçu qu'au nominatif » (p. 243), Tesnière propose l'explication suivante :

Cet accusatif *me* ne peut donc être conçu que comme le second actant d'un verbe autre que *adsum*, non exprimé, mais évidemment pensé à la voix active, puisqu'il exprime le second actant.

5. – C'est d'ailleurs ce qui ressort de la situation exposée dans le contexte : Virgile y décrit une embuscade qui met aux prises deux héros troyens, Nisus et son ami Euryale, avec un parti de Rutules, commandé par Volsens, qui les a surpris. Nisus, lequel reste d'abord caché, veut dégager Euryale et lance un javelot mortel qui vient transpercer le corps de Sulmon. Cherchant à venger celui-ci et n'apercevant qu'Euryale, Volsens tourne sa fureur contre ce dernier et marche sur lui l'épée à la main. C'est alors que Nisus, sortant de sa cachette, lance la phrase en question, cherchant héroïquement par là à appeler l'attention sur lui et à détourner ainsi le coup qui menace Euryale.

6. – C'est évidemment ce coup qui constitue l'action dont *me* est le second actant. Le sens est donc quelque chose comme « C'est moi que tu dois frapper. C'est contre moi que tu dois porter ton coup ». L'absence de prime actant est due à ce qu'il s'agit en l'espèce d'un impératif. (p. 243–244)

2 Et le grec ?

Tesnière lui fait également une place importante, même si elle est moins large que celle du latin : c'est-à-dire qu'il n'hésite pas à multiplier les exemples, systématiquement traduits, comme pour le latin :

L'infinitif est en apposition à un substantif prime actant dans gr. ὥρα ἐστὶ ἀπιέναι « il est temps de partir », κίνδυνος ἦν αὐτῷ ἀποθανεῖν « il était en danger de mourir », νόμος ἦν αὐτοῖς τοῦτο ποιεῖν « c'était une loi chez eux de faire cela ». Les infinitifs ἀπιέναι, ἀποθανεῖν, ποιεῖν sont en apposition aux primes actants ὥρα, κίνδυνος, νόμος. (p. 426)

2.1 Sources grammaticales

Le nom d'Aristote est cité trois fois dans le texte, dont une fois à propos de la prétendue prééminence du sujet :

Il ne faut voir dans cette conception qu'une **survivance** non encore éliminée, de l'époque, qui va d'Aristote à Port-Royal, où toute la grammaire était fondée sur la logique. (p. 103)

Les grammairiens grecs à l'origine de la tradition grammaticale sont évoqués explicitement à propos de l'étymologie du terme *participe* :

Il participe [...] à la fois de la catégorie du verbe et de celle de l'adjectif. C'est pour cette raison que les grammairiens grecs lui ont donné le nom de μετοχικόν, dérivé du verbe μετέχω « je participe », qui a été traduit par les grammairiens latins en *participium*. [...]

> Les grammairiens grecs, *qui étaient de subtils analystes de la syntaxe* [souligné par nous] avaient donc dès l'abord reconnu la double nature du participe. Et, de ce point de vue, on ne peut que souscrire à l'appellation que cette constatation leur a suggérée. (p. 451)

De même, en ce qui concerne la voix verbale, Tesnière reconnaît adopter le terme des grammairiens grecs de *diathèse* (διάθεσις) pour désigner « des sortes de sous-voix » (p. 242). C'est aussi à partir de la signification de *para* et de *hypo* qu'il propose les termes *parataxe* et *hypotaxe* (p. 313).

Autre allusion à la tradition :

> La tradition en usage pour les langues de l'antiquité veut que l'on désigne les verbes latins et grecs par la première personne du singulier du présent de l'indicatif : le verbe *amo* « j'aime » en latin, le verbe λύω « je délie » en grec. (p. 418)

À part ces quelques références, Tesnière utilise une source contemporaine, la *Syntaxe grecque*[6], de Jean Humbert (Paris, Klincksieck, 1945), évoquant le « très bon exposé contenu dans ce livre » pour toutes les questions de négation en grec. Il cite également la *Méthode pour étudier la langue grecque* de J.-L. Burnouf (1847, 45e éd.), mais pour en critiquer sa méconnaissance des questions aspectuelles (p. 76), également maltraitées dans « ces invraisemblables traductions juxtalinéaires "par une société de professeurs et d'hellénistes" dont fut empoisonnée notre jeunesse » (p. 76-77).

2.2 Éléments d'une syntaxe grecque dans les *ESS*

Tesnière aborde plusieurs points grammaticaux dont nous signalerons les suivants :
- dans le chapitre sur l'apostrophe (A.71), le recul de l'accent au vocatif (p. 171-172) ;
- le rôle des deux négations, οὐ et μή (p. 233) ;
- la syntaxe de οὐδείς (p. 236-237) ;
- les verbes météorologiques : Ζεὺς ὕει, « Jupiter pleut », ὁ θεὸς ὕει « Le dieu pleut » (p. 239-240) ;
- le double accusatif en latin et en grec (p. 257) ;
- l'auxiliaire causatif des verbes d'état : ποιεῖν τινα βελτίω « rendre quelqu'un meilleur », ποιεῖν τινα στρατηγόν « faire quelqu'un général » (p. 267) ;
- la divalence de ἔχω (p. 277) ;
- la répétition du jonctif, avec exemples attestés, πατὴρ ἀνδρῶν τε θεῶν τε (*Iliade*, I, 544) et Ἀτρεΐδαι τε καὶ ἄλλοι ἐυκνήμιδες Ἀχαιοί (*Iliade*, I, 17) (p. 331) ;

---

6 Cité à trois reprises, p. 35 et note 4 ; p. 237, note 1.

- la recatégorisation de l'adjectif en nom propre ou abstrait par le déplacement de l'accent (en citant Juret) : γλαυκός > Γλαῦκος, φαιδρά > Φαίδρα, πυρρός > Πύρρος, διογενής > Διογένης, κακή > κάκη, λευκή > λεύκη « peuplier blanc » (p. 382), ou grâce à l'article : gr. ὁ σόφος, « le sage », οἱ δίκαιοι « les justes », τὸ καλόν « le beau », τὰ ἀγαθά « les biens », τὸ ὑψηλότατον « le plus élevé des arbres », le substantif « victime de l'ellipse » pouvant être lui-même supprimé : ὁ ἄκρατος (à savoir οἶνος) « le vin pur », ἡ οἰκουμένη (à savoir γῆ) « la terre habitée », ἡ νικῶσα (à savoir γνώμη) « l'avis qui prévaut », ἡ ὑστεραία (à savoir ἡμέρα) « le lendemain » (p. 413) ;
- l'interrogation indirecte :

> A la différence du latin, le grec n'a pas l'optatif (équivalent du subjonctif de subordination latin) comme marquant de l'interrogation indirecte. L'optatif est seulement possible si le nœud verbal régissant est au passé : οὐκ ᾔδειν τίς εἴη οὗτος ὁ ἀνήρ « je ne savais pas quel était cet homme ». Mais normalement le grec met l'interrogation indirecte à l'indicatif : οὐκ ᾔδειν τίς ἐστιν οὗτος ὁ ἀνήρ ou quelquefois οὐκ ᾔδειν τίς ἦν οὗτος ὁ ἀνήρ « je ne savais pas quel était cet homme ». Au présent, au contraire le grec ne connaît aucune différence de marquant entre l'interrogation indirecte et l'interrogation directe : τίς ἐστιν οὗτος ὁ ἀνήρ ; « quel est cet homme ? » οὐκ οἶδα τίς ἐστιν οὗτος ὁ ἀνήρ « je ne sais pas quel est cet homme ». (p. 556)

2.3 Le matériel illustratif

Les exemples grecs sont moins nombreux que les exemples latins, et il y a assez peu de *testimonia* référencés (cf. annexe 2.2). Ainsi l'exemple suivant :

> Τίνας ὑπὸ τίνων εὕροιμεν ἂν μείζονα εὐεργετημένους ἢ παῖδας ὑπὸ γονέων ; « Qui trouverions-nous comblés de plus de bienfaits que les enfants le sont de leurs parents ? De qui en ont-ils reçu davantage ? » (p. 202)

est en fait un passage de Xénophon (*Mem.* 2, 2, 3). Dans l'exemple suivant :

> Κλέων οὐκ ἔφη αὐτὸς ἀλλ' ἐκεῖνον στρατηγεῖν « Cléon dit que ce n'était pas lui-même mais l'autre (Démosthène) qui était général. » (p. 434)

il y a des éléments de référence : Cléon et Démosthène, ajouté entre parenthèses, mais Tesnière ne pousse pas plus loin l'identification du passage concerné, ni son auteur (en l'occurrence, Thucydide, 4, XXVIII, 2, mais il faut lire 'Nicias' au lieu de 'Démosthène').

On observe aussi un mélange de citations attribuées et d'exemples anonymes, par exemple pour illustrer que « Le grec affectionne tout particulièrement les tournures contenant un participe en apposition » :

ἐπαύσατο μαχόμενος « il cessa de combattre ».

ἔλαθε ἐχθρὸς ὤν (Xénophon) m.-à-m. « il resta caché étant ennemi », c'est-à-dire « on ne s'aperçut pas que c'était un ennemi ».

τοῦτον ὑμεῖς ἐπίστασθε ἡμᾶς προδόντα « vous savez qu'il nous a trahis ».

δείξω οὕτω ταῦτα ἔχοντα (Platon) « je montrerai qu'il en est ainsi ». (p. 167)

passage dans lequel deux exemples de Xénophon et de Platon (sans plus de références) alternent avec des exemples anonymes.

3 Latin et grec dans une perspective typologique

3.1 Mise en comparaison systématique latin / français

Le latin est assez constamment associé au français et pris comme pivot dans une optique de comparaison des structures : par exemple, dans le tableau des stemmas (p. XXIII) :

> 213. – le maître aime son élève, mais déteste ses défauts (type lat. eius uitia)... (p. 253)
>
> 214. – le maître aime son élève, mais déteste ses défauts (type lat. sua uitia)... (p. 253)

Même quand les structures sont fondamentalement différentes, le rapprochement est opéré, ainsi entre l'indice personnel (le pronom personnel de la tradition) et la désinence latine :

> L'indice personnel est [...] l'équivalent syntaxique exact des **désinences personnelles** d'une langue telle que le latin : fr. *j'aime, tu aimes, il aime* ; lat. *am-o, am-as, am-at*. La seule différence est que l'indice est postposé et agglutiné en latin, tandis qu'il est préposé et autonome (au moins dans l'orthographe) en français. Des formes comme *nous aimons, vous aimez* sont des témoins d'un état ancien où le français conserve la trace des désinences latines. (p. 85)

Les rapprochements sont innombrables, à tel point que les *ESS* ressemblent parfois à une grammaire latine à usage pédagogique spécifique aux élèves français :

> Le latin marque le contre-sujet (v. chap. 51, § 18) par la préposition *ab* et l'ablatif quand c'est un nom de personne, par l'ablatif seul quand c'est une chose, p. ex. *pater amatur a filio* (v. St. 86), mais *homines cupiditate ducuntur* « les hommes sont guidés par la passion ». (p. 114)

3.2 Mise en comparaison assez systématique latin / grec

Le couple latin / grec fonctionne comme illustration systématique des langues à cas, par exemple :

> Dans les langues à cas, le prime actant se met au **nominatif**. C'est ce qui a lieu en latin et en grec p. ex. gr. Ὁ Ἀλέξανδρος λέγει « Alexandre parle », lat. *Aulus loquitur* « Aulus parle ». (p. 104)

De même le contre-sujet (le complément d'agent dans la grammaire traditionnelle) est traité par des exemples parallèles :

> 18. – Le latin marque le contre-sujet [...] par la préposition *ab* et l'ablatif quand c'est un nom de personne, par l'ablatif seul quand c'est une chose, p. ex. *pater amatur a filio* (v. St. 86), mais *homines cupiditate ducuntur* « les hommes sont guidés par la passion ».
>
> 19. – Le grec marque le contre-sujet par la préposition ὑπό renforcée par le génitif παιδεύομαι ὑπὸ τοῦ διδασκάλου « je suis instruit par mon maître ». (p. 114)

Le latin est un peu plus traité que le grec, comme le montrent les exemples dans la liste suivante :

> Dans les langues à cas comme le latin et le grec, ce sont, bien entendu, des cas qui tiennent lieu des prépositions du français :
>
> accusatif : lat. *murus decem pedes altus* « un mur haut de dix pieds », *ager centum pedes latus* « un champ large de cent pieds ».
>
> génitif : lat. *plenus*, « plein », *cupidus* « désireux », *peritus* « instruit », gr. πλήρης « plein », ἄξιος « digne ».
>
> datif : lat. *utilis* « utile », *par* « égal », *similis* « semblable », gr. ὅμοιος « semblable », ἴσος « égal ».
>
> ablatif : lat. *diues* « riche », *orbus* « privé », *dignus* « digne ». (p. 183)

L'attention portée aux langues anciennes est telle que Tesnière n'hésite pas à mentionner des constructions marginales, telles que l'attribut au vocatif dans une phrase impérative :

> Les Latins et les Grecs sentaient si bien la chose qu'il leur arrivait (d'ailleurs très rarement, et seulement en poésie) de mettre au vocatif l'attribut au prime actant fictif d'une phrase exprimant une idée impérative :
>
> lat. *uenias hodierne* (Tibulle, I, 7, 53) « viens aujourd'hui ».
>
> gr. ὄλβιε, κοῦρε, γένοιο (Théocrite, *Idylles*, 17, 66) heureux, jeune garçon, sois = « sois heureux, jeune garçon ». (p. 170)

3.3 Mise en comparaison latin / grec avec d'autres langues

Les langues anciennes sont parfois associées dans la comparaison avec d'autres langues. Ainsi pour les langues à cas, le second actant se met à l'accusatif. C'est ce qui a lieu en grec, en latin, en allemand et en russe :

> gr. Τὸν πατέρα χαρίζει ὁ υἱός « le fils aime son père » (v. St. 107) ; lat. *filius amat patrem* (même sens) (v. St. 85) ; all. *der Sohn liebt den Vater* (même sens) (v. St. 108), rus. сын любит отца (même sens) (v. St. 109). (p. 113)

L'association ne concerne pas forcément des langues à traits typologiques comparables : le passage suivant compare quatre langues :

> En grec, en latin et en allemand, comme en français, l'infinitif a la faculté d'assumer le rôle de prime actant : gr. πρέπει λέγειν « il convient de parler », καλόν ἐστι τιμᾶν τοὺς γονέας « il est beau d'honorer ses parents », ἔξεστί σοι ἀγαθῷ γενέσθαι « il t'est possible de devenir un honnête homme » ; lat. *Tempori cedere, id est necessitati parere, semper sapientis est habitum* (Cicéron, *Ad familiares*, IV, 9, 2), « Céder aux circonstances, c'est-à-dire se soumettre à la nécessité, a toujours passé pour le fait d'un sage », *Hoc me piget attingere* « j'ai de la peine à parler de ce sujet » ; all. *mit der Liebe ist nicht zu spassen* « on ne badine pas avec l'amour ». (p. 425–426)

4 Latin (et grec) dans une perspective historique

4.1 Le latin à l'origine du français

Plusieurs remarques traitent du passage du latin au français : *ille* devenu *il* dont Tesnière dit qu'il est encore un pronom personnel en ancien français, en donnant un exemple de la *Chanson de Roland* (utilisée en tout à quatre reprises) : *Ne vus ne il n'i porterez les piez.* « Ni vous, ni lui n'y porterez les pieds » (p. 57). De même est abordée la transformation du mot autonome latin *mente* en suffixe d'adverbe *-ment* (p. 58, 405).

À cette occasion, peuvent être évoquées les étapes de modification du latin :

> Le suffixe français *-fier* (issu du latin médiéval *-ficare*) se rattache lui-même au verbe autonome du latin classique *facere* « faire ». (p. 405)

> *mappemonde* : ce mot remonte […] au latin médiéval *mappa mundi*, qui signifiait littéralement « nappe du monde ». (p. 406)

> Bas latin : *habeo cognitam amicitiam*, m.-à-m. « j'ai connue l'amitié » (p. 579)

4.2 Le latin considéré dans son histoire

Le latin est lui-même considéré dans son histoire, avec l'évocation :
- du latin archaïque :

    En latin archaïque les génitifs de quelques substantifs personnels se déclinaient comme des adjectifs : *hujus liber* « son livre », *huja toga* « sa toge », *hujum pectus* « sa poitrine » ; et cet usage se rencontre jusque chez Virgile : *cujum pecus ?* (*Bucoliques*, III, 1) « à qui est ce troupeau ? » (p. 444)

- du latin populaire :

    Avec un autre translatif, la préposition *ab*, le latin populaire **ab oculis* « (privé) d'yeux » a donné le français *aveugle*. (p. 439)

- du latin scolastique :

    Le mot *individu* provient par translation étymologique de l'adjectif latin *indiuiduus* « indivisible » transféré en substantif en latin scolastique *indiuiduum* « ce qui est indivisible », d'où « être particulier », retransféré lui-même en adjectif par la préposition *de* en francais dans le syntagme *un imbécile d'individu*. (p. 494)

L'histoire de la langue est évoquée à l'occasion :

    Soit en effet le latin *latus* « large », ce n'est au fond que l'ancien participe passé **stlatus* « étendu » d'un verbe qui signifiait « étendre » et qui ne subsiste plus en latin : *centum pedes latus* signifie donc à proprement parler « étendu sur cent pieds ». (p. 183)

4.3 Les origines indo-européennes des langues étudiées

Tesnière n'hésite pas à remonter plus haut dans le temps, comme en attestent les 75 occurrences du terme « indo-européen » dans les *ESS*.

La remontée dans le temps atteint en effet assez souvent l'indo-européen :

    La perspective historique permet quelquefois de voir que ce qui est devenu un adjectif en latin et en français était encore une sorte de participe en indo-européen : i. e. *plē-no-s* « rempli » lat. *plenus* > fr. *plein* (cf. chap. 74, § 16). (p. 459)

Tesnière évoque « l'**hypothèse glossogénétique**, déjà souvent formulée avec raison, d'après laquelle les désinences personnelles remonteraient dans toutes les langues à des substantifs personnels plus ou moins anciens » (p. 139). Elle conduit à la supposition que « dans le latin *ama-t*, par exemple, le *-t* final pourrait bien n'être que l'agglutination au verbe du démonstratif qui a survécu comme tel dans le russe то 'cela' et comme article dans le grec τό, cf. lat. (*is) – tud* (cela) » (p. 139).

De même est mentionnée l'origine commune du *e* du vocatif de la flexion thématique et le *e* de l'impératif : *Parce, Domine,* cf. grec Λέγε, ὦ Κύριε. « Il s'agit en effet d'une même forme indo-européenne à suffixe *-*e*, mais sans désinence, le thème nu, c'est-à-dire non fléchi, répondant mieux au caractère invariable de l'interjection. » (p. 170–171).

L'hypothèse d'un rapprochement latin – slave est évoquée à propos de la proximité entre infinitif et du nom d'action :

> La parenté originelle de l'infinitif et du nom d'action apparaît quelquefois nettement dans l'étymologie de ces mots : c'est ainsi que l'infinitif slave en -*ti* (serbe *pisa-ti* « écrire », rus. писа-ть « écrire ») présente le même suffixe translatif originel que les noms d'action du latin en -*ti-o, admiratio* « admiration ». (p. 420)

Pour cette perspective historique, la source principale est indéniablement Benvéniste, dont le nom – sous la forme « Benvéniste » – apparaît 26 fois dans les *ESS*. Ses « travaux sur le pré-indo-européen » sont cités sans plus de précision à la page 172, de même qu'une étude de 1933 (p. 383), à l'occasion de laquelle le nom de Walter Porzig[7] est évoqué. Mais il y a des références plus précises :

- *Origines de la formation des noms en indo-européen* (p. 113, note 1 ; p. 383, note 3 ; p. 429 ; p. 456, note 1) ;
- « Structure des relations de personne dans le verbe », *Bulletin de la Société Linguistique de Paris*, 43, 1947, fasc. 1, p. 1–12 (p. 86, note 1 ; p. 117 ; p. 176, note 1 ; p. 240, note 1) ;
- *Noms d'agent et noms d'action en indo-européen* (p. 375 ; p. 418, note 1 ; p. 424, note 1) ;
- « Un emploi du relatif dans l'Avesta », *Bulletin de la Société de Linguistique de Paris*, 44, 1948, p. 72–73 (p. 571–573 et note 1 de la p. 571)

avec, très souvent, un commentaire très élogieux[8] qui montre dans quelle estime Tesnière tenait le célèbre indo-européaniste.

---

[7] Porzig Walter, 1924, « Bedeutungsgeschichtliche Studien. Die Bedeutung der mit dem Formans -men/mn̥ gebildeten idg. Neutra », *Indogermanische Forschungen*, XLII, p. 221–274.

[8] « Cette structure syntaxique a été magistralement mise en évidence par E. Benvéniste » (p. 117) ; « les très intéressantes remarques de E. Benvéniste » (p. 113, note 1) ; « comme le dit très justement E. Benvéniste » (p. 240, note 1) ; « comme l'a excellemment montré Benvéniste » (p. 418) ; « les très profondes considérations de E. Benvéniste » (p. 424, note 1).

5 Conclusion

Nous avons essayé de mettre en évidence la forte présence du latin dans les *ESS* au-delà de l'agacement de Tesnière à l'égard du poids de la description traditionnelle imposée par, plus que le latin lui-même, sa tradition pédagogique. Le grec est représenté aussi, de même que « les Grecs », mais dans une moindre mesure, même si Tesnière a une certaine admiration pour leur « imagination féconde et esthétique » (à propos de Ζεὺς ὕει, « Jupiter pleut », p. 240) ou leur adresse dans la création de la terminologie linguistique. Au chapitre des langues anciennes utilisées dans les *ESS*, il faudrait d'ailleurs ajouter le sanskrit, dont la présence est beaucoup plus discrète (14 références).

Le latin n'est pas seulement pris comme exemple parmi d'autres, simple réservoir de faits pour la théorie générale. Il est souvent étudié comme objet spécifique, associé au grec, et les considérations théoriques n'excluent jamais une préoccupation pédagogique. De plus l'orientation structurale et typologique de l'ouvrage n'exclut pas une perspective historique, assez constamment présente. Si les *ESS* peuvent apparaître avant tout comme un manifeste de la linguistique structurale, la place qu'y occupent les langues classiques ancre néanmoins solidement l'ouvrage dans une tradition de deux millénaires.

Annexe 1: Les stemmas utilisés pour le latin et pour le grec

1.1 Les stemmas latins

Sur la liste des 366 stemmas (p. xix–xxvi), 43 concernent le latin.
11 – Tantae molis erat Romanam condere gentem, p. 20
35. – ille amat rosas, p. 58
36. – bona mente, p. 58
55. – arbor viret, p. 58
58. – Aulus stat, p. 72
80, 85, 87. – filius amat patrem, p. 104, 105
86. – pater amatur a filio, p. 105
89. – pluit, p. 106
112. – homines cupiditate ducuntur, p. 112
115. – Aulus dat librum Caio, p. 114
155. – triste lupus stabulis, p. 160
160. – Cicero erat consul, p. 162

161. – Romani creauerunt Ciceronem consulem, p. 162
163. – Romani Ciceronem consulem creauerunt, p. 163
164. – otioso mihi esse non licet, p. 163
167. – mortuus est pauper, p. 168
168. – amo te, Domine, p. 168
169. – amo uos, fratres mei, p. 168
202. – uenietne Aulus ?, p. 209
203. – Aulusne ueniet ?, p. 209
211. – me adsum qui feci, p. 244
212. – Antonius a Burrho uerberatur, p. 244
216. – cum... multa crudeliter... fecisset, p. 285
218. – tela milites deficiunt, p. 286
224. – Antonius modo profectus est, p. 304
238. – orare atque obsecrare, p. 316
240. – diuellere ac distrahere, p. 316
242. – spectator et testis, p. 317
244. – moderatio et sapientia, p. 317
286. – liber Petri, p. 372
307. – credo Deum esse sanctum, p. 421
308. – fateor me esse Atheniensem, p. 434
317. – uenit Romam, p. 461
331. – puer egregia indole, p. 511
332. – puer egregiae indolis, p. 511
335. – quorum in numero tu certe fuisses, p. 512
336. – quo in numero tu certe fuisses, p. 512
338. – habitat ad aedem Castoris, p. 515
339. – interest* (causa) regis, p. 515
343. – ad quos eum Caesar nuntios misisset, qui postularent eos, qui sibi Galliae-que bellum intulissent, sibi dederent, responderunt (César, *BG*, IV, 16, 3), p. 558
347. – est enim in manibus laudatio, quam cum legimus, quem philosophum non contemnimus ?, p. 574 (Cicéron, *Cato maior*, 4, 12)
348. – est enim manibus laudatio, quam cum legimus, quem philosophum non contemnimus ? (schéma), p. 574
357. – ergo apud... (Tacite, *Dialogue des Orateurs*, 34), p. 644

1.2 Les stemmas grecs

7 stemmas concernent le grec, dont une longue phrase de Platon, *Ion*.
98. – ὁ Ἀλέξανδρος λέγει, p. 112

107. – τὸν πατέρα χαρίζει ὁ υἱός, p. 113
114. – ὁ Ἀλέξανδρος δίδωσι τὸ βιβλίον τῷ Γαβριήλ, p. 114
154. – πάντων μέτρον ἄνθρωπος, p. 156
193. – Τί παθὼν σαυτὸν ἐς τοὺς τῆς Αἴτνης κρατῆρας ἐνέβαλες; p. 195
309. – ὁμολογῶ εἶναι Ἀθηναῖος, p. 434
356. – Extrait de Platon (*Ion*, 539 d-e), p. 642–643

Annexe 2: Sources des exemples littéraires utilisés par Tesnière

2.1 Exemples littéraires latins identifiés et référencés par Tesnière

César (9 citations)
  Bellum Ciuile [1] : 3, 80, 1 (p. 110)
  Bellum Gallicum [7] : 3, 44, 1 (p. 272) ; 4, 16, 3 (p. 559) ; 4, 32, 1 (p. 578) ; 5, 12, 5 (p. 375) ; 6, 21, 5 (p. 420) ; 7, 39, 2 (p. 421) ; 7, 39 (p. 552)
  Veni, uidi, uici (p. 327)

Cicéron (56 citations)
  Ad familiares [5 cit.] : 4, 9, 2 (p. 425) ; 5, 12 (p. 292) ; 6, 6, 5 (p. 576) ; 7, 6, 2 (p. 494 et 512) ; 7, 11, 1 (p. 587)
  À Tullia : 29, IV, 58 *At prae lacrimis non queo plura dicere* (p. 298). La référence est introuvable dans les lettres *ad familiares*. L'exemple le plus proche (avec *prae lacrimis*) est : *Pro Milone*, XXXVIII, 105 : *neque enim prae lacrimis iam loqui possumus*.
  Brutus [2] : 193 (p. 611) ; 205 (p. 390)
  Catilinaires [3] : 1, 1, 1 (p. 169) ; 1, 1, 2 (p. 316) ; 1, 13, 31 (p. 316)
  De amicitia [6] : II, 6 (p. 442) ; III, 10 (p. 523) ; IV, 13 (p. 422) ; XIV, 48 (p. 316) ; XV, 54 (p. 422) ; XIX, 67 (p. 352)
  De diuinatione [1] : 3, 41, 85 (p. 316)
  De finibus [6] : 1, XI, 37 (p. 295) ; 1, VII, 26 (p. 576) ; 3, XVII, 57 (p. 620) ; 4, III, 7 (p. 620)
  De legibus [1] : I, 22 (p. 565)
  De natura deorum [4] : 1, I, 2 (p. 422) ; [1, 7] (p. 422) ; 2, XXVIII, 70 (p. 305) ; 2, LXVI, 166 (p. 451)
  De officiis [3] : 1, 28 (p. 597) ; 1, 80 (p. 433) ; 2, 14, 18 (p. 523)
  De oratore [3] : I, 18, 82 (p. 563) ; II, 4, 15 (p. 297 note) ; III, 21, 80 (p. 302)

De re publica [1] : 2, (42) (p. 595)
De senectute [*Cato maior*] [4] : IV, 10 (p. 166) ; IV, 12 (p. 574) ; XII, 40 (p. 442) ; XIX, 68 (p. 305)
In Verrem [Verrines] [3] : 2, IV, 26 (p. 575) ; 2, IV, 138 (p. 440) ; 2, V, 173 (p. 515)
Orator [1] : XX, 68 (p. 626)
Pro Archia [3] : 1 (p. 619) ; 3, 4 [13] (p. 316) ; 3, 5 [studium atque auris] (p. 316)
Pro Marcello [1] : II, 7 (p. 611)
Pro Sestio [2] : XLVII, 100 (p. 357) ; LXII, 130 (p. 302)
Pro Sulla [1] : VIII, 25 (p. 302)
Tusculanes [7] : 1, XIII, 30 (p. 621) ; 1, XXIV, 56 (p. 551 et 621 [2 citations différentes]) ; 2, III, 9 (p. 620) ; 2, XXII, 53 (p. 451) ; 3, I, 2 (p. 316)

Cornélius Népos
Simon 3, 1 (p. 353)

Horace
Satires 1, 6, 14–15 (p. 568–569)

Phèdre, *Fables* (11 citations)
1, 2 [Les grenouilles qui demandent un roi], 10–11 (p. 292) ; 1, 4, 6–7 [Le chien qui lâche sa proie pour l'ombre] (p. 331) ; 1, 5, 6 [La vache, la chèvre et la brebis, en société avec un lion] (p. 463, 528) ; 1, 8, 11–12 [Le loup et la grue] (p. 562) ; 1, 20, 5–6 [Les chiens qui boivent la rivière] (p. 586) ; 1, 25, 2 [Le chien et le crocodile] (p. 330) ; 1, 26, 3–4 [Le renard et la cigogne] (p. 427)
2, 5, 11 [Tibère et l'esclave trop zélé] (p. 535) ; 2, 8, 17 [L'œil du maître (*Ceruus ad boues*)] (p. 423)
5, 7, 6–7 [*Princeps tibicen*] (p. 357)

Properce
Élégies 4, 10, 47–48 (p. 587)

Sénèque
Lettres, 30, 12

Suétone
Vita Neronis 49 (p. 166)

Tacite
Dialogue des orateurs 34 (p. 634 et st. 357)

Tibulle
1, 7, 53 (p. 170)

Tite-Live (7 citations)
> 1, 13, 3 (p. 305) ; 9, 3, 4 (p. 328) ; 21, 1, 5 [cf. ex.-type : angebat uirum Sicilia amissa] (p. 301) ; 21, 41, 15 (p. 575–576) ; 23, 1, 10 (p. 301) ; 26, 41, 13 (p. 576) ; 38, 34, 9 [légèrement modifié] (p. 301)

Virgile (3 citations)
> Bucoliques : 3, 1 (p. 444)
> Énéide : 1, 33 (p. 20–22 et st. 11) ; 9, 427 [donne lieu à une vraie explication de texte] (p. 243)

Exemples liturgiques
> lat. *Parce, Domine* « aie pitié, Seigneur », gr. Λέγε, ὦ Κύριε « parle, Seigneur » (p. 170–171)
> *amo te, Domine* (p. 169)
> *amo vos, fratres mei* (p. 169 et st. 168 et 169)

2.2 Exemples littéraires grecs identifiés et référencés par Tesnière

Euripide : *Médée*, 1151 (p. 233)
Homère : *Iliade*, I, 544 (p. 331), *Iliade*, I, 17, (p. 331), *Odyssée* II, 1 (p. 406–407)
Lucien : *Dialogue des morts* XXII (p. 77) ; XX, 4 (p. 196) ; XIX (p. 272)
Lysias (sans référence) : p. 626
Platon : *Ion*, 539 d-e (p. 633 et st. 356) ; *République*, 406 C (p. 237)
Théocrite : *Idylles*, 17, 66 (p. 170)

Marco Fasciolo
Chapitre 6
L'héritage paradoxal de Lucien Tesnière

1 D'un paradoxe à une hypothèse de recherche...

1.1 Analyse en constituants immédiats *vs* analyse valencielle

La notion de valence de Tesnière (1959 : 102, 238) a été utilisée par Fillmore (1968 : 21, 1977 : 60) comme un marteau théorique contre la conception de phrase et de la syntaxe de Chomsky (1957). Cela a permis d'inaugurer un nouveau paradigme pour la linguistique, mais a répandu un paradoxe inhérent à la notion même de valence.

Observons les citations suivantes :

> Se fondant sur des principes **logiques**, la grammaire traditionnelle s'efforce de retrouver dans la phrase l'opposition **logique** entre le **sujet** et le **prédicat**, *le sujet étant ce dont on dit quelque chose, le prédicat ce qu'on en dit*. [...] 4. – Il ne faut voir dans cette conception qu'une **survivance** non encore éliminée, *de l'époque qui va d'Aristote à Port-Royal*, où toute grammaire était *fondée sur la logique*. (Tesnière 1959 : 103–104) [nos italiques]

> The position I take seems to be in agreement with the one of Tesnière (1959:103–105) who holds that *the subject/predicate division is an importation into linguistic theory from formal logic of a concept which is not supported by the facts of language* and, furthermore, that the division actually obscures the many structural parallels between 'subjects' and 'objects' (Fillmore 1968 : 17) [nos italiques]

Pour illustrer les deux conceptions de la phrases évoquées par ces citations, considérons l'exemple : *L'esclave a tué le roi*. Cette phrase peut faire l'objet de deux analyses opposées.

Une première analyse – qui remonte à Chomsky (1957) et développe l'approche de Bloomfield (1933) et Wells (1947) – met en relief la structure distributionnelle de la phrase : GN ↔ GV. La phrase est ici envisagée comme une structure formelle bipartite – exocentrique – dont les constituants sont justement le GN-sujet et le GV-prédicat. Il s'agit de l'analyse en constituants immédiats réalisée par l'arbre suivant :

Marco Fasciolo, Sorbonne Université, *Sens Texte Informatique Histoire* – STIH

(1) Phrase

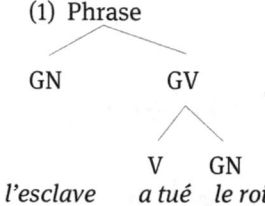

l'esclave   a tué le roi

Une deuxième analyse, en revanche, met en relief le terme contenant le canevas du « petit drame » (Tesnière 1959 : 102) exprimé par la phrase. Ce terme a une valence (Tesnière 1959 : 238) et il est le pivot conceptuel organisateur du procès. La phrase est ainsi envisagée comme une structure conceptuelle projetée à partir d'un tel pivot. Il s'agit de l'analyse valencielle réalisée par le stemma suivant :

(2)

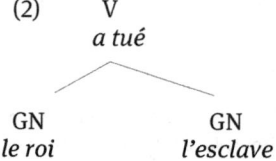

le roi   l'esclave

L'analyse en constituants immédiats et l'analyse valencielle s'opposent quant à la façon de concevoir les notions de prédicat et de sujet.

Dans l'analyse en constituants immédiats, ces notions sont définies en termes distributionnels. Le prédicat, qui s'identifie au GV, implique nécessairement une forme verbale et trouve sa pertinence au-delà du lexique. Lyons (1977 : 414, 428) étiquette cette notion « *predicate* ». Le *predicate*, ou prédicat distributionnel, s'oppose au GN constituant immédiat de la phrase : le sujet. Le sujet joue donc un rôle de premier rang : il est le GN hiérarchiquement super-ordonné à tous les autres.

Dans l'analyse valencielle, en revanche, le prédicat s'identifie au mot qui abrite la source de la valence : son lien essentiel avec le verbe est rompu et il devient une notion lexicale car on peut parcourir un dictionnaire et lister les mots prédicatifs (en ce sens). Lyons (1977 : 434) étiquette cette notion « *predicator* » et Gross (1981 : 9) la qualifie de « prédicat sémantique ». Le *predicator*, ou prédicat sémantique, ne s'oppose pas au sujet, mais aux arguments ou actants. Le sujet, quant à lui, perd son rang de premier plan et il apparaît comme un actant parmi les autres, voire l'actant le plus excentré de l'origine de la valence (Lazard 1994 : 103).

La différence entre l'analyse en constituants immédiats et l'analyse valencielle est tellement radicale que lorsque la grammaire générative essayera d'incorporer la seconde dans le cadre de la première – suite, justement, aux coups de marteau de Fillmore –, elle fera un demi-tour épistémologique par rapport à ses présupposés de départ. Ce demi-tour est témoigné par le changement de sens qui affecte la notion d'endocentricité.

D'un côté, Bloomfield (*op.cit.*) emploie le mot « endocentrique » dans un sens purement distributionnel : il concerne toute structure dont la distribution est équivalente à celle d'au moins un de ses constituants. Dans cette perspective, les structures endocentriques s'opposent aux structures exocentriques – par exemple la phrase ou le GN – qui ont une distribution différente par rapport à celle de leurs constituants. De l'autre côté, la grammaire générative enrichie de la x-barre s'approprie l'étiquette « endocentrique » en la redéfinissant comme une structure issue du déploiement d'un projet contenu *in nuce* dans un terme noyau. L'analogie avec l'idée du « petit drame » de Tesnière est, on le voit, transparente : le stemma de Tesnière est bien « endocentrique » dans cet *autre* sens.

1.2 Qu'est-ce que la *valence* ?

1.2.1 Quatre niveaux : énonciation, distribution, valence et logique

Pour expliciter le paradoxe contenu dans les citations sous 1.1, il faut distinguer avec soin quatre niveaux : le niveau de l'énonciation, le niveau de la distribution ou syntaxe au sens strict, le niveau de la valence et le niveau de la logique.
- Énonciation. La distinction aristotélicienne sujet/prédicat mobilisée par Tesnière (1959), à bien y regarder, n'est pas *logique* – au sens de ce qu'aujourd'hui on connaît comme *logique formelle* –, mais plutôt énonciative. La distinction aristotélicienne sujet/prédicat est en effet modelée sur la structure de l'assertion : le sujet, ou « hypokeimenon », équivaut au « thème » moderne (ce dont on parle) et le prédicat équivaut au « rhème » moderne (ce qu'on dit à propos du thème).
- Distribution-syntaxe. La distinction sujet/prédicat de l'analyse en constituants immédiats, reproposée par la grammaire générative des origines, n'est ni une distinction logique, ni énonciative. D'une part, elle est censée reproduire non pas la structure de la pensée, mais deux classes distributionnelles d'expressions. De l'autre, si ces classes s'avèrent se superposer au thème et au rhème de l'assertion, cette superposition se vérifie seulement dans le noyau de phrase non marquée. Cette circonstance ne doit donc pas occulter la nature différente des notions en jeu. Le couple sujet/prédicat de l'analyse en constituants immédiats a une nature distributionnelle-syntaxique ; le couple sujet/prédicat issu d'Aristote, interprété comme thème/rhème, a une nature énonciative-communicative. La seule propriété que ces couples de notions partagent est le fait de concerner la langue.

– Valence. La valence traduit la structure conceptuelle et sémantique du procès. La valence est stratifiée. Nous entendons par là que les pivots prédicatifs – *predicators* – peuvent reproduire des relations conceptuelles patrimoine d'une ontologie naturelle universelle *et* des relations sémantiques spécifiques à un lexique donné. Le premier cas est exemplifié par *tuer tout être vivant*, le second cas est exemplifié par *assassiner une personne politique*. La différence entre relations conceptuelles et sémantiques se reflète directement dans l'existence de deux types de rôles : des rôles généraux, universels, comme *agent*, et des micro-rôles, lexicaux, comme *assassin*.
– Logique. La logique formelle est une représentation artificielle construite dans le but de mimer des structures conceptuelles implicites dans le langage naturel. Par exemple, la formule $P(x,y)$ reproduit la structure conceptuelle de tout procès où une relation (P) relie deux entités (x et y) comme *l'esclave a tué le roi, l'esclave a assassiné le roi, le roi craint l'esclave*, etc. En vertu de sa fonction, la logique formelle neutralise aussi bien la distinction entre les niveaux énonciatif et distributionnel-syntaxique que la distinction entre relations conceptuelle et sémantique.

1.2.2 Le paradoxe de Tesnière

Si, dans le cadre esquissé au § 1.2.1, nous demandons *Qu'est-ce la valence ?*, la réponse est claire. La valence est l'objet de la logique formelle car la logique formelle vise à reproduire, d'une façon totalement mimétique, la structure conceptuelle des procès. Mais si la logique formelle est un langage artificiel explicitement construit dans ce but, il n'en va pas de même pour le langage naturel. Il n'y a aucune raison que les relations grammaticales d'une langue naturelle doivent se comporter vis-à-vis de la valence comme le font les parties d'une formule de la logique. Autrement dit, le stemma de Tesnière capture sans doute une réalité conceptuelle qu'une langue doit, d'une façon ou d'une autre, exprimer ; cependant, à la différence de la logique, une langue naturelle n'est pas obligée d'exprimer cette structure conceptuelle en reproduisant mimétiquement un stemma.

Nous sommes maintenant en mesure d'expliciter le paradoxe de Tesnière. Si Tesnière a inauguré un nouveau paradigme, il l'a fait en mettant au premier plan une notion – la valence – qui est avant tout *conceptuelle* et qui fait l'objet de ce qu'aujourd'hui on connaît comme *logique*. En même temps, Tesnière a mis en arrière-plan la distinction distributionnelle sujet/prédicat qui – elle – est bien une réalité strictement *linguistique* et non logique.

Si on regarde les auteurs utilisant une notion de prédicat issue de la logique formelle (typiquement, *via* la notion d'opérateur de Z. Harris), il n'est point difficile de percevoir une aire de famille avec l'idée de valence : cf. Lyons (1977 : 486), Gross (1981 : 9), Mel'čuk (2012 : 194) et Gross (2012 : 12–14). Ce lien de parenté, cependant, reste souvent implicite, et son caractère paradoxal par rapport au texte de Tesnière n'est pas mis en valeur.

Dans ce chapitre, nous nous proposons de tirer les implications de ce paradoxe.

1.3 Une hypothèse de recherche...

Le paradoxe de Tesnière a des conséquences aussi bien terminologiques que théoriques.

Au niveau terminologique, « actant » devient un synonyme strict d'« argument » et les catégories de SUJET, COD ou COS (Complément d'Objet Second) en tant que telles – c'est-à-dire, en tant que fonctions ou relations grammaticales formelles – ne sont pas des actants mais des constituants de la structure syntaxique. Le sujet impersonnel, par exemple, n'est pas un actant du verbe car il ne contient pas d'argument.

Au niveau théorique, nous signalons, en particulier, deux conséquences.

La première conséquence est que si la valence est une réalité conceptuelle – avant d'être linguistique –, alors les notions de *predicator* (prédicat conceptuel ou sémantique) et d'arguments sont indépendantes d'une langue donnée. Si cela est vrai, alors ces notions sont universelles : elles s'imposent à toute langue *a priori* et *nécessairement* pour le simple fait qu'elle exprime des procès.

La seconde conséquence est que si les relations grammaticales de la phrase, comme la distinction sujet/prédicat distributionnel (*predicate*), sont des faits linguistiques – et non logiques –, alors elles sont fonction d'une langue donnée : leur présence n'est donc pas une nécessité *a priori*, mais une possibilité. De ce point de vue, il n'y a aucune exigence épistémologique d'une grammaire universelle : s'il devait s'avérer exister une telle grammaire, cela resterait une donnée empirique, *a posteriori*, dépourvue de toute nécessité.

Ces deux conséquences identifient, respectivement, une constante et une variable : la constante est représentée par les structures conceptuelles universelles, en amont de toute langue, qui se manifestent dans la valence ; la variable est représentée par les relations grammaticales spécifiques de chaque langue ou groupe de langues. Cette constante et cette variable suggèrent une hypothèse de recherche :

> For any natural langage, it makes sense to ask *whether and to what extent* it has an independent network of grammatical relations [= syntaxe, grammaire] insensitive to the pressure of concepts [= valence] [...] (Prandi 2004 : 415) [nos italiques]

Cette hypothèse de recherche peut être explorée à l'intérieur d'une langue ou entre plusieurs langues. Nous nous intéresserons au premier aspect sous 2 et au second sous 3.

2 ... à l'intérieur d'une langue

Si nous nous bornons à une seule langue – par exemple au français –, l'hypothèse de recherche mise en avant au § 1.3 se traduit par la question suivante : *Quels sont les équilibres possibles entre valence et relations grammaticales dans le noyau de la phrase ?*

Dans la suite de cette section, nous nous appuierons sur des arguments avancés dans Fasciolo (2021).

2.1 Grammaire *vs* valence I

Observons, par simplicité, des noyaux de phrases à verbe prédicatif :

V 3-valent	*Il a volé un livre à Marie*	$P(x, y, z)$
V 2-valent	*Il mange une pomme*	$P(x, y)$
	Il a renoncé à ses vacances	
V 1-valent	*Il dort*	$P(x)$
V 0-valent	*Il pleut*	$P(?)$

En parcourant ces exemples verticalement, une asymétrie entre sujet et GV se dégage.

La catégorie grammaticale « sujet » est indépendante de la présence d'un argument à exprimer : *Il pleut*. La valence de *pleuvoir*, par ailleurs, prévoit bien la place pour un argument, mais cela n'implique pas que le sujet doive exprimer cet argument : *Il pleut des confettis*. La conclusion est claire : il y a au moins une catégorie grammaticale – le sujet – qui ne se justifie pas sur la base de la fonction d'exprimer un argument.

La complémentation du verbe prédicatif, en revanche, est sensible à la présence d'arguments à exprimer. Les relations grammaticales COD, COI et COS, en effet, n'apparaissent pas lorsqu'il n'y a pas d'argument à exprimer[1]. Il semble

---

[1] Le COS, à vrai dire, peut exprimer un élément non argumental, typiquement le bénéficiaire : *J'ai préparé un gâteau à ma femme*. Reste le fait, cependant, qu'il ne peut pas y avoir de COS vide.

donc essentiellement correct d'affirmer que la fonction élective de ces catégories soit d'exprimer – coder – des arguments du verbe prédicatif.

Cette asymétrie entre le sujet et toutes les autres catégories grammaticales peut être appuyée par trois considérations.

Une première considération est qu'il existe le phénomène du sujet impersonnel, mais le phénomène de l'« objet impersonnel » n'existe pas : *De la pluie pleut* → *Il pleut*, mais : *Il dort d'un sommeil serein* → *Il dort* et non : **Il dort ça*. Le sujet – à la différence du COD – doit donc être calé par un pronom, même s'il n'exprime aucun argument. Ce fait est cohérent avec l'idée qu'exprimer un argument est une fonction du COD, mais non du sujet.

Une deuxième considération concerne la pertinence du COD dans les constructions réfléchies plutôt que dans les constructions intrinsèquement pronominales. Dans une construction réfléchie – par exemple : *Il s'est rasé* –, le pronom *se* renvoie au sujet *et* il exprime un argument du verbe prédicatif : dans notre exemple, *se* exprime un patient et *il* exprime un agent. C'est pourquoi, dans ce cas, *se* est fonctionnellement analogue au pronom COD *le* dans une phrase comme *Il l'a rasé*. En revanche, dans une construction intrinsèquement pronominale – par exemple : *Il s'est réveillé* –, le pronom *se* renvoie toujours au sujet, *mais* il n'est plus un argument du verbe prédicatif : cette fois, *se* n'exprime pas un patient et *il* n'est pas un agent (mais un expérienceur). C'est pourquoi, dans ce cas, *se* n'est plus fonctionnellement analogue au pronom COD *le* dans *Il l'a réveillé*. Cet effet d'apparition/disparition du COD – qui distingue les constructions réfléchies des constructions intrinsèquement pronominales – implique que la pertinence du COD soit fonction des arguments du verbe prédicatif.

Une troisième considération est que le phénomène de la construction intrinsèquement pronominale ne peut pas affecter le sujet. Dans une construction intrinsèquement pronominale, nous venons de le voir, la catégorie grammaticale du COD perd sa pertinence. Or, cela n'est pas possible pour le sujet impersonnel. Dans les phrases *Il pleut* et *Il s'est réveillé*, les pronoms *il* et *se* n'expriment pas des arguments du verbe ; mais *il* reste sujet, alors que *se* n'est pas un COD. Le fait de ne pas exprimer un argument est donc une raison suffisante pour perdre la fonction de COD, mais non la fonction de sujet.

Si nous revenons à la question qui oriente ce § 2, un équilibre entre valence et relations grammaticales commence à se dégager. Les relations grammaticales (notamment le sujet) l'emportent sur la valence à gauche, à l'extérieur du GV ; mais la valence l'emporte sur les relations grammaticales à droite, à l'intérieur du GV.

2.2 Grammaire *vs* valence II

Si, à l'intérieur du GV, les catégories grammaticales remplissent la fonction de coder les arguments du verbe prédicatif – et donc, en ce sens, la valence jouit bien d'une priorité logique –, la nature de ce codage n'est pas pour autant homogène. En nous appuyant sur le travail de Prandi (2004 : 61–62, 66), nous distinguons deux régimes de codage.

D'un côté, les arguments du verbe prédicatif peuvent faire l'objet d'un régime de codage « relationnel » ou « formel » : les arguments sont alors identifiés indirectement, sur la base d'une catégorie grammaticale sémantiquement opaque. C'est le cas, justement, du COD, du COI et du COS. Dans ce cas, si le complément est oblique, la signification de la préposition est désactivée (incolore). De l'autre côté, l'on trouve des arguments du verbe prédicatif qui peuvent faire l'objet d'un régime de codage « ponctuel » ou « sémantique » : les arguments sont alors identifiés directement sur la base du rôle qu'ils jouent dans la valence. Dans ce cas, leur dénomination est sémantiquement transparente (par exemple, « complément essentiel locatif ») ; la signification de la préposition qui les introduit est active (colorée) et participe à la définition du profil conceptuel du rôle.

Lorsque le régime de codage de l'argument est ponctuel ou sémantique, la valence émerge à la surface de l'expression. Lorsque le régime du codage de l'argument est relationnel ou formel, la forme de l'expression de l'argument est contrainte par une catégorie grammaticale qui s'impose sur la valence. Voici quelques exemples de configurations possibles entre ces formes de codage[2] :

TYPE I
SUJET	V	COD	COS
Il	compare	une femme	à l'océan

TYPE II
SUJET	V	COD	Ø
Il	déplace	le canapé	contre le mur

TYPE III
SUJET	V	Ø	Ø
Il	descend	de la montagne	vers la ville

---

[2] Le codage relationnel/formel est marqué par l'étiquette de la catégorie grammaticale pertinente. Le codage ponctuel/sémantique est marqué par le signe Ø : avec ce signe, nous voulons indiquer qu'il y a une sorte de trou grammatical et que la structure conceptuelle de la valence, avec ses rôles, est mise à nu.

Nous renvoyons, pour les détails, à Prandi (2004 : 61–62, 66) et à Fasciolo (2021 : 141–143). Ce qu'il importe de voir, maintenant, c'est que les types I à III se distinguent quant à leur taux de régime de codage relationnel/formel plutôt que ponctuel/sémantique. Autrement dit, des proportions différentes entre ces régimes de codage impliquent une différente *nature syntaxique* de la phrase en jeu. Nous reviendrons sur cet aspect au § 2.3.1.

Quoi qu'il en soit, nous pouvons préciser, par-là, l'équilibre entre valence et relations grammaticales qui commençait à se dégager au § 2.1. Les types I et III identifient deux pôles. Le type I manifeste une correspondance un-à-un entre arguments et relations grammaticales : une sorte d'équilibre parfait. Le type III, en revanche, manifeste un profond déséquilibre : la surface de la phrase est constituée par des relations grammaticales seulement au niveau du sujet ; tout le reste est directement issu de la valence. Le type III, en français, illustre le déséquilibre maximal qu'on puisse atteindre car la catégorie grammaticale du sujet est irréductible : elle est foncièrement différente de toutes les autres car, on l'a vu, elle est complètement indépendante de la valence.

2.3 Conclusions

2.3.1 *Qu'est-ce qu'un* type de phrase *?*

Dans les grammaires, lorsqu'on parle de « types de phrases », on entend surtout des types d'énoncés ou des types syntaxiques tournés vers l'énonciation : phrases « déclaratives », « interrogatives », « injonctives », etc. Certes, d'autres distinctions sont possibles (phrase simple/complexe, active/passive, etc.) ; et on peut même distinguer les phrases selon le nombre de compléments essentiels du GV. Cependant, en aucun cas, on ne semble envisager la possibilité qu'il y ait des types de phrases au sens d'une *nature syntaxique* différente. L'idée d'équilibres variables entre valence et relations grammaticales permet d'envisager des types de phrases en cet *autre* sens.

Revenons sur l'objet du § 2.2. La structure interne du GV (la complémentation des verbes prédicatifs dans nos exemples), on l'a vu, est forgée par la pression de la valence (structure conceptuelle) qui vient du *predicator*. La valence agit ainsi comme une force qui pousse de l'intérieur. Cette force peut soit s'exercer jusqu'à déterminer la forme d'expression des arguments (type III), soit être contrebalancée par une autre force – externe – qui contraint l'expression des arguments à travers des catégories grammaticales (types II et I).

Les types I à III illustrés au § 2.2 peuvent donc être envisagés comme des motifs (*patterns*) d'interactions entre une force issue de la valence et une force issue de la grammaire ou de la syntaxe au sens strict (cf., à ce propos, Prandi 2020 : 19–20). De tels *motifs syntaxiques* identifient des types de phrases au sens évoqué ci-dessus. Nous préciserons cette idée de « motif » au § 4. Pour l'instant, observons deux conséquences de cette façon de voir les choses.

Une première conséquence est que, loin de s'identifier, valence et grammaire sont justement des forces irréductibles, opposées : une expression telle que *grammaire valencielle* est donc, à bien y regarder, un oxymore. C'est précisément en vertu de cette irréductibilité que valence (au sens de structure conceptuelle ou schéma d'arguments) et grammaire (au sens de catégories grammaticales) peuvent être envisagées comme des paramètres, des axes cartésiens, permettant de localiser des types de phrases différents sur la base de leurs configurations. Une seconde conséquence est que le véritable enjeu de la description de la phrase n'est pas théorique, mais empirique : il s'agit de décrire, *a posteriori*, au cas par cas, ces configurations (sur ce point, cf. également Prandi 2020 : 19–20).

2.3.2 *Qu'est-ce le* prédicat *?*

Revenons à nouveau au type III décrit au § 2.2. Cette configuration, on l'a vu, montre que la valence peut exercer sa force à l'intérieur du GV sans rencontrer aucune résistance de la part de la grammaire. À l'extérieur du GV, cependant, la grammaire pose une limite à la valence : la catégorie grammaticale du sujet n'est pas négociable, qu'elle soit remplie par un argument ou pas (cf. § 2.1).

Dans ce cadre, on peut espérer récupérer une notion unifiée du prédicat en le définissant comme *le périmètre où la valence peut forger l'expression*. Le *predicator* et le *predicate* apparaissent ainsi comme des aspects différents de cette notion unique de prédicat. Le *predicator* en est l'aspect substantiel : l'exercice de la pression de la valence. Le *predicate* en est l'aspect formel : la limite à l'exercice de cette force, fixée par la catégorie grammaticale du sujet.

Remarquons qu'une telle conception unifiée du prédicat est cohérente si, et seulement si, ses deux aspects (formel et substantiel) ne se croisent pas : si, et seulement si, le *predicator* ne franchit pas la limite tracée par le *predicate*. Cela signifie que, si le sujet peut être rempli par un argument, il ne doit pas pouvoir abriter la source de la valence. Plus concrètement, si notre proposition est viable, alors il n'y a pas de verbes supports du sujet.

Or, ce point ne fait pas l'objet de consensus car, dans une phrase comme *Le serment du roi a eu lieu*, plusieurs auteurs suggèrent qu'*avoir lieu* est un verbe support du nom prédicatif *serment* (cf. Gross 2010). Nous avons argumenté contre cette position dans Fasciolo (2017). Nous nous limitons, ici, à un constat. Intuitivement, le groupe nominal *Le serment du roi* ne signifie pas *Le serment du roi qui a eu lieu*, mais *Le serment que le roi a fait*. Si cela est vrai, alors *Le serment du roi* est issu de *Le roi a fait un serment* par effacement du verbe (support) *faire*, et non de *Le serment du roi a eu lieu* par effacement d'*avoir lieu*. *Avoir lieu* ne se comporte donc pas comme un verbe support.

3 ... à travers plusieurs langues

Revenons maintenant au début : l'hypothèse de recherche avancée au § 1.3 à l'issue du paradoxe de Tesnière. Dans une perspective typologique, cette hypothèse se traduit dans la question suivante : *Quels sont les équilibres possibles entre valence et relations grammaticales que différentes langues peuvent afficher ?*

Ce questionnement est implicite dans le passage suivant de Lazard (1998) :

> [...] la structuration de la phrase y [= dans les langues d'Europe] est commandée par des *règles grammaticales qui sont, plus largement que dans d'autres langues, indépendantes* à la fois *du contenu conceptuel* et de la visée communicative. (Lazard 1998 : 118) [nos italiques]

En effet, si les « règles grammaticales » (= relations ou catégories grammaticales) peuvent être indépendantes du contenu conceptuel (= valence) à des degrés différents selon les langues, alors pourquoi ne pas considérer ces degrés comme les valeurs d'un possible paramètre typologique ? Ce paramètre ne serait pas exclusivement linguistique : il ne concernerait pas les différentes valeurs d'une catégorie grammaticale universelle. Ce paramètre serait, en revanche, *composite* : il serait constitué par une dimension proprement linguistique (relations grammaticales) *et* une dimension conceptuelle (valence). Les valeurs de ce paramètre seraient les équilibres entre ces deux dimensions.

Dans le cadre de ce chapitre, nous nous bornerons à l'opposition entre les alignements dits « accusatif » et « ergatif ». Notre but est, d'une part, de rendre explicite un présupposé de l'approche standard à la question de l'alignement, et, de l'autre, de mettre en valeur l'intérêt de notre hypothèse de recherche issue du paradoxe de Tesnière. C'est pourquoi notre démarche sera un peu spéculative et programmatique. Nous commençons (§ 3.1) par rappeler la perspective standard sur l'alignement ; ensuite (§ 3.2), nous contrastons cette perspective avec celle issue de notre hypothèse. Finalement (§ 3.3), nous mettons en évidence un avantage de cette dernière.

3.1 La question de l'alignement : formulation *standard*

Notre point de départ est offert par la valence de deux verbes prédicatifs :

mourir (humain$_{\text{EXPERIENT}}$)
tuer (humain$_{\text{AGENT}}$, humain$_{\text{PATIENT}}$)

Très schématiquement, les types idéaux des alignements accusatif et ergatif se manifestent de la façon suivante :

Alignement accusatif
(3a) *Paul$^{\text{Z-NOMINATIF}}$ meurt*
(3b) *Pierre$^{\text{X-NOMINATIF}}$ tue Antoine$^{\text{Y-ACCUSATIF}}$*

Alignement ergatif
(4a) *Paul$^{\text{Z-ABSOLUTIF}}$ meurt*
(4b) *Pierre$^{\text{X-ERGATIF}}$ tue Antoine$^{\text{Y-ABSOLUTIF}}$*

Dans ces schémas, les exposants remplacent les marques casuelles pertinentes selon les langues en jeu. Le terme « alignement » se réfère à l'extension de la portée des marques casuelles. En (3), il y a un cas – le nominatif – qui porte sur le premier argument du verbe aussi bien en (3a) qu'en (3b). En (4), en revanche, il y a un cas – l'absolutif – qui porte sur le premier argument en (4a) et sur le deuxième argument en (4b).

L'approche standard consiste à définir ces alignements par rapport aux arguments codés de la même façon. « Accusatif » est l'alignement où les arguments codés au même cas – le nominatif – sont l'argument 1 d'un verbe monovalent intransitif *et* l'argument 1 d'un verbe bivalent transitif ($X=Z$, dans les termes Lazard (1998 : 12–15)). « Ergatif » est l'alignement où les arguments codés au même cas – l'absolutif – sont l'argument 1 d'un verbe monovalent intransitif *et* l'argument 2 d'un verbe bivalent transitif ($Y=Z$, cf. Lazard (*ibid*)).

Dans l'alignement accusatif, le cas nominatif identifie la catégorie grammaticale connue comme « sujet » (cf. § 2). La question qui se pose alors est :

(Q) Quel est *l'analogue fonctionnel du sujet* dans l'alignement ergatif ?

Remarquons que, indépendamment de la réponse, la question est cruciale parce qu'elle permet de comparer les deux alignements : comparer les deux alignements signifie comparer la façon dont chacun réalise la catégorie du sujet.

Au niveau des réponses possibles, comme Feuillet (2006 : 398) le remarque, il y a deux alternatives majeures. La première alternative consiste à répondre que, dans l'alignement ergatif, c'est le cas absolutif qui remplit, tout court, la fonction de sujet. La seconde alternative, en revanche, consiste à répondre que la fonction de sujet est remplie, tour à tour, par le cas absolutif en (4a) *et* par le cas ergatif en

(4b). Dans le cadre de ce chapitre, nous ne sommes pas intéressés aux arguments pour défendre chaque réponse, mais au présupposé partagé par les deux.

3.2 La question de l'alignement : une reformulation

Si nous observons les alignements accusatif et ergatif du point de vue des différents degrés d'indépendance des relations grammaticales vis-à-vis de la valence (cf. § 3), la situation qui se dessine est simple. Dans l'alignement accusatif, l'argument 1 reçoit toujours la même forme de codage *quelle que soit la valence du verbe* (mono- ou bi-), alors que, dans l'alignement ergatif, l'argument 1 reçoit un codage différent *selon la valence du verbe*.

Si, d'une part, cette formulation est logiquement équivalente à la formulation standard vue au § 3.1, de l'autre, elle met en valeur le fait que, dans l'alignement accusatif, pour identifier le sujet ou pour décider de sa forme de codage, il ne faut pas connaître la valence du verbe (à vrai dire, il ne faut même pas savoir *si* le verbe a une valence, cf. § 2.1). En (3), le fait que les verbes *mourir* et *tuer* sont monovalent et bivalent n'a en effet aucun impact ni sur l'identification du sujet, ni sur la forme de son codage. Dans l'alignement ergatif, en revanche, pour identifier le sujet ou pour décider de sa forme de codage, il faut savoir, au moins, si le verbe est monovalent ou pas. Or, les deux réponses possibles face à la question (Q) sous 3.1 gomment précisément ce fait. Regardons les détails.

Si on affirme que, dans l'alignement ergatif, le sujet est toujours le cas absolutif (première alternative), alors l'identification du sujet – la réponse à la question *quel est le sujet ?* – dépend de la circonstance que le verbe soit monovalent ou pas. De ce point de vue, on dira qu'en (4a) c'est *Paul* qui est à l'absolutif (= sujet) car le verbe *mourir* est monovalent, alors qu'en (4b), c'est *Antoine*, et non *Pierre*, qui est à l'absolutif (= sujet) car le verbe *tuer* est bivalent.

Si on affirme que, dans l'alignement ergatif, le sujet est identifié, tour à tour, par le cas absolutif *et* par le cas ergatif (seconde alternative), alors c'est le codage du sujet qui dépend de la circonstance que le verbe soit monovalent ou non. De ce point de vue, on dira qu'en (4a) le sujet est à l'absolutif car *mourir* est monovalent, alors qu'en (4b) le sujet est à l'ergatif car le verbe *tuer* est bivalent.

Le présupposé commun est que, dans les deux cas, le sujet s'avère dépendre, pour une raison ou pour une autre, de la valence. Or, c'est précisément *ce qui ne se vérifie pas* dans l'alignement accusatif. Mais si telle est la différence entre les deux alignements, alors, lorsqu'on se demande *quel est l'analogue fonctionnel du sujet* – cf. question (Q) sous § 3.1 –, que l'expression « analogue fonctionnel » signifie-t-elle ? Discuter de l'analogue du sujet dans l'alignement ergatif revient en somme à chercher à savoir si l'actuel roi de France est chauve ou pas.

En allemand, le sujet est obligatoire et il a un cas spécifique ; en français et en anglais, le sujet est obligatoire, mais il n'a pas de cas spécifique ; en italien, le sujet n'est pas obligatoire et il n'a non plus de cas spécifique. Ces sujets sont plus ou moins prototypiques car ils sont tous… des sujets : c'est-à-dire qu'ils sont tous des catégories grammaticales essentiellement indépendantes de la valence. Le périmètre de non-prototypicité du sujet s'arrête ici, aux langues accusatives. De même qu'une poire n'est pas une pomme non prototypique, de même, l'absolutif ou l'ergatif ne sont pas des sujets non prototypiques car ils ne remplissent pas la condition préalable minimale pour pouvoir être considérés des sujets.

Résumons notre argument. Dans l'alignement accusatif, la relation grammaticale codée par le cas nominatif est indépendante de la valence. Dans l'alignement ergatif, en revanche, la relation grammaticale codée par l'absolutif ou codée par l'absolutif *et* l'ergatif (selon les différentes positions) est sensible à la valence. Si nous affirmons que, dans les deux cas, nous sommes confrontés à la même catégorie de sujet, alors ce « sujet » s'avère, à la fois, dépendant et indépendant de la valence. La conclusion est qu'il n'existe pas une notion unique de sujet ou une catégorie grammaticale tout court – non contradictoire – capable de recouper les deux types d'alignements. Si on veut préserver la cohérence logique du sujet, nous semble-t-il, il faut l'appliquer exclusivement à l'alignement accusatif.

Cette criticité du sujet est parfaitement reconnue par les auteurs :

> On a beau retourner le problème dans tous le sens, on ne trouve pas de solution satisfaisante […] On peut alors se dire que les notions de « sujet » et d'« objet » sont totalement inadéquates pour les langues à structure ergative (Feuillet 2006 : 399)

Cependant, tout en étant conscient de l'inadéquation du sujet pour les langues ergatives, on ne peut pas se permettre d'y renoncer car, autrement, on se retrouve typologiquement désarmé. La raison en est la difficulté à envisager un pivot de comparaison entre les deux alignements *autre* que le sujet (ou une catégorie grammaticale plus abstraite). Autrement dit, si la question (Q) sous § 3.1 s'avère sans objet – *i.e.* si en comparant les deux alignements on ne compare pas une catégorie grammaticale –, qu'est-ce qu'on compare ? La difficulté à répondre à cette question produit un cercle vicieux : d'une part, on reconnaît l'inadéquation du sujet et, de l'autre, on se force à l'utiliser quand même.

Cet embarras est manifesté avec lucidité par Feuillet (2006) :

> […] puisqu'il n'est pratiquement pas possible de définir le sujet, quelle va donc être la fonction syntaxique des divers actants à l'absolutif et à l'ergatif ? […] C'est d'ailleurs pour cette raison que les linguistes se sont toujours efforcés de chercher un membre qui pourrait être déclaré sujet dans les structures ergatives (Feuillet 2006 : 398).

Il s'agit du même problème soulevé par Haspelmath (2010) et précédemment par Greenberg (1974) :

> [...] if every language had its own organizational principle, typology as such would cease to be of interest. [...] it would be a mono-linguistic description (Greenberg 1974 : 51)

Si nous admettons que la catégorie de sujet est définie exclusivement pour une langue accusative et qu'une langue ergative a ses propres – *autres* – relations grammaticales, qu'est-ce que *comparer les deux langues* signifie exactement ?

C'est ici que l'hypothèse issue du paradoxe de Tesnière – le paramètre composite envisagé au § 3 – peut venir nous aider. Comparer une langue accusative et une langue ergative ne signifie pas comparer une catégorie grammaticale comme le sujet, mais deux équilibres entre valence et relations grammaticales spécifiques à chaque langue. Dans une langue accusative, globalement, la balance penche du côté des relations grammaticales car il y en a au moins une – le sujet – complètement indépendante de la valence (cf. § 2). Dans une langue ergative, en revanche, la balance commence à pencher du côté de la valence car la valence érode l'indépendance de la forme d'expression du premier argument. Dans cette perspective, la différence entre langues accusatives et ergatives apparaît comme une toute première manifestation, au niveau interlinguistique, de types d'équilibres différents entre valence et relations grammaticales. La comparaison entre catégories grammaticales est sensée seulement dans le cadre d'un équilibre du même type.

3.3 Conclusion : la non-nécessité de catégories grammaticales universelles

Un avantage de la perspective que nous venons de suggérer est qu'elle permet de relâcher la grande pression qu'il y a, en linguistique typologique, sur la notion de sujet. Cette notion, c'est bien connu, doit naviguer entre l'écueil d'une définition formelle et l'écueil d'une définition fonctionnelle. Le premier type de définition implique un gain en intension ou précision descriptive, mais une perte en extension, en généralité. Le second type de définition, inversement, implique un gain en généralité ou extension, mais une perte en précision ou en intension. Cette situation inconfortable du sujet est clairement soulignée par Ramat (1987) :

> [...] the wider the data of the chosen sample of languages becomes, the more danger there is of having to eliminate the most characteristic features from the definition [of subject] [...] until we reach a point where the notion is so generic as to be highly unrevealing (Ramat 1987: 59)

Par-là, le problème est que :

> It seems difficult to reach a 'universal grammar' trough categories of grammatical description (Ramat 1987: 63)

La source de ce problème est notamment le présupposé que le sujet, ou une autre catégorie grammaticale, doit être le pivot de comparaison :

> Asking oneself how the subject is expressed in ergative languages means assuming *a priori* that the subject is a universal category (Ramat 1987: 60)

On retombe, on le voit, dans le cercle vicieux illustré dans la section 3.2, qui amène à charger le sujet d'une tâche impossible.

Si, en revanche, nous faisons l'hypothèse que l'objet de la comparaison n'est pas une catégorie grammaticale – comme le sujet – mais un équilibre entre valence et relations grammaticales, alors il n'y a aucune contradiction à admettre que la catégorie appelée « sujet » (avec ses manifestations plus ou moins prototypiques) soit issue d'une des configurations possibles de cet équilibre, parmi d'autres. Dans cette hypothèse, même si la catégorie du sujet n'était pertinente que dans un petit groupe de langues (ou, à la limite, dans une seule langue), cela ne poserait aucune difficulté car l'existence d'une « grammaire universelle » (on l'a vu au § 1.3) n'est pas nécessaire. Même s'il n'y a que plusieurs grammaires irréductibles – ou, dans les termes de Greenberg (1974 : 51), même si chaque langue a son propre « principe organisateur » –, il est toujours possible de comparer ces grammaires sur la base des équilibres que chacune manifeste entre relations grammaticales indépendantes et valence (nous renvoyons, ici, encore une fois, à Prandi 2020).

4 Bilan

Les idées de syntaxe de Chomsky (1957 [1969 : 17–19]) et de Tesnière (1959 [1988 : 41–42]) peuvent être opposées sur le pivot des signifiés complexes conceptuellement conflictuels :

(5) D'incolores idées vertes dorment furieusement
Le silence vertébral indispose la voile licite

La possibilité de phrases incohérentes prouve, d'une part, qu'il y a des structures grammaticales autonomes par rapport aux concepts et, d'autre part, pour exactement la même raison, que les concepts ne sont pas amorphes, mais qu'ils ont à leur tour une structure, autonome par rapport à la grammaire. Si la grammaire n'était pas autonome, alors les phrases en (5) seraient agrammaticales ; si les concepts étaient amorphes, alors les phrases en (5) ne seraient pas incohérentes. Chomsky (1957 [1969 : 17–19]) a identifié la syntaxe aux structures grammaticales ; Tesnière, à travers sa notion de valence, a identifié la syntaxe aux structures conceptuelles[3]. Chacune de ces contributions a été une révolution. Pour réussir, cependant, une révolution porte souvent des idées correctes *à l'extrême*.

Aujourd'hui, avec un recul de plus de 60 ans depuis la publication des ouvrages *Les structures de la syntaxe* et *Éléments de syntaxe structurale*, nous sommes en mesure de profiter des résultats de ces révolutions en portant un regard critique sur leurs présupposés. Comme Prandi le suggère dans ce volume, il n'y a aucune raison – ni épistémologique, ni empirique – pour laquelle la syntaxe tout court devrait être entièrement réduite aux relations grammaticales formelles *ou* aux structures conceptuelles manifestées par la valence. La syntaxe est, on serait tenté de dire, *hétérogène* ou *composite*. Et c'est ici que la précision à propos de l'idée de motif (*pattern* ou configuration), mise en avant au § 2.3.1, s'impose.

Revenons aux types de phrases I à III vus à la section 2.2. Ces différents motifs, dessinés par les équilibres variables entre valence et relations grammaticales, forment un *continuum* qui s'étend entre deux pôles. Cependant, les paramètres permettant de distinguer chaque motif dans ce *continuum*, eux, sont discrets et binaires. Si la palette des configurations possibles de valence et relations grammaticales affiche l'aspect d'un *continuum*, à l'intérieur de chaque configuration, entre valence et relations grammaticales, il n'y a aucun *continuum*. Affirmer que la syntaxe est *hétérogène* ou *composite*, dans ce sens qu'elle est issue d'une combinaison entre valence et relations grammaticales, ne signifie donc pas affirmer qu'elle est un *mélange* où les relations grammaticales et la valence se confondent.

---

[3] Remarquons incidemment que la conclusion de Tesnière 1959 [1988 : 42] à propos de l'autonomie frôle l'auto-contradiction. À bien y regarder, en effet, un signifié complexe incohérent ne peut pas être justifié sur la base de la valence car la valence *est* une structure conceptuelle cohérente. Et si la valence n'est pas identifiée avec une telle structure conceptuelle (ou sémantique), comme Tesnière 1959 [1988 : *op.cit.*] paraît pour un moment le suggérer, alors, on ne voit plus clairement quel est le contenu de cette notion. Dans le système de Tesnière, on peut en somme justifier exclusivement les phrases cohérentes, qui reproduisent le réseau de relations conceptuelles et sémantiques incorporé dans le lexique. C'est pourquoi les approches fondées sur l'idée de valence, sur le *predicator*, voient un *continuum* entre lexique et syntaxe.

Bibliographie

Bloomfield Leonard, 1933 [1984], *Language*, Chicago/Londres, Chicago University Press.
Chomsky Noam, 1957 [1969], *Syntactic Structures*, The Hague/Paris, De Gruyter.
Fasciolo Marco, 2017, « Les verbes d'occurrence sont-ils des supports des noms d'événements ? », *Éla. Études de linguistique appliquée*, 2, 186 : 197–210.
Fasciolo Marco, 2021, *Grammaire Philosophique du Verbe*, Paris, Classiques Garnier.
Feuillet Jack, 2006, *Introduction à la typologie linguistique*, Paris, Honoré Champion.
Fillmore Charles, 1968, "*The case for case*", *in* E. Bach & R. Harms (eds.), *Universals in Linguistic Theory*, New York, Holt, Rinehart & Winston: 1–88.
Fillmore Charles, 1977, "*The case for case reopened*", *in* P. Cole & J. Sadock (eds.), *Syntax and Semantics 8 : Grammatical relations*, New York, New York Academic Press: 59–82.
Greenberg Joseph, 1974, *Language typology : A Historical and Analytic Overview*, The Hague/Paris, De Gruyter.
Gross Maurice, 1981, « Les bases empiriques de la notion de prédicat sémantique », *Langages*, 63 : 7–52.
Gross Gaston, 2010, « Les verbes supports et l'actualisation des prédicats nominaux », *in* A. H. Ibrahim (dir.), *Supports et prédicats non verbaux dans les langues du monde*, Paris, Cellule de Recherche en Linguistique : 16–35.
Gross Gaston, 2012, *Manuel d'analyse linguistique*, Villeneuve D'Ascq, PUS.
Haspelmath Martin, 2010, "Comparative Concepts and Descriptive Categories in Crosslinguistic Studies", *Language* 86, 3: 663–687.
Lazard Gilbert, 1994, *L'Actance*, Paris, PUF.
Lazard Gilbert, 1998, « Définition des actants dans les langues européennes », *in* J. Feuillet (dir.), *Actance et Valence dans les Langues de l'Europe*, Berlin, Mouton de Gruyter : 111–146.
Lyons John, 1977, *Semantics 2*, Cambridge, CUP.
Mel'čuk Igor, 2012, *Semantics. From Meaning to Text*, vol. I, Amsterdam/Philadelphia, John Benjamins.
Prandi Michele, 2004, *The building blocks of meaning*, Amsterdam/Philadelphia, John Benjamins.
Prandi Michele, 2020, "Roles and grammatical relations in synchrony and diachrony: the case of the indirect object", *in* C. Fedriani & M. Napoli (eds.), *The Diachrony of Ditransitives*, Berlin, De Gruyter: 19–58.
Ramat Paolo, 1987, *Linguistic Typology*, Berlin, Mouton de Gruyter.
Tesnière Lucien, 1959 [1988], *Éléments de syntaxe structurale*, Paris, Klincksieck.
Wells Rulon, 1947, "Immediate constituents", *Language*, 23 : 81–117.

Partie 2: **Lucien Tesnière et le structuralisme**

Gabriel Bergounioux
Chapitre 7
Lucien Tesnière (1893–1954) : du slovène à la syntaxe structurale

Si l'on interprète « l'héritage de Tesnière » comme ce dont il a hérité (et non comme ce dont nous sommes les héritiers), une question se pose : comment expliquer qu'il n'ait jamais écrit une grammaire du slovène alors que l'école française de slavistique s'est attachée à en composer une pour le russe (Boyer & Speranskiï 1905), le polonais (Meillet & Willman-Grabowska 1921), le tchèque (Mazon 1921), le serbo-croate (Meillet & Vaillant 1924) et le bulgare (Beaulieux 1933) ? Les langues absentes de cette liste sont considérées comme des dialectes, y compris le biélorusse et l'ukrainien (Meillet 1917), ou sont parlées par un nombre de locuteurs qui se chiffre en dizaine de milliers seulement. Le slovène est difficilement assimilable à un dialecte du serbo-croate, même s'il y a eu des propositions en ce sens, et il avait, dès 1920, plus d'un million de locuteurs.

Pour comprendre cette lacune, il faut reprendre l'ensemble de la carrière de Lucien Tesnière. Il s'est préparé à une carrière de linguiste en suivant les cours d'A. Meillet et de J. Gilliéron (dialectologie) à la IVe section de l'École Pratique des Hautes Études, « sciences historiques et philologiques », un choix singulier à une époque où les étudiants français en linguistique, alors identifiée à la grammaire comparée, se comptaient, par promotion, sur les doigts d'une main. Comme la connaissance de l'allemand était exigée des élèves, une compétence vérifiée par un examen spécial, Tesnière a pu poursuivre sa formation à Leipzig, où il a rencontré Troubetzkoy, et à Vienne.

Il avait vingt et un ans à la déclaration de la guerre. Mobilisé et fait prisonnier, il a échappé au massacre. À son retour à la vie civile, il a passé l'agrégation d'allemand qui lui garantissait un poste en lycée tout en poursuivant une double formation, de comparatiste indo-européaniste d'un côté (il assistait aux cours d'A. Meillet et de J. Vendryes) et de slavisant de l'autre.

Meillet régnait alors en maître sur la linguistique en France. Il attribuait à chacun de ses étudiants un domaine – les langues sémitiques à Marcel Cohen, les langues dravidiennes à Lilias Homburger, le malgache à Gabriel Ferrand, etc. – et, dans les langues de la famille indo-européenne, il se réservait l'arménien et

---

Gabriel Bergounioux, Université d'Orléans, *Laboratoire Ligérien de Linguistique* – LLL

une position d'arbitre pour les langues grecque, latine, germaniques et slaves. Il a confié les langues celtiques à Joseph Vendryes, le sanskrit passant de Sylvain Lévi à Jules Bloch puis Louis Renou, les langues iraniennes à Benveniste. À ceux-ci s'ajouteraient ceux qui ont été emportés par la guerre, Robert Gauthiot pour les langues baltes et les langues iraniennes et Maurice Cahen pour les langues scandinaves.

L'allemand ne pouvait constituer un véritable domaine de spécialisation : c'était la langue commune des comparatistes et il était difficile de concurrencer la philologie germanique sur son propre terrain. Pour un savant spécialisé dans la partie occidentale du domaine indo-européen, à côté des langues germaniques et des langues romanes, déjà bien étudiées du fait de l'appartenance du français à ce groupe, les langues slaves, la troisième famille majeure de l'Europe contemporaine, représentaient une alternative pertinente.

On peut comprendre la place qu'a occupée le slovène dans le champ scientifique, et partant la position de Tesnière, comme le résultat d'un enchaînement de circonstances déterminées par le contexte historique et l'organisation académique. Sa première décision a été l'engagement dans l'étude de la langue en elle-même, le choix d'une formation qui ferait de lui un linguiste, plutôt que de prendre connaissance de la langue afin de se ménager un accès de première main à la documentation historique ou aux textes littéraires.

Au sein de la linguistique, une première distinction concernait les approches prioritairement disciplinaires – l'anthropologie linguistique (A. Hovelacque, J. van Ginneken), la phonétique (P.-J. Rousselot, P. Passy), la sémantique (M. Bréal) – opposées à la comparaison interne d'une famille de langues. La linguistique comparée, qui se déclinait dans d'autres aires (chamito-sémitique, finno-ougrienne, malayo-polynésienne, etc.), était centrée sur l'indo-européen avec ses deux embranchements principaux, européen et indo-aryen – une répartition perturbée au commencement du XXe siècle par le déchiffrement du tokharien par Emil Sieg et Wilhelm Siegling en 1908 et du hittite par Bedřich Hrozný en 1915. Un second partage démarquait les philologues, qui se restreignaient aux témoignages écrits avec une prédilection pour des langues mortes, et ceux qui entreprenaient de décrire et d'analyser des langues vivantes, le plus souvent en préservant une perspective diachronique.

Aux deux grands sous-ensembles orientaux (iranien et sanskrit) répondent en Europe trois familles majeures – romane, germanique et slave. Le russe s'impose en slavistique pour des raisons démographiques et politiques, avec, à la veille de la Première Guerre mondiale, un intérêt particulier en France du fait de l'alliance militaire conclue avec Saint-Pétersbourg.

1 L'enseignement des langues slaves

Au Collège de France, une chaire de *Langue et littérature slaves* avait été inaugurée en 1840 pour Adam Mickiewicz remplacé par Cyprien Robert (chargé de cours 1845–1857) et Alexandre Chodzko (chargé de cours 1857–1883). Louis Léger (1844–1923), proche de Bréal et l'un des premiers adhérents de la Société de Linguistique de Paris, appelé en 1885 à la mort de Chodzko, a consacré aux différentes langues l'un ou l'autre de ses cours :

- 1893–1894 et 1903–1904, « Grammaire de la langue bulgare »,
- 1894–1896 : « Grammaire de la langue tchèque »,
- 1910–1912 : « Grammaire de la langue serbe »,
- 1912–1914 : « Grammaire de la langue polonaise ».

Lui ont succédé André Mazon (1881–1967) de 1923 à 1951 et André Vaillant (1890–1977) de 1952 à 1962.

À l'École des Langues Orientales (Langues O'), Louis Léger a assuré l'enseignement du russe de 1877 à 1885 (décret du 31 décembre 1876). Après un intérim de Louis Auguste Dozon, une chaire a été créée à l'intention de Paul Boyer (1864–1949) en 1891. Celui-ci avait suivi les cours de Saussure en même temps que Meillet avant de poursuivre sa formation auprès d'A. Leskien (1840–1916) à Leipzig. En dehors d'une étude sur l'accentuation (Boyer 1895), sa production scientifique est limitée mais il s'est montré un professeur et un administrateur remarquables, rédigeant pour ses élèves un *Manuel pour l'étude de la langue russe* (1905).

Dans les universités, en 1892, une chaire de langue et littérature russes a été ouverte à Lille et en 1902 à la Sorbonne avec le même titulaire, Émile Haumant, un historien spécialiste des Slaves du sud.

Pour l'ensemble de la slavistique, la première communication prononcée par Meillet (1866–1936) a été consacrée au slave (Meillet & Boyer 1892). Sa thèse française, soutenue en 1897, traitait du vieux-slave (Meillet 1897). Il en a complété les données au cours des années suivantes (Meillet 1902–1905). Co-auteur de la *Grammaire de la langue polonaise* (1921) et de la *Grammaire de la langue serbo-croate* (1924), il a rédigé seul un travail de synthèse sur *Le slave commun* (Meillet 1924) qu'il tenait prêt pour la publication dès 1915. Cette reconstruction du proto-slave rejetait l'idée largement partagée d'une communauté de langues balto-slaves critiquée quelques années auparavant (Meillet 1908). En dehors du russe, A. Mazon traitait du tchèque et L. Beaulieux (1876–1965) du bulgare.

Après 1918, le gouvernement français, qui n'était guère rassuré sur les intentions de l'Allemagne, ne pouvait plus compter sur un gouvernement soviétique à l'égard duquel l'État-Major nourrissait toutes les préventions. Une organisation militaire de l'Europe centrale qui devait servir à la fois de « cordon sanitaire » contre l'URSS et d'alliance de revers avec les nations slaves contre l'Allemagne et ses possibles alliés, l'Autriche, la Hongrie et la Turquie, était négociée. Sur le plan académique, un ensemble d'initiatives entendait ravir à l'Allemagne et à l'Autriche, désormais dépossédées de leurs territoires de peuplement slave, leur position éminente en ce domaine alors que la Russie, isolée et affaiblie par l'exil de nombreux savants, se trouvait désormais en retrait. Meillet, observateur attentif des transformations du point de vue d'un linguiste (Meillet 1918), en profitait pour obtenir du gouvernement la création à Paris de l'Institut d'Études Slaves et, en 1921, de la *Revue des Études Slaves* qu'il dirigeait avec P. Boyer et A. Mazon (Archaimbault 2020).

En province, une première chaire a été créée à Strasbourg en 1919 pour A. Mazon, au départ russisant (Mazon 1908, 1914), une seconde à Dijon en 1920 pour Jules Legras et une troisième à Lyon en 1921 pour J. Patouillet. J. Legras et J. Patouillet étaient avant tout des spécialistes de littérature. À Langues O', André Vaillant, agrégé de grammaire, ancien combattant à Salonique, a été nommé dans la chaire de serbo-croate au moment de sa création en 1920. La grammaire publiée avec Meillet (Meillet & Vaillant 1924) a paru cinq ans avant qu'il ne soutienne sa thèse de doctorat (Vaillant 1929). Il a été l'un des meilleurs connaisseurs du vieux-slave dont il a assuré l'enseignement à l'École Pratique des Hautes Études de 1931 à 1962, dans une direction d'études de langues et littératures slaves du Moyen-Âge. Il a composé un manuel (Vaillant 1948) et une grammaire comparée (Vaillant 1950-1977).

Sur le plan théorique, A. Vaillant et P. Mazon restaient d'obédience comparatiste.

> Car Vaillant se méfie, comme son aîné Mazon, des nouvelles théories qu'il voit se répandre autour de lui. Il refuse le structuralisme et les mouvements qui en dérivent, n'y voyant que des modes éphémères. Pour ce dernier représentant de l'école néo-grammairienne, rien ne compte que la vérité des faits dûment enregistrés. C'est ce qui donne sa valeur à l'œuvre du comparatiste [...] (Veyrenc 1985 : 265)

Une fois que Tesnière avait arrêté son choix sur la slavistique, la décision concernant une langue particulière s'avérait limité. De fait, le slovène était la dernière à n'avoir pas été investie par un chercheur français.

2 Tesnière en Slovénie

Le Royaume des Serbes, Croates et Slovènes avait été proclamé le 1er décembre 1918 avant d'être renommé royaume de Yougoslavie en 1929. Lors de l'inauguration officielle de l'université de Ljubljana le 3 décembre 1919, la conférence solennelle d'ouverture avait été prononcée par Fran Ramovš (1890–1952), phonéticien et dialectologue, qui avait fait ses études à Vienne et à Graz où il avait soutenu en 1914 son doctorat sur *L'évolution des voyelles réduites du proto-slave en slovène*. Confier à ce jeune universitaire qui n'avait pas trente ans la responsabilité d'un discours dont l'importance symbolique n'échappait à personne témoignait de l'affirmation d'une identité fondamentalement linguistique.

C'est à la fin de l'année 1920 que Tesnière rejoignait son affectation à l'Institut français de Ljubljana où la France avait décidé d'ouvrir un centre destiné à supplanter la langue allemande, mais aussi le hongrois, le russe et l'italien qui n'étaient plus d'actualité dans ce pays pour des raisons différentes. Faute d'emploi ouvert dans l'enseignement supérieur en France, ce poste offrait à Tesnière une alternative à sa nomination dans un lycée de province et lui donnait le moyen de préparer une thèse là où se parlait la langue qu'il allait étudier. En même temps qu'il prenait la direction de l'Institut français, dont il créait la bibliothèque, Tesnière assurait l'enseignement du français à la Faculté des Arts. Il s'intéressait à la vie culturelle du pays et, après son retour en France (Tesnière 1931), il publiait une traduction commentée d'Oton Župančič (1878–1949), considéré alors comme l'écrivain emblématique d'une littérature nationale initiée par France Prešeren (1800–1849).

À la lecture du titre de sa thèse *Les formes du duel en slovène* (Tesnière 1925a), on peut reconstituer la façon dont a été conçu le projet linguistique, en particulier l'inscription dans une perspective synchronique où la dimension géolinguistique (Tesnière 1925b) constituait une alternative à la perspective historique. Les variations dialectales de l'usage du duel à l'échelle du pays étaient traitées comme autant de témoignages des différents états d'un changement arrêté, en un certain endroit, à l'un des moments d'une évolution continue, comme la projection spatiale d'un processus diachronique. Parce qu'elle concernait un fait de grammaire, l'étude écartait les considérations étymologiques, sémantiques et, a fortiori, anthropologiques qu'aurait impliquées une recherche lexicographique. La perspective, qui reportait à une étude ultérieure la description phonologique (Tesnière 1929), était strictement morphologique comme le précisait dans le titre l'indication « les formes ». Morphologie flexionnelle et non dérivationnelle, nominale et non verbale, elle se trouvait reproduire le modèle doctoral adopté par Saussure (1879) et par Meillet (1897) dans l'analyse de la déclinaison.

Pourquoi le duel ? Les reconstructions du proto-indo-européen le rapportent à deux paradigmes. L'un s'applique aux objets qui vont par paires (les yeux, les chaussures), l'autre, plus ancien, introduirait une différenciation entre le singulier et le pluriel, sans préjudice de parité de principe. Alors que les cas ont été l'objet de plusieurs monographies, entre autres en manière de compensation pour la part réduite que le comparatisme réservait à la syntaxe (Graffi 2001), et que le genre soulevait la question de la classification, de la distribution en trois puis souvent en deux catégories des représentations du monde, le nombre est demeuré le parent pauvre de la grammaire historique, l'existence d'une opposition cardinale entre le singulier et le pluriel s'imposant comme une évidence.

Attesté, entre autres, en grec ancien, en gotique et en sanskrit, le duel a disparu de presque toutes les langues modernes, les exceptions les plus notables étant le lituanien, le breton (avec le gallois et le cornique) et le slovène (et le sorabe). On n'en relève ailleurs que des traces éparses. Il y a à son encontre un fort préjugé : « On considère généralement le duel comme la marque d'une mentalité primitive ; on en conclut que sa disparition est une conséquence ou tout au moins un signe du progrès de la civilisation » (Jespersen 1971 : 287). Sa survivance dans des régions rurales et culturellement dominées pouvait paraître confirmer ce jugement.

En slovène, le duel est différencié aux six cas du nom et de l'adjectif, également marqué sur les pronoms et sur les verbes. C'est un système complet dont la préservation est d'autant plus remarquable qu'il est au centre d'une une zone de contacts et qu'aucune langue contiguë n'en a l'usage. C'est un contre-exemple absolu de *Sprachbund* (Sériot 1997), un thème auquel Tesnière a consacré un article dans les *TCLP* (1939a). La recherche impliquait donc à la fois l'étude du « système » dans toute sa complexité et une prise en compte de ses variations en sorte que les 474 pages de la thèse ont dû être complétées par un atlas de 70 cartes et 48 pages de commentaires, faisant de la géographie un raccourci de la diachronie. Il semble qu'il s'agisse du premier atlas imprimé d'une langue slave (Bidaud 2019) et la qualité du travail réalisé a fait qu'au Ier Congrès des Philologues slaves, qui s'est tenu à Prague en 1929, Tesnière et Meillet ont été désignés pour préparer un projet d'atlas linguistique slave.

Docteur ès-lettres, Tesnière pouvait succéder à la chaire de l'Université de Strasbourg laissée vacante par l'élection de Mazon au Collège de France. À côté de son activité de slavisant et de linguiste structuraliste – l'un des pionniers en France avec A. Martinet et G. Gougenheim –, on note l'éclectisme de recherches qui, sans modifier la perception qu'on a conservée du savant, éclairent sa personnalité : phonologie et phonétique (huit articles qui vont des rapports avec la psychologie au dialecte alsacien), lexicologie (dont une étude sur le nom de la soie) et enseignement du grec et du latin (Tesnière 1941).

3 Tesnière slavisant : pédagogie et politique

En reprenant la matière de ses cours, Tesnière a rédigé une *Petite grammaire russe* (Tesnière 1934a) à un moment où, à quarante ans, sa carrière semblait avoir atteint son terme. Dans un contexte de stagnation des emplois dévolus à l'enseignement supérieur, les postes plus prestigieux étaient occupés par des titulaires qui appartenaient à la même génération que lui.

> Maxime Herman est alors (en 1939) dans sa cinquantième année. Parmi les titulaires de chaires, c'est à peu près l'âge de Marcelle Ehrard, d'André Vaillant et de Pierre Pascal, seul Boris Unbegaun étant nettement plus jeune. Quant aux « anciens » Raoul Labry et André Mazon, ils n'ont pas encore soixante ans. Il y a donc une certaine « saturation » des carrières, avec un phénomène de concentration sur une dizaine d'années. Cette circonstance toute conjoncturelle touchant les perspectives de « débouchés », jointe au mauvais état des relations avec l'URSS qui rend pratiquement impossible toute espèce de contact ou d'échange, explique le peu d'attrait qu'exerce sur la jeunesse l'étude du monde slave ct particulièrement du monde russe, de nouveau replié sur lui-même. (Veyrenc 1985 : 271)

Les publications de Tesnière en slavistique traitaient de phonétique, de morphologie, dont « Sur le système casuel du slovène » (Tesnière 1925c), de lexicologie, notamment « Les noms slaves et russes de la frontière » (Tesnière 1930), avec une note de quatre pages sur « L'institut de langues et littératures slaves de la Faculté des lettres de l'Université de Strasbourg » en 1925. Le *Petit vocabulaire russe* (1958) et la *Table étymologique* (1970) sont posthumes.

« Les noms slaves et russes de la frontière » posait la question des représentations qu'entraînent les divisions symboliques de l'espace, de la signification du terme « frontière » à travers les différentes civilisations qui en ont l'usage. Tesnière confrontait le concept et ses dénominations à partir de relevés topographiques effectués sur le continent européen. Une courte étude sur « La Population polonaise en Prusse orientale d'après les recensements de 1910 et de 1925 » (Tesnière 1933), dont les intentions politiques étaient patentes au moment où Hitler accédait au pouvoir, faisait suite au dénombrement des locuteurs publié en 1928 en annexe de la nouvelle édition des *Langues dans l'Europe nouvelle* (Meillet 1918). Tout en signalant « la grande nouveauté » que constituait un appendice statistique, Meillet tenait à faire part de ses réserves.

> Bien entendu, je n'ai pas demandé à M. Tesnière de penser comme moi. Il a son expérience linguistique propre, qui est autre que la mienne. Ses tendances ne concordent pas toutes avec les miennes. Je suis plus que lui sensible aux inconvénients qu'a pour le présent, aux dangers que prépare pour l'avenir le morcellement linguistique de l'Europe. (Meillet 1928 : X)

La partie rédigée par Tesnière commence à la page 291 par un préambule de méthode :

> Nul n'est, hélas, mieux placé que le linguiste pour savoir combien les données de la science peuvent être sollicitées en faveur de buts qui n'ont rien de commun avec elle. C'est le cas notamment chez un certain nombre des nouveaux pays de l'Europe centrale et orientale, où le patriotisme national, exaspéré par les événements de ces dix dernières années, atteint

un degré d'hyperesthésie qui frise la névropathie. (...) Aussi bien notre travail ne tient-il pas compte de la nationalité, mais seulement de la langue, et ce sont là deux notions qu'il est essentiel de ne pas confondre (Tesnière 1928 : 304)

Le rattachement de la Slovénie à la future Yougoslavie avait été décidé sur la base d'un découpage linguistique déterminé négativement : ni magyar, ni roman, ni germanique. L'identité slave était confirmée par des descriptions qui mettaient l'accent sur les caractères les plus accusés de l'origine plutôt que de mettre en valeur ce qu'avait produit au fil du temps une situation de contact, en particulier l'influence germanique qui avait détenu l'autorité politique, et l'empreinte latine du catholicisme dans une contrée en relation continue avec des états italophones. Pour sa part, Meillet s'était montré critique à l'encontre de la spécificité slovène. Il avait préconisé un rapprochement avec le serbo-croate (Meillet 1918 : 40), comme, à la même époque, Oton Župančič dans sa volonté de complaire au pouvoir central.

4 Tesnière et le structuralisme

Il aurait pu y avoir dans la monographie qu'a rédigée Tesnière sur Župančič une approche qui privilégie l'analyse formelle. Le chapitre consacré au style ne se présente pas comme une réflexion sur la diversité des formes d'expression par lesquelles l'auteur s'affranchissait des usages communs pour établir les principes d'un registre spécial. Tesnière s'en tenait à une présentation des moyens poétiques (en particulier le vers libre emprunté aux symbolistes), une observation sur la néologie (le slovène n'était pas une langue littéraire et il lui fallait forger ses ressources) et surtout un long développement sur l'inspiration référée à la psychologie du poète, à son monde intérieur. De larges citations tirées d'une interview réalisée par Tesnière confortaient une approche qui mettait au second plan les enjeux socio-politiques et les attentes du lectorat. Quelle réception attendre pour des écrits en slovène, une langue à faible diffusion où la fraction instruite de la population était d'autant plus restreinte que l'instruction avait été synonyme d'acculturation germanique et que l'enseignement était contrôlé par une église peu encline au lyrisme ?

Structuraliste, Tesnière connaissait le *Cours de linguistique générale* et le travail de comparatiste de Saussure (il a cité la « loi de Saussure »). Avant-guerre, il était l'un des rares Français – avec Martinet, Gougenheim et Benveniste – informé des travaux de l'École de Prague. Il a donné un article aux *TCLP* (Tesnière 1939a). Son rapport aux Pragois était complexe, au-delà de la proximité que sa connaissance du russe lui assurait. Il était réceptif à la théorie phonologique mais il restait très éloigné de leur théorie en poétique et son étude du duel pouvait être interprétée comme une critique radicale du *Sprachbund* de Troubetzkoy (peut-être aussi des thèses de Schuchardt). Les relations entre Prague et Paris étaient rendues plus difficiles du fait de l'antagonisme virulent entre Mazon et Jakobson autour de l'authenticité du *Dit de la campagne d'Igor*. Se rallier à Troubetzkoy revenait à prendre parti contre ses collègues en France.

À l'égard de l'École de Genève, et de ses deux principaux représentants, Tesnière avait quelque affinité avec l'orientation de Charles Bally (1865–1947). Il a tenu à participer à ses *Mélanges* avec une contribution intitulée « Théorie structurale des noms composés » (Tesnière 1939b) – l'adjectif « structural », rare dans la terminologie linguistique du temps, retient l'attention. Il partageait avec le successeur de Saussure un vif intérêt pour l'enseignement du français langue étrangère mais Bally s'en est tenu à l'étude du français et il a fondé sa « stylistique » sur une sociologie de l'interaction orale quand Tesnière s'est intéressé d'abord à la slavistique et à la politique des langues et qu'il en restait, en matière de style, à une analyse littéraire plus traditionnelle.

Albert Sechehaye (1870–1946) s'était distingué en 1926 en publiant un *Essai sur la structure logique de la phrase*. Tesnière, dans l'indépendance absolue qu'il accordait à l'organisation de l'énoncé par rapport à la logique, s'est refusé à conserver la conception classique d'une opposition entre le sujet et le prédicat (ou attribut) à laquelle il substituait des valences, dans une démarche synthétique (*vs* analytique). La détermination des éléments ne reposait plus sur des entités catégoriques mais sur des opérations, dont la « translation » qui assurait la conversion d'une classe dans une autre. La connexion entre séquences supplantait une interprétation sémantique des fonctions et faisait émerger une organisation où l'énoncé était figuré sous forme d'arborescence (Corblin 1991).

En 1937, Tesnière était nommé professeur de grammaire comparée à Montpellier, dans le poste qu'avait occupé Maurice Grammont (1866–1946). S'il semble que des raisons de santé l'aient décidé à solliciter sa mutation, l'intitulé de la chaire lui permettait aussi de prendre ses distances avec la slavistique. Il étendait sa réflexion à la linguistique générale comme l'annonçait la douzaine de pages de son article : « Comment construire une syntaxe ? » (Tesnière 1934b). Il consacrait ses dernières années à l'*Esquisse d'une syntaxe structurale* (Tesnière 1953), parue un an avant sa mort, et aux *Éléments* (Tesnière 1959) publiés à titre posthume grâce à Jean Fourquet.

Le livre se distinguait avant tout par la reconnaissance d'une autonomie de la syntaxe, comme le Cercle de Prague l'avait établie pour la phonologie, alors qu'il a fallu attendre les années 1960 avant que cette discipline n'apparaisse dans la nomenclature de la *Bibliographie linguistique*, éditée sous les auspices du Comité International Permanent des Linguistes et créée sur proposition de Meillet lors du

Premier Congrès International des Linguistes à La Haye en 1928. Tesnière délaissait les domaines qu'il avait explorés : la morphologie, la dialectologie, la géographie linguistique, les études littéraires et la traduction. En faisant référence dans son titre au structuralisme, il reconnaissait sa dette à l'égard de Saussure et du Cercle Linguistique de Prague et il entérinait sa rupture avec Meillet et l'école française de slavistique.

Le formalisme qu'il promouvait s'appliquait à toutes les langues non plus en se focalisant sur l'ordre des mots (dont l'idée reste présente dans les notions de *centrifuge* et de *centripète*) mais en mettant au premier plan une hiérarchie des unités qui reconnaissait la consistance du palier lexical et substituait à la linéarité un ordonnancement hiérarchique. Il ne cherchait pas à mettre en évidence un système d'oppositions, plutôt un système de relations, entre « synthétisme et analytisme » pour reprendre le titre d'une contribution confiée au Cercle Linguistique de Prague (Tesnière 1932). La syntaxe, affranchie de la logique et de la sémantique, se fondait sur une distinction entre procès, actants et circonstants qui n'étaient pas définis par nature mais par leurs fonctions les uns par rapport aux autres.

5 Conclusion

La publication posthume ne facilite pas toujours le succès. D'abord spécialiste du slovène, Tesnière n'a jamais été vraiment intégré au cercle des slavisants français qui, élèves de Meillet, moins sensibles à la variation dialectale interne à chaque langue, s'en tenaient à la grammaire comparée dans une perspective diachronique. Structuraliste, il a collaboré avec le Cercle Linguistique de Prague – comme son collègue à l'Université de Strasbourg Georges Gougenheim (1900–1972) – et il s'est tenu informé des travaux de l'École de Genève mais il est resté fondamentalement un solitaire, en partie du fait de sa carrière provinciale.

À Montpellier, il a pu côtoyer Maurice Grammont, qui avait suivi le séminaire de Saussure à Paris, mais l'hostilité de celui-ci à la phonologie (il est phonéticien), à Martinet et au Cercle de Prague n'ont pas dû faciliter les rapports. Alors que l'œuvre de Tesnière reste l'une des plus citées aujourd'hui parmi les auteurs francophones de cette génération, qu'il inspire nombre de recherches en grammaire, on serait en peine de citer un seul élève qui se serait revendiqué de lui, que ce soit en linguistique générale ou en slavistique.

Bibliographie

Archaimbault Sylvie, 2020, « Antoine Meillet et l'unité slave », *in* S. Archaimbault & P. Gonneau (dir.), *Revue des Études Slaves*, 91/1-2 : 13-27.
Beaulieux Léon, 1933, *Grammaire de la langue bulgare*, Paris, Champion.
Bidaud Samuel, 2019, « Les idées linguistiques de Lucien Tesnière. Première partie », *Studies about Languages*, https://kalbos.ktu.lt/index.php/KStud/article/view/22323.
Boyer Paul, 1895, *L'accentuation du verbe russe*, Paris, Imprimerie Nationale.
Boyer Paul, Speranskiĭ Nikolaï, 1905, *Manuel pour l'étude de la langue russe*, Paris, Armand Colin.
Corblin Francis, 1991, « Lucien Tesnière, *Éléments de syntaxe structurale* », *in* H. Huot (dir.), *La Grammaire française entre comparatisme et structuralisme (1870-1960)*, Paris, Armand Colin : 227-256.
Graffi Giorgio, 2001, *200 years of syntax*, Amsterdam, John Benjamins.
Jespersen Otto, 1971 [1924], *La Philosophie de la grammaire*, Paris, Minuit.
Mazon André, 1908, *Morphologie des aspects du verbe russe*, Paris, Champion.
Mazon André, 1914, *Emplois des aspects du verbe russe*, Saint-Pétersbourg, Institut français.
Mazon André, 1921, *Grammaire de la langue tchèque*, Paris, Champion.
Meillet Antoine, 1897, *Recherches sur l'emploi du génitif accusatif en vieux-slave*, Paris, Bouillon.
Meillet Antoine, 1902-1905, *Études sur l'étymologie et le vocabulaire du vieux-slave*, Paris, Bouillon.
Meillet Antoine, 1908, *Les dialectes indo-européens*, Paris, Champion.
Meillet Antoine, 1917, « Le petit-russe et le grand-russe », *Le Monde slave*, 1/3-4 : 398-399.
Meillet Antoine, 1918, *Les Langues dans l'Europe nouvelle*, Paris, Payot [2e édition en 1928 « avec un appendice de L. Tesnière sur la statistique des langues de l'Europe »].
Meillet Antoine, 1924, *Le Slave commun*, Paris, Champion.
Meillet Antoine, Boyer Paul, 1892, « Sur l'une des origines du mouvement de l'accent dans la déclinaison slave », *Mémoires de la Société de Linguistique de Paris*, VIII : 172-180.
Meillet Antoine, Vaillant André, 1924, *Grammaire de la langue* serbo-croate, Paris, Champion.
Meillet Antoine, Willman-Grabowska Helena, 1921, *Grammaire de la langue polonaise*, Paris, Champion.
Ramovš Fran, 1914, *Die Entwicklung des Protoslawischen reduzierte Vokale im Slowenisch*, Graz, Thèse de doctorat.
Saussure (de) Ferdinand, 1879, *De l'emploi du génitif absolu en sanscrit*, Genève, Imprimerie J.-G. Fick.
Saussure (de) Ferdinand, 1916, *Cours de linguistique générale*, Genève, Payot.
Sechehaye Albert, 1926, *Essai sur la structure logique de la phrase*, Paris, Champion.
Sériot Patrick, 1997, « Des éléments systémiques qui sautent les barrières des systèmes », *Cahiers de l'ILSL*, 9 : 205-227.
Tesnière Lucien, 1925a, *Les formes du duel en slovène*, Paris, Champion.
Tesnière Lucien, 1925b, *Atlas linguistique pour servir à l'étude du duel en slovène*, Paris, Champion.
Tesnière Lucien, 1925c, « Sur le système casuel du slovène », *Mélanges linguistiques offerts à M. J. Vendryes par ses amis et ses élèves*, Paris, Champion : 347-361.
Tesnière Lucien, 1928, « Appendice sur la statistique des langues de l'Europe », *in* A. Meillet, *Les Langues dans l'Europe nouvelle*, 2e éd., Paris, Payot : 291-484.

Tesnière Lucien, 1929, « L'accent slovène et le timbre des voyelles », *Revue des études slaves*, 9/1–2 : 89–118.
Tesnière Lucien, 1930, « Les noms slaves et russes de la frontière », *Bulletin de la Société de Linguistique de Paris* 30/2 : 174–195.
Tesnière Lucien, 1931, *Oton Joupantchitch, poète slovène*, Paris, Les Belles-Lettres.
Tesnière Lucien, 1932, « Synthétisme et analytisme », *in* V. Mathesius (dir.), Charisteria Guilelmo Mathesio quinquagenario a discipulis et Circuli linguistici pragensis sodalibus oblata, Prague, Pražský lingvistický kroužek [Cercle Linguistique de Prague].
Tesnière Lucien, 1933 « La Population polonaise en Prusse orientale d'après les recensements de 1910 et de 1925 », *in* H. de Montfort (dir.), *L'Évolution du polonisme en Prusse-Orientale*, Paris, Gebethner et Wolff : 45–93.
Tesnière Lucien, 1934a, *Petite grammaire russe*, Paris, Didier.
Tesnière Lucien, 1934b, « Comment construire une syntaxe », *Bulletin de la Faculté des Lettres de Strasbourg*, 7, mai-juin : 217–229.
Tesnière Lucien, 1939a, « Phonologie et mélange de langues », *Travaux du Cercle linguistique de Prague*, VIII : 83–93 (http://crecleco.seriot.ch/textes/Tesniere39.html).
Tesnière Lucien, 1939b, « Théorie structurale des temps composés », *in Mélanges de linguistique offerts à Charles Bally*, Genève, Georg : 153–183.
Tesnière Lucien, 1941, *Pour prononcer le grec et le latin*, Paris, Didier.
Tesnière Lucien, 1953, *Esquisse d'une syntaxe structurale*, Paris, Klincksieck.
Tesnière Lucien, 1958, *Petit vocabulaire russe*, Paris, Didier.
Tesnière Lucien, 1959, *Éléments de syntaxe structurale*, Préface de Jean Fourquet, Paris, Klincksieck.
Tesnière Lucien, 1970, *Table étymologique : les mots russes classés d'après leur racine*, Saint-Sulpice de Favières, Centre de linguistique quantitative de la Faculté des sciences de l'Université de Paris.
Vaillant André, 1929, *La langue de Dominko Zlataric, poète ragusain de la fin du XVIe siècle*, Paris/Belgrade, Champion/Académie serbe des sciences et des arts.
Vaillant André, 1948, *Manuel du vieux slave*, Paris, Institut d'Études Slaves.
Vaillant André, 1950–1977, *Grammaire comparée des langues slaves*, Lyon/Paris, I.A.C./Klincksieck.
Veyrenc Jacques, 1985, « Histoire de la slavistique française », *in* J. Hamm & G. Wytrzens (dir.), *Beiträge zur Geschichte der Slawistik in nichtslawischen Ländern*, Schriften der Balkankommission, Linguistische Abteilung, XXX, Vienne, Verlag der Österreichischen Akademie der Wissenschaften : 245–303.

Nizha Chatar-Moumni
Chapitre 8
Les syntaxes structurales et fonctionnelles de Lucien Tesnière et d'André Martinet

1 Introduction

Les concepts de *structure* et de *fonction* sont aux fondements du structuralisme européen[1]. Ils sont également au cœur de la syntaxe structurale de Lucien Tesnière et de la syntaxe fonctionnelle d'André Martinet. Comment ces linguistes conçoivent-ils et convoquent-ils ces deux concepts-clés ? En quoi les syntaxes de Tesnière et de Martinet sont-elles structurales et fonctionnelles ? Telles sont les questions posées dans le cadre de ce chapitre.

Martinet a été, c'est bien connu, un des principaux relais du structuralisme européen en France. Ses relations plus ou moins étroites, plus ou moins amicales avec, principalement, Troubetzkoy, Jakobson et Hjelmslev l'ont amené a élaboré ce qu'il a appelé une linguistique générale, structurale et fonctionnelle (1989). L'héritage et la sensibilité structuralistes de Lucien Tesnière sont, en revanche, davantage discutés, notamment en raison de curieuses ressemblances[2] entre les *Éléments de syntaxe structurale* (1959, désormais *ESS*) et les *Syntactic structures* de Chomsky (1957). Michel Arrivé pose d'ailleurs la question « La syntaxe de Tesnière est-elle structurale ? » dans le tout premier numéro de la revue *Langue française* :

---

[1] « La tendance structuraliste qui s'affirme dès 1928, et qui devait ensuite être mise au premier plan, prend ainsi ses origines chez Saussure. Bien que celui-ci n'ait jamais employé en un sens doctrinal le terme "structure" (terme qui d'ailleurs, pour avoir servi d'enseigne à des mouvements très différents, a fini par se vider de tout contenu précis), la filiation est certaine de Saussure à tous ceux qui cherchent dans la relation des phonèmes entre eux le modelé de la structure générale des systèmes linguistiques » (Benveniste 1966/1 : 42).
[2] « Comment ne pas s'étonner de la similitude apparente entre les stemmas et les représentations arborescentes qui vont au même moment remplacer les boites encastrées ? Comment ne pas rester stupéfait devant l'apparition simultanée des deux côtes de l'Atlantique des fameux exemples *le silence vertébral indispose le voile licite* et *green colorless ideas sleep furiously* destinés à témoigner de l'indépendance réciproque du contenu sémantique et de la structure syntaxique ? » (Kupferman 1998 : 242–243).

Nizha Chatar-Moumni, Université de Paris, MoDyCo – UMR 7114

> La question peut sembler paradoxale. Elle ne mérite pas moins d'être posée. Malgré le titre de l'ouvrage, la théorie de Tesnière n'est structurale que selon le sens donné par l'auteur au mot structure : sens qui n'est pas celui qu'avait le terme dans la pratique linguistique de l'époque (...). (Arrivé 1969 : 36)

Pourtant, dès 1938, Tesnière concluait son article « Théorie structurale des temps composés », paru dans les *Mélanges Bally* ainsi : « La structure qui conditionne le fonctionnement durable du mécanisme est la seule réalité saisissable, vivante et féconde » (Tesnière 1938 : 182, cité dans Chevalier 2013 : 6–7). Tesnière précise sa filiation structurale, au sens pragois du terme, dans le préambule des *ESS* en faisant sienne la nécessité du primat de la synchronie sur la diachronie, adoptant ainsi sur la diversité des langues un point de vue fondé sur le « trait de **structure** » :

> La classification typologique par le sens du relevé linéaire a été appliquée dans une certaine mesure par Steinthal, et plus récemment par le P. W. Schmidt. Elle est contenue implicitement dans les doctrines de l'école phonologique de Prague. Comme elle est fondée sur un trait de **structure**, c'est celle qui intéresse le plus directement la syntaxe structurale, et c'est par conséquent celle que nous adopterons ici, en nous gardant toutefois de frapper d'exclusive la classification généalogique, dont il n'est pas question de contester le bien-fondé du point de vue historique. (*ESS*, ch. 14.63)[3]

Le terme de *structure* – absent, on le sait, du *Cours de linguistique générale* – fait son apparition dans les *Actes du 1ᵉʳ Congrès international des linguistes de La Haye* (1928). Il clôt la présentation des six thèses proposées par Bally, Jakobson, Mathesius, Séchehaye et Troubetzkoy :

> Pour atteindre cet **idéal**, il est nécessaire de préciser les lois génétiques des systèmes linguistiques, par la comparaison de langues aussi nombreuses que possible, considérées non au point de vue génétique, mais au point de vue de leur **structure**. (Troubetzkoy & Jakobson 1928 : 86) (nous mettons en gras)

Benveniste, grand lecteur de Saussure, précisera plus tard cet « idéal » structuraliste :

> Il s'agit donc, la langue étant posée comme système, d'en analyser la structure. Chaque système, étant formé d'unités qui se conditionnent mutuellement, se distingue des autres systèmes par l'agencement interne de ces unités, agencement qui en constitue la structure. (...). Envisager la langue (...) comme un système organisé par une structure à déceler et à décrire, c'est adopter le point de vue "structuraliste". (Benveniste 1966/1 : 95–96)

---

[3] Les mots en gras dans les citations extraites des *ESS* sont soulignés par Tesnière.

Lucien Tesnière et André Martinet ont tous deux entretenu des relations suivies avec le Cercle de Prague[4]. Tesnière est le seul linguiste français de l'époque à y avoir donné une conférence (« Duel et géographie linguistique », le 4 novembre 1927[5]). Il est ensuite resté en contact épistolaire avec le Cercle et suivait de près les travaux des linguistes pragois. André Martinet est entré en contact avec le Cercle en 1936[6] mais n'y a jamais fait de conférence. Il a toutefois publié deux articles dans les *Travaux du Cercle linguistique de Prague* (Martinet 1939) et deux comptes rendus dans la revue *Slovo a slovesnot*[7].

On ne trouve pas de référence à Martinet dans les *ESS*. Quant à Martinet, s'il évoque bien le nom de Tesnière dans un article paru en 1952, ce n'est que pour souligner son rôle d'assistant statisticien d'Antoine Meillet[8]. Plus intéressant, dans *Syntaxe générale* (1985), ouvrage dans lequel il synthétise et affine l'ensemble de ses réflexions – entamées dès 1950 avec un article traitant de l'opposition verbo-nominale – sur la syntaxe des langues, Martinet rapproche les notions syntaxiques de *valence*, héritage sans conteste tesniérien, et de *fonctions spécifiques* sans pour autant citer Tesnière :

> § 7.15 Fonctions spécifiques et valence
>
> Le terme de valence est fréquemment utilisé pour désigner l'ensemble des fonctions spécifiques d'un verbe. Dans la pratique de l'enseignement des langues, c'est là une notion très utile : la liste des valences possibles au début d'un dictionnaire permet de signaler de façon très brève, sous chaque entrée, le comportement syntaxique d'un verbe. (Martinet 1985 : 182)

---

[4] « C'est ainsi qu'un élève de Meillet, Lucien Tesnière en profite pour faire une carrière certes modeste – il ne sera célèbre que bien plus tard –, mais significative puisqu'il a eu le mérite de lier amitié, parmi les premiers, avec Roman Jakobson et deviendra un des plus fermes soutiens du mouvement phonologique. Spécialiste d'allemand, il a suivi, en 1913–1914, à Leipzig, les cours de K. Brugmann et A. Leskien, avec L. Bloomfield et N. Troubetzkoy [...] » (Chevalier 1997 : 35).
[5] « [...] L. Tesnière est le premier linguiste français (le seul pendant longtemps avant que Benveniste ne soit invité) à avoir parlé au Cercle de Prague » (Chevalier 2013 : 6).
[6] Martinet confie à Chevalier et Encrevé (1984 : 68) : « C'est Mossé, agrégé d'anglais, qui a fait pour moi le lien entre l'anglais et la linguistique. Après l'agrégation, Mossé, qui savait tout, m'a conseillé de lire les *Travaux du cercle linguistique* de Prague. Ça ne l'intéressait pas lui-même. Il me disait vers 1932–1933 : "Il faudra bien qu'on s'y mette un jour à faire de la linguistique générale" ». Chevalier (2001 : 71) note par ailleurs que « C'est Claude Mossé, angliciste curieux et ouvert, ami intime de Lucien Tesnière qui, le premier, en 1932, parlera à Martinet de la nécessité de fonder une linguistique générale. »
[7] Nous remercions notre collègue Ondřej Pešek pour ces informations sur les relations qu'entretenaient Tesnière et Martinet avec le Cercle de Prague.
[8] "Some linguists, among them a few of the greatest, have deemed the study of the diffusion of languages not to be unworthy of their attention. I need only recall here the book *Les langues dans l'Europe nouvelle* published after the First World War (1928) by Antoine Meillet with the assistance of Lucien Tesnière" (Martinet 1952 : 5).

Si Tesnière et Martinet ne font pas explicitement référence l'un à l'autre, la lecture de leurs travaux nous permet de croiser quelques-uns des principes fondamentaux de leur linguistique et nous amène à penser qu'ils se sont abreuvés aux mêmes sources. Tous deux se réclament en effet d'une conception humboldtienne de la nature du langage, lient la phonologie fonctionnelle à la syntaxe fonctionnelle, fondent la nécessité de la syntaxe sur la linéarité obligée des messages linguistiques, prônent l'autonomie de la syntaxe par rapport à la morphologie, défendent l'idée que c'est la fonction qui fonde la structure, définissent la phrase comme une structure hiérarchisée autour d'un noyau ou nœud central et n'opposent pas, comme le fait la tradition, le sujet au prédicat.

En définitive, c'est en établissant des rapprochements que l'on dégagera ce qui est spécifique à l'un et à l'autre de ces deux éminents linguistes généralistes.

2 Héritage humboldtien

Tesnière[9] et Martinet[10] ont des faits de langage une vision davantage humboldtienne que saussurienne : une langue n'est pas un ouvrage fait (*ergon*), mais une activité perpétuellement en train de se faire, une activité (*energeia*)[11].

L'objet de la syntaxe structurale de Tesnière est la phrase conçue comme un « organisme vivant », fruit d'une activité mentale, d'une dynamique intérieure.

---

9 Pratiquement dès les premières pages des *ESS*, Tesnière rend un vibrant hommage à Humboldt, qu'il tient pour un linguiste « de grande classe, aux intuitions de génie » (ch. 1.12, note 2).
10 « Parmi les grands linguistes du passé, un seul fait exception sur ce point. Il s'agit de Wilhelm von Humboldt, chercheur et homme d'État prussien qui, dans la première moitié du XIXe siècle, a eu, des faits du langage, une vision dont nous avons intérêt à nous inspirer aujourd'hui. Cet homme, qui avait été en contact avec des langues uniquement parlées, de celles que nous désignons volontiers comme exotiques, a, pour la première fois à ma connaissance, affirmé qu'une langue n'était pas un produit fini, mais une activité, en allemand, non point *ein Werk*, mais *eine Tätigkeit*. Malheureusement, pour donner plus d'éclat à son propos, il a immédiatement fait suivre ces termes d'équivalents grecs : *ergon* et *energeia*. Ses lecteurs, pendant le siècle et demi qui a suivi, un peu désarçonnés par la nouveauté du message, ont oublié les mots allemands, dont le second au moins était trop clair, et ont répété à l'envi les formes grecques, surtout *energeia* dont la valeur un peu mystérieuse permettait d'atténuer la brutalité du message et, finalement, de n'en tenir aucun compte » (Martinet 1990 : 14).
11 « En réalité, le langage est quelque chose qui passe constamment et même à chaque instant. Même sa conservation dans l'écriture n'est jamais qu'une conservation incomplète, modifiée, qui doit chaque fois ressusciter dans la parole. Le langage lui-même n'est pas un ouvrage (Ergon), mais une activité (Energeia). Sa véritable définition ne peut donc être que génétique » (Humboldt, cité dans Voss 1974 : 485).

« Construire une phrase, c'est mettre la vie dans une masse amorphe de mots en **établissant** entre eux un **ensemble** de **connexions** » (*ESS*, ch. 1.9). Cette activité mentale intérieure correspond à la *innere Sprachform* 'forme intérieure de la langue' de Humboldt (*ESS*, ch. 1.12). « C'est l'effort nécessaire pour vaincre les difficultés que l'on rencontre pour réaliser la transformation de l'ordre structural en ordre linéaire qui est la cause profonde de l' "energeia" si bien sentie par G. de Humboldt » (*ESS*, ch. 6.6). Le processus mental de cette activité est la *connexion*, *i.e.* une opération cognitive qui consiste à lier hiérarchiquement des « mots », et ainsi structurer sa pensée pour pouvoir l'exprimer linguistiquement. La connexion est un procédé de structuration, au sens de « mise en ordre » (*ESS*, ch. 1.12), et c'est en cela que la syntaxe de Tesnière est structurale.

Le langage est également pour Martinet une activité, une *Tätigkeit*, terme humboldtien qu'il préfère à celui d'*energeia* parce que moins mystérieux (cf. note 10). Le langage ne procède pas, toutefois, d'une activité mentale (intérieure) mais d'une activité sociale, les langues se construisant et évoluant constamment dans les interactions sociales :

> [...] l'objet langue ne serait pas entièrement donné dès l'abord, mais serait à concevoir comme le produit d'une activité particulière, on pourrait être tenté de retrouver la langue dans l'exercice de cette activité plutôt que dans ce qui en résulte. Tout incite à voir dans une langue un faisceau d'habitudes, c'est-à-dire un comportement humain. Une structure linguistique se présente, dans ces conditions, comme la manière dont les différentes habitudes constitutives de ce faisceau se conditionnent les unes les autres. (Martinet 1965a : 295–296)

Les langues sont, pour Martinet, des faits culturels dynamiques, économiques et structurés, *i.e. articulés* à deux niveaux :

> Il apparaît donc que le langage humain est, non seulement articulé, mais doublement articulé, articulé sur deux plans, celui où, pour employer les termes du parler de tous les jours, les énoncés s'articulent en mots, et celui où les mots s'articulent en sons. (Martinet 1965b : 8)

La structuration de l'expérience par un locuteur pour la transmettre à un récepteur implique par ailleurs une activité aux niveaux paradigmatique – l'axe des choix et de l'exclusion mutuelle – et syntagmatique – l'axe de la linéarité et de la mise en relation d'unités compatibles entre elles. Ces relations, ou fonctions, sont constitutives de la structure et de son évolution :

> Il y a fait de langue lorsqu'on passe d'une expérience homogène et non analysée à sa réduction en une série de segments vocaux déterminés. Chacun de ces segments peut être utilisé pour communiquer d'autres expériences qui diffèrent du tout au tout. Ceci n'empêche pas que, lorsque nous l'entendons dans un certain ordre, nous nous trouvons assez précisé-

ment renseignés sur ce qu'a éprouvé notre interlocuteur. Si je dis, par exemple, *j'ai mal à la tête*, je me sers de six segments, à savoir *je, ai, mal, à, la* et *tête*, dont chacun peut se trouver dans des contextes tout à fait différents pour communiquer des expériences tout à fait différentes. Ils sont donc fort peu spécifiques, mais, en les combinant, on peut atteindre une assez grande précision. (Martinet 1965b : 10)

Cette vision des faits conduit Martinet à concevoir « le langage comme existant, en priorité, pour assurer la communication entre les hommes » et à comprendre « pourquoi la structure linguistique doit s'adapter à chaque instant » et « arriver à la conclusion qu'une langue change parce qu'elle fonctionne » (Martinet 1989 : 154).

C'est en recueillant des données pour sa thèse sur les formes du duel dans les dialectes du slovène que Tesnière a très tôt pris conscience de l'importance[12] des faits de variation et du changement linguistiques. Cette prise de conscience le conduit, selon Chevalier (1997 : 35), à travailler sur « des parlers vivants [...] saisis en pleine évolution », et le met « sur la voie d'un fonctionnalisme qui s'affirmera de plus en plus [car] il ressort de la confrontation des discours que les communautés de parleurs configurent les traits selon les besoins de la communication ». Tesnière et Martinet se rejoignent ici en ce que pour l'un comme pour l'autre les langues sont des objets dynamiques et fonctionnels. C'est d'ailleurs leur intérêt commun pour les traits d'oralité et la dynamique linguistique qui explique que Tesnière et Martinet aient tout de suite pris position en faveur de la méthodologie de la phonologie pragoise alors que cette discipline était plus que controversée à l'époque de son expansion en France.

3 Phonologie et autonomie de la syntaxe

Dès 1929, Lucien Tesnière dresse un compte rendu[13] de l'ouvrage *L'évolution phonologique du russe* de Jakobson dont il est très proche. Il participe au congrès de Genève en 1931 et « à son retour, il fait à ses collègues l'exposé enthousiaste des possibilités de la phonologie et d'une syntaxe autonome, et exalte la place donnée à la géographie linguistique » (Chevalier 1997 : 37). Il devient ensuite membre de la *Société française de phonologie* créée en 1938 par Martinet[14] pour

---

12 Alors que son maître, Antoine Meillet, était « à la fois intéressé, mais aussi rebuté par la multiplicité des traits oraux qui tendent à dissoudre les règles d'ensemble » (Chevalier 1997 : 35).
13 Compte rendu publié dans le numéro 2 des *Travaux du Cercle de Prague* en 1929.
14 Cette société « rassemble une dizaine de spécialistes et a pour but l'établissement d'un atlas phonologique de la France » (Chevalier 2013 : 7). « La liste des membres de la Société française

qui la phonologie « est à l'origine du mouvement qui a renouvelé la science du langage » (Martinet 1965b : 43). La pratique de la phonologie structurale et fonctionnelle conduira naturellement Tesnière et Martinet vers une conception structurale et fonctionnelle de la syntaxe :

> On notera l'analogie frappante entre la conception de la syntaxe fonctionnelle et la **phonologie** de l'école de Prague, laquelle vise à découvrir, derrière la nature purement physique des phénomènes, leur aptitude à être chargés de fonctions proprement linguistiques. (*ESS*, ch. 19.12)

> Cet ouvrage [*Syntaxe générale* 1985] vise à réaliser, pour l'étude des unités significatives du langage, ce que représente la phonologie pour celle des unités distinctives. En d'autres termes, on y cherche à faire, pour les monèmes, ce que la phonologie a réalisé pour les phonèmes, à Prague et à Vienne d'abord, à New York et à Paris ensuite. (Martinet 1985 : 5)

> [La syntaxe] n'est pas une étape méthodologique de l'analyse linguistique, mais l'examen de la présentation de ce qu'il y a, parallèlement à la structure phonologique, de plus fondamental et de plus caractéristique dans la structure d'une langue déterminée. (Martinet 1985 : 16)

Cette perspective fonctionnelle incite Tesnière à distinguer nettement ce qui, dans une langue, est fonctionnel au sens pragois du terme, c'est-à-dire ce qui assume une fonction « proprement linguistique » – et ainsi participe de la structure d'une langue – de ce qui n'assume pas de fonction et n'est que « purement physique ».

> Une fois disposé en ordre linéaire sur la chaîne parlée, le **schème structural** de la phrase est prêt à recevoir le **vêtement phonétique** qui lui donnera **sa forme extérieure**. (*ESS*, ch. 15.1)

> Mais cette **forme extérieure**, élément sensible destiné à frapper notre ouïe, ne se confond ni avec le **schème structural**, ni avec le **schème linéaire** desquels elle procède, éléments abstraits dont elle diffère profondément par sa nature essentiellement concrète. (*ESS*, ch. 15.2)

Tesnière distingue l'abstrait du concret, le fonctionnel du physique, l'intérieur de l'extérieur. La phonétique et la morphologie procèdent de l'extérieur dans la mesure où elles ne participent pas de la structure des langues. La phonologie et la syntaxe procèdent de l'« intérieur », *i.e.* du structural :

> L'étude de la forme **extérieure** de la phrase est l'objet de la **morphologie**. L'étude de sa forme **intérieure** est l'objet de la **syntaxe**. (*ESS*, ch. 15.5)

---

de phonologie s'établit ainsi : Mmes Sjoestedt-Jonval et Fischer-Jörgensen, MM. Babin, Basset, Benveniste, Bloch, Bruneau, Cohen, Damourette, Fourquet, Gimet, Gougenheim, Lofthus, Martinet, Sauvageot, Tesnière. La présidence est assurée par J. Vendryes ». (Chevalier 2013 : 7, note 1)

De même chez Martinet :

> Identifier, dans un objet, une structure ne peut se faire sans poser initialement un principe d'abstraction. [...]. La pertinence est le principe d'abstraction qu'on va choisir de telle façon que ne soient retenus que les aspects de la réalité perceptible qui assument une fonction déterminée. (Martinet 1989 : 149–150)

La *pertinence communicative*, principe d'abstraction aux fondements de la linguistique structurale et fonctionnelle de Martinet, structure les langues à deux niveaux : la pertinence distinctive structure la phonologie d'une langue et la pertinence significative en structure la syntaxe.

Ainsi, pour Tesnière comme pour Martinet, la fonction est ce qui structure une langue. « Il ne peut y avoir **structure** qu'autant qu'il y a **fonction** », peut-on lire chez l'un (*ESS*, ch. 19.8) ; « un point de vue structural implique un point de vue fonctionnel », peut-on lire chez l'autre (Martinet 1965a : 292). Cette approche structurale et fonctionnelle des faits de langue conduit ces deux auteurs à défendre fermement l'autonomie de la syntaxe par rapport à la morphologie :

> Dans une étude fonctionnelle de la langue, il faut contraster avec la dernière énergie l'examen des variantes de signifiant et celui des éléments de l'énoncé qui assurent sa **cohésion** et permettent à l'auditeur de reconstituer à partir d'une parole linéaire l'expérience qu'on cherche à lui communiquer. Il s'agit donc, en termes traditionnels, de distinguer la morphologie d'une part, la syntaxe de l'autre. (Martinet 1989 : 153) (nous mettons en gras)

> La syntaxe est donc bien **distincte** de la morphologie. Elle en est **indépendante**. Elle a sa loi propre : elle est **autonome**. (*ESS*, ch. 15.6)

Les concepts de *cohésion* (Martinet) et de *connexion* (Tesnière) se rejoignent en ce qu'ils désignent l'opération de structuration mise en œuvre par le locuteur pour transmettre sa perception du monde sensible (sa « pensée » pour Tesnière, une « expérience » pour Martinet). Le locuteur opère des choix régis par un principe d'abstraction pour « mettre ensemble », pour « connecter » entre elles des unités signifiantes (*mots* chez Tesnière et *monèmes* chez Martinet). Ces « connexions » et ces « relations » sont des « liens organiques » (*ESS*, ch. 25.3), c'est-à-dire des « fonctions » :

> Nous appellerons **fonction** des mots le rôle qui leur est assigné dans le mécanisme de l'expression de la pensée. (*ESS*, ch. 19.4)

> **Fonction** désigne ici le fait linguistique qui correspond au rapport entre un élément d'expérience et l'expérience globale. (Martinet 1967 : 112)

4 Langue, pensée, expérience

L'influence de Bally – pour qui la linguistique « est basée sur l'observation de ce qui se passe dans l'esprit d'un sujet parlant au moment où il exprime ce qu'il pense » (Bally 1909 : 83–84, cité dans *ESS*, ch. 15.12) – est manifeste chez Tesnière[15] lorsqu'il distingue le plan structural du plan sémantique :

> Le **plan structural** est celui dans lequel s'élabore l'expression linguistique de la pensée. Il relève de la grammaire et lui est **intrinsèque**. Le plan **sémantique** au contraire est le domaine propre de la pensée, abstraction faite de toute expression linguistique. Il ne relève pas de la grammaire, à laquelle il est extrinsèque, mais seulement de la psychologie et de la logique. (*ESS*, ch. 20.5–6)

Le plan sémantique correspond au contenu de la pensée, alors que le plan structural exprime cette pensée dans une « hiérarchie de connexions » : la phrase structurale. Pensée et langage ne sont cependant possibles et accessibles que du fait d'un processus réciproque de catégorisation :

> La pensée ne peut saisir la complexité du monde extérieur qu'en jetant sur lui la trame d'un système d'idées générales appelé[e]s **catégories de la pensée**. Par les catégories de la pensée, l'esprit humain amène le monde à sa propre mesure. (*ESS*, ch. 24.3)

> De même, sur le plan linguistique, le langage ne peut saisir la pensée qu'en jetant à son tour sur elle la trame d'un système de notions générales appelées **catégories grammaticales**. Par les catégories grammaticales, le langage amène la pensée à sa propre mesure. (*ESS*, ch. 24.4)

Ce processus de catégorisation relève d'un principe d'économie qui équilibre entre les besoins et les moyens propres à chaque langue :

> La trame des catégories grammaticales projetées par une langue sur la pensée qu'elle veut exprimer ne dépasse jamais le minimum nécessaire pour saisir cette pensée. (*ESS*, ch. 24.9)

> Il y a donc pour chaque langue un nombre **optimum** de catégories, qui est fonction de la complexité de la civilisation qu'elle a pour mission d'exprimer, et qui constitue un **équilibre**, qu'elle atteint d'ailleurs automatiquement par le simple jeu de son fonctionnement. (*ESS*, ch. 24.12)

Pour Martinet, les langues sont, on l'a dit, structurées à deux niveaux. Cette double articulation, naturelle et spécifique au langage humain, répond au prin-

---

[15] Tesnière reconnaît également à Bally le « mérite d'avoir réhabilité la forme intérieure du langage en face de la morphologie (...) le *Précis de stylistique* (Genève, 1905) marque à ce point de vue un tournant dans l'histoire de la linguistique. » (*ESS*, ch. 15.12)

cipe d'économie nécessaire pour permettre la communication de l'infini de l'expérience. L'*expérience* est à comprendre comme la contrepartie non linguistique des unités signifiantes, autrement dit la façon dont un locuteur perçoit la réalité, la perception du non-linguistique qui peut, mais pas uniquement, s'analyser en unités signifiantes :

> [...] la fonction fondamentale du langage humain est de permettre à chaque homme de communiquer à ses semblables son expérience personnelle. Par « expérience », il faut entendre tout ce que l'homme ressent ou perçoit, que le stimulus soit interne ou externe, que cette « expérience » prenne la forme d'une certitude, d'un doute, d'un désir ou d'un besoin. La communication à autrui pourra prendre la forme d'une affirmation, d'une question, d'une demande ou d'un ordre, sans cesser d'être communication. (Martinet 1965b : 9–10)

> [...] au-delà de la vision naïve qui confond réalité et chose dite, le linguiste doit retrouver l'ordonnance particulière à laquelle sont soumis les faits d'expérience et qu'on désigne comme la structure de la langue. (Martinet 1985 : 175)

Comme Tesnière, Martinet conçoit ce processus de structuration (ordonnancement) dans une sorte de réciprocité : la pensée structure l'expérience structurée par la langue en vertu du principe d'abstraction qu'est la pertinence communicative.

5 La syntaxe naît de la linéarité obligée des messages linguistiques

Tesnière et Martinet fondent tous deux leur syntaxe sur le principe de la linéarité du signifiant, second principe fondamental par lequel Saussure caractérise le signe linguistique. On peut lire dans le chapitre 7 des *ESS*, « Antinomie de l'ordre structural et de l'ordre linéaire », que :

> La notion de chaîne parlée (chaîne des sons, chaîne de la parole entendue, chaîne acoustique, chaîne phonique) est une des conceptions les plus profondes et les plus fécondes de Ferdinand de Saussure. V. son *Cours de Linguistique générale* publié par Bally et Sechehaye, pp. 65–67 et 79 *sqq*. (*ESS*, ch. 5, note 1)

La syntaxe de Tesnière se veut une représentation de l'activité « subjective et inconsciente » (*ESS*, ch. 20.13) qui consiste à transformer l'ordre structural en ordre linéaire et inversement :

> [...] nous pouvons dire [...] que **parler** une langue, c'est en transformer l'ordre structural en ordre linéaire, et inversement que **comprendre** une langue, c'est en transformer l'ordre linéaire en ordre structural. (*ESS*, ch. 6.4)

La mise en phrase correspond assez exactement, technique mise à part, à l'opération pour laquelle les techniciens de la radio ont adopté le terme, maintenant consacré, de **mise en onde**. (*ESS*, ch. 6, note 2)

De même, chez Martinet, dans un passage de *Syntaxe générale* intitulé « La linéarité », on lit :

> Il est clair qu'une langue, au sens non métaphorique du terme, n'est une langue que parce que sa structure est prédéterminée par la linéarité des messages dont elle permet la production. C'est parce que le message linguistique est vocal qu'il est nécessairement linéaire. (Martinet 1985 : 26)

La syntaxe résulte donc de la « contradiction » (Martinet), de l'« antinomie » (Tesnière) entre deux plans ou deux dimensions. Pour Tesnière, « l'ordre structural est à plusieurs dimensions » et s'oppose à l'ordre linéaire, unidimensionnel et « Toute la syntaxe structurale repose sur les rapports qui existent **entre l'ordre structural et l'ordre linéaire** » (*ESS*, ch. 6.1) :

> Il y a donc **antinomie** entre **l'ordre structural**, qui est à plusieurs dimensions (réduites à deux dans le stemma), et **l'ordre linéaire**, qui est à une dimension. Cette antinomie est la « quadrature du cercle » du langage. Sa résolution est la condition sine qua non de la parole. (*ESS*, ch. 7.3)

Le caractère multidimensionnel, ou global, de l'expérience s'oppose, pour Martinet, au caractère unidimensionnel, ou linéaire, de la chaîne parlée. De ce fait,

> [La syntaxe] consiste principalement à examiner par quels moyens les rapports qui existent entre les éléments d'expérience, et qui ne sont pas des rapports de pure successivité, peuvent être marqués dans une succession d'unités linguistiques de manière que le récepteur du message puisse reconstruire cette expérience. (François 1969 : 18)

La syntaxe, chez Tesnière comme chez Martinet, naît de la nécessaire linéarisation en structures linguistiques de la pensée ou de l'expérience naturellement multidimensionnelles. Ce processus de linéarisation est perçu comme une activité intérieure de mise en connexions hiérarchisées pour l'un et comme une activité sociale de mise en relation hiérarchisée d'éléments signifiants (pertinents) pour l'autre. Ce n'est que dans l'observation du résultat de cette activité – *i.e.* la phrase – que l'on peut en comprendre les mécanismes.

6 La phrase, unité hiérarchisée

La théorie générale de Martinet est marquée par la volonté d'expliquer la structure des langues comme le résultat de l'équilibre entre les besoins de communication tels qu'ils se manifestent dans une communauté particulière et les moyens mis en œuvre pour y parvenir. La phrase se réalise de ce fait dans les interactions sociales, elle est l'unité minimale du discours : « cette identification de la phrase et du discours paraît évidente » car « rien ne se trouve dans le discours qui ne soit déjà dans la phrase » (Martinet 1985 : 85–86). La phrase est, par ailleurs, une unité *relationnelle*, c'est-à-dire une unité construite autour d'un prédicat défini comme le *noyau central* « autour duquel s'organise la phrase et par rapport auquel les autres éléments constitutifs marquent leur fonction » (Martinet 1967 : 127). Le prédicat, noyau central de l'organisation hiérarchique qu'est la phrase, est « l'élément irréductible d'un énoncé (...) ou [le] noyau central de cet élément » (Martinet : 1985 : 87), c'est-à-dire qu'il est, précise Martinet, « le monème en fonction duquel s'ordonnent les autres monèmes de l'énoncé. Ceux-ci forment des chaînes de déterminations qui aboutissent toutes au prédicat » (Martinet 1979 : 15). Les limites de la phrase martinetienne correspondent ainsi à celles du champ d'action du noyau central ou prédicat.

La phrase tesniérienne est envisagée comme « un **ensemble organisé** dont les éléments constituants sont les **mots** » (*ESS*, ch. 1.2). « L'étude de la phrase, qui est l'objet propre de la syntaxe structurale (cf. *ESS*, ch.1.1), est essentiellement l'étude de sa structure, qui n'est autre que la hiérarchie de ses connexions » (*ESS*, ch. 2.6). « Le nœud formé par le régissant qui commande tous les subordonnés de la phrase est le **nœud des nœuds** ou **nœud central**. Il est au centre de la phrase, dont il assure l'unité structurale en en nouant les divers éléments en un seul faisceau. Il s'identifie avec la phrase. » (*ESS*, ch. 3.6)

Analysée comme une hiérarchie de déterminations (Martinet) ou comme une hiérarchie de connexions (Tesnière), la phrase est, pour l'un comme pour l'autre, une structure organisée, ou hiérarchisée, autour d'un élément central duquel les autres éléments constitutifs de la phrase *dépendent* :

> Les connexions structurales établissent entre les mots des rapports de **dépendance**. Chaque connexion unit en principe un terme **supérieur** à un terme **inférieur**. Le terme supérieur reçoit le nom de **régissant**. Le terme inférieur reçoit le nom de **subordonné**. Ainsi dans la phrase *Alfred parle*, *parle* est le régissant et *Alfred* le subordonné. On exprime la connexion supérieure en disant que le régissant **commande** ou **régit** le subordonné. Ainsi dans la phrase *Alfred parle* (v. ST. 1), *Alfred* dépend de *parle*, tandis que *parle* commande *Alfred*. (*ESS*, ch. 2.1–3)

On ne trouve pas dans les *ESS* de critère opératoire permettant de distinguer entre régissant et subordonné. Il semble que Tesnière les distingue par une sorte de déduction logique alors que chez Martinet, c'est le critère d'omissibilité *vs* non-omissibilité qui sert à distinguer le régissant de ses subordonnés ou, pour utiliser les termes de Martinet, le noyau de ses déterminants :

> On dit qu'un monème en détermine un autre lorsque son apparition ou sa présence est sous la dépendance de ce dernier. Pas de déterminant sans déterminé : le déterminant est omissible et marginal ; le déterminé ne l'est pas. L'élément non omissible est plus central que l'élément omissible, ce qui explique que, lorsque le déterminé s'impose en priorité à l'attention, on le désigne comme **le noyau**. Dans une optique dynamique, les déterminations diverses du noyau se présentent comme des expansions. Lorsqu'on désire simplement marquer le rapport de dépendance, on parlera du noyau et de **ses satellites**. C'est le rapport de détermination qui établit l'essentiel de la hiérarchie des monèmes dans la phrase. (Martinet 1985 : 112)

Les concepts méthodologiques fondamentaux de la syntaxe tesniérienne sont le *mot*[16] et la *connexion* : « [les] connexions structurales établissent entre les mots des rapports de dépendance » (*ESS*, ch. 2.1), entre un subordonné et un régissant. Elles sont représentées graphiquement par un diagramme à branches, le *stemma*. « Le stemma est ainsi une représentation visuelle d'une notion abstraite qui n'est autre que le schème structural de la phrase » (*ESS*, ch. 3.10). Les concepts méthodologiques mis en œuvre par l'école fonctionnaliste sont les unités issues de la *pertinence significative* (monème et synthème) et la *relation syntaxique*, également conçue par Martinet comme une relation de dépendance de type hiérarchique. Elle se réalise soit comme une relation d'implication réciproque (entre le prédicat et son actualisateur, formant ainsi l'énoncé minimum), soit comme une relation d'implication à sens unique (entre un noyau et son subordonné). Ces relations sont représentées dans des *visualisations syntaxiques* qui concrétisent « les résultats de l'opération de généralisation que représente toute syntaxe. » (Martinet 1985 : 144)

---

16 Tesnière admet cependant que « les coupures qui délimitent le mot sur la chaîne parlée sont non seulement **imprécises**, mais **imprécisables**, et que par conséquent la notion de mot est essentiellement fuyante. » (*ESS*, ch. 10.11)

7 Valence et fonctions spécifiques du verbe

Martinet et Tesnière confèrent tous les deux un rôle central au verbe. Le verbe est une unité à vocation exclusivement prédicative pour Martinet. Le « nœud verbal » est le « nœud central » ou « nœud des nœuds » dans les *ESS* (ch. 49.12).

Tesnière fait appel au concept de *valence*, emprunté à la chimie, pour identifier la fonction des mots qui gravitent autour du verbe. Les mots sont des *actants* (« fonction d'actant ») ou des *circonstants* (« fonction de circonstant ») selon qu'ils sont ou non régis par le verbe. « Les mots apparaissent ainsi comme des **outils**, dont chacun est fait en vue d'un usage déterminé, auquel il est étroitement adapté ». (*ESS*, ch. 19.3) Tesnière distingue de ce fait les catégories des fonctions ; les catégories sont des « éléments statiques et inertes » et les fonctions des « éléments dynamiques et vivants » (*ESS*, ch. 25.2).

> Soit par exemple la phrase : *Alfred frappe Bernard* (v. St. 6), si nous en envisageons les **catégories**, nous constatons qu'*Alfred* et *Bernard* appartiennent à la catégorie grammaticale du substantif et **frappe** à celle du verbe. Mais ces mots, aussi longtemps que nous ne les envisageons que de ce point de vue, nous apprennent seulement qu'il y a un nommé *Alfred*, un nommé *Bernard*, et une action de *frapper* ils ne nous apprennent rien sur le lien organique qui unit ces trois éléments isolés en une phrase. (*ESS*, ch. 25.3)

Il pose alors une relation biunivoque entre catégories et fonctions :

> Les **actants** sont toujours des **substantifs** ou des équivalents de substantifs. Inversement les substantifs assument en principe toujours dans la phrase la fonction d'actants (…). Les **circonstants** sont toujours des **adverbes** (…) ou des équivalents d'adverbes. Inversement les adverbes assument en principe toujours dans la phrase la fonction de circonstants. (*ESS*, ch. 48.7–8)

Actants et circonstants sont des mots pleins, *i.e.* « chargés d'une fonction sémantique » (*ESS*, ch. 28.2), leur forme suffisant à évoquer une idée. Les mots vides « sont de **outils grammaticaux** » (*ESS*, ch. 28.3). L'identification des actants et des circonstants procède en fait de leur sens et non de leur comportement syntaxique, c'est-à-dire de leur comportement structural.

Martinet établit un parallèle entre la valence et les fonctions spécifiques et non spécifiques du verbe (cf. § 1 ci-dessus). Toutefois, la démarche de Martinet est essentiellement relationnelle. Les classes syntaxiques sont établies d'abord sur la base de l'inventaire des compatibilités syntaxiques des unités, *i.e.* leur faculté à entrer en relation syntaxique (relation de dépendance) avec d'autres unités, et non sur leur sens. Martinet oppose les fonctions spécifiques aux fonctions non spécifiques : « Parmi les fonctions en tant qu'unités linguistiques définies par une forme et une valeur, on distinguera celles qu'on ne rencontre jamais avec certains verbes et qui, en conséquence, caractérisent les verbes auprès desquels on les rencontre. » (Martinet 1979 : 159) Les fonctions non spécifiques apparaissent alors comme pouvant figurer dans le contexte de n'importe quel verbe. Les monèmes qui assument une fonction spécifique sont des *participants*, terme que Martinet préfère à celui, tesniérien, d'actant[17] :

> Les syntacticiens contemporains utilisent volontiers le terme d'actant pour désigner les monèmes (ou leurs **référents** ?) qui assument les fonctions spécifiques [...] ce qui compte pour établir la structure réelle d'une langue, ce n'est pas ce que les référents de nos termes sont dans la réalité perçue, mais la distinction entre les fonctions qui ne se manifestent qu'en présence d'un verbe déterminé et celles que l'on peut trouver partout [...]. Ceci ne veut pas dire que nous puissions faire l'économie de la notion et du terme de participant [...]. (Martinet 1985 : 181–182) (nous mettons en gras)

Le sens (lexical) peut en effet venir à la rescousse de la syntaxe, notamment lorsque des « fonctions non spécifiques peuvent avec certains verbes, être nécessairement exprimées » (Martinet 1979 : 160). Toutefois, pour Martinet, « Il n'y a là aucune contradiction » (*id.*). Par exemple, dans les contextes : « Il met sa voiture *au garage* » et « Il a deux voitures *au garage* », *au garage* sera dégagé, en syntaxe, comme une fonction non spécifique. S'il apparaît devoir être nécessairement exprimé, comme dans le premier exemple, c'est dû au sens du verbe *mettre* qui demande, pour satisfaire sa valence, deux expansions dont l'une à valeur locative.

Il est évident que la dichotomie fonctions spécifiques / non spécifiques s'inspire de la dichotomie actant / circonstant, même si elle s'en démarque sur certains points, notamment, on l'a vu, sur le rapport entre nature (ou catégorie) grammaticale et fonction grammaticale, ou encore dans la place réservée à la fonction sujet dans les deux modèles syntaxiques. Dans l'un, le sujet – premier participant (du prédicat) (Martinet 1985 : 116) – est une fonction non spécifique obligatoire, dans l'autre, il s'agit d'un prime actant régi, comme n'importe quel autre actant, par la valence (sémantico-référentielle) du verbe. Ni Tesnière ni Martinet, cependant, n'opposent, comme le fait la tradition grammaticale, le sujet au prédicat puisque tous les deux conçoivent la phrase comme une structure hiérarchisée autour d'un noyau central :

> Dans aucune langue, aucun fait proprement linguistique n'invite à opposer le sujet au prédicat. (*ESS*, ch. 49.6)

> L'opposition du sujet et du prédicat empêche ainsi de saisir l'équilibre structural de la phrase, puisqu'elle conduit à isoler comme sujet un des actants, à l'exclusion des autres,

---

[17] Notons que Martinet, comme pour la notion de valence, ne fait pas référence à Tesnière pourtant à l'origine du terme actant en syntaxe structurale.

lesquels se trouvent rejetés dans le prédicat pêle-mêle avec le verbe et tous les circonstants. (*ESS*, ch. 49.13)

Cet inconvénient disparaît dès qu'on admet l'hypothèse d'un nœud verbal comme nœud central. (*ESS*, ch. 49.12)

Martinet insiste, de son côté, sur le risque de postuler qu'en toute langue et dans tout énoncé il existe le complexe sujet-prédicat (1985 : 87). S'il admet que « sous bénéfice d'inventaire, on peut poser partout l'existence d'un noyau prédicatif, on doit bien se garder d'en faire de même pour le sujet » (*ibid.*). La fonction sujet désigne « ce qui est l'accompagnement obligé [*i.e.* non omissible] du prédicat » dans des langues et énoncés où cette fonction a été identifiée sur la base du critère de compatibilité syntaxique (*id.* : 117).

8 Conclusion

Lucien Tesnière et André Martinet nous ont laissé en héritage des modèles syntaxiques solides, puissants et cohérents. Leurs postulats théoriques et méthodologiques s'opposent quelquefois, mais sont le plus souvent, à notre sens, complémentaires. Nous n'avons pas fini d'en exploiter la richesse à la fois pour la description de la diversité des langues mais également pour leur enseignement.

Bibliographie

Arrivé Michel, 1969, « Les *Éléments de syntaxe structurale*, de L. Tesnière », *Langue française*, 1 : 36–40.
Bally Charles, 1905, *Précis de stylistique française. Esquisse d'une méthode fondée sur l'étude du français moderne*, Genève, Eggimann.
Bally Charles, 1909, *Traité de stylistique française*, Heidelberg/Paris, Winter/Klincksieck, 2 vol.
Benveniste Émile, 1966, *Problèmes de linguistique générale*, t. 1, Paris, Gallimard.
Chevalier Jean-Claude, 1997, « Trubetzkoy, Jakobson et la France, 1919–1939 », *Cahiers de l'ILSL*, 9 : 31–43.
Chevalier Jean-Claude, 2001, « Interviewer André Martinet », *La linguistique*, 37 : 69–80.
Chevalier Jean-Claude, 2013, « Linguistique et philologie françaises devant l'analyse des structures (1876–1956) », *Dossiers d'HEL, SHESL Les structuralismes linguistiques : problèmes d'historiographie comparée*, 3 : 1–11.
Chevalier Jean-Claude, Encrevé Pierre, 1984, « La création de revues dans les années 60 : matériaux pour l'histoire récente de la linguistique en France », *Langue française*, 63 : 57–102.
Chomsky Noam, 1957, *Syntactic structures*, The Hague, Mouton.

François Denise, 1969, « Autonomie syntaxique et classement des monèmes », in A. Martinet (dir.), *La linguistique. Guide alphabétique*, Paris, Denoël : 18–24.

Kupferman Lucien, 1998, « Un structuralisme de bonne compagnie : Lucien Tesnière et son héritage », *Journal of French Language Studies*, 8 (2) : 241–248.

Martinet André, 1936, « Neutralisation et archiphonème », *Travaux du Cercle linguistique de Prague*, VI : 46–57.

Martinet André, 1950, « Réflexions sur le problème de l'opposition verbo-nominale », *Journal de psychologie normale et pathologique*, 43 (1) : 99–108 (également publié dans Martinet André, 1965, *La linguistique synchronique. Études et recherches*, Paris, P.U.F. : 195–205).

Martinet André, 1952, "Diffusion of language and structural linguistics", *Romance Philology*, 6 (1) : 5–13.

Martinet André, 1965a, « Structure et langue », *Revue Internationale de Philosophie*, 19 (73–74) : 291–299.

Martinet André, 1965b, *La linguistique synchronique. Études et recherches*, Paris, P.U.F.

Martinet André, 1967, *Éléments de linguistique générale*, Paris, Armand Colin.

Martinet André (dir.), 1979, *Grammaire fonctionnelle du français*, Paris, Didier.

Martinet André, 1985, *Syntaxe générale*, Paris, Armand Colin.

Martinet André, 1989, « Linguistique générale, linguistique structurale, linguistique fonctionnelle », *La linguistique*, 25 (1) : 145–154.

Martinet André, 1990, « La synchronie dynamique », *La Linguistique*, 26 (2) : 13–23.

Tesnière Lucien, 1959, *Éléments de syntaxe structurale*, Paris, Klincksieck.

Troubetzkoy Nicophielas, Jakobson Roman, 1928, *Actes du premier Congrès international des linguistes*, Leyde, AW Sijthoff.

Voss Josef, 1974, « Aristote et la théorie énergétique du langage de Wilhelm von Humboldt », *Revue Philosophique de Louvain*, 72 (15) : 482–508.

Patrice Pognan
Chapitre 9
Lucien Tesnière et l'École de Prague

L'œuvre de Lucien Tesnière est longtemps restée confidentielle, appréciée essentiellement des milieux linguistiques slaves. Elle n'a connu un regain d'intérêt que de manière relativement récente.

Il est quelque peu surprenant que l'Europe occidentale, et tout particulièrement la France, n'ait que très rarement pris connaissance des travaux menés en Europe centrale, notamment par l'École de Prague. Ce manque d'intérêt a masqué la relation de descendance directe des *Éléments de syntaxe structurale* (*ESS*) (Tesnière 1959) avec les travaux de l'École de Prague, notamment en traitement automatique des langues, qui s'y réfèrent pourtant explicitement et leur sont redevables de plusieurs principes fondamentaux.

L'examen de quelques citations d'éminents linguistes met en lumière une minoration évidente de l'importance et de l'influence de Tesnière. Nous relèverons en premier lieu l'avis de Michel Arrivé :

> Pour la linguistique d'aujourd'hui, la théorie syntaxique de Tesnière n'a plus qu'un intérêt historique (...) les concepts essentiels de la *Syntaxe structurale* sont restés pour une bonne part à l'écart des tendances linguistiques de leur temps. (Arrivé 1969 : 40)

C'est ne pas considérer les travaux de grammaire de l'aire slave et les travaux de traitement automatique des langues réalisés dans certains de ces pays où l'héritage de Tesnière est largement souligné. Hors de l'aire slave, l'ouvrage de Jürgen Kunze (1975), publié à Berlin, consacre l'usage massif en République démocratique allemande des structures de dépendances et leur donne une espèce de « consubstance » politique face aux travaux ouest-allemands et dont la chute du mur effacera toute trace. Même s'il a une vision différente bien affirmée en *thème – phème – rhème*, Jean-Marie Zemb (1994) n'en est pas moins un héritier de Tesnière, ne serait-ce que par l'intermédiaire de son maître Jean Fourquet, contemporain et ami de Tesnière. Dans un tout autre registre, il convient de mentionner le projet japonais de cinquième génération des ordinateurs lancé en 1982 qui repose sur le langage de programmation *Lisp* qui utilise une notation informatique « opérateur (opérandes) » parfaitement isomorphe du « prédicat (actants) » utilisé en linguistique. Ce n'est pas un hasard si l'on parle en informatique de syntaxe et de

---

Patrice Pognan, Institut National des Langues et Civilisations Orientales, PLIDAM – UR 4514 / Univerzita Karlova, Matematicko-fyzikální fakulta, ÚFAL

sémantique. Le langage de programmation *Scheme* répond toujours à ces caractéristiques.

Même si le commentaire de Francis Corblin est beaucoup plus élogieux, il n'en est pas moins inexact dans la deuxième partie de la citation :

> Les théories de Tesnière, du moins ses concepts de départ (nœud verbal, valence, actants, circonstants) ont connu un grand retentissement, et qui dépasse largement le cadre de la linguistique. On reconnaît très largement à Tesnière le mérite d'avoir le premier formulé de manière conséquente une alternative à l'approche syntaxique fondée sur la dualité sujet / prédicat. Cependant, *on ne saurait dire que le modèle ait eu une influence décisive sur le cours des études syntaxiques dans les trente dernières années*. C'est plutôt dans certains *secteurs d'application (traitement automatique du langage dans les années 60, pédagogie, notamment dans le domaine germanique)* que les concepts de Tesnière ont connu le plus de succès. (Corblin 1991 : 227)

La réponse faite au commentaire de Michel Arrivé vaut également pour celui de Francis Corblin. Nous nous efforcerons dans le corps de ce texte de montrer à quel point l'héritage de Tesnière est important pour les milieux linguistiques tchèques. Les traitements automatiques réalisés dans l'équipe du pragois Petr Sgall se réfèrent jusqu'à nos jours à cet héritage. De manière générale, la syntaxe au-delà du rideau de fer a été massivement en structures de dépendances, que ce soit dans les pays slaves où l'on connaît les équipes russes de Mel'čuk, au Canada plus tardivement (Mel'čuk 1964, 1999 [1974], 2012 ; Kahane 2001) et d'Apresjan (1980), mais aussi dans les pays germaniques : Kunze (1975) à Berlin et, de manière plus surprenante à l'Ouest, Hellwig (2004) à Heidelberg, vraisemblablement grâce à son engagement en TAL. En France, même s'il est plus jeune, Kahane apporte un correctif majeur au manque d'intérêt pour l'héritage de Tesnière (Kahane & Osborne 2015 ; Tesnière 2015).

De la pédagogie du domaine germanique, nous n'avons guère connu que la *grammaire allemande* publiée en 1969 par Jean Fourquet, collègue de l'université de Strasbourg et ami fidèle de Tesnière, co-éditeur avec Daumas des *ESS*. Comme beaucoup de lycéens, nous avons utilisé cette grammaire dans notre apprentissage de l'allemand.

Par contre, à notre grand regret, le domaine slave qui aurait dû être particulièrement redevable à Tesnière d'une théorie syntaxique appropriée à la nature de ces langues n'a manifesté d'intérêt que par l'intermédiaire du professeur de russe et de serbo-croate Paul Garde (2006) et du russisant professeur de slovène Claude Vincenot (1975).

Enfin, nous nous arrêterons sur la citation de Gréciano (1999) :

> Face à l'ampleur des travaux d'inspiration tesniérienne, on pourrait être surpris par la **minceur de l'œuvre publiée par Tesnière**. (Gréciano 1999 : 158)

Nous pensons que cette remarque est empreinte des visions qui nous sont imposées depuis quelques décennies. Les publications de Tesnière ne sont pas si réduites, très exactement une soixantaine. Elles sont riches, diversifiées, éclectiques. Elles concernent le slovène avec des ouvrages importants pour la communauté slovène (Tesnière 1925a, b, c), les langues slaves en général (1929, 1935, 1952) et le russe en particulier (1939a) (grammaire (1934b), vocabulaire (1957)), des articles afférents à l'Allemagne et à l'Alsace, des articles notamment avec Meillet sur les atlas linguistiques et surtout des articles publiés dans le cadre du Cercle linguistique de Prague qui ont une importance stratégique (Tesnière 1932, 1939b) et des articles préparatoires à la conception et à la réalisation de la syntaxe (1934a, 1953). Comment peut-on parler de minceur de l'œuvre à propos de quelqu'un qui a publié un ouvrage fondamental de quelque 675 pages, même *post-mortem* (1959/1966) ? L'époque de nos maîtres considérait la valeur des productions et non leur nombre, ce qui est parfaitement sain. Cela a permis la publication d'ouvrages de fond qui seront vraisemblablement moins nombreux à l'avenir. C'était aussi une époque où l'on pouvait être un grand maître sans doctorat d'état. Nous pensons à des gens comme Jean-Jacques Origas pour le japonais (Pons 2003) et surtout à Lionel Galand, l'un des fondateurs des études berbères et à l'origine de la majeure partie des berbérisants actuels, en France et au Maghreb (Bouhjar & *alii*, 2006).

1 Lucien Tesnière

Lucien Tesnière (Mont-Saint-Aignan, 1893 – Montpellier, 1954) a fait ses études supérieures à l'école nationale des langues orientales vivantes (à l'époque ENLOV) et à l'université de Paris, mais aussi auprès des universités de Leipzig et de Vienne. Il fut également lecteur à l'université de Ljubljana où il fonda l'Institut français de Ljubljana en 1920.

Il soutient à l'université de Strasbourg en 1925 sa thèse de doctorat sur « Les formes du duel en slovène » (1925b) avec pour thèse secondaire un « Atlas linguistique pour servir l'étude du duel en slovène » (1925c). C'est vraisemblablement la première étude de géographie linguistique pour les langues slaves. Tesnière s'est beaucoup intéressé au duel dans les langues slaves du Sud-Ouest, mais aussi dans l'aire mésopotamienne (perte du duel en akkadien) et dans l'aire chamito-sémitique avec, en particulier, une bonne connaissance des travaux d'André Basset (2004 [1929]) sur le berbère, langue sans duel contrairement à l'arabe.

Après avoir été titulaire de la chaire de langues et littératures slaves à l'université de Strasbourg, il succède à Maurice Grammont à la chaire de grammaire comparée des langues indo-européennes à l'université de Montpellier.

C'est, de manière indéniable, sa connaissance intime du russe et du slovène qui lui a permis de percevoir la nature centrale et dominante du verbe, ce qui l'amène à la définition de la valence d'une part et à la préparation de ce qui deviendra les structures de dépendances d'autre part. L'Europe occidentale a donné la préférence aux constituants immédiats, l'Europe centrale aux structures en dépendances. Petr Sgall a émis l'hypothèse que le nombre de langues à décrire en Europe centrale, plus important qu'à l'Ouest, a pesé en faveur d'un système de description plus général. Nous pensons tout simplement que la présence majoritaire en Europe médiane des langues slaves a été déterminante pour l'adoption des structures de dépendances appropriées à leur description. Nous essaierons de montrer comment ces structures sont les héritières de Tesnière, non pas précisément des stemmas, mais plutôt de ses réflexions sur la valence et sur la structure face au sens, développées dans la partie « Connexion » des *ESS*, notamment dans le livre B « Structure de la phrase simple » et dans le livre D « Valence ». En de nombreux points, le parallèle entre Tesnière et des acteurs de l'École de Prague est possible, voire patent. Nous présenterons ici un savant incontournable, Vladimír Šmilauer, que nous considérons comme le principal chaînon manquant pour expliquer le lien entre Tesnière et les développements actuels de l'École de Prague, notamment en matière de traitement automatique des langues.

1.1 La valence verbale

La valence verbale est un concept linguistique dont la dénomination a été empruntée par Lucien Tesnière au chimiste allemand d'origine tchèque Friedrich August Kekulé von Stradonitz (Stradonice) (1829–1896) qui l'a inventé lors de sa démonstration de la tétravalence du carbone.

C'est dans la première partie (« Connexion »), et plus précisément dans le livre D (« Valence »), que Tesnière aborde la définition de la valence :

> On peut ainsi comparer le verbe à une sorte d'**atome crochu** susceptible d'exercer son attraction sur un nombre plus ou moins élevé d'actants, selon qu'il comporte un nombre plus ou moins élevé de crochets pour les maintenir dans sa dépendance. Le nombre de crochets que présente un verbe et par conséquent le nombre d'actants qu'il est susceptible de régir, constitue ce que nous appellerons la **valence** du verbe (*ESS*, ch. 97.3)

Cette définition de la valence est permise par l'étude de la structure de la phrase simple que Tesnière conduit au sein du livre B au cours des chapitres 48 à 52, puis 56. Le point essentiel, point de départ absolument décisif, est la mise en exergue du nœud verbal dont on peut montrer qu'il constitue le niveau le plus élevé d'une structure arborescente en dépendances.

Tesnière définit le « cadre verbal » au chapitre 48 :

> Le nœud verbal, que l'on trouve au centre de la plupart de nos langues européennes (...) comporte (...) respectivement le **verbe**, les **actants** et les **circonstants** (*ESS*, ch. 48.1–2)

1.2 Vers les structures de dépendances

Les remarques qui suivent sont implicitement une quasi-définition des structures de dépendances. Tesnière constate que :

> du point de vue structural, et non du point de vue sémantique, **le sujet est un complément comme les autres** (*ESS*, ch. 51.13)

et développe contre l'opposition sujet – prédicat (et donc, de façon implicite, contre les constituants immédiats) une critique qui nous semble parfaitement juste et n'avoir jamais été entendue ou très peu :

> La grammaire traditionnelle s'efforce de retrouver dans la phrase l'opposition **logique** entre le **sujet** et le **prédicat**, le sujet étant ce dont on dit quelque chose, le prédicat ce qu'on en dit (*ESS*, ch. 49.2)

> L'opposition du sujet et du prédicat empêche ainsi de saisir l'équilibre structural de la phrase, puisqu'elle conduit à isoler comme sujet un des actants, à l'exclusion des autres, lesquels se trouvent rejetés dans le prédicat pêle-mêle avec le verbe et tous les circonstants. C'est là accorder à l'un des éléments de la phrase une **importance disproportionnée**, qu'aucun fait strictement linguistique ne justifie (*ESS*, ch. 49.13)

> Dans aucune langue, aucun fait proprement linguistique n'invite à opposer le sujet au prédicat (*ESS*, ch. 49.6)

Tesnière montre que les connexions structurales unissent un terme supérieur à un terme inférieur en un rapport de dépendance. Il en découle que :

> l'étude de la phrase, qui est l'objet propre de la syntaxe structurale est essentiellement l'étude de sa structure, qui n'est autre que la hiérarchie de ses connexions (*ESS*, ch. 2.6).

Cette hiérarchie de connexions est définie par le fait

> qu'un subordonné ne peut dépendre que d'un **seul** régissant [et qu'au] contraire un régissant peut commander **plusieurs** subordonnés (*ESS*, ch. 3.1).

et est visualisée par l'ensemble des traits de connexion que Tesnière nomme « stemma ». Tesnière note bien que ce stemma, qui préfigure un arbre de dépendances, représente l'ordre structural des mots qui est à plusieurs dimensions alors que le stemma est ramené nécessairement à deux dimensions. Il est également pleinement conscient de l'antinomie entre l'ordre structural à plusieurs dimensions et l'ordre linéaire qui n'en a qu'une. Il en conclut que :

> Toute la syntaxe structurale repose sur les rapports qui existent entre l'ordre structural et l'ordre linéaire (*ESS*, ch. 6.1).

Mais étrangement, il ne tient pas compte de l'ordre linéaire dans les stemmas. Au plan graphique qui doit permettre de visualiser sa pensée, il établit les traits de connexion suivant un principe strictement vertical puisqu'il « symbolise le lien entre un terme supérieur et un terme inférieur » (*ESS*, ch. 2.7). De plus, rompant de manière encore plus flagrante avec l'ordre linéaire, il décide, en suivant une idée de formalisation (ou au moins de classement) d'un autre type, de positionner les actants sur la gauche et les circonstants sur la droite.

1.3 Indépendance des niveaux d'analyse

Tesnière aborde d'autres questions fondamentales. L'une d'elles, partagée pleinement par Lazard et par l'École de Prague qui distingue des strates de traitement, est la distinction des niveaux d'analyse. Le traitement automatique nous a appris que chaque niveau (phonologie, morphologie, syntaxe, sémantique) doit être examiné à l'intérieur de ses limites et avec les outils qui lui appartiennent. Ce n'est qu'après avoir mené à terme une analyse que l'on peut en rechercher une interprétation à un autre niveau. Dans le cas contraire, c'est une complication qui masque le système et rend la compréhension de la langue et son apprentissage nettement plus difficiles, voire incertains…

Tesnière consacre ainsi un chapitre entier à la distinction de la structure et du sens, autrement dit de la syntaxe et de la sémantique :

> Si la syntaxe est distincte de la morphologie, elle ne l'est pas moins de la sémantique. Autre chose est la **structure** d'une phrase, autre chose l'**idée** qu'elle exprime et qui en constitue le **sens**. Il y a donc lieu de distinguer entre le **plan structural** et le **plan sémantique** (*ESS*, ch. 20.1)

Cela revient à souligner l'indépendance de la morphologie, de la syntaxe et de la sémantique et la nécessité d'analyser chaque niveau individuellement pour pouvoir, seulement après, éventuellement l'interpréter. Il met en avant, comme nous venons de le faire, la nécessité de la compréhension du système :

> La distinction entre le plan structural et le plan sémantique est d'**importance capitale** pour la bonne compréhension de la syntaxe structurale (*ESS*, ch. 20.4).

En substituant à chaque mot d'une phrase l'entrée qui suit ce mot dans le dictionnaire, Tesnière donne une illustration magistrale de l'indépendance de la syntaxe et de la sémantique. Cet exemple est resté dans les annales et est souvent cité *ex nihilo* :

> Le plan structural et le plan sémantique sont donc théoriquement entièrement **indépendants** l'un de l'autre. La meilleure preuve en est qu'une phrase peut être sémantiquement **absurde** tout en étant structuralement parfaitement correcte. ((...) « *le signal vert indique la voie libre* » (...) [vs] « *le silence vertébral indispose la voile licite* »). (*ESS*, ch. 20.4)

1.4 Limite floue entre actants et circonstants

Tesnière a explicitement défini trois actants en prenant pour exemple les verbes de « dire » et de « don » (quelqu'un dit ou donne quelque chose à quelqu'un), mais il perçoit aussi que leur limite n'est peut-être pas aussi tranchée qu'il n'y paraît et en fait la remarque :

> À première vue la **limite** entre actants et circonstants est nette. Mais, à y regarder de près, on s'aperçoit qu'elle est délicate à fixer avec précision. (...) le tiers actant présente déjà quelques caractéristiques de circonstant. Inversement, certains circonstants présentent avec les actants quelques analogies qui invitent à considérer attentivement les criteriums susceptibles de permettre un départ entre les actants et les circonstants. (*ESS*, ch. 57.1)

C'est un problème largement débattu par tous ceux qui ont travaillé sur le cadre verbal (Lazard (1994) et Feuillet (1998) en France) mais aussi par l'École de Prague.

1.5 Les diathèses

Au chapitre 100 sur les verbes transitifs, Tesnière définit les diathèses :

> la grammaire traditionnelle a distingué à juste titre dans la voix transitive quatre variétés, qui sont par conséquent des sortes de **sous-voix** que nous appellerons en adoptant le terme des grammairiens grecs (...) des **diathèses**. (*ESS*, ch. 100.3)

Il présente la diathèse active (*ESS*, ch. 100.5), la diathèse passive (ch. 100.6), la diathèse réfléchie (ch. 100.8) et enfin la diathèse réciproque (ch. 100.9). Nous verrons que Jarmila Panevová distingue un ensemble de diathèses légèrement différent.

1.6 Les instruments de l'actance

Tesnière s'intéresse aussi à ce que Lazard a nommé, plus tard, les instruments de l'actance (Lazard 1994) :

> 1. – Il est de toute nécessité, pour qu'une phrase soit compréhensible, que les différents actants soient pourvus de signes distinctifs suffisants pour qu'on puisse les différencier.
>
> 2. – Ces signes distinctifs sont ou bien des **indices** (…) plus ou moins agglutinés (prépositions et postpositions, préfixes, suffixes ou désinences), ou bien la **position** des actants sur la chaîne parlée. (*ESS*, ch. 52.1–2)

Ainsi, les *ESS* sont-ils non seulement une œuvre novatrice, d'une impressionnante exhaustivité, l'expression d'une remarquable clairvoyance linguistique, mais aussi l'annonce de débats ultérieurs qui ne sont vraisemblablement pas clos.

2 Vladimír Šmilauer, le chaînon manquant

Lucien Tesnière était lié au Cercle linguistique de Prague comme en attestent ses publications (Tesnière 1932, 1939b) et aux milieux linguistiques tchèques en général (Tesnière 1929). On aurait pu penser qu'il y aurait une filiation directe entre Tesnière et les milieux linguistiques tchèques plus récents. Or, rien ne semble attester une transmission de ses idées par l'intermédiaire du Cercle.

Vladimír Šmilauer (Plzeň, 1895 – Praha, 1983), de deux ans plus jeune que Tesnière, était farouchement opposé au Cercle linguistique de Prague dont il n'appréciait guère la modernité, les méthodes et encore moins la manière de se comporter de ses membres qui manquaient, selon lui, de discrétion et de la modestie qui sied au savant. Il faut dire que Šmilauer a toujours, durant sa longue vie universitaire, respecté ces préceptes.

On connaît bien Vladimír Šmilauer par le remarquable ouvrage de Martina Šmejkalová (Šmejkalová 2015), mais aussi par les nombreux témoignages de ses élèves dont ceux de Jarmila Panevová fréquemment sollicitée du fait de sa position de linguiste particulièrement estimée de ses pairs (Panevová 2016).

En fait, ce sont les écrits de Vladimír Šmilauer qui, selon toute vraisemblance, ont assuré l'héritage tesniérien tout en y apportant une représentation permettant la calculabilité. Parmi ses nombreux travaux et domaines d'activité, Šmejkalová met en avant l'onomastique. Pourtant, toute personne ayant étudié le tchèque, que ce soit un élève tchèque ou un apprenant étranger, a été confrontée aux nombreuses études de syntaxe de Šmilauer.

Sa *Novočeská skladba* ('Syntaxe du tchèque contemporain') paraît en 1947 (bien que le manuscrit date de 1938). La syntaxe de référence à cette époque était encore celle de Gebauer & Ertl publiée en 1914. À la suite de Šmilauer, d'autres auteurs s'intéressent à la syntaxe. Citons le second volume de la grammaire de Trávníček consacré à la syntaxe (1949) et la partie relativement modeste de la *Česká mluvnice* ('Grammaire tchèque') de Havránek & Jedlička (1966 [1950], pages 314 à 397 sur un total de 547 pages).

La grammaire de Šmilauer, comme tous ses travaux de syntaxe depuis le début des années quarante, est marquée par un souci didactique prononcé. Il a publié de nombreux articles dans la revue *Český jazyk a literatura* ('Langue tchèque et littérature') des éditions pédagogiques SPN.

Ce souci didactique est concrétisé par la publication seulement en 1955 d'un polycopié de la faculté de philologie de l'université Charles de Prague intitulé *Učebnice větného rozboru* ('Manuel d'analyse syntaxique') qui constitue la partie illustrative de la grammaire. Il souligne dans son introduction la nécessité d'une approche méthodique représentée par une division de l'ouvrage en trois cycles de difficulté croissante devant amener l'étudiant à l'aptitude d'analyser des textes même complexes et pas seulement au niveau formel. Il insiste, à juste titre, sur la nécessité d'analyser la phrase jusqu'au niveau de ses composants et de ne pas s'arrêter à des groupements qui semblent figés. Il utilise ce qu'il nomme « l'expression graphique » de son exposé comme un outil dont le but est de donner une image claire de la structure et de forcer à la mise en relief de toutes les relations. À la page 11 de son introduction, il se réfère à l'*Esquisse d'une syntaxe structurale* (Tesnière 1953), ce qui matérialise le lien entre Tesnière et Šmilauer. Simultanément, Šmilauer tente de rester proche des conceptions syntaxiques des manuels du secondaire.

C'est peut-être ce qui le conforte dans son opinion que ni le sujet et ni le verbe ne domine l'autre. Il considère la phrase minimale comme l'association, représentée graphiquement au même niveau, d'un sujet et d'un prédicat. Cette vision est en opposition avec les principes d'une représentation en relations de dépendances. La génération suivante et notamment Sgall y remédiera en descendant le sujet au niveau des actants. Par contre, Šmilauer associe avec bonheur ordre structural et ordre linéaire, ce que Tesnière n'avait pas fait. C'est ce point précis qui permet d'utiliser les graphes de dépendances pour une représentation et une analyse automatique de la syntaxe. Šmilauer avait ainsi ouvert la calculabilité avant que celle-ci ne soit réellement mise en pratique par les travaux de Sgall et de son équipe, travaux que Šmilauer suivait attentivement.

Ainsi, les structures de dépendances présentent l'immense avantage de la simplicité dans la description de la syntaxe d'une langue et dans l'héritage des propriétés. La représentation d'une structure arborescente de dépendances organisée autour du cadre verbal devient en quelque sorte l'emblème de l'École de Prague. Elle constitue l'héritage de Šmilauer. Elle s'étend à d'autres pays slaves et à la République démocratique allemande (voir par exemple les travaux de Kunze 1975).

Au-delà des travaux de syntaxe de Šmilauer à l'attention de l'enseignement secondaire et de l'enseignement supérieur, on retiendra essentiellement sa conception qui a fortement marqué les études syntaxiques ultérieures. Son influence a été particulièrement importante auprès des futurs enseignants de la langue tchèque, mais aussi auprès des chercheurs tchèques actuels en traitement automatique des langues. Si l'intérêt des structures de dépendances est évident pour le traitement automatique de la syntaxe, la clarté de l'exposé didactique correspondant, simple à retenir, avec un pouvoir explicatif important est certainement un facteur encore plus déterminant pour expliquer le succès de ce type de représentation syntaxique en République tchèque.

3 La Description générative fonctionnelle

La *Description Générative Fonctionnelle* (*DGF* ; en tchèque : *FGP* : *Funkční Generativní Popis*), née dans les années soixante, a été conçue par Petr Sgall (1926–2019) dans le cadre du structuralisme fonctionnel pragois avec en arrière-plan l'expérience des traditions linguistiques européennes (Sgall 1967a). Elle a été développée pendant cinq décennies par Sgall et ses collaborateurs, systématiquement comparée aux nouvelles théories de représentation formelle de la langue. Le souci principal de la *DGF* est l'adéquation de la description aux réalités de la langue. Quatre principes sous-tendent la *DGF* : génératif, fonctionnel, stratificationnel et dépendanciel.

La *DGF* possède plusieurs caractéristiques qu'il convient de présenter.

C'est en premier lieu une conception en strates de l'extérieur vers l'intérieur, de la surface phonétique à la signification, à l'expression du sens. Cette représentation est composée à l'origine de cinq strates (phonétique, phonologique ou éventuellement morphonologique, morphématique, syntaxique de surface et le niveau du sens dit tectogrammatical, une syntaxe profonde). Sgall émet plus tardivement (Sgall 1992) l'idée que ce nombre peut être réduit, l'expression d'une syntaxe de surface ne lui semblant pas ou plus nécessaire. Cette approche de l'analyse linguistique en strates est une caractéristique de l'École de Prague (voir aussi Daneš 1971).

La *DGF* présuppose le verbe comme centre de la phrase (proposition simple), ce qui est dû selon toute vraisemblance à la quasi non-existence de propositions non verbales en tchèque, ce qui est une tendance générale des langues slaves, même si cela est moins évident dans certaines d'entre elles, par exemple en russe. L'étude de la valence (présentée en détail *infra* 3.1.) s'est concentrée sur la valence verbale. Ce n'est que depuis quelques années que l'attention s'est portée également sur la valence nominale, nom et adjectif (Kolářová, Vernerová & Klímová 2020a, b).

La *DGF* décrit les niveaux de syntaxe superficielle et de syntaxe profonde (niveau tectogrammatical) à l'aide de graphes de dépendances issus de la généalogie Tesnière – Šmilauer en conservant la double articulation structurale et linéaire. La position de l'actant sujet (ou acteur) est alignée sur la position des autres actants et des circonstants. Ces descriptions sont intégralement représentées par un graphe orienté acyclique où la projectivité tente d'être respectée (Sgall & *alii*, 1969). Cet arbre est bi-dimensionnel, mais il est nécessaire de travailler avec un arbre multi-dimensionnel pour les questions de coordination et d'apposition (Sgall & Panevová 1988–1989).

L'ordre des mots est une préoccupation majeure des études tchèques sur la syntaxe depuis la fin du XIXe siècle, influencées par diverses écoles allemandes dont le courant de psychologie expérimentale fondé par Wilhelm Wundt à Leipzig. Ce courant psychologisant a marqué les études syntaxiques tchèques jusqu'à Šmilauer lui-même. C'est peut-être un des éléments pouvant expliquer la mise sur un pied d'égalité du sujet et du prédicat dans les travaux de Šmilauer. Par ailleurs, Šmilauer fait remonter le concept de division actuelle à la thèse de Henri Weil en 1844, ce que confirme Sgall qui met aussi l'accent sur les travaux de Mathesius en la matière au sein du Cercle linguistique de Prague (Mathesius 1936). La division actuelle, l'opposition thème – rhème (ou topic – focus), le dynamisme communicatif, particulièrement bien étudié par Firbas (1971, 1992) et Daneš (1974), ont été au centre de la *DGF* et ont constitué un objet prioritaire de recherche pendant plusieurs décennies (Sgall 1967b, 1979–1980, 1980 ; Sgall, Hajičová & Benešová 1973 ; Sgall & Hajičová 1977–1978, 1987 ; Hajičová, Partee & Sgall 1998). C'est dans ce cadre que sont développées des études sur la négation et la présupposition (Hajičová 1975).

La fonctionnalité dans la *DGF* est comprise comme un système d'oppositions, suivant en cela Saussure et Jakobson, qui s'exprime dans les rapports forme – fonction ou fonction – forme à toutes les strates de description, ce qui, étant donné le nombre de strates, renvoie davantage aux systèmes de traduction automatique qu'au chapitre 20 de Tesnière qui discute uniquement de la séparation entre le plan structural et le plan sémantique. Le paradigme pragois forme – fonction force de toute façon la séparation entre structure et sens.

La *DGF* apporte quelques réponses aux questionnements de Tesnière présentées ci-dessous : la valence, les limites entre actants et circonstants, et les diathèses.

3.1 La valence et ses applications

La *DGF* a servi de cadre théorique à nombre de systèmes dédiés à la recherche automatique d'informations (textuelles ou factuelles), la compréhension automatique des textes, la traduction assistée par ordinateur, mais aussi au développement d'une théorie de la valence, essentiellement par Panevová (1974, 1975, 1977).

Toute unité lexicale « autosémantique », c'est-à-dire porteuse de sens, peut recevoir un cadre valenciel. Cependant, le cadre valenciel est lié majoritairement au verbe, au point que nous parlerons, par raccourci, de cadre verbal.

Les travaux théoriques sur la valence de Panevová (1974, 1975, 1977, 1996, 2014 ; Panevová & Sgall 1976, 1990) ont rendu possible la réalisation de vastes applications telles que les dictionnaires de valences verbales VALLEX (actuellement en version 4.0, la première version datant de 2003) (Lopatková & *al.* 2016, Pognan 2008) et PDT-VALLEX (Urešová 2011). Tous les deux se situent dans le cadre de la *DGF*. Le premier est construit à partir de la théorie tandis que le second est obtenu par l'analyse du corpus annoté *Prague Dependency Treebank*.

Dans le cadre de la *DGF*, la valence se situe au niveau tecto-grammatical (Hajičová & Panevová 1984), c'est-à-dire au niveau d'une syntaxe profonde, déjà un niveau de signification, ce qui explique la liaison de la valence aux seuls mots auto-sémantiques.

VALLEX a évolué, petit à petit, de manière pragmatique, sur les questions de limite et de nature entre les actants et les circonstants. La première division est traditionnelle : elle oppose les actants aux « extensions libres », dites de nature « adverbiale » et correspondant nettement aux circonstants de Tesnière (*ESS*, ch. 48). La distinction entre ces deux catégories se fait à l'aide d'un test élaboré par Panevová (1974, 1975, 1980) : si un complément ne peut apparaître qu'une seule fois avec un verbe donné (en dehors des questions de coordination et d'apposition), il s'agit d'un actant, la caractéristique même d'une extension libre étant de pouvoir apparaître un nombre quelconque de fois avec n'importe quel verbe.

Contrairement aux trois actants de Tesnière (verbes de *dire* et de *don* ; *ESS*, ch. 106.3), ce sont cinq actants qui sont reconnus dans la *DGF* et donc dans VALLEX. Ils sont habituellement présentés et énumérés selon l'ordre systémique. Il s'agit dans cet ordre de : ACT (acteur, agent), ADDR (destinataire), PAT (patient), ORIG (origine), EFF (effet).

Un verbe tel que *proměňovat*^{impf}, *proměnit*^{pf} ('changer en') peut présenter une occurrence de cinq actants :

>otec proměnil dětem loutku z Kašpárka na čerta.
>[ACT]   [ADDR] [PAT]   [ORIG]   [EFF]
>Litt.: '*le père a transformé pour ses enfants la marionnette de guignol en diable.*'
>[ACT]   [ADDR]   [PAT]   [ORIG]   [EFF]

En définitive, si l'on se reporte à *L'actance* de Lazard (1994), nous retombons ici aussi sur des problèmes de limite entre actants et circonstants illustrés par la création d'une catégorie intermédiaire de « quasi-actants ».

Il s'agit de DIFF (différence), INTT (intention) et OBST (obstacle). Nous trouvons des exemples tels que :

> kluk zakopl o kořen ('*le garçon a buté contre une racine*').
>   [OBST]   [OBST]

Ces types de compléments ont des caractéristiques partagées entre celles des actants et celles des extensions libres.

Les « extensions libres » sont au nombre de 25. Elles représentent les circonstances de temps, de lieu, mais aussi toutes les autres : accompagnement, but, cause, manière, moyen, etc. :

> ACMP (Accompagnement) : Žena tam šla s dětmi. '*La femme est allée là-bas avec ses enfants.*'
> AIM (But): Jan šel do pekárny pro chléb. '*Jean est allé à la boulangerie acheter du pain.*'
> BEN (Bénéficiaire) : Připravila pro děti oběd. '*Elle a préparé le repas pour les enfants.*'
> CAUS (Cause) : Petr pro nemoc končí s prací. '*Pierre arrête le travail à cause de la maladie.*'
> COMPL (Complément) : Pracoval jako učitel. '*Il a travaillé comme instituteur.*'
> CRIT (Critère) : Třídili diamanty podle velikosti. '*Ils ont trié les diamants d'après leur taille.*'
> DIR1 (Direction – d'où) : Přišel z lesa promočený. '*Il est arrivé trempé de la forêt.*'
> DIR2 (Direction – par où) : Vydal se do sousední vesnice přes les. '*Il s'est rendu au village voisin **par la forêt**.*'
> DIR3 (Direction – où) : Vydal se do sousední vesnice přes les. '*Il s'est rendu **au village voisin** par la forêt.*'
> DPHR (Partie dépendante d'un phrasème) : Novináři ho neustále chytali za slovo. '*Les journalistes n'ont pas cessé de le prendre au mot.*'
> EXT (Mesure) : Tatínek měřil 2 metry. '*Papa mesurait 2 mètres.*'
> HER (Héritage) : Pojmenovali nejstaršího syna po otci. '*Ils ont donné au fils aîné le nom de son père.*'
> LOC (Lieu) : Narodil se v Itálii. '*Il est né en Italie.*'
> MANN (Manière) : Choval se k ní laskavě. '*Il s'est comporté envers elle de manière aimable.*'
> MEANS (Moyen) : Napsal dopis rukou. '*Il a écrit la lettre à la main.*'
> RCMP (Remplacement) : Koupila si nové tričko za 350 Kč. '*Elle s'est acheté un nouveau tee-shirt pour 350 couronnes.*'
> REG (Point de vue) : Situace se v tomto ohledu výrazně zlepšila. '*De ce point de vue, la situation s'est améliorée.*'
> SUBS (Substitution) : Startoval za Slávii. '*Il a pris le départ pour Slavia (au titre de l'équipe Slavia).*'
> TFHL (Temps – pour combien de temps) : Přerušil studium na rok. '*Il a interrompu ses études pour un an.*'
> TFRWH (Temps – depuis quand) : Jeho špatné vzpomínky pocházejí právě z tohoto období. '*Ses mauvais souvenirs remontent justement à cette époque.*'
> THL (Temps – combien de temps) : Strávili jsme tam tři týdny. '*Nous y avons passé 3 semaines.*'

TOWH (Temps – pour quand) : Odložili zkoušku z pondělka na úterý. *'Ils ont repoussé les examens de lundi à mardi.'*
TSIN (Temps – depuis quand) : Lhůtu počítáme od okamžiku dodání. *'Nous comptons le délai à partir de la livraison.'*
TTIL (Temps – jusqu'à quand) : Potrvá to do večera. *'Cela durera jusqu'au soir.'*
TWHEN (Temps – quand) : Babička přijde zítra. *'Grand-mère arrivera demain.'*

Par rapport aux autres dictionnaires de valences des langues slaves, Vallex possède un avantage essentiel : celui d'être doté d'un formalisme facile à comprendre et facile à utiliser.

Pour introduire ce formalisme, nous allons présenter un exemple très simple :

praštit se^{pf}
1 uhodit se ; bouchnout se ; udeřit se
– frame : **ACT**$_1^{obl}$ **OBST**$_{o+4}^{opt}$ DIR3^{typ}
– example : praštil se o futro; praštil se o stůl do hlavy
– class : contact

Le verbe est présenté par ses différents lemmes aspectuels à l'infinitif (jusqu'au nombre de 6 !). Le verbe *praštit se* ('se cogner') est seul. Son aspect est perfectif (abréviation « pf »), ce qui est noté en exposant pour chaque lemme. Il est à noter que Vallex retient quatre indications aspectuelles : imperfectif (^{impf}), perfectif (^{pf}), bi-aspectuel (^{biasp}) et itératif (^{iter}), ordre suivant lequel les différents lemmes sont toujours ordonnés.

Les différentes significations du verbe sont dénommées « unités lexicales » et sont numérotées. Nous n'avons ici qu'une seule unité lexicale, donc de rang 1, dont le sens est donné par trois synonymes (*uhodit se* ; *bouchnout se* ; *udeřit se*) signifiant tous 'se cogner, se heurter'.

Le cadre verbal (*frame*) est constitué de trois « fonteurs » représentant les groupes compléments du verbe, d'abord un acteur (un actant, en fait le prime-actant de Tesnière), ensuite un obstacle (OBST – un quasi-actant) et enfin DIR3, une extension libre exprimant la direction (par exemple, ici : *do hlavy* (litt. : 'dans la tête')). Les extensions libres sont écrites en caractères majuscules normaux tandis qu'actants et quasi-actants sont en caractères gras.

La manière dont les fonteurs sont présents au sein du cadre verbal est exprimée à l'aide d'exposants : les actants et quasi-actants peuvent être obligatoires (^{obl}) ou optionnels (^{opt}), les extensions libres qui appartiennent au cadre verbal sont dites « typiques » (^{typ}), c'est-à-dire qu'elles peuvent être présentes ou non.

Les valeurs syntaxiques sont liées aux fonteurs par un indice. Le prime-actant porte un indice « 1 », ce qui signifie qu'il est au nominatif. Le quasi-actant porte l'indice « o + 4 », c'est-à-dire la préposition *o* (marquant le contact) régissant l'accusatif, ce qui exprime le mouvement. Le fonteur DIR3 exprime la direction

« vers où » avec mouvement à l'aide d'un ensemble de constructions prédéfinies, combinaisons préposition + cas ou adverbes.

3.2 (ad 1.4) Limite floue entre actants et circonstants

On doit à Panevová (1996), entre autres, les critères de détermination de la limite entre actants et circonstants, ce qui est une réponse possible différente de celle de Tesnière (*ESS*, ch. 57).

La limite entre actants et circonstants peut être établie à l'aide de deux critères :
- I. un complément peut-il apparaître plus d'une fois pour un verbe donné, en dehors d'une coordination ou d'une apposition ?
- II. Ce complément peut-il accompagner (a) n'importe quel verbe ou bien (b) juste certains verbes constituant un groupe limité (que l'on peut lister) ?

Si nous avons : non I + IIb, il s'agit d'un actant. Les complémentations libres sont marquées par I + IIa. De plus, les actants sont soumis à la rection du verbe alors que les circonstants ne le sont pas, étant plutôt liés à la signification du verbe.

3.3 (ad 1.5) Les diathèses

Là où Tesnière présentait quatre diathèses (active, passive, réfléchie et réciproque) (*ESS*, ch. 100), Panevová & *alii* (2014) détermine pour le tchèque cinq types de diathèses :

- ***diathèse passive*** :

    Evropská unie navrhla nová pravidla pro azylanty.
    '*L'Union européenne a proposé de nouvelles règles pour les demandeurs d'asile.*'

devient :

   Evropskou unií byla navržena nová pravidla pro azylanty.
   Litt. : '*Par l'Union européenne ont été proposées de nouvelles règles pour les demandeurs d'asile.*'
   '*De nouvelles règles pour les demandeurs d'asile ont été proposées par l'Union européenne.*'

- ***diathèse résultative simple*** :

   Matka uvařila babičce oběd.
   '*Maman a préparé le repas pour grand-mère.*'

peut donner (l'agent a disparu) :

> Oběd (pro babičku) je (již) uvařen.
> '*Le repas (pour grand-mère) est (déjà) prêt / cuit.*'

ou, sans agent, ni patient, avec juste un participe passé passif au neutre, ce qui est une tournure caractéristique du tchèque :

> (Pro babičku) je (již) uvařeno.
> '(*Pour grand-mère) c'est (déjà) prêt / cuit.*'

- **résultative possessive** :

> Matka uvařila babičce oběd.
> '*Mère a préparé le repas pour grand-mère.*'

Cette phrase peut être transformée dans les différentes formes suivantes :

> Babička má (od matky) uvařen oběd.
> Litt. : '*Grand-mère a (de maman) un repas prêt / cuit.*'
> Babička má (od matky) uvařeno.
> Litt. : '*Grand-mère a (de maman) [repas] cuit.*'
> Matka má (pro babičku) uvařen oběd.
> Litt. : '*Maman a (pour grand-mère) le repas prêt / cuit.*'
> Matka má (pro babičku) uvařeno.
> Litt. : '*Maman a (pour grand-mère) [repas] prêt / cuit.*'

- **diathèse destinataire passive :**

> Otec zaplatil Petrovi jazykový kurz.
> '*Le père a payé un cours de langue à Pierre.*'

peut devenir :

> Petr dostal od otce zaplacen jazykový kurz.
> '*Pierre a reçu de son père un cours de langue payé.*'

- **diathèse déagentive :**

> Radní plánovali stavbu nové školy.
> '*Les conseillers municipaux ont planifié la construction d'une nouvelle école.*'

donne :

> Plánovala se stavba nové školy.
> Litt. : '*La construction d'une nouvelle école s'est planifiée.*'
> '*On a planifié la construction d'une nouvelle école. / La construction d'une nouvelle école a été planifiée.*'

– ***diathèse de disposition*** :

> Jan studoval matematiku.
> 'Jean a étudié les mathématiques.'

devient :

> Janovi se matematika studovala lehko.
> Litt. : 'à Jean les mathématiques se sont étudiées facilement.'
> 'Pour Jean, l'apprentissage des mathématiques a été facile.'

En guise de conclusion, nous souhaitons « boucler la boucle » en revenant sur la citation de Corblin présentée en introduction :

> Cependant, *on ne saurait dire que 1. le modèle ait eu une influence décisive sur le cours des études syntaxiques dans les trente dernières années*. C'est plutôt dans certains *secteurs d'application (2. traitement automatique du langage dans les années 60, pédagogie, notamment dans le domaine germanique)* que les concepts de Tesnière ont connu le plus de succès. (Corblin 1991 : 227)

1. En ce qui concerne les études syntaxiques, nous avons montré le développement de ces études chez Šmilauer, mais aussi dans les courants de l'École de Prague qui se soucie simultanément de grammaire, d'enseignement de la grammaire et de la langue et de l'automatisation qui peut en être faite. C'est le cas de Panevová et de Hajičová, remarquables linguistes, toujours très actives et qui animent de nombreux projets de recherche dans la continuité de la *Description générative fonctionnelle*.

    Nous ferons également remarquer que depuis les travaux de Šmilauer, toutes les syntaxes du tchèque publiées sont de nature valencielle verbo-centrique (Grepl & Karlík 1986, 1998 ; Daneš, Grepl & Hlavsa 1987 ; Panevová & *al.* 2014). Cette dernière grammaire, dérivée de la *DGF*, puise son matériau dans les corpus annotés du *Prague Dependency Treebank*.

2. Les travaux de Tesnière passés par le prisme de l'École de Prague aboutissent à des structures syntaxiques de dépendances, à la fois économiques, simples et efficaces qui donnent d'excellentes performances en analyse automatique, mais aussi pour l'enseignement de la langue. Elles peuvent accepter en entrée de l'étape syntaxique les résultats d'une étape phonologique et morphologique tant au niveau diachronique que synchronique. Cette étape applique de manière généralisée le paradigme du foyer pragois du structuralisme fonctionnel forme – valeur.

    Ces étapes phono-morphologique et syntaxique permettent une analyse sans dictionnaire et mettent en évidence les mécanismes de la calculabilité (Pognan 2007, 2020). Cet héritage simultané de Tesnière et de Šmilauer, conservé dans des procédures automatiques d'analyse de la langue, donne des résultats et des méthodes très favorables à l'enseignement de la langue. Le tchèque s'est révélé être certainement la langue slave la mieux calculable, au point qu'il n'est pas déraisonnable d'envisager la constitution automatique des entrées d'un dictionnaire de la langue, accompagnées de leur description grammaticale, par application de programmes d'analyse sur de grands corpus textuels.

Bibliographie

Apresjan Jurij, 1980, *Tipy informacij dlja poverchnostno-semantičeskogo komponenta modeli smysl – tekst*, Wiener Slawistischer Almanach – Sonderbände, Peter Lang.

Arrivé Michel, 1969, « Les Éléments de syntaxe *structurale* de Lucien Tesnière », *Langue française*, 1 : 36–40.

Basset André, 2004 [1929], *La langue berbère. Morphologie. Le verbe – étude de thèmes*, Préface de Lionel Galand, Réédition et indexation de Larbi Rabdi, Paris, L'Harmattan.

Bouhjar Aïcha & *alii*, 2006, Langue et littérature amazighes. Cinquante ans de recherche. Hommage à Paulette Galand – Pernet & Lionel Galand, Rabat, IRCAM-CAL.

Corblin Francis, 1991, « Lucien Tesnière (1893–1954). Éléments de syntaxe structurale », *in* H. Huot (dir.), *La grammaire française entre Comparatisme et Structuralisme. 1870–1960*, Paris, Armand Colin : 227–249.

Daneš František, 1971, "On Linguistic Strata", *Travaux de Linguistique de Prague*, 4 : 127–143.

Daneš František (ed.), 1974, *Papers on Functional Sentence Perspective*, Prague, Academia.

Daneš František, Grepl Miroslav, Hlavsa Zdeněk, 1987, *Mluvnice češtiny (3) skladba*, Prague, Academia.

Feuillet Jack (dir.), 1998, *Actance et valence dans les langues de l'Europe*, Berlin/New York, Mouton De Gruyter.

Firbas Jan, 1971, *On the Concept of Communicative Dynamism in the Theory of Functional Sentence Perspective*, Brno, Sborník prací filosofické fakulty brněnské university.

Firbas Jan, 1992, *Functional Sentence Perspective in Written and Spoken Communication*, Cambridge/London, Cambridge University Press.

Fourquet Jean, 1969, *Grammaire de l'allemand*, Paris, Hachette.

Garde Paul, 2006, *Le mot, l'accent, la phrase – Études linguistiques slave et générale*, Paris, Institut d'Études Slaves.

Gebauer Jan, Ertl Václav, 1914, *Skladba*, Prague, Česká grafická Unie.

Gréciano Gertrud, 1999, « De Lucien Tesnière à Jean Fourquet. Éléments de dépendance dans la grammaire du signifié », *in* C. Cortès & A. Rousseau (dir.), *Catégories et connexions*, Lille, Presses universitaires du Septentrion : 157–170.

Grepl Miroslav, Karlík Petr, 1986, *Skladba spisovné češtiny*, Prague, SPN.

Grepl Miroslav, Karlík Petr, 1998, *Skladba češtiny*, Olomouc, Votobia.

Hajičová Eva, 1975, *Negace a presuposice ve významové stavbě věty*, Prague, Academia.

Hajičová Eva, Panevová Jarmila, 1984, "Elementary and Complex Units of the Tectogrammatical Level", *Prague Bulletin of Mathematical Linguistics*, 42 : 7–13.

Hajičová Eva, Sgall Petr, 1987, "The Ordering Principle", *Journal of Pragmatics*, 11 : 435–454.
Hajičová Eva, Partee Barbara, Sgall Petr, 1998, *Topic-Focus Articulation, Tripartite Structures, and Semantic Content*, Dordrecht, Kluwer.
Havránek Bohuslav, Jedlička Alois, 1950, *Česká mluvnice*, Prague, SPN.
Hellwig Peter, 2004, *Einführung in die Computerlinguistik wie ich sie mir vorstelle*, Universität Heidelberg.
Kahane Sylvain, 2001, *Grammaires de dépendance et Théorie Sens – Texte*, Université Paris 7, TALN.
Kahane Sylvain, Osborne Timothy, 2015, "Translators' introduction", *in* L. Tesnière, *Elements of structural syntax*, John Benjamins, ixxx–lxiii: 49 p.
Kolářová Veronika, Vernerová Anna, Klímová Jana (2020a), *NomVallex I. Valenční slovník substantiv*, Prague, Ústav formální a aplikované lingvistiky.
Kolářová Veronika, Vernerová Anna, Klímová Jana (2020b), NomVallex 1.0 – Valenční slovník substantiv. Software, Charles University : en ligne (https://ufal.mff.cuni.cz/nomvallex).
Kunze Jürgen, 1975, *Abhängigkeitsgrammatik für das Deutsche*, Berlin, Akademie Verlag.
Lazard Gilbert, 1994, *L'actance*, Paris, PUF.
Lopatková Markéta & alii, 2016, *Valenční slovník českých sloves (Vallex)*, Prague, Karolinum.
Mathesius Vilém, 1936, "On some Problems of the Systematic Analysis of Grammar", *Travaux du Cercle Linguistique de Prague*, 6 : 95–107.
Mel'čuk Igor, 1964, *Avtomatičeskij sintaksičeskij analiz*, Redakcionno-izdatel'skij otdel Sibirskogo otdelenija AN SSSR.
Mel'čuk Igor, 1999 [1974], *Opyt teorii lingvističeskich modelej Smysl ⟺ tekst : Semantika, sintaksis*, Moscou, Nauka.
Mel'čuk Igor, 2021, *Jazyk: ot smysla k tekstu*, Moscou, Jazyki slavjanskoj kultury.
Panevová Jarmila, 1974, "On Verbal Frames in Functional Generative Description", *Prague Bulletin of Mathematical Linguistics*, 22: 3–40.
Panevová Jarmila, 1975, "On Verbal Frames in Functional Generative Description", *Prague Bulletin of Mathematical Linguistics*, 23: 17–52.
Panevová Jarmila, 1977, "Verbal Frames Revisited", *Prague Bulletin of Mathematical Linguistics*, 28: 55–72.
Panevová Jarmila, 1980, *Formy a funkce ve stavbě české věty*, Prague, Academia.
Panevová Jarmila, 1996, *More Remarks on Control*, Prague Linguistic Circle Papers, John Benjamins.
Panevová Jarmila, 2016, "Syntax Vladimíra Šmilauera včera a dnes", *Jazykovědné aktuality*, 53: 30–35.
Panevová Jarmila, Sgall Petr, 1976, "Verbal Frames and Free Adverbials", *International Revue of Slavic Linguistics*, 1: 31–77.
Panevová Jarmila, Sgall Petr, 1990, "Dependency Syntax, its Problems and Advantages", *Prague Series of Mathematical Linguistics*, 10: 187–199.
Panevová Jarmila & alii, 2014, *Syntax češtiny na základě anotovaného korpusu*, Prague, Karolinum.
Pognan Patrice, 2007, « Forme et fonction en analyse automatique du tchèque. Calculabilité des langues slaves de l'Ouest – Les langues slaves et le français : approches formelles dans les études contrastives », *Bulletin de linguistique appliquée et générale*, 32 : 13–33.
Pognan Patrice, 2008, "De la théorie à l'application. Vallex: une démarche exemplaire", *The Prague Bulletin of Mathematical Linguistics*, 89: 97–106.

Pognan Patrice, 2020, « Analyse morphologique automatique du tchèque, mais où est le dictionnaire ? », *Academic Journal of Modern Philology*, 9: 155–169.
Pons Philippe, 2003, *Jean-Jacques Origas*, Paris, Le Monde, 30 janvier 2003 : en ligne (https://www.lemonde.fr/archives/article/2003/01/30/jean-jacques-origas_4269010_1819218.html).
Sgall Petr, 1967a, *Generativní popis jazyka a česká deklinace*, Prague, Academia.
Sgall Petr, 1967b, "Functional Sentence Perspective in a Generative Description", *Prague Studies in Mathematical Linguistics*, 2: 203–225.
Sgall Petr, 1979–1980, "Towards a Definition of Focus and Topic", *Prague Bulletin of Mathematical Linguistics*, 31–32: 3–25, 24–32.
Sgall Petr, 1980, "A Dependency-Based Specification of Topic and Focus. Formal Account", *SMIL*, 1–2.
Sgall Petr, 1992, "Underlying structure of sentences and its relations to semantics", in T. Reuther (ed.), *Wiener Slawistischer Almanach. Sonderband*, 33: 273–282.
Sgall Petr & alii, 1969, *A Functional Approach to Syntax in Generative Description of Language*, New York, American Elsevier.
Sgall Petr, Hajičová Eva, 1977–1978, "Focus on Focus", *The Prague Bulletin of Mathematical Linguistics*, 28–29.
Sgall Petr, Panevová Jarmila, 1988–1989, "Dependency Syntax – A Challenge", *Theoretical Linguistics*, 15/1–2: 73–86.
Sgall Petr, Hajičová Eva, Benešová Eva, 1973, *Topic, Focus and Generative Semantics*, Kronberg/Taunus, Scriptor.
Šmejkalová Martina, 2015, *Praporu věren i ve ztraceném boji. Vladimír Šmilauer – život a dílo filologa (1895–1983)*, Prague, Academia.
Šmilauer Vladimír, 1955, *Učebnice větného rozboru*, Prague, SPN.
Šmilauer Vladimír, 1966 [1947], *Novočeská skladba*, Prague, SPN.
Tesnière Lucien, 1925a, « Sur le système casuel du slovène », *in Mélanges linguistiques offerts à M. J. Vendryès par ses amis et ses élèves*, Paris, Champion.
Tesnière Lucien, 1925b, *Les formes de duel en slovène*, Paris, Champion.
Tesnière Lucien, 1925c, *Atlas linguistique pour servir à l'étude du duel en slovène*, Paris, Champion.
Tesnière Lucien, 1929, « Imparfait et imperfectif », *Časopis pro moderní filologii a literatury s částí didaktickou*, XV, 3–4 : 272–277.
Tesnière Lucien, 1932, *Synthétisme et analytisme*, Charisteria Guilelmo Mathesio quinquagenario a discipulis et circuli linguistici Pragensis sodalibus oblata. Sumptibus « Pražský linguistický kroužek », Cercle linguistique de Prague, « Mélanges Mathesius » : 62–64.
Tesnière Lucien, 1934a, « Comment construire une syntaxe », *Bulletin de la Faculté des Lettres de Strasbourg*, 12/7 : 219–229.
Tesnière Lucien, 1934b, *Petite grammaire russe*, Paris, Didier.
Tesnière Lucien, 1935, « À propos des temps surcomposés », *Bulletin de la Faculté des Lettres de Strasbourg*, 14/2 : 56–59.
Tesnière Lucien, 1939a, « L'opposition morphologique de l'accent dans le substantif russe », *Mélanges en l'honneur de Jules Legras*, Paris, Droz : 249–268.
Tesnière Lucien, 1939b, « Phonologie et mélanges de langues », *Travaux du cercle linguistique de Prague*, 8 : 83–93.

Tesnière Lucien, 1952, « Le duel sylleptique en français et en slave », *Bulletin de la société de linguistique de Paris*, t. 47, 134 : 57–63.
Tesnière Lucien, 1953, *Esquisse d'une syntaxe structurale*, Paris, Klincksieck.
Tesnière Lucien, 1957, *Petit vocabulaire russe : table sémantique*, t. 1, Paris, Didier.
Tesnière Lucien, 1966 [1959], *Éléments de syntaxe structurale*, 2ᵉ éd., Paris, Klincksieck.
Tesnière Lucien, 2015, *Elements of structural syntax*, translation by T. Osborne & S. Kahane, John Benjamins, Amsterdam.
Trávníček František, 1949, *Mluvnice spisovné češtiny. Část 2, Skladba*, Prague, Slovanské Nakladatelství.
Urešová Zdeňka, 2011, *Valence sloves v pražském závislostním korpusu*, Prague, Ústav formální a aplikované lingvistiky, Studies in Computational and Theoretical Linguistics.
Vincenot Claude, 1975, *Essai de grammaire slovène*, Ljubljana, Mladinska knjiga.
Weil Henri, 1991 [1844], *De l'ordre des mots dans les langues anciennes comparées aux langues modernes*, thèse principale, Paris. (Réimpression de la 3ᵉ éd., Paris, Didier Erudition.)
Zemb Jean-Marie, 1994, *Thème, phème, rhème*, vidéo de 52 minutes, couleur et images de synthèse, réalisation de S. Ely, série-collection du Collège de France, Paris.

Anne-Gaëlle Toutain
Chapitre 10
Tesnière et le structuralisme

Contemporain du structuralisme européen, auquel il se réfère dans divers écrits, et aux activités duquel il a pris part en étant membre correspondant du Cercle linguistique de Prague, Lucien Tesnière produit néanmoins, sous le nom de *syntaxe structurale*, une théorie largement hétérogène à ce courant théorique. La théorie de Tesnière se restreint par ailleurs à un domaine particulier de la théorie du langage : la syntaxe, et plus précisément, dans les termes de Tesnière, la syntaxe *structurale*, distincte de la syntaxe *catégorique*. Elle est néanmoins dotée, comme en témoigne sa postérité, d'une portée générale, dans la mesure où elle engage une définition de la langue. Il nous semble que ces deux singularités ont partie liée, et c'est pourquoi le « structuralisme » de Tesnière nous a paru constituer un objet d'analyse épistémologique susceptible de fournir un éclairage utile sur la linguistique de ce dernier. Comme nous nous efforcerons de le montrer, la problématique de Tesnière est à la fois analogue à celle du structuralisme européen, et dotée d'une singularité qui lui confère une place à part dans l'histoire de la linguistique, place qu'il partage d'ailleurs, le fait est remarquable, avec quelques autres linguistes français. Après une rapide présentation du structuralisme européen, nous caractériserons les rapports de Tesnière avec ce que l'on pourrait appeler le « paradigme structural » (au sens kuhnien), avant d'aborder la question du structuralisme de la syntaxe structurale.

1 Saussure et le structuralisme

En dépit de la polysémie du terme *structuralisme*, on s'accorde à rassembler sous le nom de « structuralisme européen » les théories promouvant un concept de structure présenté comme hérité du concept saussurien de système, en particulier celles de Louis Hjelmslev, de Roman Jakobson, d'André Martinet et d'Émile Benveniste. Les théories structuralistes européennes ont ainsi pour point commun de se présenter, fût-ce pour introduire d'importantes rectifications, comme héritières de la théorie saussurienne, dont elles ont constitué, historiquement, la mise en œuvre. Aussi l'ensemble des manuels de linguistique et des histoires de

---

Anne-Gaëlle Toutain, Université de Berne, *Histoire des théories linguistiques* – HTL, UMR 7597

https://doi.org/10.1515/9783110715118-010

la linguistique présentent-ils Saussure comme le fondateur du structuralisme européen, voire comme étant lui-même un structuraliste. C'est là la représentation traditionnelle, qui continue d'être généralement acceptée, soit telle quelle, même par des spécialistes de Saussure, soit moyennant quelques aménagements, visant à « complexifier » l'histoire de la linguistique, à « préciser » ou à « affiner » la lecture de Saussure. Il existe néanmoins, comme nous nous sommes efforcée de le montrer[1], une différence radicale de problématique entre Saussure et le structuralisme.

La thèse principale du structuralisme linguistique peut être énoncée comme suit : les langues sont des structures, c'est-à-dire qu'elles sont composées d'unités relatives les unes aux autres, interdépendantes. Le concept saussurien de système est corrélatif de celui de valeur, qui implique non seulement le caractère oppositionnel et relatif (interdépendant) des unités linguistiques, mais également la négativité de ces dernières : oppositivité, relativité et négativité sont des propriétés corrélatives dans la définition saussurienne de la langue. Dans ses textes du début des années 1890, Saussure insiste sur l'absence, en linguistique, de tout objet donné. On lit par exemple dans les « Notes pour un livre sur la linguistique générale, 2 » (1893–1894) :

> Voici notre profession de foi en matière linguistique : En d'autres domaines on peut parler des choses « *à tel ou tel point de vue* », certain qu'on est de retrouver un terrain ferme dans l'objet même. En linguistique, nous nions en principe, qu'il y ait des objets donnés, qu'il y ait des *choses* qui continuent d'exister quand on passe d'un ordre d'idées à un autre, et qu'on puisse se permettre de considérer des « choses » dans plusieurs ordres, comme si elles étaient données par elles-mêmes. (Saussure 2002 : 201)

De telles propositions témoignent d'une démarche radicalement nouvelle : au lieu de partir du donné linguistique (sons, formes, mots, syntagmes, règles de syntaxe, idiomes, etc.) pour l'étudier dans sa matérialité, sa structuration ou sa nature, comme on l'avait fait jusque-là, Saussure considère ce donné même comme *faisant problème*, et requérant théorisation. Il affirme ainsi la primauté, en linguistique, du point de vue sur l'objet : au lieu qu'il soit possible d'appliquer différents points de vue à un objet préexistant, en linguistique, les points de vue sont constitutifs d'objets distincts, qui sont dès lors strictement relatifs au point de vue qui les constitue, sans qu'aucune unité ne puisse les subsumer[2]. Dans cette perspective, en particulier, il n'existe pas de signes, au sens traditionnel – Saussure prend l'exemple, dans ses « Notes pour un livre sur la linguistique générale, 1 », de *cantare* –, signes que l'on pourrait ensuite considérer du point de

---

[1] Voir notamment Toutain (2012) et Toutain (2015).
[2] Voir en particulier Saussure (2002 : 23–24).

vue phonologique, du point de vue morphologique, du point de vue sémantique, du point de vue diachronique, et, notamment, analyser en signifiant et signifié, son ou forme et idée ou sens. Il n'existe que des points de vue constitutifs d'unités irréductibles, et sans aucun rapport, à proprement parler, l'une avec l'autre : l'unité phonologique (la « figure vocale »), l'unité morphologique ou sémiologique (le signe), purement synchronique, et l'unité diachronique, phonétique. À l'opposition traditionnelle entre *son* et *sens* (analyse d'un objet préexistant) Saussure substitue ainsi une opposition entre *son* et *signe* (unités irréductibles l'une à l'autre, constituées par des points de vue distincts). On lit notamment dans les « Notes pour un livre sur la linguistique générale, 2 » :

> On a tant de fois opposé le *son* matériel à tout ce qui lui peut être opposé que nous craignons bien que notre nouvelle distinction ne soit confondue avec d'autres. Notre position est toutefois très nette. Parmi les choses qui peuvent être *opposées* au son matériel, nous nions, essentiellement et sans aucune défaillance future dans le détail, qu'il soit possible d'*opposer* l'idée. Ce qui est opposable au son matériel, c'est *le groupe son-idée*, mais absolument pas *l'idée*. (Saussure 2002 : 202).

L'opposition saussurienne est entre *son* et *son-idée*, c'est-à-dire entre le son comme son – non linguistique, comme y insiste Saussure à de très nombreuses reprises – et le son comme signe, c'est-à-dire comme *signifiant*, au sens participial de ce terme, qui spécifie ce concept saussurien : le son est alors délimité par la signification qui s'y attache et qui le constitue ainsi comme signe.

C'est à ce point qu'intervient le concept central de la théorisation saussurienne de la langue, à savoir le concept de valeur, inséparable de celui de système. La notion de point de vue est avant tout une notion épistémologique, qui renvoie à la nécessité de construire (au sens d'une théorisation) le donné. Le point de vue « morphologique », ou sémiologique, ou synchronique, est cependant le point de vue définitoire de la langue comme système de signes, *signe* au sens saussurien. On trouve ainsi dans « De l'essence double du langage » d'autres formulations de l'inexistence, en linguistique, de tout objet donné, de toute « chose », dont certaines sont un peu différentes de celle que nous avons citée plus haut, telles, par exemple :

> Dans d'autres domaines, si je ne me trompe, on peut parler des différents objets envisagés sinon comme de choses existantes elle[s]-mêmes du moins comme de choses qui résument choses ou [?] entités positives (à moins peut-être de pousser les faits jusqu'aux limites de la métaphysique, ou de la question de connaissance ; ce dont nous entendons faire complètement abstraction) ; or il semble que la science du langage soit placée à part : en ce que les objets qu'elle a devant elle n'ont jamais de réalité *en soi*, ou *à part* des autres objets à considérer ; n'ont absolument aucun substratum à leur existence hors de *leur différence* ou en *LES différences* de toute espèce que l'esprit trouve moyen d'attacher à *LA différence* fondamentale : mais sans que l'on sorte nulle part de cette donnée fondamentalement et à tout jamais négative, de la DIFFÉRENCE de deux termes, et non des propriétés d'un terme. (Saussure 2002 : 65).

On retrouve dans ce passage l'affirmation d'une singularité de la linguistique dans l'ensemble des sciences, en raison d'un mode d'existence particulier de son objet, qui n'est pas celui des « choses ». Saussure, cependant, oppose moins ici donné et point de vue, comme il le faisait dans la première citation produite ci-dessus, qu'il ne définit, pour les entités linguistiques, un mode d'existence spécifique, s'opposant à celui de ces « choses ou entités positives » comme purement négatif et différentiel. C'est là, précisément, le mode d'existence des valeurs, qui ne sont pas des entités positives, mais au contraire des entités purement oppositives, relatives, négatives, selon une formulation bien connue du *Cours de linguistique générale*. Le concept de valeur implique une équivalence et une inséparabilité des deux axes horizontal de la délimitation et vertical de la combinaison, ainsi que Saussure l'explique notamment dans son troisième cours de linguistique générale (1910–1911), dans le chapitre « Valeur des termes et sens des mots ». Ce chapitre est très remarquable d'un point de vue épistémologique : Saussure part du schéma traditionnel du signe – repris dans le *Cours de linguistique générale*, parce qu'il l'a lui-même repris à son compte dans ce troisième cours –, mais pour affirmer qu'il « n'est [...] pas initial dans la langue » (Saussure & Constantin 2005 : 287) ; le signe de ce schéma est en effet un produit du « fait linguistique » (Saussure & Constantin 2005 : 285) de la combinaison des deux masses amorphes de la pensée et de la phonie, aboutissant à une délimitation d'unités qui vaut explication de l'existence des signes, au sens commun de ce terme – car au sens scientifique, ce sont des valeurs. Dans le deuxième cours, Saussure affirmait de même que « le rôle <caractéristique> du langage vis-à-vis de la pensée [...] est de créer un milieu intermédiaire de telle <nature> que le compromis entre la pensée et le son aboutit d'une façon inévitable à des unités <particulières> » (Saussure 1997 : 21). Au concept de valeur, qui fait du signe un effet de délimitation, une entité que l'on peut considérer comme positive mais qui n'est, comme telle, que le résultat d'un jeu de valeurs négatives, répond ainsi une définition radicalement nouvelle de la langue : la langue, pour Saussure, n'est pas un système de signes, au sens d'un ensemble d'entités positives – fussent-elles relatives, comme chez les structuralistes –, mais il la définit comme « articulation », « division-combinaison », tous termes à entendre comme des noms d'action, désignant ce « fait <en quelque sorte> mystérieux que la pensée-son implique des divisions qui sont les unités finales de la linguistique » (Saussure 1997 : 21). Autrement dit, la langue est définie par Saussure comme un fonctionnement, une activité, dont son, sens, signes et idiomes sont les effets[3].

---

3 La définition de la langue comme fonctionnement apparaît de manière très nette, notamment, dans un passage souvent cité de « De l'essence double du langage ». Voir Saussure (2002 : 87–88).

La singularité de Saussure, dans l'histoire de la linguistique, tient donc à sa problématique théorisante, permettant une construction linguistique du donné, repéré comme faisant problème : la théorisation du rapport son/sens et une définition de la langue rendant raison de l'existence des idiomes. C'est précisément ce que n'a perçu aucun structuraliste. La problématique structuraliste demeure ainsi, en dépit de la référence à Saussure, une problématique des rapports son/sens : le structuralisme reprend à son compte la définition pluriséculaire du signe comme *aliquid quod stat pro aliquo*, combinaison d'un signifiant et d'un signifié analysable comme telle et point de départ de l'analyse. La langue est définie comme un instrument de communication, définition d'ailleurs explicitement présentée comme traditionnelle, « évidente ». Citons par exemple Jakobson :

> Ces efforts proviennent d'une conception universellement admise du langage comme moyen de pensée et de communication. On peut trouver dans n'importe quel manuel des déclarations sur le langage en tant qu'outil, instrument, véhicule, etc., mais, aussi étrange que cela puisse paraître, la tradition linguistique du siècle dernier n'a pas tiré la conclusion apparemment évidente découlant de ce truisme. Ainsi, le besoin élémentaire d'analyser tous les ressorts du langage du point de vue des tâches qu'ils accomplissent a émergé comme une innovation audacieuse. (Jakobson 1973 : 314).

La définition du signe demeure en conséquence celle d'un *aliquid quod stat pro aliquo*, formule affectionnée, de nouveau, par Jakobson[4], mais également traduite, par exemple, par Benveniste dans « Sémiologie de la langue » (1969)[5] : « Le rôle du signe est de représenter, de prendre la place d'autre chose en l'évoquant à titre de substitut » (Benveniste 1974 : 51). Corrélativement, la notion de structure ne fait l'objet d'aucune élaboration, mais elle est liée à ce que Hjelmslev appelle à juste titre une « hypothèse » structurale. Citons Hjelmslev, dans « [Linguistique structurale] » (1948) :

> On comprend par *linguistique structurale* un ensemble de *recherches* reposant sur une *hypothèse* selon laquelle il est scientifiquement légitime de décrire le langage comme étant *essentiellement* une *entité autonome de dépendances internes*, ou, en un mot, une *structure*. (Hjelmslev 1971a : 29).

C'est d'ailleurs en raison de ce statut : une hypothèse structurale, en lieu et place d'une définition de la langue, qu'a pu se mettre en place le structuralisme généralisé, mise en place déterminée par l'extension d'une méthode, et non par la construction théorique d'un objet.

---

4 Voir par exemple Jakobson (1976 : 73).
5 Voir également par exemple, pour Martinet, Martinet (1989 : 54). Chez Hjelmslev, en dépit de la singularité de sa conception purement formelle de la langue, le point de départ de l'élaboration est de nouveau la définition traditionnelle du signe. Voir notamment Hjelmslev (1971b : 75).

Enfin, et c'est l'enjeu même de cette hypothèse structurale, tandis que la définition saussurienne de la langue permet de rendre raison du donné idiomologique, chez les structuralistes, la langue ne fait l'objet d'aucune élaboration, mais constitue le cadre de l'analyse. Elle est ainsi doublement présupposée : dans l'évidence de sa définition comme instrument de communication, fournissant un principe d'analyse (le rapport son/sens), et comme cadre de l'analyse (il s'agit de produire une analyse *linguistique* du donné). Ce dernier point apparaît très clairement à l'examen de la phonologie, qui est d'ailleurs significativement la première discipline structuraliste à s'être constituée : les phonologues se sont donné pour objet d'intégrer la phonie à la langue (présupposée), grâce au concept d'opposition (de structure) et au rapport son/sens, avec en arrière-plan la définition de la langue comme instrument de communication. On lit par exemple, de manière tout à fait explicite, dans « Les problèmes de la phonétique évolutive » (1964), article de Martinet republié ensuite dans *Évolution des langues et reconstruction* (1975) :

> La phonologie d'où, par filiation ou par réaction, sont sortis la plupart des mouvements structuralistes, est, avant tout, l'affirmation et la démonstration que – pour dire les choses en termes un peu naïfs, mais clairs – les sons font partie de la langue au même titre que le sens. Sans doute Saussure avait-il auparavant définitivement établi que le signifié n'est une réalité linguistique que parce qu'il correspond à un signifiant qui appartient à la langue au même titre que le signifié. Mais l'articulation du signifiant en segments phoniques successifs restait, pour Saussure et les saussuriens, un aspect purement marginal de l'organisation de la langue. La phonétique demeurait, pour eux, ce qu'elle avait été pour les générations de penseurs qui les avaient précédés, une science auxiliaire de la linguistique. La phonologie a montré que les segments phoniques successifs dont se compose le signifiant sont des unités linguistiques, autres que le signe, certes, puisqu'elles sont distinctives et non significatives, mais qui existent et qui fonctionnent dans les mêmes conditions que les signes. (Martinet 1975 : 47–48).

La démarche de Martinet apparaît ici significativement différente de celle de Saussure ; il ne s'agit pas de définir la langue, mais au contraire, la langue constitue le cadre de l'analyse du donné ; Saussure aurait montré la voie d'une analyse linguistique du signifié ; les phonologues poursuivent le travail en s'attachant à une analyse linguistique du signifiant, analyse rendue possible par la reconnaissance de l'existence d'un autre type d'entité linguistique que les signes : les phonèmes ; il n'est donc pas question de renoncer au donné, de dénier à celui-ci une existence objectale – fût-elle abstraite –, mais au contraire, c'est le postulat de l'existence de telles unités qui permet l'analyse linguistique. À l'opposition saussurienne entre son et signe répond ainsi une autre opposition : entre la phonétique (au sens moderne, et non saussurien), qui est non linguistique, et la phonologie, qui est une discipline linguistique. Il importe de prendre la mesure de la différence séparant ces deux oppositions : son et signe étaient des objets relatifs à des points de vue constitutifs ; l'opposition entre phonétique et phonologie est pour sa part un partage d'objet, objet dès lors non constitué, mais postulé. Ce postulat est seulement voilé par le dédoublement ainsi opéré entre donné – phonétique – et construit – phonologique ; il n'y a pas de point de vue constitutif, mais la phonologie est définie comme point de vue linguistique sur le donné phonétique, point de vue linguistique qui présuppose un objet demeurant dès lors non défini, la langue, où il s'agit d'intégrer ces sons et ces sens. Autrement dit, au lieu d'une problématisation du donné, permettant de rendre raison de ce dernier, les structuralistes procèdent à un dédoublement de celui-ci : entre le donné à analyser, et le principe d'analyse qu'il paraît offrir d'emblée en se présentant comme linguistique, comme manifestation d'entités linguistiques. Dans cette perspective, le rapport son/sens que théorisait Saussure joue le rôle d'un principe d'analyse, comme il apparaît par exemple à la lecture de cette affirmation des *Dialogues* de Jakobson avec Krystyna Pomorska (1980) : « Ainsi me vint l'idée qu'il était nécessaire de traiter scientifiquement les sons du langage en prenant en considération la problématique du lien réciproque inaliénable entre le son et le sens » (Jakobson & Pomorska 1980 : 26).

2 Tesnière et le paradigme structural

Tesnière se situe en marge du structuralisme européen, tel que nous venons de le caractériser brièvement. Néanmoins, il entretint des rapports scientifiques avec les structuralistes de la première heure. Il était en effet membre correspondant du Cercle linguistique de Prague, et a publié deux textes sous l'égide de ce dernier[6]. Surtout, il se réfère à quelques reprises aux travaux de l'École de Prague, dont il reprend les thèses à son compte. « Phonologie et mélange de langues » s'ouvre et s'achève ainsi sur un éloge de la phonologie[7], et dans les *Éléments de syntaxe structurale* (1959), Tesnière rapproche sa « syntaxe fonctionnelle » ou syntaxe structurale de la phonologie de l'École de Prague :

> On notera l'analogie frappante entre la conception de la syntaxe fonctionnelle et la **phonologie** de l'école de Prague, laquelle vise à découvrir, derrière la nature purement physique des phénomènes, leur aptitude à être chargés de fonctions proprement linguistiques. (Tesnière 1959 : 40).

---

6 Tesnière (1932) et Tesnière (1939).
7 Voir Tesnière (1939 : 83, 93).

En outre, Tesnière a publié en 1946 dans le *Journal de psychologie normale et pathologique* – où Troubetzkoy, comme il le rappelle en ouverture de son texte, avait publié deux articles, en 1933 et en 1936, « La phonologie actuelle » et « Essai d'une théorie des oppositions phonologiques » – « Phonologie et psychologie » où, renvoyant à « La phonologie » (1938) de Martinet pour une présentation générale de la phonologie, il se donne pour objet de « mettre en évidence, à l'exclusion des autres, ceux des aspects par lesquels la nouvelle doctrine voisine le plus étroitement avec la psychologie, et qui invitent par là à établir, entre les deux disciplines, des contacts utiles et des échanges de vues fructueux » (Tesnière 1946 : 407). La dernière partie de l'exposé, après plusieurs paragraphes consacrés à la syntaxe, s'ouvre sur l'affirmation suivante, à laquelle la citation des *Éléments de syntaxe structurale* que nous venons de citer fait écho :

> On voit par ce qui précède que la phonologie, au sens le plus large du mot, trouve son application aussi bien en morphologie et en syntaxe qu'en phonétique. C'est qu'au fond, il n'y a pas une doctrine phonologique, encore moins un dogme phonologique, mais un *esprit phonologique*, une façon phonologique de comprendre les faits de langue et de concevoir la linguistique. (Tesnière 1946 : 434).

Dans ce texte, Tesnière reprend à son compte plusieurs thèses des phonologues, à commencer par leur lecture de Saussure. On lit ainsi en ouverture de l'analyse :

> C'est F. de Saussure qui, le premier, a attiré l'attention des linguistes sur le rôle des *oppositions* dans le mécanisme du langage. Cette notion est une des plus fécondes de la linguistique, et les phonologues l'ont reprise à leur compte pour en tirer toute une doctrine, qui était contenue en puissance dans de Saussure, mais que de Saussure lui-même n'avait pas dégagée. (Tesnière 1946 : 407).

Comme les structuralistes, Tesnière ne retient de la définition saussurienne de la langue que la notion d'opposition, à l'exclusion de celle de négativité. Cette notion permet une classification fonctionnelle (et donc proprement linguistique, dans l'esprit des phonologues et de Tesnière) des sons[8]. Tesnière affirme également dans ce texte :

> [...] l'essence profonde du phonème réside, non pas dans sa nature phonétique, mais dans sa valeur phonologique, c'est-à-dire dans son *pouvoir distinctif*, et par conséquent dans ses rapports avec les autres phonèmes de la langue dont il fait partie, et, pour ainsi dire, dans sa situation sociale au sein de la société des phonèmes de cette langue. En d'autres termes, un phonème isolé n'est rien. Il ne devient véritablement et pleinement phonème qu'à partir du moment où il est *utilisable* linguistiquement, c'est-à-dire intégré psychologiquement dans un ensemble où il entre en opposition avec d'autres phonèmes. Il ne prend de valeur

---

[8] Voir Tesnière (1946 : 410).

linguistique et ne devient susceptible de véhiculer une pensée que dans la mesure où il fait partie d'un système organisé de phonèmes. (Tesnière 1946 : 410–411).

La différence avec la problématique saussurienne apparaît ici de manière très nette : il ne s'agit pas de point de vue *constitutif* de l'objet, mais de l'accession d'un objet préexistant (le « phonème isolé ») au statut d'entité linguistique, de phonème véritable et plein. Tesnière affirme non pas que les rapports horizontal et vertical se confondent (c'est la définition du concept saussurien de valeur), mais que c'est l'intégration à un système qui rend un phonème « *utilisable* linguistiquement », c'est-à-dire « susceptible de véhiculer une pensée ». On retrouve ainsi la double problématique structurale et des rapports son/sens qui caractérise le structuralisme européen.

L'hypothèse structurale est explicite dans « Phonologie et mélange de langues ». Tesnière affirme tout d'abord :

> Un des axiomes essentiels de la phonologie est que tout, dans le mécanisme du langage, repose sur des oppositions. La phonologie procède par là directement, bien qu'on l'ait contesté, de la doctrine saussurienne, dont c'est une des idées maîtresses. (Tesnière 1939 : 83).

Or, dans cette nouvelle référence à la notion saussurienne d'opposition, la conception structurale du langage vient se surajouter à la conception oppositive de l'entité linguistique. On lit en effet ensuite :

> Mais ces oppositions elles-mêmes ne sont pas isolées. Elles s'opposent entre elles et en arrivent à former de véritables systèmes organiques. De ce point de vue une langue apparaît comme un système d'oppositions. À y regarder de près, on constate même qu'il y a dans une langue plusieurs systèmes, le système phonétique, le système morphologique, le système syntaxique, etc. Ce qui autorise à poser qu'une langue est un système de systèmes. (Tesnière 1939 : 84).

Aussi Tesnière a-t-il raison de souligner que le caractère systématique du langage n'est pas une thèse proprement phonologique (ni *a fortiori* saussurienne) mais qu'il s'agit « d'un fait élémentaire d'observation courante, que l'on admet en général sans discussion » (Tesnière 1939 : 84). Le contemporain et compatriote de Bachelard qu'il était aurait cependant dû savoir que la connaissance scientifique s'élabore toujours en rupture avec la connaissance commune, et que l'évidence est une source sûre d'erreur. Ces affirmations de Tesnière sont d'autant plus remarquables que le passage du *Cours de linguistique générale* qui est alors cité[9] distingue entre *différences* (négativité) et *oppositions* (positivité des signes, effet de langue), énonçant la dialectique de la négativité et de la positivité qui

---

9 Saussure (1972 : 167). Voir Tesnière (1939 : 83–84).

est constitutive de la définition saussurienne de la langue comme fonctionnement. La suite de l'article « Phonologie et psychologie » développe des thèses très proches de celles de phonologues, et en particulier de Martinet, concernant l'évolution phonologique, commandée par des nécessités structurales et expressives. À l'hypothèse structurale répond ainsi la problématique des rapports son/sens, avec la définition de la langue comme instrument de communication, qui commande par exemple l'affirmation selon laquelle « l'histoire d'une langue n'est que l'éternelle adaptation d'un outil à des besoins sans cesse changeants » (Tesnière 1946 : 436).

Cette double problématique structurale et des rapports son/sens, qui rend la linguistique de Tesnière tout à fait homogène à celle des structuralistes européens, est également lisible dans les différents textes consacrés à la syntaxe. On lit ainsi notamment dans « Comment construire une syntaxe » :

> *Le livre de Pierre* se dit en latin *Liber Petri*. La relation exprimée étant la même, il est évident qu'on est dans les deux langues en présence du même fait syntaxique. Il serait donc normal de le trouver étudié à la même place dans une syntaxe française et dans une syntaxe latine. Or la grammaire française le mentionnera à la syntaxe des prépositions et la grammaire latine à la syntaxe des cas. C'est qu'au lieu de saisir le fait syntaxique en lui-même, on n'en a saisi que le procédé d'expression morphologique. Cette simple expérience montre clairement sur quel terrain il faut placer la syntaxe pour la dégager de l'emprise de la morphologie et en faire une discipline autonome, ayant sa propre raison d'être, ses propres lois, son propre plan. (Tesnière 1934 : 220).

On voit en effet que le cadre est celui de la problématique de l'expression : il s'agit de « relation exprimée », de « procédé d'expression morphologique », et de dégager le fait de syntaxe (ce qui est exprimé) de son expression morphologique, donc de distinguer entre sens et forme. Vient ensuite, dans un deuxième temps, la considération structurale. Tesnière poursuit en effet :

> La méthode consistera d'abord à isoler les faits syntaxiques par la comparaison directe de langue à langue, de mécanisme à mécanisme, et sans souci d'histoire, de façon à pouvoir les saisir, les préciser, et en déterminer la nature et les contours exacts. C'est seulement quand nous serons sûrs de n'avoir laissé passer à notre crible que des faits syntaxiques, que nous pourrons songer à rapprocher ceux qui se ressemblent, à les ranger par affinités, et à découvrir des groupements partiels, puis la clé de voûte qui nous permettra d'apercevoir la structure d'ensemble de l'édifice et de saisir l'économie générale du système. (Tesnière 1934 : 220).

La problématique de l'expression est également centrale dans les *Éléments de syntaxe structurale*, où Tesnière distingue entre *exprimende* et *exprimé*, le premier correspondant à « la pensée et aux schèmes structural et linéaire qui lui correspondent sur le plan linguistique » (Tesnière 1959 : 35) et le deuxième « au vêtement phonétique qui leur prête une forme sensible » (*ibid.*), avant de définir le sens ou la signification comme « le rapport de l'exprimé à l'exprimende » (*ibid.*) et d'affirmer la primauté de la syntaxe sur la morphologie. La langue est alors comparée à un télégraphe :

> [...] la **syntaxe est antérieure à la morphologie**. Lorsque nous parlons, notre intention n'est pas de trouver après coup un sens à une suite de phonèmes qui lui préexistent, mais bien de donner une forme sensible aisément transmissible à une pensée qui lui préexiste et en est la seule raison d'être. En d'autres termes, le télégraphe est là pour transmettre les dépêches, non les dépêches pour faire fonctionner le télégraphe. (Tesnière 1959 : 36).

Après avoir permis la distinction entre morphologie et syntaxe, qui est au cœur de la syntaxe tesniérienne, cette problématique de l'expression est redoublée pour distinguer entre le « plan structural », celui de la « **structure** d'une phrase » (Tesnière 1959 : 40) et le « plan sémantique », celui de **l'idée** qu'elle exprime et qui en constitue le **sens** » (*ibid.*). Le plan structural relève de la grammaire, tandis que le plan sémantique relève de la psychologie et de la logique[10]. Il s'agit de délimiter un domaine proprement linguistique, et apparaît ainsi très nettement le fonctionnement du rapport son/sens comme un outil d'analyse du donné, au lieu qu'il constitue chez Saussure l'objet de la théorisation. À la problématique de l'expression et des rapports son/sens répond en outre de nouveau l'hypothèse structurale. On retrouve en effet quelques pages plus loin la problématique de l'expression, lorsque Tesnière affirme que « le plan structural n'a d'autre objet que de rendre possible l'expression de la pensée, c'est-à-dire du plan sémantique » (1959 : 42). S'y mêle cependant ensuite la métaphore (structuraliste) de la « trame » : la pensée saisit le monde « en jetant sur lui la trame d'un système d'idées générales appelées **catégories de la pensée** » (*ibid.* : 48), et de même, « sur le plan linguistique, le langage ne peut saisir la pensée qu'en jetant à son tour sur elle la trame d'un système de notions générales appelées **catégories grammaticales** » (*ibid.*) ; cette seconde trame est « projeté[e] par une langue sur la pensée qu'elle veut exprimer » (*ibid.*), langue qui « enserr[e] la réalité dans un réseau suffisamment serré pour pouvoir la saisir et l'exprimer » (*ibid.* : 49).

C'est donc dans un cadre structuraliste que s'inscrit le grand œuvre de Tesnière, à savoir les *Éléments de syntaxe structurale*. Demeure cependant la question posée en son temps par Michel Arrivé : « La syntaxe de Tesnière est-elle structurale ? » (1969 : 36), à laquelle nous en venons à présent.

---

[10] Voir Tesnière (1959 : 40).

3 La syntaxe structurale

La dénomination même de *syntaxe structurale* n'est pas première. Dans « Comment construire une syntaxe », il s'agit de *syntaxe fonctionnelle*. La syntaxe y est définie comme « étude de la phrase » (Tesnière 1934 : 221), puis Tesnière distingue entre deux procédés d'analyse syntaxique définissant « deux divisions fondamentales de la syntaxe analytique » (*ibid.*), la « syntaxe catégorique », paradigmatique et « statique » (étude des catégories), et la « syntaxe fonctionnelle », syntagmatique et « dynamique » (étude des fonctions). Dans « Phonologie et psychologie », en revanche, alors que Tesnière s'attache à montrer la fécondité des « principes mis en évidence par la phonologie » (1946 : 431) pour la syntaxe, il est question de « syntaxe structurale », opposée à celle des catégories[11]. C'est ensuite cette dénomination qui sera retenue pour les titres des ouvrages de 1953 (*Esquisse d'une syntaxe structurale*) et de 1959 (*Éléments de syntaxe structurale*).

Dans le texte de 1953, la syntaxe structurale est définie comme l'étude de l'architecture des connexions définissant la structure de la phrase : « La structure de la phrase dépend de l'architecture de ses connexions. La **syntaxe structurale** est la science qui étudie cette architecture » (Tesnière 1953 : 3). On retrouve cette définition dans les *Éléments de syntaxe structurale*[12]. Intervient cependant ensuite la distinction entre syntaxe catégorique et syntaxe structurale des textes de 1934 et de 1946, cette dernière étant définie, comme dans « Phonologie et psychologie », comme l'« étude des fonctions ». Est tout d'abord posée une équivalence entre « syntaxe fonctionnelle » et « syntaxe structurale » : la fonction est définie comme « le rôle [...] assigné [aux mots] dans le mécanisme de l'expression de la pensée » (Tesnière 1959 : 39), et dans la mesure où « [l']économie d'un ensemble structural donné repose sur l'agencement judicieux des fonctions de chacun des éléments qui le composent » (*ibid.*), de sorte qu'« [i]l ne peut y avoir **structure** qu'autant qu'il y a **fonction** » (*ibid.*), « la **syntaxe structurale** est en même temps la **syntaxe fonctionnelle** et [...], comme telle, elle aura essentiellement à étudier les différentes **fonctions** nécessaires à la vie de la phrase » (*ibid.*). Tesnière affirme ensuite que l'étude des catégories grammaticales et celle des fonctions sont « les deux divisions essentielles de la syntaxe » (1959 : 50), qu'il baptise respectivement « syntaxe statique » et « syntaxe dynamique », avant de préciser que son ouvrage se limitera à la syntaxe structurale, « celle des fonctions » (*ibid.*). La syntaxe structurale ne constitue donc qu'une partie de la syntaxe, que « Pho-

---

[11] Voir Tesnière (1946 : 431–432). On notera de nouveau dans ce passage la double problématique structurale et des rapports son/sens, avec énonciation successive des deux pans de celle-ci.
[12] Voir Tesnière (1959 : 11, 14).

nologie et psychologie » posait pour sa part comme systématique dans ses deux parties. On paraît donc s'éloigner, avec cette spécification du terme *structural*, de la notion de structure, au sens du structuralisme européen.

En outre, si le structuralisme européen se définit pour partie par sa référence à Saussure, référence d'ailleurs présente chez Tesnière, les *Éléments de syntaxe structurale* se singularisent par un autre type de référence à Saussure que celle que nous avons citée ci-dessus. Dans cet ouvrage, en effet, il n'est pas question des oppositions, mais de la linéarité du signifiant. La distinction entre syntaxes statique et dynamique se double d'une distinction entre deux ordres de classement des faits :

> 3. – L'**ordre statique** est l'ordre logique et systématique de classement des éléments du langage dans l'esprit du sujet parlant antérieurement à toute mise en œuvre dans la phrase. Ce sera par exemple celui des paradigmes de la déclinaison et de la conjugaison dans la grammaire.
>
> 4. – L'**ordre dynamique** est au contraire celui dans lequel les éléments statiques s'organisent dans notre esprit et y sont mis en œuvre en vue de la constitution de la phrase. Ce sera par conséquent celui de la forme intérieure du langage, celui selon lequel s'établissent les connexions [...] et s'organise le schème structural que matérialise le stemma.
>
> 5. – L'ordre dynamique est donc le même que l'**ordre structural**, dont il ne diffère que par le point de vue. En effet, il est d'ordre dynamique en tant qu'il s'oppose à l'ordre statique, et d'ordre structural en tant qu'il s'oppose à l'ordre linéaire. (Tesnière 1959 : 50–51).

Cette notion de *forme intérieure* du langage, empruntée à Humboldt, ainsi que la distinction entre ordre structural et ordre linéaire, étaient apparues au début de l'ouvrage. Le premier chapitre de l'ouvrage avait défini la *connexion* comme « principe vital » (Tesnière 1959 : 12) de la phrase et « base de toute la syntaxe structurale » (*ibid.*). Les connexions peuvent être représentées par des « traits de connexions » (1959 : 13), dont l'ensemble constitue ce que Tesnière appelle le *stemma*[13], et qu'il définit en se référant à l'opposition humboldtienne entre *ergon* et *energeia* :

> 10. – Le stemma est ainsi une représentation visuelle d'une notion abstraite qui n'est autre que le schème structural de la phrase.
>
> 11. – Le stemma se trouve ainsi exprimer l'**activité parlante** que l'on a opposée sous le nom de **parole** au **résultat** de cette activité tel qu'il apparaît sous la forme tangible et immuable qui s'impose à une collectivité donnée et qui est ce à quoi on est convenu de réserver le nom de **langue**. Cette opposition avait déjà été pleinement sentie par G. de Humboldt [...] qui avait eu l'intuition de génie de la différence fondamentale entre ce qu'il appelait de deux mots grecs pleins de sens profond l'**ergon** (langue) et l'**energeia** (parole). (Tesnière 1959 : 16).

---

[13] Voir Tesnière (1959 : 15).

La structure se trouve donc du côté de la parole, conçue comme « activité parlante ». L'ordre structural dont il sera question plus loin se trouve ensuite défini comme « celui selon lequel s'établissent les connexions » (Tesnière 1959 : 16), et Tesnière insiste sur son caractère pluridimensionnel. Il s'oppose en tant que tel à l'ordre « d'après lequel les mots viennent se ranger sur la chaîne parlée » (1959 : 18), qui est pour sa part, comme la chaîne parlée elle-même, à une dimension, et qu'il appelle l'ordre linéaire. Tesnière ne mentionne pas le principe saussurien de la linéarité du signifiant, mais, à propos de la « chaîne parlée », il se réfère, en note, à Saussure, affirmant que « [l]a notion de chaîne parlée (chaîne des sons, chaîne de la parole entendue, chaîne acoustique, chaîne phonique) est une des conceptions les plus profondes de Ferdinand de Saussure » (Tesnière 1959 : 17, note 1). Cette opposition entre ordre structural et ordre linéaire lui permet de définir les termes *parler* et *comprendre* une langue. Il affirme tout d'abord que « [t]oute la syntaxe structurale repose sur les rapports qui existent **entre l'ordre structural et l'ordre linéaire** » (1959 : 19). On lit ensuite : « [...] nous pouvons dire [...] que **parler** une langue, c'est en transformer l'ordre structural en ordre linéaire, et inversement que **comprendre** une langue, c'est en transformer l'ordre linéaire en ordre structural. » (*ibid.*)[14]. C'est cette dualité entre ordre structural et ordre linéaire qui est au cœur du dynamisme qu'étudie la syntaxe structurale : « C'est l'effort nécessaire pour vaincre les difficultés que l'on rencontre pour réaliser la transformation de l'ordre structural en ordre linéaire qui est la cause profonde de l'"energeia" si bien sentie par G. de Humboldt » (Tesnière 1959 : 20).

La notion de linéarité est également au cœur de la « syntaxe structurale » de Martinet. Selon Martinet, en effet, la syntaxe, dans les langues, est rendue nécessaire par le caractère vocal, qui impose une articulation linéaire d'une expérience non linéaire, les « fonctions », objets de la syntaxe, permettant d'exprimer les rapports entre les éléments de l'expérience (eux-mêmes exprimés par des monèmes). Martinet distingue par ailleurs, tout comme Tesnière, entre morphologie et syntaxe, et voit dans cette distinction une application du principe de pertinence, ce qui nous reconduit à la référence à l'École phonologique de Prague que l'on trouve dans les *Éléments de syntaxe structurale*. Le point commun aux deux distinctions est de s'inscrire dans la problématique des rapports son/sens. Néanmoins, là où Martinet oppose étude des variations formelles des signifiants et étude des fonctions des monèmes, Tesnière oppose *forme extérieure* et *forme intérieure*, au sens humboldtien : la forme extérieure est le « vêtement phonétique » (Tesnière 1959 : 34) de la phrase, élément concret s'opposant comme tel aux éléments abstraits que sont les schèmes structural et linéaire, qui consti-

---

[14] Voir de même ensuite Tesnière (1959 : 21).

tuent pour leur part la forme intérieure. Par ailleurs, comme nous venons de le voir, l'opposition entre ordre structural et ordre linéaire lui permet de mettre le dynamisme de l'activité parlante au cœur de l'activité linguistique. Autrement dit, là où la théorie martinettienne construit la langue comme structure d'expression, Tesnière s'efforce de cerner, à travers l'élaboration d'une syntaxe structurale, le mécanisme de la parole. On ne peut s'empêcher de songer, en lisant le paragraphe consacré à l'opposition humboldtienne entre *ergon* et *energeia*, au passage des notes de Saussure connu sous le nom de « Note sur le discours », où Saussure s'interroge sur ce qui distingue la langue et le discours, et affirme qu'« à première vue la réponse est simple : le discours consiste, fût-ce rudimentairement, et par des voies que nous ignorons, à affirmer un lien entre deux des concepts qui se présentent revêtus de la forme linguistique, pendant que la langue ne fait préalablement que réaliser des concepts isolés, qui attendent d'être mis en rapport entre eux pour qu'il y ait signification de pensée » (Saussure 2002 : 277). Saussure s'attache à théoriser la parole dans le cadre de la construction du concept de langue, et en particulier, redéfinit le syntagmatique comme fonctionnement, dans le même temps qu'il l'inscrit, comme déterminant externe, dans le fonctionnement qu'est la langue[15]. L'absence de rupture tesniérienne avec l'empirisme de la problématique des rapports son/sens n'offre pour sa part d'autre possibilité que la spéculation. La notion d'ordre structural est ainsi inséparable d'une notion inconsistante et valorisée, celle de profondeur. C'est ainsi que la syntaxe structurale « a pour objet de révéler la **réalité structurale** profonde qui se cache derrière l'**apparence linéaire** du langage sur la chaîne parlée » (Tesnière 1953 : 4), que « [l]'activité mentale qui s'exerce dans le plan structural [...] constitue un phénomène **profond, élémentaire** et **nécessaire** » (Tesnière 1959 : 41) et que la représentation symbolique fournit à la syntaxe structurale « le moyen de dégager, derrière la multitude des contingences réelles, les **virtualités structurales profondes** de la langue » (*ibid.* : 66). À la théorisation se substitue la *valorisation*. Cette notion de profondeur, cette valorisation venant en lieu et place de toute théorisation, n'est pas étrangère au lecteur de Damourette et Pichon ou de Gustave Guillaume, entre autres, et on pourrait ainsi situer Tesnière à la jonction du structuralisme européen et du psychologisme idéologique de la linguistique française de cette époque. Le fait remarquable nous paraît cependant être cette incapacité, commune aux deux ensembles de linguistes, de toute élaboration théorique, dès lors que ne s'institue nulle part la faille d'une rupture avec l'empirique.

---

15 Voir Toutain (2014).

Bibliographie

Arrivé Michel, 1969, « Les *Éléments de syntaxe structurale* de L. Tesnière », *Langue française*, 1 : 36–40.
Benveniste Émile, 1974, *Problèmes de linguistique générale, 2*, Paris, Gallimard.
Hjelmslev Louis, 1971a, *Essais linguistiques*, Paris, Minuit.
Hjelmslev Louis, 1971b, *Prolégomènes à une théorie du langage*, Paris, Minuit.
Jakobson Roman, 1973, *Essais de linguistique générale, II. Rapports internes et externes du langage*, Paris, Minuit.
Jakobson Roman, 1976, *Six leçons sur le son et le sens*, Paris, Minuit.
Jakobson Roman, Pomorska Krystyna, 1980, *Dialogues*, Paris, Minuit.
Martinet André, 1975, *Évolution des langues et reconstruction*, Paris, Puf.
Martinet André, 1989, *Fonction et dynamique des langues*, Paris, Armand Colin.
Saussure Ferdinand (de), 1972, *Cours de linguistique générale*, Paris, Payot.
Saussure Ferdinand (de), 1997, *Deuxième cours de linguistique générale (1908–1909)*, d'après les cahiers d'Albert Riedlinger & Charles Patois, Oxford/New York/Tokyo, Pergamon.
Saussure Ferdinand (de), 2002, *Écrits de linguistique générale*, Paris, Gallimard[16].
Saussure Ferdinand (de), Constantin Émile, 2005, « Ferdinand de Saussure : Notes préparatoires pour le cours de linguistique générale 1910–1911, Émile Constantin : Linguistique générale. Cours de M. le professeur de Saussure 1910–1911 », *Cahiers Ferdinand de Saussure*, 58 : 83–289.
Tesnière Lucien, 1932, « Synthétisme et analytisme » *in Charisteria Guilelmo Mathesio Quinquagenari*, Prague, Cercle linguistique de Prague.
Tesnière Lucien, 1934, « Comment construire une syntaxe », *Bulletin de la faculté des lettres de Strasbourg*, XII, 7 : 219–229.
Tesnière Lucien, 1939, « Phonologie et mélange de langues », *Travaux du Cercle linguistique de Prague*, VIII (*Études phonologiques dédiées à la mémoire de M. le Prince N. S. Troubetzkoy*) : 83–93.
Tesnière Lucien, 1946, « Phonologie et psychologie », *Journal de psychologie normale et pathologique*, XXXIX, 4 : 405–438.
Tesnière Lucien, 1953, *Esquisse d'une syntaxe structurale*, Paris, Klincksieck.
Tesnière Lucien, 1959, *Éléments de syntaxe structurale*, Paris, Klincksieck.
Toutain Anne-Gaëlle, 2012, *« Montrer au linguiste ce qu'il fait. » Une analyse épistémologique du structuralisme européen (Hjelmslev, Jakobson, Martinet, Benveniste) dans sa filiation saussurienne*, thèse de doctorat (Paris IV-Sorbonne). [Disponible sur internet : http://www.e-sorbonne.fr/sites/www.e-sorbonne.fr/files/theses/TOUTAIN_Anne-Gaelle_2012_Montrer-au-linguiste-ce-qu-il-fait.pdf *ou* : http://tel.archives-ouvertes.fr/tel-00788676.]
Toutain Anne-Gaëlle, 2014, *La rupture saussurienne. L'espace du langage*, Louvain-la-Neuve, Academia-Bruylant.
Toutain Anne-Gaëlle, 2015, *La problématique phonologique. Du structuralisme linguistique comme idéologie scientifique*, Paris, Classiques Garnier.

---

16 Toutes les citations produites ont été vérifiées sur les manuscrits, et le texte donné peut donc différer de celui de la publication.

Partie 3: **Concepts tesniériens au service d'études syntaxiques, sémantiques et morphologiques**

3.1 Études sur le français

Dominique Klingler
Chapitre 11
Le traitement du détachement chez Tesnière dans les *Éléments de syntaxe structurale*

Ce chapitre[1] propose d'examiner le *détachement* dans la théorie de Tesnière, où l'accent est mis sur la hiérarchie de connexions structurales, représentée par des *stemmas*. Ces derniers permettent de visualiser des nœuds dominants et responsables de rection, alors que le nœud des nœuds est le verbe[2]. Cette théorie postule l'indépendance entre syntaxe, sémantique, morphologie[3], limitant l'analyse structurale au strict cadre hiérarchique de la phrase. Compte tenu de ces contraintes imposées par le modèle de Tesnière, nous nous demandons quel sort est réservé au *détachement*. On sait en effet, grâce à l'abondante littérature sur le sujet, que les « linguistiques du détachement »[4], privilégient désormais diverses approches, dépassant le cadre de la phrase. Le *détachement* y est justifié par d'autres structures, entre autres celles de l'information et du texte. Notre enjeu, ici, sera cependant de rester dans le modèle tesniérien, pour analyser, expliquer le *détachement*, susceptible d'affecter les parties du discours ou « espèces de mots traditionnelles » (*Éléments de syntaxe structurale*[5] : 51). Certes, il n'y a pas de chapitre spécifique consacré au *détachement* dans l'ouvrage, mais il est présent en divers endroits, illustré par des exemples. La lecture attentive des arguments développés par

---

[1] Nous remercions les relecteurs anonymes de ce texte.
[2] Tesnière raconte que l'idée du *stemma* lui est venue en 1932. Il l'a perfectionnée par la suite en 1936, lors d'une mission en URSS, où il a lu des grammaires russes. Il y a reconnu l'amorce d'une idée semblable à celle qu'il présentera dans son ouvrage, c'est-à-dire l'idée d'une hiérarchie formalisée par des *stemmas* (cf. la note infrapaginale n°1, chapitre 3, dans l'édition des *Éléments de syntaxe structurale* de 1988, préfacée par Jean Fourquet). Membre de l'École de Prague, slavisant, Tesnière a pu être influencé par la situation verbo-centrée des langues slaves. Nous renvoyons au chapitre de Patrice Pognan, dans ce volume, concernant cet aspect.
[3] La partie théorique sur la métataxe (Livre E) reprend et expose ces principes, présents dans la première partie des *Éléments de syntaxe structurale* consacrée à la connexion. Pour une critique de la notion de métataxe, on peut se reporter au travail de François (1973).
[4] Cf. Neveu & *alii* (2003), *Cahier de Praxématique 40 : Linguistique du détachement*, Montpellier, Presses Universitaires de la Méditerranée. D'autres travaux, parmi lesquels ceux de Combettes (1998), Charolles (1988), sur le français, ceux de Klingler (2003), sur le japonais et le français, envisagent le *détachement* dans une perspective textuelle.
[5] *Éléments de syntaxe structurale* sera abrégé par *ESS* dans ce texte.

Dominique Klingler, Université d'Avignon, ICTT – UR 4277

Tesnière, pour expliquer et commenter la structure particulière du *détachement*, montre que l'auteur s'appuie parfois sur des critères qui ne sont ni revendiqués, ni théorisés, dans son modèle. Nous évoquerons ces aspects dans notre texte.

Nous commencerons par définir le *détachement* en le situant dans le contexte de la théorie de Tesnière. Nous tenterons de cerner les outils et les critères qui permettent d'expliquer ce phénomène, nous demandant comment la « connexion », au sens de Tesnière, peut être maintenue, malgré ce qui ressemble à de la discontinuité du fait du *détachement* (section 1).

Nous présenterons deux analyses tesniériennes (section 2) : l'une postule la projection d'actants hors du nœud verbal (§ 2.1) et leur rétablissement anaphorique ; l'autre, la présence virtuelle d'actants et l'infraction à l'ordre des mots (§ 2.2).

Dans la dernière partie de ce travail (section 3), nous nous intéresserons à des structures sans projection d'actants, telles que l'apposition (§ 3.1), « mise sur le même plan », selon Tesnière. Par « mise sur le même plan », terme employé par Tesnière, il faut entendre l'absence de relation hiérarchique entre un terme recteur et un terme régi. Autrement dit, il s'agit d'une forme de linéarisation, de juxtaposition, ce qui est antinomique avec l'ordre structural. Tesnière parle aussi de « connexion horizontale » (cf. *infra* § 3.1 et la note infrapaginale 24) pour expliquer ce type de structure. Les analyses développées dans cette troisième section seront discutées et mises en rapport avec celles de la deuxième. Enfin, nous aborderons la question du *détachement* des adverbes et des circonstants (§ 3.2).

1 Le *détachement*, une anomalie structurale ?

Le *détachement*[6] se manifeste lorsqu'un terme n'est pas à sa place habituelle de subordonné à un terme régissant, et qu'il semble autonome. Peut-on résoudre ce qui ressemble à une anomalie en prenant appui sur la théorie de la hiérarchie structurale de Tesnière[7] ? Il n'y a pas de chapitre consacré au *détachement* à proprement parler dans les *Éléments de Syntaxe Structurale*, et le terme ne figure pas

---

6 Le terme de *dislocation* est en concurrence avec celui de *détachement* que nous adoptons ici dans le contexte du modèle tesniérien. Le terme de *dislocation* sert notamment à décrire le phénomène d'un objet syntaxique associable à plusieurs positions syntaxiques dans la structure, et on parle également de *mouvements*.
7 La littérature sur le *détachement* s'emploie à expliquer le « comment » du *détachement*, mais ne parvient pas toujours à en arrêter les causes, le « pourquoi ». Les explications font souvent appel à la dérivation de phrases, à des reformulations sémantiques, à des prédications secondes, à la nécessité d'un modèle textuel et informationnel (cf. Combettes 1998, Charolles & Prévost 2003) pour justifier le *détachement*.

dans le *Petit Lexique* de l'ouvrage (p. 665–670). Cependant, Tesnière évoque à plusieurs reprises la situation où l'actant se trouve « détaché du verbe » (*ESS*, ch. 72 : 173), ou « projeté » hors du nœud verbal. Le modèle de Tesnière ne comporte ni opération, ni transformation, ni mouvement ; « transformation » désigne, dans sa théorie, le passage de l'ordre structurale sous-jacent, à la chaîne linéaire. Selon Tesnière, l'ordre linéaire fait passer le *stemma* au « laminoir ». Il parle aussi de « projection » par aplatissement sur la chaîne parlée (*ESS* : 20). Ce qui semble scindé, périphérique à la structure, dans ce modèle qui postule des connexions, demeure cependant interprétable. Pour comprendre comment la connexion est établie et permet l'interprétation, car il n'y a pas de scission, nous nous appuierons sur la distinction faite entre la structure et le sens (*ESS* : 40).

Le plan structural est celui dans lequel est élaborée l'expression linguistique de la pensée (*ESS*, ch. 20). On retrouve cette idée à plusieurs endroits de l'ouvrage de Tesnière. Il ne peut y avoir de scission ou de discontinuité, car l'esprit établit constamment des connexions qui rendent compte de la « pensée continue » (*ESS*, ch. 1). Tesnière se réfère à Humboldt et postule une structure sous-jacente, un principe vital de la phrase (*innere sprachform*, *ESS* : 12), lequel permet d'établir la distinction entre *ergon* (langue) et *energeia* (parole). Tesnière, qui fait aussi référence à Bally, critique la dimension psychologique de certaines grammaires ou théories, notamment la grammaire de Port Royal, la théorie du langage de Wundt et celle de Brunot. Sur bien des points cependant, les arguments tesniériens sont souvent psychologiques, voire cognitivo-pragmatiques, en plus de linguistiques, surtout lorsqu'il n'est pas possible de s'appuyer sur la syntaxe pour expliquer un phénomène. Il en va ainsi de l'idée d'une « pensée continue », laquelle établit systématiquement des connexions. On peut comprendre que des connexions sont toujours établies, notamment lors d'un *détachement*, lequel fait sortir de la structure hiérarchique. C'est d'ailleurs à ce titre, pour les besoins de la « connexion », que le plan sémantique est à distinguer de celui syntaxique. Le plan sémantique relève de la logique et de la psychologie (*ESS* : 40). Ce qui apparaît comme étant détaché, autonome, sans recours à un mot outil, reste interprétable grâce aux connexions établies par l'esprit. Tesnière donne l'exemple du style télégraphique qui fait l'économie de mots outils. Des exemples, pris dans des corpus du XXIe siècle, montrent que l'interprétation est toujours possible. Voici un exemple d'échange sur Facebook :

> 1) Estelle : Tombée dans escalier bleu de 30 cm au fesse et poignée heudem au bas du dos
> Sandra : tu t'es pas louper

Il n'y a pas d'échec communicatif entre les deux internautes, malgré l'absence de mots outils et les entorses aux règles (Frei 1929 ; Klingler 2013).

Tesnière fait remarquer que la séparation, entre plan sémantique et plan structural, est justifiée par le fait qu'une phrase, syntaxiquement correcte, peut n'avoir aucun sens. À l'inverse, une phrase syntaxiquement imparfaite, violant la grammaire d'une langue, n'aboutit pas forcément à un échec d'interprétation. C'est ce que l'on observe dans l'exemple 1).

Dans un autre exemple, ci-dessous, on trouve une structure courante du français parlé, avec l'emploi de « on fait quoi ». Le contexte est celui de la pandémie, et du confinement de mars 2020 :

> 2) Les États-Unis / on fait quoi[8] ? (France Info, mars 2020)

Le journaliste veut savoir s'il est possible de se rendre aux États-Unis, en période de pandémie. Le sens de 2) n'est pas synonyme de : « *Les États-Unis, on y fait quoi ?* » ou « *Aux États-Unis, on y fait quoi ?* », mais plutôt « *À propos des États-Unis, quelles décisions ont été prises ?* ».

Si les plans structuraux et sémantiques sont indépendants, il y a un « parallélisme » entre ces deux plans (*ESS*, ch. 21), une complémentarité. C'est dans les connexions établies par l'esprit que s'origine le « nucléus », siège des fonctions nodales, sémantiques et translatives (*ESS* : 45). Le nucléus a besoin de la connexion syntaxique, et Tesnière le traite comme un « volume », une entité émergente, en puissance. Le nucléus est représenté sous la forme d'un cercle entourant des unités. Dans *Alfred parle*, il y a deux nuclei. L'incidence structurale, c'est-à-dire syntaxique, s'exerce du haut vers le bas (de *parle* vers *Alfred*), celle sémantique du bas vers le haut (d'*Alfred* vers *parle*). En plus de ce type de connexion sémantique[9], qui double la connexion structurale et s'en déduit, il existe d'autres connexions que Tesnière qualifie de « supplémentaires » ou « indirectes ». Elles ne se déduisent pas de la connexion structurale. Les actants projetés hors du nœud verbal y sont rétablis. Cet aspect est traité ci-dessous (section 2), alors que nous reviendrons (§ 2.2) sur l'exemple 2).

2 La « projection des actants » hors du nœud verbal et leur rétablissement

Nous envisageons deux analyses dans ce qui suit. L'une postule le recours aux anaphoriques pour permettre le *détachement* en français. L'autre s'appuie sur des modalités énonciatives[10] ou stylistiques qui rendent « virtuel » l'outil anaphorique.

---

8 Le signe « / » indique une pause. L'intonation et le contexte ne permettent pas la confusion avec un énoncé tel que « Les États-Unis ont fait quoi ? ».
9 Cf. les chapitres 21 et 42 des *ESS*.
10 Nous assumons l'emploi de ces termes qui ne sont pas de Tesnière.

2.1 La connexion sémantique indirecte sans appui syntaxique

Tesnière désigne par « projection » le fait que « les actants jouissent parfois d'une autonomie poussée si loin que c'est à peine s'ils font partie du nœud verbal » (*ESS* : ch.72, § 1 et page 172). Ils ne sont pas régis par le verbe, en tant qu'actants. Ils sont reliés au nœud verbal par « une simple connexion sémantique indirecte » (*ESS* : 172). Cela signifie que l'existence de connexions sémantiques ne se déduit pas des connexions syntaxiques. Autrement dit, les anaphoriques ne sont pas une lecture sémantique des connexions syntaxiques. L'anaphore reste une connexion sémantique qui n'a aucune correspondance du point de vue structural. Dans l'exemple 3), *son* est régi par *père* et une relation anaphorique s'établit entre *Alfred* et *(s)on*, signalée par *s-* :

   3) Alfred aime son père.

En français, comme dans d'autres langues, des outils servent à construire des relations anaphoriques. Ils vont permettre le *détachement* (*ESS* : ch. 21 et 42), en rétablissant dans le nœud verbal l'actant détaché. Chez Tesnière, l'anaphore est vide mais détermine une source, et devient pleine :

   4) Le loup a mangé l'agneau.

   5) Le loup, il a mangé l'agneau.

   6) Il a mangé l'agneau, le loup.

   7) Le loup, l'agneau, il l'a mangé.

En 4), il n'y a pas de *détachement*. En 5) et 6), l'actant *loup*, projeté hors du nœud verbal, est rétabli dans le nœud verbal par *il*. En 7), les deux actants sont projetés hors du nœud verbal, rétablis par *il* et *l'*. Dans le formalisme de Tesnière, *il a mangé* est constitutif du nucléus figuré par un cercle. La relation anaphorique est représentée, dans le modèle, par des pointillés entre *loup* et *il*. Il en est de même en 6). En 7), une relation anaphorique est en plus rétablie entre *agneau* et *l'*. Une structure incomplète, provoquée par le *détachement*, déclenche l'anaphore en français.

Selon Tesnière, le *détachement* est caractéristique du langage familier et populaire, mais aussi de celui des jeunes enfants[11]. Il traduit une volonté d'expressivité[12] qui fait que « l'actant se trouve vigoureusement souligné » (*ESS* : 173) par le *détachement*.

---

[11] Cela ne signifie pas que le jeune enfant maîtrise l'anaphore et les outils anaphoriques.
[12] C'est à Bally qu'est empruntée l'idée d'expressivité (Klingler 2013).

Le français parlé et les données orales offrent de telles structures. Tesnière cite la production de l'un de ses étudiants en 1936 :

> 8) Il la lui a donnée, à Jean, son père, sa moto. (*ESS* : 175)

Les deux actants peuvent être projetés du même côté, comme dans cette variante de 8) :

> 8') Sa moto, à Jean, il la lui a donnée, son père.

Le résultat est selon Tesnière celui de phrases « dures à l'oreille qui frisent le vulgarisme » (*ESS* : 174). Il en serait de même pour 7) *supra*, et 9) ci-dessous :

> 9) L'abeille, mon doigt, elle l'a piqué / elle l'a piqué, mon doigt, l'abeille

Selon nous, cette structure est comparable à celle de 10), en italien, où *libbro* et *Gianni* sont rétablis comme actants par *lo* (pour *libbro*) et *gli* (pour *a Gianni*). Ce type de structure est assez courant en italien :

> 10) Il libbro, a Gianni, domani, glielo darò senz'altro. (Rizzi 1997)
> Litt. : 'Le livre, à Jean, demain, je le lui donnerai sans faute'
> 'Le livre, je le donnerai sans faute à Jean, demain'

Les corpus oraux de français, dans le contexte d'interactions, mais aussi lors d'échanges sur Facebook ou sur des forums, montrent le recours fréquent au *détachement*.

> 11) Le gérant du supermarché i boit trop. (forum dédié à l'alcoolisme et à la toxicomanie)
>
> 12) Moi l'alcool j'ai arrêté[13]. (*idem*)
>
> 13) Moi < ma famille < j'avais que ma mère quand j'habitais là. (projet Rhapsodie[14], Benzitoun *et alii*, 2011)

En 13) la connexion est rétablie par *(m)oi, (m)a, je*. De plus, il existe un tout (*famille*) qui peut être mis en relation avec une de ses parties (*mère*).

Le changement proposé en 14), ci-dessous, affecte le sens de la connexion anaphorique en *ta*, en relation avec l'interlocuteur (*t-*) :

> 14) Moi < ma famille < j'avais que ta mère quand j'habitais là.

---

13 L'emploi d'*arrêter* est ici celui du contexte addictif des drogues. Si on remplaçait *alcool* par *voiture*, un rétablissement anaphorique de *voiture* serait nécessaire : *je l'ai arrêtée*. À moins que *voiture* ne réfère au sport automobile ou à une passion pour la voiture : *la voiture, j'ai arrêté*.
14 Nous avons conservé le signe « < » utilisé dans la transcription de ce corpus oral.

L'exemple 2), présenté dans la section 1, montre un type de structure que l'on rencontre à l'oral. On peut considérer que la connexion est établie par le défini *les*, soit qu'il ait été question des États-Unis avant, soit que le locuteur établisse un contraste avec d'autres pays cités dans le contexte précédent. Le seul cadre de la phrase ne permet pas l'interprétation ; il faut construire un contexte.

Le jugement de Tesnière, sur la popularité et le « vulgarisme » de structures qui cumulent la projection de plusieurs actants à la périphérie, est modulé par des remarques sur les langues bantoues (le soubiya et le tonga), où ces structures sont présentes. Selon lui, ce qui les autorise, et ne rend pas difficile l'accès au sens, c'est la présence d'outils anaphoriques, ceux dont disposent ces langues. Le jugement de « vulgarisme » ne s'applique pas à ces langues qui servent d'exemples pour isoler une structure linguistique. La référence au vulgarisme ou au parler populaire fait partie des critères de Tesnière pour justifier de telles constructions en français[15]. Elles s'écartent de l'analyse et de la description strictement linguistiques et s'appuient sur un jugement, celui de l'expert natif d'une langue donnée, en l'occurrence le français.

Des exemples pris dans des textes littéraires, les romans de Julien Gracq, montrent la projection d'un actant (15), et la position de circonstants advenant avant l'actant du verbe (15 et 16) :

15) Mon père, dans sa demi-retraite, s'était inquiété de ma vie de dissipation ; [...] (*Le rivage des Syrtes*, Édition de La Pléiade, 1989 : 557–558)

16) Par les escaliers vides et sonores, par les cours désertes, Albert quitta le château et s'enfonça dans les funèbres solitudes de la forêt. (*Au château d'Argol*, Editions de la Pléiade, 1989 : 63)

En 15), la connexion *anaphorique* est présente (*s-*). L'absence de *il* devant le verbe *s'était inquiété* est comblée par *s*. L'emploi de *il* pour reprendre *mon père* serait redondant, et taxé de « vulgarisme » selon les critères de Tesnière. Il serait éventuellement justifié, selon Tesnière, pour « mettre en vedette » *mon père*, ou selon nous, pour créer un contraste avec un énoncé qui suivrait comme : (*alors que) ma mère, elle...*

En 16), seuls les définis devant les noms renvoient à des référents introduits auparavant, lors de la description de l'architecture et de l'espace du château. Le

---

15 Selon Tesnière, ces structures où sont accumulés les détachements, se retrouvent dans le « petit nègre » comme le franco-germano-russe de 14–18, parlé dans les camps de prisonniers : *Moi, nix bouffer* (*ESS* : 175). Il s'agit d'une structure en *topic-focus*, qui fait l'économie de la syntaxe et de la morphologie, et mêle, deux langues. On la trouve dans les « variétés de base » d'apprenants de langue étrangère (Klein & Perdue 1997). La structure syntaxique calque la structure informationnelle qui lui sert d'appui.

lecteur connaît l'espace du château. Dans ce type de structure, signaler que les compléments circonstanciels sont placés avant le verbe recteur, à des fins stylistiques, ne suffit pas. Il faudrait pouvoir faire la différence entre la structure où ils sont placés avant, et celle où ils sont placés après, au-delà des effets stylistiques qui sont bien présents. Les linguistiques textuelle (Combettes 1998, Charolles & Prévost 2003, Lundquist 2005) et discursive (Corblin 1995) proposent des réponses, tenant compte du dépassement de la phrase et de son cadre syntaxique, de l'organisation de l'information. Ce n'est pas explicitement l'objet d'étude des *Éléments de syntaxe structurale*, bien que l'idée de « mise en vedette », défendue par Tesnière, puisse s'y apparenter. Ce serait la décision de la part du locuteur d'organiser l'information d'une certaine façon, ce qui se répercute sur des choix syntaxiques. On retrouve cette idée dans ce qui suit.

2.2 L'infraction à l'ordre linéaire et la virtualité des actants

Le critère psychologique de « l'infraction intentionnelle » (*ESS* : 23) est utilisé par Tesnière, pour justifier un choix d'ordre des mots censé provoquer un effet sur l'auditoire ou le lectorat. C'est une explication qui peut concerner l'exemple 16), ci-dessus, dans laquelle le complément circonstanciel advient en tête de phrase. L'ordre des mots ne freine pas l'interprétation, mais s'écarte de celui propre à la typologie d'une langue donnée[16], d'où le terme « infraction » employé par Tesnière. Ce dernier parle aussi de « style archaïque », en commentant des exemples :

17) Enfants, voici des bœufs qui passent
Cachez vos rouges tabliers (Victor Hugo, *Odes et Ballades. La légende de la nonne*)

18) Restait cette redoutable infanterie de l'armée d'Espagne. (Bossuet)

En 17), il s'agit de l'apostrophe, une modalité qui autorise un lien anaphorique virtuel. Tesnière évoque aussi l'idée (*ESS* : 34) que tout ne serait pas exprimé et de ce fait « ne recevrait pas de vêtement phonétique ». C'est là l'amorce d'une similitude avec ce qui sera défendue en syntaxe générative. Dans l'exemple 17), la modalité injonctive, encodée par l'impératif en français, dispense du clitique *vous* devant le verbe *cachez*.

---

16 Tesnière fait la différence entre les langues *centrifuges*, comme le français, et celles *centripètes* comme l'anglais. Dans l'ordre linéaire, le régissant apparaît en premier comme dans *cheval blanc*. C'est l'inverse en anglais : *white horse*.

En 18), le verbe apparaît en premier dans l'ordre linéaire, « mis en vedette », et Tesnière fait allusion à l'inversion du sujet qui permet des effets stylistiques ou oratoires. L'absence de contexte gauche et droit ne permet pas d'aller plus loin pour commenter ce choix, selon nous.

On retrouve la présence d'actants virtuels dans les exemples suivants :

19) Prends un siège, Cinna[17] / Cinna, prends un siège (*ESS* : 170)

En 19), l'anaphorique *tu* devant *prends* est absent, ce qui est autorisé par la modalité injonctive de la forme impérative en français, (cf. 17) plus haut. Il en est de même ci-dessous :

20) Comme Leclerc entra aux Invalides, avec son cortège d'exaltation dans le soleil d'Afrique, entre ici, Jean Moulin, avec ton terrible cortège. (André Malraux[18])

En 20), *ici* réfère au Panthéon, en contexte *hic et nunc* du discours de Malraux adressé directement à Jean Moulin, sur un mode injonctif, mettant en parallèle l'entrée de Leclerc aux Invalides et celle de Jean Moulin, au Panthéon.

Dans les *stemmas*, les anaphoriques « virtuels » sont figurés entre parenthèses, et chaque relation anaphorique avec sa source l'est en pointillés.

3 L'absence de projection actancielle

Il existe des structures sans projection actancielle, dans lesquelles un objet syntaxique n'occupe cependant pas sa place habituelle ; se pose alors la question de son régissant et de sa relation avec un actant. C'est le cas de l'*apposition* longuement étudiée et analysée par Franck Neveu[19]. Dans ce qui suit (§ 3.1), nous nous bornons à mettre en regard l'*apposition* et la projection actancielle opérée lors du *détachement*. La comparaison entre ces deux structures permet de consolider les analyses proposées en 2, sur les conditions à remplir pour la projection actancielle. Enfin, nous envisageons le cas des adverbes et circonstants (§ 3.2) qui ne sont pas des actants.

---

[17] Extrait de *Cinna ou la clémence d'Auguste* (acte V, scène 1) de Pierre Corneille (1640) : « *Prends un siège, Cinna, prends et sur toute chose / Observe exactement la loi que je t'impose.* »
[18] Il s'agit d'un extrait du discours d'André Malraux, prononcé le 9 décembre 1964, lors du transfert des cendres de Jean Moulin au Panthéon.
[19] Nous renvoyons aux nombreux travaux de Franck Neveu, dont certains sont cités dans notre bibliographie, et à son chapitre dans cet ouvrage.

3.1 L'*apposition* vs le *détachement*, et la projection des actants

Dans les exemples de Tesnière, les éléments apposés appartiennent à la catégorie de l'adjectif ou du nom. Il n'est pas question de projection hors du nœud verbal, ni de virtualité envisageable. Cela suffit, dans le cadre tesniérien, à faire la différence avec une structure de *détachement*. Dans l'*apposition*, seul le nœud substantival est concerné, et il ne régit pas des actants. Ses connexions peuvent s'étendre dans tous les sens (cf. le stemma 174, page 76), mais il n'y a que l'apostrophe qui provoque une projection des actants (cf. § 2.2).

Dans le cas de l'adjectif *apposé*, en français, le lien entre l'adjectif et le nom reste réglé par la contrainte de l'accord. C'est ce qui peut permettre de repérer un adjectif. Dans les *ESS*, le nom ne régit pas l'adjectif apposé, lequel est séparé du nom par une virgule, ce qui correspond à une « connexion horizontale[20] ». La relation entre le nom et l'adjectif est figurée, dans le *stemma*, par un trait horizontal qui les met au même niveau. Cependant, ils ne sont pas coordonnés, n'étant pas de même nature[21]. S'ils l'étaient, la totalité représentée par le nom + l'adjectif (ou le nom) serait régie par le verbe. Or, seul un terme est actant du nœud verbal. Il n'y a pas de projection de cet actant hors du nœud verbal, comme dans les exemples décrits *supra* (section 2) :

21) Max, heureux, partit avec ses bagages, sans sa femme.

22) Max, malade, partit avec ses bagages, sans sa femme.

Un lien de dépendance entre le nom et l'adjectif se reconnaît, ou ne se reconnaît pas, (cf. 21) et 22)), selon la modification morphologique de l'adjectif qui entre en jeu. Cela ne dit rien sur la position syntaxique de l'adjectif dit *apposé*, et le fait qu'il n'y ait pas de copule. D'ailleurs l'adjectif pourrait se trouver en tête de phrase. En 21) et 22), *Max* demeure un actant du verbe, fait partie du nœud verbal sans aucun détachement ni rétablissement. L'apposition ne permet pas le détachement de l'actant, bien que sur le plan linéaire l'actant se trouve éloigné du

---

[20] La « connexion horizontale » s'oppose à celle « verticale ». Ainsi, l'adjectif attribut, qui fonctionne comme un verbe (copule + ADJ), est en connexion supérieure par rapport au nom ; au contraire l'adjectif épithète est en connexion inférieure. (*ESS* : page 176).
[21] C'est la règle de l'homogénéité paradigmatique et sémantique (cf. Riegel & *alii*, chapitre XIX, à propos de la juxtaposition et de la coordination).

nœud verbal par l'élément apposé. En 23), le rétablissement de *Max* par *il* rendrait possible son détachement, mais l'apposition de l'adjectif poserait problème :

23) *Max, malade, il est parti avec ses bagages sans sa femme.[22]

Nous avons délibérément opté pour le passé composé, plus compatible avec le français parlé ou oral, où l'on a tendance à détacher ; il en est de même en 27) plus bas.

En 23), *malade* ne peut pas être apposé à *Max*, lequel est détaché et rétabli par *il*. Force est de reconnaître que 24) et 25) sont bien meilleurs, sans apposition de l'adjectif. Il est attribut en 24) et 25), où Max est détaché et rétabli par *il*. En 25), le deuxième anaphorique, *il*, pourrait être supprimé du fait de la conjonction *et*.

24) Max est malade, (et) il est parti...

25) Max, il est malade et il est parti...

On observe la même différence, entre *apposition* et *détachement*, en modifiant l'exemple de Tesnière (*ESS* : 164) :

26) Louis XIV, roi de France, protégea les arts et les lettres.

27) Louis XIV, le roi de France, il a protégé les arts et les lettres.

Alors qu'en 26) *Louis XIV* est régi par le verbe, *roi de France* lui est apposé, dans une connexion horizontale, et n'est régi ni par l'actant *Louis XIV*, ni par le verbe. Il n'y a ni projection actancielle de *Louis XIV*, ni rétablissement anaphorique. Tesnière s'appuie sur l'intuition du natif francophone pour commenter cette structure : « Structurellement on sent que *roi* est sur le même plan que *Louis* » (*ESS* : 163, § 4). Cela nous fait penser à une structure du type « *Louis XIV et roi de France* ». Un autre argument de Tesnière, plus syntaxique, est de dire qu'il s'agit de deux substantifs et que l'un ne peut régir l'autre. Cependant, comme *roi de France* est dépourvu de déterminant, il pourrait être traité comme un adjectif[23] ; un adjectif peut en effet occuper cette place (*Louis XIV, chauve*, ...), mais dans les *ESS* il ne sera pas régi par le substantif et sera connecté horizontalement avec le substantif. Cela est figuré par un trait horizontal (cf. stemma 165, page 164).

---

[22] Il en est autrement dans la structure suivante : « Max ? » « Malade. Il est parti avec ses bagages... ». *Malade* est analysable comme un énoncé dont la structure fait l'économie d'une copule et de l'actant *Max*, non réintroduit et non rétabli.

[23] C'est la question des changements catégoriels qui font l'objet de la théorie de la *translation*, abordée au chapitre 152 des *ESS*. Elle ne permet pas d'argumenter syntaxiquement.

Les arguments de Tesnière à propos de l'exemple 26) sont à la fois sémantiques et informationnels[24]. Ils reposent sur « l'attribution[25] » du rôle de *protecteur des arts et des lettres* à *Louis XIV* et non pas au *roi de France*. Il y a une première connexion, verticale, entre *protégea* et l'actant *Louis XIV*, puis une deuxième connexion, horizontale, s'établit entre *Louis XIV* et *roi de France*. Le remplacement de *roi de France* par *chauve*, que nous avons proposé plus haut, confirme cela. Ce n'est pas la calvitie de *Louis XIV* qui lui fait jouer le rôle de protecteur des arts et des lettres.

À l'inverse, en 27), *Louis XIV* et *roi de France* sont projetés hors du nœud verbal. Ils sont rétablis par l'anaphorique défini *le*, puis par *il*. Les actants régis sont *il* et *les arts et les lettres*. La modification de 27) en 28) et 28') poserait problème, car l'anaphore est concomitante d'une rupture de séquence, ce que nous avons vu dans la section 2 :

28)   *Louis XIV, roi de France, il a protégé les arts et les lettres

28') *Roi de France, Louis XIV, il a protégé les arts et les lettres

Le rétablissement par l'anaphore *le* s'impose pour détacher *roi de France*. L'*apposition* reste une connexion horizontale, sans régissant, entre deux termes. Elle ne provoque pas de rupture entre les éléments apposés et n'autorise pas la projection d'un actant hors du nœud verbal. C'est ce que nous venons de montrer en confrontant ces deux structures dans les derniers exemples.

3.2 Les adverbes, les circonstants, et leur détachement

Selon Tesnière, les adverbes et les circonstants ne sont pas des actants, bien que subordonnés au verbe (*ESS* : 125, 186). Dans la théorie de la « métataxe » (*ESS* : livre E), Tesnière fait le rapprochement suivant : « L'adjectif est au nom ce que l'adverbe est au verbe ». Et cela d'autant que certains adverbes en *-ment* sont dérivés d'adjectifs :

29)   Un dîner léger / Il dîna légèrement (*ESS* : 285, section 8)

30)   Une facilité relative / relativement facile (*ESS* : 187)

---

24 Il n'est pas fait explicitement allusion à la structure informationnelle chez Tesnière, mais un certain nombre de commentaires, lesquels concernent la linéarité (la « connexion horizontale » dans les *ESS*), et non pas la structure hiérarchique, nous semblent de cet ordre. C'est le cas de la « mise en vedette », par exemple.

25 « Attribution » n'a pas forcément ici le sens de « fonction attribut » de l'adjectif, inséparable de sa copule (cf. note 20 *supra*). Cependant, force est de reconnaître qu'un attribut privé de copule devient paradoxalement « libre »... et *apposé*.

En 29), l'adjectif *léger* est régi par *dîner*. L'adverbe *légèrement* est régi par *dîna*. En 30), l'adjectif *relative* est régi par *facilité*. L'adverbe *relativement* est régi par l'adjectif *facile*.

L'adverbe ne peut régir qu'un autre adverbe (ex : *bien cordialement, relativement facilement*), et il est situé très bas dans la hiérarchie des nœuds. Plusieurs stemmas montrent la position et le cumul d'adverbes (cf. stemma 186, page 187).

Les adverbes sont généralement facultatifs, certains sont déplaçables. Il existe des ruptures de séquences par détachement de l'adverbe ; autrement dit, ce dernier n'est plus subordonné au verbe ou à l'adjectif. On ne peut pas parler de « projection actancielle » puisque l'adverbe, mais aussi le circonstant, ne sont pas des actants. Ils n'ont pas à faire l'objet d'un rétablissement dans le nœud verbal. Les circonstants, éventuellement, sont rappelés, ce que nous verrons plus bas (exemples 40 à 46) ; ils ne sont pas apposés. Même s'ils sont comparables, pour leur rôle modificateur auquel Tesnière fait allusion, les adverbes et les circonstants n'ont pas les propriétés de l'adjectif. Dans le cadre de la théorie tesniérienne, les adverbes jouissent de mobilité et peuvent être distant du nœud verbal, mais ils n'ont pas vocation à être repris, ce qui est le cas des actants (cf. section 2.), pour maintenir une connexion sémantique

Il faut, si l'on reste dans le cadre des *ESS*, tenir compte de l'aspect verbo-centré du modèle (cf. *supra*, note 2) ; sa formalisation ne prévoit pas de nœud structural dominant le nœud verbal. Elle ne prévoit pas non plus de projection de l'adverbe (Cinque 1999, Rizzi 1997), et ne construit pas une hiérarchie des adverbes allant d'une position proche du verbe, à une position haute, éloignée du verbe. On sait que certains adverbes peuvent être extraits (cf. ci-dessous : *immédiatement, maladroitement*), ce qui n'est pas le cas de l'adjectif (cf. 36, ci-dessous). Les adverbes qu'on peut extraire sont, en général, déplaçables (Abeillé & Godard 2006). Parmi eux, des adverbes formés sur des adjectifs, en *-ment* :

31) Max est parti immédiatement à la montagne.

32) Immédiatement, Max est parti à la montagne. / C'est immédiatement que...

33) Il a fait tomber, maladroitement, une chaise. / Maladroitement, il a fait tomber une chaise.

34) C'est maladroitement qu'il a fait tomber une chaise.

35) Maladroit, il a fait tomber une chaise.

36) *C'est maladroit qu'il a fait tomber une chaise.

Dans les grammaires, les *adverbes de phrase* sont ceux qui occupent une position périphérique. Dans les théories énonciatives, et de pragmatique intégrée (Ducrot 1973, 1979) à vocation argumentative, il s'agit d'adverbes qui portent sur l'énoncé et qui signalent la prise en charge de l'énonciateur, lors de l'énonciation ; on parle aussi de modalités et de modalisateurs. C'est le cas d'adverbes comme *franchement, incontestablement, heureusement, simplement*, etc. Ils font aussi l'objet de travaux portant sur leur dimension textuelle ; ainsi les circonstants, appelés *cadratifs* (Charolles & Prévost 2003 ; Klingler 2003). Ces travaux ne proposent pas de formalisation. Ils recourent à la notion de *portée* qui s'exerce à l'intérieur du texte, sur des empans plus ou moins larges (Combettes 1998), et s'appuient, selon nous, sur l'intuition du natif. Ainsi, le fait qu'*immédiatement* se trouve à la périphérie gauche en 32) est sans doute motivé par l'énoncé précédent, avec lequel il établit une relation de contraste ou un changement notoire dans une narration. Ce choix a aussi des conséquences sur la suite à venir de l'énoncé et sur la composition du texte. Les arguments produits pour les analyses textuelles et discursives ressemblent parfois à des arguments de Tesnière pour justifier une connexion sémantique indirecte, sans appui syntaxique (Corblin 1995), même si le texte n'entre pas dans les objets d'étude de Tesnière.

Pour analyser des adverbes éloignés du nœud verbal, Tesnière fait largement appel à l'intuition sémantique et métalinguistique du natif. Il propose des descriptions sémantiques utilisant la reformulation, le remplacement, la paraphrase, l'explication, la dérivation, évoquant et fabriquant un contexte. Il faut en effet pouvoir justifier la connexion sémantique indirecte (cf. *supra*, 1 et 2), dépourvue d'appui syntaxique. Il en est ainsi pour *décidément* (*ESS* : 306) :

37) Décidément, cet homme est fou.

38) Cet homme est décidément fou.

Tesnière veut montrer qu'en 37) *décidément* n'est pas un adverbe régi par *est fou*, ce qu'on pourrait interpréter en 38). Pour expliquer la connexion sémantique indirecte, il recourt à une paraphrase ou à une reformulation. L'exemple 37) ne signifie pas qu'*il est fou d'une manière décidée, mais que c'est après mûr examen qu'on est parvenu à se faire cette opinion*. On peut reformuler par : *il est certain qu'après examen cet homme est fou*.

Bien d'autres exemples, pris dans la littérature sur le *détachement*, donnent lieu à de longs développements de ce type. Ainsi, l'exemple 39), ci-dessous, emprunté à Combettes (1998), nous pose problème et demande qu'on procède comme dans les *ESS* par reformulation :

39) La bouche ouverte, le dentiste s'est mis au travail.

39') Le dentiste, la bouche ouverte, s'est mis au travail.

Si l'on interprète qu'il s'agit de la bouche du dentiste, *la bouche ouverte* est-il un circonstant, l'équivalent d'un adverbe[26], ou l'équivalent d'un adjectif qualifiant le dentiste ? *Quid* de : *Le dentiste, bouche ouverte, s'est mis au travail ?* Il faut là aussi recourir à une explication sémantique, et reformuler : *avec la bouche ouverte, le dentiste... vs le dentiste qui avait la bouche ouverte...*

Contrairement aux adverbes, les circonstants peuvent être rappelés par des anaphoriques du fait de leurs propriétés référentielles, et montrer un *détachement* :

40) Tox, j'y vais souvent.

41) *Tox, je vais souvent.

42) À Tox j'y vais souvent, mais pas à Corte.

43) Là-bas, je n'y vais jamais. (*ESS* : 174) / Là-bas je vais jamais.

44) À Caen, il se contentait de voir Elsa. / ??? Il se contentait d'y voir Elsa.

45) *Caen, il se contentait de voir Elsa.

46) Sans ses papiers, avec de l'argent, il a réussi à trouver un appartement.

N'étant pas des actants du verbe, même s'ils sont rétablis par l'anaphore, on ne peut pas parler pour les circonstants de projection hors du nœud verbal dans le contexte des *ESS*. De plus, le modèle n'est pas concerné par le texte. Il n'est pas possible de dire que c'est le texte lui-même, sa composition et sa structure qui motivent ou commandent les *détachements*. Dès lors, ce sont des arguments non linguistiques qui sont choisis pour expliquer ces fonctionnements.

4 Conclusion

L'examen du *détachement* dans les *ESS* de Tesnière souligne indirectement les contraintes imposées par le modèle centré sur le nœud verbal, qui domine tous les autres. Le détachement des actants peut être ainsi vu sous l'angle de leur projection hors du nœud verbal, et de leur rétablissement dans ce nœud par l'anaphore, par une connexion sémantique indirecte. La question de la « virtualité » des actants est envisagée lorsqu'ils ne sont pas rappelés dans le nœud verbal, par exemple quand il s'agit de l'impératif en français, où il n'y a pas de nécessité à la

---

[26] Dans la théorie de la translation (cf. note 23), le nom peut être transféré vers l'adverbe via une préposition (*ESS* : 459). C'est le cas dans l'exemple 46, et dans celui du dentiste, sans marquant.

présence de l'actant pour interpréter la modalité injonctive, en contexte. La situation se complique lorsque des *détachements* se manifestent en dehors de cette configuration. Ainsi, la connexion horizontale, selon Tesnière, opérée par l'*apposition*, équivaut à une « mise sur le même plan », du substantif et de l'adjectif ou substantifs apposés, qui ne sont plus régis par le nom. Nous avons comparé la connexion horizontale de l'apposition, et la projection actancielle avec rétablissement anaphorique, en montrant une forme d'incompatibilité.

La situation détachée des adverbes et des circonstants subordonnés aux verbes, sans en être les actants, est imputable à une forme de « mise en vedette » ; on pourrait parler de mise en focus attentionnel et de modalités énonciatives. Tesnière fait appel à l'intuition, au sentiment linguistique du natif, à son expertise pour justifier ces structures dans son modèle. Ses arguments ne sont plus strictement linguistiques. Il s'appuie sur un raisonnement métalinguistique, sur un discours de natif de la langue.

La récursivité des détachements actanciels, adverbiaux et circonstanciels, est illustrée par des exemples de variété linguistique que Tesnière qualifie de familière, vulgaire, populaire. La comparaison des structures de ces exemples avec celles de langues bantoues qui présentent des structures analogues, permet de les aborder sous l'angle linguistique, sans jugement.

Le *détachement* occupe les linguistes, et ce dans différentes langues (Klingler 2003, Furukawa 2003) mais il n'est pas possible de trouver une réponse concernant la cause du *détachement* dans les *ESS*. Il faut faire appel à des raisons, à des critères psychologiques ou intentionnels. Ils ne sont pas linguistiques, mais permettent de consolider l'idée que l'esprit favorise les connexions, qu'il construit des connexions et du sens, et que la pensée est continue.

Bibliographie

Abeillé Anne, Godard Danièle, 2006, « La légèreté comme déficience de mobilité en français », *Linguisticae investigationes*, 29 (1) : 11–24.

Bally Charles, 1965, *Le langage et la vie*, Genève, Droz.

Benzitoun Christophe, Dister Anne, Gerdes Kim, Kahane Sylvain, Pietrandrea Paola, 2011, « tu veux couper là faut dire pourquoi. Propositions pour une segmentation syntaxique du français parlé », Actes du 2e *Congrès Mondial de linguistique française*, Nouvelle Orléans, États-Unis : 2075–2090. Projet Rhapsodie.

Charolles Michel, Prévost Sophie (dir.), 2003, *Adverbiaux et topiques. Travaux de linguistique*, 47, Bruxelles, Duculot.

Cinque Guglielmo, 1999, *Adverbs and functional heads*, New York/Oxford, Oxford University Press.

Combettes Bernard, 1998, *Les constructions détachées en français*, Paris, Ophrys.

Corblin Francis, 1995, *Les formes de reprise dans le discours. Anaphores et chaînes de référence*, 2e partie, Rennes, Presses Universitaires de Rennes.

Ducrot Oswald, 1973, « La description sémantique en linguistique », *Journal de Psychologie* 1–2 : 115–133.

Ducrot Oswald, 1979, « Les lois du discours », *Langue Française* 42 : 21–33.

François Jacques, 1973, « La notion de métataxe chez Tesnière. Analyse critique sur la base de trois travaux de sémantique générative », *Documentation et Recherche en Linguistique Allemande*, Vincennes (DRLAV), Université Paris 8, papier 5 : 1–45.

Frei Henri, 1929 [2007], *La grammaire des fautes*, Rennes, Ennoïa.

Furukawa Naoyo, 2003, « Les éléments initiaux détachés et la thématisation », *Cahier de Praxématique*, 40 : 127–147. Montpellier, Presses Universitaires de la Méditerranée.

Klein Wolfgang, Perdue Clive, 1997, "The Basic Variety (or: couldn't natural language be much simpler?)", *Second Language Research*, 13: 301–347.

Klingler Dominique, 2003, « Spécificité du dispositif créé par le marqueur *wa* en japonais. Comparaison avec le français », *Travaux de Linguistique*, 47 : 163 -179.

Klingler Dominique 2013, « La grammaire pour elle-même et en elle-même... au-delà des genres ? L'exemple de la *Grammaire des Fautes* d'Henri Frei », *Linx*, 64–65 : 69–84.

Lundquist Lita, 2005, « Noms, verbes et anaphores (in)fidèles. Pourquoi les Danois sont plus fidèles que les Français », *Langue française*, 14 : 73–91.

Neveu Franck, 1995, « De la phrase au texte – Les constructions appositives détachées et la structure informationnelle de l'énoncé dans *Les Misérables* », *L'Information grammaticale*, 64 : 23–26.

Neveu Franck (dir.), 2000, *Nouvelles Recherches sur l'apposition. Langue française*, 125, Paris, Armand Colin.

Neveu Franck, 2002, « L'ajout et la problématique appositive. Détachement, espace phrastique, contextualité », *in* J. Authier-Revuz & M.-C. Lala (dir.), *Figures d'ajout : phrase, texte, écriture*, Paris, Presse de la Sorbonne Nouvelle : 111–122.

Neveu Franck (dir.), 2003, *Linguistique du détachement. Cahier de praxématique*, 40, Presses Universitaires de la Méditerranée.

Riegel Martin, Pellat Jean-Christophe, Rioul René, 1994, *Grammaire méthodique du français*, Paris, PUF.

Rizzi Luigi, 1997, « The Fine Structure of the Left Periphery », *in* L. Haegeman (ed.), *Elements of Grammar*, Dordrecht, Kluwer: 281–304.

Tesnière Lucien, 1988, *Éléments de syntaxe structurale*, Paris, Klincksieck.

Michel Wauthion
Chapitre 12
Syntaxe structurale et sémantique du syntagme nominal atypique

> « Nous ne saurions passer complètement sous silence le plan sémantique, le sens étant en dernière analyse la raison d'être de la structure et intéressant indirectement à ce titre la syntaxe structurale »
> (L. Tesnière, *Éléments de syntaxe structurale*, ch. 20.3)

1 Introduction : sens et structure

La syntaxe structurale et fonctionnelle s'appuie sur une volonté de privilégier l'analyse formelle et donc de dégager le fonctionnement de la phrase de la signification des éléments lexicaux. Les seuls éléments de sens qui persistent dans une analyse structurale stricte sont les valeurs accordées par la tradition grammaticale aux parties du discours, celles-ci étant liées à l'organisation syntaxique. Si l'on appelle syntagme nominal un ensemble composé d'un nom actualisé pour pouvoir s'accrocher comme substance dans un énoncé, on indique par là même que le nom est le noyau syntagmatique et qu'il préside à l'organisation sémantique de l'ensemble auquel il appartient. Des éléments de quantification et de qualification complètent sa mise en scène.

Mais pourquoi, ou plutôt comment, s'organise la relation de la structure au sens ?

Le structural exprime le sémantique. (*ESS* : ch. 21.3)

Le sens du subordonné porte sur le régissant dont il dépend. Ainsi dans la phrase : *les petits ruisseaux font les grandes rivières*, *petits* dépend de *ruisseaux*, donc le sens de *petits* porte sur celui de *ruisseaux*, et je comprends ainsi que la petitesse est la qualité des ruisseaux (*ESS* : ch. 21.4)

Il résulte de ce qui précède que l'importance hiérarchique des mots (plan structural) est en raison inverse de leur importance sémantique. Plus un mot est bas sur l'échelle structurale, plus il a de chances d'être essentiel pour le sens de la phrase. Comme si le rôle du régissant n'était que de supporter l'incidence sémantique du subordonné. Ainsi la phrase *Le signal vert indique la voie libre* ne prend son sens plein que grâce aux mots *vert* et *libre*, qui sont subordonnés de subordonnés et figurent comme tels à l'extrémité inférieure du stemma.

Michel Wauthion, Università degli Studi di Pavia

https://doi.org/10.1515/9783110715118-012

> En effet, si on les supprimait, la phrase n'aurait plus guère de sens : *le signal indique la voie*. (*ESS* : ch. 21.8)

Il y a dans cette observation une révolution structurale qui ne dit pas son nom quant au fonctionnement de l'analyse sémantique, et que pourtant les principes de la translation tout à la fois illustrent ou contredisent. L'observation de Tesnière amène en effet à poursuivre le raisonnement : si la phrase élémentaire (au sens distributionnel) *le signal indique la voie* n'a guère de sens, il en va tout autrement si on réduit le noyau des syntagmes nominaux selon la gouvernance sémantique : *(le) vert indique (le) libre*. En effet, la phrase simple du point de vue distributionnel (*Le signal indique la voie*) ne satisfait pas le sens du verbe, ici « révéler, faire connaître ». Ce n'est pas le signal qui indique car il s'agit alors d'une tautologie : *indication/indiquer* est à peu près l'équivalent de *signal/signaler*. C'est donc le vert qui signale quelque chose à propos de la voie et non... le signal ! Le thème est l'accès aux routes, et l'information communiquée est le code signalant un libre accès. On veut en conclure avec Tesnière que l'importance sémantique des adjectifs est de nature à relativiser l'organisation du sens à l'intérieur du syntagme nominal. Comme nous allons le voir, l'exposé de cette relation entre structure et signification porte à conséquence dans l'organisation de l'analyse structurale des phrases de syntaxe atypique.

Introduire le sens comme un indicateur des relations syntaxiques ne signifie nullement revenir aux lectures sémantiques de la grammaire scolaire, lorsque celle-ci identifie les éléments du discours et les fonctions grammaticales en fonction de leur sens (référentiel) et non de leur disposition dans le canevas syntaxique. L'hypothèse poursuivie est que **l'organisation grammaticale soutient l'interprétation ; la structure formelle doit donc s'accommoder des évidences sémantiques autant qu'elle aide à démêler le sens de formulations opaques.** La preuve en est que l'interprétation sémantique, une fois vérifiée, peut commander l'accord des classes discursives entre elles en dépit de la hiérarchie grammaticale conventionnelle. Ces phénomènes s'observent principalement à l'intérieur du syntagme nominal et c'est précisément ce que l'on peut étudier à la lecture de Tesnière, comme le suggère partiellement l'une des propositions introductives des *Éléments de syntaxe structurale* :

> **Parler** une langue, c'est savoir quelles sont les connexions structurales qu'il y a lieu de sacrifier en transformant l'ordre structural en ordre linéaire, et **comprendre** une langue, c'est savoir quelles sont les connexions structurales non exprimées qu'il y a lieu de rétablir en transformant l'ordre linéaire en ordre structural. (*ESS* : ch. 7.5)

Mais, à la réflexion, ces derniers propos servent plutôt à mieux décrire le fonctionnement de la syntaxe dans la langue parlée, où entre en jeu une nature prosodique de l'expression.

L'entrée dans la théorie de Tesnière s'est faite en ce qui nous concerne à travers les nombreux développements que lui consacre l'étude des parties du discours par Lemaréchal (1989), notamment dans l'application de la translation pour la typologie des langues et la notion d'orientation appliquée à l'actance. Ayant à notre tour tiré profit de l'utilisation pratique de la translation pour l'étude des fonctions syntaxiques, deux problèmes d'ampleur inégale liés à l'analyse de Tesnière se sont posés au fil du temps. Le premier concerne la permanence des classes grammaticales dans les translations en cascade et ne nécessite qu'une clarification formelle. Le second renvoie à l'attribution invariable de la fonction noyau au premier substantif dans les constructions avec nom qualifieur antéposé ; il nécessite une discussion approfondie de l'expansion du nom.

Après avoir levé une ambiguïté de l'analyse structurale sur les indices de détermination, cet article analyse en détail la relation hiérarchique et sémantique entre deux lexèmes dans la construction atypique dite affective. Pour ce faire, la théorie structurale de Tesnière est mise en perspective avec la grammaire de dépendance. L'analyse proposée ici approfondit la voie tracée précédemment avec ce que nous appelons la *gouvernance sémantique,* savoir l'organisation des relations sémantiques dans le syntagme nominal, et principalement la façon dont le nom substantif et l'adjectif se donnent la réplique dans certains scénarios.[1]

2 Les cascades de translation et l'intégration du transféré

Le problème posé par les translations en cascade vient d'abord des déterminants. Les articles qui ont fonction d'indice ou de translateur nominal font partie de la catégorie des mots vides et ils ne peuvent, en tant que tels, s'insérer dans une relation de connexion. Or, dans les premiers états de la présentation de l'analyse structurale, on voit que le stemma 19–20, « *Le signal vert indique la voie libre* », fait partir des noms une connexion double, l'une vers le déterminant article et l'autre vers le qualifiant. Il en va de même pour le stemma 24 : « *Le livre d'Alfred* ». Mais nulle autre représentation stemmatique numérotée de 21 à 40 ne replace l'article en connexion avec le nom, conformément à la théorie qui expose que l'indice actualisateur fait partie intégrante de la nature substantive. Le schéma resurgit avec le stemma 41 (« *Un dîner léger* »), où Tesnière représente l'analogie qui existe entre la relation substantif/adjectif et verbe/adverbe. La connexion indicielle

---

[1] Cf. Wauthion (2016).

réapparait en lien avec le nœud substantival au chapitre 63 consacré à l'adjectif épithète (stemma 135 : « *Alfred donne UN livre à votre jeune cousine* »). Dans le même chapitre toutefois, le substantif devient *un livre* dans *un livre magnifique*.

Cette imprécision peut s'expliquer de la façon suivante : dans la présentation initiale du stemma, Tesnière souhaitait mettre en évidence le noyau et le dispositif d'attraction-gravitation qui en découle. Une fois posée la manière progressive dont le dispositif devient plus complexe, il n'y a plus lieu de placer un lien ni sur les indices ni *a fortiori* sur les mots vides agglutinés dans le cadre d'un transfert. Lorsque Tesnière introduit l'épithète adjective (ch. 64), il explique bien qu'il place dans le stemma d'une part le substantif actualisé (nom et article comme noyau) et, d'autre part le substantif subordonné (introduit par la préposition).

Comme le rappelle Lemaréchal (1989), Tesnière, qui est cité comme un théoricien de la grammaire de dépendance, a construit son analyse sur les notions fondamentales de connexion et de translation. C'est à cette dernière qu'il consacre la majorité des *Éléments de syntaxe structurale*. Beaucoup de ses réflexions sont d'ailleurs liées à l'apprentissage des langues. La translation représente un outil puissant pour franchir des obstacles dans l'apprentissage d'une langue : connaitre les translateurs, c'est se jouer des pièges de l'ancrage catégoriel des mots que l'on découvre. La préposition *de* est analysée dans toutes ses nuances pour introduire la théorie de la translation (ch. 151 et 167), et notamment en récusant l'analyse par la morphologie et les impasses de la lecture en apposition nominale des syntagmes prépositionnels de redondance dont on reparlera plus loin. La translation implique le changement de catégorie et par conséquent le changement de fonction. Mais si la forme du mot demeure identique hormis les cas de translations par dérivation morphologique, le transféré n'est plus égal au transférende. Il devient un élément du discours construit avec son translatif. C'est donc bien un nouvel objet syntaxique agglutiné.

> Morphologiquement, le mot transféré conserve les caractéristiques de la catégorie à laquelle il ressortissait avant d'être transféré. [Pour] certains esprits, [...] *Pierre* est un substantif, non seulement morphologiquement mais syntaxiquement, et irrémédiablement condamné à le demeurer envers et contre tout de façon immuable. (*ESS* : ch. 152.11)

La présentation de la translation par Tesnière intègre le translatif dans le transféré, ce qui est un problème marginal dans l'organisation de la connexion. Comme le précise l'auteur (ch. 157.7), « le translatif n'est pas internucléaire, c'est-à-dire externe au nucleus, mais intranucléaire, c'est-à-dire interne au nucleus. Dans *de Pierre*, le translatif *de* fait partie intégrante du même nucleus que *Pierre*. [...] Il n'est donc pas plus licite de considérer *de* comme reliant *Pierre* et *livre* dans *le livre de Pierre* que de considérer *-ant* comme reliant *intéresser* et *livre* dans *livre intéressant* » (ch. 157.12).

> Le nœud se trouve alors dissocié, parce que les connexions supérieures et les connexions inférieures ont un point d'attache opposé sur le pourtour du cercle du nucleus. C'est ainsi que, dans le groupe *un prince aimé des dieux*, la connexion de *aimé* avec *prince* a son point d'attache dans la région supérieure du pourtour du cercle des nucléus, tandis que la connexion de *aimé* avec *des dieux* a le sien dans la région inférieure du même cercle des nucleus. (*ESS* : ch. 158.13)

On peut s'interroger sur le sens et la portée d'une telle digression liée aux degrés de figement du sens dans les formes lexicales. Dans le stemma 288 (« *Un prince aimé des dieux* »), Tesnière nous dit peut-être qu'*aimé* est à la fois un adjectif lorsqu'il est orienté vers le substantif *prince*, et un verbe lorsqu'il régit le syntagme prépositionnel *des dieux*. C'est ce qu'il confirme en illustrant le propos par le stemma 291 (« *Illustre rejeton d'un prince aimé des dieux* »).

> On constate que le nucléus où se produit la translation se comporte comme transférende dans ses connexions inférieures mais transféré dans ses connexions supérieures. (*ESS* : ch. 156.2)

L'exemple qui nous semblait d'abord discutable devient d'un abord simple sous la forme des *cascades de translations* (ch. 164.4) ou de translations en cascade comme dans *Le cousin du fils de la femme de mon oncle*. La question de la double appartenance des mots dont la nature diffère selon qu'ils soient transférende ou transféré tient donc dans l'inclusion nécessaire du translatif de la translation subordonnée dans le transférende de la translation régissante. Et ainsi de suite. Toutefois, à partir de cette observation sur les translations en cascade nait une discussion beaucoup plus serrée qu'il nous faut avoir sur les translations inversées (ch. 164.8).

3 Gouvernance sémantique et dépendance syntaxique dans les constructions affectives

Tesnière ne manque de situer son propos dans le siècle ; aussi voit-on de nombreux exemples en prise sur l'immédiat après-guerre. C'est ainsi, par exemple, que l'auteur se sert du titre du premier tome du chef-d'œuvre proustien, *Du côté de chez Swann*, pour illustrer la théorie de la translation, plus précisément ce qu'il appelle la translation multiple du premier degré (ch. 220.2). Seul le dernier segment en est extrait pour présenter la translation simple coiffée par une translation simple : O *Swann* > E *chez Swann* > A *de chez Swann*. La translation est ensuite connectée comme épithète du substantif lui-même transférende de la translation O > E. On aimerait s'aventurer à rechercher, comme le propose Antoine Compagnon², ce qui rassemble nombre de titres donnés aux parties de l'œuvre de Proust, faisant apparaitre une suite de phrases prépositionnelles comme autant d'entrées dans le sujet : *À la recherche du temps perdu*, bien sûr, mais aussi *À l'ombre des jeunes filles en fleur*, *Du côté de chez Swann*, etc. Selon Compagnon, cette dernière formule était peu en accord avec l'usage mondain dans la société française de 1913, une formule populaire « déconcertante » dans ce contexte mais qui se diffusera par la suite avec la notoriété de l'œuvre. Mais, outre la méditation à pratiquer sur l'accumulation volontaire de mots-outils et surtout de prépositions, nous livrons ces propos pour introduire le problème de fond posé par un autre titre inclus dans *À la recherche du temps perdu* sur les constructions binominales.

3.1 Translation du substantif en adjectif de quiddité

Longtemps, nous avons cru que le titre *Un amour de Swann* s'interprétait comme une construction affective (Gaatone 1988). Le nom qualifieur hypocoristique serait antéposé pour nous indiquer l'amabilité de Swann. Cette interprétation, parfaitement en accord avec l'élégance que le narrateur prête au personnage, correspond à une organisation syntaxique décrite par Tesnière à deux endroits au moins des *Éléments*, et d'abord lorsqu'il aborde les adjectifs dits de *quiddité* :

> Les adjectifs de quiddité se bornent ainsi souvent à indiquer en quoi consiste le contenu du substantif auquel ils sont subordonnés. Ils n'ont donc pas de valeur sémantique mais seulement une valeur structurale. (*ESS* : ch. 195.7)

> [...] en français, les substantifs peuvent être transformés en adjectifs de quiddité au moyen d'une préposition : *la ville de Paris, le pays de France, un amour d'enfant, un fripon d'enfant* (*ESS* : ch. 195.8)

Le choix d'appeler adjectif de quiddité le N2 translaté porte un effet de sens : cela revient à dire que le supposé adjectif postposé est en état de substance. Cela laisse perplexe, quand on constate qu'il s'agit déjà bien d'un nom. Et nous allons voir par la suite que, dans l'esprit de Tesnière, le premier nom doit passer par un stade adjectival intermédiaire avant de revenir à un état de nom, mais doté des pouvoirs de l'adjectif. La notion de quiddité ne s'applique en tous cas qu'au traitement par translation du nom postposé. On notera que, parmi les exemples variés à l'appui de la notion, figurent des cas que la linguistique française postérieure à Tesnière distribue dans des classes différentes. Wilmet est reconnais-

---

2 Cours du 22 janvier 2013 au Collège de France : « Proust en 1913 : Le titre et l'incipit ». Disponible sur https://www.college-de-france.fr/site/antoine-compagnon/course-2013-01-22-16h30.htm

sant à Tesnière de dénoncer l'étiquette conventionnelle d'apposition pour les deux premiers exemples et concède en effet que le syntagme prépositionnel est « qualifiant indirect (sous-ensemble E' de l'ensemble E "ville") » (1997 : 192). En revanche, les structures affectives montrent un nom qualifieur antéposé et identifient par conséquent le noyau dans la seconde partie du syntagme nominal. La *Grammaire méthodique du français* pouvait faire le pas[3] ; elle conserve néanmoins l'analyse où « la construction syntaxique demeure celle d'un nom recteur *caractérisant* suivi d'un complément nominal *caractérisé* [nos italiques] » (1994 : 188). Ce qui compte est le contraste des rôles sémantiques entre les deux substantifs, car assurément le N2 opère comme noyau sémantique du syntagme nominal : *la ville de Paris = Paris, un amour/fripon d'enfant = un enfant adorable/fripon*.

La grammaire de dépendance considère pour sa part, suivant une règle d'analogie, que la structure syntaxique des syntagmes *N de N* comprenant un qualifieur antéposé doit préférer l'analyse selon laquelle le gouverneur syntaxique demeure la lexie antéposée, en dépit de la hiérarchie sémantique et des rôles grammaticaux. C'est que, nous rappelle Mel'cuk (2009), il faut distinguer entre dépendances syntaxique, sémantique et morphologique. Comme il existe des constructions comprenant un syntagme nominal pour lesquelles la tête est un adjectif (« *le plus intelligent des garçons* »), le SN *un drôle de garçon* aura pour gouverneur syntaxique *drôle*, bien que le critère de la distribution (valence syntaxique de surface) identifie un nom directeur « *un garçon étrange* ». L'idée de la grammaire de dépendance est au fond de disposer d'un paradigme *un drôle, un intelligent, le plus drôle, le plus intelligent*. Et le raisonnement ne change pas, n'importe la nature – nom ou adjectif – du gouverneur syntaxique (Mel'cuk 2009 : 29, 96). De façon plus approfondie, Polguère parle de *complétive évaluative* pour l'ensemble des structures *N1/Adj/I de N2* pour lesquelles « l'actant sémantique est communicativement dominant » (Polguère 2014 : 97). En s'appuyant sur une étude lexicale prédictive de la valence du mot, la grammaire sens-texte voudrait construire la micro-syntaxe par une étude des valeurs lexicales prédicatives des noyaux syntagmatiques. Il en résulterait que la contradiction détectée entre l'analyse sémantique et l'organisation syntaxique ne doit pas remettre en cause la force structurale dominante de la syntaxe. On peut toutefois se demander comment les structures syntaxiques de surface, telles qu'elles sont décrites, peuvent résister au ballottage lorsque l'accord grammatical se fait selon le sens et non la dépendance syntaxique. C'est ce que révèle la variation de l'accord de l'article initial : le déterminant (quantifiant) est-il grammaticalement lié au N2 ou au

---

[3] Le seul linguiste qui ait *franchi le pas* demeure à notre connaissance Milner (1978).

N1 ? Wilmet montre que les règles d'accord peuvent pencher dans l'un ou l'autre cas. On notera que le rattachement du déterminant/article postposé fait souvent du premier nom une forme d'adjectif :

> La paraphrase de *mon fripon de valet, cette bon sang de bagnole*, etc. est-elle « *mon* valet qui est fripon », « *cette* bagnole méritant un juron » ou « le valet qui est *mon* fripon », « la bagnole méritant *ce* juron » ? [...] Comparer par exemple *Napoléon*, CE DRÔLE DE *bonhomme/ Joséphine* CETTE DRÔLE DE *bonne femme* = « ce curieux bonhomme/cette curieuse bonne femme » [...] et CE DRÔLE DE *Napoléon*/CETTE DRÔLESSE DE *Joséphine* = « Napoléon est un drôle/Joséphine est une drôlesse » (Wilmet 1997 : 228)

3.2 Translation inversée substantivale et adjectivale

Tesnière avait bien perçu la nature d'adjectif des premiers sous-types puisqu'il classe ces éléments spécifiques dans une autre forme de translation.

> Il y a translation inversée lorsqu'un adjectif transféré en substantif précède un substantif transféré en adjectif de quiddité : *un imbécile de marmiton* (*ESS* : ch. 196.1)

> On notera que la translation inversée fournit au français le moyen de mettre en relief un adjectif que d'autres langues, en particulier les langues à accent d'intensité, mettent en relief par cet accent. [...] Il est contraire au génie de la langue de renforcer l'intensité de son accent, mais les francophones se sont inconsciemment rendu compte au cours des âges qu'il est commode de suppléer à cette insuffisance par le subterfuge de la translation inversée. (*ESS* : ch. 196.2)

Pour Tesnière, la translation inversée ne change rien à l'organisation structurale : que l'adjectif soit substantivé et le nom inséré dans un syntagme prépositionnel se réduit à dire que les deux mots pleins échangent leur rôle grammatical respectif ; le noyau syntagmatique n'en reste pas moins en N1, peu importe sa nature d'origine. Le problème est qu'à la suite et pour les besoins de la cause, Tesnière aligne de nouveau une série d'exemples bigarrés :

> Aussi ce procédé connaît-il en français une très grande faveur : *Le bleu de Prusse, ce railleur de Jacques, cet imbécile de Durand* (*ESS* : ch. 196.3)

Mais si nous revenons à l'exemple proustien d'origine, nous savons désormais que la lecture affective, qui nous paraissait naturelle, n'est en réalité probablement pas la bonne. Dans les pages précédant le début de cet ouvrage enchâssé dans le premier tome de *La Recherche*, le narrateur introduit l'histoire en parlant d'« un amour que Swann avait eu avant ma naissance » (ed. 1954 : 186) En sorte que l'ambiguïté de la formule *un amour de...*, relevée également par Wilmet, est levée :

Jacqueline est un amour d'enfant = 1° « une enfant adorable » *un amour de* + noyau *enfant*, 2° « un amour de jeunesse » *un* + noyau *amour* + caractérisant prépositionnel *d'enfant* (1997 : 229)

Et, dès lors que la lecture où le déterminé précède le déterminant sera sélectionnée, l'ambiguïté subsidiaire relative à la valeur de la préposition *de* (parfaitement décrite par Tesnière également) l'est tout autant : il ne s'agit donc pas d'un amour pour Swann (bénéficiaire) mais bien de la part de Swann (originaire). Cette hésitation interprétative semble atténuée par le déterminant indéfini, qui rend plus difficile la lecture dative.

Il convient toutefois de relever une observation particulière de Tesnière sur la valeur qualifiante du nom antéposé dans les constructions affectives. Il fait l'hypothèse d'un état sémantique transitoire où survient une translation adjectivale sans translatif. Puis, par réversion, le substantif adjectivé redevient substantif, mais enrichi d'une capacité à qualifier. Dans le cas des caractérisants péjoratifs, le nom antéposé est souvent étymologiquement un adjectif, ce qui permet de supprimer une étape de consolidation dans les tours comme *Cet imbécile de Jacques*. Tesnière note par contre que *drôle* (l'exemple de Melc'uk) étant un nom substantif à l'origine, il ne peut toutefois faire l'économie d'un passage par la case adjectivale pour y prendre sa valeur épithétique. Il s'en explique :

> 1° En premier lieu, [...] le régissant est sujet à changer de genre, et [...] prend souvent le genre du subordonné. On dit *un drôle de corps* mais *une drôle d'idée* [...] sans oublier *la drôle de guerre*. (11) De même avec le substantif *bête*, qui est normalement féminin, on peut opposer *cette grande bête de Russie* à [...] *ce bête de rêve* (*ESS* : ch. 214.10)

> 2° Un autre des arguments [...] est que le transférende est sujet à des traitements syntaxiques qui ne sont *concevables qu'avec l'adjectif* et qui ne peut par conséquent s'expliquer que dans la mesure où le transférende *peut ou a pu être senti comme adjectif*, ce qui oblige à postuler le stade A de la translation réversive. (*ESS* : ch. 214.13) [nos italiques]

> 3° Enfin [...] sous les apparences sémantiques du substantif, le sens qui l'emporte réellement est très souvent celui de l'adjectif en lequel ce substantif est transféré.

> *Un saint homme de chat, bien fourré, gros et gras* La Fontaine) – *ce brave garçon de chien* (Barrès). [...] le sens des substantifs *homme* et *garçon* s'efface complètement derrière celui des adjectifs *saint* et *brave*, puisque ni un chat ni un chien n'ont droit à l'appellation d'*homme* ou de *garçon*. (*ESS* : ch. 214.16)

On voit bien que l'auteur est affecté par l'échange des rôles grammaticaux dans l'énoncé et que l'attention portée aux accords fait basculer la gouvernance sémantique du côté de l'adjectif. Au fond, la translation réversive, parce qu'elle pose l'hypothèse d'un passage du nom par la catégorie de l'adjectif pour aller y puiser de nouvelles fonctions, confirme bien la lecture d'un déplacement du fléau de la balance stemmatique vers un noyau en N2.

Dans *un saint homme de chat*, la contradiction existant entre la qualité d'homme et la nature animale est résolue par la valeur adjectivale que prend le mot *homme*. Il faut bien que *homme* devienne qualificatif pour s'accorder avec *chat* : « un chat vertueux comme un saint homme ». Mais ce que perçoit Tesnière dans une lecture qualifiante du N1 des tours tels que *un amour de Swann* « un aimable Swann », c'est que le nom a acquis un trait sémantique lié à la valeur d'adjectif, ce qui l'incite à poser une translation zéro qui permet à un nom antéposé de qualifier le nom qui suit dans une structure N1 de N2. Il y a donc l'idée que le nom, par nature tête de syntagme nominal, ne peut en qualifier un autre que s'il a acquis par quelque manière une capacité adjectivale.

L'analyse stemmatique selon Tesnière des deux lectures possibles grâce à l'hypothèse de la **translation O > A > O inversée** (ch. 214) serait donc la suivante (voir aussi ch. 190, stemma 314 : « *un imbécile de marmiton* ») :

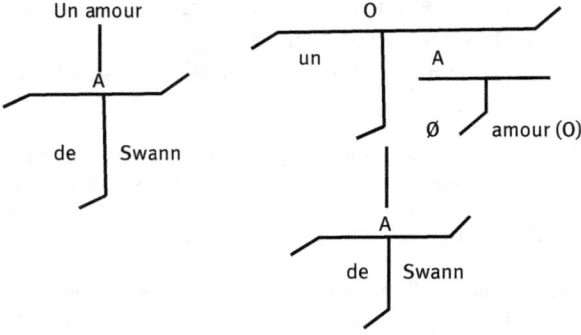

Figure 1: Stemma comparé des lectures progressive et inversée de « un amour de Swann ».

Le stemma à lecture qualifiante nécessite de donner au nom qui précède la capacité de qualifier le nom qui suit, que la translation simple rend épithète à l'aide du translateur prépositionnel. *Amour* passe donc par un stade adjectival non attesté afin de pouvoir jouer le rôle de nom qualifieur antéposé à un adjectif de quiddité construit par translation adjectivale d'un nom. Si l'analyse structurale s'enrichit d'aussi considérables détours, c'est bien qu'elle a perçu un renversement de gouvernance sémantique sans en tirer, malgré l'observation d'un accord possible du déterminant avec N2, toutes les conséquences syntaxiques.

4 Hiérarchie de l'information dans le groupe nominal nom + adjectif

Reprenons l'exemple initial, « *Le signal vert indique la voie libre* ». Tesnière se sert de l'exemple pour argumenter sur le caractère essentiel des adjectifs dans la détermination du sens de la phrase. Il en conclut que « l'importance hiérarchique des mots (plan structural) est en raison inverse de leur importance sémantique » (*ESS* : ch. 21.8). La phrase ne prend son « sens plein » qu'avec les adjectifs *vert* et *libre*. On peut faire toutefois deux observations :
a) Parce que la corrélation n'est pas structurale mais sémantique, Tesnière ne mentionne pas le lien existant qui permet de résumer la proposition en une formule du type VERT = LIBRE ou *vert* indique *libre*. Il y a là une connexion sémantique authentique. C'est pourtant l'essence de l'information, car dans le contexte et comme le dit Tesnière, les substantifs ne sont pas à proprement parler les actants principaux, sauf à considérer une forme de squelette. Un signal *indique* toujours, sinon ce n'est pas un signal... (et le mot *voie* nous *indique* qu'il s'agit vraisemblablement de signaux routiers). On devrait en conclure que si, d'un point de vue structural, l'enveloppe nominale est déterminante pour construire syntaxiquement une phrase normée (la structure *signal indique voie* est interprétable et nous indique le thème : les signaux de la voie), le contenu informatif plaide pour une fonction essentielle des adjectifs dans cet exemple forgé pour illustrer un énoncé neutre d'information.
b) À l'appui de cette fonction, il est possible de donner au second adjectif une lecture plutôt attributive, rendue par une subordonnée complétive : *le signal vert indique [que] la voie [est] libre*. S'il est qualifiant, l'adjectif aura alors pour fonction de déterminer la sous-espèce de voie (par exemple s'il y a deux accès, la couleur réglemente celui qu'il faut emprunter). S'il est attributif, *libre* renvoie plutôt à un état acquis par la voie, notamment par l'attribution d'un code (vert).[4]

Il semble qu'on peut aller plus loin du point de vue sémantique. Le noyau thématique principal est donné par le nom postposé : VOIE. Ce noyau est complété par SIGNAL comme sous-thème, selon un engagement de corrélation structurale. On examine *les signaux relatifs à la voie* : il s'agit d'un élément de signification *structurale*. Ensuite, on voit bien que les adjectifs ne sont pas pareillement facultatifs : *le signal indique la voie libre* est une information correcte mais partielle, tout comme

---
[4] La distinction entre les deux valeurs est analysée dans toutes ses implications sémantiques par Wilmet (2011).

le signal vert indique la voie. Peut-être le lecteur aura-t-il l'impression que l'imprécision du syntagme sujet simplifié ne nuit pas à l'information, tandis que l'amputation du syntagme objet rend la proposition trop générique pour être appropriée. C'est que, dira-t-on encore, la distribution linéaire (syntagmatique) oriente le sens vers une lecture attributive à l'intérieur du syntagme verbal. En y réfléchissant cependant, il nous semble que c'est un nouvel effet de la corrélation ou plus exactement de l'analogie entre les deux syntagmes nominaux. Si l'on veut bien faire abstraction des données de l'expérience, c'est la construction du sens par l'analogie de structure qui nous donne à penser que la voie est libre si le signal est vert. Cet élément de signification structurale n'est pas syntaxique mais rhétorique.

La lecture attributive correspond à une prédication seconde, culturellement vraisemblable, selon laquelle le signal vert s'applique à la voie pour indiquer qu'elle est libre. Mais rien de grammatical ne conduit à cette lecture et le stemma sera donc conduit à reproduire une structure avec un noyau verbal et deux actants dont dépendent les adjectifs. Chaque groupe nominal identifie hors contexte un ensemble enrichi dont on peut dire justement qu'il possède une signification consolidée et, d'une certaine manière, indécomposable sémantiquement. Sans aller jusqu'à la composition lexicale, on pourrait considérer que la collocation « SIGNAL VERT » contient l'idée d'intermittence de la couleur dans l'expérience du code de la route : il s'agit d'un feu de signalisation dont la couleur est changeante (rien de tel n'opère si le signal donné est bleu ou jaune). L'argument sémantique des adjectifs n'a guère de support dans la mesure où la signification dont ils sont porteurs ne s'applique pas nécessairement à des objets précis. C'est bien ce qu'indique Tesnière en suggérant que le noyau nominal n'est un nucléus qu'en terme structural (syntaxique) et non sémantique. Ce que, tous comptes faits, la grammaire sens-texte nous restitue en séparant la structure syntaxique et l'organisation sémantique :

> the ability of Synt-governors to control the inflectional form of their Synt-dependents or to have their own inflectional form controlled by a Synt-dependent, as well as their ability to be or not to be semantically dominant should not be taken into account when deciding on the Synt-governor status of a wordform (Mel'cuk 2009 : 31)

5 Conclusion

On conclura cette revue des énoncés à structure atypique en quittant un instant le champ du syntagme nominal pour considérer l'infinitif de narration.

> Grenouilles aussitôt de sauter dans les ondes
> Et grenouilles de se plaindre

L'infinitif de narration se définit par exemple de la façon suivante :

> La phrase où il [cet emploi] figure ne se suffit pas à elle-même mais elle s'insère dans une séquence d'actions, en se rattachant à la phrase précédente par *et* [...]. Le lien étroit avec le passage qui précède [...] crée un effet stylistique de soudaineté et de rapidité : *Et pains d'épices de voler à droite et à gauche* (Riegel, Pellat & Rioul 1994 : 334–335)

Cet emploi est décrit par Tesnière au chapitre 221 consacré à la translation double I > O > A. Après avoir parlé du procédé légitime de l'expansion du nom comme dans *la manière d'être, la façon de se comporter*, il en vient à compléter son propos :

> Le substantif régissant peut être le nœud central d'une phrase substantivale. Ce tour est très aimé parce qu'il est très vivant. (*ESS* : ch. 221.4)

On ne peut manquer d'être frappé par la rigidité de la lecture translative. Wilmet classe bien l'infinitif comme mode impersonnel, ce n'en est pas moins un noyau (1997 : 291), qu'il place en apposition du sujet *flatteurs* dans *Et flatteurs d'applaudir* (1997 : 521). En faire un objet de détermination nominale semble faire l'impasse sur la nature vive de prédicat des verbes présents ici, fussent-ils à l'infinitif. On dirait que le mode infinitif et surtout l'introducteur prépositionnel font perdre au verbe toute capacité à agir comme *nucléus*. En revanche, il faut souligner la finesse de la perception stylistique par Tesnière du tour, qu'il qualifie de « très vivant » pour renvoyer à sa nature directement discursive soulignée dans la *Grammaire méthodique du français* (1994). Sur cette interprétation intentionnelle du tour, on voudrait souligner qu'une fois de plus, c'est la préposition qui crée l'effet stylistique. C'est ce que voit bien Polguère (2014 : 97) dans la formule « *son pharmacien de mari* », qu'une apposition exprime sans ironie ni effet : *son mari pharmacien* en restaurant la séquence conventionnelle *N1 déterminé + N2 déterminant*.

Si l'on fait le bilan des apports de l'analyse stemmatique, on se rend compte que le fait de doubler la connexion structurale par une représentation en pointillés des liens sémantiques agrandit considérablement la portée de l'analyse. On peut imaginer, étant donné la finalité pédagogique de la représentation soulignée par Tesnière, que le schéma doit à la fois représenter **l'organisation hiérarchique continue** clivée par les structures syntaxiques, et **le réseau de liens discontinus** que les mots tissent entre eux dans la phrase et le discours en fonction de règles souples de cohérence et d'accord grammatical. Au fond, le principal mérite de la *syntaxe structurale*, du point de vue de la gouvernance sémantique, consiste à ne pas négliger les enjeux du sens, tout en montrant la faculté d'adaptation des classes grammaticales à l'intégration syntaxique que les phrases leur réservent. La grammaire de dépendance accentue cette lecture bipartite en représentant distinctement la structure sémantique et la syntaxe.

Bibliographie

Compagnon Antoine, 2014, « Littérature française moderne et contemporaine : histoire, critique, théorie », L'annuaire du Collège de France, 113 : en ligne (http://journals.openedition.org/annuaire-cdf/2566).

Gaatone David, 1988, « Cette coquine de construction. Remarques sur les trois structures affectives du français », *Travaux de linguistique,* 17 : 159–176.

Lemaréchal Alain, 1989, Les parties du discours. Sémantique et syntaxe, Paris, P.U.F.

Mel'cuk Igor, 2008, "Dependency in Natural Language", *in* A. Polguère & I. Mel'cuk, *Dependency in Linguistic Description*, Amsterdam, John Benjamins: 1–102.

Milner Jean-Claude, 1978, *De la syntaxe à l'interprétation*, Paris, Seuil.

Pellat Jean-Christophe, Riegel Martin, Rioul René, 1994, *Grammaire méthodique du français*, Paris, PUF.

Polguère Alain, 2014, « Rection nominale : retour sur les constructions évaluatives », *Travaux de linguistique*, 68 : 83–102.

Tesnière Lucien, 1953, *Esquisse d'une syntaxe structurale*, Paris, Klincksieck.

Tesnière Lucien, 1959, *Éléments de syntaxe structurale*, Paris, Klincksieck.

Wauthion Michel, 2016, « Renversement de gouvernance sémantique dans le syntagme nominal en français », *Lingvisticae Investigationes*, 39 : 27–47.

Wilmet Marc, 1997, *Grammaire critique du français*, 1re éd., Bruxelles, Duculot.

Wilmet Marc, 2011, « Au carrefour de la prédication et de la détermination », *Langue française*, 171 : 27–41.

Franck Neveu
Chapitre 13
Le modèle tesniérien du système appositif

1 Introduction

L'objectif de ce chapitre est de rendre compte de l'analyse de l'apposition chez Tesnière, et d'exposer les difficultés méthodologiques ainsi que le rendement de ses analyses, en tentant de mettre la conception tesniérienne en perspective du point de vue historique et théorique.

Cette étude ne portera que sur les chapitres 69 et 70 des *Éléments de syntaxe structurale* (*ESS*), mais un spectre plus large pourrait être envisagé, si l'on ouvre par exemple la réflexion à la question de la projection des actants. Au demeurant, pour le thème qui retient notre attention, ces deux chapitres constituent le corpus pertinent.

1.1 Une réflexion méthodologique générale

Une première chose est à noter : la difficile commensurabilité entre un modèle théorique de syntaxe générale et une analyse approfondie du problème appositif, quel que soit le corpus linguistique, analyse qui, lorsqu'elle est bien faite, doit faire apparaitre un ensemble de problématiques indispensables à la réflexion sur le sujet : problématiques terminologique, historiographique, épistémologique, morphologique, syntaxique et sémantique. Car, comme le terme de *grammaire*, de *syntaxe*, ou tout autre terme de notre domaine, celui d'*apposition* est un Janus, qui présente deux dimensions : c'est à la fois une catégorie de pensée, et un ensemble d'observables que l'on se donne. Les habitudes descriptives de l'activité linguistique ont tendance à passer rapidement sur le premier point, au motif (quand celui-ci est explicite) qu'à demeurer trop longtemps sur le terrain de la spéculation théorique et méthodologique, la science du langage n'avance pas, et ici clairement, avancer c'est décrire. On pourrait dire de manière provocatrice que travailler sur l'apposition, indexer la notion dans une grammaire, en faire un constituant d'un modèle d'analyse syntaxique, suppose que l'apposition ait un degré d'existence minimal. Le problème c'est cet avant, qui finalement n'est jamais pris en compte. Quels sont les critères qui permettent de valider cette

Franck Neveu, Sorbonne Université, Faculté des Lettres, *Sens Texte Informatique Histoire* – STIH

existence, pourquoi recourt-on à cette notion, d'où vient-elle et pourquoi s'encombre-t-on d'un terme ancien, qui va précisément poser des problèmes liés à son ancienneté, quel peut être le rendement de son usage dans les différentes langues ?, etc.

On pourrait rétorquer que ces questions peuvent s'appliquer à toute notion syntaxique, et que ces interrogations conduisent sur le chemin de la relativité conceptuelle et théorique (thème du « ça n'avance pas »). C'est possible, et ça n'a finalement que très peu d'importance.

Mais il est clair toutefois, si l'on réduit le champ au seul domaine syntaxique, que la couverture notionnelle de l'apposition est infiniment plus réduite que celle de classe de mots, de proposition, de phrase, de groupe, de sujet, etc. et que par conséquent, son domaine fonctionnel reste comparativement limité par rapport à celui, par exemple, des arguments ou des circonstants. Remettre en question l'existence et la nécessité de la notion d'apposition n'aura donc pas le même impact sur l'analyse syntaxique. On pourrait donc sans danger se passer de la notion. Si on ne le fait pas c'est qu'on lui reconnaît une pertinence. Quelle pertinence ? On doit toujours commencer par là, si l'on ne veut pas limiter le travail à la description d'êtres de raison[1].

Il y a donc d'une part la problématique inhérente à la notion. D'autre part, il y a le modèle théorique général, c'est-à-dire celui de la syntaxe générale, qui est le projet de Tesnière. En faisant entrer l'apposition dans le modèle, on saute l'étape précédente, comme toujours, mais on considère que ce n'est pas grave, car l'idée est moins d'arriver à une conception juste et pertinente de la notion, que d'exposer, en brassant large, la validité, la pertinence et le rendement du modèle, quitte à récupérer dans l'explication les vieux instruments qui traînent dans les grammaires du latin.

---

1 Voir Neveu (2021) : « La nécessité de moissonner des observables nécessaires à la description linguistique a fait parfois partir trop vite sur des analyses descriptives de l'apposition sans qu'un travail définitoire, appuyé sur un cadre théorique et sur des hypothèses, n'ait été clairement défini. Une courte réflexion épistémologique permet de noter que l'apposition relève de la métalangue, et donc du domaine notionnel, et que la description grammaticale n'a pas forcément à souffrir de son absence ou de sa disparition. Cela n'empêchera nullement la description de certaines structures de langue. La notion, au cours de sa très longue histoire, a ainsi connu des périodes de grammatisation, de dégrammatisation, de regrammatisation. Si elle s'est installée durablement dans le catalogue des fonctions grammaticales, cela ne signifie pas pour autant qu'elle se soit trouvée stabilisée par cette longévité, ni d'ailleurs qu'il faille entretenir cette longévité. Si l'on croit nécessaire de l'engager dans la description grammaticale, parce qu'on lui reconnaît quelque nécessité, il faut se donner les moyens d'en proposer une approche méthodologique consistante afin d'éviter le risque si fréquemment observé de voir l'apposition traitée à travers ce qu'elle n'est pas ».

Ce problème de perspective dans l'analyse reste un problème d'épistémologie générale, sans doute moins secondaire qu'on ne le pense : qu'est-ce qu'on regarde et comment on le regarde. Regarder un item indéfini ou un item *ad hoc* ce n'est pas regarder mais voir, car on peut voir l'inexistant si l'on y croit, mais la science n'est pas la croyance. On pourrait encore ajouter à cette parenthèse sur cette difficile commensurabilité qu'il est toujours aisé de mettre à mal un modèle syntaxique en lui opposant sur une question située des analyses approfondies qui ne s'étaient jamais donné comme objectif de construire un édifice théorique général.

1.2 Sur le terme « système appositif »

Un autre point de précision. On l'aura compris, le terme de « système appositif » n'est pas utilisé par Tesnière. Nous l'avons élaboré et exploité dans nos propres travaux. Et donc sa présence dans le titre marque une volonté d'interaction, de dialogue avec Tesnière sur cette question, afin de rendre compte de ce que Tesnière a apporté à la réflexion sur le sujet.

Nous dirons pour être bref que le système appositif se définit comme un type de construction pouvant être décrit comme la mise en séquence par appariement de deux segments linguistiques hiérarchiquement ordonnés, formant une expression désignative complexe, formellement et sémantiquement disjointe par le détachement, et qui se comporte au plan textuel comme une cellule référentielle et informationnelle.

Si nous parlons de *système appositif* (système, pris en tant qu'ensemble d'éléments en interaction, défini par des critères d'appartenance au système, par sa fonction, et par son interaction avec l'environnement) et pas seulement d'*apposition*, c'est précisément pour faire ressortir la dynamique inhérente à la construction.

La grammaire, obtuse sur ce point, a mis bien longtemps à recevoir l'idée et à l'accepter, quoique avec circonspection, selon laquelle les items de la langue ne sont pas des monades. Le fait de la langue repose sur un mécanisme processuel. Nous avons tous lu dans les grammaires que l'apposition c'est le petit segment qui largue les amarres, ou bien le petit segment qui vient s'adjoindre au groupe même s'il n'a pas été invité. « Larguer les amarres », si l'on est dans la perspective d'un détachement (et le poste d'observation est interne). « S'adjoindre », si l'on est dans la perspective de l'ajout, de l'addition explicative, comme on disait autrefois (et le poste d'observation est externe). On est soit dans une pensée de la phrase, soit dans une pensée du discours. On est soit dans une représentation syntaxique, soit dans une représentation énonciative. En tout cas, pour les grammaires, le segment baladeur c'est lui, et donc c'est lui l'appositif. L'autre, quand il est pris en considération, ce qui n'est pas toujours le cas, c'est son point d'appui, c'est son support, en quelque sorte indifférent à ce qui lui arrive. A priori les grammaires n'ont rien à dire de lui, ce n'est pas de lui qu'on parle. Le *système appositif* marque l'idée que les deux constituants sont en interaction. Et que même si le support conserve une vie argumentale, il ne sort pas pour autant indemne de cette colocation. Mais bien sûr à un niveau intrapropositionnel on ne verra pas forcément bien ce qui l'affecte.

Cette approche de la notion d'apposition a l'avantage de prendre en compte au plan définitoire la dynamique qui préside à la formation de ce système, puisqu'elle repose sur la notion d'appariement d'un élément support et d'un élément apport, éléments formant entre eux une sphère actancielle affectée d'une forte coalescence.

Cette approche permet aussi bien sûr de s'écarter du point de vue strictement fonctionnel et analytique de la grammaire traditionnelle, et de s'ouvrir à une perspective sémantique et informationnelle. Tenir le système appositif pour un des terrains fonctionnels possibles de l'adjectivité, implique de renoncer définitivement à la notion de coréférence dans la description de ces constructions. Ce qui a posé des problèmes à l'analyse grammaticale traditionnelle dans le cas des segments détachés formés de Np ou de SN pourvus d'un déterminant (Neveu 1998, 2000, notamment).

2 La notion d'apposition chez Tesnière

2.1 Le cadre général du modèle

Comme l'a rappelé Francis Corblin (1991) dans une très belle présentation des *Éléments*, la théorie de Tesnière se présente comme une alternative à l'approche syntaxique fondée sur la dualité sujet/prédicat.

Tesnière place la phrase au centre de sa théorie alors que Saussure lui donnait un statut incertain entre la langue et la parole. Il formule des conceptions, des axiomes et des filiations étrangères au structuralisme. Pour Tesnière l'élément déterminant réside dans l'apprentissage et l'enseignement des langues étrangères, et sa conception théorique de la syntaxe, sa conception d'une syntaxe générale, apparaît en somme principalement dans la pratique du passage de langue à langue, ce qu'avait relevé avec insistance Benveniste (1960). Tesnière est moins théoricien que pédagogue, et cela peut s'observer, pour ce qui regarde notre notion, à certaines notations, et à l'exemplification qu'il exploite, qui témoigne souvent d'une faible distance critique à l'égard de la tradition grammaticale.

L'objet de la syntaxe structurale c'est la phrase, qui consiste en un faisceau hiérarchisé de connexions entre les mots. La phrase est une hiérarchie de connexions dont l'unité tient à un nœud dominant, qui commande les termes présents dans la séquence. Et la caractéristique notable du modèle réside dans la représentation abstraite de l'ordre structural d'une phrase qui est notée par un graphe (stemma). On a souvent relevé chez Tesnière une approche hyper-lexicale de la syntaxe. Le stemma est en effet un réseau hiérarchisé dont les nœuds sont des têtes lexicales, ou bien la représentation d'une opération associée à une tête lexicale (*translation*).

On note également que Tesnière s'inscrit dans une tradition philosophique et scientifique qui exclut la grammaire générale, laquelle ne reconnaît pas l'autonomie du syntaxique par rapport aux catégories de pensée. Parmi les paramètres fondamentaux de la théorie de Tesnière il faut bien sûr compter :

- la méthode introspective. L'objet de la syntaxe est la forme intérieure de la langue, et la seule voie envisageable est ce qu'il appelle la méthode introspective (ch. 18).
- deux concepts organisateurs de la théorie de Tesnière, la connexion et la translation. L'ordre structural et l'ordre linéaire. Les langues centripètes pour lesquelles l'ordre linéaire est un mouvement vers le nœud régissant (langues à relevé montant) et les langues centrifuges pour lesquelles le sens du relevé éloigne du nœud régissant.
- l'usage de quatre catégories grammaticales primitives : verbe, substantif, adjectif, adverbe.
- le rôle fondamental de la connexion. Le modèle est non distributionnel, car les catégories primitives appartiennent à des termes/mots. L'idée est que ce sont les items lexicaux, les mots, qui sont le point d'ancrage et le modèle primitif pour les constructions syntaxiques.
- les nœuds. On appelle « nœud » la place tenue par une catégorie constitutive et « connexion » le lien entre ce terme et la ou les places qu'il définit.
- plus proche de notre problématique, il y a la question des adjectifs natifs et termes naturalisés en adjectifs, avec une spécification d'importance : la naturalisation confère aux natifs des droits et des devoirs mais non leurs propriétés.
- parler de translation de x en adjectif ne signifie jamais que x acquiert les propriétés d'un adjectif, ni que x perd ses propriétés inhérentes. Il y a des degrés dans la translation. Un substantif comme *prune* fait l'objet, dans *une robe prune*, d'une translation en adjectif. Mais il conserve les pouvoirs de rection qui tiennent à sa nature substantive.
- la translation n'est pas un pur et simple changement de catégorie. C'est une contradiction spécifiable en vertu de principes généraux entre une identité

lexicale (la catégorie « naturelle ») et un rôle correspondant naturellement à une autre identité lexicale (la catégorie d'arrivée). Toute une dialectique est donc ouverte et permise entre la catégorisation contextuelle et la catégorisation inhérente.

2.2 La définition de l'apposition chez Tesnière

C'est dans la première partie de l'ouvrage, consacrée à l'étude de la connexion (Livre B : *Structure de la phrase simple*), que l'on rencontre les analyses de l'apposition. Cette fonction peut être tenue par un substantif qui est intégré au nœud substantival. Ce nœud a pour centre le substantif support.

À partir de l'exemple : « Louis XIV, roi de France, protégea les lettres et les arts » Tesnière fait apparaître la connexion sémantique directe entre le terme apposé (*roi*) et le terme support (*Louis*), « dont il n'est syntaxiquement qu'une **hypostase** » (*ESS*, ch. 69, § 2).

Cette connexion n'est pas « verticale » mais plutôt « horizontale », ce qui signifie, comme le précisait déjà Norbert Dupont (1985 : 55), « que l'apposition n'est pas un complément déterminatif » :

> Structuralement, on sent que *roi* est sur le même plan que *Louis*. Aussi bien est-ce un substantif comme lui et ne saurait-il par conséquent se placer à un autre niveau. Ce sentiment est si évident que c'est lui qui a inspiré aux grammairiens le terme d'**apposition** par lequel ils ont entendu que sa position était **à côté** du substantif et non **au-dessus** ou **au-dessous**. (Dupont 1985 : 55)

« Prime actant » de *protégea*, *Louis* est en connexion directe avec le verbe, tandis que l'élément apposé (*roi*) « n'est que l'attribut de Louis » (*ESS*, ch. 69, § 6). Ce qui signifie que l'égalité entre les deux termes de la séquence appositive, sur le plan structural, ne doit pas faire conclure à leur stricte identité. Tesnière représente la structure de la phrase d'exemple au moyen du stemma 165 :

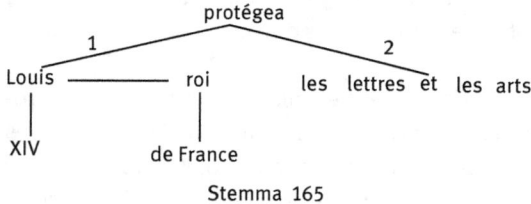

Stemma 165

Figure 1: Stemma 165 (*ESS*, ch. 69, § 7).

Cette analyse lui permet de distinguer l'apposition de l'épithète et de l'attribut qui sont deux fonctions en connexion verticale avec le substantif. On retrouve ici, dans une certaine mesure, la théorie de la coordination de Bally (1932). En effet, chez Tesnière, la jonction (coordination) représente un autre type de connexion horizontale. Mais Tesnière note que, dans le cas de la coordination, la connexion est immédiate alors qu'elle est médiate dans celui de l'apposition (*ESS*, ch. 136 : 326-327).

En fait, et c'est ce qu'avait relevé Norbert Dupont (1985 : 57), l'apposition chez Tesnière est définie négativement : elle n'est ni attribut, ni épithète ou complément, ni coordination. Elle apparaît comme une sorte de greffe (parenthèse elliptique) sur un constituant de la phrase.

Notons, pour conclure ce premier tour d'horizon, que l'adjectif et le participe peuvent selon Tesnière se rencontrer en fonction d'apposition, comme le substantif. Il leur reconnaît dans cet emploi une nuance exclusivement circonstancielle, semblable à celle que l'on relève fréquemment dans l'apposition substantive.

> C'est là qu'apparaît la valeur exacte de l'apposition, qui, n'étant pas actant elle-même, tend volontiers, tout en restant en connexion avec l'actant avec lequel elle est en apposition, à prendre une légère nuance de circonstant [...]. (*ESS*, ch. 69, § 12)

> L'adjectif en apposition comporte comme le substantif dans la même occurrence une nuance circonstancielle [...]. (*ESS*, ch. 70, § 2)

L'intérêt majeur de l'analyse de Tesnière est de souligner le rapport syntaxique entre les deux éléments d'une séquence appositive et d'établir, structuralement, le statut de chacun de ces deux éléments dans la phrase.

3 Sur le chapitre 69

3.1 Paragraphe 1 : L'apposition est un substantif

> 1. – L'apposition est un substantif qui fait partie du nœud substantival. Soit en français la phrase *Louis XIV, roi de France, protégea les lettres et les arts*, le substantif *roi* y est dit en apposition à *Louis*. (*ESS*, ch. 69, § 1)

Tesnière suit ici sans la discuter la tradition grammaticale (l'apposition est une fonction du nom). On retrouve cette approche lexicale, qui induit une syntaxe ascendante, finalement très conforme à la tradition de la grammaire française, arc-boutée sur les parties du discours.

Dans l'approche ascendante, les fonctions syntaxiques sont décrites à partir des classes de mots, lesquelles forment des répartitoires fonctionnels qui visent à entériner la pertinence de cette distinction catégorielle (le nom est sujet, le nom est complément d'objet, le nom est apposition, l'adjectif est épithète, etc.). On trouve l'empreinte de cette approche dans les grammaires dont le plan se résume à une morphologie et une syntaxe des parties du discours, ainsi que dans le traitement sélectif des groupes fonctionnels (dans *le grand arbre sera abattu*, c'est *arbre* qui est appelé sujet, et non pas le syntagme *le grand arbre*).

La perspective descendante aborde les fonctions syntaxiques à partir de la segmentation sémantico-logique de la proposition, ce qui conduit à une bipartition logique de la phrase au XIXe siècle, ou, plus tard, à l'identification de blocs sémantiques (sujet, complément d'objet, complément circonstanciel, etc.), dont la délimitation et la définition est assez souvent une affaire purement sémantique. Parmi les principaux excès de cette approche, signalons la décomposition du verbe fini (*dort* → *est dormant*) pour satisfaire à la structure bipartite du jugement (au XIXe siècle, avec quelques résurgences notables au XXe), la théorie du double sujet auprès de la construction impersonnelle et l'application de l'épithète « logique » à d'autres secteurs encore, chaque fois que les plans grammatical et sémantique sont découplés.

L'exemplification donnée dans ce premier paragraphe confirme cette allégeance à la tradition dans le choix d'un détachement postposé au support : « Le substantif *roi* **est dit en apposition** à *Louis* ». Le discours sur la notion d'apposition est ici, pour l'essentiel, un discours rapporté. On retrouve l'indétermination de la source énonciative et historique du savoir grammatical évoqué si fréquemment dans les descriptions grammaticales qui font référence à la « tradition ». Cette référence s'exerce effectivement de manière subreptice dans la présentation de la notion pour marquer une certaine distance prise par l'auteur avec le terme lui-même. On y trouve le même phénomène de surénonciation (désinscription énonciative et cognitive du scripteur au profit d'une instance englobante indéterminée : *ce que les grammaires appellent, ce que la tradition considère comme*, etc.).

3.2 Paragraphe 2 : « Commande », « Hypostase »

> Le substantif en apposition fait évidemment partie du nœud substantival ayant pour centre le substantif auquel il est en apposition. Ainsi *roi* fait partie du nœud structural commandé par *Louis*. En effet *roi* est en connexion sémantique directe avec *Louis*, dont il n'est syntaxiquement qu'une **hypostase**. (*ESS*, ch. 69, § 2)

Commande. La notion de commande est importante (« *roi* fait partie du nœud structural commandé par *Louis* ») et rarement exploitée dans l'analyse de l'apposition, dont on a montré toutefois, du moins sur le plan sémantique et pragmatique, l'étroite corrélation entre les deux constituants. Si le support commande l'apport, alors ce support est d'une certaine manière conditionné par l'apport (structure dynamique).

Hypostase. On peut s'interroger sur la notion : les hypostases grammaticales sont traditionnellement associées aux transferts d'une catégorie à l'autre, ou à la substitution d'une catégorie à l'autre. L'hypostase syntaxique dont il est question reste opaque. Elle pourrait être comprise comme une forme de dérivation, mais elle n'est pas explicitée.

On pourrait évoquer l'analyse de Marandin (1999), qui a montré dans une perspective plus large que l'apposition, que le détachement n'est pas un phénomène épiphyte, et que la discontinuité du segment adjoint ne saurait être assimilée à une greffe sans rapport constitutif avec le domaine :

> L'incidence « voit » la structure de l'hôte et l'exploite. C'est ce qui rend inadéquate toute approche qui conçoit l'incidence comme un pur phénomène de discours matérialisé par une opération sur la chaîne des mots de l'énoncé. [...] L'incident n'a pas d'autonomie sémantique : son interprétation est inséparable du couple qu'il forme avec l'hôte. (Marandin 1999 : 37)

Bien que détaché, sur le plan interprétatif, le constituant support et le constituant apport forment un couple, une sphère référentielle, et la position dans l'énoncé du segment apport détermine l'interprétation du support (notamment la présomption d'identité référentielle ou non du support, selon que l'apport se trouve en position frontale ou non).

3.3 Paragraphe 4 : « Connexion horizontale »

Structuralement, pour Tesnière, support et apport sont sur le même plan. Et c'est l'argument lexical qui prévaut encore une fois :

> Structuralement, on sent que *roi* est sur le même plan que *Louis*. Aussi bien est-ce un substantif comme lui et ne saurait-il par conséquent se placer à un autre niveau. (*ESS*, ch. 69, § 4)

Sur le terme d'*apposition*. Nous trouvons dans ce paragraphe la seule et unique mention de la problématique terminologique, mais dénuée de toute perspective historique :

> Ce sentiment est si évident que c'est lui qui a inspiré aux grammairiens le terme **d'apposition**, par lequel ils ont entendu que sa position était à côté du substantif et non **au-dessus ou au-dessous**. (*ESS*, ch. 69, § 4)

On retrouve ici curieusement la trivialité des idées endoxales. Aucune précision historique n'est donnée, et même on trouve une curieuse analyse de l'*appositio*, qui a en fait exactement le même sens qu'*epitheton* en grec. L'*appositio* renvoie à l'action d'ajouter, comme *epitheton*.

La notion d'*appositio* apparaît chez les grammairiens latins des IVe et Ve siècles, qui la décrivent comme une construction épithétique qualifiée, selon les auteurs, d'*adjuncta*, d'*apposita* ou de *sequentia*, et formée d'un syntagme en appui à un support nominal, dont le sens se trouve ainsi complété ou déterminé. La structure peut être également désignée par le terme d'*epexegesis*, c'est-à-dire « explication ajoutée ». En dépit de son recensement dans la métalangue de la latinité, c'est dans la typologie médiévale des figures de construction que l'on doit situer le véritable point de départ de l'apposition, mais les contours notionnels et la terminologie sont bien sûr loin d'être stables.

3.4 Paragraphes 6 et 8 : Considération interprétative

> 6. – Certes, si je dis *Louis XIV protégea les lettres et les arts*, cela implique bien que le roi de France protégea les lettres et les arts, puisque *Louis XIV* était *roi de France*. Cela n'empêche pas que c'est à *Louis XIV* et non au *roi de France* que j'attribue ici le rôle de protecteur des lettres et des arts. Libre à mon interlocuteur de tirer la conséquence de mes paroles en en déduisant que, puisque *Louis XIV* protégea les lettres et les arts, il est exact aussi que ce fut le *roi de France* qui protégea les lettres et les arts. Mais ce n'est pas ce que j'ai dit. Je me suis borné à établir une connexion entre *protégea* et *Louis*, et une autre connexion entre *Louis* et *roi*. Je veux bien qu'au point de vue structural *roi* soit égal à *Louis*. Mais, de ce que deux éléments sont égaux entre eux, il ne s'ensuit pas forcément qu'ils soient identiques. (*ESS*, ch. 69, § 6)

> 8. – Cette disposition permet de faire ressortir d'une façon précise que c'est de *Louis* seulement que j'affirme qu'il protégea les lettres et les arts et non du *roi de France*, qui ne participe à cette affirmation que par l'intermédiaire de la connexion horizontale qui le rattache à *Louis*. (*ESS*, ch. 69, § 8)

Tesnière introduit ici une considération interprétative qui est nouvelle dans les descriptions de l'apposition, et qui sera exploitée par les analyses syntactico-sémantiques. Cette perspective productive n'est pas exploitée. Elle est pourtant déterminante pour l'analyse de la vériconditionnalité de l'énoncé. On peut d'ailleurs souligner à cet égard que le phénomène, dans le cadre de la phrase complexe, a été largement étudié du point de vue logique par Arnauld et Nicole dans la Logique de Port-Royal, dans le chapitre consacré aux propositions incidentes. Mais on sait que cette référence ne trouve pas grâce aux yeux de Tesnière.

On peut également relever que Tesnière ne commente aucunement la notion de détachement, ni ne s'appuie sur le paramètre de la discontinuité syntaxique et énonciative dans son analyse. La notion est inexistante.

3.5 Paragraphes 10 et 11 : L'apostrophe

> 10. – Il faut bien faire attention à ne pas confondre l'**apposition** qui est rattachée structuralement à un actant, avec l'**apostrophe** qui s'exprime dans les langues à cas par le vocatif et dont nous parlerons au chapitre 71.
>
> 11. – Dans certaines phrases la confusion est possible et elle entraînerait un gros contresens. C'est ainsi que ce serait ne rien comprendre au dicton *Souffre, enclumeau, frappe, marteau*, que d'y concevoir *enclumeau* et *marteau* comme des apostrophes, comme si l'on ordonnait à l'enclumeau de souffrir et au marteau de frapper, au lieu de les concevoir comme des appositions au prime actant non exprimé du verbe impératif (v. chap. 71, § 11) et de comprendre que l'ordre donné est celui de souffrir dans le rôle d'enclumeau et de frapper dans le rôle de marteau, c'est-à-dire de savoir en tout s'adapter à la situation qui vous est faite, et d'être aussi souple à s'y plier en cas de nécessité qu'à en tirer parti quand l'occurrence est favorable. (*ESS*, ch. 69, § 10–11)

Il s'agit ici de la situation de non-arguments des segments en fonction vocative, laquelle a été diversement mais fréquemment soulignée. Tesnière, tout en observant l'incompatibilité de l'apostrophe avec les fonctions actancielles, expose le fonctionnement complexe de ces constructions vocatives qui, structuralement, se comportent toutefois comme si elles étaient le prime actant virtuel d'un verbe à l'impératif. Voir chap. 71 L'apostrophe, § 11 :

> [...] l'apostrophe, tout en n'étant pas à proprement parler un actant, se comporte donc structuralement comme le prime actant virtuel d'un verbe à l'impératif. (*ESS*, ch. 71, § 11)

On notera l'approche référentielle très réductrice de l'apostrophe. Manifestement, pour Tesnière, l'apostrophe n'entre que dans un phénomène d'allocution *in praesentia*, qui aboutit à l'éviction des inanimés. Là encore on suit la tradition descriptive, qui a créé pour ces vocatifs inanimés une catégorie *ad hoc*, hybride, celle d'« apostrophe personnifiée », qui illustre à cet égard d'une certaine manière la fréquente disqualification de l'écrit dans l'analyse. Rien ne justifie cette éviction sur le plan syntaxique, et les faits d'apostrophe entrant dans le périmètre de la deixis *am phantasma*, par exemple les vocatifs lyriques du texte poétique, ou les vocatifs référentiellement indistincts des prêches et des prières, qui prennent appui sur un support personnel insituable, doivent bien sûr trouver leur place dans l'analyse. Lambrecht (1998) a bien montré que cette distinction entre vocatifs manifestant une deixis *in praesentia* et ceux qui manifestent une deixis *in absentia* n'avait pas de pertinence sur le plan formel. Ce qui prévaut, c'est la présomption d'identification référentielle manifestée par les vocatifs, et leur nécessaire accessibilité pragmatique, même si la condition discursive de l'appel est le plus souvent déterminée par le fait que l'énonciateur doit tenir le coénonciateur pour donné, et qu'il doit le supposer apte à accéder situationnellement au message et à s'interpréter comme référent. Bien sûr dans le cas des vocatifs lyriques cette dernière valeur est caduque.

On notera encore sur la question de la différenciation vocatif/appositif que la représentation graphique de l'apposition est notée par un trait de connexion horizontal, et se distingue en cela du trait de connexion pointillée de l'apostrophe.

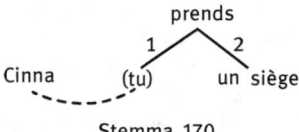

Stemma 170   **Figure 2:** Stemma 170 (*ESS*, ch. 71, § 10).

Dans le stemma, l'apposition et l'apostrophe se trouvent au même niveau que le substantif régissant. Tesnière n'attribue d'ailleurs pas de fonction syntaxique proprement dite à l'apostrophe. Il lui reconnaît tout de même une possible valeur anaphorique face au prime actant (fictif) :

> [...] il y a nécessairement anaphore entre le mot en apostrophe et le prime actant fictif *tu* de l'impératif : *Prends un siège, Cinna.* (*ESS*, ch. 71, § 10)

On observe donc, pour l'apostrophe, une démarche qui mêle des arguments sémantiques et syntaxiques, et qui ressemble à celle qui était effectuée pour expliquer et préciser l'apposition elle-même. Dans certains cas problématiques, la distinction effectuée par Tesnière entre l'apposition et l'apostrophe n'est guère limpide, et son argumentation laisse parfois circonspect. Sur ce point, voir Bannenberg (2005).

3.6 Paragraphes 12 et 13 : « Légère nuance de circonstant »

> 12. – L'exemple précédent pourrait donc être glosé en français même, de la façon suivante : « *Souffre quand* (ou *si*) *tu es enclumeau, frappe quand* (ou *si*) *tu es marteau* ». C'est là qu'apparaît la valeur exacte de l'apposition, qui, n'étant pas actant elle-même, tend volontiers, tout en restant en connexion avec l'actant avec lequel elle est en apposition, à prendre une légère nuance de circonstant (*quand*, temporel, ou *si* de condition).

> 13. – Cette nuance circonstancielle peut être très variable. Ainsi, dans la phrase *Orateur remarquable, Atticus était un écrivain médiocre* (v. St. 166), si la qualité d'écrivain médiocre est attribuée à Atticus par l'attribut, c'est une qualité autre et en opposition avec la première qui lui est prêtée par l'apposition, si bien que celle-ci peut se développer dans le sens d'un circonstant concessif : *quoiqu'orateur remarquable, Atticus était un écrivain médiocre*.

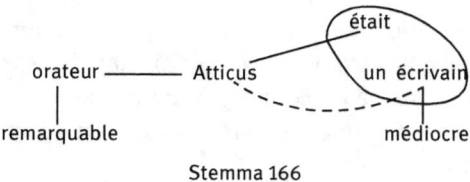

Stemma 166

(*ESS*, ch. 69, § 12–13)

Sur la question de la valeur circonstancielle, Tesnière renoue ici avec la doxa véhiculée par les grammaires traditionnelles, la « légère nuance de circonstant » exprimée par le segment appositif. De très nombreux travaux ont noté cette valeur. Nous ne mentionnerons que l'analyse de Damourette & Pichon (1930-1950 : § 476, 477, 491), qui distinguaient l'*épamphischète* (apposition substantive déterminée : fonction « substantiveuse ») et l'*épamphithète* (apposition substantive non déterminée et apposition adjective : fonction « adjectiveuse »). Les deux constituants de l'épamphischète entretiennent un rapport d'identité référentielle, c'est-à-dire qu'ils sont « en rapport consubstantiel, dans l'ambiance », caractéristique sémantique des appositions dites « liées » et de certaines appositions substantives détachées. L'épamphithète, présentée comme plus mobile, manifeste, quant à elle, une qualité dite « affonctivigène », c'est-à-dire adverbiale. On reconnaît là la valeur qualifiée de « circonstancielle » qui a été fréquemment attribuée dans les grammaires ultérieures à l'apposition adjective.

Cette valeur circonstancielle n'est d'ailleurs jamais corrélée à la configuration du contexte. Dans Neveu (1998) nous avons eu à rendre compte de la phrase de Sartre, qui figure en fin de paragraphe dans *Les Mots* : « *Clandestin, je fus vrai* ». Décontextualisée, elle se prête à une interprétation concessive, de manière à contourner le paradoxe (*bien que clandestin*). Contextualisée, elle se prête à une lecture causale et paradoxale de la relation appositive (*parce que j'étais clandestin*). On comprend ainsi que la modalité aléatoire du procès, glosée en termes de valeur circonstancielle, n'est nullement attachée à la construction phrastique, mais bien à la configuration contextuelle. Ce qu'un intérêt porté au mécanisme énonciatif de la discontinuité permet de comprendre. On peut d'ailleurs associer cette observation également au § 2 du chapitre 70 (voir plus bas, en 4.2.).

3.7 Paragraphe 15 : « La ville de Paris »

> 15. – Pour ce qui est de ces deux exemples, nous verrons· ci-dessous (v. chap. 195, § 8) que dans la structure française *la ville de Rome* ou *de Paris* qui est d'un type tout différent, *de Rome* ou *de Paris*, n'est pas une apposition comme on l'enseigne couramment, mais bien une épithète. (*ESS*, ch. 69, § 15)

Tesnière remet en question les descriptions traditionnelles de l'apposition dite liée, et développe une analyse nouvelle et productive du type *la ville de Paris*. Contrairement à l'apposition qui se trouve en connexion horizontale avec son régissant, chez Tesnière, l'épithète est connectée verticalement au substantif centre du nœud substantival. Voir § 9, chapitre 69 :

> 9. – L'apposition se distingue ainsi nettement d'une part de l'épithète, d'autre part de l'attribut, qui sont en connexion verticale avec le substantif centre du nœud substantival, puisque sa connexion avec celui-ci, loin d'être verticale, est au contraire horizontale. (*ESS*, ch. 69, § 9)

Un substantif transféré en adjectif, c'est-à-dire un adjectif de quiddité (ch. 195, § 6 [*Essence d'une chose, ce qui fait qu'une chose est ce qu'elle est*]), tel qu'il apparaît dans des structures semblables à *la ville de Paris,* Tesnière ne le regroupe pas parmi les appositions mais parmi les épithètes. Et ce, tout en admettant que « dans la plupart des langues, les substantifs ne peuvent être transférés en adjectif de quiddité », « on se borne en ce cas à le mettre en apposition » (ch. 195, § 20) ; ainsi en allemand : *die Stadt Paris*. Théoriquement, la représentation stemmatique de l'exemple français devrait différer de celui de l'allemand, mais ce n'est pas ce que l'on observe.

Nous citons les § 6, 7 et 8 du chapitre 195 :

> 6. – Le substantif ainsi transféré en adjectif n'a la plupart du temps qu'une valeur de renforcement, puisqu'il n'ajoute sémantiquement rien au substantif transférende. C'est pourquoi on pourrait baptiser la catégorie de l'adjectif que crée cette translation du terme de quiddité, que nous avons déjà adopté pour l'adverbe de type analogue (cf. chap. 37, § 35).
>
> 7. – Les adjectifs de quiddité se bornent ainsi souvent à indiquer en quoi consiste le contenu du substantif auquel ils sont subordonnés. Ils n'ont donc pas de valeur sémantique mais seulement une valeur structurale.
>
> 8. – Dans un certain nombre de langues, et en particulier en français, les substantifs peuvent être transférés en adjectifs de quiddité au moyen d'une préposition : fr. *la ville de Paris* (cf. St. 313), *le pays de France*, *un amour d'enfant*, *un fripon d'enfant* (La Fontaine, *Fables*, IX, 2) (v. chap. 69, § 16). (*ESS*, ch. 195, § 6–8)

On peut savoir gré à Tesnière d'avoir su se démarquer très sensiblement des analyses traditionnelles des constructions dites « liées », qui, à partir du modèle par le latin *urbs Roma*, sont à la base des analyses coréférentielles de l'apposition.

Héritage des grammaires du latin, l'analyse coréférentielle des constructions associées à l'apposition a durablement mis en échec la description des tours liés et celle des tours détachés. Cette analyse résulte d'une confusion méthodologique entre la perspective morphosyntaxique et la perspective sémantique, et, plus généralement, elle signale une approche à dominante morpholexicale et non pas discursive et contextuelle de la référence (voir Neveu 2021). Même si la perspective de Tesnière n'aborde pas la question référentielle, il se trouve que son analyse des tours N_1 *(de)* N_2 au moyen de la notion d'adjectif de quiddité permet de traiter de manière linguistiquement pertinente les appositions dites « liées ».

4 Sur le chapitre 70

Le chapitre 70 est entièrement consacré à l'adjectif en apposition.

4.1 Paragraphe 1 : « Un adjectif qui tient lieu de substantif »

> 1. – Nous avons vu au chapitre 65, § 7 que le rôle de l'épithète, qui est normalement tenu par un adjectif, parce qu'il s'agit d'une connexion verticale et qu'il faut par conséquent faire choix d'une espèce de mot structuralement inférieure au substantif, peut être également tenu par un substantif. Réciproquement, si le rôle d'apposition est normalement rempli par un substantif, il peut également l'être par un adjectif qui tient alors lieu de substantif :
>
> latin : *Aristides mortuus est pauper* « Aristide mourut pauvre ».
> grec : αὐτὸς ἧκεν « il est venu lui-même ». (*ESS*, ch. 70, § 1)

Tesnière développe ici un parallèle entre les catégories nominale et adjectivale, auxquelles s'ouvre manifestement pour lui sans difficulté la fonction d'apposition eu égard à la proximité de fonctionnement des deux classes, que souligne leur fréquente conversion réciproque. L'exemplification se limite toutefois au latin et au grec, sans mention du français, qui aurait pu pourtant éclairer la remarque formulée en fin de paragraphe : « si le rôle d'apposition est normalement rempli par un substantif, il peut également l'être par un adjectif qui tient alors lieu de substantif ». Que signifie précisément « un adjectif qui tient alors lieu de substantif » ? On pourrait comprendre « tenir lieu » dans un sens fonctionnel, mais ce n'est pas ce que laisse entendre littéralement l'expression, et l'exemple latin souligne plutôt le fait que Tesnière a en tête la construction attributive, dont la syntaxe est pourtant bien différente, mais dans laquelle effectivement substantif et adjectif peuvent aisément permuter. Le français aurait clarifié la perspective, et son absence ici s'apparente à un procédé d'évitement de la problématique. Si d'un côté Tesnière, contrairement à nombre de ses contemporains, ne voit pas d'incompatibilité entre la catégorie adjectivale et la fonction d'apposition, ce qui se comprend aisément du fait qu'il n'a aucunement recours au critère de la coréférence, d'un autre côté il réaffirme la prééminence de la catégorie nominale pour exemplifier la fonction appositive, sans pour autant justifier cette position, ce qui est une manière de s'accorder sur ce point avec la tradition grammaticale.

4.2 Paragraphes 2 et 3 : « Une nuance circonstancielle »

> 2. – L'adjectif en apposition comporte comme le substantif dans la même occurrence une nuance circonstancielle, qui peut être de lieu :
>
>> *Duobus summis oratoribus, Crasso et Antonio, L. Philippus proximus accedebat* (Cie. *Brut.*, 47, 173) « L. Philippe était celui qui s'approchait le plus près des deux orateurs éminents, Crassus et Antoine ».
>> de temps :
>> *assiduus in oculis fuerat* « il avait été constamment en vue ».
>> ou de manière :
>> *praeceps abiit* « il partit précipitamment ».
>
> 3. – Dans les exemples ci-dessus le caractère circonstanciel est exprimé en français par un adverbe, mais il peut l'être aussi par une expression adverbiale formée au moyen d'un substantif (ou substantif personnel ou infinitif) précédé d'une préposition :
>
>> en : *rediit incolumis* « il est revenu en bon état ».
>> avec : *haud timidi resistunt* « ils résistent avec intrépidité ». (*ESS*, ch. 70, § 2-3)

On retrouve ici encore (voir plus haut en 3.6.) la fréquente mention de la valeur circonstancielle du groupe en apposition, régulièrement évoquée dans les descriptions de la fonction dans les grammaires françaises depuis la fin du XIXe siècle. Mais en l'absence de toute analyse contextuelle, ces deux paragraphes laissent dans l'ombre le fait que ces valeurs circonstancielles du segment apposé sont aléatoires, et variables selon la nature et le positionnement du groupe dans l'énoncé, et qu'elles sont dépendantes du micro comme du macrocontexte.

4.3 Paragraphes 4, 5, 6 et 7 : Développement morphologique

> 4. – Le rôle de l'adjectif-apposition lui-même peut être tenu par un participe :
>
>> *Étant petit garçon, je lisais son roman.*
>> *Et je le lis encore, ayant la barbe grise* (La Fontaine, *Poésies diverses*, VII, *Ballade*, v. 15-16).
>
> Les traductions présentent le même caractère adverbial : lat. *faciam libens* « je le ferai volontiers ».
>
>> *Diuersae duae legiones proeliabantur* « deux légions combattaient séparément ».
>> *Feci non inuitus* « j'ai agi de mon plein gré ».
>> *Sapiens nihil facit inuitus* « le sage ne fait rien malgré lui ».
>> *Non rogatus uenit* « il est venu sans être prié ».
>
> 5. – Le grec affectionne tout particulièrement les tournures contenant un participe en apposition :

ἐπαύσατο μαχόμενος « il cessa de combattre ».
ἔλαθε ἐχθρὸς ὤν (Xénophon) m.-à-m. « il resta caché étant ennemi », c'est-à-dire « on ne s'aperçut pas que c'était un ennemi ».
τοῦτον ὑμεῖς ἐπίστασθε ἡμᾶς προδόντα « vous savez qu'il nous a trahis ».
δείξω οὕτω ταῦτα ἔχοντα (Platon) « je montrerai qu'il en est ainsi ».

6. – A la différence du substantif en apposition, l'adjectif et le participe en apposition, qui n'ont pas de genre et de nombre propres, s'accordent avec le substantif auquel ils sont en apposition non seulement en cas, mais en genre et nombre : accusatif : lat. *eos non possum retinere inuitos* « je ne puis les retenir malgré eux », datif : *quorum rerum altera mihi uiuo nunquam eripietur, altera ne mortuo quidem* « la première (de ces passions), on ne me l'arrachera jamais de mon vivant et la mort ne me ravira pas la seconde ».

7. – On notera qu'en allemand l'adjectif en apposition reste invariable, qu'il s'agisse d'un adjectif proprement dit ou d'un participe :

Fest gemauert in der Erde,
Steht die Form, aus Lehm gebrannt (Schiller, *Das Lied von der Glocken)* (v. 1–2) « le moule, fait d'argile cuite, est solidement maçonné dans la terre ».

Il partage cette particularité avec l'adjectif attribut : *die Form ist in der Erde fest gemauert* « le moule est maçonné solidement dans la terre ».

On peut conclure de cette observation qu'en allemand, l'adjectif ou le participe ne s'accordent point avec leurs connexions inférieures (attribut) ou horizontales (apposition), mais seulement avec leurs connexions supérieures (épithète) : *die in der Erde fest gemauerte Form* « le moule solidement maçonné dans la terre ». (*ESS*, ch. 70, § 4–7)

Cette série de paragraphes permet de noter la place importante que Tesnière réserve au participe dans la construction appositive, qu'il place ici au même niveau que l'adjectif, qu'il s'agisse du participe présent ou passé. En outre, ces paragraphes développent quelques considérations de morphologie flexionnelle qui permettent de clarifier le comportement morphosyntaxique du segment apposé dans l'énoncé, notamment à l'égard de son support. L'ouverture de l'exemplification à la langue allemande, outre qu'elle rappelle l'invariabilité du segment adjectival et participial dans cette fonction, est l'occasion pour l'auteur de revenir sur les divergences de connexion entre l'attribut (connexion inférieure), l'apposition (connexion horizontale) et l'épithète (connexion supérieure).

4.4 Paragraphes 8, 9 et 10 : Anacoluthe, constructions obliques, ou asymétriques

8. – Lorsqu'un mot est en apposition à un substantif personnel [...] ce substantif peut être déjà réduit au rôle d'indice ou même complètement incorporé au verbe. Dans ce cas, il est

représenté **fictivement** par un nœud **virtuel,** auquel aboutissent d'une part un trait de connexion horizontal venant de l'apposition et d'autre part un trait de connexion vertical venant du verbe. C'est ce qui arrive dans une phrase comme *mortuus est pauper*, où *pauper* est en apposition au prime actant de *mortuus est*, lequel est incorporé au verbe et n'est plus exprimé en tant qu'actant (v. St. 167).

```
mortuus est
    /
   /____ pauper
```

Stemma 167

9. – Bien que l'apposition se fasse en principe à un actant, il arrive qu'elle se fasse à un substantif non actant. Des tournures de ce genre sont plus ou moins correctes en raison du caractère d'anacoluthe qu'elles présentent : *Voisin de l'une des parties les plus giboyeuses de la forêt et entouré de toutes parts par une agglomération de bois communaux, la position accidentée de ce hameau en rendait la surveillance plus difficile* (Murger, *Le Sabot rouge*, I). Dans cet exemple, les nœuds appositionnels régis par le substantif *voisin* et le participe *entouré*, qui sont au masculin, ne peuvent se rapporter qu'au substantif masculin *hameau*, ce qui est incorrect, puisque *hameau* n'est pas lui-même un actant, mais fait fonction d'épithète qualifiant le mot *position* qui est féminin.

10. – L'anacoluthe est encore plus dure, lorsque l'apposition se fait non pas à un actant, mais à une idée qui n'est même pas exprimée par un substantif : *D'ailleurs il était question d'améliorer ce service en le logeant plus au large, tout un vaste local sous une des rampes du Rosaire et dont on préparait déjà l'aménagement* (Zola, *Lourdes*, IV). (*ESS*, ch. 70, § 8–10)

Ces trois paragraphes témoignent là encore de la sagacité analytique de Tesnière, un des rares linguistes de cette époque à formuler clairement le problème des constructions que nous pouvons qualifier d'« obliques » ou d'« asymétriques », et dont seule la rhétorique s'est emparée pour les placer sans analyse dans la classe fourre-tout et indéfinie des anacoluthes.

Nous avons qualifié d'*obliques* des constructions appositives qui, contrairement aux configurations les plus répandues, dites *standard*, présentent une asymétrie produisant un compactage référentiel avec la séquence qui précède, ou plus largement avec l'environnement contextuel (voir Neveu 2021 : § 3.7.3). Le référenciateur du terme détaché est de ce fait rendu implicite, et peut s'insinuer dans un déterminant actanciel (de type possessif, notamment), ou bien être représenté indirectement et tardivement par un pronom objet dans les constructions frontales, et non pas sujet comme dans les constructions standard du type *Chanteur infatigable, le barbier de Séville rase aussi les mélomanes*. Ex. *Chanteur infatigable, son voisinage n'est pas de tout repos. / Chanteur infatigable, les barbes l'inspirent irrémédiablement. / Chanteur infatigable, un même talent fait son bonheur et le malheur de ses clients.* Ce que l'on observe, par exemple, dans le cas des détachements manifestant des « accords associatifs » (Berrendonner & Reichler-Béguelin 1995). On note que même en cas d'obliquité, l'instanciation du référenciateur dans la phrase graphique peut être tenue pour un indice fort de dépendance entre apport et support. L'analyse des nœuds appositionnels de ces séquences par Tesnière montre bien que toute la difficulté et la singularité de ces constructions avait été dégagées dans les *Éléments*.

5 Contribution de Tesnière à l'analyse du système appositif

Si l'on ouvre à présent, et pour conclure, la perspective à la question de la contribution de Tesnière à l'analyse du système appositif[2], en tentant de distinguer entre limites et rendement de cette contribution, nous dirons que, du côté des limites on doit en premier lieu mentionner l'absence de toute référence à la notion de détachement ou de tout autre approche prenant en compte les faits relatifs à la discontinuité syntaxique et énonciative. Plus généralement d'ailleurs, on sait que les *Éléments de syntaxe structurale* restent étrangers à l'étude détaillée des mécanismes énonciatifs et à leur incidence sur les constructions syntaxiques. C'est cette caractéristique qui fait que le système appositif déplace ou redéfinit les frontières du domaine syntaxique, et c'est aussi la raison pour laquelle Tesnière, comme la plupart des linguistes qui lui sont contemporains, limite strictement son analyse à la syntaxe phrastique et développe finalement une approche assez limitative de ces constructions.

On peut également relever que, pour des raisons également liées au modèle syntaxique développé par Tesnière, se trouve écartée toute perspective ouverte à la prédication et donc à la prédication seconde, laquelle est centrale dans le mécanisme appositif. En outre, l'exemplification exploitée par Tesnière reste très limitée en variété de constructions, et assez artificielle particulièrement pour ce qui regarde les exemples en français. En lien avec cette indifférence à la discontinuité syntaxique et énonciative, les *Éléments* ne proposent aucune perspective sur la question de l'ordre des appositifs et sur celle de la dimension interphrastique du système. Et, l'on pourrait encore ajouter, nous l'avons vu à de nombreuses reprises, que sur le plan méthodologique Tesnière manifeste, sans en fournir de justifications, un consentement récurrent aux idées endoxales véhiculées sur l'apposition par la tradition grammaticale française.

---

2 Pour une approche détaillée des critères d'analyse du système appositif, voir Neveu (2021 : § 4).

Mais si son analyse est nécessairement (en raison de ses options théoriques) inattentive à la problématique référentielle, son approche de l'apposition ne tombe pas dans le piège de la coréférence, longtemps invoquée pour l'explication des constructions, ce qui lui permet notamment de récuser à bon droit l'interprétation appositive des tours du type *urbs Roma* et de leurs équivalents en français, et de développer une description pertinente des séquences $N_1 N_2$.

L'intégration de la catégorie adjectivale à la notion, qui prend le contrepied de nombre d'analyses qui lui sont contemporaines, reste une avancée majeure, mais elle ne l'engage pas pour autant vers la thèse de l'adjectivité du système appositif, impossible à développer en dehors de toute approche sémantique et énonciative du système.

Enfin, Tesnière propose un cadre méthodologique qui permet de penser et de décrire le couplage des appositifs, même si la dynamique du système n'est pas représentée dans ses descriptions.

On pourrait pour boucler cette étude rappeler ce que nous évoquions en introduction sur la difficile commensurabilité entre un modèle théorique de syntaxe générale et une analyse approfondie du problème appositif. On sait gré toutefois à Tesnière, par ses analyses contrastives, d'avoir su lancer des pistes qui ont permis de notables avancées sur la connaissance du fonctionnement linguistique de ce type de construction.

Bibliographie

Arnauld Antoine, Nicole Pierre, 1662–1683, *La Logique ou l'art de penser*, Paris, réédition Flammarion, coll. Champs, 1970.

Bally Charles, 1932, *Linguistique générale et linguistique française*, Berne, A. Francke.

Bannenberg Silvia, 2005, *Une analyse critique de l'apposition dans la syntaxe structurale de Lucien Tesnière*, Grin Verlag.

Benveniste Émile, 1960, « Compte rendu des *Éléments de syntaxe structurale* », BSLP, 1960 : 20–23.

Berrendonner Alain, Reichler-Béguelin Marie-José, 1995, « Accords associatifs », *Cahiers de praxématique*, 24 : 1–25.

Corblin Francis, 1991, « Lucien Tesnière. *Éléments de syntaxe structurale* », in H. Huot (dir.), *La Grammaire française entre comparatisme et structuralisme*, 1870–1960, Paris, Colin : 227–249.

Damourette Jacques, Pichon Edouard, 1930–1950, *Des mots à la pensée. Essai de grammaire de la langue française*, Paris, d'Artrey, § 476, 477, 491.

Dupont Norbert, 1985, *Linguistique du détachement en français*, Berne, Peter Lang.

Lambrecht Knud, 1998, « Sur la relation formelle et fonctionnelle entre topiques et vocatifs », *Langues*, 1 : 34–45.

Marandin Jean-Marie 1999, « Grammaire de l'incidence », en ligne (http://www.llf.cnrs.fr/sites/llf.cnrs.fr/files/u63/grammaire_incidence.pdf).

Neveu Franck, 1998, *Études sur l'apposition,* Paris, Honoré Champion, coll. Grammaire et linguistique.

Neveu Franck, 1998, « Prédication seconde, zones actancielles et niveau macrosémantique – Le cas des appositions asymétriques », *in* B. Caron (éd.), *Proceedings of the XVIth International Congress of Linguists, 20–25 july 1997*, Pergamon, Oxford, Elsevier Science Ltd. (CD Rom, paper 0237, 12 pages).

Neveu Franck, 2000, « Quelle syntaxe pour l'apposition ? Les types d'appariement des appositions frontales et la continuité référentielle », *in* F. Neveu (éd.), *Langue française. Nouvelles recherches sur l'apposition*, 125 : 106–124.

Neveu Franck, 2021, « Apposition », *in Encyclopédie grammaticale du français*, en ligne (http://encyclogram.fr/notx/021/021_Notice.php).

Tesnière Lucien, 1959, *Éléments de syntaxe structurale*, Paris, Klincksieck.

Audrey Roig
Chapitre 14
Entre l'actant et le circonstant, l'adjet

Ce volume sur l'héritage scientifique de Lucien Tesnière nous invite aussi à revenir sur les notions d'*actants* et de *circonstants*, et plus précisément sur un type de complément dont il est difficile de dire s'il appartient à l'une ou à l'autre de ces deux catégories fonctionnelles. Il s'agit de groupes prépositionnels comme *à Paris* dans des phrases du type *Ils sont à Paris* ou *Ils habitent à Paris*, qui ressemblent à des circonstants alors qu'ils dépendent étroitement du verbe, et que quelques-uns nommeront plus tard « adjets » (Feuillet 1980).

Dans ce chapitre, nous reviendrons d'abord sur les critères qui fondent la distinction entre les actants et les circonstants dans les *Éléments de syntaxe structurale* (1966 [1959]) et qui révèlent finalement la curiosité sur laquelle nous nous focaliserons ensuite. En effet, si Tesnière avait conscience de la complexité d'indexer certains compléments parmi les *tiers actants* et les *circonstants*, la proposition faite dans son ouvrage, sur laquelle il passe un peu rapidement selon nous, laisse à penser qu'il n'y a pas de problème qui ne puisse être facilement résolu. Les questions en suspens sur ces compléments hybrides nous conduiront alors à l'examen de la notion d'« adjet » qui a été proposée par la suite en remède. Nous verrons par ce biais que le rendement de l'adjet n'est pas suffisant pour chasser les zones d'ombre associées à ces compléments. Ceci nous invitera, pour finir, à proposer une description alternative qui, si elle reprend l'essence du concept de la valence verbale de Lucien Tesnière, emprunte beaucoup aux théories de Marc Wilmet (1997, 2010) et de Dan Van Raemdonck (2011), en combinaison de quelques principes propres à André Martinet (1960).

1 D'une obscurité dans les *Éléments de syntaxe structurale*...

Dans les *Éléments de syntaxe structurale*, Tesnière compare la phrase à un « petit drame » où se rencontrent des *acteurs*, qui équivalent aux actants, réunis autour d'un *procès*, le verbe, intervenant dans un *décor* à l'origine des circonstants. D'après Tesnière, la différence entre les actants et les circonstants tient en la nature du

---

Audrey Roig, Université de Paris, *Éducation, Discours, Apprentissages* – EDA, UR 4071

lien établi avec le verbe : les *circonstants* dressent le décor dans lequel se déroule le procès tandis que les *actants*, commandés par le verbe, participent au procès. Partant, Tesnière recense trois types d'actants. Il distingue ainsi le *prime actant* (qui correspond à la fonction *sujet* dans la grammaire traditionnelle) du *second actant* (le complément d'objet direct) et du *tiers actant* (catégorie qui regroupe *certains* compléments d'objets indirects et les compléments d'attribution)[1].

Présentée ainsi, l'opposition entre les actants et les circonstants semble évidente : il suffit d'examiner le rapport du complément au verbe pour déterminer s'il s'agit d'un actant ou d'un circonstant. Pourtant, du propre aveu de l'auteur, la distinction est parfois rendue compliquée :

> 1. – À première vue **la limite entre actants et circonstants est nette. Mais, à y regarder de près, on s'aperçoit qu'elle est délicate à fixer avec précision.** L'actant pourvu de l'indice numéral le plus élevé, c'est-à-dire, le tiers actant, présente déjà quelques caractéristiques de circonstant. Inversement, certains circonstants présentent avec les actants quelques analogies qui invitent à considérer attentivement les critériums susceptibles de permettre un départ entre les actants et les circonstants. (1966 : 127)

L'auteur évoque alors deux critères qui favorisent la séparation des (tiers) actants et des circonstants : l'un est en rapport avec la forme, l'autre avec le sens.

> 2. – Ces critériums sont au nombre de deux, celui de la **forme** et celui du **sens**. (1966 : 127)

Formellement, dit-il, les actants sont plutôt des substantifs tandis que les circonstants ne peuvent être que des adverbes – ce qui justifie au passage le recours nécessaire et systématique à la notion de *translation*[2].

> 3. – Au point de vue de la **forme**, l'actant, étant en principe un substantif, se suffit à lui-même comme dépendant du verbe, p. ex. fr. *Alfred frappe Bernard*, tandis que **le circonstant, ne pouvant être qu'un adverbe, doit d'abord, s'il est substantif, recevoir la**

---

[1] Remarque : l'attribut du sujet, chez Tesnière, est décrit comme un substitut du verbe. Il se présente donc comme le *régissant du prime actant*. L'attribut du sujet échappe de cette façon à la tri-catégorisation actancielle proposée par l'auteur. De nombreux successeurs de Tesnière vont néanmoins choisir d'inclure la fonction attribut du sujet dans l'organisation actancielle, faisant de l'attribut un complément dépendant d'un nœud verbal.

[2] Tesnière définit la *translation* en ces termes : « Dans son essence, la translation consiste [...] à transférer un mot plein d'une catégorie grammaticale dans une autre catégorie grammaticale, c'est-à-dire à transformer une espèce de mot en une autre espèce de mot. » (1966 : 364). Il donne en exemple le groupe *de Pierre* dans *Le livre de Pierre*, dans lequel, via la préposition *de* (translatif), « le substantif *Pierre* devient syntaxiquement un adjectif épithète au même titre que dans *le livre rouge* » (*ibid.*). Dans le cas des circonstants, le procédé à l'œuvre est le même : au moyen du translatif *dans*, le groupe nominal *le livre* devient un adverbe-circonstant du verbe *écrivez* dans l'expression *Écrivez dans le livre* (*ibid.* : 370).

> **marque adverbiale au moyen d'une préposition** [...], p. ex. fr. *Alfred marche avec une canne.* (1966 : 127)

Au niveau du sens, au caractère généralement « indispensable » de l'actant est ainsi opposé le côté « essentiellement facultatif » du circonstant :

> 4. – Au point de vue du **sens**, l'actant fait corps avec le verbe, au point qu'il est souvent indispensable pour compléter le sens du verbe, p. ex. fr. *Alfred frappe Bernard.* On conçoit mal *Alfred frappe* sans second actant. **Au contraire, le circonstant est essentiellement facultatif** : fr. *Alfred marche se suffit à lui-même*, sans qu'il soit nécessaire d'indiquer avec quoi il marche, ni même s'il a besoin de quelque chose pour marcher. (1966 : 127)

Ensemble, ces deux critères justifient par ailleurs la nécessité de se garder d'établir un parallélisme trop étroit entre les *tiers actants* tesniériens et les traditionnels *compléments d'objet indirect*, certains compléments d'objet indirect actuels s'apparentant davantage à des circonstants qu'à des tiers actants :

> 8. – On notera que ce départ range comme tiers actants la plupart des compléments qui se construisent au datif (p. ex. en latin) ou avec la préposition *à* en français : fr. *plaire à quelqu'un, nuire à quelqu'un,* lat. *nocere alicui,* peuvent en effet être assimilés à des verbes de don [...] : *donner du plaisir à quelqu'un, donner de la nuisance à quelqu'un, porter envie à quelqu'un.* (Tesnière 1966 : 128)

> 9. – Inversement, se trouvent rangés comme circonstants la plupart des compléments qui se construisent au génitif (p. ex. en latin) ou avec la préposition *de* en français : *dépendre de quelqu'un, changer de chaussettes, se souvenir de quelque chose, se tromper de porte.* (1966 : 128–129)

En français, la tension entre les tiers actants et les circonstants est donc matérialisée par les groupes « *de* + N » et « *à* + N » : d'après Tesnière, un groupe « *de* + N » se fait ainsi l'expression d'un tiers actant ou d'un circonstant selon qu'il renvoie à une forme latine dative ou génitive.

Sauf que le français n'est pas le latin. Ce seul fait motive la porosité qui subsiste entre les catégories du tiers actant et des circonstants déjà remarquée par ailleurs par Tesnière. Pour autant, une indexation demeure toujours possible, affirmait l'auteur. Tesnière citait en exemple le complément *de veste* dans la phrase *Alfred change de veste* (cf. citation *infra*) qui, malgré sa tête d'actant du fait d'être sémantiquement requis par le verbe, s'avère être un circonstant dans la mesure où son sens ne rencontre ni celui qui définit le prime actant, ni celui du second actant, ni encore celui du tiers actant.

> [...] certains compléments qui présentent un caractère indubitable de circonstants du fait qu'ils comportent une préposition, **ne s'en rapprochent pas moins singulièrement des actants** par l'étroitesse de leur connexion avec le verbe dont le sens apparaît incomplet sans eux : p. ex. fr. **Alfred change de veste.**

> [...] **Mais *de veste* ne peut pas être un actant**, puisqu'il ne répond ni à la définition du prime actant, qui fait l'action [...], ni à celle du second actant, qui supporte l'action [...], ni enfin à celle du tiers actant, au bénéfice ou au détriment de qui fait l'action [...]. **N'étant pas un actant, il ne peut être qu'un circonstant**. Effectivement, on peut concevoir que *de veste* exprime une des circonstances qui accompagnent et définissent l'action de *changer*.
>
> [...] La limite cherchée se trouverait donc entre le tiers actant et les circonstants du type *de veste*. (Tesnière 1966 : 128)

En conséquence et par élimination, le groupe *de veste* est un circonstant selon Tesnière. La grammaire traditionnelle, quant à elle, étiquette ce même groupe *complément d'objet indirect* en raison du lien qui unit ce groupe syntaxique au verbe *change*, que rappelle notamment la mention « emploi trans[itif] indir[ect] » dans le *Trésor de la langue française informatisé*.

> CHANGER, verbe [...]
> III. *Emploi trans. indir.* [Le changement affecte le suj. et l'obj.] *Changer* + *de* + subst. (*TLFi*, CHANGER)

La façon dont Tesnière parvient à cette conclusion est pourtant discutable. L'argumentation avancée fait du critère du sens un argument aléatoire, plus *critiquable* que *remarquable* : malgré l'irrecevabilité de la phrase *Alfred change ø* – sinon en donnant une autre lecture de l'énoncé : *Alfred devient différent* – qui témoigne bien de la force du lien entre le complément (*de veste*) et le verbe (*change*), c'est finalement le sens exprimé par le complément lui-même qui en vient à dicter la fonction du groupe. Cet exemple montre donc que les critères retenus pour trancher la question des actants/circonstants ne sont probablement pas les mieux choisis. Ce même exemple nous invite par ailleurs à reposer la question de la fonction, et donc de la classification, d'un complément comme *à/de Paris* dans *Ils sont à/de Paris*, qui ressemble à un circonstant mais qui est requis par le verbe. Si Tesnière ne traite pas directement ce cas dans les *Éléments de syntaxe structurale*, la lecture du paragraphe suivant donne néanmoins à voir un exemple proche à partir duquel l'auteur défend l'option d'un *de Paris* circonstant en dépit de la suppression impossible du *en* dans la phrase étudiée :

> 11. – L'indice *en* peut être un actant comme dans *pour avoir de vrais amis, il faut être capable d'en faire et digne d'en avoir* (La Rochefoucauld), ou *en* signifie *des amis*. Il peut aussi être un **circonstant de lieu**, comme dans *Alfred est à Paris, Bernard en vient*, ou *en* signifie *de Paris*. (1966 : 135)

Chez Tesnière, le caractère sémantiquement requis du complément ne suffirait donc pas à ranger ce complément parmi les *tiers actants*. Or, la complémentation obligée par le verbe était le deuxième argument, après celui de la forme, définitoire de l'*actant* (cf. citation du §4 *supra* ; 1966 : 127).

L'indexation discutable voire contestable de ce genre de compléments a déjà fait l'objet de plusieurs travaux de linguistique depuis lors. Une réponse a notamment été apportée par Jack Feuillet à l'aube des années '80 via la création d'une fonction nouvelle nommée « adjet ».

2 ... à la naissance de l'« adjet »

À mi-chemin entre les *actants* et les *circonstants* chez Tesnière[3], les compléments *sémantiquement actants* mais *formellement circonstants* trouvent leur place chez Feuillet dans une catégorie fonctionnelle singulière :

> Dans la grammaire traditionnelle, mais aussi dans la linguistique structurale, on n'a jamais pu résoudre de manière satisfaisante le problème des compléments circonstanciels qui entrent dans la valence d'un verbe de mouvement, c'est-à-dire des actants ayant la forme de circonstants. Dans un article, nous avons proposé le terme d'***adjet*** pour désigner ce type mixte. (Feuillet 1980 : 26)

À l'heure actuelle, deux écoles recourent volontiers à la fonction *adjet* : celle que nous avons appelée l'*École française* d'une part, qui rassemble notamment Jack Feuillet, Gilbert Lazard, Denis Creissels, Karmele Rotaetxe ou encore Alain Christol ; et d'autre part celle que nous avons nommée l'*École scandinave*, dont les figures de proue sont Michael Herslund et Finn Sørensen et que rejoignent à certains égards des linguistes comme Henning Nølke ou Marianne Hobæk Haff.

Si ces deux écoles reconnaissent chacune une fonction « adjet », la liste des dénominateurs communs s'arrête déjà là. En effet, l'École française et l'École scandinave définissent l'adjet de façon quasi antipodique :
- D'abord, l'adjet est dit *cumulable* par les représentants de l'École française tandis que son cumul est par définition impossible du côté scandinave. Ceci implique la présence potentielle de deux adjets côté français dans une phrase telle que *Il habite chez sa tante à Paris* alors que seul l'un des deux compléments de lieu est un adjet selon Herslund (2006).

---

3 Dans le domaine de la grammaire scolaire, la question est également loin d'être résolue à ce jour : la solution adoptée fluctue au gré des auteurs de manuels entre les fonctions *complément du verbe* et *complément circonstanciel/de phrase*. En effet, les compléments essentiels de lieu comme « à Paris » reçoivent aujourd'hui des analyses très différentes suivant le manuel consulté : présentés comme des « *compléments* (verbaux) *essentiels de lieu* » dans *Jardin des lettres 4ᵉ* (2016 : 310) et *Le livre scolaire 3ᵉ* (2016 : 279), ils sont qualifiés plus simplement de « *compléments du verbe* » dans *Fleurs d'encre 5ᵉ* (2016 : 344) tandis qu'ils entrent dans la catégorie des « *compléments circonstanciels (/de phrase) de lieu* » dans le manuel *Envol des lettres 5ᵉ* (2016 : 308).

- Ensuite, alors que l'École française reconnaît une forme libre à l'adjet, sa forme est toujours contrainte d'après les linguistes scandinaves en ce que le verbe sélectionne la préposition à utiliser, explique Herslund (2006).
- L'acception même du mot « adjet » est plus ou moins restreinte selon les auteurs du côté français, l'adjet désignant souvent les complément *requis* mais *non régis* comme les compléments essentiels de lieu. Par contre, l'École scandinave fait de l'adjet une fonction très répandue recoupant des compléments autrement étiquetés *d'objet direct* ou *indirect, essentiels de lieu, d'attribution* voire même des *attributs du sujet* et *de l'objet*.
- Partant, si l'adjet est une catégorie neuve ajoutée à celles des prime, second et tiers actants pour la majorité des membres de l'École française (exception faite pour Lazard, cf. *infra*), il apparaît en remplacement et en élargissement de la catégorie du tiers actant dans les théories scandinaves.
- Enfin, l'adjet est un terme de la prédication première dans les textes de l'École française alors qu'il est toujours à l'origine de la construction d'une prédication seconde d'après Herslund (2006). Cette façon de concevoir l'adjet participe d'une théorisation très particulière de la phrase dont nous ne donnerons ci-dessous que les éléments principaux.

2.1 Vision scandinave de l'adjet

La définition qu'Herslund donne de l'adjet dépend en effet étroitement de la formalisation qu'il conçoit de la phrase française. Marchant dans les pas de Tesnière, Herslund (1994, 2006) admet la coexistence d'actants (sujet, objet) et de circonstants mais reconnaît de surcroît l'existence d'un *actant fondamental* autour duquel le propos est construit :

> [...] tous les actants n'ont pas le même statut, toutes les relations ne sont pas identiques. Il y a en effet une hiérarchie entre les actants. La relation fondamentale est établie entre le prédicat et l'actant qui dénote l'entité sans laquelle on ne pourrait même pas commencer à imaginer la situation décrite. (2006 : 16)

Selon le verbe de la phrase, l'actant fondamental se trouve être soit le sujet, soit l'objet (Herslund 2006 : 17). La formalisation se complique néanmoins dès lors que la présence d'un troisième actant est rendue nécessaire – et cela, indépendamment de la saturation ou non de l'objet : *Il voit midi à sa porte* vs *Ils échappent à la règle* ou *Ils habitent à Paris*. Dans ce cas, explique l'auteur, une prédication seconde voit systématiquement le jour :

> Avec les deux actants centraux, sujet et objet, on pourrait dire qu'il n'y a plus de place autour du verbe, que sa valence est saturée. [...] **La seule possibilité pour l'introduction d'un troisième actant est au moyen d'une prédication seconde.** Cette prédication seconde est toujours construite selon les mêmes lignes : c'est toujours l'actant fondamental – O [pour les verbes transitifs] ou S [pour les verbes intransitifs] – qui se voit ajouter un complément, prépositionnel ou attributif. C'est ce complément que nous avons appelé, avec [...] Finn Sørensen, **adjet** [...] pour construire un terme inusité qui fait écho à « objet » et « sujet ». (Herslund 2006 : 19–20)

L'adjet se définit donc comme le *troisième actant* de la phrase, en lien avec la construction d'une prédication seconde. En ce sens, l'adjet ne correspond pas à une fonction unique de la grammaire traditionnelle : il peut prendre la forme d'un complément d'objet indirect ou d'un attribut du sujet ou de l'objet, par exemple. Il n'en restera pas moins un *adjet* dans la mesure où il constitue l'élément qui permet le déploiement d'une prédication seconde dans une phrase. Ainsi, *à l'agréable* dans *Julie joint l'utile à l'agréable* est un adjet au même titre que *à Rome* dans *Julie arrive à Rome* étant donné qu'ils sont tous les deux les arguments d'une prédication seconde qui prend tantôt l'objet (*l'utile*) tantôt le sujet (*Julie*) comme actant fondamental (Herslund 2006 ; les deux derniers exemples sont repris à l'auteur).

2.2 Vision française de l'adjet

L'École française se distingue de l'École scandinave par l'hétérogénéité des définitions de l'adjet qui y sont données.

À l'origine, Feuillet (1978, 1980, 2006), à qui revient la paternité du métaterme, considérait comme *adjets* tous les « compléments circonstanciels qui entrent dans la valence d'un verbe de mouvement, c'est-à-dire des actants ayant la forme de circonstants » (1980 : 26). Sous la plume de Feuillet, l'adjet fait autrement référence aux complément *requis*, c'est-à-dire obligatoires pour le sens, *mais non régis* en ce qu'ils ne connaissent pas de contrainte formelle (2006 : 383) ; ce qui est le cas de *(à) Paris* dans *Il habite (à) Paris* mais aussi des compléments *à/chez/dans...* dans *Il se rend à Paris/chez sa sœur/dans le Luberon*.

Si c'est dans ce même sens que Christol (1998) et Rotaetxe (1998) utilisent le substantif, Lazard a quant à lui donné deux définitions très différentes de l'*adjet* : s'accordant dans un premier temps avec la proposition de Feuillet (cf. Lazard 1994), l'auteur propose en 1999 de cantonner l'adjet à la catégorie tesniérienne du *tiers actant*. Il crée conjointement l'*adstant*, mot-valise formé à partir des noms « adjet » et « circonstant », pour désigner les compléments requis mais non régis.

Autrement dit, Lazard choisit de réserver l'appellation d'*adstant* aux *adjets* de Feuillet tandis qu'il nomme *adjet* le *tiers actant* de Tesnière.

> Reste le cas des termes requis, mais non régis. On les rencontre avec petit nombre de verbes, comme « habiter ». Ce verbe exige un complément, mais n'en impose pas la forme : on « habite à Paris, en ville, dans le Quartier latin, avec ses parents ». D'autre part, alors que les actants d'un certain type sont ordinairement uniques (avec un verbe donné on a un seul objet direct, un seul complément en « à » ou « de », etc.), les termes requis et non régis peuvent se cumuler : « on peut habiter à Paris, dans le Quartier latin, au sixième étage ». Cette propriété est aussi celle des circonstants. Les termes en question sont donc en quelque sorte intermédiaires entre actants et circonstants. Comment les dénommer ? On ne peut guère éviter de recourir à un néologisme : je propose « adstant ». (Lazard 1999 : 100)

La définition qu'en a donnée Creissels en 1995 est bien plus large, en revanche. Dans ses *Éléments de syntaxe générale*, Creissels a fait de l'*adjet* une fonction qui rassemble « de manière générale tout argument autre [dans la prédication] que le sujet et l'objet (direct) » (1995 : 247). Le terme d'adjet s'applique donc ici à l'ensemble des compléments de la grammaire traditionnelle, y compris aux circonstanciels ; outre le verbe naturellement, seuls le complément d'objet direct et le sujet échappent à son domaine de compétence.

> [...] : outre le fait que sa parenté avec « sujet » et « objet » apparaît immédiatement, ce terme [= *adjet*] a l'avantage de se prêter infiniment mieux que « circonstant » à une interprétation strictement syntaxique. Ce faisant, il importe toutefois de ne pas perdre de vue que, à la différence de « sujet » et « objet », qui doivent être positivement définis, « adjet » (de même d'ailleurs que « complément ») ne peut être défini que de façon négative (c'est-à-dire comme le complémentaire d'une notion préalablement définie), et est susceptible *a priori* de recouvrir une variété de comportements syntaxiques dont il n'est pas évident qu'on puisse les réduire à un petit nombre de types à propos desquels on pourrait procéder à des généralisations comparables à celles que l'on peut faire pour les notions de sujet et d'objet. (Creissels 1995 : 247)

La proposition de Creissels entre finalement en résonnance avec celle d'Herslund dont nous avons parlé précédemment, et l'homogénéité de l'École française que laissait à penser la comparaison des deux écoles en amont de la section 2 mérite ainsi d'être relativisée : même si l'adjet partage certaines propriétés selon les définitions examinées, telles que le caractère indubitablement *requis* du complément, son acception reste étroitement dépendante de ses auteurs comme nous venons de le voir.

2.3 Quelques difficultés inhérentes aux définitions de l'adjet

Bien qu'elle se présente de prime abord comme la solution au problème soulevé à la lecture des *Éléments de syntaxe structurale* (1959), la création de l'adjet s'accompagne néanmoins de quelques difficultés. C'est ce qu'a notamment montré Hobæk Haff (2013) avant nous.

D'abord, le caractère forcément requis du complément, propriété définitoire même de l'adjet français, ne serait pas toujours vérifié dans tous les contextes d'après Hobæk Haff (2013) : si *habiter* requiert toujours un complément, dit-elle, ce n'est pas le cas de *se rendre* par exemple, qui n'exige pas toujours d'être complémenté (*se rendre à/chez*... vs *se rendre*). Cet argument nous semble néanmoins discutable parce qu'il implique un changement de sens même du verbe, dans le cas présent. L'on observe le même phénomène à travers des verbes comme *boire* qui, suivant qu'il est suivi ou non d'un complément (d'objet direct, ici), voit son sens modifié : *Il boit un verre* (parce qu'il a soif) vs *Il boit* (il est alcoolique). Nous ne retiendrons donc pas cette première critique.

En revanche, un argument qui nous parait plus solide a trait au caractère *cumulable* des adjets. Cette propriété peut être illustrée par une phrase comme *Il habite chez sa tante à Paris*. Les manipulations syntaxiques opérées à partir de cette phrase tendent en effet à faire du deuxième complément un circonstant plutôt qu'un deuxième adjet : comme les circonstants, le groupe *à Paris* est facilement supprimable (*Il habite chez sa tante*) ou déplaçable en tête de prédication (*À Paris, il habite chez sa tante*). Ces deux tests plaident ainsi en faveur d'un groupe *à Paris* circonstant plutôt qu'adjet dans la mesure où le complément n'est pas strictement requis par le verbe et donc indispensable pour le sens de la phrase.

Pour autant, l'option du « non-cumul » des adjets retenue par les linguistes de l'École scandinave pose également problème comme le rapporte Hobæk Haff (2013), ce dont Herslund lui-même est bien conscient :

> Si cet argument [= l'exclusion mutuelle de deux adjets comme arguments du même verbe] est valable dans la grande majorité des cas, Herslund reconnaît qu'il y a des cas problématiques, tel le verbe *servir de qch. à qn*, qui semble admettre en même temps un adjet neutre et un adjet datif. » (Hobæk Haff 2013 : 186)

Ces propriétés contraires révèlent les limites de l'adjet. Bien qu'il figure comme un remède immédiat au problème initialement posé par la dualité *tiers actant/circonstant*, l'adjet présente en effet à son tour des limites qui interrogent inévitablement sa rentabilité. Faudrait-il par exemple accepter qu'il soit cumulable dans certains contextes mais non dans d'autres ? La question gagne encore en pertinence lorsqu'on se figure la facilité accrue de déplacer en tête d'énoncé certains compléments de lieu en comparaison d'autres alors qu'ils suivent un même verbe comme *habiter* : il suffit de comparer la phrase *À Paris, il habite au sixième étage* avec *??Au sixième étage, il habite à Paris* – formées toutes les deux à partir de *Il habite à Paris, au sixième étage* – pour s'en rendre compte.

3 Pour une description alternative

À ce stade, il importe peut-être d'interroger la pertinence de vouloir différencier à tout prix les tiers actants et les circonstants. En linguistique générale, la distinction (tiers) actant/circonstant peut faire sens si elle sert la description parallèle de différentes langues, apparaissant comme un point de comparaison possible. En linguistique française, en revanche, la frontière entre les deux catégories nous semble trop poreuse pour être conservée *stricto sensu*. Cette proposition, nous le savons, va à contre-courant de la plupart des discours (grammaticaux et linguistiques) en circulation, dans lesquels la séparation même des circonstants et des tiers actants est rarement discutée. Au contraire, cette distinction s'offre souvent comme un postulat pour les linguistes qui travaillent sur la question de la valence verbale ainsi que le donnent à voir par exemple les passages en gras dans ces deux citations :

> Quel que soit le cadre choisi pour une étude des fonctions, **on est obligé** de séparer les compléments de temps et de lieu entrant dans la valence ou le module d'un verbe des mêmes compléments couvrant l'ensemble de la phrase. (Feuillet 1980 : 26)

> Herslund souligne à plusieurs reprises **l'importance** qu'il y a à différencier actants d'un côté et circonstants de l'autre, ce que je pense aussi, **car si on abandonne cette distinction, la notion même de valence devient floue.** (Hobæk Haff 2013 : 189)

Trancher en faveur d'un tiers actant ou d'un circonstant, pensons-nous, reste moins intéressant que la description du fonctionnement même d'un complément[4]. Dans cette optique, à la création d'un nouveau métaterme comme *adjet* ou *adstant*, nous entendons privilégier une description d'un autre type, basée sur l'examen de trois propriétés seulement que sont : (1) le **caractère syntaxiquement obligatoire ou facultatif du complément** (cf. Martinet 1960) ; (2) le conditionnement du **marquage lexical** de cette relation syntaxique, selon qu'il est obligatoire ou facultatif également ; et pour finir, (3) le **lieu d'incidence (externe)** (cf. Guillaume 1971, 1973), en contexte, du groupe *complément*, lequel se présente syntaxiquement comme un apport à un autre groupe de la phrase (support) par le biais d'une relation soit de *détermination*, soit de *prédication* (Wilmet 1997, 2010 ; Van Raemdonck 2011).

(1) Le caractère [+/− requis] du complément, et en conséquence de la relation syntaxique qui s'instaure entre cet apport et son support, nous est révélé par le test de la suppression du groupe-complément : un complément est étiqueté [+ *requis*] s'il est de suppression impossible, soit que son absence

---

4 Quelconque, pas seulement les compléments d'objet indirect ou circonstanciels.

entraîne l'agrammaticalité de la phrase ([+ requis] syntaxiquement : *Il habite* ; **Il joint l'utile*), soit qu'elle modifie le sens même du verbe ([+ requis] sémantiquement : *Il boit un verre* vs *Il boit*). A contrario, un complément [- requis] est par définition omissible sans engendrer l'agrammaticalité de la phrase ni altérer le sens du verbe : *Hier, il a plu* vs *Il a plu*.

(2) Les traits [marquage conditionné (+/– marqué)] et [marquage facultatif] caractérisent l'importance pour cette relation syntaxique d'être lexicalement marquée ou non. Cette propriété est pareillement révélée par le test de la suppression, du marqueur lexical cette fois. Dans la phrase *Il a adopté un chat*, le complément *un chat* est un groupe qui se verra étiqueté « [marquage contraint (- marqué)] » dans la mesure où aucun connecteur ne peut venir relier ce complément à son support, le verbe, en raison de sa fonction syntaxique (complément d'objet direct). Le complément *à son voisin* dans *Il parle à son voisin*, en revanche, donne à voir un « [marquage contraint (+ marqué)] », la préposition étant indispensable ici à la réalisation du groupe complément d'objet indirect. Il arrive par ailleurs que le marquage lexical soit facultatif. C'est le cas dans une phrase du type *Il sort tandis qu'elle entre*, où le connecteur *tandis que* est omissible : *Il sort, elle entre*.

(3) Le lieu d'incidence externe[5] du groupe complément, pour finir, doit être examiné à la loupe du continuum d'intégration fonctionnelle que nous avons proposé par ailleurs (Roig 2015) et que nous avons un peu amendé en 2018. Partant du principe que tout groupe syntaxique est tantôt un support, tantôt un apport à un autre élément de la phrase qui sert de support (Van Raemdonck 2011), il nous paraissait intéressant de classer les groupes-compléments selon leur degré d'intégration fonctionnelle dans la phrase. C'est à cette fin que nous avons proposé le gradient d'intégration fonctionnelle suivant (fig. 1), établi d'après (a) le type de subordination observée entre un groupe apport et un groupe support, de nature *déterminative* ou *prédicative* selon les définitions données par Wilmet et Van Raemdonck ; et (b) la nature du groupe support : un morphème, un groupe déterminatif ou un groupe prédicatif.

La combinaison de ces deux critères génère un continuum à cinq saisies (fig. 1), où chaque échelon donne à voir un autre niveau de réalisation de subordination dans la phrase. Le continuum proposé part ainsi de l'incidence déterminative/

---

5 Nous utilisons les termes *incidence externe* et *subordination* en synonymes. Nous en donnons les raisons dans Roig 2015 et 2018, notamment.

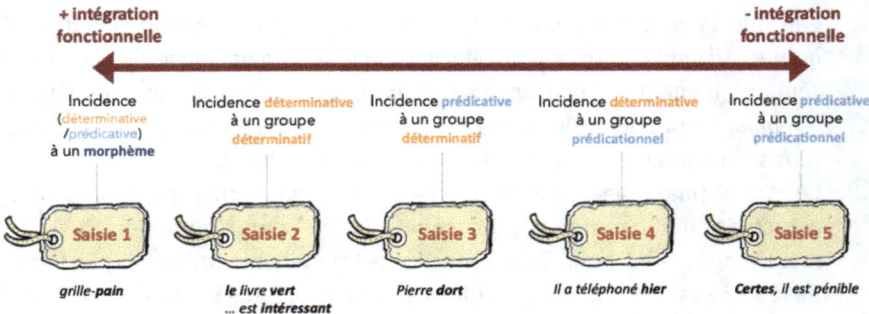

Figure 1: Continuum d'intégration fonctionnelle (Roig 2018).

prédicative à un morphème (saisie 1) et se termine par des relations d'incidence prédicative à un groupe prédicationnel (saisie 5).

La saisie 1, d'abord, traduit le plus haut niveau d'intégration fonctionnelle en ce qu'elle rassemble les incidences/subordinations que l'on peut encore remarquer dans certains mots composés comme *pain* dans « *grille*$_{\text{SUP(PORT)}}$[*-pain*]$_{\text{SUB(ORDONNÉ)}}$ » ou *de terre* dans « *pomme*$_{\text{SUP}}$ [*de terre*]$_{\text{SUB}}$ ». La saisie 2 regroupe les incidences déterminatives à un groupe déterminatif. Sans exhaustivité, on y trouve par exemple les déterminations nominales (« [*le*]$_{\text{SUB}}$ livre$_{\text{SUP}}$ [*vert*]$_{\text{SUB}}$ »), les traditionnels compléments d'objet direct (« mange$_{\text{SUP}}$ [*une pomme*]$_{\text{SUB}}$ ») ou encore les attributs du sujet (« est$_{\text{SUP}}$ [*grand*]$_{\text{SUB}}$ »). La saisie 3 réunit les incidences prédicatives à un groupe déterminatif, classiquement illustrées dans la théorie de Van Raemdonck (2011) – qui fait du sujet le noyau syntaxique de la phrase, le verbe en étant un apport par prédication – par les prédicats verbaux : « Il$_{\text{SUP}}$ [*mange peu*]$_{\text{SUB}}$ »). Les incidences déterminatives à un groupe prédicationnel dessinent quant à elle la quatrième saisie du continuum. C'est à ce niveau que sont rassemblés notamment les compléments circonstanciels de la grammaire française qui, par une relation de détermination, sont incidents/subordonnés à l'ensemble de la prédication. La cinquième et dernière saisie permet quant à elle d'isoler les prédicats incidents à un groupe prédicationnel comme *certes* dans *Certes, il est pénible*.

En soi, cette proposition révèle un intérêt moindre pour la *valence verbale* à proprement parler que pour les relations syntaxiques qui s'instaurent dans une phrase donnée. Dans ce cadre, la question initiale, celle de la séparation des *tiers actants* et des *circonstants*, se retrouve à demi-mot à travers la difficulté qu'il y a parfois à distinguer un complément de saisie 2 et de saisie 4. C'est le cas entre autres des compléments essentiels de lieu comme *à Paris* dans *Il habite à Paris*, qui sont potentiellement incidents à un groupe déterminatif (à savoir le prédicat : [*à Paris*]$_{\text{SUB}}$ serait subordonné à [*habite*]$_{\text{SUP}}$, dans le cas présent) ou à un groupe prédicationnel (à savoir l'ensemble de la prédication : [*il habite*]$_{\text{SUP}}$[*à Paris*]$_{\text{SUB}}$). Le doute est levé néanmoins par le recours au test de la portée de la négation descriptive : si le complément entre dans le champ de la négation (« *Il n'habite pas à Paris (mais à Montpellier)* »), il s'agit d'un complément de saisie 2 ; si le complément échappe à la portée de la négation, il s'agit alors d'un complément de saisie 4 (« *Il n'habite pas à Paris (bien qu'il y travaille)* »), c'est-à-dire d'un complément cadrant la prédication.

Cette façon de catégoriser les compléments offre selon nous le double avantage de pouvoir expliquer et dépasser la tension qui existe parfois entre deux types d'apports syntaxiques comme les compléments essentiels (les *adjets*) et les compléments circonstanciels (les *circonstants*) exprimant le lieu. Elle propose en outre un cadre simple et efficace, pensons-nous, pour mettre en évidence la proximité syntaxique de phrases que la grammaire française scolaire, au regard de son outillage parfois rouillé, aime dissocier au prix d'une démultiplication d'étiquettes fonctionnelles pour désigner *in fine* des compléments de même portée. Pour le vérifier, procédons à l'analyse, d'après le modèle décrit ci-dessus, de quatre phrases choisies. La première est donnée en guise d'exemple, afin de montrer comment les trois paramètres décrits en amont trouvent leur place et sont représentés dans nos schémas de phrase. Les exemples 2, 3 et 4, par contre, sont proposés de sorte à faire ressortir le caractère syntaxiquement convergent de trois compléments du verbe que la grammaire scolaire se complaît pourtant à étiqueter respectivement *complément d'objet indirect, attribut du sujet* et *complément (essentiel ? circonstanciel ?) de lieu*.

(1) **(Tout le long de) La nuit**, *Lucien dessine des stemmas.*
   ↳ *Tout le long de la nuit* : complément [- requis], au [marquage facultatif], de [saisie 4]

(2) *Il parle* **à son collègue**.
   ↳ *À son collègue* : complément [- requis], au [marquage conditionné (+ marqué)], de [saisie 2]

(3) *Cet ouvrage est* **remarquable**.
   ↳ *Remarquable* : complément [+ requis], au [marquage conditionné (- marqué)], de [saisie 2]

(4) *Tesnière est allé* **à Montpellier**.
   ↳ *À Montpellier* : complément [+ requis], au [marquage conditionné (+ marqué)], de [saisie 2]

La phrase *Tout le long de la nuit, Lucien dessine des stemmas* (fig. 2), pour commencer, associe le prédicat (P) *dessine des stemmas* au noyau de phrase (N) *Lucien* au moyen d'une relation prédicative (représentée, selon la convention proposée par Van Raemdonck (2011), par une flèche double). Ces éléments constituent ensemble le support du complément *Tout le long de la nuit* qui échappe ici à la portée de la négation. Ce dernier est donc incident/subordonné à la prédication première (par le biais d'une relation déterminative, représentée par une flèche simple). C'est un complément de niveau 4 sur notre continuum d'intégration fonctionnelle. Ce complément est facultatif puisqu'il est suppressible ; c'est pourquoi, comme Martinet, nous n'avons pas dessiné de trait perpendiculaire à la relation déterminative alors que nous en avons placé un sur les relations déterminatives qui unissent *la* à *nuit* et *des* à *stemmas*. Le trait perpendiculaire à une relation traduit en effet le caractère libre ou contraint de réalisation de la relation d'incidence/subordination. Enfin, le marquage lexical, c'est-à-dire le connecteur *tout le long de* dans le groupe *tout le long de la nuit*, est de réalisation facultative dans cet énoncé étant donné l'acceptabilité de la phrase *La nuit, Lucien dessine des stemmas*. C'est la raison pour laquelle nous avons mis le connecteur entre parenthèses dans la visualisation syntaxique suivante :

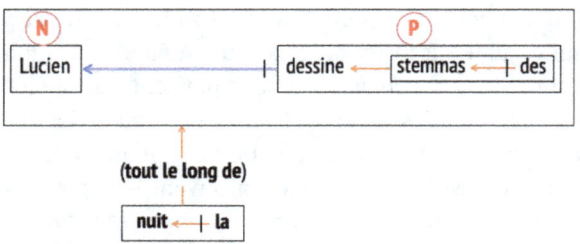

Figure 2: Visualisation syntaxique de la phrase « Tout le long de la nuit, Lucien dessine des stemmas ».

Le deuxième exemple, *Il parle à son collègue* (fig. 3), donne également à voir l'assemblage d'un prédicat (*parle à son collègue*) à un noyau de phrase (*il*) au moyen d'une relation prédicative. En tant que groupe d'incidence prédicative à un groupe déterminatif, ce prédicat figure comme un complément de saisie 3 sur le continuum d'intégration fonctionnelle. Le groupe déterminatif *à son collègue* est quant à lui incident au noyau du prédicat *parle* et sous la portée de la négation. Nous avons donc affaire à un complément de niveau 2 sur le gradient. En revanche, ce complément n'est pas requis puisqu'il est suppressible (*Il parle*). C'est pourquoi la relation déterminative n'est pas pourvue d'un trait perpendiculaire. Le marquage lexical, par contre, est de réalisation obligatoire dans cette phrase : l'omission de la préposition *à* est strictement impossible. Nous l'avons donc soulignée pour attirer l'attention sur cette propriété.

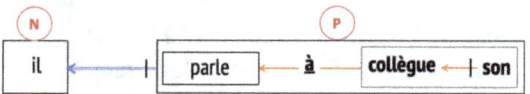

Figure 3: Visualisation syntaxique de la phrase « Il parle à son collègue ».

La phrase suivante, *Cet ouvrage est remarquable* (fig. 4), présente une composition syntaxique très proche de celle vue à l'instant. La différence entre les exemples 2 et 3 tient uniquement en la réalisation obligée de l'adjectif attribut (**Cet ouvrage est*), signalée à nouveau par un trait vertical perpendiculaire à la relation déterminative qui relie l'adjectif *remarquable* au support verbal *est*.

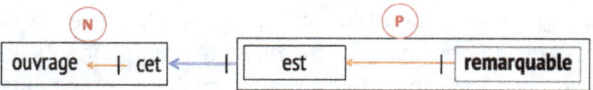

Figure 4: Visualisation syntaxique de la phrase « Cet ouvrage est remarquable ».

Alors qu'elle pose problème aux théories qui restent très attachées au principe de la valence verbale ainsi que nous l'avons vu ci-dessus, la quatrième et dernière phrase, à savoir *Tesnière est allé à Montpellier* (fig. 5), présente pour nous une structuration syntaxique très proche de l'énoncé précédent, le complément essentiel de lieu s'apparentant finalement à un attribut du sujet. Dans ce dernier exemple, en effet, nous identifions un prédicat, *est allé à Montpellier*, qui est relié à *Tesnière*, le noyau de la phrase, par une relation prédicative. Le groupe prédicatif se décompose quant à lui en deux groupes déterminatifs : le groupe déterminatif *à Montpellier*, qui est relié au groupe déterminatif verbal *est allé* par une relation de détermination. Comme dans le cas de l'attribut du sujet, cette dernière relation est obligatoire pour le sens et la grammaticalité de la phrase ; c'est ce dont rend à nouveau compte le trait perpendiculaire placé sur la relation entre *à Montpellier* et *est allé*. Finalement, la seule différence entre cet exemple-ci et le précédent tient en la présence obligée du connecteur *à* devant le complément *Montpellier*, raison pour laquelle la préposition a été soulignée.

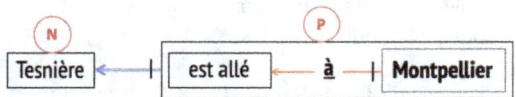

Figure 5: Visualisation syntaxique de la phrase « Tesnière est allé à Montpellier ».

Si le modèle général brièvement décrit *supra* reste sans doute à parfaire, l'analyse conjointe de ces trois derniers énoncés à travers son prisme semble indiquer qu'une autre porte de sortie est possible face au conflit engendré par les compléments essentiels de lieu. Alors que la création d'un nouveau métaterme comme l'*adjet* ou l'*adstant* déplace tout au plus le problème, la revisite complète des outils d'analyse nous semble en effet mieux indiquée pour résoudre la difficulté d'indexation fonctionnelle rencontrée. Dans le système que nous proposons, le complément essentiel de lieu ne diffère finalement d'un attribut du sujet que par le marquage de la relation qui unit ce complément au support verbal. Il ne diffère pas davantage d'un complément d'objet indirect sinon dans certains cas par le caractère plus ou moins obligatoire de la relation déterminative qui associe le complément au support verbal : *Il habite* [à Paris]$_{obligatoire}$; *Il parle* [à son collègue]$_{facultatif}$; *Il joint l'utile* [à l'agréable]$_{obligatoire}$. Sauf dans les cas où il échappe à la portée de la négation (par ex. : *Il n'habite pas à Paris, mais il y travaille*), les compléments de lieu tels que *à Paris* dans *Il habite à Paris* sont donc simplement des compléments de saisie 2 dans notre continuum d'intégration fonctionnelle.

Bibliographie

Christol Alain, 1998, *Marquage oblique des actants. Actance et valence dans les langues de l'Europe*, Berlin, Mouton de Gruyter : 457–524.
Creissels Denis, 1995, *Éléments de syntaxe générale*, Paris, PUF.
Feuillet Jack, 1978, « Étude fonctionnelle de la phrase », *Cahiers d'allemand*, 13 : 100–120.
Feuillet Jack, 1980, « Les fonctions sémantiques profondes », *Bulletin de la Société de Linguistique de Paris*, 75 : 1–37.
Feuillet Jack, 2006, *Introduction à la typologie linguistique*, Paris, Honoré Champion.
Guillaume Gustave, 1971, *Leçons de linguistique. 1948–49 B.*, Paris/Québec, Klincksieck/ Presses de l'Université Laval.
Guillaume Gustave, 1973, *Leçons de linguistique. 1948–49 C.*, Paris/Québec, Klincksieck/ Presses de l'Université Laval.
Herslund Michael, 1994, « Valence et relations grammaticales », *Linguistica. Mélanges Lucien Tesnière*, 34 : 109–117.
Herslund Michael, 2006, « Valence, prédicat, préposition et notion d'adjet », *Modèles linguistiques*, 54 : 15–24.
Herslund Michael, Sørensen Finn, 1994, "A valence based theory of grammatical relations", *Function and Expression in Functional Grammar*, Berlin/New York, Mouton de Gruyter : 81–95.
Hobæk Haff Marianne, 2013, « Les fonctions grammaticales en français moderne. Inventaire, critères définitoires et hiérarchie », *in* A. Ouattara (dir.), *Les fonctions grammaticales : Histoire, théories, pratiques*, Bruxelles, PIE Peter Lang : 185–195.
Lazard Gilbert, 1994, *L'actance*, Paris, PUF.
Lazard Gilbert, 1999, « Pour une terminologie rigoureuse : quelques principes et propositions », *Mémoires de la Société de Linguistique de Paris*, 6 : 111–133.
Martinet André, 1960, *Éléments de linguistique générale*, Paris, Armand Colin.
Nølke Henning, 1994, *Linguistique modulaire : de la forme au sens*, Louvain, Peeters.
Roig Audrey, 2015, *La Corrélation en français. Étude morphosyntaxique*, Paris, Classiques Garnier.

Roig Audrey, 2018, *Complexité phrastique : construction, linéarisation, marquage*, mémoire d'habilitation à diriger des recherches, Sorbonne Université.
Rotaetxe Karmele, 1998, « Constructions triactancielles et datif », *in* J. Feuillet (dir.), *Actance et valence dans les langues de l'Europe*, Berlin, Mouton de Gruyter : 391–456.
Tesnière Lucien, 1966 [1959], *Éléments de syntaxe structurale*, Paris, Klincksieck.
Van Raemdonck Dan, 2011, *Le Sens grammatical*, Bruxelles, PIE Peter Lang.
Wilmet Marc, 1997, *Grammaire critique du français*, 1ᵉ éd., Paris/Louvain-la-Neuve, Hachette/Duculot.
Wilmet Marc, 2010, *Grammaire critique du français*, 5ᵉ éd., Bruxelles, Duculot.

Manuels scolaires

Ballanfat Évelyne (dir.), 2016, *Jardin des lettres 4ᵉ*, Paris, Magnard.
Bertagna Chantal, Carrier Françoise (dir.), 2016, *Fleurs d'encre 5ᵉ*, Paris, Hachette.
Eon du Val Stanislaw (dir.), 2016, *Le Livre scolaire 3ᵉ*, en ligne (lelivrescolaire.fr).
Randanne Florence (dir.), 2016, *L'Envol des lettres 5ᵉ*, Paris, Belin.

Michele Prandi
Chapitre 15
Théorie de la valence et syntaxe de la phrase : structures autonomes et motivation conceptuelle

La contribution la plus remarquable de Tesnière à la théorie du langage et à la description linguistique – le concept de valence – pose une question non banale : quel est le niveau d'analyse pertinent pour parler de valence ? Le titre du livre de Tesnière parle d'une « syntaxe structurale », ce qui suggère que la valence, de l'avis de l'auteur, relève de la syntaxe. Il arrive même, notamment en Italie, qu'on parle d'une « grammaire des valences » (Sabatini, Camodeca & De Santis 2011 ; De Santis 2016). Or, comme la valence introduit dans la grammaire un facteur de motivation iconique, une grammaire qui reflète la valence serait d'emblée une grammaire iconique, ce qui, évidemment, est loin d'aller de soi. À notre avis, l'étude de la valence identifie les problèmes fonctionnels de nature conceptuelle et sémantique que la grammaire doit résoudre en mettant en place des structures qui sont, au moins dans une certaine mesure, autonomes. Dans ce chapitre, nous aimerions partager quelques réflexions que nous menons depuis plusieurs décennies au sujet de l'interaction complexe entre les structures conceptuelles, les valeurs lexicales et les formes syntaxiques.

1 La valence : le niveau conceptuel, le niveau sémantique et le niveau syntaxique

Les niveaux pertinents pour situer la question de la valence, à notre avis, sont au nombre de trois : un niveau conceptuel général, un niveau sémantique, spécifique du lexique d'une langue, et un niveau grammatical, et notamment syntaxique.

Note: Nous remercions notre collègue et ami Danio Maldussi pour le contrôle de l'expression française.

Michele Prandi, Université de Gênes

Les rôles principaux qui identifient les arguments d'un état de choses[1] – par exemple l'agent, le patient, l'expérienceur – sont des catégories conceptuelles générales partagées bien au-delà des frontières d'une communauté linguistique quelconque, qui admettent de ce fait une analyse purement conceptuelle.

Le contenu conceptuel de chaque rôle est stratifié, formé par une proportion variable de contenu relationnel et de restrictions imposées sur le profil conceptuel des référents. Le contenu relationnel d'un rôle définit sa contribution à la mise en œuvre d'un état de choses. Pour occuper le rôle de façon cohérente, par ailleurs un référent doit satisfaire des conditions conceptuelles données, qui assurent la cohérence conceptuelle de l'état de choses. Un exemple significatif de cette division des tâches est l'agent. Un agent partage avec une force le contenu relationnel : il met en œuvre un changement d'état. Il s'en distingue parce que le changement est déclenché par une décision qui renvoie à une intention. Le premier trait relève du contenu relationnel : mettre en œuvre un changement d'état est une façon spécifique de mettre en relation un référent et un procès. Le second, par contre, est une restriction imposée au profil conceptuel qu'un référent doit posséder pour satisfaire les conditions de cohérence de l'agentivité : pour jouer le rôle d'agent – pour prendre une décision et agir de façon intentionnelle –, un référent doit être un être humain ou au moins, dans un sens plus faible, animé. Dans le cas contraire, le contenu conceptuel de l'action n'est pas cohérent.

La proportion entre contenu relationnel et conditions de cohérence est spécifique à chaque rôle. Le patient, par exemple, se caractérise par son contenu relationnel – il subit les conséquences d'un changement d'état – alors qu'aucune condition de cohérence n'est requise. L'expérienceur, pour sa part, se situe à l'extrémité opposée : il est ouvert à tout contenu relationnel, car les différentes expériences – de la souffrance à la décision – ont des structures différentes et même opposées. L'identité du rôle est donc entièrement fondée sur les conditions de cohérence : un expérienceur est de toute façon un être humain, ou, dans un sens faible, animé.

Sur ce tronc commun de structures conceptuelles partagées, chaque langue greffe des structures sémantiques en principe spécifiques dont la forme est ouverte à l'investigation empirique. Quand un état de choses devient un procès, il devient le signifié d'un lexème non saturé appartenant au lexique d'une langue donnée, typiquement d'un verbe[2] : une structure conceptuelle se mue en structure sémantique. Dans ce passage, il peut arriver que la structure globale du

---

[1] Un état de choses est une structure conceptuelle autonome, alors que le procès est le signifié d'une phrase, et donc une structure sémantique.
[2] Tous les termes qui sont des pivots de relations ont une valence ; dans la suite de ce chapitre, nous allons concentrer l'attention sur la valence des verbes.

procès subisse une mise en forme spécifique. Si nous pensons à l'action d'enlever le mucus du nez, par exemple, nous constatons que la forme anglaise reproduit la structure conceptuelle de l'action transitive – *John blew his nose* (litt. '*Marie souffle son nez*') – alors que le français utilise un verbe pronominal monovalent spécialisé : *Marie se mouche*[3]. Dans le cas où la mise en forme linguistique spécifique se limite à affecter le profil des rôles, le contenu relationnel est généralement conservé, alors que les restrictions conceptuelles générales – les conditions de cohérence – sont prêtes à être intégrées par des restrictions lexicales spécifiques : les solidarités lexicales (Porzig 1934). Pour éclairer ce point, observons le champ sémantique appelé par le verbe *tuer* en français. L'hyperonyme du champ – le verbe *tuer* – prend comme premier argument un agent ou une force et comme deuxième argument un patient animé : le contenu sémantique du verbe reflète de façon directe la structure conceptuelle partagée. Dans l'hyponyme *assassiner*, par contre, si la dimension relationnelle des arguments demeure la même, leur profil conceptuel s'enrichit de solidarités lexicales spécifiques : le premier argument est un agent humain ; le second, un patient animé.

Les conditions de cohérence et les solidarités lexicales ont des fonctions complémentaires. Les conditions de cohérence fixent de l'extérieur le périmètre d'une aire conceptuelle que les structures lexicales de chaque langue sont prêtes à organiser de façon spécifique. Les solidarités lexicales, notamment, imposent aux lexèmes des conditions d'emploi supplémentaires internes aux emplois cohérents : les êtres humains, par exemple, forment une sous-classe d'êtres desquels il est cohérent de prédiquer la mort. Le décalage se fait encore plus évident dans le cas où les solidarités lexicales ne s'appuient pas sur des catégories conceptuelles générales, comme la différence entre êtres animés et humains, mais sur des catégories très spécifiques. Par exemple, le faux-ami anglais d'*assassiner* – *assassinate* – n'est approprié que si l'agent agit pour une motivation politique et que la victime est une personnalité politique.

Finalement, l'expression, tant du procès dans sa totalité que de chaque argument, se réalise dans la structure syntaxique d'une phrase. C'est à ce niveau que se pose la *vexata quaestio* sur laquelle nous aimerions focaliser l'attention : dans quelle mesure la structure syntaxique de la phrase reflète-t-elle la valence d'un verbe, et donc la structure conceptuelle et sémantique d'un procès, et dans quelle mesure en est-elle indépendante ?

---

3 Le néerlandais partage avec l'anglais la structure de l'action transitive, mais utilise le verbe spécialisé *snuiten*. Comme l'anglais, l'italien utilise le verbe générique mais confie à l'objet indirect coréférentiel du sujet *si*, 'à soi-même', l'expression du possesseur : *Giovanni si è soffiato il naso* (litt. 'Jean s'est soufflé le nez').

2 Le noyau syntaxique de la phrase et le noyau du procès

Quand Tesnière propose le stemma comme représentation de la structure syntaxique d'une phrase et l'oppose à la structure traditionnelle sujet – prédicat, il assume comme allant de soi que la structure syntaxique de la phrase-modèle reflète comme une icône la structure conceptuelle et sémantique du procès. Or, pour que cela soit vrai, il faut qu'un présupposé soit satisfait : la structure syntaxique de la phrase et la structure conceptuelle et sémantique du procès doivent être isomorphes. Si le présupposé est satisfait – si les deux structures sont isomorphes –, l'une des deux est nécessairement autonome et impose sa forme à la structure tributaire, ce qui ouvre la place à une alternative entre deux instances opposées et incompatibles : ou des structures conceptuelles autonomes imposent leur forme aux structures syntaxiques, ou des structures syntaxiques autonomes modèlent les concepts.

La question sur la nature de la syntaxe, formelle et autonome ou instrumentale et iconique, qui traverse comme une véritable faille théorique toute la linguistique contemporaine, s'inscrit parfaitement dans ce cadre. D'une part, la question est vue comme une alternative exclusive : la syntaxe dans son ensemble est ou autonome (Bloomfield 1933 ; Harris 1946, 1951 ; Wells 1947 ; Chomsky 1957) ou instrumentale vis-à-vis des contenus conceptuels et iconique (McCawley 1970 (1971), Lakoff 1971, Fillmore 1968, Haiman 1985, Langacker 1987, Dik 1997). Pour Chomsky (1957 : 17), « grammar is autonomous and independent of meaning », et « *uniquely* determines [...] semantic interpretation » (Chomsky 1966 : 5). Pour Haiman (1985 : 2), « The linguistic form is a diagram of conceptual structure ». D'autre part, les deux instances méthodologiques opposées ne sont concevables que si le présupposé de l'isomorphisme est satisfait.

L'hypothèse qui a inspiré notre recherche depuis *Sémantique du contresens* (1987) rejette le présupposé partagé par les deux positions extrêmes. Si nous renonçons à l'isomorphisme, nous pouvons imaginer que tant les structures syntaxiques que les structures conceptuelles partagées sont autonomes, chacune dans son ordre et dans ses limites. Si cela est vrai, la question sur l'autonomie, tant des structures syntaxiques que des structures conceptuelles, se déplace du système de la langue dans sa totalité à chaque forme d'expression linguistique complexe. La structure de chaque phrase engagée dans la mise en œuvre d'un signifié complexe, notamment, apparaît comme l'issue d'une compétition entre la pression des formes syntaxiques sur les concepts et la pression des concepts sur les formes. Chaque phrase présente un noyau formé par un réseau de relations grammaticales indépendantes de tout rôle et prêtes à faire place à plusieurs rôles, entouré par différentes couches de formes d'expression instrumentales et iconiques de relations conceptuelles indépendantes, incluant les marges[4] en premier lieu, mais aussi une partie des arguments (Prandi 2004 : ch. 9).

Une fois que la question de l'autonomie est affrontée dans la structure de chaque phrase, elle devient une question empirique, accessible à l'observation des données grammaticales fournie par chaque verbe et chaque construction.

2.1 Le sujet et le prédicat : l'anisomorphisme structural

Le premier pas de l'analyse distributionnelle classique, documenté par la règle de réécriture qui ouvre *Syntactic Structures* (Chomsky 1957), décrit la phrase nucléaire comme la combinaison de deux constituants complémentaires – un syntagme nominal (SN) et un syntagme verbal (SV) – qui identifient les relations grammaticales de sujet et prédicat. Un tel squelette structural est à la fois intégralement formel et adéquat. La structure est intégralement formelle du fait qu'elle ne reflète la structure d'aucun procès et qu'elle est compatible avec tous[5]. Elle est adéquate pour des raisons qui relèvent d'un paramètre typologique. Dans les langues qui adoptent un alignement nominatif-accusatif entre les constituants principaux de la phrase et les arguments du procès, le sujet grammatical, contrairement à l'avis de Tesnière, n'est pas la forme d'expression d'un argument, mais un constituant immédiat de la structure syntaxique formelle de la phrase, prêt à coder le premier argument de tout procès, indépendamment de la nature verbale ou nominale du prédicat, de la valence du prédicateur[6] et de son contenu conceptuel spécifique. Le prédicateur contrôle le contenu du sujet grammatical mais pas sa forme. Les mêmes raisons justifient la pertinence de la notion de prédicat, identifié par le constituant immédiat complémentaire du sujet qui contient, à côté du prédicateur, l'expression de tous les arguments différents du sujet, dont il contrôle tant le contenu que la forme. Dans ces conditions, la combinaison d'un

---

4 L'étiquette *marge* (Longacre 1985 (2006)) est préférable à celle, traditionnelle, de *circonstanciel* du fait que les rôles différents des arguments appartiennent à des couches différentes, à savoir les marges extérieures du procès, qui sont des *circonstanciels* au sens strict, les marges du prédicat (cf. § 4), et les modificateurs du verbe.
5 Les verbes impersonnels ne sont pas une exception. D'une part, dans les langues à sujet obligatoire comme le français, la présence d'un sujet pronominal qui n'exprime aucun argument est elle-même un hommage à la structure de la phrase modèle. D'autre part, un sujet de forme canonique exprimant un argument est prêt à être spécifié s'il est modifié (*Il pleut de l'eau glacée*) ou métaphorique (*Des pétales neigent sur le tapis* (Gide)).
6 Le terme prédicateur (*predicator*) est utilisé par Lyons (1977 : 434) pour distinguer le pivot relationnel d'une prédication de la relation grammaticale de prédicat, contrepartie du sujet.

syntagme nominal sujet et d'un prédicat quelconque est une condition suffisante pour avoir une structure de phrase sur le plan syntaxique formel.

Si nous comparons la structure syntaxique formelle d'un noyau de phrase – SN + SV – et la structure conceptuelle du procès, nous constatons d'emblée que la condition préliminaire de l'iconicité – l'isomorphisme structural – n'est pas satisfaite. La structure conceptuelle du procès possède un centre : un prédicateur, typiquement un verbe, contrôle le nombre et le contenu de ses arguments, qui l'entourent comme les planètes tournent autour du soleil. Le verbe *donner*, par exemple, contrôle le contenu de trois arguments : le donneur, l'objet donné et le destinataire. La structure distributionnelle de la phrase nucléaire, par contre, n'a pas de centre : elle est une structure exocentrique (Bloomfield 1933 : 194), qui contient deux constituants appartenant à des classes distributionnelles différentes et complémentaires, dont la combinaison construit une structure qui n'appartient à aucune des deux.

2.2 La structure du prédicat : relations grammaticales autonomes et formes d'expression motivées de relations conceptuelles

À la différence du sujet, le prédicat n'a pas de structure interne purement formelle, mais une structure indiscutablement motivée par son contenu conceptuel. La structure interne du prédicat dépend en premier lieu de la nature de son pivot, qui peut être un adjectif, un nom classificatoire, un nom relationnel ou un verbe. Si le pivot est un verbe, notamment, le prédicat contient comme compléments les arguments différents du sujet requis par la valence de celui-ci, et donc par la structure conceptuelle du procès. Or, est-ce que cela implique que la structure du prédicat est *ipso facto* iconique, et que l'espace d'une syntaxe autonome est perdu à jamais ? La réponse est négative.

Il y a deux paramètres pertinents pour l'iconicité : un paramètre global, qui porte sur la totalité de la construction, et un paramètre local, qui porte sur chaque constituant. Au niveau global, il est pertinent de savoir si la distribution des compléments dans la structure syntaxique du prédicat reflète comme un diagramme[7] la distribution des rôles dans la structure conceptuelle du procès. Au niveau de chaque constituant, il est pertinent d'établir si sa structure formelle

---

[7] Parmi les icônes (Peirce 1902 (1962)), on distingue les images des diagrammes (Jakobson 1966). L'image se base sur une ressemblance ponctuelle, alors que le diagramme miroite un réseau de relations.

est motivée par le fait qu'il est la forme d'expression d'un rôle donné. Au jour du premier paramètre, la structure du prédicat est certainement diagrammatique. À la différence de la structure du noyau de la phrase, la structure interne du prédicat satisfait donc la condition préliminaire – le présupposé – pour l'iconicité au niveau des constituants, à savoir l'isomorphisme structural. Une fois que le présupposé est satisfait, cependant, la valeur du second paramètre est une question empirique, qui doit être examinée pour chaque langue et pour chaque forme d'expression. Au jour de ce paramètre, les compléments du verbe se comportent de deux façons opposées.

Comme le sujet, certains compléments sont des relations grammaticales dont la forme interne est indépendante du rôle que le contenu relationnel du verbe va leur conférer. L'exemple immédiat est l'objet direct. Dans l'exemple (1), il porte sur la scène un patient ; dans (2), le résultat d'une action ; dans (3), un expérienceur passif ; dans (4), le stimulus ; dans (5), un destinataire, et ainsi de suite.

1. Marc a réparé la bicyclette
2. Botticelli a peint cette Nativité
3. L'orage a terrorisé Béatrice
4. Béatrice craints les orages
5. Pierre a informé les élèves sur l'horaire des cours

D'une part, la structure conceptuelle du procès demande un second argument comme complément du verbe ; d'autre part, une fois qu'il a la structure d'un objet direct, le second argument est associé à une relation grammaticale formelle indépendante de son contenu conceptuel. Au niveau du constituant, il n'y a aucune trace de motivation iconique.

Certains arguments de certains verbes ont un comportement opposé. Ils ne sont pas associés à des relations grammaticales prêtes à recevoir un rôle du verbe qui les contrôle, mais sont identifiés immédiatement en tant que relations conceptuelles. Leurs formes d'expression, par conséquent, ne sont pas autonomes, mais modelées sous la pression des relations conceptuelles qu'elles sont appelées à exprimer. Un cas extrême est celui des arguments locatifs des verbes d'état et de mouvement. Les verbes d'état demandent comme argument une localisation, qui est une relation spatiale : par exemple *Jean habite au cœur du Marais*. Les verbes de mouvement reçoivent comme arguments des relations spatiales, en premier lieu la destination : *Monique est en train d'aller au cœur du Marais*. La forme d'expression qui code la relation spatiale, et notamment la préposition, est choisie par le locuteur à l'intérieur d'un paradigme très vaste sur la base de son aptitude à tracer une relation aussi exacte que possible. Le choix de la préposition est visiblement motivé par son contenu conceptuel. Dans de tels cas, la forme d'expression est en même temps diagrammatique au niveau de la construction et iconique en tant que constituant.

2.3 Les compléments introduits par des propositions : la compétition entre autonomie et motivation

L'observation de cas pareils pourrait suggérer l'idée que le passage d'un régime de codage à l'autre dépend de la présence d'une préposition. En fait, ce n'est pas le cas, car il y a au moins une relation grammaticale qui est confiée à une expression prépositionnelle[8] : il s'agit de l'objet prépositionnel (Steinitz 1969).

L'objet prépositionnel est le complément d'un verbe intransitif à deux arguments qui a la forme d'une expression prépositionnelle : par exemple, *Marie compte sur ton aide*. Le critère pour conclure que l'objet prépositionnel est une relation grammaticale vide, est le comportement de la préposition. Quand elle est engagée dans l'expression d'une relation conceptuelle – par exemple d'une relation spatiale –, la préposition est choisie en fonction de son contenu : *Le chat est sur / sous / derrière / à côté de la table*. Dans l'objet prépositionnel, la même préposition ne fait pas l'objet d'un choix mais est imposée par le verbe (Steinitz 1969 : 41), se vide de tout contenu autonome et fonctionne comme un instrument grammatical « incolore » (Blinkenberg 1960). Comme dans le cas du sujet et de l'objet direct, l'identification du rôle ne dépend pas de la forme interne de l'expression, et notamment de la préposition, mais du contenu relationnel du prédicateur moyennant une relation grammaticale. À l'instar du sujet et de l'objet direct, l'objet prépositionnel est donc une relation grammaticale formelle.

3 Deux régimes de codage : codage relationnel et codage ponctuel

Le comportement opposé des prépositions, comme outils formels au service de relations grammaticales ou comme formes de codage de relations conceptuelles, renvoie à la différence entre deux régimes de codage qui sont en compétition pour

---

[8] Un autre cas est l'objet indirect (voir Prandi 2020). L'objet prépositionnel et l'objet indirect falsifient l'idée que « Marking by preposition is an indication of merely peripheral roles » (Palmer 1994 : 10).

la mise en œuvre d'un procès dans la structure d'une phrase : le codage relationnel et le codage ponctuel (Prandi 2004 : 60–68).

La différence entre le codage relationnel et le codage ponctuel dépend de la présence ou de l'absence de relations grammaticales autonomes qui médiatisent la relation entre un constituant et un rôle. Dans une phrase comme *Mon fils a coupé le bois avec une hache*, par exemple, chaque expression nominale et prépositionnelle finit par coder un rôle du procès, mais pas dans les mêmes conditions. La relation entre le syntagme *avec une hache* et l'instrument est directe. La relation entre *mon fils* et l'agent et entre *le bois* et le patient, par contre, n'est pas directe, mais se fait par l'intermédiaire d'une relation grammaticale, respectivement le sujet et l'objet direct. Cette différence n'est que le segment visible d'une différence multifactorielle. Les relations grammaticales sont des catégories formelles et relationnelles, qui ne focalisent pas la structure interne de chaque forme d'expression mais sa relation avec la structure hiérarchique de la phrase. En français, et plus généralement dans les langues dépourvues de cas, le sujet et l'objet direct ont exactement la même forme, mais entretiennent des relations différentes avec la construction : le sujet est un constituant immédiat de la phrase, alors que l'objet direct est un constituant du prédicat. Dans ces conditions, l'association d'expressions et de rôles n'est pas seulement indirecte, mais aussi globale : l'activation d'un rôle engage non pas l'expression isolée, mais la construction comme hiérarchie de relations. C'est la raison qui nous a poussé à parler de codage relationnel.

En l'absence d'un contrôle verbal et de relations grammaticales indépendantes, le codage ponctuel dépend entièrement du contenu d'un mot de liaison, qui dans la phrase simple est une préposition. Le régime ponctuel a le monopole du codage des marges, mais nous savons qu'il intéresse aussi le codage de certains arguments. Parmi les arguments, cependant, le codage ponctuel ne jouit que d'un espace résiduel. Comme l'identité du rôle est contrôlée par la valence du verbe, le contenu spécifique d'une préposition ne peut qu'affiner un profil déjà tracé, comme nous l'avons constaté dans l'aire des relations spatiales. C'est donc parmi les marges que le fonctionnement du codage ponctuel peut être observé dans des conditions idéales.

Les rôles marginaux se caractérisent en premier lieu comme autant de relations conceptuelles. L'instrument, par exemple, est défini sur la base de sa relation cohérente avec la structure conceptuelle d'une action : il s'agit d'un objet utilisé par un agent pour accomplir une action. En tant que structures conceptuelles autonomes, les rôles marginaux sont accessibles à la pensée cohérente – à l'inférence. Si cela est vrai, les rôles marginaux sont accessibles par deux chemins indépendants, à savoir le codage linguistique et l'inférence, ce qui entraîne deux conséquences.

En premier lieu, l'accessibilité directe des structures conceptuelles permet de mesurer le pouvoir de codage des prépositions. Le critère de la cohérence conceptuelle montre que le pouvoir de codage des prépositions est une grandeur graduée, s'étalant d'un codage insuffisant, ou sous-codage, à un codage qui va au-delà de la relation accessible à l'inférence, ou surcodage, en passant par un codage équilibré, où la préposition code exactement la relation accessible à l'inférence. En présence d'un codage insuffisant, en outre, l'inférence, fondée sur l'accès direct aux concepts cohérents, est prête à prendre le relais pour accomplir la tâche inachevée.

Un exemple de codage adéquat est la préposition *malgré*. Dans *Marie va se promener malgré la neige*, la préposition code toutes les composantes conceptuelles de la relation concessive cohérente, à savoir la réalité des deux procès, la succession temporelle et l'implicite de motivation ou de cause frustrée.

Un exemple de codage insuffisant est la préposition *avec*, qui code une relation de cooccurrence asymétrique, trop pauvre pour identifier un rôle quelconque[9]. Grâce à l'enrichissement inférentiel, l'expression prépositionnelle exprime l'instrument en (6), le collaborateur de l'agent en (7), la manière de l'action en (8) et les circonstances temporelles en (9). Comme le montrent les exemples (10) et (11), en outre, elle est prête à introduire n'importe quelle relation conceptuelle marginale imaginable, à la seule condition qu'elle soit cohérente.

6. Luc a abattu le peuplier avec une scie.

7. Luc a abattu le peuplier avec Marc.

8. Luc a abattu le peuplier avec beaucoup de peine.

9. Luc a abattu le peuplier avec la pluie.

10. Luc est entré dans la pièce avec un beau sourire.

11. Luc est entré dans la pièce avec un grand chapeau.

Un exemple de surcodage est l'expression de la relation finale qui utilise des noms relationnels au contenu spécifique. Une expression comme *Pierre a fait des études d'informatique dans le but de changer de travail* se limite à coder la relation conceptuelle de but. L'expression *Pierre a fait des études d'informatique avec l'ambition de changer de travail* enrichit la relation avec une nuance sémantique

---

[9] Coseriu (1981 : 185) : « *So hat z. B. die Konstruktion mit x im Deutschen nur eine sehr allgemeine Bedeutung, die man ‚Konkomitanz' oder ‚Kopräsenz' nennen könnte (etwa ‚und x ist dabei')* » (litt. : « en allemand, la construction *mit x* ('avec x') a un signifié très général ; on pourrait parler de «cooccurrence», «coprésence», «quelque chose est à côté», pour ainsi dire »).

inséparable du signifié du nom *ambition*, et donc du codage linguistique (Gross & Prandi 2004).

Tous les rôles marginaux sont à la fois diagrammatiques au niveau de la construction et iconiques dans leur structure interne. D'une part, la position de leurs formes d'expression dans la structure syntaxique de la phrase reflète leur position dans la structure conceptuelle du procès. Les expressions de la forme *avec SN* sont exemplaires : l'instrument et le collaborateur de l'agent sont des marges du prédicat, les circonstances spatiales sont des marges qui encadrent le procès de l'extérieur, la manière est un modificateur du verbe. D'autre part, la forme d'expression est iconique à deux niveaux : la préposition est choisie sur la base de son aptitude à exprimer une relation conceptuelle donnée ; dans le cas où une inférence est requise comme complément d'un codage inadéquat, son contenu est directement motivé par la structure indépendante des concepts.

4 La distinction entre arguments et marges

Dans les textes et dans les corpus, on ne trouve pas des phrases modèles mais des énoncés (Prandi 2019), dont la configuration n'est pas modelée par la structure conceptuelle du procès mais par une distribution cohérente du dynamisme communicatif. Dans ces conditions, les distributions attestées des formes d'expression ne sont pas immédiatement révélatrices de la donnée conceptuelle de la valence, ce qui empêche d'utiliser un critère linguistique direct, et notamment la spécification obligatoire ou facultative, pour tracer la frontière entre les arguments et les marges.

Le fait que certains arguments sont codés en régime ponctuel, et donc comme le seraient les marges du même contenu, ajoute une difficulté supplémentaire au niveau de la phrase modèle, à savoir l'impossibilité de tracer la frontière entre arguments et marges à l'aide de critères formels, fondés sur les propriétés grammaticales des formes d'expression. Parmi les expressions prépositionnelles codées en régime ponctuel, notamment, nous avons des cas où la même forme est compatible tant avec un argument qu'avec une marge. Les expressions locatives, par exemple, sont prêtes à exprimer tant une circonstance spatiale encadrant un procès saturé que l'argument locatif d'un verbe d'état : une expression comme *près du sommet de la butte*, par exemple, présente la même forme dans la phrase *Jean a rencontré Marie près du sommet de la butte*, où elle exprime une circonstance spatiale, et dans *Jean habite près du sommet de la butte*, où elle exprime un argument du verbe d'état *habiter*. En présence d'un référent humain, une expression de forme *avec SN* est prête à exprimer tant le collaborateur de l'agent, et donc une marge d'un prédicat d'action saturé – *Luc a abattu le peuplier avec Marc* – qu'un argument, et notamment l'interlocuteur, en présence d'un verbe de communication symétrique comme *discuter* : *Luc a discuté le projet avec Marc*. Dans ces conditions, les critères formels ne sont adéquats que pour identifier les arguments codés en régime relationnel. Quand les arguments sont codés en régime ponctuel, par contre, les seuls critères disponibles sont à la fois conceptuels et textuels. Ils sont conceptuels du fait qu'ils visent à évaluer directement la cohérence des relations conceptuelles examinées. Ils sont textuels du fait que la cohérence des relations s'ouvre au contrôle empirique non pas à l'intérieur de la phrase, mais dans le cadre d'un fragment de texte. À la différence des arguments, les marges peuvent être coupées de la phrase qui construit le noyau et spécifiées dans une phrase indépendante qui forme avec la première un fragment de texte cohérent. L'utilisation de moyens de cohésion spécifiques, notamment de reprises anaphoriques révélatrices, ouvre à l'observation directe les conditions de cohérence des différentes couches d'expressions.

L'expression des circonstances spatiales peut être déplacée dans un énoncé indépendant qui contient comme sujet une reprise anaphorique du procès saturé antécédent et un verbe générique d'événement comme *se passer* : *Jean a rencontré Marie près du sommet de la butte*, par exemple, admet une reformulation comme *Jean a rencontré Marie. Cela s'est passé près du sommet de la butte*. La reprise anaphorique saturée nous révèle que l'expression locative est externe au noyau du procès, comme il se doit à l'expression d'une circonstance, alors que le verbe *se passer* nous dit que les circonstances spatiales conviennent à tout procès actualisé. Pour ces mêmes raisons, la manipulation n'est pas cohérente avec les expressions spatiales fonctionnant comme des arguments, qui sont à la fois contrôlés par le pivot verbal et, par définition, internes au procès : **Jean habite. Cela se passe près du sommet de la butte*[10].

Contrairement à une opinion largement partagée, les rôles différents des arguments ne se réduisent pas aux circonstances extérieures. Les actions, notamment, admettent des marges comme l'instrument, le collaborateur de l'agent ou le bénéficiaire qui, une fois qu'ils sont spécifiés, caractérisent le contenu du procès de l'intérieur (Prandi 2004 : 9). En tant que marges d'un prédicat d'action, ces rôles refusent la reformulation en *se passer* pour deux raisons : la reprise anaphorique *cela* situe la marge à l'extérieur du procès, alors que le verbe *se passer* efface l'identité conceptuelle de l'action : **Luc a abattu le peuplier. Cela s'est passé avec Marc*. Pour pouvoir déplacer une marge du prédicat d'action dans une phrase indépendante, nous avons besoin d'une reprise anaphorique du prédicat, qui,

---

10 L'astérisque (*) signale l'incohérence du fragment de texte.

étant non saturée, laisse le procès ouvert, et qui, étant à son tour un prédicat d'action générique, sauvegarde l'identité conceptuelle de l'action[11] : *Luc a abattu le peuplier. Il l'a fait avec Marc.*

Si elle est tranchante quand elle trace la frontière entre circonstances externes et marges du prédicat, la reformulation avec le pro-prédicat *le faire* offre des conditions de cohérence moins claires quand il s'agit de séparer les marges du prédicat des arguments. En présence d'un verbe comme *discuter*, une reformulation comme *Luc a discuté son projet. Il l'a fait avec Marc*, qui traite le syntagme prépositionnel comme l'expression d'une marge du prédicat, n'apparaît pas tout aussi incohérente que, par exemple, *Jean habite. Cela se passe près du sommet de la butte*. En quête d'une explication, nous pourrions peut-être invoquer une interférence du dynamisme communicatif, et notamment l'exigence d'une focalisation extrêmement marquée de l'interlocuteur. Toutefois, à la racine du phénomène se trouve certainement une raison structurale : la différence entre arguments et marges d'une part, et entre marges du prédicat et circonstances d'autre part, est une différence multifactorielle : à l'instar des circonstances, les marges du prédicat échappent à la valence et au contrôle verbal ; à l'instar des arguments, les marges du prédicat se trouvent à l'intérieur de la structure de l'action. Si cela est vrai, nous pouvons avancer l'hypothèse que, lors de la reformulation, le trait commun – la localisation à l'intérieur du procès – atténue la différence de statut[12].

Quoi qu'il en soit, l'opacité de la reformulation peut être corrigée à l'aide d'une manipulation supplémentaire. Au même titre que le collaborateur de l'agent, l'interlocuteur admet tant d'être confié à une forme comitative que d'être incorporé dans un sujet coordonné :

12. Luc a discuté le projet avec Marc.

12a. Luc et Marc ont discuté le projet.

7. Luc a abattu le peuplier avec Marc.

7a. Luc et Marc ont abattu le peuplier.

---

11 La reformulation qui inclut une reprise anaphorique du noyau du procès et un verbe d'événement est développée par l'*Arbeitsgruppe Marburg* (1973) ; la reformulation avec le pro-prédicat d'action *le faire* est utilisée par Prandi (1987 : 84–87).

12 La structure d'une prédication peut être saisie à l'aide de deux paramètres. Le premier est le contrôle verbal, fondé sur la valence ; le deuxième est le degré de proximité (*closeness*) des différents constituants avec le pivot relationnel, et notamment le verbe. Les deux paramètres sont indépendants. Le constituant qui atteint le degré maximum de proximité avec le pivot verbal, notamment, n'est pas un argument, mais le modificateur, qui agit directement sur son contenu, alors qu'une marge du prédicat, qui n'est pas un argument non plus, est plus proche du pivot verbal que le sujet (Prandi 2004 : 277–280).

La différence de codage fait affleurer la différence entre le rôle marginal et l'argument. Dans le passage de (12) à (12a), le rôle de Marc demeure inchangé : dans un cas comme dans l'autre, il est l'interlocuteur de Luc. La rigidité du rôle se justifie par le contrôle verbal, qui n'est pas affecté par la forme de codage ; il s'agit donc d'un argument. Dans le passage de (7) à (7a), au contraire, le rôle de Marc change de profil. En (7a), Marc, en position de sujet, est le collaborateur de Luc, et donc un agent de plein droit. En (7), le statut d'agent n'est qu'une option parmi d'autres. La préposition *avec* code la présence du référent sur la scène sans lui attribuer un rôle défini ; par exemple, rien n'empêche d'imaginer Marc admirant le dur travail de Luc assis à son côté. Le codage laisse un halo de vague que seule l'inférence peut combler, et qui est cohérent avec la variété de rôles marginaux compatibles avec la forme comitative.

Les difficultés qu'on rencontre quand on essaie de fonder sur des critères opérationnels la distinction entre les arguments et les marges d'une part, et la hiérarchisation des marges d'autre part, sont parfois interprétées comme autant d'arguments pour remettre en question les différences et conclure à l'existence d'un continuum qui les nuance. Telle est, par exemple, la conclusion de Mereu (2020 : 75 : « *gli argomenti e gli aggiunti [marges] non sono categorie opposte, ma scalari*[13] ». Une évaluation pondérée des données, cependant, nous amène à une conclusion différente.

Tant la distinction entre arguments et marges que la distinction entre marges du procès et marges du prédicat sont des différences de nature conceptuelle, fondées sur la cohérence des procès. D'une part, l'intégrité d'un procès demande la présence d'un nombre donné d'arguments avec un profil conceptuel donné : indépendamment du régime de codage, un procès comme 'discuter' exige un interlocuteur ni plus ni moins qu'un procès comme 'frapper' requiert un patient. D'autre part, l'accessibilité des marges aux différents types de procès est à son tour soumise à des conditions de cohérence observables : en tant que marges externes, par exemple, les circonstances spatiales et temporelles sont compatibles avec tout procès actualisé ; les marges internes comme l'instrument, le collaborateur de l'agent ou le bénéficiaire, par contre, ne sont cohérents que s'ils sont localisés à l'intérieur de la structure conceptuelle d'une action. La première condition impose sur le plan logique la distinction entre arguments et marges ;

---

[13] Litt. : « [L]es arguments et les adjoints ne sont pas des catégories opposées mais scalaires ». La distinction entre arguments et marges est présentée comme « un *continuum* nel quale i due elementi sono gli estremi di una linea che prevede in mezzo categorie che condividono in parte le proprietà dell'uno e in parte quelle dell'altro estremo » (Mereu 2010 : 73) (litt. : « un *continuum* sur lequel les deux éléments sont les extrêmes d'une ligne qui prévoit au milieu des catégories qui partagent en partie les propriétés de l'un et en partie celles de l'autre »).

toujours sur le plan logique, la seconde impose la distinction entre marges internes de prédicats d'action et marges externes de procès génériques. Si cela est vrai, les deux ordres de distinction s'imposent comme incontournables sur le plan conceptuel, indépendamment des aléas de leur expression linguistique.

Les linguistes sont traditionnellement méfiants à l'égard d'une description rigoureuse des structures conceptuelles. Toutefois, il est clair que dans l'aire du codage ponctuel, qui d'une part présuppose un accès direct aux structures conceptuelles, et d'autre part ne garantit pas leur codage adéquat, la priorité revient aux relations conceptuelles, que rien n'empêche de décrire *juxta propria principia* en termes de contenu relationnel et de conditions de cohérence. Les difficultés qui rendent parfois difficile la mise au feu des différences pertinentes dans la forme des expressions, par ailleurs, trouvent à leur tour une explication dans les conditions de codage. S'il est vrai que certains arguments sont codés en régime ponctuel, il est raisonnable de prévoir que leur profil formel ne sera pas codé avec des formes exclusives.

5 Conclusions

La valence des lexèmes relationnels non saturés, et notamment des verbes, pose un problème conceptuel que la structure syntaxique de la phrase a la fonction de résoudre. Si le problème conceptuel est universel, car chaque langue humaine doit être en mesure d'exprimer des procès, les solutions grammaticales sont en principe spécifiques pour chaque langue. Dans l'espace logique qui se creuse entre le problème et les solutions documentées dans les langues, se forme la question de l'autonomie et de la motivation des structures syntaxiques.

La structure conceptuelle et lexicale de la valence impose une hypothèque diagrammatique sur la structure syntaxique des formes d'expression. En même temps, l'analyse grammaticale documente la présence de formes d'expression dont la structure est autonome des contenus conceptuels. Si nous acceptons le présupposé traditionnel qui voit l'autonomie de la syntaxe incompatible avec la motivation conceptuelle, nous nous trouvons devant un obstacle épistémologique insurmontable.

Si nous renonçons au présupposé, par contre, les données grammaticales nous renvoient un tableau des structures de la phrase où une syntaxe formelle autonome et une syntaxe instrumentale et motivée par des structures conceptuelles à leur tour autonomes se partagent le travail. En particulier, la structure sujet – prédicat est intégralement formelle et autonome, les formes d'expression des relations conceptuelles marginales sont intégralement instrumentales et iconiques, alors que la structure interne du prédicat s'ouvre à une compétition entre les deux régimes de codage. Le travail empirique se focalise notamment sur la nature des expressions prépositionnelles engagées dans l'expression des arguments, qui se partagent entre relations grammaticales formelles et autonomes – comme l'objet prépositionnel ou l'objet indirect – et formes d'expression directes et iconiques de relations conceptuelles, comme les relations spatiales.

La présence de deux régimes de codage en compétition, et notamment la présence d'arguments codés en régime ponctuel, justifie les difficultés que rencontre la mise au point, à partir de la structure linguistique des formes d'expression, de la double distinction, incontournable sur le plan conceptuel, entre arguments et marges d'une part, entre marges extérieures du procès et marges internes du prédicat d'action d'autre part.

Bibliographie

Blinkenberg André, 1960, *Le problème de la transitivité en français moderne*, Copenhague, Munksgaard.
Bloomfield Leonard, 1933, *Language*, New York, Holt, Reinehart and Winston.
Chomsky Noam A., 1957 (1979), *Syntactic Structures*, La Haye/Paris, Mouton. (Trad. fr. : *Structures syntaxiques*, Paris, Éditions du Seuil).
Chomsky Noam A., 1966, "Topics in the theory of generative grammar", *in* T. Sebeok (ed.), *Current Trends in Linguistics*, vol. III: *Theoretical Foundations*, The Hague/Paris, Mouton: 1–60.
Coseriu Eugenio, 1981, "Kontrastive Linguistik und Übersetzung: ihr Verhältnis zueinander", *in* W. Klein, G. Thome & W. Wilss (eds.), *Kontrastive Linguistik und Übersetzungswissenschaft*, Fink, Munich:183–199.
De Santis Cristiana, 2016, *Che cos'è la grammatica valenziale*, Rome, Carocci.
Dik Simon, 1989 (1997), *The Theory of Functional Grammar*, part. I: *The Structure of the Clause*, Dordrecht/Providence (2e éd. : Berlin/New York, Mouton De Gruyter).
Fillmore Charles J., 1968, "The case for case", *in* E. Bach & R. Harms (eds.), *Universals in Linguistic Theory*, New York, Holt, Rinehart & Winston: 1–88.
Gross Gaston, Prandi Michele, 2004, *La finalité : fondements conceptuels et genèse linguistique*, Bruxelles, De Boeck-Duculot.
Haiman John, 1985, "Introduction", *in* J. Haiman (ed.), *Iconicity in Syntax*, Amsterdam, John Benjamins: 1–7.
Harris Zellig, 1946, "From Morpheme to Utterance", *Language*, 22: 161–183.
Harris Zellig, 1951, *Structural Linguistics*, Chicago/Londres, The University of Chicago Press.
Jakobson Roman, 1966, « À la recherche de l'essence du langage », *Diogène*, 51 : 22–38.
Lakoff Georges, 1971, "Presuppositions and relative well formedness", *in* D. Steinberg & L. Jacobowits (eds.), *Semantics*, Cambridge, Cambridge University Press: 329–340.
Langacker Ronald W., 1987, *Foundations of Cognitive Grammar*, I, Stanford, Stanford University Press.

Longacre Robert E., 1985 (2006), "Sentences as combinations of clauses", *in* T. Shopen (ed.), *Language Typology and Syntactic Description*, vol. II: *Complex Constructions*, 2ᵉ éd., Cambridge, Cambridge University Press: 372–420).

Lyons John, 1977 (1980), *Semantics*, Cambridge, Cambridge University Press (Trad. fr. : *Sémantique linguistique*, Paris, Larousse).

McCawley James D., 1970 (1971), "Where do noun phrases come from?", *in* R. Jakobs & P. S. Rosenbaum (eds.), *Readings in English Transformational Grammar*, Waltham/Mass., Blaisdell: 217–231.

Mereu Lunella, 2020, *Semantica della frase*, Rome, Carocci.

Palmer Frank R., 1994, *Grammatical Roles and Relations*, Cambridge, Cambridge University Press.

Peirce Charles S., 1902 (1962), "Logic and Semiotic: Theory of Signs", *in* Ch. S. Peirce, *Philosophical Writings*, New York, Dover: 98–119.

Prandi Michele, 1987, *Sémantique du contresens*, Paris, Les Éditions de Minuit.

Prandi Michele, 2004, *The Building Blocks of Meaning. Ideas for a Philosophical Grammar*, Amsterdam/Philadelphie, John Benjamins.

Prandi Michele, 2019, « Phrase et énoncé : de l'ordre symbolique à l'ordre indexical », *in* F. Neveu (dir.), *Proposition, phrase, énoncé. Linguistique et philosophie*, Londres, Iste Editions.

Prandi Michele, 2020, "Roles and grammatical relations in synchrony and diachrony: the case of the indirect object", *in* C. Fedriani & M. Napoli (eds.), *The Diachrony of Ditransitives*, Berlin, de Gruyter: 19–58.

Sabatini Francesco, Camodeca Carmela, De Santis Cristiana, 2011, *Sistema e Testo. Dalla grammatica valenziale all'esperienza dei testi*, Turin, Loescher.

Steinitz Renate, 1969, *Adverbial-Syntax*, Berlin, Akademie Verlag.

Tesnière Lucien, 1966 [1959], *Éléments de syntaxe structurale*, 2ᵉ éd., Paris, Klincksieck.

Wells Rulon, 1947, "Immediate constituents", *Language*, 23 : 81–117.

Jacques François
Chapitre 16
La théorie des métataxes selon Tesnière et sa généralisation

1 Introduction

Parmi les dimensions théoriques des *Éléments de syntaxe structurale* (*ESS*, ^{1}1959, ^{2}1969) qui restent l'héritage de Lucien Tesnière le plus étudié et discuté depuis un demi-siècle[1], deux ont retenu principalement l'attention, la théorie de la valence (essentiellement verbale) avec le problème rémanent de la distinction entre valence syntaxique et valence sémantique, et celle de la translation qui reste l'un des moyens les plus efficaces de représentation de la structure des phrases complexes et des outils syntaxiques de transcatégorisation (ex. [un [m'as-tu vu]$_I$]$_O$, [un [goût [de [revenez-y]$_I$]$_E$]$_O$]). Inversement le classement des MÉTATAXES (1ère partie, Livre E, calque sémantique de *transposition*, plus courant en traductologie) et l'esquisse d'une typologie des langues du point de vue de l'ordre des constituants (centripète *vs* centrifuge, chacun de ces deux ordres étant subdivisé en accusé *vs* mitigé) ont peu retenu l'intérêt. Les huit articles que P. Koch, décédé en 2014, a consacrés au classement des métataxes entre 1994 et 2014, incitent à revenir sur les qualités et les déficiences de l'entreprise classificatoire de Tesnière (*ESS*, 1ère partie, livre E : 283–319) au-delà de la première étude de cette notion contrastive (François 1973, voir aussi 1975 : 82–88). Par « métalangues généralisées » on entend ici les transpositions morphosyntaxiques entre des énoncés de deux langues éventuellement typologiquement distinctes et/ou d'époques différentes, d'une même langue en synchronie ou de deux états d'une même langue en diachronie (métataxes évolutives simples), voire de deux paires d'énoncés provenant de deux états successifs de deux langues (métataxes évolutives comparées).

Ce chapitre abordera successivement la manière dont Tesnière apparie deux stemmas décrivant la structure syntaxique de deux phrases sémantiquement équivalentes de deux langues (§ 2), la dichotomie des métataxes « horizontales »

---

[1] Voir notamment les actes des trois colloques organisés à l'occasion du 100e anniversaire de la naissance de Tesnière à Rouen (Madray-Lesigne & Richard Zappella (dir.) 1995), Strasbourg (Greciano & Schumacher (dir.) 1996) et Ljubljana (Cop & *al*. (dir.) 1994).

Jacques François, Université de Caen-Normandie, CRISCO – UR 4255

et « verticales » selon Tesnière (§ 3), la critique (François 1973) et le reclassement des métataxes (Busse & Dubost 1977, Koch 1996), l'extension de la typologie des métataxes aux dimensions intralangue et diachronique (§ 5) et conclura en esquissant un mode de représentation « triangulé » des métataxes (§ 6).

2 Efficacité et limites de l'application contrastive des stemmas de Tesnière

67 ans après le décès de Lucien Tesnière et 62 ans après la publication posthume des *Éléments de syntaxe structurale* (*ESS*) par son collègue à l'université de Strasbourg et ami Jean Fourquet, la conception de la grammaire générale défendue par ce linguiste, germaniste et slaviste par sa formation, et pédagogue par goût, reste pertinente, contrairement à la prédiction de Michel Arrivé qui déclarait dans le premier numéro de la revue *Langue française*, en 1969, que les idées de Tesnière tomberaient rapidement dans l'oubli. Cependant des pans entiers de cette première mouture de la théorie de la dépendance grammaticale, de la valence lexicale et des translations se sont effrités au fil d'études conduites en majorité par des linguistes allemands, de sorte que la version développée dans les *ESS* a surtout un intérêt historiographique. Inversement, une dimension au moins de sa théorie est restée dans l'ombre, sans doute parce qu'elle n'était qu'esquissée et insuffisamment argumentée, à savoir sa typologie de la mise en ordre linéaire des groupes syntaxiques, plusieurs années avant l'étude fondatrice de Joseph Greenberg (1966) développée notamment par John Hawkins (1983) et Johanna Nichols (1986).

La notion de « métataxe » (cf. livre E des *ESS*), c'est-à-dire de disparité syntaxique ou syntagmatique (respectivement avec ou sans variation dans la hiérarchie des connexions) entre deux formulations d'un même contenu sémantique entre deux langues, ou dans une même langue, notamment entre deux états successifs de celle-ci, illustre bien le paradoxe d'une intuition brillante, mais d'un appareil théorique inapte à en tirer un réel profit.

La théorie des transpositions et plus particulièrement des « chassés-croisés » dans la *Stylistique comparée du français et de l'anglais* (1956) de Vinay & Darbelnet, reprise dans *Les problèmes théoriques de la traduction* (Mounin 1961) et dans la *Stylistique comparée du français et de l'allemand* (Malblanc 1968) présente des affinités avec celles des métataxes. Nous avons nous-même exploré cette notion en 1973 avec la sémantique générative de McCawley (1968) et Lakoff (1970) en arrière-plan, elle est ensuite intervenue implicitement dans le *Französisches Verblexikon* de Busse & Dubost (1977) et finalement le romaniste allemand Peter Koch lui a consacré pas moins de huit articles au tournant du XXIe siècle.

En résumé,

[1] le principe des quatre types de têtes syntaxiques distingués par Tesnière (O, I, A, E) n'est plus défendable parce qu'ils sont ambivalents, à la fois morphosyntaxiques et fonctionnels. Une des conséquences de cette ambivalence a été l'impossibilité pour Tesnière de traiter correctement les catégories soit « paraverbales », c'est-à-dire verbales sur le plan morphosyntaxique, mais « non finies » (infinitif et participes), soit « périverbales » (les auxiliaires de temps, de mode, d'aspect) ;

[2] bien que Tesnière soit le fondateur de la théorie de la valence, le format qu'il a adopté n'est plus recevable à la suite des nombreux travaux qui ont révisé les critères de l'actance vue comme une notion sémantaxique, à commencer par l'étude pionnière de Helbig & Schenkel (1969) ;

[3] plus généralement, pour décrire correctement l'articulation entre l'ORDRE STRUCTURAL (la hiérarchie des connexions syntaxiques) et la catégorisation des têtes syntaxiques, il faut disposer d'une paire de structures, syntaxique et sémantique (comme l'a fait van Valin avec sa *Role-and-Reference Grammar* en 2006) ;

[4] et pour décrire correctement l'articulation entre l'ORDRE STRUCTURAL et l'ORDRE LINÉAIRE (voir plus haut), il faut prévoir une projection des nœuds syntaxiques sur l'axe syntagmatique, ce qui fait complètement défaut dans les *ESS*, mais qui a été esquissé par Hays en 1964 et développé pour l'allemand par Kunze en 1975 et par Heringer dans plusieurs études (1970, 1978, 1996). En revanche, pour l'étude des métataxes du type CHANGEMENT DE CENTRE STRUCTURAL (cf. *ESS*, ch. 129–133), correspondant aux « chassés-croisés » de Vinay & Darbelnet 1956), la théorie des translations de Tesnière reste exploitable.

3 Les deux types généraux de métataxes

3.1 La métataxe « horizontale » ou « actancielle » (*ESS*, ch. 121–4)

Dans le chapitre 121 des *ESS*, *La métataxe simple* (1969 : 284), Tesnière déclare :

> toutes les langues ne faisant pas forcément appel à la même catégorie grammaticale pour exprimer la même catégorie de la pensée, il en résulte que la traduction d'une langue dans une autre nécessite quelquefois l'appel à une catégorie grammaticale différente.

La notion de « catégorie grammaticale » peut s'appliquer ici soit à une fonction syntaxique, auquel cas la métataxe est dite « horizontale », c'est-à-dire affectant la relation entre le régissant (en général verbal) et les actants ou circonstants qui en dépendent, soit à une classe lexico-syntaxique, et dans ce cas la métataxe est dite « verticale », c'est-à-dire que le même signifié est mis en forme dans les deux phrases en contraste à l'aide de classes syntaxiques différentes. Et, comme les constituants prédicatifs (verbaux ou adjectivaux) [I] sont supérieurs aux constituants nominaux [O] dans l'ordre structural, ceux-ci supérieurs aux constituants adjectivaux-attributifs [A] et ces derniers supérieurs aux constituants adverbiaux [E], toute mise en forme d'un signifié qui joue sur l'ordre structural entraîne un « changement de centre structural »[2].

Les chapitres 122–124 sont consacrés à l'interversion des actants, laquelle peut être simple (ch. 122), double (ch. 123) ou s'appliquer à un actant et un circonstant (ch. 124). Ces trois types sont illustrés dans les trois lignes du Tableau 1.

Tableau 1: Illustration des trois types d'interversion des actants.

Chap. 122 : Interversion simple	Lat. *tela milites*$_{ACC/O2}$ *deficiunt*	⇔	Fr. *Les traits font défaut aux soldats*$_{DAT/O3}$
Chap.123 : Interversion double	Ang. *I*$_{O1}$ *miss you*$_{O2}$	⇔	Fr. *vous*$_{O1}$ *me*$_{O3}$ *manquez*
Chap.124 : Interversion des actants et des circonstants	Lat. *frumentum*$_{NOM/O1}$ *exercitui*$_{DAT/O3}$ *deerat*	⇔	Fr. *l'armée*$_{O1}$ *manquait de blé*$_E$

A la première ligne, le latin *tela* (nominatif pluriel, prime actant) remplit la même fonction de sujet grammatical que le français *les traits*. En revanche *milites*, qui figure à l'accusatif et est donc un second actant, a pour correspondant en français le complément prépositionnel *aux soldats*, analysé comme un tiers actant. L'interversion ne touche donc que le second *vs* tiers actant, elle est simple. Et on observe incidemment que le constituant prédicatif est la locution verbale *fait défaut*, assimilée fonctionnellement à un verbe simple. A la deuxième ligne, le pronom sujet anglais *I* correspond au pronom 'datif' *me* en français et le pronom objet anglais *you* correspond au pronom sujet *vous* en français, l'interversion est donc double. Enfin, à la troisième ligne, le sujet latin *frumentum* (au nominatif) correspond en français au complément prépositionnel *de blé*, analysé comme un circonstant, tandis que le datif latin *exercitui* correspond en français au sujet *l'armée*.

La différence de classement entre les deux illustrations de la deuxième et de la troisième ligne tient seulement à une pétition de principe de Tesnière, à savoir que le complément pronominal au datif *me* est classé comme un tiers actant alors

---

[2] Nous reviendrons plus loin (§ 4.1) sur la correspondance ± marquée entre types de signifiés et classes lexico-syntaxiques que Tesnière s'est abstenu d'expliciter.

que le complément prépositionnel *de blé* l'est comme un circonstant. Il va de soi qu'en fait le verbe *manquer* régit le complément prépositionnel *de blé*, c'est-à-dire qu'il s'agit d'un actant. Fonctionnellement on imagine mal qu'un actant (participant central au procès) en L_1 puisse correspondre à un circonstant (participant périphérique au procès) en L_2 et dès 1969 (soit la même année que la seconde édition des *ESS* qui a réellement retenu l'attention des syntacticiens, notamment en Allemagne, sans doute à cause du réseau de contacts de Jean Fourquet, éditeur de l'ouvrage), Helbig & Schenkel mettent cette incongruité en évidence.

3.2 Le renversement sémantique des nœuds en connexion verticale (*ESS*, ch. 128–9)

La notion de « chassé-croisé », appliquée par Vinay & Darbelnet (1956) au même type de transpositions[3], figure dans l'extrait ci-dessous, emprunté au chapitre 128 (§ 2) des *ESS*.

> Il y a [...] entre les deux langues une sorte de chassé-croisé et, la connexion restant structuralement la même dans les deux langues, il y a néanmoins, dans le passage de l'une à l'autre, un renversement sémantique qui fait que la disposition des exprimendes dans une langue apparaît sens dessus dessous dans l'autre[4].

La métataxe impliquant le stemma 224 en latin et le 225 en français est l'une des illustrations du chassé-croisé : le constituant prédicatif lat. *profectus est* correspond à un constituant analysé comme un syntagme prépositionnel, fr. *de partir*, tandis que le constituant adverbial lat. *modo* correspond au constituant verbal fr. *vient*, supposé prédicatif.

En consultant la table des matières des *ESS*, on constate que le livre E de la 1ère partie : MÉTATAXE se subdivise implicitement en deux sections précédées d'une introduction (ch. 120), en premier les métataxes « horizontales » qui ne mettent pas en cause l'ordre structural, c'est-à-dire la relation de subordination I > O > A > E

---

3 Il est improbable que Tesnière ait pu emprunter cette notion à la Stylistique comparée du français de l'anglais, puisqu'il est mort deux ans avant la parution de cet ouvrage. En revanche, il s'est peut-être inspiré d'une note dans l'article *chassé-croisé* du Littré (1872) : « Chassé-croisé se dit aussi des gens qui s'arrangent pour ne faire que changer de places, d'emplois. *Le changement du ministère ne fut qu'un chassé-croisé* ». C'est bien ce que Tesnière avait à l'esprit dans les exemples qu'il fournit du « changement de centre structural ». Koch (1996) emploie également 'chassé-croisé' comme paraphrase abrégée d'« interversion double des actants (et des circonstants) ».

4 Dans la terminologie de Tesnière, un « exprimende » est un moyen d'exprimer un signifié.

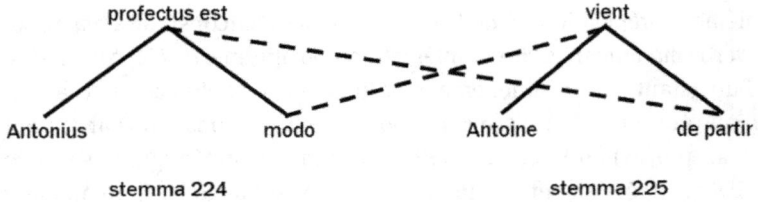

changement de centre structural

Figure 1: Illustration du changement de centre structural, ou chassé-croisé (*ESS*, ch. 128).

(ch.121–127), en second les métataxes « verticales » qui impliquent une « désassociation » entre classes syntaxiques et types de procès (ch. 128–133).

Tableau 2: Composition du livre E de la 1ère partie : MÉTATAXE des *Éléments de syntaxe structurale*.

TABLE DES MATIÈRES   XI

LIVRE E : METATAXE

Chap. 120. — La métataxe	283	⎫
— 121 — La métataxe simple	284	
— 122. — L'interversion des actants	286	métataxe
— 123. — L'interversion double des actants	288	« horizontale »
— 124. — Interversion des actants et des circonstants	290	
— 125. — Métataxe et passif	292	⎬
— 126. — Métataxe et causatif	293	
— 127. — Métataxe et anti-causatif	298	
— 128. — Renversement sémantique des nœuds en connexion verticale	300	
— 129. — Changement du centre structural	302	métataxe
— 130. — Les adverbes résultatifs	306	« verticale »
— 131. — Mouvement et déplacement	307	
— 132. — Changement du centre structural par subordination	311	
— 133. — Parataxe et hypotaxe	313	⎭

Ici, on peut mesurer toute l'évolution qu'a connue l'étude couplée de la syntaxe et de la sémantique – ce que van Valin (2006) désigne comme *syntax-semantics interface* et que nous appellerons le domaine de la *sémantaxe* – au cours du demi-siècle qui a suivi la parution, dans un mouchoir de poche, de *Distributional structure* (Harris 1954), de *Syntactic structures* (Chomsky 1957) et des *ESS* (Tesnière [1]1959).

PREMIER EXEMPLE, les critères de distinction entre actant et circonstant (cf. Tableau 1, ch. 123–4) : Tesnière admet sommairement que tous les constituants catégorisés comme un adverbe [E], y compris tous les groupes prépositionnels, à l'exception de la sous-classe des tiers actants, sont fonctionnellement des circonstants, et vice-versa. Entre-temps on a admis que les adverbes occupent différents niveaux de hiérarchie syntaxique[5] (cf. Dik & *al.* 1990) au même titre que les groupes prépositionnels (cf. Steinitz 1969 pour l'allemand, Guimier (dir.) 1993 pour le français), et à propos des groupes [*à/de* SN]$_{SP}$ qu'il n'y a aucune raison d'attribuer un statut syntaxique différent aux groupes prépositionnels *à sa santé* dans *Elle tient À SA SANTÉ* et *de son grand-père* dans *Il tient DE SON GRAND-PÈRE*.

DEUXIÈME EXEMPLE, le statut sémantique du verbe *manquer* (*ibid.*) : les deux constructions du verbe *manquer* dans le Tableau 1 (*Vous me manquez* vs *L'armée manque de blé*) véhiculent deux orientations inverses de la même relation de MANQUE entre un possesseur et une chose possédée : « MANQUE (X$_{possédé}$, à Y$_{possesseur}$) » *vs* « MANQUE (Y$_{possesseur}$, de X$_{possédé}$) ». Ici aussi on s'est aperçu (cf. Hopper & Thompson 1980, François 1998) que la transitivité sémantique varie le long d'un continuum et que *manquer*, comme *avoir, appartenir, connaître*, etc. se situe au niveau le plus bas de ce continuum, c'est-à-dire que le possesseur n'effectue aucun acte et la chose possédée n'en subit aucun, ce qui favorise l'interversion des actants en l'absence de voix passive[6].

TROISIÈME EXEMPLE, l'analyse du stemma 225 (Figure 1) : ce stemma ne comporte pas de catégorisation morphosyntaxique, mais le constituant dépendant de *partir* ne peut être catégorisée que comme adverbial. Simultanément *vient* est analysé comme un constituant prédicatif. La dégradation du verbe *venir* en simple auxiliaire du passé proche *venir_de* [~SV$_{inf}$] (cf. François 2003, ch. IV) est incompatible avec la fonction de prédicat, laquelle revient de droit à l'infinitif *partir*.

4 Critique et reclassement des types de métataxes

4.1 Critique des fondements des métataxes actancielles

Le n°5 des *Papiers du DRLAV* (François 1973) comporte une critique des catégories grammaticales sur lesquelles Tesnière fondait sa théorie des métataxes, à partir de quatre illustrations, respectivement de l'interversion simple (stemmas

---

[5] Le fonctionnement des adverbes de phrase comme prédicat superordonné dans les métataxes du type « changement de centre structural » est éclairé par la théorie des opérateurs de Simon Dik et Kees Hengeveld (Cf. François 2002).
[6] Le verbe *manquer* n'est pas absolument incompatible avec la voix passive, ex. *l'occasion a été manquée*, mais il est difficilement compatible avec un complément d'agent, ex. *??L'occasion d'un nouveau but a été manquée par l'avant-centre*.

218–9), de l'interversion double (stemmas 220–1) des actants et de l'interversion des actants et des circonstants (stemmas reconstitués, ch. 124, §§ 5 et 13).

– INTERVERSION SIMPLE DES ACTANTS (ch. 122, stemmas 218–219)
Dans le chapitre 122, l'interversion entre lat. *tela milites deficiunt* et fr. *les traits font défaut aux soldats*, est actancielle (ou 'horizontale'), car elle n'implique pas de correspondance entre deux niveaux hiérarchiques des stemmas en contraste, et elle est 'simple' car le pronom au datif *ihm* correspond au pronom objet direct du français, alors que Tesnière admet la correspondance morphosémantique entre le cas datif et le complément prépositionnel introduit par *à* (cf. Figure 2).

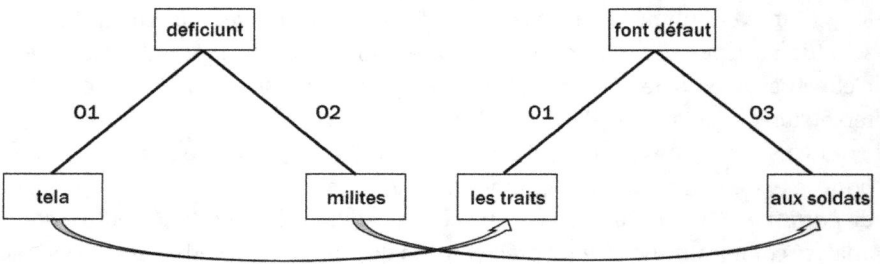

Figure 2: Interversion simple des actants entre les stemmas 218 et 219 (ch. 122).

– INTERVERSION DOUBLE DES ACTANTS (ch. 123, stemmas 220–221)
La paire de stemmas 220–221 représente une interversion double des actants des deux phrases ang. *I miss you* et fr. *vous me manquez*, pour la première en raison de la disparité entre le second actant (O2) en anglais et le tiers actant (O3) en français, et pour la seconde en raison de l'attribution du statut de prime actant au pronom de 1re personne en anglais et à celui de 3e personne en français.

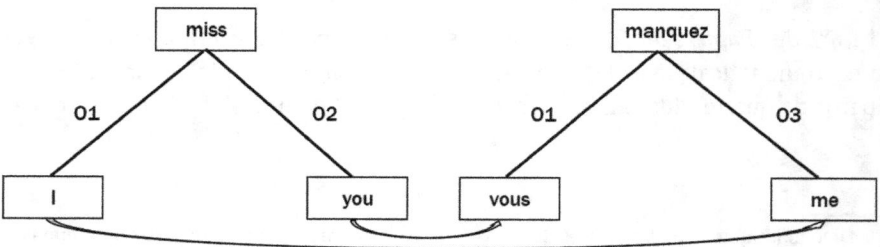

Figure 3: Interversion double des actants entre les stemmas 220 et 221 (ch. 122).

– INTERVERSION SIMPLE DES ACTANTS ET DES CIRCONSTANTS (ch. 124, stemma reconstitué, § 5)

L'interversion entre le groupe prépositionnel all. *von ihm* dans la phrase *Er leiht etwas von ihm* et le pronom « datif » fr. *lui* dans la phrase *Il lui emprunte quelque chose* porte sur un circonstant et un actant, parce que la doctrine de Tesnière, qui veut qu'un complément introduit en français par la préposition *de* ait le statut de circonstant[7], vaut aussi, *mutatis mutandis*, pour la préposition all. *von*.

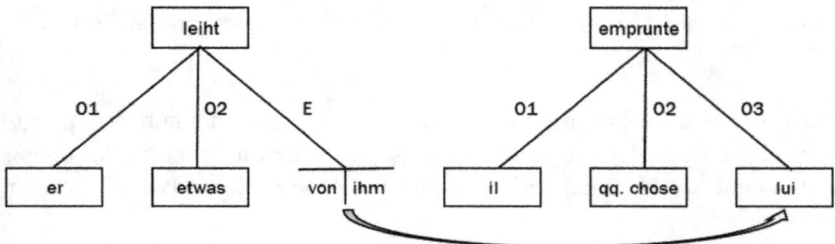

Figure 4: Interversion simple entre un actant et un circonstant des stemmas reconstitués du chapitre 124 (§ 5).

– INTERVERSION DOUBLE DES ACTANTS ET DES CIRCONSTANTS (ch. 124, stemma reconstitué, § 13)

L'interversion qui opère entre all. *Fünf Deutsche gehören zum Ausschuß* et fr. *Le comité compte cinq Allemands* est double, car [1] d'un point de vue morphosyntaxique le circonstant en allemand se distingue du second actant en français, et [2] le groupe des *cinq Allemands* occupe la place de prime actant en allemand et de second actant en français.

---

7 Il est à noter qu'en français deux propositions en relation de paraphrase telles que *Il exige des excuses **de** son subordonné* vs *Il réclame des excuses **à** son subordonné* ou *Il prie son partenaire **de** l'excuser* vs *Il demande **à** son partenaire de l'excuser* présentent le même type d'interversion selon Tesnière.

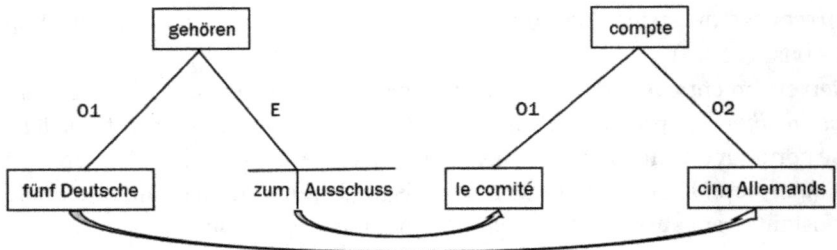

Figure 5: Interversion double entre les actants et les circonstants des stemmas reconstitués du chapitre 124 (§ 13).

Ces types de métataxes actancielles donnent lieu à un commentaire critique qui reste valide en dépit des progrès de l'analyse des structures actancielles depuis près d'un demi-siècle, et nous nous permettons de le restituer dans sa formulation originale :

> Ce que Tesnière désigne ici comme prime, second et tiers actant ne concorde manifestement pas avec les définitions qu'il en donne antérieurement (chap. 48, 51). En effet, Tesnière définit explicitement le prime actant (O^1) comme 'CELUI QUI FAIT L'ACTION' (1969 : 108) ; or cette définition ne s'applique ni à *vous* (M. 123–1), ni à *le comité* (M. 124–3), ni à *fünf Deutsche* (M. 1234–3), *gehören* n'étant pas un verbe désignant une action, mais un verbe qui traduit une relation d'inclusion entre un sous-ensemble et un ensemble, ce qui exclut la présence d'un agent quelconque. Le second actant (O^2) est défini comme 'CELUI QUI SUPPORTE L'ACTION' (1969 : 109). Cette définition ne s'applique pas plus à *cinq Allemands* (M. 124–3) que la définition du tiers actant (O^3) comme 'CELUI AU BÉNÉFICE OU AU DÉTRIMENT DUQUEL SE FAIT L'ACTION' (1969 : 109) ne s'applique à *me* (M. 123–1). Enfin si les circonstants 'EXPRIMENT LES CIRCONSTANCES DANS LESQUELLES SE DÉROULE LE PROCÈS' (1969 : 102), *von ihm* doit être tenu non pas pour un circonstant mais bien pour un actant, puisqu'il s'agit d'un des protagonistes de l'action, et *zum Ausschuß* (M. 124–3) ne peut être ni un circonstant, puisqu'il n'exprime aucune 'circonstance', ni un actant[8], puisqu'il ne se déroule aucune action. (François 1973 : 9–10)

4.2 Entre Tesnière et Koch : la notation des traductions impliquant une « interversion » dans le *Französisches Verblexikon* de W. Busse & P. Dubost ([1]1977, [2]1983)

Le dictionnaire des verbes français de W. Busse & P. Dubost a tiré parti de trois sources théoriques : la conception de la valence verbale de Tesnière, la théorie de la syntaxe distributionnelle et transformationnelle de M. Gross (1968, 1975) dans

---

[8] « Actant » étant pris ici au sens étymologique, la notion de « participant » serait plus appropriée.

le sillage de Harris (1954, 1968), et celle de la syntaxe fonctionnelle de Coseriu (1989). Les auteurs présentent pour les différentes constructions de chaque verbe une traduction en allemand et quand celle-ci présente une différence structurale avec l'original, ils recourent à un symbole d'interversion ou de conversion (*Umkehrungszeichen*, cf. Koch 1994a : 214) :

> ⌧ Symbole d'interversion pour l'occupation lexicale des compléments du verbe en comparant le français à l'allemand.
> C'est ainsi que dans la traduction en allemand
> – les correspondances pour le sujet et l'objet en français peuvent s'échanger,
> – ou bien cela peut s'appliquer aux deux objets entre eux
> – ou encore la valence du verbe change et ce qui est p.ex. second objet en français se réalise comme une extension adnominale du seul objet du verbe allemand correspondant. Cf. *mettre la télé sur chaîne 1* – [*das erste Programm am Fernseher*] *einschalten*, etc.[9]

Ce symbole figure par exemple en cas d'emploi absolu dépendant du contexte : le verbe *ajuster* construit avec sa valence de base 2♦ (c'est-à-dire 2 actants obligatoires et un actant facultatif) est traduit par le verbe allemand *anpassen*. Toutefois, si le second actant désigne une cible sur laquelle vise un tireur, c'est le verbe à régime prépositionnel *zielen auf* qui convient :

> **ajuster** [N – V – N – (à N)] (2♦)   **anpassen**
> ⌧ N – V – N : ajuster Nqc/qn : ***zielen auf***
> *Le chasseur ajuste le lièvre.*

On rencontre également le symbole d'interversion en cas de traduction distincte en fonction de la spécification d'un actant : ainsi le second actant du verbe *affliger* désigne toujours un être humain, mais le premier actant (ou le complément introduit par la préposition *de* à la voix passive) peut désigner une situation ou un évènement causant l'affliction ou un handicap physique ou psychique causant une souffrance ou une invalidité. Dans le premier cas il se traduit (au passif) par *betrübt sein* (litt. 'être bouleversé par'), dans le second par *geplagt werden von* (litt. 'souffrir de').

> **affliger** [N – V – N] (2)   ⌧ *être affligé de la mort de qqn* : ***betrübt sein***
> ⌧ *être affligé de rhumatisme* ; ***geplagt werden von***

---

9 « Umkehrungszeichen für die lexikalische Besetzung der Ergänzungen des Verbs im Vergleich des Französischen mit dem Deutschen. So können etwa bei der Übersetzung ins Deutsche die Entsprechungen für das Subjekt und das Objekt im Französischen auszutauschen sein, oder die beiden Objekte untereinander, oder die Valenz des Verbs ändert sich und das, was beispielsweise zweites Objekt im Französischen ist, erscheint als adnominale Bestimmung zu dem einzigen Objekt des entsprechenden deutschen Verbs. Vgl. *Mettre la télé sur chaîne 1 _ das erste Programm am Fernseher einschalten. das erste Programm eisschalten.* » (Busse & Dubost 1977, 3e page de couverture).

4.3 La théorie révisée des métataxes (Koch 1994–2004)

L'originalité et l'efficacité de la démarche de P. Koch consiste premièrement à prévoir deux structures autonomes, respectivement morphosyntaxique et sémantique, à la place de la combinaison des deux ordres linéaire et structural de Tesnière, et deuxièmement à ajouter une troisième structure, celle qu'on appelait la « perspective fonctionnelle de la phrase » dans les travaux de l'École de Prague (cf. Combettes 1991) et désormais « structure informationnelle » (cf. Lambrecht 1994 ; Koch 1994a, 1996). Koch (1996 : 212) commence par résumer cette structuration sous la forme du Tableau 3 :

Tableau 3: Les trois niveaux du classement des métataxes selon Koch (1996).

(I)	structure syntaxique : fonctions actancielles
(II)	structure propositionnelle rôles actanciels; restrictions de sélection, etc.
(III)	structure informationnelle : thème/rhème, etc.

Ces trois niveaux ne sont pas mutuellement exclusifs, une métataxe peut être syntaxique et/ou propositionnelle et/ou informationnelle :

> Tout dépend – et cela nous le savons grâce à Tesnière – des lexèmes verbaux dont disposent les deux langues concernées, car un lexème verbal d'une langue donnée nous impose :
> – une certaine réalisation syntaxique des actants (i) ;
> – certains rôles sémantiques des actants (ii),
> – une certaine valeur informationnelle des actants (iii) (Koch 1996 : 212)

Et pour prendre en compte la structure informationnelle, il s'avère nécessaire de partir de la hiérarchie des fonctions syntaxiques, laquelle dispose ces fonctions sur l'axe syntagmatique selon un continuum de thématicité *vs* rhématicité propre à chaque langue. Malgré le rappel du rôle de pionnier joué par Tesnière, le mode de classement combinatoire de Koch rebat complètement les cartes, car

[1] l'ORDRE STRUCTURAL, c'est-à-dire sur l'axe horizontal les critères de catégorisation des actants et des circonstants et sur l'axe vertical l'attribution à une forme verbale du statut de prédicat régissant des actants, s'avère un conglomérat opaque de propriétés morphosyntaxiques et sémantiques ;

[2] et l'ORDRE LINÉAIRE, qui concerne la succession des actants et circonstants (lisible sur les stemmas) mais aussi la disposition du prédicat avant, entre, ou après les constituants qui en dépendent (absente des stemmas dans le

format de Tesnière) résulte de deux propriétés : l'une TYPOLOGIQUE, la « thématisation et la rhématisation conformes » (Koch 1996 : 213), propre à chaque langue, et l'autre le CHOIX DU LOCUTEUR de sélectionner éventuellement une structure informationnelle marquée, produisant ainsi « une thématisation ou une rhématisation non conformes » (*ibid.*).

4.3.1 La typologie des métataxes actancielles (Koch 1996 : 215–221)

Dans le classement établi par Koch selon qu'une, deux ou trois des structures énumérées dans le Tableau 3 sont en cause, les types 1–4 spécifient des métataxes partielles, qui n'affectent pas le sujet grammatical, tandis que les types 5–9 spécifient des métataxes totales, affectant entre autres le sujet.

TYPE 1
La métataxe partielle syntaxique (I) correspond à l'interversion simple des actants selon Tesnière. Dans la métataxe fr. *Il a menti à ses parents* ⇔ *Er hat Ø seine Eltern belogen*, l'objet introduit par la préposition *à* du verbe *mentir* correspond à l'objet direct (à l'accusatif) du verbe *belügen*. Ce verbe a été formé à partir du verbe intransitif *lügen* par adjonction du préfixe *be-* à fonction transitivante. Cette fonction permet la thématisation conforme (non marquée) des destinataires du mensonge (au passif : *Seine Eltern wurden belogen*, litt. 'ses parents ont été mentis').

Il	↔	*Er*
a menti	↔	*hat* [...] *belogen*
à	↔	Ø
ses parents	↔	*seine Eltern*

TYPE 2
Métataxe partielle syntaxique et informationnelle (I + III). Ce type correspond à l'interversion combinée des deux compléments[10]. La métataxe est syntaxique, car les deux compléments sont prépositionnels en français contre un seul en allemand, et elle est informationnelle parce que le groupe prépositionnel *de son insatisfaction* assume le rôle ORIGINE et le groupe nominal *seine Unzufriedenheit* le rôle OBJET AFFECTÉ.

---

[10] Dans le classement de Koch, il n'est plus question de conserver les critères d'attribution des statuts de second actant, tiers actant et circonstant. Tous les groupes nominaux ou prépositionnels en cause sont des actants sujet, objet direct, ou prépositionnel pour le français ou sujet au nominatif, objet à l'accusatif, au génitif ou au datif, ou prépositionnel pour l'allemand.

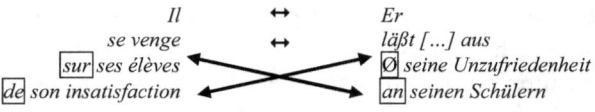

Type 3

Métataxe partielle syntaxique et propositionnelle (I + II). Ce type correspond à une interversion simple des actants, car le véhicule figure comme objet direct (OBJET AFFECTÉ) du verbe *engager* en français, tandis que sa mention est introduite par la préposition *mit* (INSTRUMENT) en allemand (litt. 'Il s'engagea avec la Jaguar sur un chemin…').

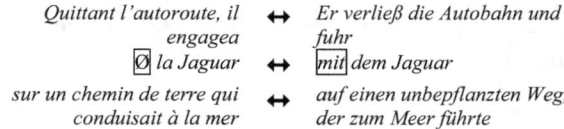

Type 4

Métataxe partielle syntaxique, propositionnelle et informationnelle (I + II + III). Syntaxiquement, ce type est apparenté au type 2, mais il en diffère parce que le verbe *évacuer* et son pendant *evakuieren* ont tous deux un complément direct et un complément prépositionnel qui sont intervertis. Comme le souligne Koch (1996 : 217), la métataxe présente aussi une variante intralangue de nature informationnelle entre les deux constructions du verbe *évacuer* : *On a évacué l'hôtel de ses clients* vs *On a évacué les clients de l'hôtel*. La phrase originale décrit ce qu'il advient de l'hôtel (ORIGINE : il se vide), tandis que la phrase produite par interversion des compléments décrit ce qu'il advient des clients (MOUVEMENT ÉLATIF : ils quittent l'hôtel).

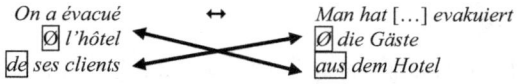

Type 5

Métataxe totale syntaxique et informationnelle (I + III). Ce type correspond à l'interversion double des actants représentée dans la Figure 3. La métataxe est totale, car le sujet grammatical varie entre les deux phrases et que le verbe *manquer* régit un pronom « datif » ; et elle est informationnelle parce que les deux sujets figurent avant le verbe bien qu'ils réfèrent à des personnes différentes.

TYPE 6

Métataxe totale purement syntaxique (I). Ici, au contraire, la métataxe n'est que syntaxique en raison de la référence du sujet en français aux crapauds et en allemand à un individu « X » de sexe féminin, mais la disposition en tête du complément *vor Kröten*[11] (cf. litt. 'Devant les crapauds elle est dégoûtée') lui confère un statut thématique, si bien que les deux phrases ne diffèrent pas sur le plan informationnel (il est toujours question des crapauds et de leur effet émotif sur X et la disposition du pronom objet avant le verbe en français est une contrainte syntaxique qui disparaît si on le remplace par un syntagme : *les crapauds dégoûtent la fillette*). Et leur structure propositionnelle est identique, avec deux rôles sémantiques respectivement CAUSE/ORIGINE (les crapauds) et EXPÉRIENT (la fillette).

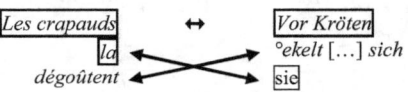

TYPE 7

Métataxe totale syntaxique et propositionnelle (I + II). Ici aussi l'all. *Abfluß* figure comme le fr. *l'égout* en tête de phrase, il est donc question dans les deux phrases de ce qu'il advient de l'égout. Selon Koch, la métataxe est non seulement syntaxique (par chassé-croisé entre les deux sujets et les deux compléments) mais aussi propositionnelle en raison d'une variation supposée dans les rôles sémantiques[12]. Cette disparité sémantique nous laisse perplexe et nous considérons que la structure argumentale des deux verbes est simplement inversée, sans variation entre les deux rôles sémantiques LIEU-SOURCE et OBJET LOCALISÉ :

dégorger ($X_{<\text{lieu-source}>}$ ~ $Y_{<\text{obj-localisé}>}$)
fließen ($Y_{<\text{obj-localisé}>}$ ~ *aus* $X_{<\text{lieu-source}>}$)

si bien que cet exemple relève à notre sens du type 6 et que l'existence du type 7 est sujette à caution.

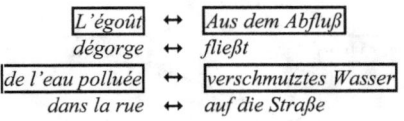

---

[11] Le symbole '°' indique l'accentuation du verbe *ekeln* associée à la thématisation du complément prépositionnel (*vor Kröten*).
[12] « L'actant *Abfluß* [...] change aussi de rôle sémantique : *égout* a le rôle de 'cause' par rapport à *dégorger* tandis que *aus dem Abfluß* a le rôle de 'provenance' » (1996 : 219).

Type 8

Métataxe totale syntaxique, propositionnelle et informationnelle (I + II + III) : Ce type met en cause la relation partie-tout entre la personne gênée par l'éclat du soleil et la partie de son corps qui réagit à cette agression en papillotant. En français, l'organe réactif (*yeux*) figure comme tête du sujet grammatical et la personne sous la forme du déterminant possessif (*ses*), alors qu'en allemand la personne figure comme sujet (*er* = lui) et l'organe comme un complément de moyen (*mit den Augen* = avec les yeux). La métataxe est syntaxique en raison de la sélection différente du sujet, propositionnelle parce qu'en français *ses yeux* assume le rôle d'objet affecté tandis qu'en allemand *mit den Augen* a un rôle instrumental ; et informationnelle parce que les yeux sont thématisés par défaut en français et rhématisés en allemand par dissociation entre la personne (thématisée) et l'organe affecté.

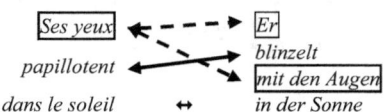

Type 9

Métataxe par usage de l'impersonnel : P. Koch évoque finalement la possibilité d'une phrase rhématique par absence de thème, ce que permet la construction impersonnelle. Dans la métataxe ci-dessous, *les vivres* figure comme sujet grammatical et en position thématique en français, tandis que son équivalent [*die*] *Lebensmittel* a un « statut rhématique non conforme », c'est-à-dire marqué sur le plan informationnel.

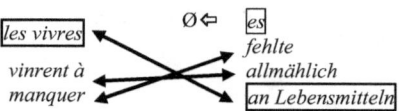

Deux remarques s'imposent ici : d'abord le complément prépositionnel *an Lebensmitteln* peut figurer en tête de phrase, auquel cas la métataxe perd son caractère informationnel, tout comme dans le type 6 :

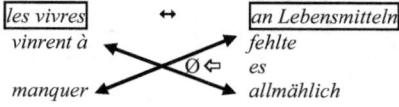

Ensuite la construction impersonnelle est facultative avec le verbe *fehlen*[13] et la métataxe entre les deux expressions peut donc se réduire au changement de

---

13 Cf. « Übereinstimmend berichteten die Flüchtlinge, dass Lebensmittel fehlten. » (Litt. : 'Les réfugiés ont rapporté unanimement que des aliments manquaient / qu'on était en manque

centre structural produit par la traduction de l'auxiliaire d'aspect *venir à* [~ SV$_{inf}$] par l'adverbe de phrase *allmählich* (peu à peu) :

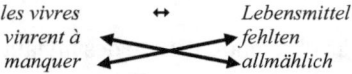

4.3.2 Le jeu de motivations concurrentes sur le plan III de la structure informationnelle (Koch 1994b)

Lorsque les groupes syntaxiques en fonction de second et tiers actant sont de taille comparable, l'échelle de « thématicité-rhématicité » propre à chaque langue détermine à elle seule l'ordre des constituants, par exemple en allemand : objet datif > objet accusatif, et en italien : objet 1 > objet 2 prépositionnel, comme dans l'exemple ci-dessous emprunté à Koch (1994b : 45–6). Dans sa forme abrégée, l'ordre relatif des second et tiers actants respecte l'échelle de rhématicité de chacune des deux langues :

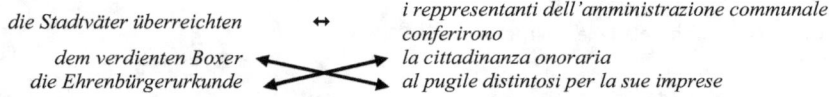

En revanche, dans sa forme originale, le tiers actant se compose de sept mots graphiques en italien, contre 21 pour le second actant. De ce fait le principe universel du « second lourd » (Hagège 1985) également connu comme la « loi de Behaghel » se surimpose et le tiers actant passe (comme en allemand) avant le second :

Hugo las mit seiner Schulentlassenenstimme :	↔	*Hugo leggeva con la voce dei ragazzo che ha finito le scuole :*
„Und überreichten die Stadtväter	↔	*« ...e i rappresentanti dell'amministrazione communale conferirono*
dem verdienten Boxer	↔	*al pugile distintosi per la sue imprese*
nicht nur die Ehrenbürgerurkunde,	↔	*non solo la cittadinanza onoraria*
auch die goldene Marsilius-Plakette,	↔	*ma anche la targa d'oro Marsilius*
die nur für besonders hohe kulturelle Verdienste verliehen wird" [14]	↔	*que viene attribuita per altissimi e particolari meriti culturali »*

---

d'aliments' ; https://www.faz.net/aktuell/politik/mossul-fluechtlinge-stroemen-aus-ehemaligen-is-bezirken-14924513.html).
14 Extrait de Heinrich Böll, *Billard um halbzehn* (dtv, 1991 : 212 ; *Billiardo alle nove e mezzo*, Milano 1988 : 331).

5 Extension de la typologie des métataxes aux dimensions intralangue et diachronique

Tesnière a occasionnellement étendu l'étude des métataxes à la dimension intralangue, par exemple à la page 306 des *ESS* à propos du changement de centre structural (« métataxe verticale », cf. Figure 6). Il a exploré également des métataxes entre langues modernes et langues classiques, mais, sauf erreur, il ne s'est pas aventuré du côté des métataxes entre deux états d'une même langue.

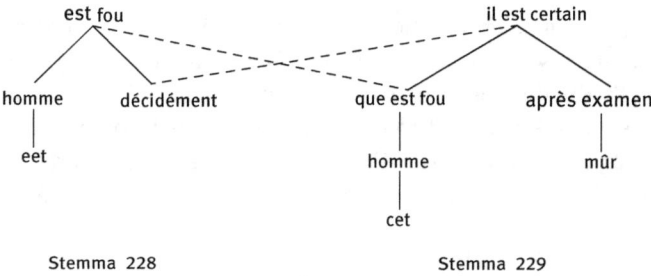

Figure 6: Métataxe intralangue « verticale » (*ESS* : 306).

Par souci de cohérence, une conception généralisée des métataxes se doit de prendre en considération tous ces types de paires de langue. De ce point de vue, les métataxes actancielles entrent dans trois catégories : interlangues, intralangues et évolutives (cf. Tableau 4). Dans l'exemple de métalangue interlangue en anglais *her* et *the story* sont deux compléments directs, alors qu'en français *lui* est un complément « datif ». C'est un cas d'interversion simple des actants dans les termes de Tesnière. Les métataxes actancielles intralangues peuvent être intralexicales (même prédicat : *charger* associé à deux constructions interverties) ou interlexicales (deux prédicats différents : *informer* avec le destinataire en objet direct *vs apprendre* avec le destinataire en objet indirect). Le dernier type est celui des métataxes évolutives, entre deux états de langue successifs : alors que *persuader* sélectionnait en moyen français un destinataire comme objet indirect, ce destinataire est sélectionné comme objet direct en français moderne, et comme la construction ditransitive à deux objets directs est agrammaticale, la complétive est introduite par la tournure *de ce que* P (cas d'interversion double entre objet direct et objet prépositionnel) réduite dans l'usage courant à *que* P.

Tableau 4: Généralisation du classement des métataxes actancielles.

1. INTERLANGUES
ex. ang. *He told [her] the story*   vs fr. *Il [lui] a raconté l'histoire*
2. INTRALANGUES
2.1. intralexicales
ex. fr. *Le manutentionnaire charge les lourdes*   vs *Le manutentionnaire charge le camion [de]*
caisses [dans] le camion   *lourdes caisses.*
2.2. interlexicales
ex. fr. *Le journal informe ses lecteurs [de] la*   vs *Le journal apprend [à] ses lecteurs la*
déclaration de guerre   *déclaration de guerre.*
3. EVOLUTIVES
ex. moyen fr. : *qqn persuade [à qqn] que P / de Inf* ⇨ fr.class. : *qqn persuade [qqn] que P / de Inf*

En diachronie, Koch (2001 : 75) fournit un exemple instructif de réanalyse. Nous avons vu plus haut (§ 4.1) à propos de la métataxe 220–1, Fig. 3 (ang. *I miss you* / fr. *vous me manquez*) que c'est le sémantisme purement relationnel (et donc ni dynamique, ni agentif) des verbes *miss* et *manquer* qui favorise l'émergence de telles métataxes. Cette propriété vaut également pour le verbe du moyen anglais *liken* et sa version *like* de l'anglais moderne, à cela près qu'entre les deux états de langue la perspective (c'est-à-dire la structure informationnelle non marquée) a changé : alors que *liken* sélectionnait un phénomène [P] comme sujet et un expérient [E] comme objet indirect (au même titre que *plaire* en français moderne, cf. 24a, litt. « Au roi plaisent les poires »), *like* sélectionne désormais E comme sujet et P comme objet direct. En diachronie, on est donc en présence d'une métataxe actancielle du type « interversion double des actants » selon Tesnière (cf. Figure 5) ou du type 5 (métataxe totale syntaxique et informationnelle) selon Koch. Il s'agit d'un cas de réanalyse (cf. Langacker 1976) ou de « néo-analyse » (cf. Traugott & Trousdale 2013 : 35–37 ; Koch 2001 : 75).

> En anglais, le verbe *liken* était autrefois un verbe du même type qur l'it. *piacere* (perspectives E+P). Dans la phrase (24a) du moyen anglais (perspective E), l'actant EXPÉRIENT *the king* était COI, et comme le montre l'accord du verbe (*likeden*), *peares* était le sujet. C'est en passant par une réanalyse de structures du type (24b) que *to like* est devenu un verbe à la seule perspective E, avec un sujet EXPÉRIENT, comme dans (24c).
> (24a) moy.angl.   *The king likeden peares.*
> (24b) moy.angl./angl.mod.   *The king liked pears.*
> (24c) ang.mod.   *The king/he likes pears.*   (Koch 2001 : 75)

Une réanalyse syntaxique est généralement motivée par un changement morphologique, et c'est bien le cas dans la conjugaison du verbe, car en moyen anglais *likeden* et *liked* se distinguaient (prétérit, 3e p. pluriel *vs* singulier) alors qu'en anglais moderne la forme *liked* est devenue syncrétique (toutes les personnes du prétérit). En même temps les marques de cas nominatif *vs* datif ont disparu, si bien que *the king* est désormais réanalysé par défaut comme sujet de la phrase.

6 Pour une représentation « triangulée » des métataxes

En conclusion, la théorie des métataxes forgée par Tesnière est intuitivement convaincante, mais formellement inconsistante. La raison est aisément compréhensible : quand Tesnière a forgé sa théorie (entre 1934 et 1953)[15], l'idée d'une correspondance entre deux structures, l'une morphosyntaxique, l'autre logico-sémantique, ne pouvait pas encore lui venir à l'esprit, car la formation des linguistes ne leur permettait pas de saisir l'intérêt de travaux de sémantique logique susceptibles de les concerner. À titre d'exemple, dans la même décennie K. Adjukiewicz esquisse en 1935 la première grammaire catégorielle d'inspiration logique, tandis que le philosophe du langage C. Serrus met en doute en 1933 l'idée d'un *Parallélisme logico-grammatical*. Et ce n'est qu'à partir des années 1970–80 que les premiers modèles d'interface syntactico-sémantique ont été élaborés (cf. Montague 1974, Dowty 1979, Jackendoff 1983, Kamp & Reyle 1993, van Valin 2006, etc.), offrant la possibilité d'un *tertium comparationis* sémantique entre deux représentations syntaxiques « superficielles ». Dans cet esprit, la Figure 8 fournit une représentation « triangulée » (phrase en anglais ⇔ *tertium comparationis* sémantique ⇔ phrase en français) de la métataxe que Tesnière s'escrimait à représenter sans métalangue sémantique par la Figure 7.

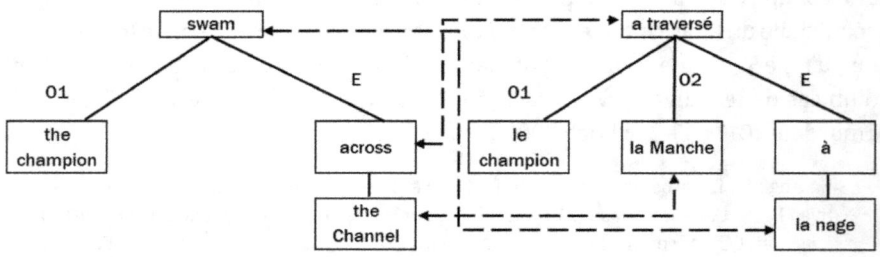

Figure 7: Représentation de la métataxe entre ang. *The champion swam across the Channel* et fr. *le champion a traversé la Manche à la nage* à la manière de Tesnière[16].

---

15 Respectivement Tesnière L., 1934, « Comment construire une syntaxe », *Bulletin de la Faculté des Lettres de Strasbourg*, 7 : 219–229 ; Tesnière L., 1953, *Esquisse d'une syntaxe structurale*, Paris, Klincksieck.
16 La métataxe originale de Tesnière (*ESS* : 310, stemmas 230–1) met en contraste all. *Anton schwimmt über den Fluß* et fr. *Antoine traverse le fleuve en nageant*. Cf. François (1975 : 3–16).

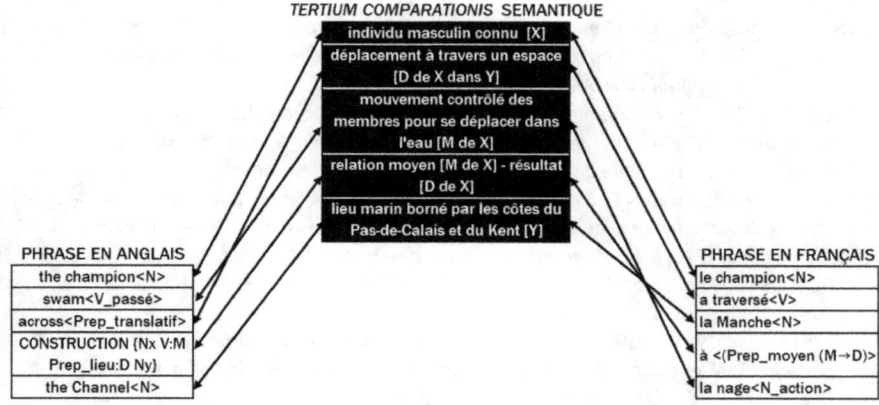

Figure 8: Représentation triangulée de la même métataxe à l'aide d'un *tertium comparationis* sémantique.

Au final, il n'est pas question de reprocher à Tesnière de ne pas avoir entrevu au début des années 1950 la notion d'interface syntactico-sémantique qui n'a émergé que vingt ans plus tard. Par la notion de métataxe et la disposition en vis-à-vis de paires de stemmas, Tesnière a entrouvert implicitement la porte de la triangulation représentée dans la Figure 8 de manière moins bien argumentée que C. Bally dans *Linguistique générale et linguistique française* ([1]1936, [4]1965), mais plus attirante à l'aide de quelques nœuds reliés par des arêtes et associés par des flèches, une gageure pédagogique[17].

Bibliographie

Adjukiewicz Kazimierz, 1935, "Die syntaktische Konnexität", *Studia philosophica*, 1 : 1–27.
Arrivé Michel, 1969, « Les *Éléments de syntaxe structurale* de L. Tesnière », *Langue Française*, 1 : 36–40.
Bally Charles, [4]1965, *Linguistique générale et linguistique française*, Berne, Francke.
Busse Winfried, Dubost Paul, [1]1977 / [2]1983, *Französisches Verblexikon*, Stuttgart, Klett-Cotta.
Chomsky Noam, 1957, *Syntactic structures*, La Haye, Mouton.
Coseriu Eugenio, 1989, « Principes de syntaxe fonctionnelle », *Travaux de Linguistique et de Philologie*, XXVII : 5–46.
Cop B. & *al.* (dir.), 1994, *Mélanges Lucien Tesnière. Linguistica*, XXXIV/1, Université de Ljubljana.

---

[17] Pour une comparaison détaillée des entreprises syntaxiques de Tesnière et Bally, voir François (1975 : ch.2).

Dik Simon & al., 1990, "The hierarchical structure of the clause and the typology of adverbial satellites", in J. Nuyts & al. (eds.), *Layers and Levels of Representation in Language Theory: A functional view*. Amsterdam, Benjamins: 25–70.

Dowty David, 1979, *Word Meaning and Montague Grammar*, Dordrecht, Springer.

Combettes Bernard, 1991 « Hiérarchie et dépendance au niveau "informationnel" : la perspective fonctionnelle de la phrase », *L'Information Grammaticale*, 50 : 48–51.

François Jacques, 1973, *La notion de métataxe chez Tesnière. Analyse critique sur la base de trois travaux de sémantique générative*, Cahier du DRLAV, 5, Université de Paris VIII-Vincennes.

François Jacques, 1975, *Idées directrices pour une description intersyntaxique générative du français et de l'allemand*. Thèse de 3e cycle / Cahier du DRLAV n°1, 2 vol. Université de Paris VIII-Vincennes.

François Jacques, 1998, « Théorie multifactorielle de la transitivité, "différentiel de participation" et classes aspectuelles et actancielles de prédication », in A. Rousseau (dir.), *La transitivité*, Lille, Presses du Septentrion : 181–201.

François Jacques, 2002 « Verbes vs adverbes en lexicologie contrastive du français et de l'allemand : de l'intérêt de disposer d'un jeu diversifié d'opérateurs », *Travaux linguistiques du CerLiCO*, XV : 67–92.

François Jacques, 2003, *La prédication verbale et les cadres prédicatifs*, Louvain, Peeters.

Greenberg Joseph, 1966, *Language Universals, with special reference to feature hierarchies*, La Haye, Mouton.

Gross Maurice, 1968, *Grammaire transformationnelle du français : Syntaxe du verbe*, Paris, Larousse.

Gross Maurice, 1975, *Méthodes en syntaxe : Le régime des constructions complétives*, Paris, Hermann.

Guimier Claude (dir.), 1993, *1001 circonstants*, Caen, Presses Universitaires de Caen.

Hagège Claude, 1985, *L'homme de paroles*, Paris, Fayard.

Harris Zellig S., 1954, "Distributional structure", *Word*, 10(2-3) : 146–162.

Harris Zellig S., 1968, *Mathematical structures of language*, New-York, Interscience Publishers.

Hays David, 1964, "Dependency theory: A formalism and some observations", *Language*, 40(4) : 511–525.

Hawkins John, 1983, *Word order universals*, New-York, Academic Press.

Helbig Gerhard, Schenkel Wolfgang, 1969, *Wörterbuch zur Valenz und Distribution deutscher Verben*, Leipzig, Bibliographisches Institut.

Heringer Hans Jürgen, 1970, *Theorie der deutschen Syntax*, Munich, Hueber.

Heringer Hans Jürgen, 1978, *Wort für Wort. Interpretation und Grammatik*, Stuttgart, Klett-Cotta.

Heringer Hans Jürgen, 1996, *Deutsche syntax – dependentiell*, Tübingen, Stauffenburg.

Hopper Paul, Thompson Sandra, 1980, "Transitivity in grammar and discourse", *Language*, 56: 251–299.

Jackendoff Ray, 1983, *Semantics and cognition*, Cambridge, MIT Press.

Kamp Hans, Reyle Hans, 1993, *From discourse to logic – Introduction to modeltheoretic semantics of natural language, formal logic and discourse representation theory*, Dordrecht, Springer.

Koch Peter, 1994a, "Verbvalenz und Metataxe im Sprachvergleich", in W. Thielemann & K. Welke (eds.), *Valenztheorie – Werden und Wirkung*, Münster, Nodus: 109–124.

Koch Peter, 1994b, "Valenz und Informationsstruktur im Sprachvergleich Italienisch-Deutsch", *Italienisch*, 32 : 38–58.

Koch Peter, 1995, "Aktantielle 'Metataxe' und Informationsstruktur in der romanischen Verblexik, Französisch / Italienisch / Spanisch im Vergleich)", in W. Dahmen *et alii* (eds.),

Konvergenz und Divergenz in den romanischen Sprachen – Romanistisches Kolloquium VIII, Tübingen, Narr : 115–137.
Koch Peter, 1996, "La métataxe actancielle. De Tesnière à Busse/Dubost", *in* G. Gréciano & H. Schumacher (eds.), *Lucien Tesnière – Syntaxe structurale et opérations mentales / Akten des deutsch-französischen Kolloquiums anläßlich der 100. Wiederkehr seines Geburtstages Strasbourg 1993*, Linguistische Arbeiten, 348, Tubingen, Niemeyer : 211–224.
Koch Peter, 2001, "*As you like it* : les métataxes actancielles entre expérient et phénomène", *in* L. Schøsler, (ed.), *La valence, perspectives romanes et diachroniques*, Stuttgart, Steiner : 59–81.
Koch Peter, 2002, "*Il ne me faut plus nule rien* – Changement sémantique, métataxe et réanalyse", *in* P. Blumenthal & P. Koch (dir.), *Valence : perspectives allemandes. Syntaxe & Sémantique* 4, Presses Universitaires de Caen : 67–108.
Koch Peter, 2003, "Metataxe bei Lucien Tesnière", *in* V. Agel *et alii* (eds.), *Dependenz und Valenz / Dependency and Valency*, vol.1, Berlin, De Gruyter : 144–159.
Koch Peter, 2004, "Rollensemantik – diachronische Aspekte", *in* R. Kailuweit & M. Hummel (eds.), *Semantische Rollen*, Tübingen, Narr : 421–434.
Kunze Jürgen, 1975, *Abhängigkeitsgrammatik. Studia Grammatica*, XII, Berlin, Akademie der Wissenschaften.
Lakoff George, 1970, "Linguistics and natural logic", *Synthese*, 22: 151–271.
Lambrecht Knud, 1994, *Information structure and sentence form – Topic, focus and the mental representations of discourse referents*, Cambridge (GB), C.U.P.
Langacker Ronald, 1976, "Syntactic reanalysis", *in* C. N. Li (ed.), *Mechanismsm of syntactic change*, Austin/Londres, University of Texas Press: 57–140.
Littré Émile, 1872, *Dictionnaire de la langue française*, Paris, Hachette.
Madray-Lesigne Françoise, Richard-Zappella Jeanine (dir.), 1995, *Lucien Tesnière aujourd'hui*, Paris/Louvain, Société pour l'information grammaticale/Peeters.
McCawley James, 1968, "The role of semantics in a grammar", *in* E. Bach & R.T. Harms (eds.), *Universals in linguistic theory*, Holt, Rinehart & Winston: 124–170.
Malblanc Alfred, 1968, *Stylistique comparée du français et de l'allemand*, Paris, Didier.
Montague Richard, 1974, *Formal philosophy: selected papers of Richard Montague*, R.H. Thomason (ed.), New-Haven, Yale Univ. Press.
Mounin Georges, 1961, *Les problèmes théoriques de la traduction*, Paris, Gallimard.
Nichols Johanna, 1986, "Head-marking and dependent-marking grammar", *Language*, 62(1): 56–119.
Serrus Charles, 1933, *Le parallélisme logico-grammatical*, Paris, F. Alcan.
Steinitz Renate, 1969, *Adverbialsyntax*, Studia Grammatica, 10, Berlin, Akademieverlag.
Tesnière Lucien, 1934, « Comment construire une syntaxe », *Bulletin de la Faculté des Lettres de Strasbourg*, 7 : 219–229.
Tesnière Lucien, 1953, *Esquisse d'une syntaxe structurale*, Paris, Klincksieck.
Tesnière Lucien, ²1969, *Éléments de syntaxe structurale*, Paris, Klincksieck.
Traugott Waltraud, Trousdale Graeme, 2013, *Contructionalization and constructional changes*, Oxford, O.U.P.
van Valin Robert, 2006, *Exploring the syntax-semantics interface*, Cambridge (GB), C.U.P.
Vinay Jean-Pierre, Darbelnet Jean, 1956, *Stylistique comparée du français et de l'anglais*, Paris, Didier.

3.2 Études sur l'allemand

Thérèse Robin
Chapitre 17
L'application à l'allemand ancien de la théorie de la valence verbale selon Lucien Tesnière

1 Introduction

Le questionnement sur l'héritage de Lucien Tesnière 60 ans après la parution de son ouvrage posthume *Éléments de syntaxe structurale* (1959), est pour nous, spécialiste de l'histoire de l'allemand et des langues germaniques, l'occasion d'examiner quel a été l'impact de la théorie de la valence tesniérienne sur la description, voire l'analyse linguistique, de textes en allemand ancien. Par allemand ancien, nous entendons tout état de l'allemand antérieur à l'allemand actuel, du XXIe siècle. Gerhard Helbig (1971) est le linguiste (est-)allemand qui, par la traduction en allemand de l'ouvrage de Tesnière, a introduit en Allemagne la théorie tesniérienne de la valence verbale. Cette dernière y a rencontré tout de suite un écho important. Gerd Wotjak, dans son discours-bilan sur la notion de valence au seuil du XXIe siècle (2000), célèbre Gerhard Helbig comme le pilier de la recherche allemande sur la valence. Le nombre de publications consacrées à la valence, de façon globale, est notable. Vilmos Ágel & Klaus Fischer (2010 : 262) indiquent le chiffre de 3 000 titres environ publiés sur la théorie de la valence. Rien qu'entre 1980 et 2000, on comptabilise environ deux cents publications sur le sujet, articles ou monographies, sans compter les dictionnaires. La théorie de la valence verbale a été ainsi appliquée à l'allemand actuel, mais aussi à l'allemand ancien. Nous allons, de ce fait, nous attacher à cette dernière perspective. Nous consacrerons une première partie à un linguiste majeur dans l'application à l'allemand ancien de la théorie tesniérienne de la valence verbale, à savoir Albrecht Greule. Notre deuxième partie montrera la diversification de cette application à l'histoire de l'allemand. Une troisième et dernière partie s'attachera au questionnement ouvert par une telle application, déjà existant en allemand actuel[1].

---

1 La préface des actes du colloque international sur « Lucien Tesnière aujourd'hui » donne de la théorie de la valence et ses développements une image assez ambiguë : « C'est un modèle

Thérèse Robin, Université Paris-Est-Créteil, *Institut des mondes anglophone, germanique et roman* – IMAGER

https://doi.org/10.1515/9783110715118-017

2 Albrecht Greule et l'application de la valence verbale à l'allemand ancien

Albrecht Greule est le premier linguiste à avoir voulu appliquer la théorie de la valence verbale à l'allemand ancien. En effet, il en a fait l'objet de sa thèse (1973), avec le texte d'Otfrid (env. 870), le *Livre des Évangiles*. Les préoccupations linguistiques d'Albrecht Greule concernant l'application de la théorie tesniérienne à l'allemand ancien, sont, depuis lors, constantes. Albrecht Greule s'en explique, par exemple en 1982 :

> Eine Syntax, der die Theorie von der Verb-Valenz zugrunde gelegt wird, steht in einer von Lucien Tesnière begründeten Forschungsrichtung. Mit dem Ausdruck ‚Verb-Valenz' wird verdeutlicht, daß wir mit Tesnière Valenz als Eigenschaft auffassen, die in erster Linie Verben zukommt. Im weiteren wird ‚Valenz' nur in diesem Sinn verwendet.[2] (1982c : 99 et suiv.)

Dans son article (1982a), Albrecht Greule, pour qui le siècle le plus important est le IXe siècle, établit le constat du déficit d'études syntaxiques du vha[3], c'est-à-dire de l'absence d'une syntaxe complète du vha. Les raisons en seraient le caractère hétérogène du matériau linguistique et l'étendue chronologique de la période. Albrecht Greule, dont le but premier est la description syntaxique des états anciens de la langue allemande, essaie de voir si la théorie de la valence est la plus adéquate (1982b : 285)[4]. Il part du principe de validité de la théorie

---

qui est fertile parce que critiquable, non seulement parce qu'il a donné naissance à un certain nombre de mots-clés et que de l'eau est passée sous les ponts, mais aussi parce qu'il comporte des contradictions internes. C'est dans les failles du système que s'inscrivent, en déplacement ou en dépassement, les développements les plus actuels qui en découlent. Il s'agit d'une théorie ouverte, dynamique et flexible sous une apparente rigidité, qui pose des problèmes en même temps qu'elle en résout » (Madray-Lesigne & Richard-Zappella 1995 : 7).
2 Trad. : 'Une syntaxe, dont la base est la théorie de la valence verbale, se situe dans le sillage scientifique de la théorie de Lucien Tesnière. L'expression « valence verbale » renvoie clairement à la propriété énoncée par Lucien Tesnière, propre d'abord au verbe. Par la suite, le terme de 'valence' est pris seulement dans ce sens.'
3 Vha = vieux-haut-allemand.
4 « Die Frage nach der Eignung der Valenztheorie für die syntaktische Beschreibung historischer Sprachstufen des Deutschen war für mich der Hauptanstoß, die vorliegende Studie zu schreiben » (Greule 1982b : 285). Trad. : 'La question de l'adéquation de la théorie de la valence pour décrire la syntaxe de périodes historiques de la langue allemande fut pour moi le moteur principal de l'écriture de la présente étude.' Ou encore : « Die vorliegende Untersuchung hat zum Ziel, die Anwendbarkeit der Valenztheorie auf die syntaktische Beschreibung des Althochdeutschen zu prüfen » (Greule 1982c : 98). Trad. : 'La présente analyse a pour but d'examiner la possibilité d'appliquer la théorie de la valence à la description syntaxique du vha.'

de la valence telle qu'énoncée par Lucien Tesnière. Il l'applique au texte d'Otfrid, le *Livre des Évangiles*, quitte à adapter le texte à la théorie. Il veut tirer du texte des modèles de phrases, puis les réunir dans un dictionnaire. Il explique sa démarche dans *Valenz, Satz, Text* (1982b). Il recourt à des phrases simples, et déconstruit si besoin est les phrases complexes. Il transforme les impératifs et infinitifs en formes finies. Il découpe toute phrase en actants ou circonstants et classe toutes les structures en leur attribuant des sigles mathématiques. Il justifie la valence verbale par la théorie elle-même (1982c : 103)[5].

Albrecht Greule établit ensuite un dictionnaire syntaxique des valences verbales en vha (1999), qui regroupe les occurrences des verbes des principaux textes de cette période. En effet, la théorie de la valence permet d'établir des modèles de phrases en vha, accessibles ensuite dans un dictionnaire. La question se pose de savoir quels verbes étudier. Le choix est fait de prendre des verbes avec une fréquence minimum de 3, les verbes simples, les préverbés et préfixés, car ils ont un sens semblable (1999 : 10), mais pas de verbes trop fréquents non plus. Pour les verbes très fréquents, un choix est fait parmi les attestations. La démarche d'Albrecht Greule est la suivante : on va des textes aux verbes retenus pour leur valence, puis aux modèles de phrases. Seule compte la syntaxe, qui permet d'établir des modèles comme celui-ci (1999 : 53–54) :

bûan = habiter
1. wohnen : a wohnt am Ort b
2. a : NP1   (b : NP2/NP3/NP5 (in/innan/ufan))
   a : Mensch, der an einem Ort wohnt
   b : Ort, an dem jemand wohnt
3. temp : ADV (6)   qual : ADV/NP5 (3)   caus : NS (2)
   attr : NP1 (1)   com : NP5 (1)   cond : NS (1)
   fin : NS (1)   quant : ADV(1)   mod : NP5 (3)
   neg : ADV (1)

---

5 « Die triftigste Begründung für die Zentralstellung des Verbs in der Satzstruktur liefert die Valenz ». « Auf Grund der Tatsache, daß das Verb als Prädikat zur Satzbildung eine bestimmte Anzahl von Argumenten benötigt, markiert es andere Satzteile (Satzglieder) mit einer bestimmten Qualität und Quantität. Insofern ist es einflußreicher als andere Satzglieder. Es legt so einen ‚Stellenplan' für den Satz fest und stiftet damit das grammatische Grundgerüst des Satzes. » (Greule 1982c : 103). Trad. : 'La justification la plus adéquate de la place centrale du verbe dans la structure de la phrase est donnée par la valence.' 'En raison du fait que le verbe comme prédicat a besoin, pour former la phrase, d'un certain nombre d'arguments, le verbe confère aux autres parties de la phrase (membres de phrase) une certaine qualité et une certaine quantité. En ce sens, le verbe a une plus grande influence que les autres membres de phrase. Ainsi, il établit un plan syntaxique pour la phrase et fonde ce faisant la charpente grammaticale de la phrase.'

4. 0, 1, 1, 65 : Sie buent mit gizuigon...in guatemo lante :
    Sie wohnten wohl ausgestattet mit allem in einem reichen Land
5. Zahl der Belege je nach dem Autor

Le premier item est une description sémantique « syntaxifiée ». Le deuxième se situe sur le plan morphosyntaxique. Les parenthèses indiquent que les groupes concernés ne sont pas attestés tout le temps. Ce sont, dans le 3e bloc, des membres de phrase supplémentaires, qui ne sont pas des rôles. Ils sont spécifiés sur les plans sémantique et morphologique, et pourvus d'un indice de fréquence. Le 4e bloc contient des exemples, qui montrent les structures possibles. Si un verbe a des sens différents, alors une entrée correspond à un sens, et on a autant d'entrées que de sens différents.

Ainsi, le projet scientifique majeur d'Albrecht Greule, jusqu'à aujourd'hui encore[6], est de décrire la valence verbale dans les états de l'allemand ancien depuis Otfrid jusqu'à Luther, et, à partir de synchronies de l'allemand ancien, faire un dictionnaire diachronique de la valence verbale de l'allemand (2016).

L'application de la théorie de la valence à des états anciens de l'allemand se poursuit, avec d'autres textes et/ou d'autres linguistes.

3 La diversification de cette application à l'histoire de l'allemand

Albrecht Greule envisage, avec Tibor Lénárd (2005), d'établir un dictionnaire valenciel des verbes en mha[7] à partir du corpus de Bochum[8]. Il a ouvert la voie à divers linguistes allemands, qui ont eux aussi utilisé la théorie de la valence verbale : Jarmo Korhonen (1978), Wilfried Schütte (1982), Hugh Maxwell (1982), Franz Simmler (1982), Norbert Richard Wolf (1986), Vilmos Ágel (1988). Les textes et époques linguistiques d'application sont divers.

Jarmo Korhonen (1978) applique la théorie de la valence verbale au sermon de Luther de 1520 *von den guten werken*. Il souhaite établir des schémas valenciels et évoquer les problèmes théoriques de la valence (1978 : 6). La distinction actants-circonstants se fait à l'aide de critères morphosyntaxiques et logico-sémantiques, les premiers étant plus importants que les seconds car ils permettent

---

6 Les toutes dernières publications d'Albrecht Greule le montrent (2019, 2020, 2021).
7 mha : moyen-haut-allemand, étape de l'histoire de l'allemand qui suit celle du vha. Puis nha précoce : nouveau-haut-allemand précoce ; puis nha : nouveau-haut-allemand.
8 https://www.linguistics.rub.de/rem/corpus/texts.html.

une classification nette (1978 : 10). Jarmo Korhonen considère les voix active et passive ensemble. Il indique expressément (1978 : 11), pour distinguer les actants des circonstants, appliquer au nha précoce les compétences linguistiques qu'il possède pour le nha ; puis, dans le texte, s'occuper des fréquences d'emploi et procéder à quelques opérations, par analogie aussi ; et enfin, s'aider des grammaires et dictionnaires du nha existants, et utiliser l'outil informatique (1978 : 16–19, 20–25). Il précise ce qui est exclu de l'analyse valencielle[9]. Le chapitre 3 contient les différents schémas valenciels, sous forme de tableaux et de listes, pour les modèles principaux, puis pour les modèles secondaires, actifs et passifs. La ligne zéro actant veut dire que le sujet non exprimé n'est pas comptabilisé comme sujet même s'il est porté par les désinences verbales. Les variations des différents verbes porteurs de valence peuvent correspondre à des sens différents (Korhonen 1978 : 116)[10]. L'exemple donné est le verbe *achten*, avec 14 entou-

---

9 « Aus der theoretischen Voraussetzung, dass Ergänzungen prinzipiell als Satzglieder aufgefasst werden können, folgte für die vorliegende Arbeit, dass Partikeln aus der Analyse ausgegliedert werden mussten. Aus demselben Grunde konnten aber auch Adjektiv-, Genitiv- und Präpositionalattribute keine Beachtung finden – diese Elemente sind ja von einem Substantiv abhängig und bilden mit ihm eine Nominalgruppe. Aus der Ausschaltung dieser Attributarten ergab sich dann weiter, dass auch die Valenz von attributiv verwendeten Adjektiven unberücksichtigt gelassen wurde. Darüber hinaus wurden jedoch auch prädikative Attribute beiseite gelassen, denn sie sind in der gleichen Weise wie die übrigen Attribute primär auf ein nominales Glied im Satz zu beziehen. – Schliesszlich blieben bei der Satzstrukturbeschreibung solche Konstruktionen auszer acht, die auszerhalb des Satzzusammenhangs stehen » (Korhonen 1978 : 27). Trad. : 'L'hypothèse théorique selon laquelle les actants, par principe, peuvent être compris comme des membres de phrase, a conduit pour le présent travail, à devoir exclure de l'analyse les particules. Pour la même raison, on n'a cependant également pas pris en compte les adjectifs épithètes, les compléments de nom au génitif, les compléments prépositionnels – ces éléments dépendant d'un substantif et formant avec lui un groupe nominal. En excluant ces compléments en fonction épithète, la conséquence fut de devoir aussi laisser de côté les adjectifs en fonction d'épithète. En outre, les épithètes en fonction de prédicat ont dû aussi ne pas être pris en compte, car ils doivent être mis, de la même façon que les autres épithètes, d'abord avec un membre nominal de la phrase. – En fin de compte, on n'a pas tenu compte, dans la description de la structure de la phrase, des constructions qui se trouvent en dehors du contexte de la phrase.'

10 « Dabei sei auch hier noch zunächst bemerkt, dass die Umgebung eines Valenzträgers sowohl quantitativ als auch qualitativ variieren kann, ohne dass dieser Variation jeweils eine verschiedene Bedeutung des Valenzträgers entspricht » (Korhonen 1978 : 117). Trad. : 'Ce faisant, il nous faut d'abord faire remarquer que l'entourage d'un porteur de valence peut varier, sur le plan quantitatif comme aussi qualitatif, sans que cette variation ne corresponde à chaque fois à un sens du porteur de la valence différent.' Cependant, la suite modifie l'affirmation précédente : « Oft lässt sich jedoch eine derartige Variation auf Bedeutungsvarianten des betreffenden Valenzträgers zurückführen » (Korhonen 1978 : 117). Trad. : 'Souvent, cependant, on peut ramener une telle variation à des variantes de sens du porteur de la valence concerné.'

rages morpho-fonctionnels différents pour 3 variantes sémantiques (1978 : 117). Les cas profonds utilisés par Jarmo Korhonen sont (1978 : 119–121) : AG (Agens), EXP (Experiential), AD (Adressat), P (Possessiv), O (Objektiv), F (Faktitiv), ESS (Essiv), K (Kausal), L (Lokativ), M (Modal), T (Temporal), U (Ursprung), Z (Ziel). Les verbes sont donnés avec les modèles, principaux ou secondaires, actifs et passifs, et les cas profonds que nous venons d'évoquer (1978 : 123, 146). Quatre verbes se retrouvent dans toutes les listes : *achten, geben, halten, sagen*, avec des variations de sens et d'entourage. Les verbes réfléchis, les emplois de *es* et de *das* sont étudiés à part. Jarmo Korhonen pense que l'on peut se servir de sa méthode pour comparer les valences à des états différents de la langue (1978 : 304)[11].

Wilfried Schütte (1982) applique la théorie tesniérienne de la valence aux *Lieder* de Heinrich von Morungen (début du XIIIe siècle). Il décrit les problèmes de l'approche valencielle pour des textes anciens, à l'opposé de la démarche traditionnelle : au lieu de partir de l'unité la plus petite pour aller vers la plus grande, il est question d'« analyse descendante », à partir de la « phrase », ce qui suppose de savoir ce qu'on entend par phrase. Le verbe est considéré comme le centre structural de la phrase et attire à lui, par sa valence, un certain nombre d'actants et de circonstants. La question de l'existence d'une valence sémantique au-delà de la valence syntaxique, que Wilfried Schütte pose (1982 : 30)[12], va plus loin que l'approche d'Albrecht Greule, pour qui, comme pour Lucien Tesnière, la sémantique n'est pas l'essentiel. Cependant, elle se restreint à l'interrogation sur l'existence d'une connexion dirigée du verbe vers les actants, hiérarchique. Pour Wilfried Schütte, la valence d'un verbe peut varier en diachronie (1982 : 30)[13]. Mais elle n'est pas propre au verbe, elle peut s'appliquer à toutes les catégo-

---

11 « Es ist jedoch hervorzuheben, dass sich die hier angewendeten Methoden nicht nur auf die Erfassung der Abhängigkeitsbeziehungen von Sätzen einer bestimmten Sprachstufe beschränken, sondern sich daneben auch für dependenz- und valenzbezogene Vergleiche zwischen verschiedenen Sprachstufen eignen » (Korhonen 1978 : 304). Trad. : 'Il faut cependant souligner que les méthodes utilisées ici ne se limitent pas au fait d'appréhender les relations de dépendance des phrases à une certaine époque linguistique, mais elles sont aussi adéquates à l'établissement de comparaisons de relations de dépendance et de valences entre les différentes périodes linguistiques.'
12 « Ist Valenz nur eine syntaktische Beschreibungskategorie, oder gibt es auch eine semantische Valenz, die so zu beschreiben ist : Die Semantik eines Verblexems erfordert eine bestimmte vorgegebene Handlungsstruktur bei dessen Ergänzungen ? » (Schütte 1982 : 30). Trad. : 'La valence est-elle seulement une catégorie servant à décrire la syntaxe, ou existe-t-il aussi une valence sémantique, que l'on peut décrire ainsi : La sémantique d'un lexème verbal demande une certaine structure actancielle donnée, en même temps que les actants du lexème verbal.'
13 « So kann der Blick dafür verstellt werden, daß die Wertigkeit von Verben potentiell diachron veränderlich ist. » (Schütte 1982 : 30). Trad. : 'Le regard peut ainsi ne pas percevoir que la valence des verbes est potentiellement variable sur le plan diachronique.'

ries de mots, sauf les joncteurs. En outre, la valence implique, par le stemma, de faire la différence entre une structure de surface et une structure profonde (1982 : 31). Selon Wilfried Schütte, si l'on applique la théorie au texte, quelques questions surgissent. Tout d'abord : tout ce qui n'est pas verbe est-il subordonné comme actant au verbe (1982 : 32) ? Cela suppose alors de distinguer actant et circonstant. Peut-on remplacer un circonstant par une proposition subordonnée circonstancielle ? Mais certaines propositions subordonnées sont structurellement nécessaires, d'autres non. Wilfried Schütte le montre à l'aide de deux exemples[14] : dans le premier, la « proposition subordonnée » introduite par *daz* est une consécutive et n'appartient pas à la valence du verbe *getrôste* (divalent), alors que dans le deuxième, la « proposition subordonnée » introduite par *waz* fait partie de la valence du verbe *râten*, divalent. Il pose la question de la nature grammaticale des actants. D'après lui, le génitif joue un rôle plus grand en langue ancienne qu'en langue moderne. Deux actants au même cas sont possibles. Le problème des verbes modaux oblige à recourir à des opérations de transformation entre la structure profonde et la structure de surface. Les « *Funktionsverbgefüge* », où le verbe a peu de relief sémantique et où le groupe nominal, voire prépositionnel, a un statut difficile à déterminer, posent problème. Wilfried Schütte est conscient des limites de la théorie en langue ancienne (1982 : 35)[15] : que faut-il faire des formes des verbes aux temps composés ? Pour lui, elles forment un tout et un seul « porteur de valence ». La valence d'un verbe dépend aussi de la voix, active ou passive. La valence peut être réduite ou augmentée. Un verbe peut avoir plusieurs valences selon son contenu. Existe-t-il des verbes avalents ? Comment faut-il considérer le pornom sujet *es* dans les verbes de météo, en nha comme en mha (*ez*) ? La tripartition des actants en nominatif, accusatif, datif, est difficile à tenir en allemand ancien, à cause des équivalences entre groupes prépositionnels et cas. Wilfried Schütte se demande si la théorie de la valence est transposable à l'allemand (1982 : 38), car son application pose certains problèmes. On remplace le recours à la compétence du locuteur, pour distinguer entre actants et circonstants (1982 : 38), par des méthodes statistiques de fréquence : les actants sont des formes qui reviennent régulièrement, les circonstants sont là épisodiquement. Quand on a une seule occurrence, il est difficile

---

14 Jedoch getrôste ich sie, daz sî irweinen lie (...) XXX, 3 (6, 7), et Nu râtent (...) waz ich singen muge. II, 3 (1).
15 « Insbesondere muß man berücksichtigen, daß der Bedeutungsumfang eines Verbs eine potentiell diachron veränderliche Größe ist und die Idiomatizität bestimmter Syntagmen auf das Nhd. beschränkt sein kann » (Schütte 1982 : 35). Trad. : 'On doit en particulier tenir compte du fait que la portée du sens d'un verbe est une donnée potentiellement variable sur le plan diachronique et que le caractère idiomatique de certains syntagmes peut être limité au nha.'

en langue ancienne d'appliquer les tests de la langue moderne (1982 : 39). Les *Lieder* de Heinrich de Morungen représentent d'une certaine façon une exception, car certains poèmes ont des variantes, avec des différences syntaxiques. Selon le manuscrit, on a *Sît diu herzeliebe heizent minne* (XIb, 4 (1)) ou *Sît diu herzeliebe heizet minne* (source C). Soit le verbe *heizen* est trivalent avec un nominatif et un double accusatif soit il est divalent avec un double nominatif. Wilfried Schütte rappelle (1982 : 39) les propos d'Albrecht Greule et de Jarmo Korhonen pour qui il faut appliquer sa compétence de linguiste du nha en vha ou en mha. Il propose de traduire mot à mot les exemples en mha pour voir les différences avec le nha. Il faut aussi admettre, comme nous n'avons que des textes, que tout ce qui est texte est acceptable. Par exemple, dans les *Lieder* de Henri de Morungen, le verbe *singen* est très fréquent. Le genre du texte l'explique, mais on ne peut en déduire que ce verbe est très fréquent en mha (1982 : 40). La nature éminemment poétique du texte, avec des concepts propres, conduit à se demander si les caractéristiques sémantiques habituellement utilisées pour déterminer la valence sont ici applicables.

Toutes ces questions montrent, pour la théorie, l'écart entre le nha et l'allemand ancien. Cependant, l'affirmation selon laquelle l'infinitif est la forme normalisée du verbe[16] est un exemple d'application d'une caractéristique de la langue moderne à la langue ancienne, car l'infinitif est d'origine nominale et dans les textes anciens se pose la question de sa nature nominale ou verbale. Une autre question (Schütte 1982 : 42) est de savoir si les verbes préfixés doivent avoir une entrée spécifique ou non. Les verbes à la forme affirmative ou négative sont rangés dans la même entrée ; les verbes préverbés sont mis à part s'ils sont attestés tels quels. Wilfried Schütte n'a pas pris en compte les verbes modaux, seulement les infinitifs qui vont avec, et aussi l'impératif, même si le premier actant n'est pas marqué par un morphème particulier. Deux actants pronominaux peuvent être contractés en un seul actant morphologique. Les groupes tels que *des nahtes* sont à catégoriser comme circonstants et non actants. Formes nominales figées et formes quasi adverbiales telles que *des, dô* sont difficiles à classer. Wilfried Schütte a établi, pour les poèmes I à XIb (1982 : 54–68), à partir des formes infinitives, une liste de verbes et de leurs valences, descriptive, se présentant sous forme de symboles et précédée de schémas phrastiques donnés comme exemples (1982 : 46–48).

Nous avons ainsi repris les questions posées par Winfried Schütte (1982), dans l'application de la théorie de la valence verbale aux poèmes d'Heinrich von Morungen, que ne semble pas se poser Albrecht Greule.

---

16 « Den Infinitiv betrachte ich hier als normalisierte Form der Verben » (Schütte 1982 : 41). Trad. : 'Je considère ici l'infinitif comme la forme normalisée des verbes.'

Hugh Maxwell discute dans un article (1982a) des problèmes rencontrés dans l'application au *Nibelungenlied* de la théorie de la valence. Il approfondit le sujet dans son livre (1982b). Il lui a fallu élargir, pour le mha, la définition de l'actant utilisée en nha : tout actant est déterminé sur le plan morphosyntaxique par le verbe et en langue ancienne, est nécessairement obligatoire (1982a : 21). Hugh Maxwell reprend l'idée qu'un circonstant peut devenir un actant (1982a : 21). Dans son ouvrage, il met en relief deux propriétés de la valence verbale : le cas auquel sont les actants n'a souvent pas de sens, et autant les actants sont propres au verbe qui les régit, autant les circonstants sont généraux. Certaines remarques prouvent la nécessité d'adapter la théorie à l'allemand ancien (1982b : 6)[17]. Il lui faut, comme à d'autres tenants de la théorie de la valence, élargir le concept de la valence à tous les éléments obligatoires, et pas seulement à ceux qui sont « commandés » par le verbe (1982b : 6). La difficulté de la distinction entre actant obligatoire et facultatif, entre actant et circonstant, est encore plus grande en langue ancienne (1982b : 7)[18]. Hugh Maxwell considère trois cas de figure (1982b : 9 et suiv.) à propos de la naissance de la valence :
- le circonstant devient actant pour certains verbes, reste circonstant pour d'autres
- le circonstant perd sa signification, reste figé avec quelques verbes comme actant
- la fonction du circonstant est transférée sur un autre élément, le circonstant reste auprès de certains verbes comme actant ou fait partie d'un syntagme figé.

Son présupposé est semblable à celui de Lucien Tesnière (1959 : 258), à savoir que les actants seraient d'anciens circonstants. L'étude du *Nibelungenlied* doit servir de base à un dictionnaire des valences verbales de ce texte. Comme Albrecht Greule, Hugh Maxwell mêle verbes simples et préverbés, reconstruit les phrases quand les formes verbales sont des infinitifs ou des participes, et ramène tout à des phrases simples. Bien que conscient des problèmes de la voix passive en allemand ancien (1982b : 30), il prend malgré tout en compte la voix passive. Il recon-

---

17 « Und es gibt eine ganze Reihe Elemente, die beim betreffenden Verb obligatorisch sind, die aber eindeutig nicht von diesem morphosyntaktisch bestimmt sind, etwa das lokale Adverbiale bei 'wonen' « wohnen », und das modale bei 'gebâren' « sich benehmen » (Maxwell 1982b : 6). Trad. : 'Et il existe toute une série d'éléments obligatoires avec le verbe concerné, mais absolument pas déterminés, sur le plan morphosyntaxique, par le verbe, comme par exemple l'adverbe de lieu avec 'wonen' 'habiter', ou l'adverbe de manière avec 'gebâren', 'se comporter'.'
18 « Gelegentlich müssen wir ein Element als Ergänzung zählen, weil es 'erwartet' wird. « (Maxwell 1982b : 7). Trad. : 'Nous devons occasionnellement comptabiliser un élément comme actant, parce qu'il est 'attendu' qu'il en soit ainsi.'

naît le problème de la schématisation des sens d'un même verbe (1982b : 27)[19]. Il examine le statut éventuel d'actants pour différentes structures et donne pour chacune un ou plusieurs exemples de valences de verbes[20]. Le datif est un cas problématique, car, en langue ancienne, il est difficile de faire la même distinction qu'en langue moderne, entre datif éthique, datif *commodus*, datif *incommodus*, actant au datif (1982b : 57). Hugh Maxwell reconnaît un point commun aux emplois du datif (1982b : 59) : « *In jedem Fall ist der Dativ mit der Person (oder mit dem Tier) zu besetzen, die die Handlung betrifft* ».[21] Pour l'accusatif, il distingue entre accusatif de l'objet affecté et accusatif de l'objet effectué, entre accusatif du contenu et accusatif d'extension spatiale, entre accusatif d'extension temporelle et accusatif prédicatif (1982b : 63, 66). L'accusatif du contenu, avec des verbes transitifs et intransitifs, renforce l'intensité du procès. Par exemple, pour le verbe *schlagen*, en mha, on peut avoir un accusatif de la personne concernée et un accusatif du coup porté, construction impossible à l'heure actuelle (1982b : 69). Pour ce verbe, l'accusatif de contenu est considéré comme accusatif en soi et s'objectivise, devenant le seul accusatif possible. Hugh Maxwell étudie la structure avec *ze tode* ou *ze stucken* dans les résultatifs (1982b : 82), en indiquant que ces deux groupes prépositionnels sont d'anciens directifs (1982b : 82). Comme Albrecht Greule, il distingue plusieurs verbes en cas de sens différents. Pour *slahen*, on a, pour le sens, trois verbes distincts (1982b : 74,75) : *schlagen, erschlagen, verarbeiten* (nha). Les groupes conjonctionnels spécifiques du verbe sont des actants (1982b : 108). La corrélation (1982b : 108–109, 112–113) est aussi un problème pour la classification de la valence. En effet, pour Hugh Maxwell, un pronom *ez* comme actant à l'accusatif est à différencier d'un pronom *ez* corrélat d'un groupe conjonctionnel de base *daz*. Hugh Maxwell constate (1982b : 113) que la position des termes en mha n'est pas un critère sûr d'hypotaxe ou de non-hypotaxe. Il tient le subjonctif comme critère syntaxique d'hypotaxe (1982b : 113–114) : quand

---

19 « Manchmal kommen beim gleichen Satzbauplan verschiedene Bedeutungsschattierungen oder Nuancen vor, die unseres Erachtens keine getrennte Aufführung gerechtfertigt hätten » (Maxwell 1982b : 27). Trad. : 'Parfois différentes nuances de sens ou des degrés divers sont constatables avec un même plan de construction de phrase, ce qui, à notre avis, n'aurait pas justifié un traitement séparé.'
20 Avec nominatif : *gelingen ; misseǵan ; zerrinnen* ; avec génitif : *rüemen, helfen, vâhen, trinken* ; avec datif : *verhouwen, küssen* ; avec accusatif : *slahen* ; avec semi-prédicatifs : adjectif décliné ou non, au nominatif ou à l'accusatif (*er findet ihn tot*) ; avec des résultatifs (*er schlägt ihn tot*) : *houwen, sich beschüten, vol tragen, vol stecken* ; avec des groupes prépositionnels : *suochen, zerteilen, warten* ; avec des directifs ; avec des groupes conjonctionnels : *sagen* ; avec des infinitifs : *gâhen, îlen* ; avec des structures attributives : *vrümen, heln* ; avec des structures adverbiales : *wonen, wern, gebâren*.
21 Trad. : 'À chaque fois, le datif s'explique par le fait qu'il renvoie à une personne (ou un animal) concernée par l'action.'

il n'y a pas de subjonctif mais un indicatif dans deux phrases successives, on a de la parataxe et non de l'hypotaxe. Un contre-argument, qu'il donne aussi (1982b : 114), est le fait qu'en mha, les formes d'indicatif et de subjonctif ne sont pas toujours distinguables. Très souvent, Hugh Maxwell est conduit, comme il le souligne lui-même, à ranger de façon subjective certains éléments dans les actants ou les non-actants. Il pose le problème du statut de *niht*. En effet, en allemand ancien, *niht* est la négation du substantif *iht*, 'quelque chose'. Substantif, il a statut d'actant (3 occurrences dans le *NL*). Particule négative, il n'a pas de statut d'actant. Pour analyser le comportement des infinitifs face à la valence (1982b : 127), Hugh Maxwell est amené à se demander ce qu'est un infinitif en mha[22]. Pour lui, l'infinitif seul et l'infinitif après *ze* sont tous les deux en fonction d'infinitif verbal (1982b : 137) et donc d'actant. La source du problème est le sens final de l'infinitif seul dès l'indo-européen (1982b : 138)[23]. Hugh Maxwell considère que les infinitifs seuls après verbes de mouvement sont spécifiques à ces verbes, sont donc des actants, mais que les constructions *ze* + infinitif avec les verbes '*geben*' et '*bringen*' ne sont pas spécifiques à ces verbes, ne sont donc pas des actants (1982b : 141). Les structures attributives examinées (1982b : 146–155) comportent des verbes d'état type *sein*, et sont attestées aussi avec des verbes comme *nennen* et *heißen*. Les structures adverbiales sont en général des circonstants (1982b : 156). Mais parfois elles peuvent commuter par anaphore avec des éléments qui, eux, sont des actants. Ce sont *sô* et *alsô*, *als* et *wie* avec les verbes de dire, d'écoute, de pensée et autres. Hugh Maxwell analyse les lexies (1982b : 171 et suiv.) pour tenter de savoir si elles sont à considérer comme un ensemble ou si les unités en sont séparables[24]. S'il reprend parfois une démarche comparable à celle

---

[22] « Der Infinitiv war in den indogermanischen Sprachen ursprünglich ein Substantiv und wurde zur Verbform umorientiert » (Maxwell 1982b : 127). Trad. : 'L'infinitif était à l'origine, dans les langues indo-européennes, un substantif, qui s'est réorienté en une forme verbale.'

[23] « Das Problem wurzelt darin, daß der indogermanische Infinitiv einen starken finalen Einschlag haben konnte. Im Althochdeutschen wurde dies auch noch empfunden, und der bloße Infinitiv konnte überall als freie Angabe des Zwecks auftreten » (Maxwell 1982b : 138). Trad. : 'Le problème réside dans le fait que l'infinitif indo-européen pouvait avoir un fort sens final. On le ressentait encore en vieux-haut-allemand, et partout l'infinitif seul pouvait remplir le rôle de circonstant libre de but.'

[24] « Obgleich Funktionsverbgefüge (oder ähnliche Konstruktionen) schon fürs Althochdeutsche nachgewiesen worden sind, sind sie unseres Erachtens im Mittelhochdeutschen noch nicht zu so festen lexikalisierten Einheiten geworden wie etwa « zur Kenntnis nehmen » oder « in Betracht ziehen » (Maxwell 1982b : 171 et suiv). Trad. : 'Bien que l'on puisse prouver dès le vieux-haut-allemand l'existence de complexes verbaux, ces derniers, à notre avis, ne sont pas encore devenus, en moyen-haut-allemand, des unités lexicalisées figées, comme par exemple « prendre connaissance » ou « prendre en considération ».'

d'Albrecht Greule, il n'en est pas moins conscient, comme Wilfried Schütte, des problèmes soulevés par l'application de la théorie de la valence au mha.

Franz Simmler (1982) s'attache à la valence dans le texte, écrit en bavarois, de la *Règle de Saint Benoît*, du début du XVe siècle. Selon lui, le problème majeur de la théorie de la valence dans les textes anciens est la distinction des syntagmes nécessaires et des syntagmes non nécessaires, car le locuteur ne peut recourir à sa compétence linguistique naturelle (1982 : 140). La fréquence des syntagmes, critère utilisé par Albrecht Greule, n'est pas assez fiable. La valence n'est pas un phénomène purement morphosyntaxique, la sémantique entre aussi en jeu. Franz Simmler pense qu'il faut tenir compte, en cas d'hésitation, du côté interne des signes, du signifié. La phrase comme unité morphosyntaxique et sémantique permet de mettre en évidence l'existence de sèmes et de sémèmes (1982 : 141). Trois méthodes, si elles sont mises en œuvre ensemble, permettent de déterminer la valence verbale dans des textes en allemand ancien (1982 : 143–144) : l'analyse philologique, la comparaison linguistique contrastive et l'analyse distributionnelle. On ne peut appliquer à un état de langue ancien des structures de langue actuelle (1982 : 144)[25]. Les verbes analysés sont : *achten, pitten, lernen, werfen*. Les sémèmes de *achten* mis en évidence sont *aufnehmen, behandeln, glauben, betrachten, achtgeben*, qui se résument en cinq types de phrases possibles (1982 : 166)[26]. Pour quatre variantes sémantiques on a la même valence verbale, à savoir trois actants, avec pour l'une des variantes, deux sous-types. Une variante a une valence de deux actants. Le verbe *pitten* a trois sens possibles : *bitten, erbitten,*

---

[25] « Den Abschluß bildet die Ermittlung von Valenz und Distribution ausgewählter Verben und ihrer Satztypen, indem von Äußerungen ausgegangen wird, die im Vergleich zur Gegenwartssprache andere Strukturen zeigen, so daß eine einfache Übertragung gegenwartssprachlicher Verhältnisse aussscheidet » (Simmler 1982 : 144). Trad. : 'La finalité est l'établissement de la valence et de la distribution de verbes choisis et de leurs types de phrases, en partant d'énoncés qui montrent, par comparaison avec la langue présente, d'autres structures, si bien qu'on ne peut pas simplement transposer des phénomènes de l'état de langue présent.'

[26] 1. $achten_3$ (V_1= aufnehmen)
   a) E_N-V-E_A-E_{pA} (p= Präposition)
   b) E_N-V-E_A-E_{pD} (p= Präposition) mit zusätzlichem Sem 'mit Hochschätzung' bei V_1
   2. $achten_3$ (V_2= behandeln)
   E_N-V-E_A-E_{pA} (p= Identifikationstranslativ-als)
   3. $achten_3$ (V_3= glauben, der Meinung sein)
   E_N-V-E_A-☐   ☐ = Infinitivsatz
   4. $achten_3$ (V_4= betrachten)
   E_N-V-$E_{Arefl.}$-E_{pA} (p= Identifikationstranslativ-als)
   5. $achten_2$ (V_5= achtgeben)
   E_N-V-☐   ☐ = Infinitivsatz, Nebensatz

beten[27]. La valence est variable : deux ou trois actants, deux pour le sens de 'prier'. Le verbe *lernen* a trois sens possibles, *lernen, lehren, ermahnen*[28], et deux valences possibles. Le verbe *werfen* est toujours trivalent et a quatre sens possibles[29]. Franz Simmler esquisse pour chaque verbe étudié une étude diachronique. Par exemple, le verbe *werfen*, trivalent chez Otfrid, et encore trivalent dans la *Règle de Saint Benoît* du XVe siècle, est trivalent au long de l'histoire de la langue (1982 : 175). Le sens est mis en rapport avec le type de texte et avec la structure.

Norbert Richard Wolf (1986) étudie la valence de quelques verbes chez Tatien (première moitié du IXe siècle) et Otfrid. Il conclut que la valence de ces verbes est différente dans chaque texte, que cela tient au rapport qu'entretient chaque texte au latin, le texte d'Otfrid étant un texte religieux et le texte du Tatien une traduction mot pour mot du latin en vha (1986 : 532). Le texte d'Otfrid présente des variantes plus nombreuses que le texte du Tatien, par exemple aussi pour les verbes *queman* et *bringan* (1986 : 531).

Vilmos Ágel (1988) consacre sa thèse à la valence verbale dans un texte également du XVe siècle, *Denkwürdigkeiten der Helena Kottanerin* (1439–1440). Le texte analysé, de 1439–1440, rédigé en bavarois, dans une langue proche de la langue parlée, raconte comment la femme de chambre de la reine Elisabeth a réussi, sur ordre de sa maîtresse, à détourner la couronne royale hongroise de Plintenburg/ Visegrad. Vilmos Ágel expose, dans ses principes méthodologiques, la nécessité de ne pas faire de transfert de compétences de la langue moderne vers la langue ancienne (1988 : 2) et de ne raisonner qu'à partir de ce qui est attesté dans le texte. Le but est d'obtenir un dictionnaire des valences verbales le plus complet

---

27 1. pitten$_3$ (V_1= bitten)
E_N-V-E_A-☐   ☐ = Finalsatz, Infinitivsatz
2. pitten$_3$ (V_2= erbitten)
E_N-V-E_A-E_{pD}
3. pitten$_2$ (V_3= beten)
E_N-V-E_{pA} p = Präposition

28 1. lernen$_2$ (V_1= lernen)
E_N-V-☐   ☐ = E_A, Infinitivsatz
2. lernen$_3$ (V_2= lehren)
E_N-V-E_A-☐   ☐ = E_A, Infinitivsatz
3. lernen$_2$ (V_3= ermahnen, ermahnend lehren)
E_N-V-E_A E_N= Klosterregel, Vorbild

29 1. E_N-V-☐- E_{pD} (V_1 = wegwerfen)   ☐ = Relativsatz
2. E_N-V-$E_{A\text{refl.}}$-E_{pA} (V_2 = sich werfen)
3. E_N-V-E_A-E_{pD} (V_3 = werfen/metaphorisch für verachten)
           E_A = Worte Gottes E_{pD}= Ort hinter einem Rücken
4. E_N-V-E_A-E_{pA} (V_4 = werfen/metaphorisch für 'richten auf'
           E_A = eigene Gedanken E_{pA}= Christus

possible (1988 : 2), avec tous les verbes utilisables sur le plan de la valence, les autres étant rangés dans un lexique (1988 : 3). L'auteur a une conception morphosyntaxique et lexicale de la valence, d'où le sens semble être exclu (1988 : 4)[30]. Le concept de « porteur de la valence » (verbale), plus vaste que celui de verbe, contient aussi les « phraséologies verbales » et les syntagmes (verbe nominal + nom). Vilmos Ágel suppose une interdépendance entre le porteur de la valence verbale et son entourage (1988 : 6). Plusieurs verbes homonymes sur le plan du signifiant peuvent avoir des sens différents (1988 : 6). Le problème central de la valence est la distinction entre actants et circonstants, entre actants obligatoires et actants facultatifs (1988 : 7). Vilmos Ágel s'appuie sur le concept de phrase simple élargie (1988 : 21), parfois à reconstruire. Il ne considère pas les « auxiliaires » et les « verbes de modalité » comme porteurs de la valence verbale. Les variantes d'un verbe sont les variantes d'un lemme (1988 : 103), mais, d'un point de vue syntaxique, des porteurs de valence autonomes. Vilmos Ágel classe les actants en six groupes selon leur forme (1988 : 110) : nominatif, accusatif, datif, génitif, Groupe Prépositionnel, Groupe Conjonctionnel, et selon leur contenu lexical (1988 : 142) : temporel, locatif, directif, modal, causal, coopératif, à distinguer des compléments adverbiaux, qui sont des circonstants. Le but est d'établir des modèles de phrases (1988 : 155)[31].

Les 3 états de l'allemand ancien traditionnellement distingués sont ainsi « couverts » et étudiés avec la théorie de la valence verbale : vha, mha, nha précoce. Toutes les études exposées ici sont faites en synchronie, pour un état de langue particulier à un moment particulier de l'histoire de l'allemand. Elles montrent les difficultés rencontrées par leurs auteurs, avouées ou non, pour appliquer à un état de langue ancien une théorie issue d'un état de langue moderne. Même si le nombre d'études consacrées à la valence verbale dans divers textes jalonnant l'histoire de l'allemand est relativement réduit si on le compare à ce qui est analysé en allemand actuel, les problèmes qui ont surgi pour chacun des linguistes concernés sont symptomatiques.

---

30 « Unter Valenz verstehen wir die Fähigkeit des verbalen Valenzträgers (VT) morphosyntaktisch und/oder lexikalisch bestimmte Leerstellen zu eröffnen und die lexikalischen Solidaritäten im Satz potentiell zu regeln » (Ágel 1988 : 4). Trad. : 'Par le terme de valence nous entendons la capacité du porteur verbal de la valence (VT) d'ouvrir, sur le plan morphosyntaxique et/ou lexical, des places vides précises et de réguler potentiellement les solidarités lexicales dans la phrase.'
31 On a par exemple pour le verbe $bitten_1$ trois modèles :
E1-E2-E4-VT
E1-E2-E5-VT
E1-E2-E6-VT

4 Les questions ouvertes par cette application

La voie ouverte par Albrecht Greule pour la linguistique historique de l'allemand s'est révélée pleine d'embûches, mais en même temps féconde. En effet, chaque linguiste interprète à sa façon la théorie de Lucien Tesnière dans son application au texte en allemand ancien qu'il choisit. La question se pose de savoir ce qui peut remplacer le recours au locuteur, impossible : l'introspection ? La fréquence ? Chaque analyse montre des différences d'interprétation de la théorie tesniérienne, ainsi que la variabilité des réponses apportées aux questions laissées ouvertes par Lucien Tesnière lui-même, ou par le fait d'appliquer sa théorie à des états de langue anciens, pourvus de caractéristiques particulières.

Lucien Tesnière s'est attaché lui-même, dans le chapitre 48 de son ouvrage, à clarifier la distinction entre actants (« Les actants sont toujours des substantifs ou des équivalents de substantifs. Inversement les substantifs assument en principe toujours dans la phrase la fonction d'actants » (1959 : 108)) et circonstants (« Les circonstants sont toujours des adverbes (de temps, de lieu, de manière, etc.) ou des équivalents d'adverbes. Inversement les adverbes assument en principe toujours dans la phrase la fonction de circonstants » (1959 : 103)). Il distingue le marquage des actants et des circonstants dans les langues sans cas (1959 : 112) et dans les langues avec cas (1959 : 112 et suiv.). Actants et circonstants ont également une place très précise :

> Les circonstants de manière, de temps général et de quantité se placent ordinairement **après** le premier actant et **avant** le second et le troisième actants et le verbe auxilié, tandis que [...] les circonstants de lieu et de temps particulier se placent ordinairement **après** le deuxième et le troisième actant (Tesnière 1959 : 126)

Lucien Tesnière a même déterminé le contenu sémantique de chaque actant, le prime actant étant « *celui qui fait l'action* » (1959 : 108), le deuxième « *celui qui supporte l'action* » (1959 : 108), le troisième « *celui au bénéfice ou au détriment duquel se fait l'action* » (1959 : 109). Les premier et troisième actants sont en principe des personnes, le deuxième actant, des choses. Actants et circonstants semblent ainsi simples à distinguer les uns des autres. Cependant, Lucien Tesnière reconnaît lui-même que si la limite entre actants et circonstants est à première vue nette, à y regarder de près, la distinction n'est pas aisée, les différents critères peuvent se contredire, car la délimitation peut être floue (1959 : 127)[32]. Lucien Tesnière recommande de faire appel à l'introspection.

---

32 Les tiers actants « présentent déjà quelques caractéristiques de circonstants. Inversement, certains circonstants présentent avec les actants quelques analogies qui invitent à considérer

Comme on peut le voir d'après les textes en allemand ancien évoqués ci-dessus, l'analyse de la valence verbale en allemand ancien se fait jusqu'à maintenant sur le plan synchronique, dans un état de langue donné à un moment précis de l'histoire de l'allemand. Mais qu'en est-il de la diachronie ? Un linguiste américain, Lawrence Thornton, compare la valence verbale chez Otfrid et chez Luther (1984). Il est le seul à tenter une étude diachronique de la valence verbale. Pour Mechthild Habermann (2007 : 86), les obstacles à une théorie de la valence en allemand ancien, *a fortiori* à une histoire de la valence verbale, sont assez nombreux. Tout d'abord, on ne peut, en allemand ancien, délimiter une phrase de la même façon qu'en allemand actuel. En effet, la ponctuation dans un manuscrit, voire dans un texte imprimé, même à l'époque de Luther, est spécifique à l'époque du texte, voire au texte, mais diffère de la ponctuation actuelle. Par ailleurs, la distinction entre parataxe et hypotaxe est compliquée par la position du verbe, par l'apparition du phénomène hypotactique à partir des procédés de corrélation. En allemand ancien, les caractéristiques de la subordination telles qu'on les connaît actuellement sont à interroger : le verbe n'est pas nécessairement en position finale en proposition subordonnée, la catégorie des conjonctions de subordination est en pleine émergence, à partir des corrélatifs, l'emploi des modes n'est pas suffisant comme critère syntaxique distinctif. Les particules verbales séparables ne sont pas aisées à percevoir sur le plan orthographique. En vha, elles commutent encore avec des groupes prépositionnels[33], montrant ainsi leur proximité avec des adverbes. Le syncrétisme casuel des formes nominales, surtout à partir du mha, implique des difficultés d'interprétation morphologique, et de ce fait, syntaxique. En allemand ancien, on ne peut, malgré le syncrétisme casuel, complètement laisser de côté l'influence du sens des cas hérités de l'indo-européen, surtout pour le datif et le génitif, encore perceptible. L'existence de plusieurs valences pour un même verbe, en vha et en mha, avec une prise en compte de facteurs cotextuels et contextuels, entraîne une réelle difficulté d'établir une valence prototypique. De ce fait, l'histoire de l'allemand montre des changements valenciels (Habermann 2007 : 88–90). Mechthild Habermann souhaite jeter les bases d'une valence diachronique qui tienne compte des caractères de la langue ancienne (2007 : 90).

Ainsi, le concept de valence évolue, quand il est appliqué à des étapes historiques de l'allemand, par rapport à ce que l'on trouve chez Lucien Tesnière. Cela a conduit Jarmo Korhonen à parler de « polyvalence » (1995), ou de « chan-

---

attentivement les critériums susceptibles de permettre un départ entre les actants et les circonstants » (*ibid.*).
33 Nous reprenons ainsi la théorie des groupes selon Jean Fourquet, telle qu'exposée par exemple dans le polycopié posthume de 1969, publié en 2000 et 2001 par Jean-Jacques Briu.

gement valenciel » (2006). Vedad Smailagic étudie le « changement valenciel » dans son article de 2009. Albrecht Greule lui-même, au fur et à mesure de son application de la théorie de la valence verbale à des textes en allemand ancien, est amené à modifier la théorie. Au début, il cite explicitement Lucien Tesnière. Puis, il intègre la notion de « rôles sémantiques », selon la théorie de Charles J. Fillmore (1968)[34], en ouvrant la valence verbale, au départ, purement syntaxique, à une dimension sémantique. Dans le travail commun d'Albrecht Greule et de Tibor Lénárd, on s'aperçoit que certains éléments ont changé dans leur application aux textes en allemand ancien, comme la prise en compte des périphrases modales, la façon de délimiter les actants et les circonstants, en ayant recours à la compétence historique du linguiste. Actuellement, la théorie de la valence doit délimiter son domaine par rapport à la grammaire de construction : ceci est visible aussi dans le livre de 2016 d'Albrecht Greule & Jairmo Korhonen.

5 Conclusion

Depuis le début des travaux d'Albrecht Greule, en 1973, l'application à l'allemand ancien, d'abord au vha, de la théorie de la valence de Lucien Tesnière, est assez restreinte, par rapport à l'allemand actuel, mais cependant diverse, suite à l'impulsion d'Albrecht Greule. Pourtant, l'entreprise d'Albrecht Greule n'est pas encore couronnée de succès. La théorie de la valence verbale selon Lucien Tesnière a évolué, en intégrant d'abord la grammaire générative, les rôles sémantiques, puis la grammaire de construction. Ainsi, un linguiste comme Jouni Rostila (2016) reprend l'idée d'évolution cyclique, actuellement en vigueur, avec cycle de la valence verbale et cycle de la grammaire de construction : après le cycle de la grammaire de construction, le complexe se réduit au simple, avec la théorie de la valence, pour se recomplexifier ensuite. La théorie de la valence verbale selon Lucien Tesnière est ainsi une théorie riche, souple, mais qui doit cependant encore, face à l'allemand ancien, et à ses caractéristiques, à son évolution, faire ses preuves. Est-elle concurrente, ou complémentaire, de la grammaire de construction ? Il n'en reste pas moins que si Lucien Tesnière n'avait pas traité, dans son ouvrage (1959), de la valence verbale, un grand pan de la littérature linguistique allemande n'existerait pas, et l'allemand ancien ne connaîtrait peut-être pas de changement majeur dans son étude scientifique depuis la fin du XIXe siècle.

---

[34] Charles J. Fillmore (1968) assigne des rôles sémantiques aux cas morphologiques, établissant aussi une hiérarchie des cas. Or cette hiérarchie n'est pas encore installée et fixée en allemand ancien.

Bibliographie

Ágel Vilmos, 1988, *Überlegungen zur Theorie und Methode der historisch-synchronen Valenzsyntax und Valenzlexikographie, Mit einem Verbvalenzlexikon zu den "Denkwürdigkeiten der Helene Kottannerin (1439–1440"*, Tübingen, Niemeyer.

Ágel Vilmos, Fischer Klaus, 2010, "50 Jahre Valenztheorie und Dependenzgrammatik", *ZGL*, 38/2.

Briu Jean-Jacques, 2000, « Les groupes syntaxiques en allemand. Un cours polycopié inédit de Jean Fourquet (1966, Paris, Sorbonne) », *Histoire Épistémologie Langage*, 22/2 : 133–164.

Briu Jean-Jacques, 2001, « Les groupes syntaxiques en allemand, par J. Fourquet (Sorbonne, 1966, polycopié restitué) (suite) », *Histoire Épistémologie Langage*, 23/1 : 153–182.

Fillmore, Charles J., 1968, "The Case for Case", *in:* E. Bach & R. T. Harms (eds.), *Universals in Linguistic Theory*, New York, Academics Press, 1–88.

Greule Albrecht, 1973, "Valenz und historische Grammatik", *Zeitschrift für Germanistische Linguistik*, 1: 284–294.

Greule Albrecht, 1982a, "Valenz und althochdeutsche Syntax", *in* A. Greule (ed.), *Valenztheorie und historische Sprachwissenschaft*, Tübingen, Niemeyer. 1–17.

Greule Albrecht, 1982b, *Valenztheorie und historische Sprachwissenschaft*, Tübingen, Niemeyer.

Greule Albrecht, 1982c, *Valenz, Satz und Text. Syntaktische Untersuchungen zum Evangelienbuch Otfrids von Weißenburg auf der Grundlage des Codex Vindobonensis*, München, Wilhelm Fink Verlag.

Greule Albrecht, 1999, *Syntaktisches Verbwörterbuch zu den althochdeutschen Texten des 9. Jahrhunderts*, Frankfurt, Peter Lang.

Greule Albrecht, Korhonen Jairmo, 2016, *Historisch syntaktisches Verbwörterbuch des Deutschen*, Berlin/New York, Peter Lang.

Greule Albrecht, Lénárd Tibor, 2004, "Ein mittelhochdeutsches Verbvalenzwörterbuch auf der Grundlage des « Bochumer Korpus »", *Studia Germanica Vesprimiensis* 8/2: 23–45.

Greule Albrecht, Lénárd Tibor, 2005, "Die Verbvalenz im Althochdeutschen und Mittelhochdeutschen", *in* F.Simmler & Y. Desportes (eds.), *Syntax, ahd-mhd, eine Gegenüberstellung von Metrik und Prosa*, Berlin, Weidler Verlag. 243–270.

Habermann Mechthild, 2007, "Aspects of a diachronic valency syntax of German", *in* T. Herbst & K. Götz-Votteler (eds.), *Valency. Theoretical, Descriptive and Cognitive Issues*, Berlin/New York, De Gruyter. 85–100.

Helbig Gerhard, 1971, *Beiträge zur Valenztheorie*, The Hague, Mouton.

Korhonen Jarno,1978, *Studien zu Dependenz, Valenz und Satzmodell, Teil II. Untersuchung anhand eines Luther-Textes*, Bern/Frankfurt/Las Vegas, Peter Lang.

Korhonen Jarmo, 1995, "Zum Wesen der Polyvalenz in der deutschen Sprachgeschichte", *in* L.M. Eichinger & H.-W. Eroms (eds.), *Dependenz und Valenz*, Hamburg, Buske. 365–382.

Korhonen Jarmo, 2006, "Valenzwandel am Bespiel des Deutschen", *in* V. Ágel, L.M. Eichinger, H.-W. Eroms, P. Hellwig (eds.), *Dependenz und Valenz: ein internationales Handbuch der zeitgenössischen Forschung*, Berlin, De Gruyter. 1462–1474.

Madray-Lesigne Françoise, Richard-Zappella Jeannine, 1995, *Lucien Tesnière aujourd'hui* : actes du Colloque international CNRS URA 1164-Université de Rouen, 16–17–18 novembre 1992, Louvain/Paris, Peeters.

Maxwell Hugo, 1982a, "Probleme bei der Valenzbeschreibung mittelhochdeutscher Verben", *in* A. Greule (ed.), *Valenztheorie und historische Sprachwissenschaft*, Tübingen, Niemeyer. 19–27.

Maxwell Hugh, 1982b, *Valenzgrammatik mittelhochdeutscher Verben*, Frankfurt/Bern, Peter Lang.

Rostila Jouni, 2016, "Zur Integration von Argumentstrukturkonstruktionen in das Historisch syntaktische Verbwörterbuch", *in* A. Greule & J. Korhonen (eds.) *Historisch syntaktisches Verbwörterbuch: Valenz- und konstruktionsgrammatische Beiträge*, Frankfurt, 261–276.

Schütte Winfried, 1982, "Historische Valenzsyntax am Beispiel der Lieder Heinrichs von Morungen", *in* A. Greule (ed.), *Valenztheorie und historische Sprachwissenschaft*, Tübingen, Niemeyer. 29–68.

Simmler Franz, 1982, "Zur Valenz und Distribution von Verben in einer deutschen Benediktinerregel des 15. Jahrhunderts", *in* A. Greule (ed.), *Valenztheorie und historische Sprachwissenschaft*, Tübingen, Niemeyer. 129–184.

Smailagic Vedad, 2009, "Valenzänderung.Valenzwandel", *Deutsche Sprache. Zeitschrift für Theorie und Praxis*, 1: 83–96.

Tesnière, Lucien (1959). *Eléments de syntaxe structurale*, Paris, Klincksieck. https://archive.org/details/LucienTesniereElementsDeSyntaxeStructurale.

Thornton Lawrence, 1984, *Valence shift and his description: an analysis and comparison of verb valence in Otfrid's Evangelienbuch and Luther's translation of the gospels*, Diss., Stanford University, Ann Arbor.

Wolf Norbert Richard, 1986, "Verbale Valenz in althochdeutschen Texten", *in* G. A. R. De Smet (ed.), *Wortes anst verbi gratia donum natalicium*, Leuven, Acco: 527–535.

Wotjak Gerd, 2000, "Was kann und was soll die Valenztheorie an der Schwelle zum neuen Jahrtausend?", http://www.ucm.es/info/circulo/no2/wotjak.htm.

Olivier Duplâtre
Chapitre 18
La translation en allemand et au-delà...

1 Introduction

La translation repose-t-elle sur une confusion de la catégorie et de la fonction ? Une lecture quelque peu hâtive des *Éléments de syntaxe structurale* (1969, 2ᵉ éd.) pourrait susciter une telle critique. Mais la réalité est tout autre : *Pierre*, dans *le livre de Pierre*, détient la même fonction syntaxique qu'un terme appartenant à la catégorie de l'adjectif. *Pierre* a donc changé de catégorie pour pouvoir exercer la fonction d'épithète, fonction attachée à la catégorie de l'adjectif :

> Il y a donc lieu de distinguer soigneusement les deux opérations. La première est le changement de catégorie qui constitue la translation. Elle commande la seconde. La seconde est le changement de fonction qui en résulte, et qui commande à son tour toutes les possibilités structurales. (*ESS*, ch. 152 : 364)

Ce malentendu[1] explique probablement que la translation n'ait pas eu, dans la littérature, le même écho que la connexion et la valence (Weber 1996 : 249–250). Mais derrière ce prétexte se cachent d'autres raisons : la peur, sans doute, de ne plus pouvoir maîtriser ce concept « hyperpuissant » (Soutet 2001 : 285), la peur aussi de voir disparaître la catégorie et les certitudes grammaticales héritées d'une longue tradition. Car ce concept est bel et bien révolutionnaire : ce « changement de nature syntaxique » (*ESS*, ch. 151 : 363) signifie qu'un terme présentant une potentialité syntaxique peut désormais entrer dans une relation syntaxique différente, à l'image de *Pierre*, auquel on attribue spontanément la

---

[1] Ce n'est pas le seul. On a aussi assimilé la translation aux règles de réécriture de la grammaire générative et transformationnelle, ce qui a pu engendrer une réaction de rejet automatique. Polémique mise à part, ces deux systèmes sont très différents car les transformations sont les processus dynamiques permettant de passer de la structure profonde à la structure de surface, alors que la translation reste fondamentalement un outil destiné à remédier à des problèmes de connexion. Sur la distinction de ces deux systèmes, voir Werner (1993 : 45–55).

Note: Nous tenons tout particulièrement à remercier Madame Marie-Hélène Tesnière pour nous avoir conseillé de consulter le fonds Lucien Tesnière (NAF 28026) à la Bibliothèque nationale de France et pour nous avoir donné l'autorisation de publier deux documents inédits.

Olivier Duplâtre, Sorbonne Université, *Sens Texte Informatique Histoire* – STIH

capacité à jouer le rôle d'actant, mais qui peut aussi, comme le montre *le livre de Pierre*, détenir le rôle d'épithète. On pourrait donc penser que la translation réinvente les traditionnelles parties du discours en les remplaçant par des relations syntaxiques.

Toutefois, Tesnière ne renonce pas à la catégorie et aux parties du discours : le substantif exprime « l'idée d'une substance » (*ESS*, ch. 32 : 61), le verbe celle d'un procès (*ibid.*), l'adjectif « les attributs abstraits des substances » (*ESS*, ch. 32 : 62), l'adverbe « les attributs abstraits des procès » (*ibid.*), c'est-à-dire les « circonstances dans lesquelles interviennent ces procès » (*ESS*, ch. 37 : 74). La catégorie est donc définie sémantiquement, non syntaxiquement. Et pourtant, comme en témoignent ces deux citations, catégorie et nature syntaxique ne font qu'un :

> C'est à ce changement de nature syntaxique que nous donnons le nom de translation. (*ESS*, ch. 151 : 363)

> Il y a donc lieu de distinguer soigneusement les deux opérations. La première est le changement de catégorie qui constitue la translation. (*ESS*, ch. 152 : 364)

Qu'est-ce donc que la nature syntaxique ? Première hypothèse : un oxymore grammatical si l'on considère que les termes « nature » et « syntaxique » sont respectivement associés à *catégorie* et *fonction*. Deuxième hypothèse : une prévision d'emploi de la catégorie qui annonce l'actualisation du substantif en actant, de l'adjectif en épithète (à savoir en déterminant nominal), du verbe en procès et de l'adverbe en circonstant. Mais cela ne tient pas car, pour reprendre l'exemple de *Pierre*, nul ne sait *a priori* si celui-ci sera utilisé comme actant, comme une épithète tributaire du contexte (l'âge de Pierre) ou non tributaire de ce dernier (l'âge de pierre). C'est le milieu naturel de la phrase qui en décidera (*ESS*, ch. 1 : 11, n. 3). Par conséquent, quand bien même l'on ferait abstraction de son incohérence terminologique, la nature syntaxique, et, partant, la catégorie, n'existe pas.

En outre, les fonctions résultant de l'actualisation d'un substantif en actant, d'un adjectif en épithète, etc. ne sont pas syntaxiques, mais sémantiques. Les fonctions syntaxiques, en revanche, ne peuvent être exprimées que par le substantif, l'adjectif[2], le verbe et l'adverbe[3], car pour pouvoir parler d'actant,

---

[2] Tesnière lui-même assimile l'adjectif à une fonction lorsqu'il définit la composition : « C'est par ce procédé qu'on en vient, dans un grand nombre de langues, à constituer des substantifs composés [...], dont l'un, qui garde sa valeur syntaxique de régissant, constitue le véritable substantif, tandis que l'autre, qui assume la *fonction d'adjectif* [mis en italique par nous], joue le rôle d'épithète subordonnée et sert à qualifier le substantif régissant. » (*ESS*, ch. 65 : 151)

[3] C'est ce que l'on peut aussi déduire des propos de G. Guillaume lorsqu'il définit l'adverbe de langue : « L'adverbe en *-ment* est un mot dont la compétence est limitée à la fonction d'adverbe, dont il ne sort pas ». (*LL3*, 10 juin 1949 : 229). L'adverbe, pour s'exprimer, dispose certes de termes

il faut que le substantif établisse une connexion avec le verbe ; pour concevoir l'épithète et la détermination, il faut que l'adjectif établisse un lien avec un substantif ; pour parler de circonstant, il est nécessaire pour l'adverbe d'entrer en relation avec le verbe ou autre chose ; enfin, pour que l'on puisse envisager le procès, il faut que le verbe établisse des relations avec ses subordonnés directs.

Mais si la translation révèle l'inutilité de la catégorie, ne porte-t-elle pas en elle-même le germe de son autodestruction puisqu'elle est fondée sur un changement de catégorie ? On peut néanmoins la sauver sans faire appel à la catégorie ; on envisagera alors deux cas : elle consiste tout d'abord à attribuer à un lexème donné la fonction syntaxique de substantif, d'adjectif, d'adverbe et de verbe, et coïncide, de ce fait, avec le concept guillaumien d'actualisation[4]. Elle consiste également en un changement de fonction syntaxique ; dans ce cas, un terme détenant une fonction syntaxique donnée revêt une nouvelle fonction syntaxique. C'est ce que l'on observe avec la translation de second degré, qui voit un groupe verbal accéder au statut de substantif[5] ou d'adverbe[6]. C'est ce que l'on observe aussi lorsque le participe[7] ou l'infinitif[8] sont engagés dans une relation adjectivale alors même qu'ils gardent leur connexion verbale. C'est ce que l'on constate lorsqu'un verbe se mue en translatif[9], voire en adverbe[10].

---

dédiés, mais il n'en demeure pas moins, selon cette définition, une fonction syntaxique, non une catégorie.

4 Cette conception est exposée notamment dans la conclusion de *Temps et Verbe* : « La linguistique traditionnelle étudie son objet, la langue, dans sa manifestation extérieure, dans ses effets ; mais elle se préoccupe peu de le connaître dans son organisation potentielle, tel qu'il existe en nous provisionnellement, à l'état de repos, lorsque nous ne sommes engagés dans aucune activité de langage. Elle se place ainsi, sans s'en rendre un compte exact, dans des conditions fort différentes de celles dans lesquelles opère le sujet parlant, qui possède la langue en lui et pour qui l'action de langage consiste en une suite d'actualisations des virtualités de divers ordres que la langue contient » (1929 : 121).

5 On notera que G. Guillaume utilise également le terme *translation*, mais pour dénommer uniquement le mécanisme de passage du plan verbal au plan nominal : « Dans : *Je vois qu'il vient*, le groupe *qu'il vient* est extérieurement un nom et, dans la phrase complexe : *Je vois qu'il vient*, il remplit une fonction d'objet qui pourrait tout aussi bien appartenir à un substantif. On est donc, dans l'exemple en question : *Je vois qu'il vient*, parti de la phrase *Il vient*, pour en former par changement de plan, par translation du plan verbal au plan nominal, un nom en plusieurs mots » (*LL7*, 24 janvier 1946). Cela dit, nous ne pensons pas qu'il faille réduire la translation à la translation de second degré.

6 Nous faisons allusion à la translation de second degré qui voit une « proposition circonstancielle » devenir un équivalent d'adverbe (Cf. *ESS* : 582 *sqq*).

7 Cf. section 2.1.1.

8 Cf. *die zu singenden Lieder*, section 4.3.3.

9 Cf. sections 3.1 et 4.3.3.

10 Cf. section 4.3.3.

En outre, même si le changement ne s'opère pas sous nos yeux, une fonction syntaxique peut conserver la mémoire d'une autre fonction syntaxique. Enfin, la translation permet de retracer des filiations et d'enrichir la langue à l'infini. Il n'y a donc pas lieu de se séparer de la translation. En revanche, on peut faire l'économie de la catégorie. Qui dit cela ? La syntaxe, car il est bien connu que le vin nouveau fait éclater les outres anciennes. Mais faisons comme si la catégorie existait encore…

2 Un enrichissement

La translation, loin de constituer un changement radical de catégorie, constitue, comme le note Weber (1996 : 250), un enrichissement. Il serait sans doute plus judicieux, pour reprendre un terme de la philosophie hégélienne, de parler de conservation : le transférende est certes supprimé, mais il est en même temps conservé de manière plus ou moins visible dans le transféré. Prenons quelques exemples empruntés à l'allemand.

2.1 Conservation de la syntaxe

Comme on peut s'y attendre, la translation peut conserver ce qui fut une relation syntaxique :

2.1.1 Le participe conserve des connexions verbales lorsqu'il est utilisé comme épithète.

Soit l'exemple cité par Tesnière (*ESS*, ch. 199 : 454)

> ein ('un') heute Abend ('ce soir') im Stadttheater ('au théâtre municipal') in Gegenwart verschiedener berühmter Musiker ('en présence de différents musiciens célèbres') stattfindendes ('ayant lieu') Konzert ('concert')
>
> (Trad. : 'un concert qui a lieu ce soir au théâtre municipal en présence de différents musiciens célèbres')

Le participe est donc bien cette fonction réunissant « à la fois des caractères verbaux et des caractères adjectivaux » (*ESS*, ch. 198 : 451), ce qui justifie pleinement sa dénomination en grec et en latin.

2.1.2 L'infinitif « conserve la faculté d'être le régissant de deux espèces de subordonnés, les actants et les circonstants. » (*ESS*, ch. 180 : 418)

Soit les deux exemples suivants :

> Schnell[11] ans Ziel zu kommen war keine leichte Aufgabe
> (Trad. : 'Parvenir rapidement à destination ne fut pas chose aisée')
>
> Das Problem zu lösen war keine leichte Aufgabe
> (Trad. : 'Résoudre ce problème ne fut pas chose aisée')

Là encore, on ne manquera pas de souligner que l'infinitif est une fonction hybride : s'il conserve, dans les exemples cités, des connexions verbales, il établit en même temps, par l'intermédiaire du groupe infinitif, une connexion substantivale.

2.2 Conservation de la morphologie

2.2.1 Un terme apte à assurer la fonction adjectivale et qui se voit utilisé comme substantif peut conserver la flexion de l'adjectif

Comparons

> Der klein**e** Mann (nom.) / ein klein**er** Mann (nom.)
> (Trad. : 'le petit homme' / 'un petit homme')
>
> Der Klein**e** (nom.) / ein Klein**er** (nom.)
> (Trad. : 'le petit' / 'un petit')

2.2.2 Le participe utilisé comme substantif adopte la flexion de l'adjectif, puisqu'il peut être employé comme tel

En voici l'illustration :

> neu angestellt**e** Lehrer (nom.) / die neu angestellt**en** Lehrer (nom.)
> (Trad. : 'des enseignants récemment embauchés' / 'les enseignants récemment embauchés')
>
> Angestellt**e** (nom.) / die Angestellt**en** (nom.)
> (Trad. : 'des employés' / 'les employés')

---

11 *Schnell* est, dans la théorie de Tesnière, un circonstant. Cela dit, la manière n'est pas une circonstance. Cf. à ce sujet Golay (1959).

3 Avantages de la translation

3.1 Disparition de l'adjectif attribut

Si Tesnière ne peut être suspecté de confondre catégorie et fonction, en revanche, la grammaire traditionnelle se rend coupable de cette confusion : il suffit de considérer l'oxymore que constitue l'adjectif attribut, car *adjectif* et *attribut* relèvent ici respectivement de la catégorie et de la fonction. Ce que la grammaire traditionnelle nomme *adjectif* est en réalité le résultat d'une translation qui voit un terme ne disposant pas des caractéristiques morphologiques d'un verbe, accéder à la fonction verbale. Cette opération est rendue possible grâce à un verbe auxiliaire (*ESS*, ch. 207 : 471 ; *ESS*, ch. 232 : 529–530)[12], qui détient ici le rôle de translatif. La fonction adjectivale, par conséquent, se rétrécit, se réduisant à l'épithète, mais s'élargit en même temps à tout terme ou groupe syntaxique déterminant le substantif.

3.2 Faut-il se passer de l'adverbial ?

Autre avantage : considérant la notion d'adverbe trop étroite, d'aucuns se sont ingéniés à créer l'adverbial, l'adverbe relevant de la catégorie, l'adverbial de la relation. La syntaxe structurale rend cette distinction superflue puisque l'adverbe et l'adverbial détiennent la même fonction. Certes, on pourrait arguer du fait que l'adverbial est le transféré d'un transférende relevant d'une autre catégorie que l'adverbe. Toutefois, l'adverbial, au sens où on l'entend actuellement, englobe, dans son expansion tentaculaire, tous les adverbes, lesquels représenteraient des adverbiaux prototypiques :

> On the other hand, adverbs differ from nouns, adjectives, and verbs in that they often do not possess clear markers for category membership and can only be defined via their syntactic function of being prototypically used as adverbials. (Maienborn & Schäfer 2019)

Il faut donc, si l'on s'appuie sur Tesnière, renoncer à l'adverbial pour le remplacer par un adverbe issu d'une translation de premier[13] ou de second degré[14].

---

12 Voir, par exemple, des énoncés tels que *La maison est neuve*, où *est neuve* détient la fonction de verbe. Voir également *La difficulté fut d'attacher le grelot*, *Aujourd'hui nous sommes vendredi*, etc.
13 C'est le cas dans *Il chante fort*.
14 Nous faisons allusion aux propositions exprimant le temps, la cause, le but, etc. (cf. *ESS* : 582 *sqq*). Nous évitons soigneusement le terme *circonstanciel* pour désigner la « proposition

3.3 Une définition stable du mot composé

Selon J. Fourquet (*Prolegomena* : 125), il convient de distinguer *Kastenträger* ('poutre en caisson') de *Briefträger* ('facteur', litt. 'porteur de lettres') : le premier est un composé, le deuxième un dérivé où le morphème de dérivation (-¨er) affecte le complexe (*Brief-trag*) :

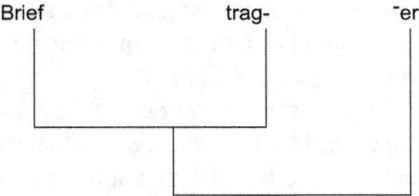

Figure 1: Analyse de *Briefträger* par J. Fourquet.

Chez Tesnière, en revanche, *Briefträger* relève de la composition (*ESS*, ch. 175 : 408). Qui a tort ? Qui a raison ? Tesnière, sans doute. Car la description de J. Fourquet, si élégante soit-elle, ne peut conduire qu'à des impasses :
a) Si *Briefträger* est un dérivé de syntagme, comment expliquer que *Brief* soit dépourvu de marques de pluriel ?
b) Cette description, fondée sur *Briefträger*, ferait de n'importe quelle structure présentant un génitif objectif sous-jacent un dérivé.

> Bibelübersetzung ('traduction de la Bible'),
> Vergangenheitsbewältigung ('travail de mémoire', 'dépassement du passé'),
> etc.

c) Elle serait sans voix face à *Umweltschützer* ('écologiste', litt. 'protecteur de l'environnement'). S'agit-il d'un composé de type *Umwelt + Schützer*, soit 'protecteur de l'environnement' ? S'agit-il d'un dérivé de type *[Umweltschütz-]er*, soit '[protéger l'environnement]-eur' ?

Mais plutôt que d'écrire des livres sur la question, considérons plutôt la définition de Tesnière :

> Le déterminant est l'objet d'une translation qui le transfère en une catégorie susceptible d'être subordonnée au déterminé. (*ESS*, ch. 175 : 406)

---

modale » (*ESS*, ch. 263 : 606), *i.e.* la proposition exprimant la manière, cette dernière constituant, selon nous, non un circonstant, mais un complément. Nous évitons également ce terme pour parler de la proposition consécutive (*ESS*, ch. 261 : 602) puisque celle-ci constitue en réalité un énoncé exprimant la conséquence de ce qui est exprimé dans une autre proposition.

Cette définition a le mérite de ne pas conduire aux impasses relevées plus haut et d'être stable. Et la différence, objectera-t-on, entre *Damenschneider* ('tailleur pour dames') et *Pizzaschneider* ('roulette à pizza') ? Il est vrai que l'on découpe les pizzas, non les dames, mais cela ne fait pas pour autant de *Pizzaschneider* un dérivé : dans ce cas, *pizza* fonctionne comme un adjectif, au même titre que *dame* d'ailleurs. Et la différence sémantique, objectera-t-on à nouveau ? Celle-ci relève de *Schneider*, non de la translation, qui revêt *pizza* et *dame* de la fonction syntaxique d'adjectif. Rappelons que « si la translation précise la valeur sémantique de la catégorie d'arrivée, elle est, par contre, très peu explicite en ce qui concerne la subdivision dans laquelle elle verse le transférende » (*ESS*, ch. 167 : 391).

Enfin, pour clore provisoirement ces réflexions sur la composition, la définition de Tesnière, c'est là un avantage considérable, est évolutive : le déterminant peut résulter d'une translation simple, d'une translation double, voire plus encore. Considérons *Falschparker* ('celui qui se trouve en stationnement gênant') : dans ce cas, *falsch* est translaté en adverbe, lequel adverbe est ensuite retranslaté en adjectif. On a donc une translation double A>E>A, qui, soit dit en passant, n'est pas répertoriée par l'auteur.

4 Quelques inconvénients

La théorie de Tesnière, tout élaborée et universelle qu'elle soit, peut-elle rendre compte de tous les phénomènes observés dans une langue donnée ? À l'évidence non : comme nous allons le voir avec quelques exemples empruntés à l'allemand, elle reste parfois sans réponse. Néanmoins, ses différents outils permettent aussi d'entrevoir des solutions, et ce, sans qu'il soit nécessaire d'inventer force règles pour la sauver. Elle reste avant tout un instrument au service de la description linguistique et non une fin en soi.

4.1 Problèmes de schématisation

4.1.1 L'article, qui peut réunir en allemand indice et translatif (cf. *am Abend* ('le soir')), pose un premier problème. On peut tenter de le résoudre en réunissant la marque portée par l'article et la préposition pour ne laisser qu'un fragment de satellite tombé (*ESS*, ch. 29 : 57) (*d-*) aux côtés du transféré. Celui-ci, du même coup, se verrait privé de son genre :

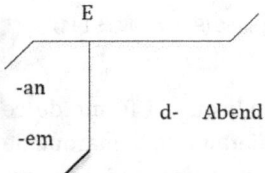

Figure 2 : Stemma de *am Abend*.

4.1.2 Le mode de représentation de la translation, qui respecte l'ordre d'apparition des signifiants, ne peut rien face à un morphème discontinu. On peut soit regrouper les morphèmes (stemma 1), soit inventer un T de translation double (stemma 2) :

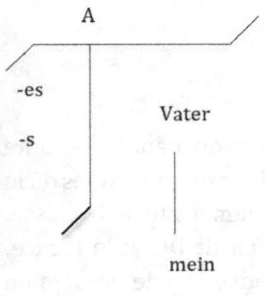

Figure 3 : Stemma représentant la séquence au génitif *meines Vaters* (1).

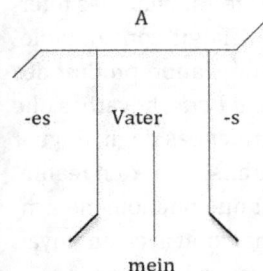

Figure 4 : Stemma représentant la séquence au génitif *meines Vaters* (2).

4.1.3 L'adjectif et le participe dits substantivés posent également un problème de représentation. Soit par exemple *der Reisende* ('le voyageur'). Dans ce cas, c'est l'article, non la marque de flexion en -*e*, qui joue le rôle de translatif, cette marque constituant une réminiscence de la fonction d'adjectif. Celle-ci, comme nous l'avons vu plus haut, est certes supprimée, mais en même temps conservée par sa morphologie.

Où peut-on faire figurer cette marque dans le stemma ? Sur le tranférende ? Impossible : l'adjectif en tant qu'abstraction catégorielle ne peut recevoir de marque de flexion :

das Lexem ist eine Abstraktion seines gesamten Flexionspotentials. (Sasse 1993 : 194)
(Trad. : 'le lexème est une abstraction de tout son potentiel flexionnel')

Cette marque doit-elle figurer aux côtés du translatif, puisque la forme de ce dernier la détermine ? Impossible également. Cela signifierait que la marque de flexion est un translatif. Or, celle-ci n'est, au risque de nous répéter, qu'une réminiscence. Une solution consisterait à supprimer la flexion de l'adjectif et de l'article, mais cela irait à l'encontre des représentations sous forme de stemmas, qui n'omettent jamais le moindre signifiant. Le problème reste donc provisoirement sans réponse.

4.2 Points litigieux

4.2.1 Le problème de l'adverbe

Nous allons maintenant aborder avec l'adverbe un problème qui dépasse le cadre de la langue allemande et qui constitue sans doute l'un des rares domaines où la théorie présente des faiblesses : cela tient, bien sûr, à l'immensité de la classe, classe héritée d'une longue tradition remontant à la *Tekhné* de Denys le Thrace, et où s'entassent adverbes, particules, modalisateurs, adverbes de possession divine, etc[15]. Cela tient aussi au fait que Tesnière, bien que retranchant les interjections et les mots-phrases de la classe des adverbes, l'élargit considérablement avec la translation. Cela tient enfin au fait que la translation produit des adverbes très différents dans *Il travaille à Paris* et *Il habite à Paris*, adverbes que la subdivision en locatif, directif, perlatif et ablatif ne permet pas de distinguer en l'occurrence. Mais doit-on pour autant abandonner la translation ? En réalité, ce n'est pas la translation qui pose ici problème : en tant que phénomène syntaxique, celle-ci se borne à mettre un transférende en connexion avec un noyau ou, pour reprendre la terminologie de Tesnière, un nœud central (*ESS*, ch. 3 : 15). Ce qui pose problème, c'est la connexion telle qu'elle est définie, car cette définition ne tient pas compte de la distance séparant l'adverbe du noyau ou nœud central. Or, il est évident que 1) *à Paris* dans *Il habite à Paris* est plus proche du noyau que ne l'est *à Paris* dans *Il travaille à Paris* – cette proximité n'étant pas étrangère au choix du translatif – et que 2) *peut-être* dans *Il travaille peut-être à Paris*, est encore plus éloigné de ce noyau.

Tesnière a été sensible à cette notion de distance dans la description du groupe nominal :

---

[15] Nous renvoyons ici à l'édition critique de J. Lallot (2003).

On notera que tous les subordonnés ne dépendent pas toujours du nœud substantival d'une façon aussi étroite les uns que les autres. Certains lui sont rapportés très immédiatement, d'autres d'une façon plus lâche et plus lointaine, si bien qu'ils semblent dépendre, non pas du substantif commandant le nœud, mais du nœud formé par le substantif et un de ses subordonnés. (*ESS*, ch. 65 : 154)

Et Tesnière d'illustrer ce phénomène à l'aide du stemma (*ESS*, ch. 169 : 397) suivant :

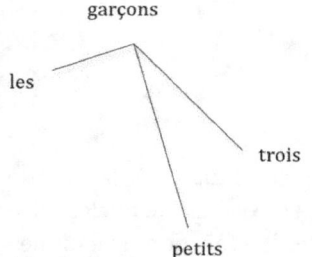

Figure 5: Stemma de Tesnière représentant *les trois petits garçons*.

Mais Tesnière ne généralise pas cette présentation dans la description de la phrase ; il met en effet sur le même plan *bekanntlich* et *schon* dans *Er ist bekanntlich schon tot* (*ESS*, ch. 129 : 305), *sûrement* et *demain* dans *Marie vous rendra votre livre sûrement demain* (*ESS*, ch. 56 : 127), *rapidement*, *là-bas* et *demain* dans *Alfred passera rapidement là-bas demain* (*ESS*, ch. 56 : 126), se contentant de respecter dans le stemma l'ordre d'apparition de ces différents adverbes. Or, manifestement, ces différents éléments relèvent de niveaux différents dans la construction de la phrase. L'utilisation de traits de connexion de longueur différente ou la mise en place, derrière les actants, d'une hiérarchie adverbiale ne respectant pas forcément l'ordre d'apparition en chaîne, pourraient apporter un début de solution à cet épineux problème. Ce faisant, on pourrait assez rapidement aboutir à un modèle proche de celui de la grammaire fonctionnelle de S. Dik[16], puisque, dans cette théorie, on prend soin de distinguer la prédication nucléaire (laquelle rassemble les actants et le verbe) des satellites (qui correspondent aux compléments et aux circonstants), lesquels satellites se répartissent sur 4 niveaux plus ou moins éloignés du noyau.

---

[16] Cf. Dik (1997 : 49–55).

4.3 Verbes de modalité

Nous terminerons par un nouveau problème dépassant le cadre de la langue allemande.

Face à une phrase telle que :

> Alfred peut donner le livre à Charles. (*ESS*, ch. 50 : 107)

... on pourrait être tenté par plusieurs hypothèses pour décrire le verbe de modalité.

4.3.1 Nucléus dissocié

Le verbe de modalité formerait avec l'infinitif un nucléus dissocié. Mais cette hypothèse ne convainc pas, puisque la répartition des rôles, dans le nucléus dissocié, imposerait au verbe de modalité de se cantonner à la fonction structurale :

> [Un nucléus dissocié] contient au moins deux mots, dont l'un assure la fonction structurale et l'autre la fonction sémantique. (*ESS*, ch. 23 : 47)

Or, manifestement, le verbe de modalité ne se dépouille pas de son sens dans le cadre de cette relation.

4.3.2 Le stemma de Tesnière

En réalité, la solution préconisée par Tesnière est fort simple : le verbe de modalité est un verbe régissant (*ESS*, ch. 50 : 107) :

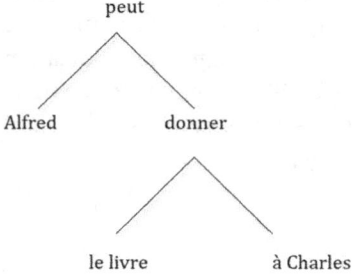

Figure 6: Stemma de Tesnière représentant *Alfred peut donner le livre à Charles.*

4.3.3 Un adverbe

La description précédente n'est pas pleinement satisfaisante, car l'infinitif « conserve, tout comme un verbe, la faculté d'être le régissant de deux espèces de subordonnés, les actants et les circonstants » (*ESS*, ch. 183 : 423). Si donc l'infinitif garde ses connexions inférieures, on peut représenter la phrase de cette façon :

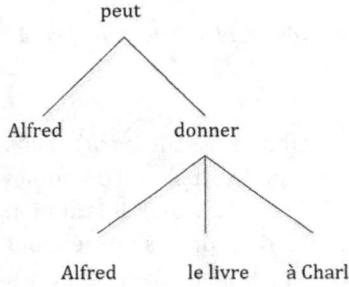

Figure 7: Interprétation de *Alfred peut donner le livre à Charles* (1).

On a toutefois un *Alfred* en trop, et l'on va donc, puisque l'infinitif n'est « pas en mesure d'exprimer la notion de personne » (*ESS*, ch. 188 : 433) supprimer celui que régit l'infinitif. Mais le résultat de cette suppression ne correspond-il pas à la surface ? Or, c'est précisément ce que Tesnière critique : la syntaxe est, selon lui, comparable à la « *innere Sprachform* » de Guillaume de Humboldt ; elle est « purement intérieure » (*ESS*, ch. 1 : 12–13).

Si donc la représentation de la syntaxe ne correspond pas à la surface, il reste alors deux solutions : garder *Alfred₁* et *Alfred₂* ou supprimer *Alfred₁*. Explorons cette deuxième piste[17] :

---

[17] Cette piste que nous nous proposons d'explorer constitue le renversement de la description générativiste qui assimile le sujet de *donner* à un sujet vide, le sujet PRO (cf. à ce sujet Radford (1997 : 82 *sqq.*)). Certes, cette description rétablit le sujet d'un verbe apparemment sans sujet, mais elle l'assimile à un pronom chargé de représenter les propriétés référentielles du sujet de la matrice, *i.e.* de la phrase de niveau supérieur. Ce faisant, elle comble le vide observé en surface, mais est encore trop tributaire de cette surface puisqu'elle ignore que le sujet de *peut* tient son origine, sa raison d'être de celui de *donner* : on ne peut exprimer une capacité dans l'absolu ; il faut que l'on conçoive d'abord une action ou tout autre processus pour exprimer cette capacité. C'est donc, dans notre esprit, le sujet de *donner* qui est représenté par celui de *peut*.

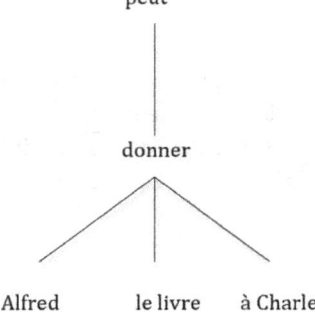

Figure 8: Interprétation de *Alfred peut donner le livre à Charles* (2).

L'infinitif (*donner*) semble subordonné à un verbe régissant (*peut*), mais l'est-il vraiment ? Si l'on se fonde sur la notion de nœud verbal, si l'on admet que le nœud verbal exprime « un petit drame » (*ESS*, ch. 48 : 102), il faut bien reconnaître que *donner* est le verbe. Ce verbe est celui d'un procès virtuel dont les conditions de réalisation sont, en revanche, fixées par *peut*. Mais *peut* est-il encore un verbe ? Sur le plan morphologique, oui, certes. Mais sur le plan syntaxique, il s'agit d'un circonstant, autrement dit de « l'équivalent syntaxique » (*ESS*, ch. 41 : 84) d'un adverbe, puisqu'il se situe, tout comme le seraient *aujourd'hui* ou *peut-être*, à l'extérieur de la prédication nucléaire[18]. Certes, Tesnière récuse la prédication et la tradition aristotélicienne[19]. Mais il faut bien se rendre à l'évidence : postuler un drame, c'est présupposer ce que l'on dira des actants. Pour revenir au verbe de modalité, on peut donc poser comme hypothèse que le verbe est translaté en adverbe, mais qu'il garde ses propriétés morphologiques, comme le fait l'adjectif substantivé en allemand d'ailleurs.

Cette hypothèse sur les verbes dits de modalité peut trouver confirmation lorsque le prétendu verbe équivaut à un modalisateur, c'est-à-dire lorsque ce dernier exprime une modalité que l'on qualifiera d'épistémique à la suite de Dik[20] :

Il doit être malade / Il est probablement malade.

Cette hypothèse peut aussi être confirmée par des structures équivalentes (e.g. *Ce texte est à traduire*) où le verbe est translaté en substantif par le biais de l'infinitif, puis en adverbe à l'aide du translatif *à* (*zu* en allemand), soit I>O>E. Dans ce cas,

---

18 Terminologie d'après Dik (1997 : 50–51). La prédication nucléaire rassemble, chez cet auteur, le prédicat et les arguments de ce prédicat, ce qui correspond chez Tesnière au verbe et aux actants.
19 Cf. *ESS* (ch. 49 : 103–105).
20 Cf. Dik (1997 : 242).

la préposition *zu* joue le même rôle que le verbe de modalité en indiquant une direction vers le potentiel exprimé par l'infinitif.

On notera que la structure en question peut être intégrée dans le groupe nominal allemand par le biais de la translation I>O>E>A[21] :

Figure 9: Fragment représentant *die zu singenden Lieder*.

Ce cas de figure ne montre pas une simple actualisation, mais un changement de fonction syntaxique : l'infinitif, cette forme qui tient à la fois du verbe et du substantif et qui, en l'occurrence, ne renie pas son origine verbale, adopte la fonction syntaxique adjectivale pour pouvoir se rapporter au substantif *Lieder*.

Enfin, dans le stemma suivant, représentant l'énoncé *Mein Vater, der mich sehr gern hat und der nie eine Gelegenheit vermisst, mir eine Freude zu machen, besonders wenn dieselbe zu meiner Erziehung beitragen kann, schenkte mir ein Buch*[22], on voit, à travers *kann*, la fonction syntaxique de verbe évoluer en translatif[23] :

---

21 On trouvera le fragment suivant dans la boîte n°22 du fonds Tesnière (NAF 28026).
22 Trad. : 'Mon père, qui m'aime beaucoup et qui ne manque jamais une occasion de me faire plaisir, surtout si cela peut contribuer à mon éducation, m'a offert un livre.'
23 On trouvera le stemma suivant dans la boîte n°63 du fonds Tesnière (NAF 28026).

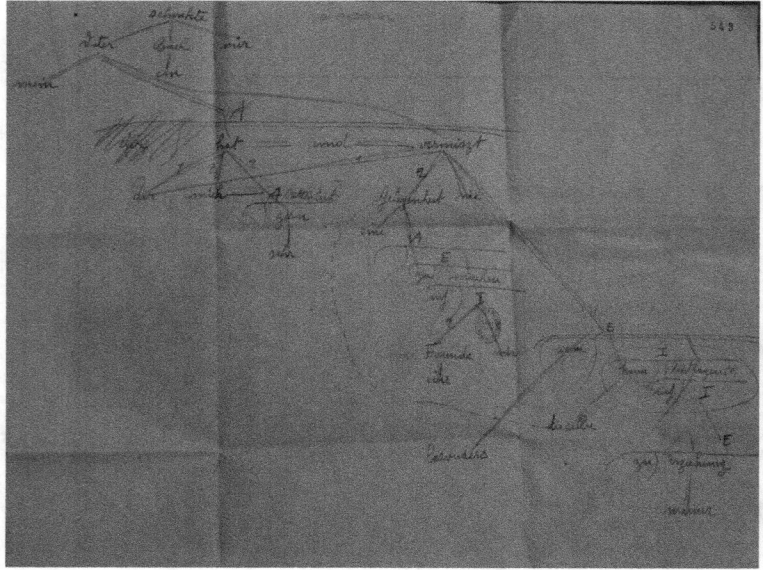

Figure 10: Stemma inédit de Tesnière.

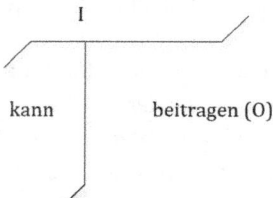

Figure 11: Extrait du stemma inédit.

Le verbe de modalité est donc, si l'on en croit ce stemma inédit, l'outil qui permet à l'infinitif d'accéder aux marques de temps, de mode et de personne, et de retrouver entièrement le statut de verbe.

Dans nos exemples, le verbe de modalité a la morphologie du verbe, mais non la syntaxe. Autant dire qu'il ne s'agit plus d'un verbe. C'est, en tout cas, la conclusion qui s'impose lorsque l'on se détache du postulat selon lequel les mots ne seraient que des « entités morphologiques » :

> Certains esprits, incapables de s'affranchir du plan morphologique, et par conséquent rebelles à la syntaxe, ne peuvent se résoudre à considérer qu'un substantif devienne par translation un adjectif. Pour eux, *Pierre* est un substantif, non seulement morphologiquement, mais syntaxiquement, et irrévocablement condamné à le demeurer envers et contre tout de façon immuable, quelle que soit la fonction dans laquelle on l'emploie, car, à leurs yeux, il n'y a que la forme qui compte. (*ESS*, ch. 152 : 365)

De même que *Pierre* n'est pas condamné à jouer le rôle de substantif pour l'éternité, de même, le verbe de modalité n'est pas voué à la fonction verbale.

5 Conclusion

Certes, Tesnière n'a jamais dit que le verbe de modalité détenait la fonction syntaxique d'adverbe ou de translatif ; la tradition constituait sans doute un frein trop puissant. Néanmoins, sa syntaxe, fondée sur des mécanismes invisibles, nous invite à faire ce constat, à nous affranchir du postulat morphologique pour ne plus considérer que des relations. C'est d'ailleurs à l'inutilité de la catégorie que Tesnière conclut lorsqu'il observe l'anglais :

> [...] de nombreux mots anglais ne relèvent par eux-mêmes d'aucune catégorie, mais sont susceptibles de devenir indifféremment substantifs ou verbes selon qu'ils sont précédés de l'article *the* ou d'un indice personnel : *the love* « l'amour », *I love* « j'aime ». (*ESS*, ch. 41 : 84, § 11)

Cette réflexion va, bien sûr, au-delà de la description de l'anglais, car si un dictionnaire présente des « entrées » et des prévisions d'emploi, il n'offre aucune certitude sur ce que seront ces emplois[24]. Ce n'est que dans le « milieu naturel » (*ESS*, ch. 1 : 11, n. 3) de la phrase que le mot pourra établir des connexions et acquérir, selon les connexions établies, la fonction syntaxique de substantif, d'adjectif, de verbe ou d'adverbe ainsi que la fonction sémantique d'actant, de circonstant, de déterminant, etc. Et c'est à la translation et ses translatifs qu'il incombera de rendre possible les innombrables connexions que nous effectuons sans même nous en rendre compte.

---

[24] Une dernière remarque : on pourrait penser que certains termes sont voués à demeurer des adverbes pour l'éternité. Mais le milieu naturel de la phrase peut en décider autrement. Dans *J'aime superbement et magnifiquement* (Molière), *superbement* et *magnifiquement* sont, n'en déplaise à Philaminte, des substantifs.

Bibliographie

Dik Simon C., 1997, *The Theory of Functional Grammar*, 1st part. : *The Structure of the Clause*, 2ᵉ éd., Berlin/New York, De Gruyter.
Fourquet Jean, 1970, *Prolegomena zu einer deutschen Grammatik*, Düsseldorf, Pädagogischer Verlag Schwann.
Golay Jean-Pierre, 1959, « Le complément de manière est-il un complément de circonstance ? », *Le Français moderne*, 1 : 65–71.
Guillaume Gustave, 1968 [1929], *Temps et verbe. L'Architectonique du temps dans les langues classiques*, Paris, Champion.
Guillaume Gustave, 1982, *Leçons de linguistique 3, 1948–1949, Série C, Grammaire particulière du français et grammaire générale (IV)*, Québec, Les Presses de l'université Laval.
Guillaume Gustave, 1987, *Leçons de linguistique 7, 1945–1946, Série A, Esquisse d'une grammaire descriptive de la langue française (IV)*, Québec/Lille, Les Presses de l'université Laval/Les Presses universitaires de Lille.
Lallot Jean, 2003, *La Grammaire de Denys le Thrace*, 2ᵉ éd., Paris, CNRS Éditions.
Maienborn Claudia, Schäfer Martin, 2019, "Adverbs and adverbials", *in* C. Maienborn, K. von Heusinger & P. Portner (eds.), *Semantics – Lexical Structures and Adjectives*, Berlin, De Gruyter: 477–514.
Radford Andrew, 1997, *Syntax. A minimalist introduction*, Cambridge, Cambridge University Press.
Sasse Hans-Jürgen, 1993, "Das Nomen – eine universelle Kategorie?", *Sprachtypologie und Universalienforschung*, 46: 187–221.
Soutet Olivier, 2001, *Linguistique*, 3ᵉ éd., Paris, Presses universitaires de France.
Tesniere Lucien, 1969, *Éléments de syntaxe structurale*, 2ᵉ éd., Paris, Klincksieck.
Weber Heinz J., 1996, « Translation, Rekursivität und Valenz bei Lucien Tesnière », *in* G. Greciano & H. Schumacher (eds.), *Lucien Tesnière – syntaxe structurale et opérations mentales*, Akten des deutsch-französischen Kolloquiums anlässlich der 100. Wiederkehr seines Geburtstages (Strasbourg 1993), Tübingen, Niemeyer : 249–261.
Werner Edeltraud, 1993, "Translationstheorie und Dependenzmodell", *Kritik und Reinterpretation des Ansatzes von Lucien Tesnière*, Tübingen/Basel, Francke Verlag.

Pierre-Yves Modicom & Camille Noûs
Chapitre 19
Mauvais sujets ? Sujet et actance en allemand

Le statut syntaxique du sujet du verbe est un point d'opposition très nette entre la théorie tesniérienne de la valence et une grande partie des approches grammaticales antérieures. La singularité de la position de Tesnière peut être résumée par la célèbre formule selon laquelle « le sujet est un complément comme les autres » (Tesnière 1959 : 109). Dans ce qui suit, on s'efforcera de montrer comment l'analyse de Tesnière est tributaire de la comparaison des systèmes linguistiques et inaugure la problématique typologique des critères du sujet. La comparaison des langues aide en effet à mettre à distance l'asymétrie observable en français entre le sujet et les autres actants. Dans une deuxième partie, on verra que la caractérisation tesniérienne du sujet reconstitue à bien des égards le concept traditionnel après l'avoir congédié et s'expose ainsi à une critique interne. Les langues germaniques, et en particulier l'allemand, feront l'objet d'une attention particulière dans cette discussion critique. Enfin, dans un troisième temps, on s'intéressera à la poursuite de l'entreprise de Tesnière, notamment chez Lazard, dont les travaux sur l'actance permettent de radicaliser et d'affiner une partie des intuitions de l'auteur des *Éléments de syntaxe structurale*.

1 Le complément de sujet dans les *Éléments de syntaxe structurale*

1.1 Sujet et prime actant chez Tesnière

La syntaxe de Tesnière se place en rupture radicale et revendiquée avec la tradition grammaticographique fondée sur la distinction entre sujet et prédicat. Pour Tesnière, le sujet n'est qu'un actant comme les autres, et le privilège du sujet, « une survivance non encore éliminée de l'époque, qui va d'Aristote à Port-

Royal, où toute la grammaire était fondée sur la logique » (Tesnière 1959 : 103). Le concept d'actant permet en effet de dépasser cette opposition binaire, en affirmant une vision où le verbe projette un certain nombre de places syntaxiques et sémantiques, comblées par des syntagmes substantifs, le cas échéant après conversion. Nier la singularité du sujet permet de dissoudre la notion de prédicat entendu comme bloc syntaxico-sémantique amalgamant le verbe et ses compléments.

> L'opposition du sujet et du prédicat masque en particulier le caractère interchangeable des actants, qui est à la base du mécanisme des voix active et passive. (Tesnière 1959 : 105)

Une fois cette étape posée, Tesnière entreprend de caractériser les différents actants, et élabore une notion de hiérarchie actantielle au sommet de laquelle figure le prime actant, c'est-à-dire à la fois l'actant unique des verbes monovalents et l'actant des verbes divalents et trivalents partageant les caractéristiques grammaticales et sémantiques de cet actant unique. Le prime actant succède ainsi au sujet comme *primus inter pares* parmi les actants. Tesnière reconnaît cette continuité entre les deux catégories : la différence entre le prime actant et le sujet, plus qu'une différence intrinsèque, est une différence de mode d'opposition aux autres actants. Plus précisément, seul le concept de sujet présuppose une opposition stricte. L'opposition entre le prime actant et les autres est une « différence » – le distinguo terminologique entre opposition et différence, à cet égard, est symptomatique de l'extériorité de Tesnière au structuralisme qui émerge à la même époque, quand bien même l'idée d'une distinction entre le sujet traditionnel et le prime actant qui ne passerait pas tant par le contenu positif de ces catégories que par leur mode d'opposition à une autre, en l'occurrence celle de complément, se situe dans le voisinage d'un mode de pensée structuraliste.

> Du point de vue sémantique, le prime actant est celui qui fait l'action.
>
> A ce titre, le prime actant est connu dans la grammaire traditionnelle sous le nom de sujet, que nous lui conservons. [...]
>
> Il y a lieu d'observer que si, sémantiquement, il y a opposition entre le sujet et l'objet, par contre, structuralement, entre le prime actant et le second actant, il n'y a pas opposition, mais simple différence. (Tesnière 1959 : 108)

Dans une langue accusative à cas, il ne serait donc pas absurde, d'un point de vue tesniérien, de définir le sujet comme complément au nominatif :

> Dans les langues à cas, le prime actant se met au nominatif. (Tesnière 1959 : 112)

1.2 Étude de cas : l'allemand

Ces réflexions peuvent aisément être illustrées à partir de l'exemple de l'allemand, qui servira de fil rouge à la discussion dans ce chapitre. De prime abord, l'allemand vérifie parfaitement les critères de Tesnière. La morphologie, quand bien même Tesnière la met peu en avant dans ses réflexions générales, paraît en effet conforter ses vues. Le prime actant y a son cas dédié, le nominatif. Deux autres cas, en allemand, sont ordinairement assignés aux actants, correspondant au second et au tiers actant (respectivement, l'accusatif et le datif). Le prime actant est donc, à cet égard, un actant comme les autres, ou du moins comme les deux autres actants majeurs de l'allemand. Inversement, seul le prime actant déclenche l'accord du verbe, ce qui l'isole de tous les autres : le prime actant se trouve donc dans une relation de contiguïté et de différence avec l'ensemble des autres actants, à la fois séparément (c'est un actant dans le paradigme des actants) et en bloc (c'est l'actant à nul autre pareil, en ce qu'il contrôle l'accord du verbe).

(1) D-ie   Tagung   find-et   in Paris   statt.
    DEF-NOM:SG:FEM[1] conférence   avoir.lieu-3SG à Paris   PVB
    'La conférence a lieu à Paris'

(2) Ich   find-e   die   Vorträge   spannend.
    1SG:NOM   trouver-1SG   DEF-NOM/ACC.PL   exposés   intéressant
    'Je trouve les exposés intéressants.'

(3) Mir   gefall-en   die   Vorträge.
    1SG:DAT   plaire-3PL   DEF-NOM/ACC.PL   exposés
    'Les exposés me plaisent.'

Mais d'emblée, un premier problème surgit, que Tesnière relevait déjà pour le français : le prime actant apparaît, formellement, avec les verbes avalents :

(4) Es regnet.
    'Il pleut.'

---

[1] Le système de gloses utilisé ici reprend les conventions typographiques dites de Leipzig (*Leipzig Glossing Rules*). Abréviations utilisées dans les gloses : ACC : accusatif ; AG : agent ; AUX : auxiliaire ; BEN : bénéfactif ; DAT : datif ; DECL : marque générique de déclinaison ; DEF : défini ; FEM : féminin ; GEN : génitif ; INDEF : indéfini ; MASC : masculin ; MED : médio-passif ; NEG : négation ; NOM : nominatif ; PART : participe ; PASS : passif ; PL : pluriel ; PREP : préposition ; PRET : prétérit ; PRF : parfait ; PRS : présent ; PST : passé ; PVB : préverbe ; REF : réfléchi ; SG : singulier ; SUJ : sujet

(5) Hier regnet es.
    'Ici, il pleut.'

Ce simple état de fait, caractéristique des langues à servitude subjectale, pourrait suffire à questionner la superposition exacte entre sujet et prime actant, dès lors que des verbes sans actants ont un sujet. Chez Tesnière, ce sujet « n'est en réalité que l'indice de la 3ᵉ personne » (1959 : 106, voir aussi pp. 139–140). Ce traitement est caractéristique de la relative défiance en laquelle Tesnière tient la morphologie flexionnelle, à laquelle il entretient un rapport que l'on peut qualifier d'opportuniste, puisqu'il peut tour à tour la juger non pertinente, comme ici, ou s'en prévaloir comme dans son analyse des cas. Sous réserve d'accepter cette méthode, la réponse de Tesnière peut satisfaire l'analyste du français. Comme on va le voir, elle ne tient pas pour l'allemand. Pour le comprendre, il est nécessaire de faire un détour par l'étude du passif dans cette langue.

1.3 Servitude subjectale et voix passive

Pour Tesnière, la diathèse passive présente le procès en sens inverse de l'actif, le sujet passif est celui qui subit l'action, tandis que l'agent est dégradé et devient un « contre-sujet » construit comme un complément oblique. Si en français cette analyse est tenable de prime abord au moins, en allemand, elle ne résiste pas à l'examen. En effet, dans cette langue, les verbes monovalents peuvent être passivés, produisant alors des énoncés sans sujet :

(6) Hier   wird   nicht   geraucht.
    Ici   AUX.PASSIF:3SG NEG   fumer:PART
    'Ici on ne fume pas', 'Défense de fumer ici'.

(7) Mir   wurde   geholfen.
    1SG:DAT   AUX.PASSIF:PRET:3SG aidé.
    'On m'a aidé, j'ai été aidé.'

Or ces énoncés, tout en présentant effectivement un verbe conjugué à la troisième personne, n'ont pas d'autre marqueur morphologique de celle-ci, et en particulier ils sont construits sans le *es* des verbes avalents. *Es* peut toutefois être employé, mais se trouvera alors toujours dans la position initiale de l'énoncé assertif, qui demande en allemand que le verbe conjugué apparaisse en deuxième position après un premier constituant choisi *ad libitum* mais le plus souvent topical.

(8) Es wird hier nicht geraucht.
 'Ici on ne fume pas', 'Défense de fumer ici'.

(9) Es wurde mir geholfen.
 'On m'a aidé, j'ai été aidé.'

Le pronom *es*, ici, n'est pas sujet mais strictement explétif (occupation de la première position). Cet emploi est également attesté à l'actif, où l'on voit qu'il ne déclenche justement pas l'accord et peut coexister avec une troisième personne... du pluriel :

(10) Es stank-en   d-ie   Straße-n   nach Mist
 es puer:PRET-3PL DEF-NOM/ACC.PL rue-PL   PREP fumier
 'Les rues puaient le fumier.' (Patrick Süskind, *Das Parfum*)

La comparaison de ces données au passif avec le comportement des verbes avalents appelle deux commentaires : d'une part, au passif, contrairement à l'actif, il est possible de se passer totalement d'un syntagme sujet, ce qui constitue un argument très fort pour considérer que le prime actant, en allemand, est bien un actant « comme les autres » à cet égard. Il n'y a pas de servitude subjectale stricte en allemand. Mais précisément pour cette raison, il faut considérer que le *es* des verbes avalents est d'une tout autre espèce que l'explétif et que sa présence ne s'explique pas que par la nécessité de marquer la troisième personne, puisque les passifs sans sujet prouvent que ce marquage est possible sans un tel *es*. Depuis la fin du XIXe siècle, cet usage de *es* avec les verbes avalents a pu être expliqué de différentes façons, avec ou sans appel à une dénotation du pronom (voir déjà la discussion dans Marty 1916). L'hypothèse la plus compatible avec une conception tesniérienne est celle d'une pression formelle du modèle sujet-prédicat ou, si l'on souhaite éviter cette référence, d'un patron syntaxique exigeant pour les verbes à l'actif la présence d'un syntagme nominal (ou fonctionnellement équivalent) porteur des marques casuelles du nominatif. Même cette hypothèse représente un défi pour une approche tesniérienne stricte, puisqu'elle suppose une efficience propre de l'opposition entre le verbe et l'actant au nominatif, qui pèserait sur la syntaxe du groupe verbal de façon en partie autonome vis-à-vis des problèmes actantiels. En d'autres termes : le couple sujet-prédicat resurgit et se superpose au modèle actantiel.

2 Vers une critique interne

2.1 Subjectalité et alignement

Si le décentrage par rapport au français, langue marquée par une forte asymétrie formelle entre sujet et complément, a pu contribuer à stimuler la pensée de Tesnière sur la question du sujet, force est de constater qu'une approche comparative remet en question plusieurs affirmations factuelles des *Éléments de syntaxe structurale*. Ainsi des langues ergatives, pourtant déjà évoquées par Tesnière :

> Enfin certaines langues de type très archaïque, telles que le basque et les langues du Caucase, en particulier le géorgien, marquent très fortement, par une désinence, le caractère agissant du prime actant.
>
> Ainsi, en basque, tandis que le sujet des verbes d'état n'a pas de désinence, celui des verbes d'action en a une qui fait ressortir le caractère actif du sujet. [...]
>
> En géorgien, le même phénomène ne se manifeste que lorsque le verbe est mis au parfait. Le prime actant, au lieu d'être au nominatif, est alors mis à un cas spécial, dont le nom d'ergatif ou actif indique assez clairement la valeur. (Tesnière 1959 : 112)

La morphologie casuelle est mobilisée pour justifier un argument d'ordre sémantique en faveur de la définition tesniérienne du prime actant. L'affirmation de Tesnière n'en est pas moins problématique ou opportuniste pour autant : en effet, l'alignement ergatif n'est pas réductible à un alignement sémantique marquant spécialement l'agentivité du prime actant des verbes d'action. L'alignement ergatif se caractérise par l'existence d'un second cas opposé à l'ergatif comme l'accusatif l'est au nominatif : l'absolutif. Le cas absolutif est porté à la fois par l'actant unique des verbes d'état monovalents et par le second actant des verbes d'action divalents. Quel est alors le « cas sujet » d'une langue ergative ? Pourquoi considérer qu'il s'agit de l'ergatif plutôt que de l'absolutif ? Y a-t-il-même une obligation à considérer qu'il doive y avoir un cas sujet ou une fonction sujet dans ces langues ?

Ce problème théorique doit attirer notre attention sur le caractère discutable de la coïncidence entre marquage casuel et fonction sujet dans les langues à cas. Même lorsqu'une langue dispose d'un alignement nominatif-accusatif, cette coïncidence ne va pas de soi. Ainsi, les « sujets obliques » des langues nominatives-accusatives représentent un défi sérieux pour l'assimilation entre sujet, prime actant et nominatif telle que postulée par Tesnière. Au demeurant, ce qui pose problème ici est en fait la partie conservatrice de la définition tesniérienne, qui tend à affirmer la singularité du prime actant, dans la continuité du sujet des grammaires classiques. Les grammaires fondées sur l'opposition sujet-prédicat se heurtent à au moins autant de problèmes face à ces « sujets non canoniques ». La discussion théorique sur leur statut est pléthorique : on se reportera, pour un aperçu, à Aikhenvald, Dixon & Onishi (2001), Bhaskararao & Subbarao (2004) et Barðal, Pat-El & Carey (2018). Le latin fournit une bonne illustration du problème :

(11) Me   non solum   piget   stultiti-æ   me-æ
     1SG:ACC   NEG seulemen troubler:3SG folie-GEN:SG   POSS:1SG-GEN:SG
     sed   etiam   pudet.
     mais même   faire.honte:3SG
     'Non seulement mon inconséquence me trouble, mais elle me fait honte.'
     (Ciceron, *De Domo Sua*, II, 29)

Deux analyses sont possibles. La première pose des verbes *piget* 'troubler, peser' et *pudet* 'faire honte', avec un sujet au génitif exprimant un stimulus, et un complément (patient) à l'accusatif. La seconde pose un verbe *piget* 'être troublé' et un verbe *pudet* 'avoir honte' avec un sujet (expérient) à l'accusatif et un complément au génitif exprimant la cause ou le stimulus. Dans le cas de *pudet*, le dictionnaire Gaffiot (2000 : 1289) signale une pluralité de constructions, les emplois archaïques présentent aussi bien la possibilité de construire un expérient comme sujet au nominatif (*pudeo*) que celle d'un stimulus au nominatif. Cette pluralité des constructions représente un cas extrême d'un phénomène d'alternance de cadres valenciels qui préoccupe la recherche actuelle en grammaires de constructions. En soi, loin de remettre en cause l'innovation tesniérienne consistant à refuser la prééminence du sujet, elle la radicalise en oblitérant ce qui restait de l'ancienne définition du sujet dans celle du prime actant. Mais l'étude des langues germaniques accrédite également l'hypothèse d'une superposition des niveaux grammaticaux, qui restitue une pertinence au couple sujet-prédicat par-dessus le modèle valenciel.

C'est ce qu'illustre la question des critères du sujet en islandais (Barðal 2002 : 64). Dans cette langue, l'actant occupant par défaut la première position dans l'énoncé déclaratif et dans les subordonnées présente en effet des caractéristiques récurrentes du « sujet » telles qu'on les trouve listées par exemple chez Keenan (1976), qu'il s'agisse du contrôle du pronom réfléchi, mais aussi de comportement vis-à-vis des verbes à montée, qui sont généralement caractéristiques du prime actant dans les langues à forte asymétrie entre celui-ci et les autres actants.

(12) Hans   bað   mig   um   að   gefa
     Hans   demander:PRET:3SG 1SG:ACC sur   COMPL   donner
     sér   Köku-na.
     REFL.DAT   Gâteau-DEF
     'Hans m'a demandé de lui donner le gâteau.' (cit. Barðal 2002 : 68)

Or l'usage du cas nominatif et l'accord du verbe ne convergent pas avec cette première série de critères. Lazard (1994 :113) explique que le sujet doit être à la fois au nominatif et en première position pour que l'accord en personne soit possible. Il doit être au nominatif pour que l'accord en nombre soit possible. Enfin, l'accord en nombre n'est jamais obligatoire lorsque l'actant sujet n'occupe pas la position préverbale :

(13) Haf-ð-i   þig   vantað   vinn-u ?
     avoir-PASSÉ-3SG   2SG:ACC   manqué   travail-ACC
     'Avais-tu manqué de travail ?' (cit. Lazard 1994 : 112)

(14) Hon-um   leið-ist   við
     3SG:DAT   ennuyer-3SG   1PL:NOM
     'Nous l'ennuyons.' (cit. Lazard 1994 : 113)

Barðdal reconnaît (2002 : 64) une possibilité d'« inversion » XVS dans les énoncés déclaratifs quand la première place est occupée par un O topicalisé ou en cas d'« inversion narrative ». Cet ordre correspond en fait à l'ordre historique des langues germaniques, qui sont des langues V2 où la première position est dévolue à un constituant topical. L'islandais est la seule langue germanique à avoir à la fois conservé des caractéristiques de l'ordre V2 et à distinguer les propriétés d'accord du verbe avec le prime actant en fonction de la place de celui-ci. Cette évolution singulière peut être rapprochée de celle de l'anglais, dont le créneau topical préverbal s'est peu à peu spécialisé pour accueillir obligatoirement le prime actant, instituant ainsi une asymétrie foncière entre celui-ci et les autres actants, qui s'est cristallisée au XVIIe siècle avec l'émergence des périphrases en *do*, notamment dans les questions (15). Le fonctionnement de *do* consacre le statut unique de l'actant sujet, puisque les interrogatives partielles prenant l'actant sujet comme foyer (16) sont les seules à pouvoir être construites sans *do* :

(15) Who did you see?
     'Qui as-tu vu ?'

(16) Who saw you?
     'Qui t'a vu ?'

L'islandais représente un cas particulier de superposition des deux syntaxes : une syntaxe sujet-prédicat nouée autour de l'opposition entre la première place de l'énoncé assertif et les autres, et une syntaxe « tesniérienne » illustrée par l'emploi des cas, qui se caractérise par une continuité maximale entre le cas nominatif et les autres, dont les « sujets obliques » sont la manifestation la plus visible.

Ces sujets subsistent marginalement en allemand, ainsi dans l'exemple suivant, sans doute délibérément archaïsant :

(17) Mich hunger-t sein.
1SG:ACC avoir.faim-3SG 3SG:GEN
'J'ai faim de lui, il me donne faim.' (Wagner, *Siegfried*,
II [c'est le dragon qui parle])

L'étude de l'état de langue antérieur à l'allemand contemporain, le nouvel haut-allemand précoce (XVIe-XVIIe siècles)[2], montre que les primes actants obliques des verbes d'états mentaux présentaient des caractéristiques référentielles et informationnelles actuellement réservées aux primes actants au nominatif. En particulier, si un verbe prenant un prime actant oblique est coordonné à un verbe prenant un prime actant au nominatif et que ces deux primes actants sont coréférents, le prime actant au nominatif est élidé :

(18) Dem Doct. Fausto, wie man zu sagen pflegt, Traumete von der Helle, vnd fragte darauff seinen bösen Geist, auch von der Substantz, Ort vnnd Erschaffung der Hellen, wie es darmit geschaffen seye.
D-em doct. Fausto traume-te von der
DEF-DAT:SG:MASC dr Faust:DAT rêver-PRET:3SG PREP DEF-DAT:SG:FEM
Helle und frag-te darauff sein-en
enfer et demander-PRET:3SG sur.ce POSS:MASC-ACC:MASC:SG
bös-en Geist
malin-DECL esprit
'Le docteur Faust, comme on dit, rêvait de l'Enfer, et en conséquence il interrogea également son esprit malin sur la substance, le lieu et la construction de l'Enfer, sur la façon dont il était conçu.' (FAUST : 22)

Comme en latin avec *pudeo*, on observe une pluralité de cadres valenciels pour certains verbes, comme *gedenken* 'penser'. Ce verbe peut prendre un prime actant au nominatif désignant un stimulus, et un expérient au datif :

(19) Doctor Faustus dorffte (wie vorgemeldet) den Geist von Göttlichen vnd Himmlischen dingen nicht mehr fragen, *das*$_{NOM}$ thäte jhm wehe, vnd gedacht *jhm*$_{DAT}$ Tag vnd Nacht nach.

---

[2] Les exemples qui suivent sont tous empruntés au *Faust* anonyme de 1587, dont on trouvera la référence en bibliographie.

'Le docteur Faust, comme dit plus haut, n'avait plus le droit d'interroger l'esprit sur des choses divines et céleste, cela lui faisait mal, et il y pensait nuit et jour.' (FAUST : 38)

Mais il peut également s'employer avec un prime actant au nominatif renvoyant à l'expérient, et construire son second actant au génitif :

(20) D. Faustus$_{NOM}$ im Bett ligend, gedachte der Hellen$_{GEN}$ also nach.
'Le docteur Faust, allongé dans son lit, réfléchissait donc sur l'Enfer.' (FAUST : 47)

Aujourd'hui, cette pluralité formelle et sémantique des primes actants a été résorbée, tandis que l'existence de plusieurs modules de complémentation pour un même verbe reste assez répandue. De ce fait, l'allemand suit la même pente que l'islandais et l'anglais : le passage d'un état où le prime actant est réellement « un complément comme les autres » à un état où il bénéficie d'un statut *sui generis* dans le cadre d'une opposition au verbe et à ses compléments. Il apparaît donc que la définition du prime actant chez Tesnière, en reprenant le contenu positif de la définition traditionnelle du sujet, ne correspond qu'à une combinaison possible de caractéristiques grammatico-sémantiques ; le sujet « complément comme les autres » en est une seconde, et le couple sujet-prédicat, une troisième. Pour autant, l'islandais nous montre que ces trois états ne sont ni étanches, ni situés sur un continuum, mais correspondent à des niveaux d'organisation différents, dont l'un peu primer sur l'autre ou les autres, qui peuvent également se superposer.

2.2 Subjectalité et pluralité des niveaux d'analyse

Cette nécessité de reconnaître au moins deux niveaux d'organisation ou deux valeurs sémantiques derrière un phénomène en apparence unique, le statut du sujet, est corroborée par un aperçu de la syntaxe du passif dans les langues germaniques. Les langues scandinaves, en particulier le suédois, offrent ici un point d'accès privilégié, puisqu'elles comptent deux passifs. Le premier, dit passif morphologique, est en fait un ancien moyen, marqué par le morphème -s grammaticalisé à partir du réfléchi. Il se présente comme une diathèse régressive, rétrogradant le prime actant du verbe. Sur le plan sémantique, on observe généralement une désagentivation du procès :

(21) Frukost   servera-s   klocka 9
      Petit.déjeuner servir:PRS-MED   heure   9
      'Le petit déjeuner est servi à 9h.'

D'autre part, un passif dit périphrastique, construit par la combinaison du verbe
« devenir » avec un participe accompli passif, est utilisé pour permettre la thématisation d'un actant autre que l'agent, par exemple à des fins de continuité référentielle.

(22) Han   blev   påkörd   av   en   bil.
     3SG:MASC   AUX.PASS.PRET:3SG   renverser:PART   PREP INDEF voiture
     'Il a été renversé par une voiture.'

Engdahl (2006 : 35) souligne que les formes en -s sont employées pour construire des situations d'arrière-plan. Le procès de premier plan, par exemple celui qui représente une nouvelle étape dans la narration, sera plutôt conjugué au passif périphrastique. De la même manière, Heltoft & Falster-Jakobsen (1996) soulignent que le passif périphrastique, cette fois en danois, est porteur d'une perspective « subjective » du locuteur, assertant quelque chose qu'il tient pour vrai à propos de quelque chose (le nouveau sujet, topical) tandis que le passif morphologique présenterait un procès de façon compacte, sans opération prédicative apparente portant la marque du point de vue du locuteur. On voit ici apparaître la double nature du passif : d'une part, il s'agit d'une opération de diathèse visant à réduire la valence d'un verbe, ce que manifeste le passif morphologique des langues scandinaves mais aussi la possibilité, en allemand, d'avoir des passifs sans sujet ; d'autre part, le passif est une opération de promotion du second actant en fonction sujet, à des fins de continuité thématique par exemple. C'est ce que marque le passif périphrastique des langues scandinaves, et c'est la valeur spécifique de la périphrase passive en *se voir* en français, qui permet de promouvoir en fonction sujet un complément, y compris indirect :

(23) Il s'est vu fermer la porte au nez par le concierge. (Riegel, Pellat & Rioul 2008 : 443)

Cette double nature du passif peut être interprétée comme le corollaire de la double nature du sujet : complément parmi les autres mais indexé comme le premier d'entre eux, il fait l'objet d'une rétrogradation par une diathèse régressive ; sujet d'un prédicat, placé en asymétrie foncière avec les compléments, il est la fonction-cible d'une stratégie morphosyntaxique de promotion du patient.

L'allemand présente un autre phénomène illustrant cette double nature. En effet, dans cette langue où l'ordre des constituants du groupe verbal est fortement tributaire de la structuration informationnelle, l'actant-sujet peut occuper deux grandes positions dans le groupe verbal. L'une, en début de groupe verbal, est généralement corrélée à un statut informationnel topical ou thématique (Frey

2004 : 583). L'autre, en fin de groupe verbal près de la position structurale du verbe, correspond à un statut rhématique. Soit l'énoncé suivant :

(24) D-em Hans₂ hat Maria₁ geholfen
DEF-DAT:SG:MASC Hans AUX.PRF Maria₍NOM₎ aidé
'Maria a aidé Hans.' (Frey, *loc. cit.*)

Le groupe verbal allemand est partagé en deux moitiés, l'une thématique et l'autre rhématique, par le créneau qu'occupent les adverbes de phrases et les particules énonciatives. Si l'on procède ainsi à l'insertion de *ja bekanntlich* « notoirement », on obtient deux combinaisons possibles. Dans la première, le sujet est thématique (topical pour Frey). D'un point de vue générativiste, il faut alors insérer une trace du sujet dans la deuxième moitié du GV (t1), à côté de la place structurale du constituant placé en première position (t2) :

(25) Dem Hans₂ [hat [TopP Maria₁ [ja bekanntlich t₁ t₂ geHOLfen]]]]

Mais le sujet peut également suivre l'adverbe de phrase, auquel cas il est rhématique et porte l'accent. L'énoncé ne contient pas d'autre constituant thématique que celui placé en première position :

(26) Dem Hans₂ [hat [TopP 0 [ja bekanntlich MARIA₁ t₂ geholfen]]]]

La tradition générative allemande[3] distingue ainsi systématiquement les *VP-internal subjects* des *VP-external subjects*. Les premiers sont des sujets rhématiques maintenus dans leur position structurale, correspondant à leur statut valenciel d'actants du verbe ; les seconds, de loin les plus nombreux, sont des sujets thématiques placés dans la zone du groupe verbal où sont regroupés les constituants à propos desquels le verbe et ses compléments les plus proches sont prédiqués. On retrouve un jeu proche de celui des deux passifs, opposant d'une part le sujet comme complément, et d'autre part le sujet comme complémentaire du prédicat.

3 La configuration subjectale

Lazard (1994 et 2012) s'est attaché à reprendre l'héritage de Tesnière dans une perspective typologique et comparative. Dans son analyse de « l'actance », il dis-

---

[3] Voir ainsi Struckmeier (2014, 2017) et Abraham (2017 : 68 ; 2018 : 50–51).

tingue deux groupes de propriétés pour le sujet, qu'on peut illustrer à partir du français (Lazard 1994 : 101–102). Le sujet français est un « actant central » : il est obligatoire, construit sans relateur, régit l'accord du verbe qu'il précède. Ces propriétés, du point de vue tesniérien, sont caractéristiques du fait que le sujet est à la fois un actant parmi les autres et le premier dans leur hiérarchie. Inversement, c'est aussi un actant distant du verbe : il disparaît seul à l'infinitif, est omis en cas de coordination, des phénomènes de coréférence obligent à recourir à des infinitifs et des gérondifs, et au passif il devient un terme oblique facultatif. Lazard range également dans cet ensemble de propriétés le fait que le sujet commande l'emploi du réfléchi et du réciproque. Cela le conduit à définir le sujet comme « actant central dissocié de la hiérarchie des autres actants » (Lazard 1994 : 103). Le premier groupe de propriétés a à voir avec la contribution du sujet à la représentation du procès verbal en tant que prime actant (c'est ce que Lazard appelle la prédication, terme qu'on choisit de laisser de côté ici compte tenu de son caractère potentiellement ambigu). Le second groupe de propriétés renvoie à des questions de coréférence. On retrouve en fait la double nature du sujet observée plus haut : un premier groupe de propriétés renvoie au prime actant tesniérien, et un second, au sujet comme constituant auquel réfère le groupe verbal, caractérisation qui s'inscrit directement dans le sillage de la grammaire logique fondée sur une acception dénotative du couple sujet-prédicat (ce dont on parle – ce qu'on en dit ; on se reportera à Strawson (1971) pour une analyse de la continuité entre cette caractérisation logique et la question de la structuration informationnelle).

Lazard montre en outre que le premier ordre d'analyse est lui-même composite et cite l'exemple du chickasaw, langue cherokee dans laquelle tous les phénomènes décrits plus haut, qu'ils touchent à l'actance ou à la référence, sont aveugles au cas porté par le constituant (Lazard 1994 : 104–108). Comme le montrent les exemples suivants, tirés de Lazard (1994 : 107), un verbe signifiant « naître, venir au monde » peut être construit avec un bénéficiaire, désignant ici la mère (25) en gardant l'enfant comme sujet (marqué par le suffixe -*at*), sans changement vis-à-vis de la construction monovalente (27), l'enfant étant toujours le prime actant de ce verbe. Mais il est également possible de placer un constituant supplémentaire en -*at* en position initiale (29), qui récupérera alors les caractéristiques référentielles du sujet en chickasaw. Cette construction à double sujet apparent est alors interprétée de telle façon que le nouveau sujet n'est pas le prime actant du verbe (l'enfant), ce qui conduit à l'identifier au bénéficiaire (la mère) :

(27) Chipot-at   0-ala-tok
enfant-SUJ   AG-arriver-PST
'Un enfant est né.'

(28) Chipot-at   0-im-ala-tok
    enfant-SUJ   AG-BEN-arriver-PST
    'Elle a eu un enfant.'

(29) Claire-at   Doris-at   0-im-ala-tok
    Claire-SUJ   Doris-*at* AG-BEN-arriver-PST
    'Claire a donné naissance à Doris.'

On doit alors distinguer trois niveaux : la valence à proprement parler, centrée sur la sélection des compléments et l'assignation du cas ; la notion de sujet n'y a aucune pertinence, tous les compléments y étant placés sur un pied d'égalité ; la subjectalité comme phénomène de prime-actance, dans lequel on sélectionne un des actants pour le placer au sommet de la hiérarchie de la phrase, avec des propriétés de codage afférentes (position, par exemple) ; la subjectalité référentielle, enfin, comme phénomène de désignation de ce à propos de quoi le groupe verbal est affirmé. En chickasaw, l'ordre valenciel est découplé de la configuration subjectale.

On peut considérer que c'est également sur un jeu à trois niveaux que s'opère la construction de la fonction sujet en germanique, à cette différence près que chaque cadre valenciel inclut la désignation d'un prime actant, même si le même verbe peut avoir plusieurs cadres valenciels. Les trois niveaux sont alors : le cadre valenciel, centré sur l'assignation du cas, au sein duquel le sujet est effectivement un complément comme les autres ; en miroir, le niveau référentiel, centré sur l'ordre des mots en fonction de la structuration informationnelle de l'énoncé. Entre les deux, la prime-actance, manifestée notamment par l'accord, apparaît comme une interface, déterminée par son rapport aux deux autres pôles. En islandais, prime-actance et subjectalité référentielle sont liées par défaut, et autonomes vis-à-vis du module valenciel et casuel, qui conserve une visibilité propre. En allemand, la prime-actance est d'abord une actance, c'est-à-dire une position particulière dans la valence d'un verbe. Ce complexe, qu'on peut qualifier de subjectalité argumentale, fonctionne en regard du niveau référentiel et informationnel, qui dispose d'une pleine autonomie. L'anglais serait l'exemple d'une langue où les trois niveaux tendent à être amalgamés, le niveau du cadre valenciel étant celui des trois qui a perdu la plus grande part de sa visibilité, compte tenu du haut niveau d'analyticité de l'anglais.

4 Conclusion

Le traitement par Tesnière du concept de sujet est à bien des égards contradictoire. Le geste novateur consistant à réintégrer le sujet parmi les compléments est en effet vite relativisé par la reconstruction d'une définition du prime actant qui reprend la teneur positive des définitions antérieures du sujet, et s'en distingue essentiellement négativement, par l'absence de référence à la notion de prédicat, qui semble constituer la véritable cible de Tesnière. Cette position d'équilibre est en réalité tributaire du choix des langues considérées. Les trois ordres de définition du sujet, « complément comme les autres », « terme complémentaire du prédicat » et « prime actant », ne sont pas exclusifs mais se superposent.

Dans les langues germaniques, l'asymétrie rejetée par Tesnière correspond à une réalité qui n'est pas aussi pure que dans la description des grammaires scolaires, mais qui n'en explique pas moins un certain nombre de traits grammaticaux du prime actant, ainsi en islandais, et plus encore en anglais. Elle correspond à ce que les grammaires contemporaines nomment parfois la configurationalité, dorénavant définie comme un phénomène graduel : les langues peuvent être plus ou moins configurationnelles, et les phénomènes historiques observés sous 2 peuvent être qualifiés de montée de la configurationalité. La définition du prime actant chez Tesnière reste caractéristique d'une langue modérément à fortement configurationnelle. En suivant Lazard, nous avons vu que la dimension référentielle et topicale de la subjectalité jouait un rôle cardinal dans la construction de la configurationalité.

Dans le même temps, le modèle valenciel permet d'expliquer un autre ensemble important de propriétés, particulièrement bien attestées dans les langues germaniques casuelles. Les langues scandinaves continentales, où le marquage casuel est résiduel, maintiennent une visibilité propre de ce niveau d'analyse via l'existence de deux passifs dont l'alternance dépend de leur ancrage respectif au niveau valenciel et au niveau référentiel. L'innovation tesniérienne conserve donc toute sa pertinence. La difficulté, mais aussi la possibilité de procéder à une classification typologique fine de langues relativement proches, se noue autour de la notion de prime actant, co-déterminée par les deux autres ordres d'analyse. La prime actance peut disposer de caractéristiques morphosyntaxiques propres ou être inextricablement liée à l'un des deux autres niveaux d'analyse lorsque ceux-ci ne sont pas déjà confondus comme cela est largement le cas en anglais. Le concept de prime actant défini par Tesnière, par ses contradictions et sa complexité, se révèle un outil d'analyse comparative et typologique riche et pertinent. Si le raisonnement de Tesnière lui-même évoque les travaux ultérieurs sur les « critères du sujet », son concept du prime actant esquisse la possibilité d'une autre typologie de la subjectalité, fondée sur l'étude de l'autonomie respective des niveaux de détermination de la configuration subjectale.

Bibliographie

Source première des exemples en nouvel-haut-allemand précoce

FAUST, *Historia von D. Johann Fausten*, éd. R. Benz. Stuttgart, Reclam.

Références

Abraham Werner, 2017, "Discourse Marker = discourse particle = thetical = modal particle ? A futile comparison", *in* J. Bayer & V. Struckmeier (eds.), *Discourse particles: Formal approaches to their syntax and semantics,* Berlin, De Gruyter : 241–280.

Abraham Werner, 2018, "Deutsche Kundgabesätze ohne Grammatikalisierungsableitung", *in* L. Gautier, P.-Y. Modicom & H. Vinckel-Roisin (eds.), *Diskursive Verfestigungen,* Berlin, De Gruyter : 43–57.

Aikhenvald Alexandra, Dixon Robert M. W., Onishi Masayuki (eds.), 2001, *Non-canonical marking of subjects and objects*, Amsterdam, John Benjamins.

Barðdal Johanna, 2002, "Oblique subjects in Icelandic and German", *Working papers in Scandinavian syntax*, 70: 61–99.

Barðal Johanna, Pat-El Na'ama, Carey Stephen Mark (eds.), 2018, *Non-canonically case-marked subjects,* Amsterdam, John Benjamins.

Bhaskararao Peri, Subbarao Karumuri Venkata (eds.), 2004, *Non-nominative subjects*, 2 vol., Amsterdam, John Benjamins.

Engdahl Elisabet, 2006, "Semantic and syntactic patterns in Swedish passives", *in* B. Lyngfelt & T. Solstad (eds.), *Demoting the agent: Passive, middle and other voice phenomena,* Amsterdam, Benjamins: 21–45.

Frey Werner, 2004, "A medial topic position for German", *Linguistische Berichte*, 199: 153–190.

Gaffiot Félix, 2000, *Dictionnaire latin-français*, Paris, Hachette.

Heltoft Lars, Falster-Jakobsen Lisbeth, 1996, "Danish passives and subject positions as a mood system", *in* E. Engberg-Pedersen, M. Fortescue, P. Harder, L. Heltoft & L. Falster-Jakobsen (eds.), *Content, expression and structure: Studies in Danish functional grammar,* Amsterdam, John Benjamins: 199–234.

Keenan Edward, 1976, "Towards a universal definition of 'subject'", *in* C. Li (ed.), *Subject and topic,* New York, Academic Press: 303–333.

Lazard Gilbert, 1994, *L'actance*, Paris, PUF.

Lazard Gilbert, 2012, « Devoirs de vacance », *in Études de linguistique générale, II : La linguistique pure,* Louvain, Peeters : 189–246.

Marty Anton, 1916, *Über subjektlose Sätze und das Verhältnis der Grammatik zu Logik und Psychologie* (*Gesammelte Schriften*, éd. Josef Eisenmeier, Alfred Kastil, Oskar Kraus, vol. II, 1), Halle/Saale, Niemeyer.

Riegel Martin, Pellat Jean-Christophe, Rioul René, 2008, *Grammaire méthodique du français*, Paris, PUF (1re éd. 1994).

Strawson, Peter Frederick, 1971, "The asymmetry of subjects and predicates", in *Logico-linguistic papers*", London, Methuen and Co: 96–115.
Struckmeier Volker, 2014, *Scrambling ohne Informationsstruktur ? Prosodische, semantische und syntaktische Faktoren der deutschen Wortstellung*, Berlin, Oldenburg.
Tesnière Lucien, 1959, *Éléments de syntaxe structurale*, 2ᵉ édition, Paris, Klincksieck.

Partie 4: **Lucien Tesnière et l'enseignement de la grammaire**

Michèle Verdelhan Bourgade
Chapitre 20
Lucien Tesnière et l'enseignement de la grammaire, d'après les expérimentations de Montpellier

Dans une lettre à Jean Guitton du 12 mai 1937, Lucien Tesnière, alors professeur à Strasbourg, explique son choix d'aller enseigner à Montpellier, « petite ville de grande université ». Le poste lui paraît relever surtout de la linguistique générale. En fait, il succède à Maurice Grammont qui avait occupé la chaire depuis sa création en 1895 jusqu'en 1936, et il s'agit d'une Chaire de Linguistique et Grammaire comparée – l'intitulé « Linguistique générale » ne sera effectif qu'en 1951.

Il y sera également directeur de l'Institut des étudiants étrangers : ses fonctions institutionnelles établissent ainsi la liaison entre ses travaux théoriques et l'enseignement.

Or on sait l'importance que Tesnière attache à l'enseignement de la langue et des langues, depuis son activité en Slovénie (1920–1924). En 1934, dans le texte « Comment construire une syntaxe », il a affirmé l'importance de la syntaxe dans l'enseignement des langues :

> La syntaxe fonctionnelle apprend l'art indispensable de savoir mettre une phrase debout. Elle est à la base de l'enseignement pratique et vivant des langues étrangères. C'est pour l'ignorer ou la méconnaître que tant de linguistes en sont réduits à ne pouvoir parler les langues qu'ils enseignent. (1934 : 223)

Il écrira pour ces étudiants la *Grammaire française pour étrangers*, jamais publiée, étudiée par Hélène Huot[1] en 1992 lors du colloque de Rouen.

Mais à Montpellier, c'est surtout à l'enseignement du français langue maternelle que Tesnière va s'attacher, dès son arrivée, et pendant plusieurs années, donnant ainsi une impulsion nouvelle au lien entre linguistique et enseignement. C'est à ce champ-là de son travail qu'on s'intéressera ici.

Qu'a donc fait Tesnière à Montpellier en matière d'expérimentation pédagogique de sa théorie ? En reste-t-il des traces ? Si oui, lesquelles ? Si non, quelles hypothèses peut-on formuler sur leur disparition ?

---
1 Huot (1995: 357–366).

Michèle Verdelhan Bourgade, Université Paul Valéry, Montpellier 3, DIPRALANG – UR 739

1 Les expérimentations en École Normale

Dès son arrivée à Montpellier en 1937, Tesnière cherche un terrain d'expérimentation de sa théorie syntaxique[2]. C'est l'Inspecteur Général d'allemand Drouin, qui connaissait la méthode de Tesnière à travers ses travaux sur l'allemand, qui a contacté l'Inspection Académique afin, dit Tesnière, que celle-ci demande à la directrice de l'École Normale de Jeunes filles de Montpellier de « mettre une de ses classes à [s]a disposition pour une expérience de pédagogie grammaticale ». Il s'agit, ajoute-t-il, d'un « procédé graphique d'analyse grammaticale qui [lui] a donné de bons résultats dans [s]on enseignement et qui est appliqué avec succès depuis plusieurs années dans les écoles de l'U.R.S.S[3]. » L'expérience va se dérouler en deux vagues, chacune de trois temps.

1.1 Première vague 1937–1938

Temps 1.
En novembre 1937, Tesnière donne aux normaliennes de 2e année un cours d'une dizaine de séances, auxquelles assistent également la directrice, Madame Mollet, et le professeur de français, Mademoiselle Paravisol. On peut supposer que le plan général de ce cours, ainsi que le plan détaillé de chaque séance, forment le *Cours élémentaire de SYNTAXE STRUCTURALE*, Montpellier, 1938, tapuscrit de 21 pages sous-titré à l'intérieur « Principes de syntaxe structurale »[4]. En voici le déroulé.

1. Connexion et stemma
2. Phrase simple
3. Interrogation et négation
4. Espèces de mot
5. Actants et voix
6. Jonction
7. Translation du 1er degré simple
8. Translation du 2e degré complexe
9. Translation du 2e degré simple
10. Translation du 2e degré complexe
11. Le style.

---

[2] Les documents concernant ces expérimentations se trouvent dans le fonds Tesnière à la Bibliothèque nationale de France, fonds privé rassemblé par Marie-Hélène Tesnière (1996 : 7–13).
[3] Rapport de Tesnière à l'Inspecteur d'Académie le 13 mai 1938.
[4] BNF, boîte 40.

Ce cours semble avoir connu un bon accueil, selon le rapport fait par Tesnière en 1938 à l'Inspecteur d'Académie.

Figure 1: La promotion 1936–1939, qui a connu la première vague d'expérimentation[5].

Temps 2. L'application dans les classes
De début décembre 1937 à fin mai 1938, les normaliennes vont à tour de rôle faire une leçon de grammaire selon la méthode Tesnière, deux fois par semaine, dans une classe de l'École annexe de l'École Normale, la classe de Cours moyen tenue par Mademoiselle Champsaur.

Temps 3. L'évaluation
Elle est faite par le professeur de français, Mademoiselle Paravisol, qui a assisté à toutes les leçons, dans un rapport détaillé destiné à l'Inspecteur d'Académie[6]. Après avoir noté le vif intérêt des normaliennes pour cette présentation de la grammaire, elle analyse longuement le travail en classe, auquel elle trouve de grands avantages. C'est d'abord une méthode vivante, qui suscite l'intérêt et la

---
5 Document Amis de la Mémoire pédagogique.
6 BNF, boîte 41, dossier 1 bis.

participation des élèves et fait appel à leur découverte personnelle. Les fillettes réclament la leçon : « Nous aurons bien notre leçon de stemmas aujourd'hui ? ». La méthode permet également la rapidité et la sûreté des acquisitions, la terminologie est vite comprise car jugée concrète et expressive (par exemple, « régissant » est rapproché par les élèves de « régisseur »). Le professeur estime que le stemma aide les élèves à faire des distinctions difficiles : apposition-apostrophe, ou épithète-attribut par exemple. Le contrôle en est facilité par le procédé des ardoises levées, prôné par Tesnière[7]. Des avantages annexes sont repérables en lecture et récitation, en raison de la distinction assimilée entre mots pleins et mots vides. Les difficultés repérées sont liées à l'hétérogénéité de la classe et à la maladresse des enseignantes débutantes.

Le seul reproche qui est fait à la méthode, mais ce n'en est pas vraiment un, serait sa nouveauté ; c'est pourquoi Mademoiselle Paravisol demande que l'expérience soit largement généralisée.

Tesnière y était prêt et avait déjà préparé un programme d'enseignement pour les classes élémentaires. Mais en 1939 la déclaration de guerre le conduit à être mobilisé, au Chiffre en raison de sa connaissance de nombreuses langues, pendant un an.

1.2 Seconde vague, 1941–1942

La suppression des Écoles Normales par le gouvernement de Vichy entraîne la transformation de l'ENF de Montpellier en Institut de Formation Professionnelle (IFP). Tesnière y effectue une deuxième expérimentation, avec les élèves-maîtresses de 2e année, sous la supervision de Madame Mollet, toujours directrice. Le protocole est le même qu'en 1937–1938, le rapport sera établi par le professeur de français, Mademoiselle Tourret. Le temps de formation ayant été diminué, seules huit leçons seront faites en classe, cette fois au Cours élémentaire afin d'avoir affaire à des enfants débutants en grammaire. Les conclusions sont semblables à celles du rapport Paravisol : le plaisir des enfants à faire de la grammaire, à jouer avec les stemmas, la compréhension rapide des phénomènes grammaticaux, le peu d'erreurs dans les exercices malgré un programme relativement copieux pour huit séances. Le seul regret concerne la brièveté de l'expérience.

---

[7] Procédé La Martinière, datant du milieu du XIXe siècle, inventé par C.-H. Tabareau, professeur de mathématiques et fondateur de l'école La Martinière de Lyon.

Tesnière, enchanté par les résultats de ce travail en classe, y voit les prémices de l'adoption de sa méthode par l'Éducation nationale, d'autant que d'autres expérimentations se développent.

2 Les autres terrains d'expérimentation

Dans l'Éducation nationale proprement dite, certains anciens étudiants de Tesnière commencent à utiliser sa méthode dans leurs propres classes. C'est le cas de Mademoiselle Vidal qui enseigne le latin et le français au collège de Jeunes Filles de Lodève[8] ; ce sera aussi celui de François Daumas, alors jeune agrégé de Lettres. Là encore les enseignants sont très satisfaits de cette méthode, tant en latin qu'en français. Mais de nouvelles propositions vont étendre le champ de l'expérimentation.

2.1 Les Chantiers de Jeunesse

Créés en 1940, les Chantiers de Jeunesse avaient pour objectif de remplacer le service militaire par une formation paramilitaire, morale et idéologique. Le chantier « Roland » à Lunas, près de Lodève, était placé sous l'autorité du chef d'atelier J.-R. Fontvieille. Celui-ci, instituteur et mari d'une des normaliennes de l'expérience Paravisol, souhaitait préparer au Certificat d'Études et à l'examen de fin d'instruction son groupe de jeunes gens, pour la plupart des jeunes ayant quitté l'école très tôt pour des travaux ruraux. Il a utilisé la méthode de Tesnière en Lozère, auprès de publics illettrés et il fait inviter Tesnière par le commissaire de Fontaine afin d'effectuer une journée de formation des moniteurs. Ce que Tesnière fera en mars 1942. La méthode de Tesnière ayant été utilisée ensuite pour la préparation au certificat, le groupe obtient d'excellents résultats à la session spéciale de septembre 1942 (Figure 2), et reçoit les félicitations du Général de la Porte du Theil, grand patron national des Chantiers de Jeunesse.

	Nombre des candidats	
	Présentés	Reçus
Moyenne des groupements	Environ 30	3 ou 4
Groupement 2	Environ 50	1
Groupement 25	**56**	**40**

Figure 2: Tableau des résultats.

---

8 BNF, boîte 41, dossier 1 bis.

Fontvieille se fait une joie d'annoncer les résultats à Tesnière et lui précise : « Grâce au stemma ces gars de vingt ans ont retrouvé avec joie leur grammaire oubliée[9] ». Là encore, la représentation graphique apparaît comme un facteur capital de la compréhension linguistique.

2.2 Les Centres d'apprentissage

Ces brillants résultats attirent l'attention du Délégué régional du Secrétariat de la Jeunesse, M. Baconnier, qui demande à Tesnière d'effectuer la formation des Moniteurs de culture générale des Centres de Jeunesse féminins de la Région. Ce stage se réalise en 1943 à la Faculté des Lettres, dont le doyen Auguste Fliche entretient avec Tesnière des relations amicales. Tesnière met beaucoup d'espoir dans cette formation : il espère d'abord faire enseigner sa description grammaticale aux 1200 élèves des centres en Languedoc-Roussillon, et la faire généraliser ensuite à toute la France, soient 50 à 60 000 élèves ; une expérience d'une très grande ampleur dont la perspective le comble. De cette formation sortira le *Cours de syntaxe structurale*[10], dont la publication en décembre 1943 sera financée par le Secrétariat à la Jeunesse. C'est le contenu de cette brochure, augmenté d'un chapitre d'Indications pédagogiques, qui se retrouvera dans *Esquisses d'une syntaxe structurale*, publié en 1953 par Klincksieck.

L'ensemble de ces expérimentations ayant reçu des appréciations très favorables, tant de la part des formateurs, des commanditaires, que des usagers, on pourrait s'attendre à de multiples retombées régionales.

3 Les retombées régionales

Que s'est-il passé à la suite de ces travaux ?

3.1 Les expérimentations

La généralisation de l'expérience demandée par Mesdemoiselles Paravisol et Tourret à la suite du travail dans les classes n'a pas eu lieu, dans le premier cas

---

[9] BNF, boîte 41, dossier 1.
[10] Sous-titre : *Résumé du cours fait aux moniteurs des Centres d'apprentissage de la région Bas-Languedoc-Roussillon*. BNF, boîte 40, dossier 2.

en raison sans doute de la déclaration de guerre en 1939, dans le second en raison des conditions politiques, on y reviendra. Pour les Centres d'apprentissage, l'extension des stages prévus en 1944 n'aura pas lieu non plus, en raison là aussi de la tournure prise par les événements politiques et militaires. Les expériences resteront individuelles et limitées, on n'en a que peu de traces : Marcel Cayla, à Lamalou, utilise en 1948 l'aide-mémoire de Tesnière en Centre d'apprentissage. En 1950 un professeur de lettres à Paris, Françoise Béchu, qui enseigne selon la méthode Tesnière, veut faire du latin une langue vivante, et commence une collaboration avec lui pour écrire un manuel de latin, idée qui enthousiasme Tesnière. Désireux d'avoir une grammaire « spirituellement illustrée », il demande la collaboration d'Hergé, mais devra y renoncer car Hergé est trop cher ! La correspondance se poursuit jusqu'en mars 1952, le manuel semble bien avancer, mais ne verra jamais le jour.

3.2 Les Instructions Officielles

Avec le succès des diverses expérimentations, Tesnière comptait sur une modification des Instructions officielles, qu'aurait pu soutenir l'Inspecteur général Drouin. Pour cela il aurait bien sûr fallu que la description syntaxique de Tesnière soit complètement publiée. Or les textes de référence d'après-guerre pour l'enseignement du français sont toujours ceux de 1923 et 1938. On peut noter toutefois que les Instructions officielles de 1950 mettent l'accent sur la grammaire, peut-être sous l'influence d'Aristide Beslais, directeur de l'Enseignement du premier degré selon M.-F. Bishop (2008) qui note chez les rédacteurs le conflit entre partisans des règles mécaniques à apprendre par cœur et partisans de raisonnement et compréhension de la structure. La victoire restera aux premiers jusqu'en 1972[11], avec quelques fissures à partir de 1949.

3.3 Les manuels scolaires

Bien que ceux-ci suivent généralement les Instructions officielles, on pourrait émettre l'hypothèse que des enseignants ayant suivi les cours de Tesnière, ou ayant participé à ses expérimentations, ou encore en ayant eu connaissance (donc plutôt des enseignants locaux), auraient pu élaborer un manuel local s'inspirant de sa méthode. Mais aucun élément n'a pu être trouvé par nous dans ce sens.

---

[11] Bishop (2008 : 9–11).

La représentation de la phrase sous forme de dessins évoquant sa structure s'est par contre retrouvée à plusieurs reprises dans des manuels connus, hors région, mais sans qu'il soit fait référence à Tesnière ni que d'ailleurs ce soit sa méthode d'analyse qui semble utilisée. On citera par exemple J.-M. Zemb (1970) ou G. & R. Galichet (1967).

Le seul ouvrage pédagogique local faisant référence à Tesnière est la *Grammaire systématique de la langue française*, de C. Baylon & P. Fabre, parue chez Nathan en 1973, destinée aux étudiants de l'enseignement supérieur. Les deux linguistes en poste à Montpellier rendent hommage à Tesnière de deux manières : par les références à sa théorie et, à partir de leur « embarras de professeurs », par la volonté de faire une grammaire pédagogique, retrouvant par là la préoccupation du maître pour l'efficacité de l'enseignement.

Dans la formation actuelle des enseignants à Montpellier, parmi les ouvrages de grammaire conseillés en bibliographie, seule la *Grammaire méthodique du français* de M. Riegel, J.-C. Pellat & R. Rioul cite Tesnière, en note, dans le chapitre « Valence et analyse actancielle ».

3.4 Les idées pédagogiques

Faisant l'objet d'un chapitre dans les ouvrages de 1953 et de 1959, mais éparses également dans l'ensemble des *Éléments de syntaxe structurale* (*ESS*), les idées pédagogiques de Tesnière semblent avoir connu un succès durable, selon deux directions, au demeurant liées.

L'idée de dessiner la langue d'abord. Tesnière n'en est pas l'inventeur, le stemma a des prédécesseurs chez les grammairiens, et, comme le remarquait Mademoiselle Paravisol dans son rapport, certains instituteurs s'ingéniaient déjà à utiliser des dessins pour mieux faire comprendre la grammaire à leurs élèves. On doit cependant à Tesnière d'avoir systématisé cette pratique et permis la représentation cohérente de l'ensemble de la syntaxe.

Tesnière a de plus une conception originale de l'enseignement de la grammaire, expliquée à la fin des *ESS*. Le mot-clé en est la vie. La classe doit rester vivante parce qu'il s'agit de comprendre la vie de la phrase. Cette préoccupation se retrouve dans l'enseignement du latin, à traiter comme une langue vivante, et celui des langues étrangères, ce qui exclut une étude trop livresque. Éviter avec les élèves la terminologie compliquée, faire participer les élèves à la découverte, penser une véritable progression en complexité croissante, apprécier intelligemment le degré de compréhension et non le côté formel des réponses : tout cela relève d'une conception d'une pédagogie active.

Il n'est donc pas surprenant de retrouver en 1949[12], dans un fascicule de l'École Moderne appartenant au mouvement Freinet, qui prône « une grammaire constructive, à base de vie et d'action », un schéma qui n'est pas sans parenté avec la méthode de Tesnière (Figure 3), et qui, d'ailleurs, a été aussi conservé dans ses archives.

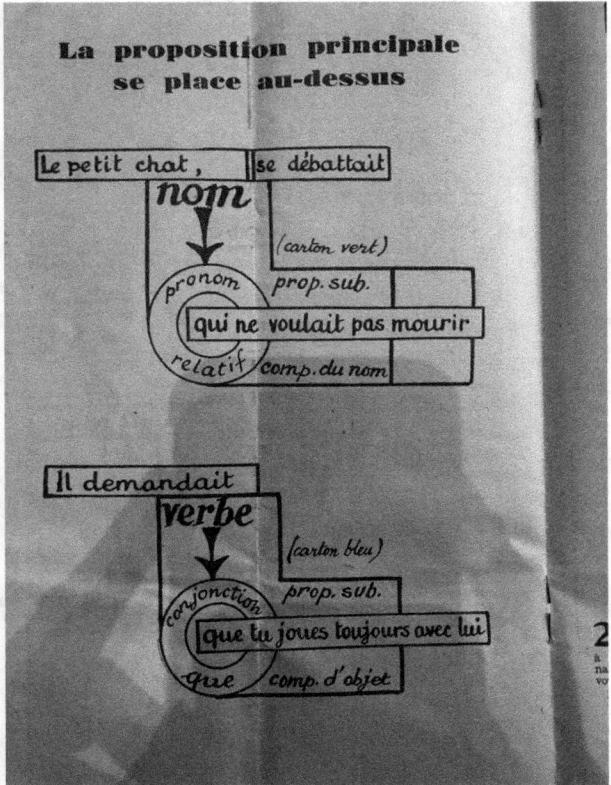

Figure 3: École Moderne. Un schéma pour une grammaire vivante.

Ce mince bilan de l'héritage de Tesnière dans l'enseignement, malgré le caractère très positif des expérimentations, conduit à deux interrogations. Pourquoi n'y a-t-il donc pas eu de généralisation de l'expérimentation ? Et pourquoi, alors que s'est développée plus tard la linguistique appliquée, n'y a-t-il pas eu de reprise

---

12 Fascicule Roger Lallemand, « La Grammaire d'après le texte libre », *Brochures d'Éducation nouvelle et Populaire*, n°8, Éditions de l'École Moderne française, Cannes, 1949.

des idées linguistiques de Tesnière, alors qu'il peut être considéré comme le pionnier dans ce domaine ?

4 Les raisons d'un effacement

On peut avancer plusieurs types de raisons à cet effacement paradoxal.

4.1 Des raisons historiques

La déclaration de guerre en 1939 a interrompu brutalement l'expérimentation en École Normale et sa généralisation, Tesnière ayant été mobilisé pendant un an. À son retour les conditions avaient changé : outre la suppression des Écoles Normales, leur transformation en Instituts Pédagogiques et la réduction drastique du temps de formation, l'extrême méfiance du gouvernement de Vichy vis-à-vis de cette institution ne pouvait conduire à une généralisation d'expérience.

Par contre, la participation de Tesnière à la formation des moniteurs en Chantiers de jeunesse ou en Centres d'apprentissage aurait pu valoir à sa théorie un développement large, ce qu'il espérait d'ailleurs. Là encore les évolutions politiques ont apporté un coup d'arrêt. À partir de 1944–1945, avec la Libération, ont disparu les Chantiers de Jeunesse, perçus comme le symbole d'une idéologie vichyste. Si les Centres d'apprentissage ont perduré, la formation de leurs enseignants va désormais s'effectuer dans des Écoles Normales spécifiques (ENNA)[13]. Tesnière, acteur des Chantiers, et de plus ami du doyen Fliche lui-même inquiété un temps après la Libération, n'avait plus sans doute les appuis qui auraient permis la reconnaissance de son travail.

4.2 Des raisons institutionnelles éducatives

Tesnière était bien conscient du principal problème que posait sa méthode : sa nouveauté. Il l'écrit en 1948 à Marcel Cayla à Lamalou, et on retrouve ses remarques à la fin des *ESS*. Bien que leur auteur revendique une certaine proximité avec la grammaire académique, les notions de la syntaxe de Tesnière ne coïncident pas avec la description grammaticale traditionnelle, ni avec la terminologie exigée aux examens. Pour éviter aux enseignants des problèmes avec leur

---

[13] Brucy & Troger (2000 : 14–15).

hiérarchie, et aux élèves des déconvenues aux examens, Tesnière recommande donc la plus grande prudence.

> Jusqu'au jour où j'aurai publié le grand ouvrage au moyen duquel j'espère la lancer, et jusqu'au jour où elle aura triomphé, les considérations de l'enseignement lequel doit rester uniforme, lui feront fatalement plus d'un obstacle, et les inspecteurs vont pratiquement s'y opposer comme ne répondant pas aux programmes actuels. Je crois d'ailleurs que même dans ces conditions elle peut rendre des services, mais il y a lieu provisoirement de l'appliquer avec beaucoup de discrétion.[14]

Malheureusement le grand ouvrage ne sera jamais publié de son vivant.

4.3 Des facteurs personnels

Énorme travailleur, d'une curiosité infatigable, Tesnière avait une forte tendance à la dispersion, toujours attiré par un sujet d'étude nouveau, sans prendre le temps de finir les ouvrages commencés, il l'avoue lui-même dans plusieurs de ses lettres. En témoignent la variété des domaines linguistiques dans lesquels il est intervenu, et la multiplicité de ses activités pendant la seule période de son séjour à Montpellier. Son goût de la perfection, son souci de mieux faire encore et encore, ont aussi contribué à ces inachèvements, ainsi que la maladie après 1952. Tesnière décédé en 1954, il était plus difficile que son travail connaisse un grand retentissement, malgré l'énergie déployée par son épouse, aidée de J. Fourquet et de F. Daumas[15], pour publier le grand œuvre.

D'autant que le successeur immédiat de Tesnière à la Faculté, Jean Perrot, latiniste, ne semble pas avoir porté grand intérêt à l'analyse syntaxique de son prédécesseur[16]. Ce n'est que plus tard, après la parution des *ESS* et l'arrivée en 1960 du successeur de Jean Perrot, Xavier Mignot, et de son assistant Christian Baylon, que les étudiants en linguistique ont entendu parler de la syntaxe de Tesnière. Mais le contexte linguistique et didactique avait bien changé.

4.4 L'évolution propre à la didactique du français

Le bouleversement de l'enseignement du français par l'introduction de la linguistique structurale à la fin des années 1960 et au début de la décennie 1970

---

14 Réponse de Tesnière du 13 avril 1948, à Marcel Cayla, prof à Lamalou, Hérault. BNF boîte 49.
15 J. Fourquet (1996) et F. Daumas (1952, 1957) lui rendront hommage par ailleurs.
16 Lettre 6 mars 1961 de M. Pierre Brécy, Amiens.

aurait-il pu s'emparer des travaux de Tesnière ? Certains essais ou articles l'ont fait, comme ceux de F. François (1974) ou E. Bulot-Delabarre (1994[17]). Mais de par la position originale de leur auteur au confluent de la grammaire historique et comparée et du structuralisme, les ESS n'avaient guère trouvé grâce aux yeux de certains linguistes[18], et le débat « Tesnière est-il ou non structuraliste ? » s'était plutôt conclu par la négative. Les travaux de Tesnière ont été toutefois cités par J. Peytard & É. Genouvrier, dans *Linguistique et enseignement du français*, « bible » des enseignants à l'époque. Une note[19] les présente comme un exemple d'effort pour renouveler la pédagogie de la langue, à la lumière de la linguistique structurale. Mais les références utilisées ensuite par les auteurs sont Ferdinand de Saussure, Roman Jakobson, Zellig S. Harris, Jean Dubois, Jean-Claude Chevalier. Ces références faisant autorité, ont été alors éliminés de la formation des enseignants (et, par exemple, de la bibliothèque de l'École Normale de Jeunes Filles de Montpellier) de nombreux ouvrages de la période précédente.

La vague chomskyenne a ensuite pris toute la place dans ce mouvement de la linguistique appliquée à l'enseignement du français, ce qui est d'ailleurs un paradoxe : alors que Tesnière avait durant toute sa vie et au fil de ses travaux cherché à élaborer des grammaires utiles pour l'enseignement des langues, les retombées en ont été quasiment inexistantes en France, bien que présentes en Russie ou en Italie par exemple. À l'inverse, Chomsky, qui avait prévu que sa description grammaticale ne devait pas être utilisée dans les classes, a vu celle-ci connaître un succès foudroyant dans de nombreux pays, notamment en France.

Pionnier en quelque sorte de la linguistique appliquée, passionné d'enseignement de la langue, Lucien Tesnière a conduit à Montpellier un énorme travail auprès de publics variés. Un ensemble de facteurs qui n'ont rien à voir avec la validité de sa théorie linguistique, n'ont pas permis d'assurer à ce travail didactique toute la postérité qu'il méritait. Paradoxalement, c'est d'outre-Atlantique que viendra la reconnaissance, *post-mortem*, au travers des recherches sur le traitement automatique des langues et ses retombées sur leur enseignement. Mais c'est une autre histoire[20].

---

17 Cet article reprend et complète la communication du même auteur au colloque de Rouen de 1992, dont les actes sont parus en 1995.
18 Cf. Arrivé (1969).
19 Peytard & Genouvrier (1970 : 88).
20 Abordée dans Verdelhan Bourgade (2020), et développée dans *Tradifle*, numéro à paraître.

Corpus

Fonds Tesnière, Bibliothèque Nationale, NAF 28026.
- Boîte 41. Expérimentations à l'École Normale Montpellier.
- Boîte 40. Cours de Tesnière de 1938 et 1943.
- Boîte 49. Correspondance.
- Boîte 60. Divers.

Bibliothèque d'Égyptologie, Université Paul Valéry, Montpellier.
- « Pour prononcer le grec et le latin », texte imprimé, 1941.
- « Comment construire une syntaxe », texte imprimé, 1934.

Tesnière Lucien, 1953, *Esquisses d'une syntaxe structurale*, Paris, Klincksieck.
Tesnière Lucien, 1959, *Éléments de syntaxe structurale*, Paris, Klincksieck. (Édition consultée : 1982, 2ᵉ éd., 4ᵉ tirage.)

Bibliographie

Amis de la Mémoire pédagogique, 1996, *Les Écoles Normales. Regards sur le temps*, Montpellier, Faculté d'Éducation, CEDRHE.
Arrivé Michel, 1969, « Les *Éléments de syntaxe structurale* de L. Tesnière », *Langue française*, 1 : 36–40.
Baylon Christian, Fabre Paul, 1973, *Grammaire systématique de la langue française*, Paris, Nathan.
Bishop Marie-France, 2008, « Les textes officiels de français pour l'école élémentaire de 1945 à 1972 : entre tradition et rénovation », *Spirale, revue de recherche en éducation*, 42 : 7–18.
Brucy Guy, Troger Vincent, 2000, « Un siècle de formation professionnelle en France : la parenthèse scolaire », *Revue française de pédagogie*, 131 : 9–21.
Bulot-Delabarre Evelyne, 1994, « Didactique et actancialité dans l'enseignement de la grammaire en France : le cas du primaire », *Linguistica*, 34/1 : 67–63.
Daumas François, 1952, « L'œuvre linguistique de Lucien Tesnière », *ORBIS Bulletin International de Documentation Linguistique*, tome I, 2 : 553–564.
Daumas François, 1957, « Lucien Tesnière : jalons biographiques », *ORBIS Bulletin International de Documentation Linguistique*, 6/1 : 253–258.
Fourquet Jean, 1996, « Ce que je dois à Lucien Tesnière », *in* G. Gréciano & H. Schumacher (dir.), *Lucien Tesnière – Syntaxe structurale et opérations mentales*, Actes du colloque germano-français pour le 100ᵉ anniversaire de sa naissance, Strasbourg, 1994, Tubingen, Max Niemeyer Verlag.
François Frédéric, 1974, *L'enseignement et la diversité des grammaires*, Paris, Hachette.
Galichet Georges, Galichet René, 1967, *Grammaire française expliquée. 6ᵉ – 5ᵉ*, Paris, Charles-Lavauzelle.

Huot Hélène, 1995, « La grammaire française pour étrangers de Lucien Tesnière », *in* F. Madray-Lesigne & J. Richard-Zapella (dir.), *Lucien Tesnière aujourd'hui*, Actes du colloque de Mont-Saint-Aignan, 1992, Louvain, Peeters.

Léonard Jean Léo, Verdelhan Bourgade Michèle (dir.) (à paraître) Didactique des langues, regard sur la grammaire et désir de langues chez Lucien Tesnière – Enjeux épistémologiques en linguistique appliquée. *Tradifle*, Montpellier 3.

Peytard Jean, Genouvrier Émile, 1970, *Linguistique et enseignement du français*, Paris, Larousse.

Riegel Martin, Pellat Jean-Christophe, Rioul René, 2009, *Grammaire méthodique du français*, Paris, PUF. (Édition consultée : 2018, 7e éd.).

Tesnière Marie-Hélène, 1996, « Le fonds Lucien Tesnière à la Bibliothèque nationale de France », *in* G. Gréciano & H. Schumacher (dir.), *Lucien Tesnière – Syntaxe structurale et opérations mentales*, Actes du colloque germano-français pour le 100e anniversaire de sa naissance, Strasbourg, 1994, Tubingen, Max Niemeyer Verlag.

Verdelhan Bourgade Michèle, 2020, « Lucien Tesnière, professeur de linguistique à Montpellier, 1937–1954. L'aventure d'une grammaire », *Bulletin de l'Académie des Sciences et Lettres de Montpellier,* 51 : 267–281.

Zemb Jean-Marie, 1970, *Jeux et travaux de grammaire,* Fiches, classes de 6° à 3°, Paris, O.C.D.L.

Cécile Avezard-Roger
Chapitre 21
Tesnière à l'école ? La notion de *valence verbale* pour mieux appréhender les fonctions syntaxiques

1 Introduction

La notion de valence verbale, élaborée par Lucien Tesnière, est-elle transposable à l'enseignement ? Ce concept peut-il constituer un outil opérationnel pour permettre aux élèves de mieux comprendre l'organisation de la phrase en général, et maitriser les différents compléments qui gravitent autour du verbe en particulier ?

C'est à cette question que nous tenterons de répondre, en lien avec les prescriptions des programmes de l'école élémentaire qui mentionnent qu'en fin de cycle 3 (fin de 6e, 1e année de collège), les élèves doivent être capables de « différencier les compléments : COD [Complément d'Objet Direct], COI [Complément d'Objet Indirect], compléments circonstanciels de temps, lieu, cause » (BO 2020 : 22).

Dans ce qui suit, nous partirons donc des compétences[1] des élèves, afin de mettre au jour leurs réussites et leurs erreurs dans l'identification de ces différentes fonctions et évoquerons également l'approche qui en est faite dans les manuels scolaires. Partant de ces constats, nous ferons le point sur la notion de valence verbale ainsi que sur les travaux de certains linguistes qui ont prolongé la réflexion de L. Tesnière relativement à l'identification des fonctions syntaxiques. En nous appuyant sur les résultats d'un test soumis à des élèves de cycle 3, faisant intervenir la notion de valence, et d'un questionnaire proposé à des étudiants futurs professeurs des écoles, nous tenterons d'évaluer la pertinence d'une telle approche et d'identifier les leviers susceptibles d'amener les élèves vers une compréhension plus assurée des différents compléments.

---

[1] Le terme de compétences renvoie ici à ce qu'un élève doit maitriser au terme d'un apprentissage. Cette notion englobe à la fois des savoirs, des savoir-faire et des savoir-être.

Cécile Avezard-Roger, Université de Lille / INSPÉ Lille Hauts de France, *Grammatica* – UR 4521

2 Identifier les fonctions

2.1 Les compétences des élèves

À partir d'un questionnaire soumis à 95 élèves de cycle 3 (67 élèves de fin de CM2 et 28 élèves de début de 6e), nous avons dégagé dans une précédente étude (Avezard-Roger 2016) les réussites et les difficultés des élèves dans l'identification des fonctions Complément d'Objet Direct (désormais COD), Complément d'Objet Indirect (désormais COI) et Complément Circonstanciel (ou CC), ainsi que leurs procédures pour y parvenir.

Les résultats suivants peuvent ainsi être mis en avant :

– La fonction COD est en général correctement identifiée par les élèves dans des phrases où elle est déjà soulignée. En termes de procédures, à l'unanimité, les élèves ont recours à la question « *quoi ?* » pour identifier cette fonction (« il faut poser la question *quoi ?* » ou « *Mon petit frère mange quoi ?* »). Même si cette stratégie semble relativement efficace dans le cadre de cette activité d'étiquetage, elle empêche pourtant une réflexion plus poussée sur le fonctionnement de la langue.

De fait, lorsqu'ils doivent produire eux-mêmes une phrase correspondant à un moule syntaxique donné (Sujet + Verbe + COD ; Sujet + Verbe + COD + COI), les élèves sont moins à l'aise et proposent souvent à la place du COD une autre fonction : CC (*Il nage dans la mer* ; *Stéphane parle fort* ; …), COI (*Mon frère joue au ballon* ; *Ma mère parle à la voisine* ; …) ou encore Attribut du sujet (*Je suis intelligent* ; *Je suis une fille* ; …) – peut-être en réponse à la question « *qui ?* » ou « *quoi ?* », posée après le verbe…

Ils sont par ailleurs en difficultés lorsqu'il s'agit de pronominaliser cette fonction ou de transposer une phrase au passif de façon à ce que le COD de la phrase active devienne sujet de la phrase passive.

– Concernant la fonction COI, son identification dans une phrase est dans l'ensemble plutôt bien réussie (activité d'étiquetage). Là encore, les élèves utilisent le recours à la question : « on pose la question *à qui ?* ou *à quoi ?* après le verbe » ; « je me suis dit : *j'ai offert un joli vase à qui ? À ma tante*, donc c'est un COI ». Précisons que certains élèves identifient correctement la fonction COI, en ayant pourtant recours à la « mauvaise question » (« la question *qui ?*, la question *quoi ?* »), ce qui renforce l'idée que ce type de manipulation, mécanique et assez vide de sens, se fait sans véritable réflexion sur le fonctionnement de la langue.

Par ailleurs, lorsqu'il s'agit pour les élèves de compléter une phrase ou de construire une phrase selon un modèle syntaxique, leurs erreurs révèlent l'importance qu'ils accordent au critère morphologique, en l'occurrence à la présence d'une préposition. Ainsi, à la place du COI demandé, les élèves produisent souvent un CC introduit par une préposition (*Le bébé sourit de joie*), ou un COD assumé par un verbe à l'infinitif précédé d'une préposition (*Ma sœur a demandé à manger*), ou bien un COD précédé de l'article partitif (*Ma sœur a demandé de l'aide*), ou encore un complément du nom (*Je mange les bonbons de Daniel*).

Enfin, la pronominalisation de cette fonction est également problématique pour les élèves, alors même que cette manipulation pourrait constituer un critère supplémentaire pour une identification plus assurée de ce complément.

– Le CC, quant à lui, est généralement bien identifié par les élèves dans des activités d'étiquetage. Le caractère polymorphe de cette fonction, qui peut être assumée par différentes classes grammaticales (adverbes, groupes nominaux plus ou moins étendus, avec ou sans préposition, ...), explique pourtant des taux de reconnaissance différents pour cette fonction.

Par ailleurs, sa délimitation n'est pas toujours très assurée (ex : *sur la table* au lieu de *sur la table de la cuisine* ; *dans la forêt* ou *Fontainebleau* au lieu de *dans la forêt de Fontainebleau*) et on note également quelques flottements dans l'étiquetage précis des CC (notamment une confusion entre manière, temps et lieu). De façon frappante, l'unique stratégie utilisée par les élèves pour identifier cette fonction est le recours aux questions « *où ?, quand ?, comment ?* ». Les manipulations syntaxiques (déplacement, suppression) ne sont quant à elles jamais utilisées, entrainant des erreurs d'étiquetage, notamment pour le groupe *à la piscine* dans la phrase *Les élèves de CP vont à la piscine le lundi*, identifié par les élèves comme un complément circonstanciel car répondant à la question « *où ?* ».

2.2 Les manuels scolaires

Dans cette même étude (Avezard-Roger 2016), l'observation de 10 manuels de CM2[2] (cycle 3, fin de primaire) permet de mettre en avant certaines lacunes dans la présentation de ces différents compléments et ce, pour plusieurs raisons.

---

[2] Manuels parus entre 2008 et 2013 : *Étude de la langue CM1-CM2* (Belin, 2009) ; *Étude de la langue CM2* (Nathan, 2008) ; *Facettes CM2* (Hatier, 2010), *Grammaire française CM* (Bordas, 2008) ; *Les nouveaux outils pour le français CM2* (Magnard, 2013) ; *Mille-feuilles CM2* (Nathan, 2013) ; *Mot de passe CM2* (Hachette Éducation, 2011) ; *Mots d'école CM2* (Sed, 2012) ; *Parcours CM2* (Hatier, 2010) ; *Pépites CM2* (Magnard, 2013).

Les critères identificatoires proposés sont parfois incomplets : ainsi, certains manuels ne font aucune mention du caractère supprimable ou déplaçable des CC et présentent le recours aux questions[3] comme unique stratégie de reconnaissance.

Certains critères sont également discutables : dans de nombreux manuels, les fonctions COD et COI sont présentées comme obligatoires et non supprimables[4].

Par ailleurs, les critères de reconnaissance avancés sont parfois confus, à l'image de certains manuels qui proposent une liste de prépositions supposées introduire un COI tellement importante qu'elle risque d'entretenir la confusion, notamment avec les CC[5].

Enfin, de manière générale, on note que très peu de manuels proposent aux élèves des activités de manipulation, et notamment de pronominalisation des différentes fonctions.

Parallèlement aux difficultés observées chez les élèves dans l'identification des différents compléments, l'approche proposée par les manuels scolaires sélectionnés dans le cadre de cette étude ne semble pas suffisante pour permettre une reconnaissance assurée et une maitrise correcte de ces notions. Les élèves ont bien souvent une vision morcelée du fonctionnement de la phrase : ils identifient les différents compléments qui gravitent autour du verbe en se focalisant sur les compléments eux-mêmes et leurs différentes caractéristiques (sémantiques et/ou formelles), en les observant indépendamment du verbe.

Or, il nous semble que c'est en (re)mettant le verbe au cœur de la réflexion sur les fonctions, c'est-à-dire en partant du verbe et de son comportement, que l'on pourra amener les élèves vers une maitrise plus assurée des différents compléments et une meilleure compréhension du fonctionnement de la phrase.

Dans ce qui suit, nous nous attacherons donc à montrer que la notion de *valence verbale*, développée par Tesnière et prolongée par les travaux d'autres linguistes, peut être un levier efficace pour permettre aux élèves de construire des savoirs grammaticaux plus assurés.

---

[3] « Le CC de Lieu répond à la question *où ?* posée après le sujet et le verbe, le CC de Manière répond à la question *comment ?* posée après le sujet et le verbe » (*Les nouveaux outils pour le français CM2*, Magnard, 2013).

[4] « Ce sont des compléments obligatoires. Ils ne peuvent ni être supprimés ni être déplacés en tête de phrase » (*Pépites CM2*, Magnard, 2013).

[5] « Le COI est relié au verbe par une préposition (à, de, par, pour, sans, sur, avec...) » (*Facettes CM2*, Hatier, 2010).

3 La *valence verbale* : vers une transposition didactique

3.1 L. Tesnière et la *valence verbale*

Dans ses *Éléments de syntaxe structurale*, L. Tesnière pose pour expliquer la notion de *valence*, qu'« on peut [...] comparer le verbe à une sorte d'atome crochu susceptible d'exercer son attraction sur un nombre plus ou moins élevé d'actants, selon qu'il comporte un nombre plus ou moins élevé de crochets pour les maintenir dans sa dépendance » (1966 : 238).

Il précise par ailleurs que « les actants sont les êtres ou les choses qui, à un titre quelconque et de quelque façon que ce soit, même au titre de simples figurants et de la façon la plus passive, participent au procès » (*ibid.* : 102).

Ainsi, la valence correspond au nombre d'actants que peut recevoir un verbe donné, c'est-à-dire au nombre de compléments qui font partie de ce que l'on pourrait appeler le « programme du verbe ». Autrement dit, en français, chaque verbe, en fonction de son sens, autorise, appelle un, deux ou trois actants (que L. Tesnière nomme « prime actant »[6], « second actant »[7] et « tiers actant »[8]). Si par exemple, le verbe « tomber » nécessite un seul actant (qui correspond à la fonction sujet), le verbe « frapper » fonctionne avec deux actants (*qqn frappe qqn/qqch*) et le verbe « donner » fait intervenir trois actants (*qqn donne qqch à qqn*).

L. Tesnière précise toutefois que la valence n'est pas une obligation mais une potentialité : il n'est donc pas nécessaire que la valence d'un verbe soit saturée[9]. Ainsi, même si le verbe « manger » est bivalent (*qqn mange qqch*) et autorise deux actants (un prime actant et un second actant, qui font donc partie de son « programme »), l'énoncé « Pierre mange » est tout à fait possible et

---

6 « Du point de vue sémantique, le prime actant est celui qui fait l'action. A ce titre, le prime actant est connu dans la grammaire traditionnelle sous le nom de sujet, que nous lui conserverons » (Tesnière 1966 : 108).

7 « Du point de vue sémantique, le second actant est celui qui supporte l'action. Le second actant était connu autrefois dans la grammaire traditionnelle sous le nom de complément direct, qui a été remplacé en 1910 par celui de complément d'objet. Nous l'appellerons purement et simplement objet » (Tesnière 1966 : 108).

8 « Du point de vue sémantique, le tiers actant est celui au bénéfice ou au détriment duquel se fait l'action. A ce titre, le tiers actant était connu autrefois dans la grammaire traditionnelle sous le nom de complément indirect, qui a été remplacé récemment par celui de complément d'attribution » (Tesnière 1966 : 109).

9 « Notons d'ailleurs qu'il n'est jamais nécessaire que les valences d'un verbe soient toutes pourvues de leur actant et que le verbe soit, pour ainsi dire, saturé. Certaines valences peuvent rester inemployées ou libres » (Tesnière 1966 : 238–239).

correct. Les mêmes remarques peuvent par ailleurs être faites pour le verbe trivalent « donner » (*qqn donne qqch à qqn*) : un énoncé comme « il donne aux pauvres » montre bien que la valence n'est pas nécessairement saturée et que certains « crochets », pour reprendre l'image de L. Tesnière, peuvent rester vacants. A. Martinet va dans ce sens puisqu'à propos de ces fonctions qui se trouvent sous la dépendance du verbe, il écrit : « Qu'elles caractérisent certains verbes en propre ne veut, bien entendu, pas dire qu'elles doivent toujours être présentes dès qu'un certain verbe est présent » (1979 : 159). Autrement dit, comme le notent D. Costaouec et F. Guérin (2007 : 170), « La valence d'un noyau est un *potentiel* qui n'est pas nécessairement réalisé ».

Afin de compléter ces réflexions, il convient également d'évoquer les travaux de G. Lazard sur « l'actance », c'est-à-dire sur « les relations grammaticales qui s'établissent entre le prédicat verbal et les autres nominaux qui en dépendent » (1994 : IX). Afin de dépasser les critères sémantiques de la grammaire traditionnelle, G. Lazard s'est efforcé de proposer des critères morphosyntaxiques permettant de distinguer les différents actants et les circonstants. Il pose que la présence et/ou la forme de certains compléments est parfois exigée et contrainte par certains verbes, et distingue ainsi des « actants simplement régis [...] dont la forme est fixée par la valence du verbe » et dont la « présence n'est pas exigée par la grammaire »[10] et ceux qui sont « requis par le prédicat verbal, c'est-à-dire dont non seulement la forme est fixée, mais dont la présence est grammaticalement nécessaire »[11] (1994 : 83).

Ainsi, les compléments qui constituent la valence du verbe, sont ceux qui sont autorisés par un verbe donné et qui par conséquent dépendent de ce verbe. A. Martinet les considère comme des « fonctions spécifiques »[12], par opposition à la « fonction non spécifique » (les « circonstants » de L. Tesnière), « dont l'apparition est indépendante du choix d'un verbe donné » (1979 : 159–160). Allant dans le même sens, C. Clairis (2005) établit une distinction entre les fonctions qui appartiennent à ce qu'il appelle « la zone centrale », zone qui regroupe les compléments qui entretiennent un lien étroit avec le verbe, et celles qui appartiennent à la « zone périphérique » et échappent par conséquent à l'influence du

---

10 G. Lazard précise à propos de ces compléments : « Leur présence n'est pas exigée par la grammaire, mais peut l'être pragmatiquement dans un contexte donné [ex : *parler de*...] » (1994 : 84).
11 « C'est le cas des compléments introduits par la préposition *de* avec des verbes comme *résulter* ou *dépendre* [...], par *à* avec des verbes comme *appartenir* ou *recourir*, par *en* avec *consister*, etc. » (Lazard 1994 : 84).
12 « Parmi les fonctions (...), on distinguera celles qu'on ne rencontre jamais avec certains verbes et qui, en conséquence, caractérisent les verbes auprès desquels on les rencontre » (Martinet 1979 : 159).

verbe. Certains auteurs parlent quant à eux de « compléments sélectionnés »[13] pour désigner les compléments qui entrent dans sa valence.

Autrement dit, si les circonstants sont susceptibles d'apparaitre avec n'importe quel verbe, les fonctions dites « essentielles » (les « second et tiers actants », encore nommés « compléments du verbe » dans les anciens programmes de 2015, ou COD et COI dans la grammaire traditionnelle ainsi que dans les programmes en vigueur) sont appelées par certains verbes sous la dépendance desquels elles se trouvent. Pour autant, comme le reconnait L. Tesnière, il est parfois délicat de distinguer entre « tiers actant » et circonstant[14].

3.2 La *valence* au service de la compréhension des compléments

Dès lors, en prenant appui sur ces différents travaux, il semble que la notion de valence peut constituer un outil efficace et un levier puissant pour permettre aux élèves de mieux appréhender les différentes fonctions syntaxiques et en particulier dans un premier temps, être capable de distinguer entre fonctions essentielles et fonctions circonstancielles.

Les programmes en vigueur (*BO* 2020), ainsi que la nouvelle terminologie grammaticale (2020) ont gommé la distinction entre « compléments du verbe » et « compléments de phrase », telle qu'elle apparaissait dans les précédents programmes (*BO* 2015), au profit d'une présentation traditionnelle des différentes fonctions syntaxiques intervenant dans le cadre de la phrase. Pour autant, cette distinction préalable constitue selon nous un point de départ nécessaire pour appréhender de façon globale l'organisation de la phrase (notamment au cycle 2), avant d'aller vers une analyse plus affinée des différents compléments.

De ce point de vue, la notion de valence est intéressante en ce qu'elle correspond, selon D. Costaouec & F. Guérin, à « l'expression syntaxique d'un fait d'origine sémantique » (2007 : 169)[15]. M.-J. Béguelin plaide quant à elle pour une

---

13 Voir par exemple M.-J. Béguelin (2000) ou J.-C. Pellat (2017).
14 C. Blanche-Benveniste remarque ainsi : « On parle de « circonstances » pour le lieu, le temps, la manière, comme s'il s'agissait d'informations secondaires, qui ne seraient pas caractéristiques de la valence des verbes. C'est souvent vrai, mais pas toujours. Les verbes impliquant le point d'aboutissement d'un mouvement impliquent le lieu dans leur valence : *aller à tel endroit, se diriger vers tel endroit, s'y précipiter*. D'assez nombreux verbes, par leur sémantisme même, impliquent la manière : *Jean se comporte ainsi, s'y prend ainsi, se conduit ainsi* » (2002 : 64).
15 De la même façon, J.-C. Pellat note : « Un complément de verbe est un constituant syntaxique qu'on considère prévu par le sens lexical du verbe pour que le prédicat verbal soit sémantiquement complet » (2017 : 190). On notera par ailleurs que « ces compléments appelés par le séman-

« analyse affinée du groupe prédicatif » et insiste sur l'importance de « sensibiliser les élèves aux groupes de formulations admis autour des différents noyaux verbaux. Deux domaines traditionnels de l'enseignement grammatical, la syntaxe et le lexique, se trouveraient ainsi mis en relation » (2000 : 157).

Par ailleurs, H. Kilcher-Hagedorn & *al.* (1987 : 185) constatent dans leur ouvrage que le recours au critère sémantique, bien qu'insuffisant pour identifier les fonctions grammaticales, constitue une aide pour les élèves.

Ainsi, il ne s'agit pas de se passer de ce critère, utile aux élèves pour conceptualiser les notions grammaticales à l'étude, notamment en début d'apprentissage, mais plutôt de le penser autrement. Partir du verbe, s'interroger sur son fonctionnement et réfléchir au type d'expansions qu'il autorise (autrement dit, s'interroger sur ce que l'on a appelé le « programme du verbe ») permettrait de faire du critère sémantique un véritable critère linguistique, plus fiable que le recours aux questions traditionnellement utilisées.

Par ailleurs, l'appui sur la notion de valence, présentée par L. Tesnière comme une potentialité plutôt qu'une obligation, permettrait de considérer avec davantage de prudence le critère de non-suppression, pourtant mis en avant par de nombreux manuels scolaires pour identifier les COD et COI [16].

4 Valence et enseignement

Afin de vérifier la pertinence de cette notion pour l'enseignement, nous avons soumis un questionnaire à des élèves de cycle 3, recueil qui a été complété par un test proposé à des étudiants futurs professeurs des écoles. Nous détaillons ci-après le protocole de recueil de données ainsi que les principaux résultats obtenus.

4.1 Du côté des élèves

La passation s'est déroulée fin juin 2019 et a concerné 100 élèves : 25 élèves de CM1 scolarisés à Paris, et 75 élèves de CM2 (48 scolarisés dans le Val-de-Marne,

---

tisme du verbe peuvent indiquer une localisation (*habiter, loger quelque part*), un mouvement (*se diriger vers, aller, monter quelque part, sortir, émerger, longer,* etc.), une durée ou une date (*durer, dater*), ou renvoyer à une unité de mesure (*peser, mesurer, coûter, valoir quelque chose,* etc.) » (Pellat & Fonvielle 2016 : 233–234).

[16] Il est d'ailleurs à noter que ce critère n'est pas retenu par G. Haas & *al.* (2010 : 52) pour l'identification de ces compléments essentiels.

à Choisy-le-Roi, et 27 à Lille)[17]. Nous avons choisi de proposer ce questionnaire à des élèves de cycle 3, d'une part parce qu'ils sont déjà en partie familiarisés avec ces différentes fonctions qui ont été abordées au cycle 2, et d'autre part parce que L. Tesnière souligne lui-même dans ses *Éléments* que la notion de valence peut être abordée avec les élèves à partir du CM2[18].

L'objectif étant d'évaluer la réception, par les élèves, de cette notion, et leur capacité à interroger le fonctionnement du verbe pour mieux identifier les compléments qui gravitent autour de lui, les questions posées faisaient intervenir différentes compétences en lien avec cette notion. Pour les élèves, il s'agissait dès lors :
- de réfléchir au programme du verbe pour être capables de sélectionner les expansions autorisées par ce verbe (Question 1). La notion de valence n'est bien entendu pas mentionnée, puisqu'inconnue des élèves, qui sont invités à réfléchir au « programme du verbe », aux « compléments qui vont bien avec le verbe (c'est-à-dire ceux qui sont appelés par ce verbe) ». Au début de l'exercice, des exemples sont donnés avec différents verbes. Par ailleurs, les réponses proposées ne font pas apparaitre des fonctions mais des schémas de construction pour un verbe donné (ex : *qqch / à qqn/qqch*, etc.).
- de repérer dans une phrase les compléments qui ne sont pas sous la dépendance du verbe (Question 2). Après un exemple et une brève explication, il s'agit pour les élèves d'exclure, dans différentes phrases, les compléments non valenciels. La terminologie *Complément Circonstanciel* n'est volontairement pas utilisée puisqu'il ne s'agit pas d'un exercice d'étiquetage, mais bien de partir du verbe afin d'en comprendre le fonctionnement.
- Les questions 3 et 4, issues d'un manuel scolaire de CM2, portent plus spécifiquement sur le COD mais évaluent des compétences différentes. L'exercice 3 correspond à une activité d'étiquetage, sans difficultés particulières. L'exercice 4 est une tâche de production qui consiste à compléter une phrase, dont seul le sujet est donné, par un verbe et un COD. L'élève doit pour cela mobiliser ses compétences sur le fonctionnement du verbe, afin de produire un verbe appelant un COD. On demande ensuite à l'élève de se prononcer sur la difficulté et la pertinence de ces deux exercices, et de justifier sa réponse.

---

[17] Un grand merci aux enseignants qui ont accepté de soumettre le test à leurs élèves. Voir le questionnaire en annexe 1.
[18] Voir le chapitre « Programme d'étude de la syntaxe structurale » qui propose une progression des différentes notions relevant de la syntaxe structurale selon les niveaux d'enseignement (1966 : 658-660).

Les données recueillies à la question 1 montrent que les élèves manifestent une intuition concernant le fonctionnement du verbe et sont capables de dégager les compléments valenciels d'un verbe donné. La moyenne obtenue est de 3,6/5, le score étant calculé en accordant un point à chaque verbe dont la valence est complète. Un tiers des élèves obtient par ailleurs le score maximal et indique correctement la valence de l'ensemble des cinq verbes proposés à cette question (*envoyer, planter, parler, naitre, ressembler*).

À la question 2, dans les cinq phrases proposées, six compléments non valenciels devaient être identifiés par les élèves. Les résultats sont moins bons puisque le score moyen obtenu est de 1,9 sur 5[19]. Seuls 4 élèves sur 100 obtiennent le score maximal. Deux types d'erreurs peuvent être observés :
- tout d'abord, 73% des élèves font un relevé incomplet des compléments non sélectionnés par le verbe et ne les barrent pas tous : ils sont ainsi très peu à relever les deux CC de la phrase 4 « Ce matin, Jérémie est tombé dans la cour » ;
- par ailleurs, de nombreux élèves barrent autre chose que les CC : 70 rayent ainsi un ou plusieurs COI (parfois en plus du CC) dans les phrases proposées, signe que ces compléments sont porteurs à leurs yeux d'une information moins essentielle, voire secondaire, en tous cas non indispensable. Ces résultats sont à interroger à la lumière du critère de non-suppression souvent proposé par les manuels scolaires pour identifier les COD et COI. On peut en effet faire l'hypothèse que ce critère, utilisé par les élèves, induit un raisonnement erroné : puisque ces compléments sont supprimables (du moins dans les phrases proposées), ils ne sont pas considérés par les élèves comme des compléments valenciels.

Les exercices 3 et 4, portant sur le COD, sont diversement réussis selon la tâche demandée. À l'activité d'étiquetage, le score moyen est de 4,8/6[20] et 69 élèves identifient correctement tous les COD. Pourtant, certaines erreurs interpellent, particulièrement au cycle 3 : 12% des élèves soulignent ainsi le mot ou groupe de mots en fonction sujet. On peut ici se demander si cette identification erronée s'explique par le recours, mal maitrisé, à la question « *qui ?* », manipulation souvent évoquée pour reconnaitre le COD.

---

[19] Un point est attribué pour chaque phrase dont le(s) CC est(sont) correctement repéré(s).
[20] Le score est calculé en attribuant un point à chacun des COD correctement identifié (un COD dans chacune des 6 phrases proposées), en l'absence de tout autre relevé erroné.

Sans surprise, la tâche de production est moins bien réussie, avec une moyenne de 2,7/5[21] et seulement 14 élèves qui obtiennent le score maximal. La notion est donc moins bien maitrisée que ce que pourraient laisser à penser les résultats obtenus à l'activité d'étiquetage. Pourtant, les erreurs montrent que les élèves, pour 70 d'entre eux, font le choix d'un verbe n'appelant certes pas un COD, mais bien souvent un COI, un attribut du sujet ou encore un complément essentiel (de lieu par exemple)[22]. Même si la fonction proposée n'est pas un COD, il est intéressant de noter que les fonctions produites sont la plupart du temps des compléments valenciels, sélectionnés par le verbe. Ceci confirme l'intuition évoquée plus haut qu'ont les élèves du fonctionnement du verbe et leur capacité à réfléchir au « programme du verbe ».

Par ailleurs, les réponses à la dernière question, portant sur le niveau de difficulté et la pertinence des deux derniers exercices sont intéressantes, même si 8 élèves ne répondent pas à la question et 9 ne se prononcent pas. Plus des deux tiers des élèves (68) jugent la tâche de production plus difficile, mais 44 la trouvent aussi plus intéressante. Les justifications apportées par les élèves mettent en avant un travail inventif et ludique et une tâche de réflexion plus importante donc plus intéressante : les élèves soulignent l'intérêt d'être mis en situation de recherche pour mieux apprendre[23].

4.2 Du côté des futurs enseignants

Parallèlement, un questionnaire a été soumis à 30 étudiants futurs professeurs des écoles[24] ; la notion de valence leur avait été présentée au premier semestre et la passation a eu lieu début avril 2019.

---

21 Score calculé en accordant un point par phrase correspondant exactement au moule syntaxique demandé.
22 Ex : « Ton frère et toi allez au cinéma » ; « Ton frère et toi jouez au football » ; « Les girafons font 2 mètres 14 » ; « Les girafons sont mignons » ; etc.
23 Ex : « J'ai préféré le 4 car c'est plus difficile et on apprend mieux (car c'est difficile) » ; « Le 4 me paraissait plus intéressant parce qu'il était plus dur » ; « Le 4 car il faut trouver un COD et non l'identifier. Ça demande donc plus de réflexion » ; etc. Précisons à ce sujet que l'enseignante de CM1 qui a fait passer le questionnaire à sa classe a été surprise que ses élèves plébiscitent la tâche de production portant sur le COD. Alors qu'elle leur proposait exclusivement des activités d'étiquetage, cette réaction de ses élèves l'a amenée à interroger sa pratique et à envisager d'autres types d'activités.
24 Étudiants inscrits en 1e année de Master MEEF (Métiers de l'Enseignement, de l'Éducation et de la Formation) à l'INSPE (Institut National Supérieur du Professorat et de l'Education) de Lille. Voir questionnaire en annexe 2.

Ce test avait pour objectif d'évaluer leur compréhension de la notion de valence ainsi que leur capacité à faire le lien entre cette notion et la reconnaissance des différentes fonctions dans une phrase.

Après un encadré reposant brièvement la notion, les étudiants, par le biais des questions posées, étaient invités à :
- s'interroger sur la valence de certains verbes pour en appréhender le fonctionnement. Il s'agissait en effet (Question 1) de classer différents verbes selon leur valence (verbes monovalents / bivalents / trivalents). Par ailleurs, la Question 2 demande d'indiquer le « programme » de certains verbes, de préciser avec quelle(s) fonction(s) chacun d'eux se construit, et d'illustrer ce fonctionnement par un exemple.
- identifier dans des phrases différentes fonctions (toutes sélectionnées par le verbe) et préciser la procédure de reconnaissance utilisée (Question 3).
- choisir entre deux exercices sur le COD (les mêmes que ceux proposés aux élèves) le plus pertinent et justifier son choix (Question 4).
- imaginer une activité pour permettre aux élèves de mieux identifier la fonction COI en s'appuyant sur le verbe et son fonctionnement (Question 5).

Les résultats obtenus aux deux premières questions montrent que les étudiants parviennent sans difficultés particulières à appréhender dans leur ensemble les compléments sélectionnés par le verbe. En effet, le score moyen obtenu à la tâche 1 est de 11,6 sur 13 verbes à classer[25] et la moitié des étudiants obtient le score maximal. À l'exercice 2, la moyenne est de 4,8 sur 5 verbes proposés[26] et 24 étudiants obtiennent le score maximal. Les quelques erreurs commises sont dues à une valence incomplète (ex : *pardonner qqch*) ou à des erreurs dans la forme des compléments proposés (ex : *pardonner qqn*).

À la question 3, la moyenne obtenue est de 3,5 sur 5 fonctions à nommer et seuls 4 étudiants obtiennent le score maximal. Dans les phrases proposées, certaines fonctions étaient potentiellement problématiques, notamment en raison de leur forme (un COD introduit par une préposition[27]) ou parce que l'information véhiculée par le complément pouvait conduire à l'assimiler à un complément circonstanciel[28]. En observant les procédures de reconnaissance utilisées, on note d'ailleurs que le recours aux questions fait l'unanimité : cette stratégie est utilisée

---

25 Les verbes proposés étaient les suivants : *allumer, briller, demander, envoyer, éviter, finir, naitre, nuire, parler, planter, ressembler, soumettre, tomber.*
26 Les verbes dont il fallait préciser « le programme » sont : *rendre, douter, pardonner, penser, réussir.*
27 Ex : *Il regrette <u>de lui en avoir parlé</u>* ; *Il craint <u>de la vexer</u>*.
28 Ex : *Il met sa voiture <u>au garage</u>* ; *Le goudron vient <u>du pétrole</u>*.

soit de manière exclusive (par 12 étudiants), soit associée à d'autres manipulations, parmi lesquelles la pronominalisation (14 étudiants y ont recours), la suppression (utilisée par un tiers d'entre eux), le déplacement ou l'extraction. Deux étudiants s'appuient sur la notion de valence puisqu'ils partent du fonctionnement du verbe et des compléments qu'il sélectionne.

Il est par ailleurs intéressant de croiser la réussite des étudiants à l'exercice d'identification des fonctions avec les procédures qu'ils ont mobilisées pour répondre à cette tâche. Ainsi, on observe que les étudiants qui utilisent le recours à la question comme unique stratégie de reconnaissance obtiennent de moins bons résultats (en moyenne 2,9/5). Ceux qui en revanche mobilisent également les critères de suppression et la réflexion sur la valence du verbe parviennent à un meilleur score (en moyenne 4,1/5). Si ces résultats sont à considérer avec prudence du fait notamment de la taille du panel, ils semblent indiquer néanmoins que l'approche des fonctions à partir du fonctionnement du verbe (son « programme ») permet une reconnaissance plus assurée.

Concernant les exercices portant sur la fonction COD, en accord avec les réponses des élèves, 23 étudiants trouvent la tâche de production plus difficile et proposeraient donc au préalable à leurs élèves l'activité d'étiquetage. Pourtant, 9 étudiants jugent aussi l'activité de production plus intéressante. Dans leurs justifications, ils mettent en avant que la tâche de soulignement propose les mêmes modèles de phrases, et risque d'orienter les élèves vers la seule stratégie du recours à la question « *quoi ?* » pour identifier le COD. Par ailleurs, ils sont conscients des limites de ce type d'exercice, qui ne permet pas selon eux de vérifier que l'élève a compris la notion[29]. Ils estiment aussi que produire des phrases selon un modèle syntaxique permet à l'élève de construire la notion, de se questionner sur l'emploi de la fonction et de mieux appréhender la notion dans son ensemble.

Enfin, les réponses à la dernière question renseignent à la fois sur les connaissances et les représentations des étudiants relativement à la fonction COI et sur la façon dont ils conçoivent l'enseignement de cette notion grammaticale.

Sur les 28 étudiants ayant proposé une activité permettant aux élèves de cycle 3 d'identifier la fonction COI à partir du verbe et de son fonctionnement, trois types de réponses apparaissent :
- Certains ne proposent que des tâches d'étiquetage ou ne faisant intervenir que le recours à la question « *à qui ? à quoi ? de qui ? de quoi ?* » (6 étudiants).

---

[29] Sur la « prédominance de la tâche d'identification », voir par exemple P. Gourdet (2017), J.-L. Chiss & J. David (2018) ou encore C. Avezard-Roger & C. Corteel (2020a : 39) qui invitent à « sortir d'une logique d'étiquetage ».

- D'autres, en plus du recours à la question, envisagent d'attirer l'attention des élèves sur la présence de la préposition et/ou sur la pronominalisation de cette fonction (12 étudiants).
- Enfin, 10 étudiants évoquent des activités de production par les élèves de compléments associés à un verbe donné. Ils prévoient également des activités d'observation pour permettre aux élèves de dégager les caractéristiques de cette fonction et insistent sur l'importance pour les élèves de justifier et d'expliciter les procédures de reconnaissance utilisées.

5 Conclusion

Les données recueillies auprès des élèves et des étudiants (qu'il s'agisse de leurs réussites mais aussi de leurs erreurs) tendent à mettre en avant la pertinence de la notion de valence pour une meilleure compréhension des différentes fonctions qui gravitent autour du verbe. S'interroger sur le « programme du verbe », dont les élèves ont l'intuition on l'a vu, semble être un point de départ particulièrement intéressant pour mieux appréhender le fonctionnement de la phrase, en étant capable notamment de distinguer les fonctions dites « essentielles » (ou compléments valenciels, sélectionnés par le verbe) des fonctions « circonstancielles » qui échappent à l'influence du verbe. Ceci permettrait en outre d'envisager avec davantage de prudence certains critères de reconnaissance communément proposés aux élèves (par les manuels, les enseignants, ...) et pourtant susceptibles d'entrainer des erreurs dans l'identification des différentes fonctions.

Dès lors, l'enjeu est d'élargir le spectre d'observation des élèves en les amenant à considérer les fonctions à l'étude *avec* le verbe qui les régit : c'est d'ailleurs ce qu'aurait pu permettre l'introduction de la notion de *prédicat* dans les programmes de 2015[30]. On veillera par ailleurs à proposer aux apprenants un faisceau de critères et de stratégies, en insistant notamment sur les différentes manipulations possibles (suppression, déplacement, pronominalisation, etc.) pour une identification plus assurée de ces faits de langue.

---

30 « L'introduction de la notion à l'école a d'abord eu ceci de positif qu'elle invitait à une vue d'ensemble des constructions grammaticales, là où les élèves se perdent le plus souvent dans une approche ponctuelle et morcelée des fonctions. En outre, cette bipartition sujet/prédicat n'interdisait en rien d'aller voir ensuite de plus près de quels types de compléments syntaxiques était constitué le prédicat » (Avezard-Roger & Corteel 2020b : 132).

Corollairement, on insistera bien entendu sur l'importance de la formation des enseignants, pour « outiller » les futurs professeurs des écoles et les amener à dépasser certaines pratiques traditionnelles et à concevoir des activités qui engagent une véritable réflexion de la part de l'élève.

Bibliographie

Avezard-Roger Cécile, 2016, « Les compléments à l'école : comment s'y retrouver ? Perspectives linguistiques et pistes didactiques », *Pratiques*, 169-170 : en ligne.

Avezard-Roger Cécile, Corteel Céline, 2020a, « Le métalangage dans les manuels scolaires. Regard(s) sur la notion de sujet », *Le Français aujourd'hui*, 211 : 27-41.

Avezard-Roger Cécile, Corteel Céline, 2020b, « Savoirs déclarés et pratiques enseignantes autour de la notion de prédicat en classe », *in* C. Lachet & A. Roig (dir.), *Défense et illustration du prédicat*, Paris, L'Harmattan : 119-135.

Béguelin Marie-José, 2000, *De la phrase aux énoncés : grammaire scolaire et descriptions linguistiques*, Bruxelles, De Boeck-Duculot.

Blanche-Benveniste Claire, 2002, « La complémentation verbale : petite introduction aux valences verbales », *Travaux neuchâtelois de linguistique*, 37 : 47-73.

Chiss Jean-Louis, David Jacques, 2018, *Didactique du français. Enjeux disciplinaires et étude de la langue*, Paris, Armand Colin.

Clairis Christos, 2005, *Vers une linguistique inachevée*, Louvain, Peeters.

Costaouec Denis, Guérin Françoise, 2007, *Syntaxe fonctionnelle. Théorie et exercices*, Rennes, P.U.R.

Gourdet Patrice, 2017, « Les exercices à l'école élémentaire et l'apprentissage de la langue : quelle(s) réalité(s) ? », *Repères*, 56 : 51-72.

Haas Ghislaine, Moreau Pierre, Mourey Jo, Lorrot Danielle, Ruth Catherine, 2010, *Classes et fonctions grammaticales au quotidien : cycle 3*, Dijon, Scéren CNDP-CRDP.

Kilcher-Hagedorn Helga, Othenin-Girard Christine, de Weck Geneviève, 1987, *Le savoir grammatical des élèves*, Berne, Peter Lang.

Lazard Gilbert, 1994, *L'actance*, Paris, PUF.

Martinet André, 1979, *Grammaire fonctionnelle du français*, Paris, Armand Colin.

Ministère de l'Éducation Nationale, 2015, *Bulletin Officiel de l'Education Nationale*, n°11, 26 novembre 2015.

Ministère de l'Éducation Nationale, 2020, *Grammaire du français. Terminologie grammaticale*.

Ministère de l'Éducation Nationale, 2020, *Programmes d'enseignement. Bulletin Officiel de l'Éducation Nationale*, n°31, 30 juillet 2020.

Pellat Jean-Christophe (dir.), 2017 [2011], *Quelle grammaire enseigner ?*, Paris, Hatier.

Pellat Jean-Christophe, Fonvielle Stéphanie, 2016, *Le Grevisse de l'enseignant*, Paris, Magnard.

Tesnière Lucien, 1966 [1959], *Éléments de syntaxe structurale*, Paris, Klincksieck.

Annexe 1 : Questionnaire élèves

Ecole : .... Ville : .... Classe : ......
Prénom : ....

Français : Questionnaire

Ce questionnaire ne sera pas noté.

Il servira à voir ce que tu as compris du fonctionnement du verbe dans une phrase. Essaie de répondre à toutes les questions. Quand tu ne sais pas, ce n'est pas grave, écris simplement « je ne sais pas » et passe aux questions suivantes.

***

1) **Coche les compléments qui vont bien avec le verbe proposé (c'est-à-dire les compléments qui sont appelés par ce verbe, qui font partie du programme du verbe).**
   <u>Exemple :</u> pour le verbe *manger*, le complément qui indique « quelque chose » parce qu'on dit « manger quelque chose » ; pour le verbe *offrir*, le complément qui indique « quelque chose » et le complément qui indique « à quelqu'un » parce qu'on dit « offrir quelque chose à quelqu'un ».
   Et maintenant, à toi de jouer ! Attention, il y a parfois plusieurs cases à cocher.
   Petite astuce : réfléchis au « programme du verbe » et aux compléments dont il a besoin pour compléter son sens.

   a) **Envoyer :**
   — pas de complément nécessaire après ce verbe : il peut fonctionner seul et n'a besoin d'aucun complément
   — quelque chose
   — à quelque chose
   — à quelqu'un

   b) **Planter :**
   — pas de complément demandé
   — quelque chose (ou quelqu'un)
   — à quelque chose (ou à quelqu'un)

c) **Parler :**
— pas de complément demandé
— quelque chose (ou quelqu'un)
— de quelque chose (ou de quelqu'un)
— à quelqu'un

d) **Naitre :**
— pas de complément demandé
— quelque chose (ou quelqu'un)
— à quelque chose (ou à quelqu'un)

e) **Ressembler :**
— pas de complément demandé
— quelque chose (ou quelqu'un)
— à quelque chose (ou à quelqu'un)

2) **Dans les phrases suivantes, barre les compléments qui ne font pas partie du programme du verbe (qui ne sont pas directement demandés par le verbe).**
Exemple : *Il mange une glace dans la cuisine.*
   « *dans la cuisine* » apporte des précisions sur l'action mais ne fait pas partie du programme du verbe (ce n'est pas un complément demandé par le verbe) alors que « *une glace* » est un complément demandé par le verbe pour compléter son sens. Dans cet exemple il fallait donc barrer « *dans la cuisine* ».

A toi de jouer ! Attention : réfléchis bien au programme du verbe.
a) Pour son anniversaire, il offre des fleurs à sa mère.
b) Il envoie une carte postale à sa grand-mère tous les étés.
c) Les élèves, à la cantine du collège, mangent du poulet et des frites.
d) Ce matin, Jérémie est tombé dans la cour.
e) Cette année, il a commandé une trottinette au Père Noël.

3) **Dans ces phrases, souligne les Compléments d'Objet Direct (COD) :**
a) Julie raconte une histoire.
b) Hier, Nikos a écrit une lettre.
c) Les visiteurs observent les tableaux.
d) La vache broute l'herbe.
e) Le chimiste prépare son expérience.
f) Romane cueille des fleurs.

4) Complète ces phrases avec un verbe et un COD de ton choix. Astuce : choisis un verbe qui demande un COD !
   a) Nous..
   b) Un peintre..
   c) Tes frères et toi..
   d) Les hélicoptères...
   e) Les girafons..

Donne-moi ton avis !
Entre l'exercice 3 et l'exercice 4, lequel as-tu trouvé le plus difficile ? et le plus intéressant ? Explique pourquoi.

Merci d'avoir participé !

Annexe 2 : Questionnaire étudiants

Questionnaire sur la valence verbale

Ce questionnaire vous est proposé pour faire le point sur ce que vous avez compris de la notion de valence (vue au S1) et faire le lien entre cette notion et la reconnaissance des différentes fonctions dans la phrase.

Merci d'y répondre de façon individuelle et spontanée !

Rappel :
Selon le linguiste Lucien Tesnière, la *valence* d'un verbe désigne sa capacité à régir/ appeler/ demander/ impliquer un certain nombre d'expansions pour former un énoncé correct syntaxiquement et sémantiquement. Autrement dit, le sens d'un verbe autorise un certain nombre de fonctions.

On distingue alors des *verbes monovalents* (qui n'exigent qu'une seule fonction, la fonction sujet obligatoire en français, selon le schéma « sujet + verbe »), *des verbes bivalents* (qui ont dans leur « programme » deux fonctions qui dépendent du verbe dont l'une est la fonction sujet, selon le schéma « sujet + verbe + fonction 1 »), des *verbes trivalents* (qui admettent, régissent trois fonctions différentes, dont la fonction sujet, selon le schéma « sujet + verbe + fonction 1 + fonction 2).

***

1. **Classez les verbes suivants selon leur valence.**
   allumer – briller – demander – envoyer – éviter – finir – naitre – nuire – parler – planter – ressembler – soumettre – tomber.

Verbes monovalents	Verbes bivalents	Verbes trivalents

2. **Pour chacun des verbes suivants, indiquez quel est son « programme » (par ex. pour *manger* : '*manger qqch*' ; pour *offrir* : '*offrir qqch à qqn*') et dites avec quelle(s) fonction(s) il se construit (COD, COI, autres ?). Construisez ensuite une phrase pour illustrer le fonctionnement de ce verbe.**
   - ✓ *rendre*
   — Programme et fonctions :
   — Exemple :

   - ✓ *douter*
   — Programme et fonctions :
   — Exemple :

   - ✓ *pardonner*
   — Programme et fonctions :
   — Exemple :

   - ✓ *penser*
   — Programme et fonctions :
   — Exemple :

   - ✓ *réussir*
   — Programme et fonctions :
   — Exemple :

3. **Dans les phrases suivantes, donnez la fonction des groupes soulignés et expliquez brièvement votre procédure pour trouver la réponse.**
   — Il met sa voiture <u>au garage</u>.

   ⇨ ***Procédure ?***

— Il regrette <u>de lui en avoir parlé</u>.

⇨ ***Procédure ?***

— Sophie prête toujours <u>à sa meilleure amie</u> tous ses jouets.
— Le goudron vient <u>du pétrole</u>.

⇨ ***Procédure ?***

— Il craint <u>de la vexer</u>.

4. **Voici deux activités issues d'un manuel de CM2 : laquelle vous semble la plus pertinente pour permettre aux élèves d'appréhender efficacement la fonction COD ? Justifiez votre choix.**

   4 • Recopie ces phrases et souligne les COD.
   a. Julie raconte une histoire.
   b. Hier, Nikos a écrit une lettre.
   c. Les visiteurs observent les tableaux.
   d. La vache broute l'herbe.
   e. Le chimiste prépare son expérience.
   f. Romane cueille des fleurs.

   11 • Complète ces phrases avec un verbe et un COD de ton choix.
   a. Nous … .
   b. Un peintre … .
   c. Tes frères et toi … .
   d. Les hélicoptères … .
   e. Les girafons … .

   ⇨ ***Réponse et justification du choix :***

5. **Imaginez une activité pour amener des élèves de cycle 3 à identifier la fonction COI à partir du verbe et de son fonctionnement (à partir du « programme du verbe ») : quel corpus ? quelle consigne ?**

Tatiana Taous & Jacques David
Chapitre 22
Questions vives autour du *nœud verbal*, des *actants* et des *circonstants* chez Lucien Tesnière et leur impact sur l'enseignement de la grammaire française

1 Partie introductive : origines du questionnement

1.1 Nœud verbal, actants, circonstants : enjeux didactiques

La consultation de manuels scolaires datant des vingt dernières années révèle que, d'un point de vue syntaxique, le verbe est souvent conçu comme faisant groupe avec sa complémentation (= le « groupe verbal (GV) »), le sujet (ou groupe sujet) étant rejeté de cette sphère dans une forme d'adaptation syntaxique de l'analyse logique en *sujet / prédicat*, ce qui se détache singulièrement de la théorie du « nœud verbal » développée par Tesnière. Quant au complément circonstanciel, il constitue souvent le troisième « groupe » de l'analyse phrastique, dans une approche alors limitée à la dimension morphosémantique, comme le soulignent les exercices d'entraînement, qui évaluent la capacité des élèves, d'une part, à identifier le type sémantique mis en cause (la *circonstance* du procès, par le biais des questions issues du « vers technique » des rhéteurs[1]) et le type morphosyntaxique impliqué (adverbe – GP / GN[2] – gérondif – subordonnée), d'autre part, à mobiliser les tests syntaxiques réputés opératoires et discriminants (effacement, déplacement).

Concernant l'identification du type sémantique de circonstance, les manuels semblent toucher au but, puisque le complément circonstanciel est « ce qui reste quand on a tout oublié »[3], que l'on soit élève, étudiant ou adulte plus ou moins

---

[1] Chervel (1979 : 13), Basset (1998 : 14), Bouard & Fournier (2013 : 5).
[2] Pour une étude typologique (discursive et dialectologique) de la distribution entre adverbiaux prépositionnels et non prépositionnels (type *L'été* vs *En été*), voir Boisson (1998 : 218–238).
[3] Voir Wilmet (2007 : 531) pastichant Herriot.

Tatiana Taous, CY Cergy Paris Université, ÉMA – UR 4507
Jacques David, CY Cergy Paris Université, Agora – UR 7392

expert. Toutefois, les productions suivantes (issues de travaux d'étudiants de master 1 se destinant au professorat des écoles ; mars 2019) indiquent les écueils de l'approche exclusivement sémantique – en ce sens qu'elle peut conduire à une typologie foisonnante aboutissant à l'éclatement d'une catégorie que l'on souhaiterait plus unifiée[4] – et les errements de l'approche syntaxique, puisque les deux copies semblent en désaccord sur ce point (cf. les éléments en capitales) :

(1) Productions d'étudiants de Master 1[5] :

a. *Les prépositions « avec », « sous » et « pour » […] introduisent quant à eux des* COMPLÉMENTS DE PHRASE NON ESSENTIELS. *Plus précisément, dans « avec des petits yeux verts », la préposition introduit un complément de description.*

b. *Enfin, les groupes prépositionnels « pour faire son petit quatre heure » et « pour la manger » sont introduits par la préposition « pour » et sont des* COMPLÉMENTS CIRCONSTANCIELS DE BUT, RESPECTIVEMENT DES VERBES *« réveilla » et « alla chasser ».*

Si la production (1b) manifeste une aisance à identifier le type sémantique de circonstance (« but »), elle pèche dans l'analyse syntaxique. Or, la perspective adoptée par cette réponse n'est pas sans rappeler la position de Tesnière (1966 : 103), qui définit le verbe comme « régissant de toute la phrase verbale » et les actants et circonstants comme les « subordonnés immédiats du verbe » : syntaxiquement, Tesnière semble donc ne pas faire de distinction entre actants et circonstants puisque tous deux paraissent « subordonnés » « immédiat[ement] » au verbe, ce qui se conçoit aisément dans la perspective du « nœud verbal » et de sa théorisation : tout part du verbe, ce que Tesnière matérialise en le localisant systématiquement au sommet des stemmas ; en tant que charnière ou « nœud », c'est par lui que transitent les différents constituants de l'énoncé.

Plusieurs éléments militent néanmoins en faveur d'une distinction sémantico-syntaxique à opérer entre actant et circonstant, d'une part, et, au sein des circonstants, entre circonstant du verbe et circonstant périphérique, d'autre part (Wilmet 2007 : 532[6]). C'est dans son rejet de l'analyse logique en *sujet / prédicat*

---

4 Voir, en (1a), la création d'un « complément de description ». Sur cette « véritable inflation », datée du XVIe s., voir Bouard & Fournier (2013 : 1–2). Voir également Wilmet (2007 : 531–532), renvoyant à Grevisse (1936) et aux vingt-neuf circonstanciels que ce dernier isole.

5 Les étudiants devaient analyser les prépositions dans la production d'élève suivante (CE2) : « *Il [le petit chat] était très mignon avec des yeux vert clair. Le petit chat alla dormir sous un arbre. Le chat se réveilla pour faire son petit quatre heures. Le chat alla chasser une souris pour la manger* ».

6 « *Complément circonstanciel* (le *circonstant* de Tesnière) s'oppose bien à *complément d'objet* (l'*actant* de Tesnière) mais continue à mélanger compléments nucléaires et compléments périphériques » (Wilmet 2007 : 532).

que Tesnière (1966 : 105) développe un argument allant dans le sens d'une nécessaire dichotomie entre actant et circonstant : l'analyse logique ne peut, selon lui, être maintenue car elle ne met en vedette qu'un seul actant (le sujet) et rejette « pêle-mêle » dans la sphère verbale les actants et les circonstants situés à la droite du verbe (dans une logique qualifiée de « centrifuge » par Tesnière). Mais que l'on ne s'y méprenne pas : la préoccupation de Tesnière ne réside pas dans le fait que l'analyse logique conduise à mêler actants et circonstants dans une même zone, mais dans le fait qu'elle ne rende pas compte des autres « espèces d'actants » (Tesnière 1966 : 106–111), distincts du sujet[7]. C'est ce problème fondamental qui se trouve résolu, chez Tesnière, par la théorie de la valence : sera actant tout complément appartenant à la valence du verbe.

1.2 Pour un circonstanciel du verbe : quelques traces épistémologiques

Revenant sur la conception de la transitivité développée par les linguistes du XIXe siècle, Bernard (1991) insiste sur l'idée – originale au regard des pratiques d'enseignement actuelles – que, chez ces auteurs (Bréal, Saussure, Sechehaye, Sapir, Meillet, etc.), tout complément était originellement un circonstant et que ce n'est que la fréquence, en discours, de la structure syntaxique qui a conduit à prédire le type de compléments sélectionnés et à considérer ces derniers comme des compléments appartenant à la structure syntaxique du verbe, en somme (dans la terminologie de Tesnière), des compléments appartenant à la *valence* du verbe. Les compléments arbitrairement sélectionnés au départ coïncident toujours sémantiquement avec le verbe, tous appartenant au même domaine d'expérience ou, du moins, à un domaine connexe[8]. Ce changement de statut – induit par la récurrence de la structure, l'automatisation et la prédictibilité qui en découle – conduit à une « grammaticalisation » (Bernard 1991 : 16) et a alors des répercussions morphosyntaxiques.

---

[7] Pour une ébauche de distinction entre actants et circonstants au sein d'un énoncé à partir de l'ordre syntagmatique des différents constituants, voir Tesnière (1966 : 127, et stemmas 124–127).
[8] Voir Bernard (1991 : 18) citant Meillet : « le nom apposé au verbe se mettait au cas exigé par le sens qu'il exprimait lui-même ». La valeur sémantique, que Meillet associe ensuite à chaque cas, n'est pas sans rappeler la typologie des « espèces d'actants » et de « circonstants » dressée par Tesnière (1966 : 107–111, 128–129). Le fait n'est pas surprenant, puisque Tesnière, disciple de Meillet, « développ[e] quelques idées embryonnaires de son maître » afin de poser « les bases de sa syntaxe structurale » (Swiggers 1994 : 210).

Les traces d'un circonstanciel du verbe peuvent également être repérées chez Du Marsais (1754) dans la description qu'il propose du « complément de la préposition » (*s. u.* « Construction ») : la préposition, « partie de discours incomplète » sémantiquement, appelle un complément, mais elle-même dépend d'un verbe ou d'un nom. L'extrait suivant indique ainsi que certaines prépositions – et les circonstances qui s'y rattachent – ne peuvent se dissocier du verbe dont elles dépendent : en isolant un *il **est allé à*** et *cela **est dans***, Du Marsais insiste certes sur l'incomplétude sémantique de l'énoncé (voire son agrammaticalité), mais sous-tend également, implicitement, que le complément introduit par la préposition ne peut se déparer du verbe et l'on a ici l'amorce que la préposition fait corps avec le verbe, qu'en somme elle appartient au programme syntaxique du verbe : le circonstanciel peut alors s'interpréter, en termes modernes, comme un circonstant du verbe.

> *il est allé à* ; *à* n'énonce pas tout le sens particulier ; & je me demande *où ?* on répond, *à la chasse, à Versailles*, selon le sens particulier qu'on a à désigner. Alors le mot qui acheve le sens, dont la préposition n'a énoncé qu'une partie, est le complément de la préposition ; c'est-à-dire que la préposition & le mot qui la détermine, font ensemble un sens partiel, qui est ensuite adapté aux autres mots de la phrase ; ensorte que la préposition est, pour ainsi dire, un mot d'espece ou de sorte, qui doit ensuite être déterminé individuellement : par exemple, *cela est dans* ; *dans* marque une sorte de maniere d'être par rapport au lieu : & si j'ajoûte *dans la maison*, je détermine, j'individualise, pour ainsi dire, cette manière spécifique d'*être dans*. (Du Marsais 1754 : 86)

Il serait néanmoins anachronique de voir là une intuition syntaxique de ce que pourrait être un complément circonstanciel du verbe : le fait que la préposition fasse corps avec le verbe dans les exemples choisis par Du Marsais se justifie par la prégnance du modèle des langues anciennes, la structure complexe du français en *verbe + préposition* équivalant au tour synthétique *préverbe + verbe* en latin et en grec (cf. fr. *aller **à*** = lat. ***in**-ire*, ***ad**-ire* / fr. *être **dans*** = gr. ἔν-ειμι [*en-eimi*], lat. ***in**-esse*). Or, la traduction française de ces préverbés nécessite l'expression d'une préposition faisant corps avec le verbe en français. Mentionner l'incidence du modèle des langues anciennes et modernes et l'effort comparatif associé nous semble fondamental pour comprendre certaines positions de Tesnière qui, tout comme Du Marsais, est pétri des structures linguistiques de ces autres langues[9].

---

9 Une rapide revue, à partir des stemmas de la *Syntaxe* de Tesnière, révèle les proportions suivantes : 73% d'exemples puisés dans le français, 14% dans le latin, 4% dans l'allemand, 2% respectifs dans le grec et le russe, 1% dans l'anglais, le pourcentage restant se diffusant entre le géorgien, l'hébreu, le chinois, le berbère, le zyriène (parlé en Russie), l'espagnol, l'italien, le roumain, le turc et le soubiya (langue bantoue).

1.3 Mise en perspective de ce chapitre

Il s'agit pour nous de comprendre pourquoi la question du complément circonstanciel continue de constituer une question vive dans l'enseignement grammatical à tous les niveaux de la scolarité : étudiée à l'état larvaire (restriction à la dimension sémantique ; timide prise en compte morphologique), voire gommée des nouvelles préconisations officielles[10], la question des compléments circonstanciels est abordée dans la plupart des manuels de manière réductrice. Nous montrerons ainsi qu'il existe un réel décalage entre les descriptions linguistiques et les propos simplistes de la tradition grammaticale scolaire, qui évacue toute prise en compte de l'appréhension syntaxique induite par cette question. Cependant, le concept de *nœud verbal* et l'idée que tout parte du verbe invitent également à prendre en compte la dimension sémantique et à prouver le caractère opératoire de la notion de *valence*[11] dans la distinction à opérer entre complément *circonstanciel du verbe* (ou « complément sélectionné ») et complément *circonstanciel périphérique* (ou « complément non sélectionné »). En somme, quels critères sémantico-syntaxiques proposer pour opérer cette distinction et éviter les analyses écourtées de certains manuels, parfois sensibles à cette opposition mais toujours réfractaires – parce que démunis ? – à en expliciter les composantes[12] ?

Le présent chapitre vise ainsi à faire dialoguer les *Éléments de syntaxe structurale* de Tesnière (désormais *ÉSS*) et plusieurs grammaires de référence destinées aux élèves ou à la formation des enseignants[13]. Comment résoudre le paradoxe selon lequel les enseignants limitent la question du circonstanciel à une énumération de types sémantiques, ne lui confèrent pas l'étoffe linguistique qui lui revient et restent notamment sourds à l'opposition entre actants et circonstants et ce, malgré la volonté affichée de Tesnière de trouver un écho auprès des enseignants[14] ? Afin de répondre à cette problématique, l'étude analysera la dichotomie entre actants et circonstants en démontrant qu'elle constitue, chez Tesnière

---

10 Voir la récente *Terminologie grammaticale* du ministère de l'Éducation nationale et de la Jeunesse (2020 : 93).
11 Sur la distinction entre *valence* (relative au sémantisme et au domaine d'expérience) et *transitivité* (du ressort du syntaxique), voir Touratier (2005 : 156).
12 Alors même que la précédente nomenclature officielle de 1975 (p. 679) mettait en évidence le caractère polyfonctionnel du circonstanciel selon qu'il « entre dans la constitution d'un groupe verbal ou d'un groupe nominal ou porte sur l'ensemble de la phrase ». Voir également la *Terminologie grammaticale* de 1997 (p. 16).
13 Nous retiendrons pour partie une typologie des grammaires de référence pour l'enseignement, exposée antérieurement (Chiss & David 2014).
14 Franić (2011 : 68) rappelle, à la suite d'autres chercheurs (Chevalier 1994 : 121), que « la vocation des *Éléments* est avant tout de servir de mode d'emploi – de "manuel" – aux enseignants ».

lui-même, un binôme oppositif fragile, qui explique sa difficulté à être transposée didactiquement. Nous mettrons ainsi en perspective les apports et les problématiques soulevées par Tesnière avec un panel de grammaires d'enseignement, choisies en raison de leur représentativité de l'aire francophone.

2 *Actants, circonstants, circonstanciels* chez Tesnière

2.1 Questionnements préalables pour amorcer la réflexion

Au vu des enjeux épistémologiques et didactiques, trois questionnements ont guidé notre lecture des *ÉSS* de Tesnière :
1. *Existe-t-il une pertinence terminologique entre « circonstants » et « circonstanciels »* ? À notre avis, la réponse à cette question est négative. Tesnière n'utilise jamais le terme traditionnel de *circonstanciel* et n'indique pas même d'équivalence entre les deux. Le terme *circonstant* paraît avoir été choisi afin de faire couple avec celui, innovant, d'*actant*. Ce choix terminologique traduirait un souci pédagogique, bien avéré par ailleurs (outre Tesnière lui-même, cf. Franić 2011) : celui de créer un binôme fort, une terminologie facilement mémorisable par l'homéoptote ainsi formé.
2. *Existe-t-il, chez Tesnière, une opposition radicale entre « actants » et « circonstants »* ? La réponse à cette question est positive, dans le sens où un constituant « subordonné » au verbe est soit actant, soit circonstant, jamais les deux simultanément dans un même énoncé[15]. Cependant, après un examen attentif des critères de repérage permettant d'opposer l'un et l'autre, Tesnière (1966 : 127–129) développe plusieurs paragraphes remettant en cause l'étanchéité des deux catégories. Mais, selon nous, l'ambiguïté ne fait réelle difficulté que pour une seule espèce d'actant : le *tiers actant*. La limitation de cette porosité au tiers actant pourrait se justifier d'un double point de vue : syntaxiquement, le tiers actant, plus rare ou moins souvent requis, est également moins prédictible que les autres actants et possède donc par rapport au verbe un statut plus ambigu (entre-t-il encore dans la valence du verbe ?) ; sémantiquement, la proximité entre circonstance finale (les CC de but de la grammaire traditionnelle) et le fait que le tiers actant exprime souvent une

---

15 En dépit des énoncés ambigus, pédagogiquement fort intéressants, cf. David, Grossmann & Paveau (1997 : 20–23), Chiss & David (2003 : 164–165) et Wilmet (2007 : 573–575).

visée ou une personne pour laquelle s'accomplit l'action (Tesnière 1966 : 111 ; Meillet *in* Bernard 1991 : 18–19) pourrait également permettre de comprendre l'origine de cette porosité.

3. *Tesnière distingue-t-il, au sein des circonstants, des circonstants du verbe qui seraient des actants ?* S'il isole bien des classes sémantiques de verbe (essentiellement, d'état, d'« activité » et « de sensation », cette dernière classe provenant explicitement de la grammaire allemande)[16], Tesnière ne va pas jusqu'à déduire que la classe sémantique du verbe peut colorer sémantiquement un circonstant et donc, sélectionner un type de complément appartenant à la valence verbale, même si ce dernier se rattache à la catégorie sémantique de la circonstance (ex. : verbes de mouvement appelant un CCL ; verbes de prix / mesure appelant un complément relevant du même domaine sémantique). Par ailleurs, le fait qu'il fasse de l'adverbe l'hyper-catégorie morphosyntaxique du circonstant (« virtuel[lement] » noté E dans les stemmas d'application (Tesnière 1966 : 649–653))[17] l'empêche de s'interroger sur la préposition. Si le chapitre « Translation » crée bien une équivalence paradigmatique entre l'adverbe et la locution adverbiale, généralement réalisée sous la forme d'un SP (la préposition – en tant que « cas translatif » – devenant « marque adverbiale » (Tesnière 1966 : 128, 462)), Tesnière ne va pas jusqu'à s'interroger sur les différents points d'incidence impliqués par la préposition (rection en amont et en aval de la préposition) : le SP reste conçu comme un tout (la préposition possède un régime), mais le terme dont pourrait dépendre la préposition n'est jamais questionné.

La lecture des *ÉSS* à travers le prisme du circonstant fait apparaître que le positionnement de Tesnière sur cette question peut être présenté explicitement ou implicitement. Dans ce dernier cas de figure, c'est l'analyse structurale des stemmas qui permet de tirer des informations sur le point de vue de Tesnière dans sa manière d'appréhender les circonstants. Dans le cas d'une présentation explicite, clairement assumée par l'auteur, les affirmations présentées peuvent soit être en conformité avec la vulgate grammaticale (*infra* 2.2), soit présenter des points problématiques, novateurs parce qu'appelant à discussion (*infra* 2.3) : c'est ici que la prise en compte des données des grammaires liées à l'enseignement

---

16 Tesnière (1966 : 72–73). La nomenclature de 1975 (p. 676), encore plus limitative (« une action, un état ou un changement d'état »), ne sous-tend pas non plus de corrélation entre sémantisme verbal et sélection d'un type sémantique de circonstance précis.
17 Un phénomène analogue se relève dans la grammaire de Wilmet (2007 : 533) puisque l'auteur propose de scinder les compléments en deux catégories : les « non-adverbiaux » (correspondant globalement aux objets) et les « adverbiaux » (entre autres, les circonstanciels), la catégorie morphosyntaxique de l'adverbe devenant l'étalon de mesure de cette dichotomie.

pourra être intéressante pour évaluer l'impact de Tesnière dans l'élaboration de grammaires destinées, notamment, à la formation des enseignants.

2.2 Un positionnement explicite, en conformité avec la vulgate grammaticale

Tesnière offre une présentation linguistiquement complète de l'actant et du circonstant en décrivant chacun des deux selon un triple plan : sémantico-logique, morphosyntaxique, sémantico-syntaxique. Concernant ce dernier aspect, il mêle les niveaux sémantique et syntaxique : un verbe appelle « de par son sens » un nombre prédéterminé de participants (Touratier 2005 : 156) et cette prédétermination actancielle, située au niveau du domaine d'expérience impliqué par le procès, est encodée syntaxiquement de façon spécifique Figure 1. La figure 1, page suivante, propose une synthèse synoptique de la description tesniérienne de l'actant et du circonstant et ses antécédents.

2.3 Un positionnement explicitement problématique

L'aveu d'une « limite » « délicate à fixer avec précision » entre *tiers actant* et *circonstant* prouve que Tesnière (1966 : 127–129) reconnaît ne pas être parvenu à proposer de critères stables permettant de maintenir cette opposition[18] ou que la langue française est plus subtile que cela : finalement, les analyses grammaticales se plient au contexte qui, seul, permet de les construire.

La confusion possible entre *tiers actant* et *circonstant* est illustrée par le statut ambigu des pronoms *y* et *en*, selon le contexte des énoncés dans lesquels ils interviennent (Tesnière 1966 : 135 § 11–12), ce qui est une nouvelle fois un indice du caractère contestable de l'argument morphosyntaxique et de l'idée qu'à une fonction syntaxique corresponde une classe grammaticale fixe et figée[19]. Toute-

---

18 Tesnière (1966 : 128, § 5–6) doute finalement de la validité des critères morphosyntaxique et sémantique précédemment exposés (*infra* Figure 1 et *ci-après*, les éléments en italiques) : « certains compléments qui présentent un *caractère indubitable de circonstants du fait qu'ils comportent une préposition*, ne s'en rapprochent pas moins singulièrement des actants par l'étroitesse de leur connexion avec le verbe dont *le sens paraît incomplet sans eux* ».

19 Comme le rappelle Dupont (1998 : 8, 388), « en français, l'approche pronominale n'est pas pertinente pour la distinction actant/circonstant » : « *en* et *y* ne sont donc pas des indicateurs d'actants ou de circonstants. Leur intérêt est ailleurs : ce sont des indices anaphoriques permettant de pêcher dans le contexte de la phrase tantôt des constituants en relation occasionnelle, donc circonstancielle, avec le verbe, tantôt des compléments argumentaux ou valenciels ».

CIRCONSTANTS	ACTANTS
Niveau sémantico-logique	
❶ glose littérale = motivation terminologique → « *circonstances dans lesquelles interviennent ces procès* » (*ÉSS* : 74, 125, § 1) → Antécédents : Girard/Du Marsais (Bouard 2012) ; Marty-Laveau (Chervel 1979 : 7)	❶ glose littérale = motivation terminologique → Le nœud verbal constitue le « *centre* » d'un « *petit drame* » et « *comporte obligatoirement un procès, et le plus souvent des **acteurs*** » (*ÉSS* : 102, 106, § 8)
❷ « espèces » spécifiques : → « *Il y a autant d'**espèces de circonstants** qu'il y a d'espèces d'adverbes : temps, lieu, manière, etc...* » (*ÉSS* : 102, 125, § 3) → Antécédents : voir Chervel (1979), Basset (1998)	❷ « espèces » spécifiques : → « *êtres* » / « *figurants* » / « *personnes ou choses qui participent à un degré quelconque au procès* » (*ÉSS* : 102, 105, 111) → Antécédents : Meillet (Bernard 1991 : 18-19 ; Swiggers 1994 : 210)
Niveau morphosyntaxique	
❶ L'adverbe comme hyper-catégorie → « *Les adverbes assument en principe toujours dans la phrase la fonction de circonstants* » (*ÉSS* : 103) → Antécédents : voir Chervel (1979 : 8-9), Bouard & Fournier (2013 : 1-2), Wilmet (2007 : 533) ❷ nuance l'assertion première (« translation » ou commutation possible) → « *La fonction de circonstant est toujours assumée par un mot de l'espèce **adverbe** ou par un groupe de mots équivalant à un adverbe* » (*ÉSS* : 125, § 2) → Antécédents : Chiflet (1659) *in* Bouard & Fournier (2013)	❶ Le substantif comme hyper-catégorie → « *sont toujours des substantifs ou des équivalents de substantifs* » (*ÉSS* : 102, 106) ❷ nuance l'assertion : le pronom comme autre classe possible : → « indices personnels régimes » (*ÉSS* : 133-135) → dans le cadre de la « projection actancielle » (*ÉSS* : 173 + stemmas 171 et 172)
Niveau sémantico-syntaxique	
❶ « *Le nombre des circonstants n'est pas défini comme celui des actants. Il peut n'y en avoir **aucun**, tout comme il peut y en avoir un nombre **illimité*** » (*ÉSS* : 125, § 4) → nombre et espèce de circonstants non prédéterminés par le verbe → en dehors du programme syntaxique du verbe → présence relevant plutôt de contingences pragmatiques (souci de précisions = intentions du locuteur / effets sur le destinataire) ❷ « *Au contraire, le circonstant est essentiellement facultatif* : fr. Alfred marche *se suffit à lui-même, sans qu'il soit nécessaire d'indiquer avec quoi il marche, ni même s'il a besoin de quelque chose pour marcher* » (*ÉSS* : 128, § 4) → caractère sémantiquement accessoire, « facultatif » → pas de nécessaire réalisation syntaxique → voir Chervel (1979) (XVIIIᵉ s.)	❶ une définition par défaut : « *Le nombre des circonstants n'est pas défini comme celui des actants* » (*ÉSS* : 125, § 4) → nombre défini, prédéterminé en fonction du type de verbes (monovalent...) → dans le programme syntaxique du verbe = valence verbale (domaine d'expérience du procès) ❷ une définition assumée : « *Au point de vue du **sens**, l'actant fait corps avec le verbe, au point qu'il est souvent indispensable pour compléter le sens du verbe, p. ex. fr. Alfred frappe* sans second actant » (*ÉSS* : 125, § 4) → incomplétude sémantique > compensation et réalisation syntaxique de l'actant

Figure 1: Circonstants et actants : Tesnière en conformité avec la tradition grammaticale.

fois, le manque d'explicitation des critères de distinction permettant de différencier les contextes où *y* et *en* sont respectivement actants ou circonstants nuit à la démonstration et les opérations de commutation/translation restent peu probantes, parce que non étayées : Tesnière limite le remplacement à une paraphrase substantivale (sous forme d'un SP) de la substitution pronominale (*y* = *à notre pays* / *y* = *à Vevey* ; *en* = *des amis* / *en* = *de Paris*) et n'intègre à aucun moment ledit pronom dans le nœud verbal auquel il appartient (*y* par rapport à *attacher* vs *connaître* ; *en* par rapport à *faire, avoir* et *venir*)[20]. Tesnière ne parvient pas à raisonner comme il le fait pour le tiers actant en proposant une typologie des classes sémantiques de verbes (1966 : 128), si bien que les opérations paradigmatiques de remplacement finissent par prendre le pas sur les considérations syntagmatiques qui auraient impliqué de prendre en compte le nœud verbal, de déterminer si l'élément problématique (en l'occurrence, *y* et *en*) devait s'interpréter comme un complément sélectionné ou non par le verbe et donc, de reconstituer les programmes syntaxiques et valenciels de ces mêmes verbes.

Le concept de *translation* va également dans le sens d'une absence d'isomorphisme ou de recouvrement entre forme et fonction syntaxique : les stemmas d'application, en fin d'ouvrage, matérialisent cette fluctuation des classes : la notation virtuelle A, par exemple[21], est certes appliquée à des adjectifs mais également à des SP déterminatifs et des tours relatifs, ce qui corrobore l'équivalence fonctionnelle de paradigme entre les trois (tous les trois relevant des « expansions du nom » de la grammaire actuelle, voir stemmas 355, 363 ou 366). Plus proche de notre propos, la notation E (équivalent « virtuel » d'*Adverbe*) permet de subsumer sous une même catégorie grammaticale les adverbes, les SP voire les GN. Cette approche paradigmatique, très intéressante puisqu'elle amorce les tests de remplacement et de paraphrase à mettre en œuvre auprès d'élèves pour retrouver, sous des structures complexes et résistantes, des structures et analyses connues, a néanmoins tendance à niveler des « circonstants » de valeur différente (voir Figure 2 et le nivellement entre le circonstant périphérique trans-prédicatif *sûrement* et le circonstant périphérique extra-prédicatif *demain*), mais également à ne pas opérer de distinctions nettes entre les circonstants du verbe (voir Figure 3 et les compléments *dans son temple*, *adorer l'Éternel* et *célébrer* par rapport au verbe de mouvement *venir*) et les circonstants périphériques (voir Figure 3, *selon l'usage antique et solennel*), l'ensemble étant étiqueté indifféremment sous E s'il s'agit de SP. Tesnière ne s'interroge pas sur le statut des infinitifs de progrédience *adorer* et *célébrer* : il les considère sans discussion comme des actants (voir la notation O ou, par défaut, l'absence de notation) et n'imagine pas en faire des circonstants du verbe, sans doute parce que la morphologie (en l'occurrence, l'in-

---

20 Les énoncés sont les suivants : pour les actants, 1. *C'est lorsque nous sommes éloignés de notre pays que nous sentons surtout l'instinct qui nous **y** attache* 2. *Pour avoir de vrais amis, il faut être capable d'**en** faire et digne d'**en** avoir* ; pour les circonstants, 1. *Ce qu'il y a de plus intéressant, c'est la simplicité des mœurs de la ville de Vevey ; on ne m'**y** connaît que comme peintre, et j'**y** suis traité pourtant comme à Nancy* 2. *Alfred est à Paris, Bernard **en** vient*. Pour ce dernier exemple, nous ne sommes pas entièrement d'accord avec l'interprétation de Tesnière.
21 Dans les « stemmas virtuels », Tesnière (1966 : 64) virtualise les différents constituants de la manière suivante : I = verbe ; O = Substantif ; A = Adjectif ; E = adverbe.

finitif qui, comme le pronom, équivaut paradigmatiquement au substantif chez Tesnière) oriente fortement l'interprétation syntaxique, selon l'implication mécanique *infinitif* ↔ *substantif* ↔ *O* :

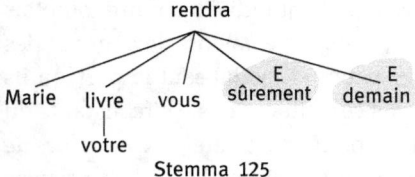

Figure 2: Stemma 125 : *Marie vous aura sûrement rendu son livre demain* (Tesnière 1966 : 127).

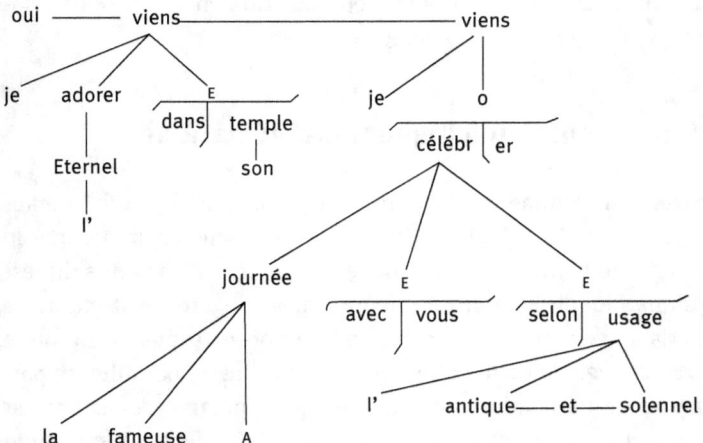

Figure 3: Extrait du stemma 363 : *Oui, je viens dans son temple adorer l'Éternel. / Je viens, selon l'usage antique et solennel, / Célébrer avec vous la fameuse journée...* (Tesnière 1966 : 649).

En revanche, il semble que Tesnière ait eu une intuition de la fonction syntaxique de *circonstant* du verbe à travers ses « adverbes de quiddité » (Tesnière 1966 : 77, § 36 ; 128, § 7). Cette sous-classe d'adverbes résulte de la comparaison interlinguale : ce type d'adverbes (E) constitue toujours le second élément d'une structure périphrastique (dite *nucléus dissocié*) et peut, selon les configurations linguistiques, se réaliser sous la forme d'un adverbe (2a), d'un préverbe (cf. Du Marsais et 2c), d'un SP (2b) ou d'un hendiadyin (2c) :

(2) a. fr. *prier **instamment*** (stemma 239)

b. all. *Anton SCHWIMMT **über** den Fluss* (stemma 230) → fr. *Antoine **traverse** le fleuve EN NAGEANT* (stemma 231)
   c. lat. *di**uellere** **ac dis**trahere* (stemma 240) → fr. *séparer **violemment*** (stemma 241)

L'ajout circonstanciel apporté par ces « adverbes de quiddité » n'entre toutefois pas dans le programme syntaxique du verbe, mais ces éléments deviennent des circonstants possibles du verbe, dont ils nuancent et modalisent la portée : ils sont bien « intraprédicatifs », en ce sens qu'ils constituent des « circonstants du groupe verbal » (Tomassone 2002 : 180–184). L'intérêt de la catégorie *Adverbes de quiddité* isolée par Tesnière et de la comparaison interlinguale qu'il en propose est de montrer l'équivalence sémantique et pragmatique de signes linguistiques disparates, en ce qu'ils relèvent de catégories morphosyntaxiques distinctes selon les langues. On aurait là une forme fortement étendue du concept de « translation », ici co-extensive à un ensemble de langues.

2.4 Un positionnement implicitement problématique

Deux points apparaissent comme particulièrement problématiques : le premier traduirait une faiblesse méthodologique de la part de Tesnière, tandis que le second serait un des arguments venant implicitement préciser les vertus du test de déplacement dans l'identification du circonstant au regard de l'actant. Le premier point se cristallise autour de l'analyse que propose Tesnière du groupe *de veste* dans *Alfred change de veste* : alors même qu'il illustre par ailleurs parfaitement le principe de translation-commutation, le syntagme *de veste* n'est pas mis en relation paradigmatique avec le GN *sa veste* avec lequel il commute pourtant fonctionnellement, si bien que Tesnière analyse *de* comme une préposition et non comme une marque du déterminant[22], et l'ensemble, comme un SP impliquant, dans sa théorie et selon le critère « de forme », une analyse comme circonstant et non comme actant (en l'occurrence, un objet)[23]. Faute de mieux et

---

[22] Concept grammatical inconnu de Tesnière qui ne reconnaît que l'article, qui fait alors corps avec le nom (ou l'adjectif, cf. stemma 127) auquel il apparaît fonctionnellement comme préfixé (cf. stemmas 127 et 94). Conformément à la grammaire latine, les possessifs et démonstratifs sont analysés comme des adjectifs et ont, en ce sens, une place spécifique dans les stemmas d'analyse (stemma 125). L'article n'est désolidarisé du nom que lorsqu'il s'agit de mettre en évidence la structure profonde de groupes nominaux complexes (voir, par exemple, le stemma de la dédicace aux *ÉSS*).

[23] Sur les deux traditions grammaticales classiques (XVIIIe s.) définissant le circonstanciel soit morphosyntaxiquement (circonstanciel = adverbe), soit sémantico-syntaxiquement (caractère « accessoire »), voir Chervel (1979).

dans une interprétation par défaut (voir l'extrait ci-dessous et la modalité négative), le groupe *de veste* est analysé comme une sorte d'adverbe de quiddité, ce qui signifie que pour Tesnière, c'est l'élément *de veste* qui « exprime » « l'essence même du procès » (1966 : 77) :

> Mais *de veste* ne peut pas être un actant, puisqu'il ne répond ni à la définition du prime actant, qui fait l'action [...], ni à celle du second actant, qui supporte l'action [...], ni enfin à celle du tiers actant, au bénéfice ou au détriment de qui se fait l'action [...]. N'étant pas un actant, il ne peut être qu'un circonstant. Effectivement, on peut concevoir que *de veste* exprime une des circonstances qui accompagnent et définissent l'action de changer. Les circonstants de ce type sont donc en quelque sorte des adverbes de quiddité [...]. (Tesnière 1966 : 128, § 7)

Outre l'opération paradigmatique (qui fait défaut pour l'analyse de *de veste*), les opérations syntagmatiques nous semblent également défectueuses. En effet, tous les énoncés relevés comme problématiques par Tesnière sont rarement mis en lien avec la théorie de la valence et de la prise en compte du domaine d'expérience (nombre de participants, d'objets impliqués par le procès), ce qui imposerait que les différents actants soient verbalisés de manière rigide en *quelqu'un-quelque chose / préposition + quelqu'un-quelque chose / quelque part*. Or, l'extrait ci-dessous montre une fluctuation dans la manière de décrire le programme syntaxique des verbes, ce qui contrevient aux usages des rubriques de dictionnaire, qui ne manqueraient pas d'enregistrer de façon stable les programmes syntaxiques les mieux automatisés, les plus courants en discours. Tesnière fluctue entre des formulations universalisantes (type *infinitif + (prép.) quelque chose/quelqu'un*) et des énoncés tout faits, sémantiquement complets (cf. éléments en capitales). Dans une perspective de rigueur, *changer de chaussettes* devrait être substitué par le tour *changer quelque chose* :

> [...] ce départ range comme tiers actants la plupart des compléments qui se construisent au datif [...] ou avec la préposition *à* en français : fr. *plaire à quelqu'un, nuire à quelqu'un*, lat. *nocere alicui*, [...] *donner DU PLAISIR à quelqu'un, donner DE LA NUISANCE à quelqu'un, porter ENVIE à quelqu'un*. Inversement, se trouvent rangés comme circonstants la plupart des compléments qui se construisent au génitif [...] ou avec la préposition *de* en français : *dépendre de quelqu'un, changer DE CHAUSSETTES, se souvenir de quelque chose, se tromper DE PORTE*. (Tesnière 1966 : 128, § 8-9)

Corrélativement à ces défaillances méthodologiques dans l'analyse syntaxique (à savoir, le nécessaire cumul des approches paradigmatiques et syntagmatiques), les *ÉSS* révèlent une approche limitative du sémantique : si Tesnière propose bien une catégorisation sémantique des verbes – notamment dans le repérage du tiers actant[24] –, il n'érige pas cet élément méthodologique en principe et ne le réexploite donc pas pour la circonstance et l'identification de circonstants du verbe[25].

Enfin, Tesnière propose deux chapitres traitant du bouleversement syntagmatique des constituants. Les programmes officiels insistent sur le caractère opératoire du déplacement dans le repérage du complément circonstanciel périphérique. Or, Tesnière propose plusieurs énoncés où le déplacement affecte tout autant les actants que les circonstants : la réorganisation de l'ordre canonique est bien mise en rapport avec la volonté d'accorder à l'élément déplacé « une place vedette », ce « procédé de style » ayant des vertus pragmatiques (Tesnière 1966 : 127, § 10). Toutefois, le repérage d'une reprise pronominale (alors appelée « projection actancielle », Tesnière 1966 : 173, § 5), dans le cadre de compléments exprimant une circonstance, ne le conduit pas à isoler des circonstants sélectionnés par le verbe.

3 *Actants*, *circonstants*, *circonstanciels* par-delà Tesnière

3.1 Le couple *actant/circonstant* : prévalence du morphosyntaxique, occultation du sémantique

La plupart des grammaires de référence pour la formation des enseignants convergent pour évacuer la distinction entre actants et circonstants ou, tout du moins, pour contourner le problème. Ainsi, Chartrand & *alii* (2010) privilégient les manipulations syntaxiques et relèguent les contraintes sémantiques aux valeurs distinctives des procès des verbes. Ils tendent ainsi à favoriser et donc, à généraliser, ces activités syntaxiques parce qu'elles apparaissent plus didactiquement opératoires pour les élèves et scientifiquement plus assurées que les réponses aux traditionnelles questions en *(à) qui ? / (à) quoi ?* posées après le verbe et

---

[24] Par exemple, l'idée que « les verbes de don » sélectionnent volontiers un tiers actant (Tesnière 1966 : 128, § 8). Mais une fois encore, cet élément méthodologique est simplement suggéré à Tesnière par l'étymon latin du terme *datif* (dérivé du lat. *dare* « donner »). Et, en effet, les groupes au datif du latin correspondent souvent à des objets indirects en français.

[25] Un problème analogue se pose pour les « verbes sans actants » qui impliqueraient une « scène » « vide d'acteurs » (Tesnière 1966 : 106, § 7). Ne pourrait-on pas envisager que dans *il pleut*, la pluie soit un acteur qui, parce qu'il est induit dans la morphologie du verbe, voit sa propre expression en tant que prime actant superfétatoire (**La pluie pleut*) ?

supposées révéler les différents compléments de celui-ci[26]. Les mêmes auteurs fournissent une liste de verbes en fonction de leurs « principales valeurs » (*ibid.* : 180), mais ces « valeurs » (*action, connaissance, déplacement, existence, météorologie, opinion, parole, sensation/perception, sentiment, transformation*) ne sont guère mises en relation avec la valence verbale, dans le sens où elles pourraient expliquer les fonctionnements syntaxiques du verbe et orienter sémantiquement la distribution des compléments dits *essentiels* vs *circonstanciels*, ou *de verbe* vs *de phrase*. De plus, cet effort pour instiller des critères de distinction sémantico-lexicale n'est jamais explicitement référé à Tesnière, sans doute parce que les modèles distributionnalistes (notamment Dubois 1967) ou d'inspiration plus générativiste (Gross 1968) sont à la fois plus proches dans le temps et mieux diffusés dans la sphère scolaire, au moins depuis le début des années 1970. Ainsi, chez Chartrand & *alii*, les compléments du type *va à Londres*, dans *Annie **va à Londres*** (2010 : 116), sont toujours définis comme des compléments indirects du verbe, parce qu'ils sont pronominalisables (*Annie y va*). Mais que l'on ne s'y trompe pas : le type de complément est conditionné par sa réalisation morphologique (le syntagme prépositionnel) ; c'est parce que le régime *Londres* passe par la médiation de la préposition *à* (qui fait alors la jonction entre *va* et *Londres*) que le groupe *à Londres* est qualifié de complément indirect, indépendamment de sa valeur sémantique de circonstant (le lieu).

3.2 Le couple *actant/circonstant* : validité relative des manipulations syntaxiques

Nous l'avons vu, en français, la distinction de Tesnière entre *actant / circonstant* n'est pas évidente et les grammaires de référence étudiées évitent d'en rendre compte. La méthodologie distributionnaliste, largement diffusée (même si elle n'est pas toujours explicitement revendiquée), occulte toute approche qui ne passerait pas par l'identification des fonctions des syntagmes nominaux et verbaux et de leurs compléments.

Ainsi, chez Genevay (1994), ce sont les opérations syntaxiques de suppression, de déplacement et de remplacement qui apparaissent pertinentes pour distinguer les « groupes facultatifs » des « obligatoires » (*ibid.* : 49), présentés

---

[26] Les procédures par manipulations syntaxiques renouvellent toute une tradition qui date de la grammaire générale de Port-Royal (1660), reprise par Lhomond (1780) et prolongée par Noël & Chapsal (1837), dont les classifications traversent les siècles et sont, aujourd'hui encore, présentées dans bien des manuels de grammaire destinés à l'apprentissage des élèves du primaire et du collège (cf. Chevalier 1994).

fonctionnellement en termes de « complément de phrase facultatif et permutable » (*ibid.* : 53) et de « complément du verbe » dans le « prédicat » (*ibid.* : 55). Pourtant, Genevay décèle des difficultés d'analyse et de distinction des compléments de verbe *vs* de phrase (*ibid.* : 57), puisqu'un même groupe peut, selon les phrases où il figure, jouer le rôle de complément de verbe ou celui de complément de phrase, comme dans Le chat va ***à la cuisine*** où le groupe obligatoire, non permutable, est complément du verbe, alors que dans Le chat boit du lait ***à la cuisine***, le groupe facultatif est permutable, et complément de phrase. Genevay explique ainsi qu'« entre certains constituants voisins [...], il existe véritablement un continuum. Les opérations consistant à supprimer ou à déplacer un groupe sont donc, parfois, délicates et leur résultat peut être difficile à apprécier. Il arrive que, dans certains cas, on ne puisse trancher à coup sûr » (*ibid.* : 58). L'auteur retient également une autre contrainte sémantico-syntaxique dans Deux lampes éclairent la table ***du salon*** car « *du salon* est le complément du nom *table*, qui fait partie du groupe complément du verbe *la table du salon* » (*ibid.* : 58), mais il la dénomme ainsi sans recourir explicitement ni aux manipulations impliquées, ni aux valeurs actancielles sous-jacentes. Genevay semble ainsi reconnaître certaines réalités sémantiques, liées notamment au verbe de déplacement, mais ne poursuit pas cette analyse. De fait, même s'il effleure les problèmes, il s'en tient à une approche strictement syntagmatique qui évite d'appréhender frontalement les relations *actancielles* et *valencielles* des verbes (Tesnière 1966 : 238 *et sq.*). La grammaire de Genevay – comme celles de la plupart des auteurs de ces grammaires de formation – ne retient pas les propositions de Tesnière suggérant une combinaison des critères logique, morphosyntaxique et sémantique.

3.3 Quelles solutions didactiques pour intégrer l'analyse en *circonstants* ?

Si la primauté des critères syntaxiques occulte toute autre approche dans le traitement opposant les compléments directs ou indirects des GV et les compléments dits « circonstanciels », plusieurs grammaires destinées à la formation des enseignants (mais aussi à celle des étudiants) soulèvent des problèmes pertinents, notamment sur le statut des prépositions introduisant ces compléments, quelles que soient leur place et leur fonction.

Tomassone (1996 : 201, § 4.4) aborde effectivement le problème en se focalisant sur les « compléments introduits par d'autres prépositions que *à* et *de* » et qui sont, pour cette raison, souvent analysés « à tort » comme des circonstanciels, la forte coloration circonstancielle de la préposition introductrice induisant mécaniquement cette identification. À partir de l'énoncé Cet homme a placé sa *valise sous la banquette*, l'auteure montre comment le déplacement du SP *sous la banquette* (*Sous la banquette, cet homme a placé sa valise*) permet d'introduire de profondes nuances sémantiques, liées à la source de dépendance syntaxique de ce groupe :

> les deux phrases ne sont pas équivalentes : la première pourrait être donnée en réponse à la question *Où cet homme a-t-il placé sa valise ?* Mais la seconde ne le pourrait pas. Dans la première phrase, le groupe *sous la banquette* n'est pas librement déplaçable. Si on utilise le substitut *le faire* [...], on constate que le groupe *sous la banquette* est englobé dans la substitution : *Cet homme l'a fait* et pas *Cet homme l'a fait sous la banquette* (qui pourrait correspondre à une tout autre phrase de départ). (Tomassone 1996 : 201)

Tomassone poursuit l'analyse critique avec un nouvel énoncé mobilisant, cette fois, la préposition *chez* : *Jérémie a lancé sa balle chez le voisin*. Deux interprétations, correspondant à deux statuts de compléments différents, sont dès lors possibles : soit *Jérémie l'a fait (lancer sa balle chez le voisin)*, soit *Jérémie l'a fait chez le voisin (lancer sa balle)*. Tomassone constate donc que « l'ambiguïté de telles phrases, hors contexte, repose sur la possibilité d'une double analyse du complément prépositionnel » (*ibid.* : 201). En combinant les tests syntaxiques classiquement utilisés (déplacement, pronominalisation, passivation) à l'opération très efficace de « factivitation » (introduction du *faire* vicariant), Tomassone révèle d'emblée l'intérêt d'étudier des énoncés dont l'ambiguïté repose à la fois sur des critères sémantico-référentiels et sur des constructions actancielles, ce qui renvoie au statut des circonstants décrits par Tesnière. Cependant, si Tomassone associe ces constructions aux valeurs d'emploi de certaines prépositions – en l'occurrence *sous* et *chez* –, elle ne les comprend pas dans une étude valencielle des verbes et notamment à ceux signifiant une localisation.

Wilmet (2007 : 530), sans doute moins contraint par la tradition française, explore d'autres perspectives pour l'analyse des circonstants et s'interroge sur la pertinence d'« une démarcation franche » entre les *compléments seconds* (dénomination qu'il préfère à « compléments indirects ») et les *circonstanciels*, dans la mesure où les critères – morphologique (présence/absence de la préposition), sémantique (expression d'une circonstance) et syntaxique (pronominalisation) – censés faire le départ entre les deux espèces de complément ne résistent pas toujours aux occurrences en discours, voire peuvent s'appliquer aussi bien à l'une qu'à l'autre espèce :

> Le problème naît de ce que les deux espèces de compléments utilisent – fût-ce en des proportions différentes – les mêmes prépositions (déjà la préposition zéro p. ex. *Le boulanger pétrit la pâte* et *Le boulanger pétrit la nuit* ou *Pierre habite Paris*) : *à, de, avec, contre, dans, en, par, sur...* ; [...] les doutes s'amplifient au fur et à mesure que les circonstanciels offrent

> leur vaste échantillonnage de temps, de lieu, d'accompagnement, de destination... [...] Pour ne rien arranger, les compléments seconds et les circonstanciels se pronominalisent pareillement. Comparer p. ex. *Pierre pense À PARIS* = 1° « Paris est l'objet de ses pensées » et 2° « Paris est l'endroit où s'effectue son travail intellectuel » => *Pierre Y pense.* [...] Les compléments circonstanciels sont dès lors en position de revendiquer [...] jusqu'aux prépositions les plus propices aux compléments seconds. C'est ainsi que Tesnière rejette aux circonstanciels *changer de veste/chaussettes, dépendre de quelqu'un, se souvenir de quelque chose, se tromper de porte...* (Wilmet 2007 : 530)

En référence explicite à Tesnière mais en s'en distançant, Wilmet relativise donc le recours exclusif aux critères généralement convoqués pour envisager, en définitive, une analyse qui suppose « une zone d'entre deux, où les compléments seconds et les compléments circonstanciels coexistent » (*ibid.*). Il restera à décrire en conséquence la place et le statut des prépositions : sont-elles intégrées à la valence du verbe, comme faisant partie de son sémantisme, ou sont-elles associées au sens du complément prépositionnel, qu'il soit premier ou second ? Corollairement, c'est la question des verbes noyaux qui est posée : en partie listés et analysés par Tesnière et rapportés ci-dessus par Wilmet, ces verbes et les compléments associés ne peuvent s'appréhender qu'en termes d'« expressions prédicatives discontinues » (Neveu 2004–2005 : 6–7), car intrinsèquement liés à la valence verbale.

Au-delà, dans une perspective d'enseignement, inutile de dire que ces prolongements qui associent différentes strates de descriptions morphologique, syntaxique, sémantique, voire lexicale et énonciative, nécessiteraient une formation linguistique de haut niveau pour des enseignants confrontés à des manipulations souvent formelles et des explications dichotomiques (Taous 2021).

4 Bilan et perspectives

Comme nous avons tenté de le montrer, l'apport de Tesnière sur des questions d'enseignement (ou de formation) grammatical reste très ténu. Les deux traditions (l'une ancienne, dérivée de Port-Royal, l'autre, de la linguistique structurale des années 1960–70), avec leurs expansions transformationnelles et distributionnelles, posent inévitablement la question de l'« enseignable » (Chiss & David 2018). Depuis près de quatre siècles, cette question se cristallise sur l'analyse des relations entre le verbe et ses compléments, et plus précisément sur le statut de ces derniers qui, aujourd'hui, sont encore distingués artificiellement en *essentiels* (ou de verbe) et *circonstanciels* (ou de phrase). Pour faciliter la didactisation de ces compléments, ce sont majoritairement les opérations ou « manipulations » syntaxiques qui sont présentées, malgré l'expression de réserves quant à leur pleine opérationnalité. Les efforts pour introduire un tiers valenciel dans l'analyse de ces compléments passent par l'intégration du sens des prépositions qui apparaît à des degrés divers dans quelques grammaires. L'approche des « circonstants » de Tesnière est reformulée par Wilmet (2021 : 72), pour qui le « remède serait de délaisser dans un premier temps [...] la sémantique au profit de la syntaxe ». Wilmet, « par commodité », conserve « l'appellation tesniérienne de circonstant [...] qui, au moins, prévient l'assimilation aussi tentante que fallacieuse de circonstanciel à "accessoire" ou à "facultatif", avec le désastreux corollaire que les compléments "obligatoires" de par exemple *Pierre vit à Paris* ou *Les fleuves vont à la mer* auraient à se trouver un créneau ailleurs » (*ibid.*).

De cette étude, nous admettrons que l'approche structuraliste/transformationnelle a dichotomisé et fossilisé le rapport entre compléments de verbe *vs* de phrase, ou essentiels *vs* circonstanciels. La notion de « circonstant » (ré-)introduit un tiers dans l'analyse valencielle des verbes que l'on trouve partiellement ou analogiquement formulé dans certaines grammaires dédiées à l'enseignement et à la formation. Mais, à l'exception de quelques ouvrages (Meleuc & Fauchart 1999), elles ne surgissent guère – ou pas encore – au plan didactique. En la matière, la majorité de ces propositions didactiques hésite à introduire des critères d'analyse sémantiques, car les élèves les plus jeunes (ou peu expérimentés) ont tendance à s'y enfermer de façon spontanée. C'est dès lors la question de la progression des connaissances grammaticales qui est fondamentalement posée : faut-il réserver le travail de manipulation syntaxique dans les premières classes du primaire, et introduire ensuite, à un âge plus avancé, des distinctions plus complexes et abstraites, comme celles définies par Tesnière ?

Enfin, pour prolonger les modélisations pédagogiques formulées par Tesnière, il manque encore, sans doute, une théorie générale de la valence verbale qui intègre toutes les constructions attestées, celles que les élèves ne manquent pas de produire et que les enseignants devraient pouvoir analyser dans leur complétude. C'est alors la question des corpus qui est posée, par exemple avec des énoncés complexes et/ou ambigus qui permettent une compréhension étendue et critique des questions relatives, entre autres, à cette complémentation verbale. Bien modestement, nous proposons ci-dessous un cadre synthétique, qui mêle syntaxique et sémantique et qui pourrait servir de patron à l'élaboration ou à l'analyse d'occurrences pertinentes :

Le complément circonstanciel – Description sémantico-syntaxique

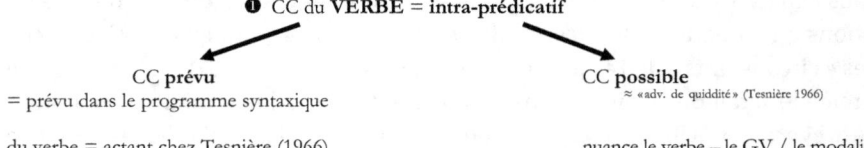

❶ CC du **VERBE** = intra-prédicatif

CC **prévu**
= prévu dans le programme syntaxique

du verbe = actant chez Tesnière (1966)

1) Coïncidence sémantique entre le verbe et la circonstance du complément
2) Sélection de la préposition plus ou moins prédictible (commutation possible avec des prépositions synonymes)

CC **possible**
≈ «adv. de quiddité» (Tesnière 1966)

nuance le verbe – le GV / le modalise

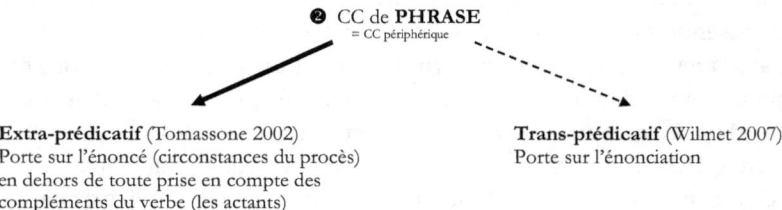

❷ CC de **PHRASE**
= CC périphérique

Extra-prédicatif (Tomassone 2002)
Porte sur l'énoncé (circonstances du procès) en dehors de toute prise en compte des compléments du verbe (les actants)

Trans-prédicatif (Wilmet 2007)
Porte sur l'énonciation

Figure 4: Le complément circonstanciel – Description sémantico-syntaxique.

Bibliographie

Basset Louis, 1998, « Autour du circonstant en grec ancien », *in* S. Rémi-Giraud & A. Roman (dir.), *Autour du circonstant*, Lyon, Presses universitaires de Lyon : 11–31.

Bernard Gilles, 1991, « Une conception linguistique méconnue de la transitivité », *LINX*, 24 : 13–35.

Boisson Claude, 1998, « Les adverbiaux sans préposition », *in* S. Rémi-Giraud & A. Roman (dir.), *Autour du circonstant*, Lyon, Presses universitaires de Lyon : 215–257.

Bouard Bérengère, 2012, « L'invention terminologique et conceptuelle du complément dans la grammaire française (1660–1863) », *Coldoc*, 7 : 69–87.

Bouard Bérengère, Fournier Jean-Marie, 2013, « Complément, adverbe et expression de la manière dans les grammaires françaises, XVIe-XIXe siècles », *in* E. Moline & M. Desmets (dir.), *Scolia, Les compléments de manière*, 27 : 31–52.

Chartrand Suzanne-Geneviève, Aubin Denis, Blain Raymond, Simard Claude, 2010, *Grammaire pédagogique du français d'aujourd'hui*, F. Morin (collab.), Montréal, Chenelière Éducation.

Chevalier Jean-Claude, 1994, *Histoire de la grammaire française*, Paris, Presses universitaires de France.

Chervel André, 1979, « Rhétorique et grammaire : petite histoire du circonstanciel », *Langue française*, 41 : 5–19.

Chiss Jean-Louis, David Jacques, 2003, *Grammaire junior*, Paris, Nathan.

Chiss Jean-Louis, David Jacques, 2014, « Les grammaires de référence dans la francophonie : contextualisations et variations », *Langue française*, 181 : 79–95.
Chiss Jean-Louis, David Jacques, 2018, *Didactique du français. Enjeux disciplinaires et étude de la langue*, Paris, Armand Colin.
David Jacques, Grossmann Francis, Paveau Marie-Anne, 1997, « La reformulation des savoirs sur la langue et les discours », *La Lettre de la DFLM*, 21 : 18–25.
Dubois Jean, 1967, *Grammaire structurale du français : le verbe*, Paris, Larousse.
Du Marsais César Chesneau, 1754, « CONSTRUCTION, s. f., *terme de Grammaire* », *in* D. Diderot & J. d'Alembert (dir.) (1751–1772). *Encyclopédie ou Dictionnaire raisonné des sciences, des arts et des métiers*, volume IV, Paris, Numérisation de l'exemplaire original de la Bibliothèque Mazarine : 73–92.
Dupont Norbert, 1998, « *En* et *y* actants ou circonstants », *in* S. Rémi-Giraud & A. Roman (dir.), *Autour du circonstant*, Lyon, Presses universitaires de Lyon : 193–214.
Franić Ivana, 2011, « Les *Éléments de syntaxe structurale* de Lucien Tesnière entre discours scientifique et discours didactique », *Vestnik za Tuje Jezike – Journal for Foreign Languages*, 3/1–2 : 61–76.
Genevay Éric, 1994, *Ouvrir la grammaire*, Lausanne, éditions LEP.
Gross Maurice, 1968, *Grammaire transformationnelle du français. Syntaxe du verbe*, Paris, Larousse.
Meleuc Serge, Fauchart Nicole, 1999, *Didactique de la conjugaison. Le verbe « autrement »*, Paris, Bertrand Lacoste/CRDP Midi-Pyrénées.
Ministère de l'Éducation nationale, 1975, « Nomenclature grammaticale pour l'enseignement du français dans le second degré », *Circulaire du 22 juillet 1975* et *Complément à la circulaire du 22 juillet 1975*.
Ministère de l'Éducation nationale, de la recherche et de la Technologie, 1997–1998, *Terminologie grammaticale*, Paris, CNDP.
Ministère de l'Éducation nationale et de la Jeunesse, 2020, *Terminologie grammaticale*, P. Monneret & F. Poli, Paris : en ligne.
Neveu Franck, 2004–2005, *Grammaire du verbe en français : morphologie, syntaxe, sémantique. Indications bibliographiques générales* : en ligne.
Swiggers Pierre, 1994, « Aux débuts de la syntaxe structurale : Tesnière et la construction d'une syntaxe », *Linguistica*, 34/1 : 209–219.
Taous Tatiana, 2021, « Pour une dynamique de l'enseignement grammatical. Perspectives de formation », *Le français aujourd'hui*, 214 : 91–103.
Tesnière Lucien, 1966, *Éléments de syntaxe structurale*, 2e éd., Paris, Klincksieck.
Tomassone Roberte, 1996, *Pour enseigner la grammaire*, C. Leu-Simon (collab.), Paris, Delagrave.
Tomassone Roberte, 2002, *Pour enseigner la grammaire*, C. Leu-Simon (collab.), Paris, Delagrave.
Touratier Christian, 2005, « Polysémie verbale et syntaxe », *in* O. Soutet (dir.), *La polysémie*, Paris, Presses universitaires de Paris Sorbonne : 155–165.
Wilmet Marc, 2007, *Grammaire critique du français*, 4e éd., Bruxelles, De Boeck & Larcier.
Wilmet Marc, 2021, *Retour à l'analyse logique*, Paris, Classiques Garnier.

Sophie Piron
Chapitre 23
Actants et circonstants, ou le delta de la complémentation verbale

1 Introduction

Profondément soucieux de transmission pédagogique, en particulier d'une langue étrangère, auteur de grammaires, Tesnière laisse une œuvre polymorphe. Corblin souligne l'originalité des notions introduites par Tesnière – actants, valence et stemmas – et en même temps son « extériorité à l'univers structuraliste » (1991 : 229).

Toute innovation s'inscrit cependant dans un milieu intellectuel ambiant. Comme le montrent Maziotta & Kahane (à par.) au sujet des stemmas, Tesnière s'est inspiré de plusieurs de ses prédécesseurs, sans que l'on puisse véritablement identifier de sources spécifiques. On voit plutôt l'appropriation d'un contexte de pensée. Le présent article vise à étudier les zones d'influence au sein desquelles Tesnière inscrit son analyse des compléments du verbe. Dans l'article qu'il rédige en 1933 et publie en 1934, Tesnière pose déjà les bases des *Éléments de syntaxe structurale*, qui ne paraîtront qu'en 1959, à titre posthume. Au vu de cette chronologie, de son indépendance face aux cercles de pensée en place et de son intérêt pour la pédagogie (Cortès 1991, Bidaud 2019, Verdelhan Bourgade 2020), nous avons orienté nos recherches du contexte d'inspiration de Tesnière vers des grammaires parues entre le dernier quart du XIXe siècle et la première moitié du XXe siècle. Le corpus que nous avons bâti est essentiellement à vocation scolaire, sinon grand public. Par leur variété, les 21 ouvrages retenus permettent de donner une image de la doxa grammaticale de l'époque au cours de laquelle Tesnière conçoit l'architecture de son modèle.

L'analyse de la complémentation verbale telle que l'envisage Tesnière impose de considérer la phrase au complet : nœud verbal, actants et circonstants.

Sophie Piron, Université du Québec à Montréal

2 Le nœud verbal

Tesnière révoque la définition bipartite de la proposition au motif qu'elle ne relève pas de la linguistique, mais de la logique.

> Se fondant sur des principes logiques, la grammaire traditionnelle s'efforce de retrouver dans la phrase l'opposition logique entre le sujet et le prédicat, le sujet étant ce dont on dit quelque chose, le prédicat ce qu'on en dit. [...] Il ne faut voir dans cette conception qu'une survivance non encore éliminée, de l'époque, qui va d'Aristote à Port-Royal, où toute la grammaire était fondée sur la logique. En effet, tous les arguments qui peuvent être invoqués contre la conception du nœud verbal et en faveur de l'opposition du sujet et du prédicat relèvent de la logique formelle a priori, qui n'a rien à voir en linguistique. (Tesnière 1966 [1959] : 103–104, § 2-4-5)

Par cette invalidation de la structure *sujet-prédicat* en grammaire, Tesnière s'oppose à la mouvance logique présente dans les ouvrages du corpus de la fin du XIXe siècle, où la proposition n'est cependant pas définie comme l'association d'un sujet et d'un prédicat, mais plutôt comme un jugement (Leclair & Rouzé 1880, Larive & Fleury 1883, Chassang 1888, Crouslé 1888, Brelet 1905, Calvet & Chompret 1920), dont les entités – au nombre de trois – sont le sujet, le verbe et l'attribut. Tesnière emprunte une voie sur laquelle s'engagent déjà la plupart des grammairiens au début du XXe siècle, qui ne définissent la proposition ni comme un jugement ni comme un sujet et ce que l'on en dit (sauf exception, comme Lanusse & Yvon 1930, Michaut & Schricke 1934, Aumeunier & Zevaco 1937), mais la positionnent tantôt sur le plan grammatical où figurent trois entités, sujet, verbe, complément/attribut[1] (Maquet & *al.* 1925 ; Grevisse 1936), tantôt sur le plan sémantique de l'expression d'un fait (Crouzet & *al.* 1909) ou d'une action, d'un sentiment, *etc.* (Aumeunier & Zevaco 1937), voire proposent une combinaison de deux perspectives (Lanusse & Yvon 1930, Académie 1932)[2].

> Au point de vue de la forme grammaticale, une proposition peut contenir trois éléments : un sujet, un verbe, un complément ou un attribut [...]. Au point de vue du sens, la proposition ne comporte que deux éléments : le sujet, et ce qui est dit à propos du sujet. (Lanusse & Yvon 1930 : 200)

---

1 Ces entités sont celles que retient l'arrêté du 25 juillet 1910 sur la nomenclature grammaticale (Chervel 1995, t.2).
2 Sudre (1907), Dussouchet (1913) et Radouant (1922) font usage du concept de la proposition, sans le définir conceptuellement, et en proposent seulement des exemples. Il s'agit essentiellement de grammaires élémentaires. Elles suivent en cela des recommandations émises par Brunot, qui propose de remplacer la définition par l'exemplification au sein d'une phrase (Fournier 1998).

Les deux points de vue qui permettent d'appréhender la proposition chez Lanusse & Yvon sont, bien sûr, une réminiscence des deux analyses (grammaticale et logique) qui ont caractérisé la période de la première grammaire scolaire jusqu'au milieu du XIXe siècle (Chervel 1977) et qui se sont maintenues sous une forme allégée dans les versions plus modernes de la grammaire (Piron 2010). Au-delà du maintien de cette distinction traditionnelle, la définition grammaticale d'une part, sémantique d'autre part, de la proposition évoque immédiatement la subdivision tesniérienne en un plan structural relevant de la grammaire et un plan sémantique relevant de la logique.

> Autre chose est la structure d'une phrase, autre chose l'idée qu'elle exprime et qui en constitue le sens. Il y a donc lieu de distinguer entre le plan structural et le plan sémantique. [...] Le plan structural est celui dans lequel s'élabore l'expression linguistique de la pensée. Il relève de la grammaire et lui est intrinsèque. Le plan sémantique au contraire est le domaine propre de la pensée, abstraction faite de toute expression linguistique. Il ne relève pas de la grammaire, à laquelle il est extrinsèque, mais seulement de la psychologie et de la logique. (Tesnière 1966 : 40)

La division entre forme et sens est également réclamée par les rapports en amont des textes officiels pour l'enseignement et ces textes mêmes, qui insistent sur le caractère formel des appellations et distinctions proposées dans la nomenclature grammaticale du 25 juillet 1910 (Fournier 1998) et qui n'envisagent leur pendant sémantique que pour les niveaux plus avancés.

> La Commission eût vivement désiré trouver une classification qui distinguât partout la forme et le sens. Mais il a fallu y renoncer en raison du jeune âge des enfants pour qui est faite cette nomenclature. Lorsqu'ils se trouveront en présence d'élèves plus âgés, les maîtres pourront faire cette distinction s'ils la jugent utile. (Circulaire du 28 septembre 1910, *in* Chervel 1995, t.2 : 253)

La proposition traditionnelle subit dès lors trois reconfigurations chez Tesnière. La première est une réorganisation de ses pôles d'attraction. Dans la vision qui prévaut à la fin du XIXe siècle et au début du XXe siècle, la proposition comporte tantôt trois pôles grammaticaux (*sujet-verbe-complément/attribut*), tantôt deux pôles logiques (*sujet-prédicat*). Tesnière remplace cette conception polycentrée par un schéma structural construit sur un seul pôle, appelé *nœud central*. Celui-ci sera le plus souvent verbal.

> Le nœud formé par le régissant qui commande tous les subordonnés de la phrase est le nœud des nœuds ou nœud central. Il est au centre de la phrase [...]. Il s'identifie avec la phrase. Le nœud des nœuds est généralement un nœud verbal. (Tesnière 1966 : 15)

Cette conception n'apparaît pas dans les grammaires qui précèdent Tesnière[3]. On la voit seulement affleurer chez Larive & Fleury (1883)[4], sans qu'elle soit même reliée à la définition de la proposition.

> Le verbe, du latin *verbum*, *mot*, *parole*, a reçu ce nom parce qu'on le considère comme étant le mot par excellence et la partie la plus importante du discours. (Larive & Fleury 1883 : 76)

La conception tesniérienne ne s'inscrit toutefois pas en porte-à-faux aux idées qui circulent depuis longtemps. On trouve ainsi une vision verbo-centrée de la proposition dans Buisson (1887), qui s'appuie en partie sur l'analyse du circonstanciel dont le rattachement au verbe (puisqu'il le complète) est bien ancré dans la théorie grammaticale[5].

> Une proposition peut s'étendre en réunissant autour du verbe, outre le sujet et l'objet de l'action, plusieurs circonstances prises du lieu, du temps, de la manière, du but, ou d'autres encore. (Buisson 1887, I, t.1 : 1197a, article *grammaire*).

La deuxième reconfiguration effectuée par Tesnière découle de la première. Elle consiste en une modification de perspective. Alors que les grammaires envisagent la proposition comme une séquence linéaire et plane (*sujet-verbe-attribut/complément*) ou comme des composantes en corrélation (*un sujet/ce qu'on en dit*), Tesnière adopte une perspective structurale, dont l'ordonnancement hiérarchique entre des termes supérieurs et inférieurs doit être distingué de l'ordre linéaire.

> L'étude de la phrase, qui est l'objet propre de la syntaxe structurale, est essentiellement l'étude de sa structure, qui n'est autre que la hiérarchie de ses connexions. (Tesnière 1966 : 14)

Les connexions établies entre un régissant et son subordonné sont l'expression même de la hiérarchie, qui est représentée par un trait vertical. Celui-ci revêt une importance capitale, que l'on perçoit dans une remarque que fait Tesnière à

---

[3] On ne la trouve pas non plus chez Brunot, qui envisage la proposition comme « a) un être, une chose, une idée dont on parle. b) ce qu'est ou fait cet être, cette chose, cette idée » (Brunot 1926 : 10).

[4] Elle apparaît très clairement chez Gaiffe & *alii* : « Le verbe (du latin *verbum, le mot*) est le terme par excellence pour l'expression de l'action ou de l'état, et en cela il se présente comme le mot essentiel de la proposition, différent aussi du nom, qui désigne un être, un objet, une idée » (1936 : 272). Mais il faut souligner qu'à cette date, Tesnière a déjà exposé sa conception verbo-centrée de la phrase dans un article de 1934.

[5] Citons seulement : « On appelle complément circonstanciel tout mot qui complète le sens d'un verbe en y ajoutant une détermination de lieu, de temps, de manière, de motif, de moyen, etc. » (Larive & Fleury 1883 : 77).

propos des subordonnés multiples. Dans ce cas, le trait vertical doit être converti en plusieurs traits obliques, ce que Tesnière envisage comme une façon de « tricher sur la verticalité des traits de connexion » (1966 : 15). Si le trait vertical de Tesnière évoque sommairement le trait vertical fondamental dans l'idéographie de Frege (1879) pour exprimer l'assertion (Leclercq 2008), il symbolise tant chez Frege que chez Tesnière la subsomption d'un élément à un autre. Or cette subsomption est au cœur de la prédication logique de Frege[6]. En ce sens, on peut concevoir que la relation de subordination entre le nœud verbal et son subordonné chez Tesnière transpose en syntaxe la conception frégéenne de la prédication logique comme subsomption d'un objet sous un concept. Celui-ci se trouve saturé par un ou des objets/arguments.

Pour Tesnière, la relation hiérarchique entre un régissant et son subordonné est suffisamment décrite au moyen de la connexion structurale. Elle n'a pas à être davantage précisée ou différenciée – comme c'est d'ailleurs le cas de la prédication logique –, quels que soient les mots ainsi mis en relation (un adjectif par rapport à un nom, un nom par rapport à un verbe, etc.). Les distinctions traditionnelles de la grammaire ne sont donc pas prises en compte. Point de sujet, de complément déterminatif ou encore de complément d'objet. La syntaxe structurale se démarque ici fortement des grammaires de l'époque.

La troisième modification que fait subir Tesnière à la proposition traditionnelle concerne ses entités constitutives et découle des deux premières reconfigurations, qui ont rendu inopérants les concepts de sujet, de complément, de prédicat et d'attribut. Se souciant de pédagogie (Bidaud 2019, Verdelhan Bourgade 2020) et agissant en incubateur d'idées véhiculées ailleurs (Mazziotta & Kahane, à par.), Tesnière recourt, pour exposer le fonctionnement d'une phrase, à une métaphore théâtrale[7] qui repose sur trois entités : un procès[8], des acteurs et des circonstances.

> Le nœud verbal, que l'on trouve au centre de la plupart de nos langues européennes, exprime tout un petit drame. Comme un drame en effet, il comporte obligatoirement un procès, et le plus souvent des acteurs et des circonstances. (Tesnière 1966 : 102)

---

6 Rappelons que Frege a, lui aussi, critiqué l'analyse traditionnelle de la proposition, bien que ce soit pour des raisons inverses à celles de Tesnière. En effet, pour Frege (1879), l'analyse du jugement en une structure *sujet-prédicat* ne relève pas de la logique, mais bien de la linguistique (Leclercq 2008). À ce titre, elle doit être remplacée en logique mathématique par une autre conceptualisation.
7 Comme le souligne Swiggers (1994), l'image du petit drame est déjà présente dans Tesnière (1934).
8 Dans Tesnière (1934), c'est le terme d'*action* qui est employé au lieu de *procès*.

La grammaire de Crouzet & *alii* (1909), qui a connu de multiples rééditions (vraisemblablement jusqu'en 1936[9]), pourrait bien avoir inspiré la métaphore tesniérienne. En effet, elle envisage la proposition à partir d'une image scénique – c'est la première grammaire à le faire, à notre connaissance – induisant trois entités conceptuelles qui préfigurent celles de Tesnière et qui posent l'action comme événement verbal de référence.

> Une proposition : *Un lièvre en son gîte songeait* est comme une petite scène d'une pièce où les mots jouent un rôle, remplissent une fonction. Ils indiquent, en effet : 1° quelle chose se passe ; 2° quels sont les personnages de la scène ; 3° dans quelles conditions la scène a lieu. (Crouzet, Berthet & Galliot 1909 : 23)

L'image théâtrale semble faire partie des idées qui circulent au début du XXe siècle pour décrire la proposition. On la trouve ainsi, en ces termes mêmes de *petit drame*, dans un ouvrage de Luquet (1913) consacré à la logique et exposant la décomposition de la proposition en sujet et en prédicat.

> En face de la perception d'un enfant qui bat un chien, je puis m'intéresser à l'ensemble, au spectacle, et dans ce cas je pourrai dire également, entre autres expressions : L'enfant bat le chien, Le chien est battu par l'enfant, Il y a une correction du chien par l'enfant. Mais si je m'intéresse spécialement à l'un des personnages de ce petit drame, il passera au premier plan, deviendra le sujet de la proposition [...]. (Luquet 1913 : 84)

Tesnière transpose ensuite l'image théâtrale sur le plan structural, central dans son modèle, et propose les correspondances *procès/verbe*, *acteurs/actants* et *circonstances/circonstants* (1966 : 102)[10]. Il innove avec les termes *actants* et *circonstants*, que l'on ne trouve nulle part dans le corpus.

3 Les actants

La définition des actants, bien que se situant sur le plan structural, repose essentiellement sur une identification ontologique en êtres et en choses.

> Les actants sont les êtres ou les choses qui, à un titre quelconque et de quelque façon que ce soit, même au titre de simples figurants et de la façon la plus passive, participent au procès (Tesnière 1966 : 102).

---

[9] 24e édition en 1936 (selon le CTLF et la BnF).
[10] Comme le souligne Swiggers (1994), l'analyse en *actants/circonstants* est absente chez Tesnière (1934).

L'innovation de Tesnière consiste à avoir regroupé sous les actants les fonctions de la grammaire traditionnelle qui sont engagées par des êtres ou des choses, soit le sujet, le complément d'agent et les compléments d'objet. Les actants se distinguent par leur nombre et leur ordre par rapport au nœud verbal.

3.1 Le prime actant

Tesnière propose un terme novateur, *le prime actant*. Il s'agit du premier actant à apparaître auprès du nœud verbal, et de celui qui est en principe requis par les verbes en comportant au moins un. En tant qu'actant, le prime actant hérite des traits ontologiques de l'actant et se définit dès lors comme un être ou une chose. Il est l'équivalent structural du sujet qui, lui, intervient sur le plan sémantique, où il est défini comme « celui qui fait l'action » (Tesnière 1966 : 108). Tesnière sépare ainsi la perspective structurale de la perspective sémantique[11], mais inscrit bel et bien le prime actant et le sujet dans la tradition. Les grammaires du corpus proposent en effet du sujet des définitions semblables, reposant sur une conception ontologique et sémantique de la fonction (Leclair & Rouzé 1880 ; Crouzet, Berthet & Galliot 1909).

> Le sujet est la personne ou la chose qui fait l'action exprimée par le verbe. (Leclair & Rouzé 1880 : viii)

Cependant, la plupart des ouvrages, contrairement aux *Éléments* qui restreignent le sujet à un schéma d'action, ajoutent la possibilité de référer à un état (Larive & Fleury 1883, Brelet 1905, Dussouchet 1913, Calvet & Chompret 1920, Maquet & *al.* 1925, Michaut & Schricke 1934, Aumeunier & Zevaco 1937).

> On appelle sujet d'un verbe le mot représentant la personne ou la chose qui fait l'action ou qui se trouve dans la situation exprimée par ce verbe. (Larive & Fleury 1883 : 76)

Chez Tesnière, le sujet fait partie des compléments du verbe et est dépossédé de son statut de contrepoids au prédicat. En révoquant l'analyse classique en sujet-prédicat, Tesnière positionne le sujet dans la sphère verbale[12]. Ce faisant,

---

[11] Brunot souligne, lui aussi, la nécessité de ne pas donner de définition sémantique à un terme grammatical : « *Sujet* est un mot grammatical qu'on ne peut pas employer pour *auteur de l'action*. » (Brunot 1926 : 227). Par contre, Brunot inscrit le sujet sur le plan grammatical tandis que Tesnière réserve le terme au plan sémantique.

[12] Dans Tesnière (1934), la métaphore de la galaxie supporte très clairement l'image des constituants gravitant autour du verbe : « Une phrase se présente comme un système solaire. Au centre, un verbe qui commande tout l'organisme, de même que le soleil est au centre du sys-

il appuie une conception présente en filigrane dans les grammaires antérieures à 1910, où la fonction de sujet est assez souvent exposée dans la même section que celle des compléments du verbe ou dans celle qui précède. C'est auprès des compléments que Leclair & Rouzé (1880), Larive & Fleury (1883), Dussouchet (1913), Maquet & *alii* (1925)[13] placent leur définition du sujet tandis que les grammaires publiées après 1910 ont tendance à l'exposer dans une section consacrée à la proposition, là où l'envisage d'ailleurs la Nomenclature grammaticale de 1910.

3.2 Le second actant

Le second actant n'apparaît qu'avec des verbes dits à deux ou trois actants, c'est-à-dire des verbes qui « expriment un procès auquel participent deux [ou trois] personnes ou choses » (Tesnière 1966 : 107). Sa définition n'est véritablement donnée que sur le plan sémantique, soit comme « celui qui supporte l'action » (Tesnière 1966 : 108), dans les mêmes termes que Michaut & Schricke (1934)[14]. Or cette perspective inscrit le second actant dans la lignée du complément direct tel que le décrivent les grammaires de la fin du XIXe siècle.

> Le complément direct est le mot sur lequel tombe directement l'action exprimée par le verbe. (Leclair & Rouzé 1880 : 10)
>
> On appelle complément direct d'un verbe le mot représentant la personne ou la chose qui reçoit directement et en premier lieu l'action exprimée par ce verbe. (Larive & Fleury 1883 : 76)
>
> On appelle verbes actifs ou transitifs ceux qui expriment une action s'exerçant directement sur une autre personne ou une autre chose que le sujet ; et le mot qui désigne cette personne ou cette chose s'appelle complément direct. (Chassang 1888 [1880] : 73)

Tesnière précise que le second actant correspond à un objet sur le plan sémantique. Ici, il suit un mouvement d'évolution que l'on perçoit dans le corpus. À partir de Crouslé (1888), en passant par Sudre (1907), Crouzet & *alii* (1909), Dussouchet (1913), Maquet & *alii* (1925), l'Académie (1932) ou encore Aumeunier & Zevaco (1937), la description des compléments du verbe exploite la notion d'objet.

---

tème solaire » (Tesnière 1934 : 223). Cette métaphore de la galaxie a été remplacée par la valence chimique dans l'ouvrage de 1959.

13 Maquet & *alii* (1913) définissent le sujet à deux endroits : dans la section consacrée à la proposition et dans celle consacrée au verbe.

14 « L'objet du verbe désigne celui qui supporte ou ce qui supporte l'action exprimée par le verbe comme se faisant, s'étant faite ou devant se faire. » (Michaut & Schricke 1934 : 12)

> Les verbes transitifs, à la voix active, ont pour complément direct le nom de l'objet qui subit l'action. (Crouslé 1888 : 83)
>
> Les verbes qui expriment une action [...] étendent cette action à un objet. (Sudre 1907 : 106)
>
> Le nom complément d'un verbe indique souvent ce sur quoi porte l'action exprimée par le verbe, l'objet de cette action. (Lanusse & Yvon 1930 : 125)

Par contre, à la différence du corpus, où cette notion définit une fonction grammaticale, l'objet chez Tesnière est envisagé sur le plan du sens, suivant d'ailleurs en cela la séparation entre la forme et le sens que recommande la circulaire relative à la nouvelle nomenclature grammaticale.

> Quand l'analyse servira à l'intelligence du texte, rien n'empêchera le professeur d'expliquer qu'il y a un complément direct ou indirect indiquant l'objet de l'action [...]. (Circulaire du 28 septembre 1910, *in* Chervel 1995, t.2 : 253)

L'interprétation de Tesnière des textes officiels de 1910, auxquels il fait allusion, est toutefois erronée puisqu'il affirme que le complément direct traditionnel a été remplacé par le complément d'objet.

> Le second actant était connu autrefois dans la grammaire traditionnelle sous le nom de complément direct, qui a été remplacé en 1910 par celui de complément d'objet. (Tesnière 1966 : 108)

Or l'arrêté du 25 juillet 1910 fixant la nouvelle nomenclature grammaticale ne relève comme compléments du verbe que des compléments directs et indirects (Chervel 1995, t.2 : 249), c'est-à-dire des compléments nommés et différenciés par leur forme seulement. Point de complément d'objet, ce que précise d'ailleurs une note du 21 mars 1911.

> La nomenclature grammaticale ne contient en effet que des termes servant à désigner des *formes* et des *fonctions*. Elle ne contient pas, et cela à dessein, d'appellations de sens. [...] Dans les phrases « il aime son père », « il nuit à son père », les deux compléments sont l'un direct, l'autre indirect de forme, mais ils ont tous deux le même sens ; ils expriment l'objet de l'action d'aimer ou de nuire. (Note parue dans la *Revue pédagogique* 1911, t.1 : 378–379, citée par Lanusse & Yvon 1929 : 16–17)

On le constate, la notion d'objet fait partie du paysage grammatical mais n'intervient pas dans les appellations officielles. Dans notre corpus, elle apparaît à la fin du XIXe siècle, et davantage au début du XXe siècle, plus précisément avec Crouslé (1888) – comme cela a été signalé plus haut –, puis Dussouchet (1913). Encore n'est-ce que comme élément de définition, et non d'appellation.

> Les verbes transitifs, à la voix active, ont pour complément direct le nom de l'objet qui subit l'action. (Crouslé 1888 : 83)

> Le complément direct n'est précédé d'aucune préposition. On reconnaît le complément direct en faisant après le verbe la question *qui ?* ou *quoi ?* pour trouver l'objet de l'action. (Dussouchet 1913 : 85)

Ce n'est qu'avec Sudre (1907) que la notion se glisse dans l'appellation du complément : *le complément direct* devient *complément d'objet (direct)*. On trouve ensuite celui-ci chez Crouzet & *alii* (1909), Calvet & Chompret (1920), Radouant (1922), Maquet & *alii* (1925), Lanusse & Yvon (1930), Michaut & Schricke (1934), Grevisse (1936), Gaiffe & *alii* (1936), Aumeunier & Zevaco (1937), mais pas dans Académie (1932), qui use encore du terme *complément direct*.

> Les verbes qui expriment une action [...] étendent cette action à un objet et sont transitifs : *Je lis un livre*. Le mot (nom, pronom, ou infinitif) qui exprime cet objet est dit *complément d'objet*. (Sudre 1907 : 106)

L'appellation *complément d'objet* figure d'ailleurs dans le *Nouveau dictionnaire de pédagogie*[15]. Flot, auteur de l'article consacré à la grammaire, insiste d'ailleurs sur son ancrage sémantique, tout en lui conférant un statut privilégié.

> Par leur *forme*, les compléments sont directs ou indirects : par leur *fonction*, ils sont compléments de nom, d'adjectif, de verbe, d'adverbe ; par leur *sens*, ils sont déterminatifs ou explicatifs. En ce qui concerne le verbe, il y a un complément d'une importance particulière, c'est celui qui désigne l'être sur lequel s'exerce l'action marquée par le verbe. On l'appellera *complément d'objet*. Ainsi dans cet exemple : *Le paysan fauchait* SON PRÉ, le groupe de mots *son pré* est un complément d'objet (sens), direct (forme), du verbe *fauchait* (fonction). (Flot 1911, article *grammaire*)

Conciliant les plans sémantique et formel, les manuels de grammaire ont métissé les recommandations ministérielles. Se forgent ainsi peu à peu les compléments d'objet, directs et indirects (Piron 2010, Piron & Vincent 2010) dont font usage les ouvrages de l'époque. Sans pourtant avoir été officialisées par une nouvelle nomenclature, ces appellations se trouvent cautionnées dans les instructions de 1938 (qui ne proposent aucune nomenclature), conséquence vraisemblable de leur implantation dans les grammaires.

> On continuera de distinguer, par des caractères extérieurs, les divers compléments du verbe dans la proposition. La distinction formelle entre les compléments d'objet direct (sans préposition) et les compléments d'objet indirect (précédés d'une préposition) est

---

[15] Mais pas dans l'édition précédente : « Ne compliquez pas non plus votre classification des compléments : c'est bien assez de distinguer [pour les compléments du verbe] ceux qui sont indispensables : complément direct, complément indirect, complément circonstanciel » (Buisson 1887, II, t.1 : 121a).

familière aux élèves, elle est nécessaire, mais elle présente peu d'intérêt. (Instructions du 20 septembre 1938, *in* Chervel 1995, t.2 : 384–385)

La mise en place du complément d'objet se produit ainsi entre la fin des années 1900 et les années 1930. Cette époque correspond à celle où Tesnière fait ses études, puis rédige ses *Éléments* (Verdelhan Bourgade 2020).

3.3 Le tiers actant

Le tiers actant relève, lui aussi, du plan structural, où il est un complément, un subordonné du verbe, en troisième position après le prime et le second actant. Il est cependant véritablement défini sur le plan sémantique, comme « celui au bénéfice ou au détriment duquel se fait l'action » (Tesnière 1966 : 109). Il peut également désigner plus largement « une personne par rapport à laquelle est envisagé un procès » (*ibid.* : 110).

Tesnière précise que le tiers actant correspond à l'ancien complément indirect, devenu depuis 1910, complément d'attribution. Or cette affirmation est trompeuse. Comme il a été montré plus haut, la nomenclature de 1910 consigne l'existence de compléments indirects, strictement formels, c'est-à-dire introduits par une préposition. Nul complément d'attribution dans les textes officiels du début du siècle : ni dans la nomenclature de 1910, ni dans les instructions de 1923 qui reconduisent l'arrêté de 1910[16], ni même dans celles de 1938 (ces dernières font référence au complément d'objet indirect plutôt qu'au complément indirect) ou de 1943 (où il est question de compléments directs et indirects).

Flot (1911) présente le couple complément d'objet direct/indirect. Il cite bien le complément d'attribution, mais parmi les sous-types de compléments circonstanciels, aux côtés des compléments de lieu, de temps, etc. C'est à cette version de l'objet indirect que se conforme Tesnière dans *Comment construire une syntaxe ?* (1934).

> Le nœud verbal, que l'on trouve au centre de la plupart des phrases, exprime tout un petit drame. Comme tel, il comporte une action (verbe), des acteurs (substantifs) et des circonstances (adverbes). [...] Les différents acteurs ne jouent pas le même rôle. C'est ainsi que l'on se trouve tout naturellement amené à distinguer le sujet de l'objet et l'objet direct de l'objet indirect. (Tesnière 1934 : 226–227)

---

16 « Non seulement l'arrêté de 1910 sur la nomenclature doit être respecté, mais on ne fera grief à personne d'aller plus loin dans la simplification » (Instructions sur les nouveaux programmes des écoles primaires, 20 juin 1923, *in* Chervel 1995, t.2 : 327).

Cette conception du complément d'objet indirect est exploitée par la plupart des grammaires du corpus depuis Chassang (1888). L'insistance sur l'objet de l'action est plus prégnante à partir de Crouzet & *alii* (1909)[17].

De son côté, le complément d'attribution est peu présent dans les grammaires du corpus. On le voit pour la première fois chez Larive & Fleury (1883), au sein du complément indirect, mais il n'est encore envisagé que comme une des expressions du complément, et non comme une étiquette.

> En français, on appelle ordinairement complément indirect d'un verbe la personne ou la chose qui complète le sens du verbe en y ajoutant une idée d'attribution, de cause ou d'agent, de point de départ ou d'origine. (Larive & Fleury 1883 : 77)

Il s'immisce dans les grammaires plus tardives du corpus. Le complément d'attribution est alors parfois rangé parmi les compléments circonstanciels (Sudre 1907, Calvet & Chompret 1920). Il est aussi utilisé comme étiquette d'une sorte de complément du verbe par Maquet *et alii* (1925)[18], Lanusse & Yvon (1930) – où le classement semble instable –, Michaut & Schricke (1934), Bruneau & Heulluy (1937), Bloch & Georgin (1937).

> Dans des phrases comme : *j'enseigne la grammaire aux enfants ; j'ai caché cette nouvelle à mon frère*, *enfants* et *frère* peuvent être considérés comme des compléments d'objet indirects : ils désignent en effet les personnes qui sont l'objet de l'action d'enseigner ou de cacher. Il est préférable toutefois de les considérer comme des compléments d'attribution. [...] On appelle complément d'attribution le nom qui désigne la personne ou la chose en vue de laquelle se fait l'action marquée par le verbe. Ex. : *J'ai donné du pain à un pauvre*. (Lanusse & Yvon 1930 : 125–126)

Le complément d'attribution est parfois signalé comme étiquette concurrente à celle de complément d'objet indirect (Académie 1932, Gaiffe & *al.* 1936).

---

[17] À cet égard, le complément indirect a subi un resserrement conceptuel depuis la fin du XIXe siècle. À l'époque, ce complément désigne notamment le principe ou le terme de l'action (Piron 2016a, 2016b). Étaient ainsi analysées comme compléments indirects des séquences exprimant une cause (*il est accablé de chagrin* (Larive & Fleury 1875 : 77)), un agent (*il a été blâmé par ses amis* (ibid.)), un point de départ ou d'arrivée dans l'espace (*je viens de Rome* (ibid.)) ; *le torrent descend de la montagne* (Crouslé 1888 : 83)), une personne à l'origine d'une action ou bénéficiaire de celle-ci (*j'ai reçu une lettre de mon père ; tu as envoyé un présent à ton ami* (Leclair & Rouzé 1880 : 146)). Le resserrement conceptuel s'établit peu à peu sur le terme de l'action, envisagé comme objet de l'action.

[18] « Complément d'attribution : *Les oiseaux apportent la becquée à leurs petits* » (Maquet & *al.* 1913 : 165). Cet exemple et ce type de construction ne se trouvent plus dans l'édition de 1925.

> On donne quelquefois le nom d'objet secondaire à ce complément. Quelques grammairiens préfèrent cette appellation à celle de complément d'attribution ou de destination, qui ne s'accorde guère avec le sens de certains verbes. (Gaiffe & al. 1936 : 65-66)

Les textes officiels ne le signalent qu'à partir de la nomenclature de 1949.

> Les compléments du verbe seront distingués entre eux en tenant compte de leur sens (objet, attribution, agent, circonstances). Il y a [...] des compléments du verbe : d'objet, d'agent, d'attribution, de circonstances (circonstances de temps, de lieu, de cause, de manière, de but, etc.). (Nomenclature grammaticale et analyse, 6 octobre 1949, *in* Chervel 1995, t.3 : 106-108)

> L'appellation de complément d'attribution est limitée aux compléments qui indiquent *en faveur* de qui ou de quoi (ou *au détriment* de qui ou de quoi) un acte est accompli. [...] Sauf erreur, une seule notion nouvelle a été introduite, celle du *complément d'attribution*, qui vient s'inscrire dans la gamme des compléments du verbe et combler une lacune. (Circulaire concernant la progression grammaticale dans l'enseignement du premier degré, 5 octobre 1950, *in* Chervel 1995, t.3 : 115-117)

Tesnière consigne l'évolution du complément d'objet indirect au complément d'attribution après son texte de 1934, se faisant, semble-t-il, l'écho d'un changement qui s'est produit dans les grammaires au cours des années 1920-1930, et dans les documents officiels à la fin de la décennie suivante. D'ailleurs, contrairement au second actant, le tiers actant ne semble pas être caractérisé comme un objet sur le plan sémantique, ce qui correspond partiellement à la distinction sémantique *objet/attribution* que propose la nomenclature de 1949 au sein des compléments du verbe.

4 Les circonstants

Les circonstants sont la dernière entité structurale du petit drame à se ranger sous le nœud verbal. Ils sont absents de l'article de 1934, tout comme les actants d'ailleurs, mais transparaissent dans la métaphore théâtrale, qui comporte des circonstances. Sur le plan sémantique, « les circonstants expriment les circonstances dans lesquelles se déroule le procès » (Tesnière 1966 : 125). Les « circonstances ont pour effet de localiser les procès dans l'espace et dans le temps et d'en marquer les relations avec d'autres procès » (*ibid.* : 74). Ainsi, outre le temps et le lieu, les circonstants peuvent exprimer les relations que sont le but, la conséquence, la cause, la concession, la condition, la comparaison, la manière et la quantité.

Tesnière n'établit pas de lien avec la théorie grammaticale traditionnelle ou moderne, contrairement à ce qu'il a fait pour les actants. Tout concourt à y voir le complément circonstanciel, dont la présence est bien ancrée dans les publications, sans changement terminologique profond. On le trouve dans presque tout le corpus depuis Leclair & Rouzé (1880), excepté notamment chez Crouslé (1888), Dussouchet (1913), Maquet & *alii* (1925). Il est surtout absent de la nomenclature de 1910, mais présenté dans la circulaire de la même année au rang de complément sémantique, et reconduit avec plus de force par la suite (instructions de 1938, nomenclature de 1949, circulaire de 1950)[19]. L'appellation *complément de circonstance* est utilisée dans les textes officiels jusqu'en 1938, alors que les grammaires font plutôt référence au *complément circonstanciel*.

> Quand l'analyse servira à l'intelligence du texte, rien n'empêchera le professeur d'expliquer qu'il y a [...] des compléments de circonstance qui marquent le lieu, le temps, la manière, etc. (Circulaire du 28 septembre 1910, *in* Chervel 1995, t.2 : 253)

La définition du complément circonstanciel ne présente pas non plus d'évolution au sein du corpus. Il est lié, comme chez Tesnière, à l'expression des circonstances, dont la liste est plutôt stable (hormis l'attribution, comme cela a été souligné au point précédent).

> Le complément circonstanciel exprime les conditions, les circonstances (de temps, de lieu, de manière, etc.) dans lesquelles s'accomplit l'action du sujet. (Crouzet & *al.* 1909 : 25)

Seuls Brelet (1905), Radouant (1922), Gaiffe & *alii* (1936) et Dauzat (1947) abordent le caractère facultatif du complément circonstanciel, et encore est-ce pour souligner que ce critère peut être mis à mal (excepté chez Brelet 1905).

> On dit souvent que le complément de circonstance exprime un fait d'importance secondaire et, par suite, peut être facilement supprimé. Il n'en est rien. Souvent le complément de circonstance est essentiel. Ex. : *Il le fit jeter en prison. Les troupes se dirigeaient sur Reims.* (Radouant 1922 : 48)

Il semble donc que le caractère accessoire du complément circonstanciel soit assez couramment admis, même si cela n'apparaît pas clairement exemplifié dans notre corpus. C'est d'ailleurs le point de vue que défend Tesnière, pour qui « le circonstant est essentiellement facultatif » (1966 : 128). On le voit, le circonstant de Tesnière s'inscrit pleinement dans la théorie grammaticale de son époque.

---

[19] La fonction *complément de circonstance* apparaît uniquement pour les propositions subordonnées dans l'arrêté du 23 mars 1938. Elle n'apparaît pas dans l'arrêté de 1940 ni dans les instructions de 1942.

5 L'opposition *actants/circonstants*

L'association entre plusieurs points de vue conceptuels apparaît comme la clef de voûte du modèle tesniérien qui convoque, pour une analyse de la phrase simple, quatre plans se faisant écho : le plan métaphorique du drame (acteurs, procès, circonstances), le plan morphologique des parties du discours (substantif, verbe, adverbe), le plan structural de la syntaxe (actant, verbe, circonstant) et le plan sémantique (sujet, procès, objet, circonstance). Les correspondances que Tesnière établit explicitement entre les composantes des différents plans – procès/verbe, acteurs/actants/substantifs/sujet-objet, circonstances/circonstants/adverbes[20] – lient étroitement morphologie, sémantique et fonction.

Les deux chaînes maîtresses qui se dessinent dans le modèle associent d'une part les êtres et les choses (autrement dit, les substances) aux substantifs[21], aux actants, au sujet et à l'objet ; d'autre part le temps, le lieu, etc. (autrement dit, les circonstances) aux adverbes, aux circonstants, et implicitement au complément circonstanciel.

> Les actants sont toujours des substantifs ou des équivalents de substantifs. (Tesnière 1966 : 102)
>
> Les actants sont les personnes ou choses qui participent à un degré quelconque au procès. (*ibid.* : 105)
>
> Les circonstants sont toujours des adverbes (de temps, de lieu, de manière, etc...) ou des équivalents d'adverbes. (*ibid.* : 103)
>
> Les circonstants expriment les circonstances. (*ibid.* : 125)

Or ces deux chaînes d'associations se mettent en place au XIXe siècle (Piron 2014, 2016a, 2016b) et caractérisent davantage la théorie grammaticale à partir des années 1910-1920 (Piron 2010, 2019 ; Piron & Vincent 2010). La définition notionnelle du substantif en personne/chose se trouve d'ailleurs fréquemment dans le corpus (Leclair & Rouzé 1880, Larive & Fleury 1883, Chassang 1888, Crouslé 1888, Crouzet & *al.* 1909, Dussouchet 1913, Maquet & *al.* 1913, Calvet & Chompret 1920, Lanusse & Yvon 1930, Académie 1932, Grevisse 1936), et plonge ses racines dans les siècles passés (Colombat & Lahaussois 2019). Elle se prolonge dans la conception du pronom, envisagé comme un équivalent quasi exclusif

---

20 Tesnière (1966) ne propose pas de dénomination sémantique pour l'analyse des circonstants, mais celle-ci reprend implicitement celle du complément circonstanciel de la grammaire traditionnelle.
21 Tesnière regroupe les noms (substantifs particuliers) et les pronoms (substantifs généraux) sous les substantifs.

du nom, tant chez Tesnière que dans le corpus. Ces conceptions sont en place depuis longtemps, mais elles sont désormais plus prégnantes dans les définitions des sortes de pronoms (personnels, démonstratifs, indéfinis, etc.), qui font toutes appel à la sémantique notionnelle *personne/chose*, bien que ce soit à des degrés divers. Tantôt le lien est établi dans la définition générale du pronom (Maquet & *al*. 1925, Académie 1932, Bloch & Georgin 1937), tantôt il transparaît dans la définition de certains types de pronoms (Leclair & Rouzé 1880, Crouslé 1888, Dussouchet 1913, Calvet & Chompret 1920, Radouant 1922, Grevisse 1936, Bruneau & Heulluy 1937)

> Le pronom est un mot qui désigne, sans les nommer, une personne, un animal ou une chose. (Maquet & *al*. 1913 : 87)

> [Les pronoms interrogatifs] équivalent à *quelle personne ? quelle chose ?* (Leclair & Rouzé 1880 : viii)

> Le pronom est un mot qui tient la place du nom. [...] Les pronoms personnels désignent les personnes. [...] Les pronoms démonstratifs remplacent le nom en montrant la personne ou la chose dont on parle. [...] Les pronoms indéfinis servent à désigner une personne ou une chose d'une manière vague, indéfinie. (Dussouchet 1913 : 70, 71, 74, 77)

Les définitions de l'adverbe se concentrent, pour leur part, sur une autre valeur en sémantique référentielle, les circonstances. Les grammaires n'en font habituellement pas un élément de définition de l'adverbe, mais offrent des classements sémantiques qui y font écho puisqu'ils déploient la liste des circonstances (Piron 2019). Cette façon de décrire l'adverbe traverse toutes les époques, depuis Meigret (1550) jusqu'au corpus étudié ici (Chassang 1888, Crouzet & *al*. 1909, Calvet & Chompret 1920, Maquet & *al*. 1925, Gaiffe & *al*. 1936, Bloch & Georgin 1937).

> Les principaux adverbes sont : 1° adverbes d'affirmation [...] ; 2° adverbes de négation [...] ; 3° adverbes de doute [...] ; 4° adverbes d'interrogation [...] ; 5° adverbes de temps [...] ; 6° adverbes de lieu [...] ; 7° adverbes de manière [...] ; 8° adverbes de quantité [. . .]. (Calvet & Chompret 1920 [1917] : 153–154)

Le lien entre adverbe et complément circonstanciel, déjà conceptualisé au XIXe siècle (ainsi, Noël & Chapsal 1832[22]) se renforce à partir des années 1920 (Radouant 1922, Académie 1932, Grevisse 1936).

> La plupart d'entre eux [les adverbes] servent à modifier un autre mot, verbe, adjectif ou adverbe, et ont la valeur d'un complément circonstanciel. (Radouant 1922 : 218)

---

[22] « Le complément circonstanciel se joint au sujet ou à l'attribut pour en exprimer quelque circonstance, il est exprimé ou par un adverbe ou par un régime indirect ; faisant l'office d'un adverbe » (Noël & Chapsal 1832 : 5).

En ce qui a trait aux fonctions cette fois, la théorie grammaticale de la fin du XIXe et du début du XXe siècle fait usage de définitions sémantico-logiques activant les chaînes d'associations *parties du discours –sémantique référentielle –fonction*. Sont ainsi explicitement décrits, d'une part, comme des personnes ou des choses le sujet (Leclair & Rouzé 1880, Larive & Fleury 1883, Crouzet & *al.* 1909, Dussouchet 1913, Calvet & Chompret 1920, Maquet & *al.* 1925, Académie 1932, Grevisse 1936, Bloch & Georgin 1937, Cayrou 1948) et les compléments d'objet (Larive & Fleury 1883, Chassang 1888, Crouzet & *al.* 1909, Dussouchet 1913, Maquet & *al.* 1925, Académie 1932, Grevisse 1936, Gaiffe & *al.* 1936, Cayrou 1948) ; d'autre part, comme un lieu, un temps, une manière, etc. le complément circonstanciel (Leclair & Rouzé 1880, Larive & Fleury 1883, Chassang 1888, Sudre 1907, Crouzet & *al.* 1909, Calvet & Chompret 1920, Lanusse & Yvon 1930, Académie 1932, Grevisse 1936, Bruneau & Heulluy 1937, Bloch & Georgin 1937, Dauzat 1947, Cayrou 1948). Les instructions officielles insistent d'ailleurs sur l'opposition fondamentale entre objet et circonstances. Or, comme nous venons de le voir, cette opposition présente des ramifications profondes au sein du système grammatical.

> Mais il faut distinguer nettement les compléments d'objet (en particulier les compléments directs d'objet) des compléments de circonstance. (Instructions de septembre 1938, *in* Chervel 1995, t.2 : 385)

6 Conclusion

Le système tesniérien enregistre l'architecture grammaticale instaurée dans les années 1910–1920, c'est-à-dire une opposition forte au sein des compléments du verbe entre objets et circonstances, qui trouve un prolongement dans les parties du discours que sont le nom et l'adverbe.

Tesnière reprend également la Nomenclature grammaticale de 1949, qui consigne quatre sortes de compléments du verbe (que l'on trouve aussi chez Michaut & Schricke (1934) dans le corpus) : objet, agent, attribution, circonstances. Il revisite la fonction de sujet, qui apparaît dans cette nomenclature uniquement à la voix passive sous la forme du complément d'agent. Il adjoint le sujet aux actants (qui comprennent dès lors l'agent, l'objet et l'attribution) et les subordonne tous au verbe. Il regroupe donc les fonctions traditionnellement associées aux personnes et aux choses, consolidant ainsi le poids accordé à la sémantique référentielle. Ce faisant, il étend la couverture de l'opposition *objet/circonstance* et offre à l'objet, renouvelé sous la forme de l'actant, un champ d'application plus large. Il donne alors un nouvel élan à un binôme de concepts sémantiques qui était déjà central dans le système grammatical. L'opposition *objet/circonstance* prenait place dans une conception de la transitivité qui aboutit vers 1910–1920 à l'opposition entre verbes transitifs (tant directs qu'indirects) et intransitifs (Piron & Vincent 2010). Chez Tesnière, l'opposition *actant/circonstant* permet de remplacer la transitivité par la valence, un concept purifié en quelque sorte, centré uniquement sur les actants puisque seuls leur présence et leur nombre interviennent dans le calcul de valence.

L'étude menée a permis de montrer que la complémentation verbale telle que la formule Tesnière répond bien à l'image d'un delta fluvial, qui draine des charges sédimentaires variées et forme une zone fertile. Tout en innovant, Tesnière propose une théorie des actants et de la valence qui est ancrée dans les idées grammaticales de son époque, mais qui s'ouvre sur de nouvelles perspectives.

Bibliographie

Sources primaires

Académie [Hermant, Abel], 1932, *Grammaire de l'Académie française*, Paris, Didot.
Aumeunier Édouard, Zevaco Jean-Dominique, 1937, *Grammaire française*, Paris, Hachette.
Bloch Oscar, Georgin René, 1937, *Grammaire française*, Paris, Hachette.
Brelet Henri, 1905 [1899], *Abrégé de grammaire française*, Paris, Masson.
Bruneau Charles, Heulluy Marcel, 1937, *Grammaire française et exercices*, Paris, Delagrave.
Cayrou Gaston, 1948, *Grammaire française*, Paris, Armand Colin.
Chassang Alexis, 1888 [1880], *Nouvelle grammaire française*, Paris, Garnier.
Calvet Jean, Chompret Charles, 1920 [1917], *Grammaire française*, Paris, Gigord.
Crouslé Léon, 1888, *Grammaire de la langue française*, Paris, Eugène Belin.
Crouzet Paul, Berthet Georges, Galliot, Marcel, 1909, *Grammaire française*, Paris/Toulouse, Didier/Privat.
Dauzat Albert, 1947, *Grammaire raisonnée de la langue française*, Lyon, I.A.C.
Dussouchet Jean, 1913 [1904], *Cours primaire de grammaire française*, Paris, Hachette.
Gaiffe Félix, Maille Ernest, Breuil Ernest, Jahan Simone, Wagner Léon, Marijon Madeleine, 1936, *Grammaire Larousse du XXe siècle*, Paris, Larousse.
Grevisse Maurice, 1936, *Le bon usage*, Gembloux, Duculot.
Lanusse Jean, Yvon Henri, 1930 [1920], *Grammaire française*, Paris, Eugène Belin.
Larive, Fleury, 1883 [1875], *La troisième année de grammaire*, Paris, Armand Colin.
Leclair Léon, Rouzé Clodomir, 1880 [1874], *Grammaire française. Cours supérieur*, Paris, Eugène Belin.
Maquet Charles, Flot Léon, Roy Louis, 1923/1925 [1908], *Cours de langue française*, Paris, Hachette.
Michaut Gustave, Schricke Paul, 1934, *Grammaire française. Cours complet*, Paris, Hatier.
Radouant René, 1922, *Grammaire française*, Paris, Hachette.
Sudre Léopold, 1907, *Grammaire française*, Paris, Delagrave.

Tesnière Lucien, 1934, « Comment construire une syntaxe ? », *Bulletin de la Faculté des lettres de Strasbourg*, 12/7 : 217–229.
Tesnière Lucien, 1966 [1959], *Éléments de syntaxe structurale*, 2e éd., Paris, Klincksieck.

Références secondaires

Bidaud Samuel, 2019, « Les idées linguistiques de Lucien Tesnière », *Studies about languages*, 34: 5–16 ; 35: 21–33.
Brunot Ferdinand, 1926 [1922], *La pensée et la langue*, Paris, Masson.
Buisson Ferdinand (dir.), 1887, *Dictionnaire de pédagogie et d'instruction publique*, Paris, Hachette.
Chervel André, 1977, *Et il fallut apprendre à écrire à tous les petits Français. Histoire de la grammaire scolaire*, Paris, Payot.
Chervel André, 1995, *L'enseignement du français à l'école primaire. Textes officiels, t. 2 : 1880–1939 ; t. 3 : 1940–1995*, Paris, INRP.
Colombat Bernard, Lahaussois Aimée (dir.), 2019, *Histoire des parties du discours*, Leuven-Paris-Bristol, Peeters.
Corblin Francis, 1991, « Lucien Tesnière (1883–1954) Éléments de syntaxe structurale », *in* H. Huot (dir.), *La grammaire française entre comparatisme et structuralisme. 1870–1960*, Paris, Armand Colin : 227–256.
Cortès Jacques, 1991, « Un grand linguiste normand Lucien Tesnière (1893–1954) », *Études Normandes*, 40/4 : 49–58.
Flot Léon, 1911, « Grammaire », *in* F. Buisson (dir.), *Nouveau dictionnaire de pédagogie et d'instruction primaire,* 2e éd., Paris, Hachette.
Fournier Jean-Marie, 1998, « La constitution d'une langue de référence de l'enseignement de la grammaire », *Carnets du Cediscor*, 5 : 39–48.
Frege Gottlob, 1879, *Begriffsschrift, eine der arithmetischen nachgebildete Formelsprache des reinen Denkens* [idéographie], Halle, L. Nebert.
Lanusse Jean, Yvon Henri, 1929, *La nomenclature grammaticale de 1910. Textes et commentaire,* Paris, Eugène Belin.
Leclercq Bruno, 2008, *Introduction à la philosophie analytique : La logique comme méthode*, Louvain-la-Neuve, De Boeck Supérieur.
Luquet Georges-Henri, 1913, *Essai d'une logique systématique et simplifiée,* Lille, Camille Robbe.
Mazziotta Nicolas, Kahane Sylvain, à par., « L'émergence de la syntaxe structurale de Lucien Tesnière », *in* V. Bisconti & C. Mathieu (dirs.), *Entre vie et théorie : la biographie des linguistes dans l'histoire des sciences du langage*, Paris, Lambert-Lucas.
Meigret Louis, 1550, *Le tretté de la grammęre françoęze*, Paris, Wechel.
Ministère de l'Instruction publique et des Beaux-Arts, 1910, *Arrêté fixant la nouvelle nomenclature grammaticale*, France.
Noël François, Chapsal Charles, 1832 [1827], *Leçons d'analyse logique*, Paris, Maire-Nyon, Roret, Delalain.
Piron Sophie, 2010, « La grammaire du français au XXe siècle – 1re partie », *Correspondance*, 15/4 : 19–22.

Piron Sophie, 2014, « Entre adverbes et pronoms, une question de circonstance », *in* F. Neveu, P. Blumenthal, L. Hriba, A. Gerstenberg, J. Meinschaefer & S. Prévost (dir.), *Actes du 4ᵉ CMLF*, Berlin, EDP Sciences : 491–504.

Piron Sophie, 2016a, « Compléments indirects et circonstanciels dans la grammaire française au cours de la seconde moitié du XIXᵉ siècle », *in* C. Assunção, G. Fernandes & R. Kemmler (dir.), *History of Linguistics 2014. Selected Papers from ICHoLS XIII*, Amsterdam & Philadelphia, John Benjamins: 205–218.

Piron Sophie, 2016b, « Les syntagmes prépositionnels au tournant de la deuxième grammaire scolaire française », *in* A.-M. Fryba, R. Antonelli & B. Colombat (dir.), *Actes du xxviiᵉ CILPR Section 15 : Histoire de la linguistique et de la philologie*, Nancy, ATILF : 121–134.

Piron Sophie, 2019, « La classe de l'adverbe ou le fantôme des circonstances », *in* A. Dister & S. Piron (dir.), *Les discours de référence sur la langue française*, Bruxelles, Presses de l'Université-Saint-Louis : 225–249.

Piron Sophie, Vincent Nadine, 2010, « Un demi-siècle d'évolution des classements verbaux dans le Petit Larousse illustré », *in* S. Bolasco, I. Chiari & L. Giuliano (dir.), *Actes des JADT*, Rome, Edizioni Universitarie di Lettere Economia Diritto : 1277–1286.

Swiggers Pierre, 1994, « Aux Débuts de la syntaxe structurale : Tesnière et la construction d'une syntaxe », *Linguistica*, 34/1 : 209–219.

Verdelhan Bourgade Michèle, 2020, « Lucien Tesnière, professeur de linguistique à Montpellier de 1937 à 1954. L'aventure d'une grammaire », *Bulletin de l'Académie des Sciences et Lettres de Montpellier*, 51 : 1–15.

Corinne Delhay, Jean-Paul Meyer & Jean-Christophe Pellat
Chapitre 24
Les avatars du modèle actanciel de Tesnière : retour sur une ambi-valence

1 Introduction

Dans l'histoire de la réflexion linguistique en France, la complémentation verbale est une préoccupation centrale des grammairiens (Chevalier 1968) qui s'interrogent, entre autres, sur le statut des compléments circonstanciels, inventés par la grammaire scolaire au XIXe siècle (Chervel 1977).

La grammaire de dépendance de Tesnière introduit deux séries de descriptions liées qui renouvèlent la problématique : la valence verbale et la distinction entre les actants et les circonstants. Ce faisant, Tesnière remet explicitement en question le binarisme prédicatif issu de l'analyse logique de la proposition, au profit d'une prédication polyadique inspirée de Frege.

Notre étude situe rapidement la question de la complémentation verbale, de Dumarsais à Dubois. Puis elle examine, en passant par Tesnière, comment les nomenclatures et terminologies grammaticales, les programmes officiels et les manuels publiés en France depuis 1975 mettent en œuvre, avec leur métalangage, la distinction entre les compléments du verbe et les compléments de phrase. Ces textes, tout en gardant globalement le binarisme prédicatif, essaient, de manières diverses, voire contradictoires, de transposer dans l'enseignement primaire et secondaire français cette distinction, tant par l'utilisation de critères qui se veulent opératoires que par des schématisations plus ou moins abstraites inspirées du stemma de Tesnière ou de l'arbre de Chomsky.

Corinne Delhay, Jean-Paul Meyer & Jean-Christophe Pellat, Université de Strasbourg, *Linguistique, Langues, Parole* – LiLPa

2 La complémentation verbale : aspects historiques

2.1 Des analyses de circonstance : Dumarsais, Tesnière, Dubois et les autres

– La valence verbale popularisée par Tesnière préoccupe depuis longtemps les grammairiens. Au XVIIIᵉ siècle, avant que Beauzée (1767) n'introduise le terme de *complément*, Dumarsais, examine la valence des « verbes actifs ». Il a le sentiment d'une différence fondamentale entre les « déterminations » nécessaires et accessoires (« adjoints »). Cette distinction se place dans le cadre logique de la proposition, qui s'analyse en sujet et prédicat.

Dans l'article « Construction » de *l'Encyclopédie*, Dumarsais montre que la phrase *Le Roi a donné un régiment à monsieur N.* comporte deux déterminations nécessaires du verbe *a donné* (*régiment* et *à monsieur N.*), qui seraient marquées en latin par des cas particuliers, mais qu'on pourrait « ajouter d'autres circonstances à l'action, comme le *tems*, le *motif*, la *maniere*. Les mots qui marquent ces circonstances ne sont que des adjoints, que les mots précedens n'exigent pas nécessairement » (1751).

– La **deuxième grammaire scolaire** abandonne le modèle logique de la proposition utilisé par la première grammaire scolaire, au profit d'une définition vague de la phrase, qui exprime une idée complète. Elle « invente » le **complément circonstanciel** sur la base des questions rhétoriques (où ? quand ? comment ? pourquoi ?) et le définit sémantiquement comme exprimant les « circonstances de l'action ». Ce faisant, elle ne fait pas la différence entre actant et circonstant, pour reprendre les termes de Tesnière : le syntagme prépositionnel *à Paris* est également complément de lieu dans *Il va à Paris*, *Il est à Paris* et *À Paris, le colloque Tesnière réunit des linguistes de différents pays.*

– La **nomenclature grammaticale de 1910** exclut le complément circonstanciel – et ne parle que de compléments du nom, de l'adjectif ou du verbe, directs ou indirects, reprenant ainsi la distinction formelle de la première grammaire scolaire. Pour affiner cette distinction, vers 1920, on introduit la terminologie *complément d'objet direct* et *complément d'objet indirect* (Chervel 1977). Et les grammaires scolaires françaises du XXᵉ siècle multiplient les compléments circonstanciels, souvent en symbiose avec les grammaires latines.

– **N. Chomsky** (1971 : 142–143), qui a mis en lumière les apports de la grammaire générale à l'analyse linguistique, a soulevé la question de la relation au verbe des syntagmes prépositionnels qui, en surface, le suivent. Partant de l'ana-

lyse binaire de la phrase correspondant à l'analyse logique de la proposition (P → SN + Syntagme Prédicatif), il décompose le Syntagme prédicatif en Aux + SV, puis il intègre ce Syntagme Prépositionnel au SV, au même niveau que les compléments du verbe et ne propose pas d'indicateur syntagmatique qui sépare le complément de phrase des compléments de verbe.
- **J. Dubois & F. Dubois-Charlier** (1970 : 116–118) ont rajouté, fort logiquement, une troisième branche à l'arbre de phrase :

> Le syntagme prépositionnel peut être aussi un constituant du noyau P. Ce syntagme prépositionnel n'est donc plus dominé par le noyau GV, mais il est dominé directement par P comme SN et SV.

2.2 Lucien Tesnière, *Éléments de syntaxe structurale*

2.2.1 Actants et circonstants

L. Tesnière récuse, avec des exemples du français et du latin, la décomposition binaire de la phrase en sujet-prédicat, issue de la logique, qui privilégie le sujet.

> Dans aucune langue, aucun fait proprement linguistique n'invite à opposer le sujet et le prédicat. (1959, ch. 49 : 104)

Il préfère une grammaire de dépendance où le verbe, exprimant un procès, est au centre de la phrase, contrôlant d'une part ses compléments et son sujet, appelés actants car ils participent au procès, et d'autre part les circonstants qui « expriment les **circonstances** dans lesquelles se déroule le procès » : temps, lieu, manière, etc. (1959 : 125). On peut rapprocher le *stemma* de Tesnière de « l'interprétation de la structure phrastique selon le modèle logique d'un prédicat associé à un ou plusieurs arguments » (Riegel & *al.* 2018 : 235), fondée sur la logique des prédicats – la « prédication polyadique » issue de Frege (Rastier 1998).

Les « espèces d'actants » (1959, ch. 51 ; tableau complet, *ibid.* : 111) sont définis par la fonction « vis-à-vis du verbe auquel ils sont subordonnés » (*ibid.* : 107) : le « prime actant » correspond au sujet, le « second actant » au complément d'objet et le « tiers actant » au complément d'attribution. Tous trois sont présents dans « Alfred donne le livre à Charles » (*ibid.* : 110).

Le nombre des circonstants « n'est pas défini comme celui des actants. Il peut n'y en avoir **aucun**, tout comme il peut y en avoir un nombre **illimité** » (*ibid.* : 125). Ils « tendent à se suivre dans un certain ordre » (*ibid.* : 126), les circonstants de manière se plaçant « volontiers avant ceux de temps général » (*ibid.*), suivis de ceux de quantité et de lieu et enfin de « ceux de temps particulier » (*ibid.*).

Après avoir établi les deux catégories, L. Tesnière traite la « limite entre actants et circonstants » (1959, ch. 57 : 127). Il rencontre le problème du classement dans les circonstants de certains compléments du verbe, principalement en *de*. Alors qu'il rapproche *de veste* des actants dans *Alfred change de veste*, il place dans les circonstants « la plupart des compléments qui se construisent au génitif (p. ex. en latin) ou avec la préposition *de* en français : *dépendre de quelqu'un, changer de chaussettes, se souvenir de quelque chose, se tromper de porte* » (*ibid.* : 128). On peut le soupçonner d'être influencé par les cas du latin : il place le datif dans les actants, mais le génitif dans les circonstants.

Mais alors, que faire de l'attribut ?

2.2.2 L'attribut : ni actant ni circonstant

On observe un certain flottement dans le traitement des constructions avec le verbe *être* chez Tesnière. Ainsi, la définition des verbes d'état semble mettre sur le même plan attribution d'une qualité et localisation :

> Les verbes d'état sont ceux qui expriment un état, c'est-à-dire une manière caractérisée par une qualité ou par une position : *Ci-gît Byron – L'arbre est vert*. (1959, ch. 72-5)

Mais, partant du constat qu'il existe des phrases attributives sans verbe, Tesnière en déduit que

> le verbe substantif et l'attribut ainsi rapproché de lui forment un nucléus dissocié (...) dans lequel le verbe substantif est l'auxiliaire puisqu'il assure la fonction structurale, et l'attribut l'auxilié, puisqu'il assure la fonction sémantique. (1959, ch. 72-6)

Pour Tesnière, l'attribut joue le même rôle qu'un verbe, quelle que soit sa réalisation : adjectif, ou par translation le participe (1959 : 157, 161), l'adverbe (*ibid.* : 161) ou la locution adverbiale (*ibid.* : 157), le substantif (*ibid.*), le substantif tiers-actant (*ibid.*), le substantif personnel (*ibid.* : 161), l'infinitif (*ibid.*), le circonstant de temps (*ibid.* : 157).

> Il apparaît donc dès lors que si, dans une langue qui ne cesse d'être centripète, l'adjectif épithète est subordonné au substantif, l'adjectif attribut doit au contraire être le régissant du substantif. Or le régissant du substantif étant normalement le verbe, on se trouve amené à conclure que l'adjectif attribut joue le même rôle structural que le verbe (Tesnière 1959 : 156).

> L'attribut faisant ici fonction de verbe est structuralement à la même place que le verbe substantif, et celui-ci, loin d'unir le substantif prime actant et l'attribut, fait corps avec l'attribut dont il sert uniquement à marquer le rôle verbal.

> Il résulte de ce qui précède que le verbe substantif et l'attribut ainsi rapproché de lui forment un nucléus dissocié (...) dans lequel le verbe substantif est l'auxiliaire puisqu'il assure la fonction structurale, et l'attribut l'auxilié, puisqu'il assure la fonction sémantique. (*ibid.*)

En d'autres termes, si pour Tesnière, « le sujet est un actant comme les autres » (1959 : 109), *être* n'est pas un verbe comme les autres mais seulement un auxiliaire dans les constructions attributives. *Exit* du coup la question de la valence du verbe *être* puisqu'il n'y a pas de verbe *être* dans les phrases attributives...

Ainsi donc, alors même qu'il dit vouloir s'émanciper du modèle logique Sujet / Prédicat, Tesnière fait de l'attribut (N ou A) le prédicat régissant le prime actant. Cette position est extrêmement « classique » et rappelle la distinction faite entre prédicat et régime qui a conduit la grammaire scolaire à opposer les fonctions attribut et compléments d'objet[1]. Qu'on en juge par ces extraits du *Cours de grammaire historique* de Darmesteter (1925) :

> Dans l'usage actuel, les éléments de la proposition se placent dans l'ordre suivant : sujet, verbe, prédicat (*Dieu est bon*) ou sujet, verbe, régime (*j'ai écrit ma lettre*). (Darmesteter 1925 : 222)

Des travaux ultérieurs dans le cadre tesniérien ont permis de dépasser cette position et de considérer le verbe *être* comme un verbe comme les autres. Ainsi, reprenant la proposition de J. Feuillet (1980) d'une fonction *adjet* pour rendre compte des compléments locatifs, M. Herslund (2006 : 22) propose une analyse commune des constructions du verbe *être*, le sens fondamentalement locatif (*être en voiture*) pouvant se dégrader vers une acception abstraite[2] (*être en colère / furieux*). N. Le Querler (2012 : 178–179) pose la question en termes analogues, en dissociant d'une part la question de l'attribut, d'autre part la question des compléments locatifs, mais en considérant bien qu'il y a dans les deux cas des compléments essentiels. L'argument avancé est le caractère absolument ineffaçable aussi bien de l'attribut que du complément « locatif » : *Il est à l'heure.* **Il est.*

2.3 Le complément circonstanciel dans les références officielles en France

2.3.1 Nomenclatures et terminologies officielles en France (1975–2018)

– La ***Nomenclature grammaticale pour l'enseignement du français dans le Second Degré*** (31 juillet 1975) introduit l'analyse binaire de la phrase en

---
[1] Voir Delhay (2014) pour une remise en cause de cette opposition.
[2] Sur la notion d'*adjet*, voir aussi Roig (2018).

groupe verbal et *groupe nominal*. Le complément circonstanciel est défini suivant la tradition scolaire, qui donne la priorité à la sémantique. Cependant, la nomenclature relève son caractère éventuellement facultatif et indique qu'il peut porter sur « l'ensemble de la phrase », mais les exemples ajoutés mêlent compléments de verbe et compléments de phrase. Cependant, la **terminologie grammaticale pour l'élémentaire (1976)**, simple liste de termes, introduit la distinction entre « compléments du verbe » et « compléments de circonstance », non illustrée par des exemples.

- La *Terminologie grammaticale* (1re éd. juin 1997) distingue clairement les « compléments essentiels » et les « compléments circonstanciels », en utilisant explicitement les trois critères principaux : la suppression, le déplacement et la pronominalisation. Dans les premiers, elle ajoute au COD et au COI les « compléments essentiels exprimant le lieu, le prix, le poids, la mesure, la durée, etc. : *Je reviens <u>de Menton</u>. J'<u>en</u> reviens. – Je vais <u>à la pêche</u>. J'<u>y</u> vais. (…) – Ce livre vaut <u>soixante francs</u>. Il <u>les</u> vaut* » (1997 : 17).
- **Les programmes de 2015** ont surpris les enseignants[3] en introduisant, dès le cycle 3, le terme de *prédicat*, pour nommer la fonction du groupe verbal, dans une analyse de la phrase en trois constituants : *sujet de la phrase, prédicat de la phrase, complément de phrase*. Ainsi, le complément de phrase et le complément du verbe sont nettement distingués, avec des étiquettes non équivoques (bien qu'au cycle 4, on emploie, au choix, complément *de phrase* ou *circonstanciel*).
- **Les programmes de 2018** éliminent le *prédicat* et reviennent à une liste linéaire de fonctions, sans prendre en considération la hiérarchie structurale de la phrase :

Sujet du verbe / COD / COI / attribut du sujet / attribut du COD / complément circonstanciel / complément du nom / épithète / apposition. (BO n° 30 du 26-7-2018, cycle 4 : 26)

On peut adresser à cette terminologie de 2018 la critique que faisait Tesnière des limites de l'ordre linéaire qu'elle reflète :

Il y a lieu de ne pas perdre de vue que, syntaxiquement, la vraie phrase, c'est la **phrase structurale** dont la phrase linéaire n'est que l'image projetée tant bien que mal, et avec tous les inconvénients d'aplatissement que comporte cette projection, sur la chaîne parlée. (Tesnière 1959 : 20)

---

[3] Voir Pellat (2017) pour une présentation complète de 2015 et Pellat (2019) pour une comparaison 2015-2018.

Ignorer la hiérarchie syntaxique des constituants en se limitant à la succession linéaire des mots, c'est en rester à une vision superficielle insuffisante et naïve de la structure de la phrase.

2.3.2 La Terminologie grammaticale de 2020

Cette terminologie (*TGR* 2020) se présente comme une *Grammaire du français* (cf. titre). Elle présente, comme en 2015, l'analyse hiérarchique de la phrase en trois groupes : groupe sujet, groupe verbal, groupe circonstanciel. Et elle précise ce qu'elle entend par complément circonstanciel, tests à l'appui : il « n'entretient aucun rapport de sens nécessaire avec le sens du verbe », il est effaçable et déplaçable (*TGR* 2020 : 17).

Cependant, les auteurs manifestent des hésitations, et leur analyse dérive avec l'exemple « Alice travaille à Paris » (*TGR* 2020 : 93). Sur ce même exemple, la *TGR* 2020 essaie de poser la distinction entre les circonstanciels compléments du verbe et les circonstanciels compléments de phrase, autrement dit entre les compléments intraprédicatifs et extraprédicatifs. Ils appellent les premiers des CCV et gardent la seule dénomination de CC pour les seconds. Les auteurs essaient de pratiquer des tests pour montrer que le complément « à Paris » est susceptible d'exercer les deux fonctions selon son interprétation. La distinction sur cet exemple ambigu, fondée principalement sur la portée de la négation, est laborieuse. Les auteurs auraient pu appeler *adjet* le CCV, terme proposé par J. Feuillet, car l'adjet est « un actant qui a une forme de circonstant » (1995 : 179).

Cette terminologie 2020 semble reprendre maladroitement la distinction de la terminologie grammaticale de 1997. Mais, allant plus loin, les auteurs réduisent la part des compléments circonstanciels en étendant la liste des compléments d'objet : « le complément des verbes de mesure sera analysé comme un COD » (« Il pèse quatre kilos ») (2020 : 86) et le complément du verbe *aller* est un COI (« Alice va à Paris ») (*ibid.* : 93).

On a pourtant bien du mal à suivre leur conclusion :

> Le fait de ne pas distinguer les compléments circonstanciels (*sic !*) du verbe des compléments circonstantiels (*sic !*) de la phrase est donc une simplification radicale de cette réalité linguistique complexe. (*ibid.*)

En outre, ils appliquent l'étiquette COI à de nombreux compléments prépositionnels suivant le verbe *être* : « Ce tableau est à Alice », « Ce tableau est de Mondrian », « Alice est dans sa voiture » (2020 : 87). Et dans « Alice est à l'école », le complément « à l'école » est attribut du sujet (= écolière), mais il peut être COI s'il indique le lieu. Ainsi, selon les auteurs, le verbe *être* peut être suivi d'un complément prépositionnel COI, ce qui abolit en partie une distinction historique entre les verbes attributifs et les autres verbes transitifs.

3 La complémentation verbale dans la grammaire scolaire

3.1 Des manuels scolaires depuis les années 1960 à nos jours : des circonstances troubles

3.1.1 Le verbe, noyau de la phrase

La distinction actants/circonstants de Tesnière semble s'inscrire dans une conception assez répandue des fonctions puisqu'on la retrouve déjà chez Hamon (1966) :

> En plus des fonctions de base (sujet, objet, agent, attribution, attribut du sujet et de l'objet), la proposition peut utiliser un ou plusieurs compléments circonstanciels. Le complément circonstanciel enrichit la pensée par ses nombreuses nuances ; il précise, essentiellement, où ; quand, comment, pourquoi, se fait l'action exprimée par le verbe. (1966 : 177)

La notion de complément circonstanciel est ici une catégorie fourretout, définie de façon sémantique, comme le prouvent les exemples donnés : *Je vais en ville* (complément de lieu ; *ibid.*) ; *Elle parla de ses vacances* (complément circonstanciel de propos ; *ibid.* : 182), etc.

Après la publication de la *Nomenclature grammaticale* de 1975 (*supra*, 2.3.1.), des manuels influencés par les théories linguistiques voient le jour, mais continuent d'analyser les circonstanciels comme reliés au verbe. C'est le cas du très avant-gardiste manuel de Combettes & *alii* (1978), qui distingue

> (...) deux grandes catégories de compléments du verbe : les compléments essentiels et les compléments non-essentiels, que nous appelons aussi circonstants (1978 : 102)

Mais dans d'autres manuels contemporains, l'assujettissement à une définition exclusivement sémantique conduit à parler de complément circonstanciel de nom ou d'adjectif. Ainsi, dans Grunenwald & Mitterand (1978) :

> Les compléments circonstanciels peuvent compléter non seulement le verbe mais aussi le nom et l'adjectif :
> *Il est arrivé à la gare de Quimper* → *son arrivée à la gare de Quimper*
> *Il se promène dans la campagne* → *sa promenade dans la campagne*
> *Un individu rouge de colère* (1978 : 129)

Ailleurs, par ex. dans Mitterand & *alii* (1983), la distinction entre « objet de l'action » et « circonstances de l'action » est justifiée par l'effacement du circonstanciel mais surtout par le latin :

> En latin, si l'objet s'exprime par l'accusatif (ou le datif), la circonstance s'exprime fréquemment par l'ablatif (avec ou sans préposition). (1983 : 55)

L'importance accordée au verbe, comme centre organisateur de la phrase, dans la lignée de la théorie de Tesnière, conduit enfin à l'utilisation, dans certains manuels, de la notion de *noyau de la phrase*. On peut citer Niquet & *alii* (1988 : 168) :

> Le verbe est le noyau de la phrase verbale. C'est autour de lui que s'organisent les autres constituants de la phrase. Le verbe donne à chacun d'eux sa fonction :
>
> | Luc | est | actif. | Je | confie | ce classeur | à Dominique |
> |---|---|---|---|---|---|---|
> | fonction | verbe | fonction | fonction | verbe | fonction | fonction |
> | sujet | | attribut | sujet | | COD | COS |

On constate qu'ici sujet et compléments, sujet et attribut du sujet sont présentés sur un pied d'égalité comme se rapportant au pivot que constitue le verbe pour former la prédication nucléaire, à laquelle peuvent s'ajouter les circonstanciels, comme le dit la Fiche 3 de Roze & Weinland (1985) :

> Au noyau de la phrase peuvent s'ajouter divers compléments circonstanciels. (1985 : 168)

3.1.2 Complément de verbe/complément de phrase : une autre manière de dire l'opposition actants/circonstants ?

Cependant, à la même époque, une tout autre conception du circonstanciel apparait, qui fait du complément circonstanciel un complément de phrase, dans la lignée de J. Dubois. Tels Baguette & Franckard (1977), qui proposent une analyse binaire de la phrase, articulée autour de la base verbale, mais qui peut recevoir un troisième constituant :

> Outre ses deux constituants GN et GV, la phrase comporte souvent un troisième groupe que nous dénommerons complément de phrase, désigné par le symbole CP. (1977 : 31)

Bouroullec & *alii* (1978 : 40) utilisent également le schéma à 3 branches pour représenter le circonstanciel, analysé comme complément de phrase (*ibid.* : 42) :

> (Paul) (regarde la télé) (le soir)
> (Paul) (fait ses devoirs) (à l'école)
> (Paul) (prend ses bottes) (quand il pleut)
> (Paul) (mange) (lentement) (1978 : 40)

C'est aussi l'analyse que l'on trouve dans Genouvrier & Gruwez (1983) :

> Dans une phrase complète, on trouve toujours une phrase de base, et parfois des compléments circonstanciels. (1983 : 30)

3.1.3 Nommer les compléments essentiels : une gageüre toujours inaboutie ?

L'équivalence complément circonstanciel – complément de phrase apparait donc, et s'oppose à la prédication nucléaire, autrement dit au groupe formé du verbe et de ses actants dans le vocabulaire tesniérien. La conséquence de cette dichotomie va conduire à la nécessité de clarifier ce que l'on entend par *complément essentiel*. Se pose alors la fameuse question du traitement des constructions avec le verbe *être*. L'attribut peut-il être considéré comme un complément puisqu'il est non effaçable, pronominalisable et focalisable ? Comment nommer le « complément » du verbe *être* à sens locatif ou marquant l'appartenance ? Baguette & Franckard (1972 : 87), utilisent les étiquettes COI et Ct de lieu :

Ce beau livre	*est*	*à mon père*
	(appartenance)	o. i. du v. est
Le Louvre	*est*	*à Paris*
	(se trouve)	Ct de lieu du v. est
Le toit	*est*	*à refaire*
	(obligation)	o. i

Dans le *Guide Pédagogique* de son manuel, J. M. Principaud (1983 : 34) va encore plus loin et ose parler d'*attribut prépositionnel* dans le cas de *Il est à la maison...* Mais le plus souvent, c'est le non-dit qui domine. Ainsi Dupré & *alii* (1988 : 135) insistent sur le fait qu'il ne faut pas confondre certains GNP indispensables avec des attributs, mais ils ne nomment pas les compléments des phrases suivantes :

> *Nous étions au début d'octobre*
> *Mes amis sont dans le train. Leurs bagages sont là.* (1988 : 135)

L'opposition des compléments d'objet aux compléments circonstanciels est, elle, ancienne et bien stabilisée. Mais le choix d'une définition strictement syntaxique et non plus seulement sémantique du complément circonstanciel, qui s'est très progressivement et difficilement imposée, a nécessité l'introduction de nouvelles dénominations. Dès lors qu'on veut distinguer des compléments mobiles et déplaçables de compléments non mobiles et non effaçables, bien qu'ils dénotent tous deux – sémantiquement – le lieu, le temps ou la manière, se pose la question de l'étiquetage de ces compléments « circonstanciels » essentiels. La grammaire de Gross & *alii* (1986 : 14) crée la terminologie de *complément indirect de lieu* (*CIL*) pour distinguer les compléments locatifs des verbes de déplacement et les compléments circonstanciels (mobiles effaçables et non pronominalisables).

La Terminologie de 1997 (cf. *supra*, 2.3.1.) a imposé les étiquettes de complément essentiel de lieu, temps, mesure, etc. Le complément essentiel s'oppose donc au complément circonstanciel, qui devient un complément de phrase. M.-F. Sculfort & *alii* (1996) donnent les procédures suivantes pour le reconnaitre :

> On peut le déplacer car il n'est pas lié au sens du verbe
> On peut le supprimer, car il n'est pas indispensable à la phrase
> On peut le dédoubler, car il peut être employé après l'expression « cela se passe »
>
> *Ce n'étaient que groupes bruyants de bourgeois ou vilains, bras dessus bras dessous* [et cela se passait] *dans les rues*. (1996 : 94)

Dans la même série, le manuel de 5e clarifie encore la définition strictement syntaxique du circonstanciel (complète la phrase, non essentiel, mobile et effaçable) et attire l'attention sur une confusion à éviter :

> Ne confondez pas le sens et la valeur grammaticale. On peut trouver des indications de lieu :
> – dans le sujet de la phrase → *Le carrefour est dangereux*
> – dans un complément du nom → *la superficie de l'Europe*
> – dans un complément d'objet → *Mon jardin longe la grand-route* (Sculfort & *al.* 1997 : 213)

Si donc le décentrage progressif de la définition de circonstanciel vers une définition strictement syntaxique peut être considéré comme le mouvement général de l'évolution de la doxa scolaire, il n'en reste pas moins un point qui continue visiblement de faire débat dans les manuels : celui de savoir si le circonstanciel se rattache au verbe ou à la phrase. Pour preuve deux manuels récents. Potelet (2011) opte pour la première solution :

> Les compléments circonstanciels (CC) sont de compléments qui précisent les circonstances de l'action ou de l'état exprimé par le verbe. (2011 : 298)

En revanche, postérieur aux programmes de 2015, le manuel de Ballanfat (2016) affirme que :

> Le complément circonstanciel est un complément de phrase. (2016 : 275)

La palinodie embarrassée de la *Terminologie* 2020 montre que la doctrine n'est pas clairement établie...

3.2 La représentation graphique des compléments dans la phrase : arbres et stemmas

La représentation graphique de la phrase, sous forme de schéma ou de diagramme, a une histoire qu'on peut qualifier d'ancienne et récente à la fois. Ancienne si, comme le propose Chomsky dans plusieurs de ses travaux (1966, 1986)[4], on la fait commencer aux étiquetages et aux regroupements matriciels de Port-Royal ; plus récente si l'on s'en tient aux premières figurations arborescentes de la phrase, chez Bloomfield et les linguistes qu'il a contribué à former (Jaspers 1999), et chez Tesnière. Au XXe siècle, comme le rappelle Genouvrier (1970), trois modèles de représentation de la phrase ont émergé : les stemmas de Tesnière, les boites de Hockett et les arbres de Chomsky. Dans son article, Genouvrier décrit et compare ces trois modèles dans une perspective didactique. Ce faisant, il met en place les bases d'un enseignement de la grammaire scolaire à partir des arbres de Chomsky et lance le vaste mouvement de transposition didactique de cette schématisation. Les arbres syntaxiques s'imposeront peu à peu au collège d'abord (années 1970) puis dans les écoles (années 1980). C'est également dans cette période charnière (fin des années 1960 – début des années 1970) que paraissent en France plusieurs ouvrages de diffusion de la théorie chomskyenne à l'université[5].

On est cependant frappé de constater que ces travaux scientifiques, et les transpositions didactiques qui en sont faites, comparent les stemmas, les boites et les arbres en plaçant les premiers tout en bas de l'échelle et les derniers tout en haut. Pour Genouvrier par exemple, bien que les stemmas lui paraissent « de loin préférables aux symbolisations linéaires de [l']enseignement grammatical » traditionnel, et qu'ils soient « efficacement utilisés par quelques pédagogues dispersés[6] », leur formalisation « laisse mal apercevoir la notion, fondamentale en linguistique, d'analyse hiérarchisée selon la théorie des niveaux » (1970 : 85). De

---

4 Par exemple *Cartesian linguistics* en 1966 (New York, Harper & Row), ou encore *Knowledge Of Language* en 1986 (New York, Praeger).
5 On pense bien sûr à l'*Introduction à la grammaire générative* de Ruwet (Plon, 1968), à *Linguistique et enseignement du français* (Genouvrier & Peytard 1970), ainsi qu'aux *Éléments de linguistique française*, de Dubois & Dubois-Charlier (Larousse, 1970), pour ne citer que ceux-là.
6 À partir de 1938, alors qu'il vient d'être nommé à la Faculté des Lettres de Montpellier, Tesnière donne un cours de syntaxe française à l'École normale d'institutrices de Montpellier. Il s'associe plusieurs inspecteurs primaires et directrices d'école, et plusieurs générations d'élèves des écoles de l'Hérault aborderont la grammaire grâce à sa méthode d'analyse structurale. Dans les années 1960 et 1970, après que les *Éléments de syntaxe structurale* se sont fait connaitre, quelques inspecteurs généraux et plusieurs cohortes d'enseignants tentent de généraliser le modèle syntaxique tesnièrien, mais sans réelle audience (voir ici même l'article de Michèle Verdelhan Bourgade). Pour un exemple de séquence de « grammaire intuitive », voir Airal (1972).

son côté Ruwet considère que l'abandon par Tesnière de la distinction sujet-prédicat est une « position regrettable » (1968 : 229).

Ces réserves (et leur vigueur) sont étonnantes, d'autant que Tesnière les a anticipées et s'en explique dans les *Éléments de syntaxe structurale* (1959 : 16 et 104, par exemple). Essayons de comprendre cette méfiance des grammairiens (et des enseignants) vis-à-vis d'un modèle qui se voulait pourtant lui-même avant tout didactique.

3.2.1 Arbres et stemmas

La métaphore de l'arbre, pour qualifier la décomposition de la phrase en constituants immédiats, est transparente et plutôt bien partagée. Qualifiée de « *syntactic tree* » dans la doxa chomskyenne, la figure est également nommée « *parse*[7] *tree* » ou « *parsing tree* », notamment dans le cas des arborescences abstraites en langages non naturels. Depuis très longtemps, l'habitude a été prise de représenter cet arbre la tête en bas, plus proche par conséquent d'un système radiculaire que d'un déploiement de ramure. Cela ne semble pas déranger les usagers du diagramme, bien que cette orientation soit assez contre-intuitive. L'arbre, avec ses niveaux successifs, est censé représenter la suite des engendrements de la phrase, la base du tronc étant la structure logique fondamentale Σ [T, P], et les extrémités des branches les symboles catégoriels.

Le stemma est d'une nature tout à fait différente, pour trois raisons au moins. Tesnière considère que la première mission d'une figuration est de représenter la manière dont la phrase est formée dans la structure mentale (1959 : 20, §10). Le stemma apparait donc comme une sorte de schéma en éclaté ; Tchougounnikov (2008 : 991) rappelle à ce sujet que Tesnière voyait dans le stemma un diagramme à plusieurs dimensions, dont la réduction dans un plan bidimensionnel apparaissait comme une simple commodité. La deuxième mission du stemma est de visualiser la dépendance. Le modèle dépendanciel de la grammaire de la phrase, défendu par Tesnière, prévoit en effet que chaque élément présent dans la structure est régi par un autre dont il dépend. Cette dépendance est marquée dans le stemma par la connexion entre les deux éléments. Enfin, le stemma a pour troisième finalité de montrer la valence du verbe sommital. Tesnière, on le sait, a emprunté cette notion à la chimie atomique de son temps : la valence d'un verbe est le nombre d'actants placés sous sa dépendance. Valence et dépendance favorisent ainsi une vision satellitaire de la phrase.

---

[7] L'anglais *to parse* signifie « faire l'analyse grammaticale ».

Ces trois fonctions permettent de mieux comprendre le terme choisi par Tesnière. Le mot *stemma* est en effet emprunté à la tradition philologique du XIXe siècle, où il désigne l'arbre généalogique que constituent les différents états des manuscrits d'un même texte (Morvan & Rey, 2005). Du point de vue étymologique, *stemma* est d'origine latine, par emprunt au grec, où il désigne la guirlande ou la couronne de fleurs qui relie les branches d'un arbre généalogique. Dans son sens moderne, le mot *stemma* est utilisé en allemand comme synonyme de « *Stammbaum* » ('arbre généalogique'), tandis qu'en italien il désigne par extension de sens les armoiries familiales.

On mesure ainsi à quel point l'arbre chomskyen et le stemma tesniérien diffèrent. Malgré une certaine analogie de forme, la différence entre arbre et stemma est aussi importante que ce qui distingue le modèle de constituance de Chomsky et le modèle de dépendance de Tesnière. Dans un arbre syntagmatique, chaque étage se définit comme la réécriture de l'étage précédent ; dans un stemma de dépendance, le schéma tout entier représente la phrase structurale, et c'est la projection du stemma sur un axe horizontal qui forme la phrase linéaire.

S'il fallait cependant trouver un point commun entre les deux modèles, ce serait sans doute dans cette terminologie de la projection. La notion apparait clairement chez Chomsky avec la théorie X-barre et sa schématisation minimaliste (Figure 1). Or, le stemma « minimaliste » (sans avoir cette appellation, bien sûr) est posé très tôt par Tesnière et présenté comme étant la matrice de toutes les dépendances (Figure 2).

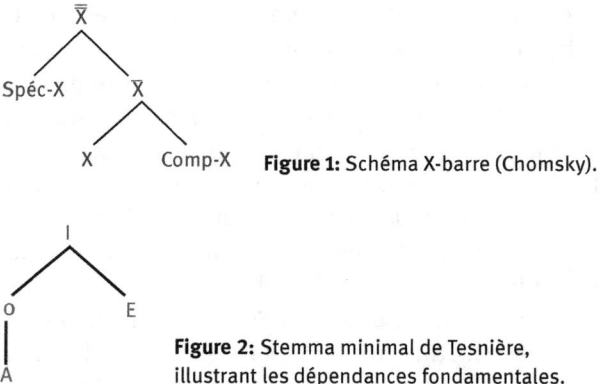

Figure 1: Schéma X-barre (Chomsky).

Figure 2: Stemma minimal de Tesnière, illustrant les dépendances fondamentales.

3.2.2 Sur la branche du complément

Après avoir restitué le contexte, à partir de ces quelques points de comparaison entre l'arbre et le stemma, revenons à notre interrogation initiale. Pourquoi cette méfiance des grammairiens et des pédagogues ? Pourquoi la grammaire de Tesnière n'a-t-elle pas « pris », alors qu'à la même époque celle de Chomsky s'est généralisée en moins d'une décennie ? Plusieurs hypothèses peuvent être évoquées, qu'on ne discutera pas ici. La grammaire de Tesnière est française, mais elle est influencée par les traditions slave et germanique, qui ne sont pas familières aux Français ; celle de Chomsky est américaine, mais elle se situe dans la ligne du cartésianisme et de la grammaire de Port-Royal. En outre, les modèles distributionnels de Bloomfield et Harris étaient déjà connus et enseignés à l'université. Tesnière construit patiemment sa théorie au contact du terrain scolaire et universitaire, à Strasbourg puis à Montpellier, pendant près de 30 ans, sans publications majeures[8]. La théorie de Chomsky est élaborée dans un grand laboratoire, loin de toute finalité didactique, et à l'appui de quelques ouvrages marquants. Il est clair cependant que Chomsky n'a pas « détrôné » Tesnière. À la fin des années 1960, alors que la réédition des *Éléments de syntaxe structurale* venait de paraître[9], la communauté éducative (enseignants, inspecteurs, conseillers pédagogiques, direction des programmes, etc.) s'est trouvée devant un choix, et elle a choisi la grammaire générative et transformationnelle.

On l'a déjà évoqué, un processus massif de transposition didactique a suivi cette prise de décision. Entre les années 1950 et les années 1980, ce n'est pas *une* grammaire générative qui a été enseignée, mais quatre versions successives de la théorie, adaptées voire acculturées à l'enseignement de la grammaire scolaire en France. Les traces et les soubresauts de cette acculturation se voient dans les manuels scolaires, où l'on remarque que Tesnière n'est jamais très loin. Reprenons pour cela, en manière de bouclage, notre problématique de la complémentation.

Tesnière (Figure 3) distingue, parmi les éléments dépendant du verbe, les actants (ici *un serpent* et *Jean Fréron*) et les circonstants (ici *l'autre jour* et *au fond d'un vallon*). La structure verbo-centrée impose la connexion du circonstant au verbe, rendant donc impossible la notion de complément de phrase. Dans ce modèle, tout complément circonstanciel est un complément du verbe. La vision est visiblement partagée par les auteurs de *Langages et textes vivants* (Arnaud & alii 1986 ; Figure 4 et 5), qui ne se réclament pourtant pas du tout de la grammaire de dépendance, mais traitent de la même manière *La dépanneuse remorque le véhicule accidenté jusqu'au garage* et *Durant l'entracte, les ouvreuses vendaient des chocolats glacés*.

---

[8] Trois ouvrages jalonnent le parcours : *Comment construire une syntaxe* (Université de Strasbourg, 1934), *Esquisse d'une syntaxe structurale* (Klincksieck, 1953), *Éléments de syntaxe structurale* (Klincksieck, 1959, posthume).
[9] L'ouvrage de Tesnière a été réimprimé en 1965 avec une préface de Jean Fourquet. Voir à ce sujet l'accueil assez dubitatif réservé par Arrivé (1969) à l'occasion de cette réédition.

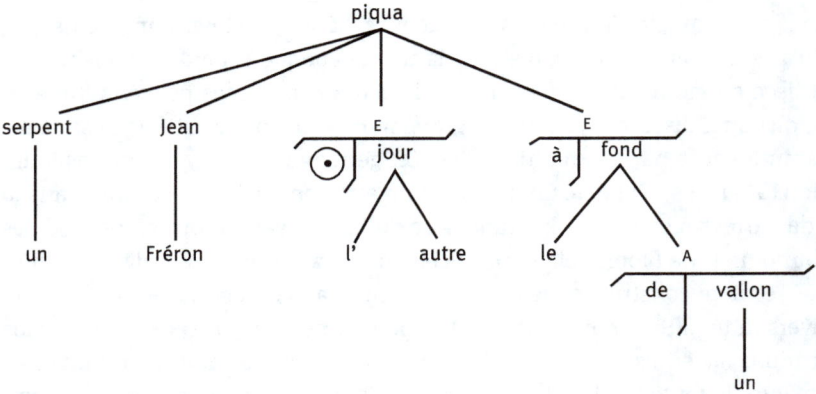

Figure 3: Stemma de la phrase de Voltaire (*Éléments de syntaxe structurale* : 635).

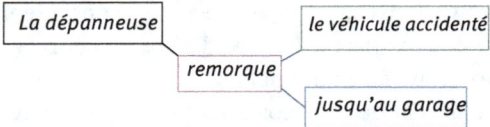

Figure 4: Représentation de phrase à deux compléments du verbe (*Arnaud & alii 1986 : 226*).

Figure 5: Représentation de phrase à complément circonstanciel (*Arnaud & al. 1986 : 114*).

Le problème n'est pas moins aigu dans les représentations arborescentes ou qui se réclament de l'analyse en constituants immédiats. On doit à Dubois & Dubois-Charlier (1970 : *supra*, 2.1.), puis à Dubois & Lagane (1973), l'ajout d'un troisième groupe, identifié comme SP constituant de P, et donc complément de phrase (Figure 6).

Cette initiative est adoptée par Genouvrier & Gruwez (Figure 7) dans leur collection de manuels *La grammaire au...* (Larousse, années 1980) et dans le guide pédagogique *Grammaire pour enseigner le français* (1983) qui accompagne la collection.

On trouve cependant à la même époque des exemples tels que celui de la figure 8 (Mitterand & *al.* 1983), où l'approche est manifestement chomskyenne (« GN », « GV », etc.) et où le complément circonstanciel reste dans l'aire du verbe.

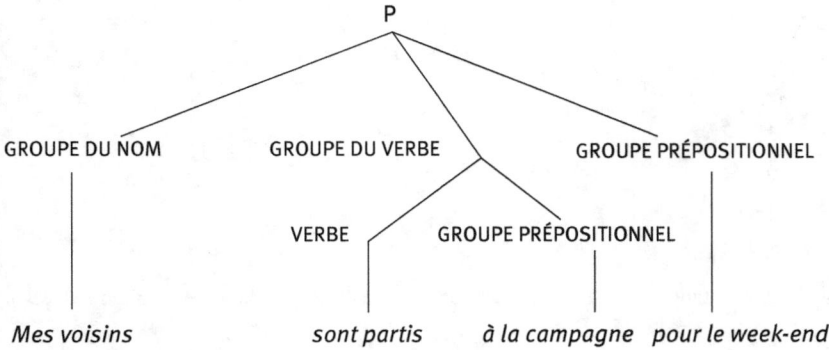

Figure 6: Arbre de phrase à trois branches (*Dubois & Lagane 1973 : 153*).

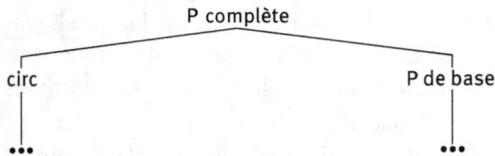

Figure 7: Représentation du circonstanciel extérieur à la phrase de base (= GN+GV) (*Genouvrier & Gruwez 1983a : 30*).

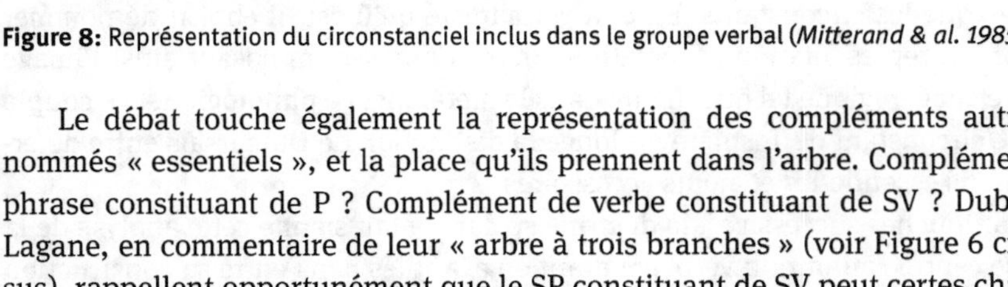

$$\underbrace{Robinson}_{GN1}\underbrace{\text{éleva autour de sa maison une enceinte à créneaux.}}_{GV}$$

Le groupe nominal sujet (GN1) est : *Robinson*.
Le groupe verbal (GV) peut se décomposer en 3 éléments :
- **Le verbe** (V) : *éleva*.
- **Un GN2** c.o.d. : *une enceinte à créneaux*.
- **Un GN3** : *autour de sa maison,* qu'on appelle **le complément circonstanciel.** Comment le reconnaît-on ?

Figure 8: Représentation du circonstanciel inclus dans le groupe verbal (*Mitterand & al. 1985 : 68*).

Le débat touche également la représentation des compléments autrefois nommés « essentiels », et la place qu'ils prennent dans l'arbre. Complément de phrase constituant de P ? Complément de verbe constituant de SV ? Dubois & Lagane, en commentaire de leur « arbre à trois branches » (voir Figure 6 ci-dessus), rappellent opportunément que le SP constituant de SV peut certes changer de place, mais avec pour résultat un changement de sens de la phrase entière ou son agrammaticalité (1973 : 153). Autrement dit, si la schématisation de la phrase a bien pour but de formaliser une analyse faite en amont, elle n'est pas l'analyse *per se*. L'exemple ci-dessous (Figure 9), pris chez Principaud (1983), rappelle que l'arbre cache parfois la forêt.

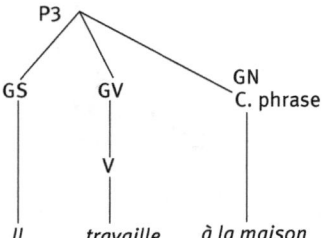

Figure 9: Représentation d'un GPrép (étiqueté GN) placé à l'extérieur du GV (*Principaud 1983 : 34*).

La question du branchement syntaxique des compléments – du verbe ou de la phrase – est une difficulté didactique à part entière dans l'enseignement-apprentissage de la grammaire. Le problème est ancien et documenté, certes, mais son illustration dans les lignes ci-dessus a néanmoins permis de rappeler que l'obstacle réside moins dans la typologie ou la catégorisation de ces compléments que dans la représentation, tant mentale que graphique, de leur rôle. De ce point de vue, les approches en dépendance ou en constituance ne doivent pas seulement être considérées comme des modèles théoriques. Elles sont également des formalisations à visée explicative, qui cherchent à donner une transposition iconique à la structure mentale qui distribue ces compléments en leur site respectif.

4 Conclusion

En créant le modèle de dépendance, Tesnière veut proposer une alternative à l'analyse binaire de la phrase héritée de la *Grammaire générale*. Il instaure une représentation unitaire centrée sur le pivot verbal où s'originent aussi bien les actants que les circonstants. En bon germaniste qu'il est, il choisit de nommer *stemma* la représentation schématique de son analyse, imposant ainsi l'image d'arbre généalogique tel qu'il figure dans le métalangage philologique. Le couple actant/circonstant de Tesnière prolonge la distinction de Dumarsais entre déterminations essentielles et ajouts accessoires.

Par touches successives, la doctrine scolaire a fait sienne cette analyse de la phrase centrée autour du verbe, mettant en avant les liens entre sa construction et son interprétation sémantique. Les contradictions que l'on peut encore observer dans les manuels scolaires tiennent à la coexistence d'un autre modèle, celui du schéma à trois branches instauré par J. Dubois et qui a conduit à opposer des compléments de verbes à des compléments de phrase.

Il y a bien une ambi-valence du verbe, celle qui conduit à distinguer sur des critères sémanticosyntaxiques des actants sélectionnés et des circonstants non sélectionnés par la valence verbale. Mais qui plus est, il faut également accepter une ambivalence des circonstanciels dont certains se rattachent à la phrase et non au verbe, comme l'a clairement montré Tellier (1995)...

Bibliographie

Ouvrages et articles

Airal Jean-Claude, 1972, « Grammaire intuitive / Grammaire réflexive à l'école élémentaire », *Repères pour la rénovation de l'enseignement du français à l'école élémentaire*, 14 : 3–17.
Arrivé Michel, 1969, « Les *Éléments de syntaxe structurale* de Lucien Tesnière », *Langue française*, 1 : 36–40.
Beauzée Nicolas, 1767, *Grammaire générale* (...), Paris, J. Barbou.
Chervel André, 1977, *Histoire de la grammaire scolaire*, Paris, Payot.
Chevalier Jean-Claude, 1968, *Histoire de la syntaxe. Naissance de la notion de complément dans la grammaire française (1530–1750)*, Genève, Droz.
Chomsky Noam, 1971 [1965], *Aspects de la théorie syntaxique*, Paris, Seuil.
Darmesteter Arsène, 1925, *Cours de Grammaire historique de la langue française. Quatrième partie : syntaxe*, publiée par les soins de M. Léopold Sudre, dixième édition revue et corrigée, Paris, Delagrave.
Delhay Corinne, 2014, « Pour un "complément-attribut" », *Repères*, 49 : 57–76.
Dubois Jean, Dubois-Charlier Françoise, 1970, *Éléments de linguistique française : syntaxe*, Paris, Larousse.
Dubois Jean, Lagane René, 1973, *La nouvelle grammaire du français*, Paris, Larousse.
Dumarsais César Chesneau (1729-1756), *Les véritables principes de la grammaire et autres textes*, édité par Françoise Douay-Soublin. Paris, Fayard, 1987.
Feuillet Jack, 1980, « Les fonctions sémantiques profondes », *Bulletin de la Société de Linguistique*, 75/1 : 1–37.
Feuillet Jack, 1995, « Actants et circonstants. Quelques problèmes de définition », *in* F. Madray-Lesigne & J. Richard-Zappella (dir.), *Lucien Tesnière aujourd'hui*, Louvain/Paris, Peeters : 175–181.
Genouvrier Émile, 1970, « Recherches sur une symbolisation adaptée à l'enseignement de la grammaire dans les classes élémentaires », *Langue française*, 6 : 84–101.
Genouvrier Émile, Peytard Jean, 1970, *Linguistique et enseignement du français*, Paris, Larousse.
Herslund Michael, 2006, « Valence, prédicat, préposition et la notion d'adjet », *Modèles linguistiques*, 54 : 15–24.
Jaspers Dany, 1999, "An historical perspective on syntactic trees", *in* J. Cajot (éd.), *Bedrijfsbeheer en Taalbedrijf*, Averbode, Agora : 413–427.
Le Querler Nicole, 2012, « Valence et complémentation : l'exemple des verbes trivalents en français contemporain », *Annales de Normandie*, 62/2 : 175–188.

Morvan Danièle, Rey Alain, 2005, *Dictionnaire culturel en langue française*, Paris, SNL/LeRobert, vol. 4.
Pellat Jean-Christophe, 2017, « Les programmes de 2015 : des avancées grammaticales et didactiques », *Le français aujourd'hui*, 198 : 15–23.
Pellat Jean-Christophe, 2019, « La terminologie grammaticale du cycle 3 (2015 et 2018) », *L'Information grammaticale*, 161 : 30–34.
Rastier François, 1998, « Prédication, actance et zones anthropiques », *in* M. Forsgren, K. Jonasson & H. Kronning (dir.), *Prédication, Assertion, Information*, Acta Universitatis Uppsaliensis, coll. Studia Romanica Uppsaliensia, Stockholm, Almquist et Wiksell International, 56 : 443–461.
Riegel Martin, Pellat Jean-Christophe, Rioul René, 2021 [1994], *Grammaire méthodique du français*, 8e éd., Paris, PUF.
Roig Audrey, 2018, « Nous allons à Mons. Du Régime à l'Adjet », *in* F. Neveu & *al.* (dir.), *Actes du 6e Congrès Mondial de Linguistique Française*, SHS Web of Conferences : en ligne.
Ruwet Nicolas, 1968, *Introduction à la grammaire générative*, Paris, Plon.
Tchougounnikov Sergueï, 2008, « La syntaxe de Tesnière dans le contexte de la "linguistique romantique" », *Actes du 1er Congrès Mondial de Linguistique Française*.
Tellier Christine, 1995, *Éléments de syntaxe française. Méthode d'analyse en grammaire générative*, Montréal, Les Presses de l'Université de Montréal.
Tesnière Lucien, 1959, *Éléments de Syntaxe Structurale*, Paris, Klincksieck.

Textes officiels

Ministère de l'Éducation nationale, 1975, *Nomenclature grammaticale pour l'enseignement du français dans le second degré*. Circulaire n°75–250 du 22 juillet, France.
Ministère de l'Éducation nationale, 1976, *Terminologie grammaticale pour l'école élémentaire*. Circulaire n° 76–363 du 25 octobre 1976, BO n° 41 du 11 novembre, France.
Ministère de l'Éducation nationale, 1997, *Terminologie grammaticale*. Centre National de Documentation Pédagogique, France.
Ministère de l'Éducation nationale, 2015, *Bulletin officiel de l'Éducation nationale*. B.O. spécial n° 11, 26 novembre, France.
Ministère de l'Éducation nationale, 2018, *Bulletin officiel de l'Éducation nationale*, n° 30, 26 juillet, France.
Ministère de l'Éducation nationale, 2020, *Grammaire du français. Terminologie grammaticale*, France.
Ministère de l'Instruction publique et des Beaux-arts, 1910, *Arrêté fixant la nouvelle nomenclature grammaticale*, 25 juillet. France.

Manuels scolaires

Primaire

Arnaud Louis, Etchebarne Bertrand, Turon Anne-Marie, Turon Pierre, 1986, *Langages et textes vivants (CE2)*, Magnard.
Bouroullec, Joseph François, Eluerd Roland, Mucchielli Gérard, 1978, *À la rencontre du français*, Grammaire CM2, Larousse.
Genouvrier Émile, Gruwez Claudine, 1983a *La grammaire au CM1*, Larousse.
Genouvrier Émile, Gruwez Claudine, 1983b *Grammaire pour enseigner le français*, Paris, Larousse
Gross Gaston, Bonnevie Paul, Charlemagne Jacques, 1986, *Découvrir la grammaire au CM2*, Hachette.
Principaud Jeanne Marie, 1983, *Grammaire CM1*, Bordas (et *Guide Pédagogique* CM2).

Collège

Baguette Albert & Frankard Robert, 1972, *La Classe de grammaire nouvelle 1er cycle,* Scodel
Baguette Albert & Frankard Robert, 1977, *Grammaire nouvelle 6e*, Scodel.
Ballanfat Evelyne, 2016, *Jardin des lettres. Étude de la langue. Cycle 4, 5e-4e-3e*, Magnard.
Combettes Bernard & al., 1978, *Bâtir une grammaire 5e*, Delagrave.
Dupré Jean-Paul., Olive Martin, Schmitt Roger, 1988, *La Balle aux mots. Langue française CM2*, Nathan.
Grunenwald Joseph, Mitterand Henri, 1978, *Nouvel itinéraire grammatical 5e*, Nathan
Hamon Albert, 1966, *Grammaire française. Classes de 4e et suivantes*, Hachette.
Mitterand Henri, Pagès-Pindon Joëlle, Schmitt Roger, 1983, *Langue française 4e*, Nathan.
Niquet Gilberte, Coulon Roger, Varlet Lysiane, Beck Jean-Paul, 1988, *Grammaire des collèges*, Hatier
Potelet Hélène (dir.), 2011, *Rives bleues. Livre unique*, Hatier.
Roze Joëlle, Weinland Katherine, 1985, *Manuel d'activités grammaticales 6e/5e*, Didier.
Sculfort, Marie-France & al., 1996, *Grammaire et expression. Français 6e*, Nathan.
Sculfort Marie-France & al., 1997, *Grammaire et expression. Français 5e*, Nathan.

Cristiana De Santis
Chapitre 25
Qu'est-ce la grammaire valencielle ?
À propos de la traduction et réception de Lucien Tesnière en Italie

1 Introduction

L'œuvre majeure du linguiste Lucien Tesnière, *Éléments de syntaxe structurale*, sort en France en 1959, cinq ans après le décès de l'auteur. La théorie générale de la structure des phrases ici présentée (connue comme « grammaire de valence » ou « grammaire dépendancielle ») avait été esquissée par Tesnière à partir des années trente. Il s'agit d'un volume monumental, de 670 pages, conçu dans le but d'offrir « une méthode d'analyse que chaque pays appliquerait à la langue nationale, pour en faire comprendre le fonctionnement » (Fourquet 1959 : 3). Dans son désir d'universalité, l'auteur présente nombre d'exemples tirés de plusieurs langues anciennes (grec, latin) et modernes (français, allemand, russe et italien entre autres) et façonne un nouveau système de représentation graphique des phrases sous forme d'arbres renversés, appelés « stemmas » ou « stemmata ».

Le volume, sorti en deuxième et dernière édition en 1966, eut une réception tardive, comme en témoigne la date de ses traductions dans les différentes langues européennes : allemand (Tesnière 1980), espagnol (Tesnière 1994), italien (Tesnière 2001) et plus récemment anglais (Tesnière 2015)[1].

Dans ce chapitre, nous aborderons plus avant la question de la réception des idées de Tesnière en Italie, avant et après la traduction de son ouvrage. On analysera aussi la traduction italienne, en termes de sélection de chapitres, choix terminologiques, représentations graphiques et présentation d'exemples littéraires équivalents.

---

[1] Jiang & Liu (2015) mentionnent aussi une traduction en russe, qui remonte à 1988, et une en japonais, qui date de 2007.

Cristiana De Santis, Université de Bologna

2 Un héritage indirect

Le nom de Tesnière commence à circuler en Italie à partir de la fin des années soixante-dix dans le milieu des latinistes : Germano Proverbio, prêtre salésien professeur à l'université de Turin depuis 1974, présente les idées de Tesnière (qu'il avait connu grâce à ses confrères allemands et qu'il lisait couramment en français) aux enseignants de lycée qui fréquentaient ses séminaires de formation. Il s'agissait d'un public fort intéressé par un renouvellement des méthodes d'enseignement des langues classiques tout « en privilégiant la syntaxe, examinée en parallèle avec la langue parlée » (Trocini 2002). Ainsi A. Trocini, collaboratrice de G. Proverbio pour la traduction de l'ouvrage de Tesnière, écrit-elle :

> In questo nuovo approccio alle lingue classiche è stato fondamentale il concetto di valenza verbale, su cui Tesnière imposta la sua sintassi strutturale. Infatti, partendo dalla centralità del verbo, esaminato nella capacità valenziale, è possibile, individuati i nodi verbali, distinguere gli attanti dai circostanti e delineare quindi i nuclei strutturali e semantici del testo. [...]. L'analisi sintattica risulta facilitata se, secondo il suggerimento di Tesnière, si ricorre all'uso di grafi o stemmi. Essi visualizzano le connessioni sintattiche della frase e si rivelano particolarmente utili prima della traduzione, specialmente quando le strutture del latino e del greco siano diverse da quelle dell'italiano. Tesnière ritiene infatti che non è possibile tradurre, se prima non si capisce la struttura della lingua di partenza e se non si conosce la struttura corrispondente nella lingua d'arrivo. (Trocini 2002 : en ligne)[2]

Pour sa part, Proverbio ressentait fort le besoin de dépasser les limites d'un enseignement sclérosé du latin, centré sur la morphologie et basé sur la méthode grammaire-traduction,[3] et il avait commencé à s'intéresser aux nouvelles théories linguistiques et littéraires.

---

2 Trad. : 'Dans cette nouvelle approche des langues classiques, le concept de valence verbale – sur lequel Tesnière bâtit sa syntaxe structurale – a été. C'est en partant de la centralité du verbe, compte tenu de sa valence, qu'il devient possible, une fois identifiés les nœuds verbaux, de distinguer les actants des circonstants et ainsi esquisser les nucléus structurels et sémantiques du texte. [...] L'analyse syntaxique devient plus facile si, suivant la suggestion de Tesnière, on recourt à des graphes ou stemmas. Ces derniers nous permettent de voir les connexions syntaxiques qui structurent la phrase : un exercice qui s'avère fort utile avant la traduction d'un texte, notamment lorsque les structures du latin ou du grec s'éloignent de la syntaxe de l'italien. D'ailleurs, selon Tesnière il n'est pas possible de traduire, si on ne comprend pas d'abord la structure de la langue de départ e si on ignore la structure correspondante dans la langue d'arrivée'.
3 Tesnière avait été frappé par les difficultés que les candidats au baccalauréat rencontraient pour comprendre la structure d'une phrase latine : c'est cette expérience « révélatrice » qui l'amena par la suite à dessiner les premières versions du stemma de phrase (Mazziotta & Kahane à par.).

De plus, il était convaincu de l'importance de tester ces théories sur le terrain des pratiques d'enseignement (Balbo 2014 : 18), compte tenu de deux étapes :

1. Fare precedere al momento didattico propriamente inteso un approfondimento dello statuto della lingua latina e della lingua greca, nonché delle rispettive letterature alla luce delle nuove teorie.
2. Coinvolgere sempre in questa operazione gli studenti come soggetti attivi, capaci di offrire contributi personali, anche di una certa rilevanza, sia nel momento dell'indagine teorica sia nelle proposte applicative.[4] (Proverbio 2000 : 10)

En 1979 sort le volume *La sfida linguistica, Modelli grammaticali e lingue classiche*, publié par l'éditeur Rosenberg & Sellier. Il s'agit d'un recueil d'articles en traduction, édité par Proverbio, qui portent sur l'application de nouveaux modèles linguistiques pour l'enseignement des langues classiques, dans le but de surmonter les apories, les contradictions et les incohérences de la tradition scolaire. Au sein du volume, une forte importance est attribuée aux modèles syntaxiques-fonctionnels d'André Martinet (qui avait déjà été traduit en Italie)[5] et de Lucien Tesnière, dont la théorie était présentée pour la première fois à travers la traduction des contributions de W. Dressler (1970) de l'Université de Vienne, et de H. Happ (1976) de l'Université de Tübingen. Ce sera surtout Happ, avec son essai d'adaptation au latin des théories de Tesnière, qui influencera les applications de la syntaxe valencielle au latin, inspirées par la *Dependenz-Grammatik* allemande (Proverbio 1979 : 20)[6].

En 1983 sort en Italie un ouvrage fort novateur, conçu par F. Seitz & G. Proverbio : *Fare latino. Manuale di latino*. Il s'agit du premier manuel scolaire de latin inspiré par le modèle de Tesnière-Happ, qui utilise systématiquement le concept de valence verbale et les stemmas (ou arbres syntaxiques) pour décrire la structure des phrases des textes analysés.

Pour ce qui concerne l'application du modèle à la linguistique italienne, il convient de mentionner Francesco Sabatini, un historien de la langue italienne également attaché au renouvellement de l'éducation linguistique. Grâce à une

---

4 Trad.: '1. L'étude approfondie du statut des langues latine et grecque et de leur littérature respective à la lueur des nouvelles théories devrait précéder la phase d'enseignement proprement dite. 2. Les étudiants devraient être impliqués en tant que sujets actifs, à même d'offrir des contributions personnelles, d'une certaine importance, tant au moment de l'investigation théorique que des applications didactiques'.
5 On doit à la traduction et diffusion des idées de Martinet (1966, 1984) la fortune scolaire en Italie du concept de « phrase minimum ».
6 Les travaux de Happ ont inspiré Michele Prandi (2006), qui lui a emprunté le test de détachement (utilisé pour séparer les arguments des « marges »), ainsi que la catégorie d'objet prépositionnel (pour indiquer le deuxième argument des verbes bivalents intransitifs).

suggestion de Proverbio, il lit l'ouvrage de Tesnière et propose une adaptation personnelle du modèle (avec des innovations terminologiques et de nouveaux schémas graphiques en forme radiale)[7] dans une grammaire italienne destinée aux élèves du secondaire (Sabatini 1984 ; Sabatini, Camodeca & De Santis 2011), en offrant par la suite une description des verbes italiens selon leur valence verbale dans un dictionnaire de référence de la langue italienne (Sabatini & Coletti 1997)[8].

Une deuxième voie de pénétration indirecte des idées de Tesnière en Italie passe par la sémantique générative américaine. C'est surtout grâce aux travaux de Fillmore (1968, 1977) sur les « cas profonds » que le concept de « structure actancielle » trouve sa place dans les réflexions de linguistes italiens qui suivaient de près les théories de Noam Chomsky. Dix ans après la parution en italien de son premier ouvrage (Chomsky 1970) – dans lequel il affirmait la primauté de la syntaxe, sa nature innée et intrinsèquement hiérarchique –, le linguiste américain avait été invité en 1980 à Pise pour un cours devenu ensuite célèbre en Italie grâce à la diffusion du texte polycopié utilisé (Chomsky 1981). Chomsky y rejoignait indirectement certaines des idées de Tesnière tout en reconnaissant la capacité du verbe de régir la phrase et de sélectionner les traits sémantiques du sujet ainsi que des autres constituants de phrase.

Dans la première description scientifique de la langue italienne, inspirée par la linguistique générative (Renzi, Salvi & Cardinaletti 1988–1995), l'analyse de la structure de phrase est confiée à G. Salvi, professeur à l'Université de Budapest[9], qui utilise la métaphore de la valence ainsi que le terme *argomento*, emprunté à la logique et modelé sur l'anglais *argument*, pour décrire les éléments requis du verbe (Salvi 1988).

Compte tenu de ce panorama, dans sa *Préface* de l'édition italienne, Proverbio (2001 : 17–18) tient à souligner la portée novatrice des concepts tesniériens et leur diffusion d'abord en Allemagne – grâce aux recherches de germanistes tels que H. J. Heringer, G. Helbig, W. Schenkel – et par la suite en Italie, moyennant quelques variantes terminologiques (*argomento / attante, circostanziale / avverbiale*).

Malgré leur diffusion tardive, la plupart des idées de Tesnière (primauté de la phrase, centralité du verbe, dépendance) sont devenues incontournables pour le développement des théories syntaxiques modernes. L'importance de Tesnière

---

[7] Ce nouveau type de diagramme développe la métaphore tesniérienne du système solaire, avec le verbe au centre, entouré des éléments qui en dépendent et qui gravitent autour de lui.

[8] Le dictionnaire est librement accessible en ligne : https://dizionari.corriere.it/dizionario_italiano/index.shtml.

[9] À l'université de Budapest travaillait aussi Zsuzsanna Fábián, auteure, avec Maria Teresa Angelini, du premier dictionnaire dépendanciel des verbes italiens (Angelini & Fábián 1981).

dans l'histoire de la linguistique s'est affirmée (cf. Graffi 2001, 2010, 2019), notamment l'idée que la syntaxe des langues naturelles n'est pas seulement linéaire, mais hiérarchique – idée jusque-là attribuée à Chomsky à cause de la publication posthume de l'ouvrage de Tesnière (paru en 1959, soit deux ans après les *Syntactic Structures* de Chomsky)[10].

3 Une traduction au service des enseignants

L'objectif principal de la version italienne de l'ouvrage de Tesnière – sortie chez l'éditeur Rosenberg & Sellier plus de vingt ans après que les idées du linguiste français avaient commencé à circuler en Italie – était de « riconoscere all'autore il merito di essere stato un autentico antesignano degli sviluppi della linguistica del Novecento e delle più significative applicazioni nella pratica didattica » (Proverbio 2002 : 1)[11].

On a déjà mentionné la réception heureuse des idées de Chomsky chez certains linguistes italiens, qui avaient tenté de transposer son modèle formaliste et ses arbres syntaxiques dans les grammaires scolaires, avec un succès modeste par rapport à la facilité avec laquelle le modèle de Tesnière sera adapté plus tard aux exigences pédagogiques.

Comme Proverbio le souligne dans sa *Préface*, en citant Fourquet (2001 : 18), la force de ce modèle réside justement dans son caractère non strictement formaliste : Tesnière n'oublie pas l'importance du sens et valorise le rôle actif du locuteur, qui a la responsabilité d'établir les connexions (les relations hiérarchiques) qui forment la « charpente » de la phrase et qui sont à la base de son signifié. L'ouverture à la sémantique est d'ailleurs révélée par la métaphore théâtrale du « petit-drame » (mis en scène par le verbe avec ses « actants » et les « circonstants »)[12] ; ainsi que par la force d'attraction et de liaison que le verbe exerce sur les « actants » à partir de son signifié (force que Tesnière appelle « valence »,

---

10 Dans le livre de Tesnière on trouve d'ailleurs une valorisation du savoir linguistique introspectif ainsi que d'autres intuitions qui sont normalement attribuées à Chomsky (par exemple la possibilité de concevoir et de représenter la structure d'une phrase grammaticale incohérente comme *Le silence vertébral indispose la voie licite* (stemma 20) ; ou bien la propriété des phrases relatives, qu'on peut enchaîner et augmenter jusqu'à l'infini (1959, ch. 10 : § 9).
11 Trad.: 'reconnaître à l'auteur le mérite d'avoir été un authentique précurseur des développements de la linguistique du XXe siècle ainsi que de ses applications les plus efficaces dans le domaine des pratiques pédagogiques'.
12 Les idées de Tesnière et une partie de sa terminologie (« les actants ») seront à la base de la narratologie de Greimas (1966).

en utilisant une métaphore explicative empruntée à la chimie)[13]. D'ailleurs, ces connexions abstraites, cachées dans l'ordre linéaire de la phrase, peuvent être visualisées par un schéma arborescent (appelé « stemma », comme en philologie) qui montre le développement de la phrase à partir du « nœud » du verbe, en descendant vers le bas.

Un autre avantage important du modèle de Tesnière tient à sa capacité à dépasser les limites de la *grammaire de phrase* pour tendre vers la *période* ainsi que vers la *grammaire textuelle*. D'un côté, le concept de « translation » (métaphore qui vient de la géométrie) permet d'établir des correspondances systématiques entre les constituants de la phrase simple et les propositions qui forment une période ; d'un autre, le relief donné aux pronoms anaphoriques et le traitement moderne des clitiques posent les bases pour passer de la période au texte.

« Connexion », « valence » et « translation » sont des idées-clés que Proverbio présente dans sa *Préface*, tout en effectuant un bilan provisoire du pouvoir germinatif de ces idées. Une place remarquable dans cette présentation est réservée à la didactique :

> alla ricerca scientifica di Tesnière non mai estraneo l'intento didattico. Lo provano le esperienze contenute nella sua nota autobiografica [...] ; il suo modo di comunicare su argomenti rigorosamente tecnici, ricco di immagini, di similitudini, di piacevoli curiosità, che caratterizza tutta l'esposizione della materia degli *Éléments* ; e, più esplicitamente, le pagine conclusive del suo volume dal titolo significativo *Indications pédagogiques*.[14] (Proverbio 2001 : 21)

Dans le but de compenser l'élimination des *Indications pédagogiques* (ainsi que du *Programme d'étude de la syntaxe structurale*, traduisant une progression idéale des contenus de l'école primaire en préparation du secondaire, établie par Tesnière grâce au concours d'un certain nombre d'enseignants de Montpellier), Proverbio résume ainsi les propos de l'auteur :

> Dopo aver denunciato che le resistenze ad accettare teorie e metodi innovativi nell'insegnamento delle lingue si riscontrano più frequentemente da parte dei docenti che degli allievi, si premura di suggerire, a quanti sono interessati alla sua proposta, una certa prudenza nell'impiego della terminologia propria del suo modello grammaticale, e richiama all'op-

---

13 Sur l'origine de la métaphore de valence, qui remonte aux logiciens de fin de siècle, cf. De Santis (2016 : 20) et Przepiórkowski (2018).
14 Trad. : 'Chez Tesnière, le souci pédagogique n'est jamais coupé de la recherche scientifique. Ses expériences, contenues dans sa note autobiographique en sont la preuve [...] ; tout comme sa façon de communiquer des aspects très techniques en utilisant des images, des similitudes, des curiosités [...] ; et, de façon explicite, les *Indications pédagogiques* contenues à la fin des *Éléments*'.

portunità di conciliare, quanto più è possibile, i nuovi termini con quelli derivati dall'insegnamento tradizionale, o di sostituirli abilmente, quando occorra, con termini più "trasparenti" e più accessibili agli studenti che vengono introdotti all'analisi strutturale. Così, in luogo della tipologia fondata sulla nozione di valenza [...] si può adottare in alternativa la tipologia che fa ricorso alla nozione più immediata di "posti da saturare" [...]. L'importanza attribuita agli stemmi e il largo impiego che si riscontra nell'intero volume, non trattiene Tesnière dal richiamare gli insegnanti che lo stemma rimane pur sempre un mezzo e non un fine, e che pertanto non si può imporre in modo rigido: è allo studente stesso, infatti, che si dovrebbe lasciare il compito di costruirlo, sia pure attraverso tentativi ed errori, quando è messo dinanzi a testi da analizzare per coglierne o approfondirne i contenuti.[15] (Proverbio 2001 : 21)

Il faut d'ailleurs souligner que la publication de la version italienne de l'ouvrage répond également à un souci de diffusion de la connaissance de l'œuvre de Tesnière auprès d'un public plus large que le cercle des linguistes, en impliquant surtout et de façon directe les enseignants.

Il s'agit évidemment d'une opération fort différente de celle mise en œuvre dans la traduction en anglais de l'ouvrage de Tesnière (2015) : élaborée par deux linguistes computationnels (S. Kahane & T. Osborne), cette traduction répond au souci de rendre justice à l'initiateur de la « grammaire de dépendance » ainsi que de rendre le texte accessible dans la langue de communication scientifique internationale. Dans cette version on a gardé les exemples littéraires de l'original (tout en insérant des traductions littérales ou des commentaires là où cela semblait nécessaire, et en translittérant les exemples en grec et en russe) alors que les traducteurs italiens ont cherché de textes équivalents tirés de leur propre tradition nationale.

---

15 Trad. : 'Après avoir dénoncé que les réticences à accepter des théories et des méthodes novatrices dans l'enseignement des langues viennent le plus souvent des enseignants plutôt que des élèves, il prend soin de suggérer, à ceux qui seraient intéressés par son programme d'étude, d'être très prudents par rapport à l'usage de la terminologie spécifique, et il rappelle la possibilité de concilier les nouveaux termes avec ceux qui viennent de l'enseignement traditionnel, ou bien de les remplacer par des termes plus transparents. Par exemple, au lieu de la notion de valence du verbe on peut faire faire appel au concept de "places à remplir". [...] De même, à propos de l'outil le plus typique de sa méthode, le *stemma*, il propose la formule "dessin de phrase". [...] L'importance attribuée aux stemmas et l'utilisation massive qu'il en fait dans son ouvrage n'empêche pas Tesnière de rappeler aux enseignants que le stemma doit rester un moyen plutôt que devenir une fin en soi et qu'on ne doit pas l'imposer aux élèves : c'est à eux d'esquisser le schéma de phrase, à force d'essais et d'erreurs, lorsqu'ils sont devant un texte à comprendre ou à analyser'.

4 Autour de la traduction

La version italienne des *Éléments* est une traduction partielle : les 278 chapitres du texte originel ne sont plus que 226 ; il en va de même pour les stemmas, qui passent de 366 à 271. Le premier effet de ce choix c'est le désalignement dans la numération des chapitres et des paragraphes, qui se trouvent souvent résumés ou bien fusionnés, surtout lorsqu'ils traitent de phénomènes qui ne trouvent pas de correspondance en italien. Inversement, il peut arriver de trouver dans le texte italien des paragraphes ajoutés afin d'éclairer certaines caractéristiques de l'italien (comme le comportement des adjectifs invariables ou l'expression des pronoms personnels sujets en italien).

Les coupures principales concernent les « espèces de mots » (ch. 27–44, 53) et la « métataxe » (ch. 120–33).[16] Ce choix a sacrifié des parties fort intéressantes telles que la critique des fondements de la classification traditionnelle en parties du discours ; la distinction d'ordre sémantique entre « mots pleins » (substantif, adjectif, verbe, adverbe) et « mots vides » ; l'introduction des catégories des « jonctifs », « translatifs » et « indices » ; la description du phénomène textuel de l'anaphore. Les parties supprimées ne sont pas forcément récupérées ailleurs dans le texte, exception faite pour certaines définitions de termes utilisés ailleurs dans le texte.

La suppression concerne également des parties qui contiennent des indications pratiques pour la construction des stemmas (ch. 3, § 14) ou des clarifications terminologiques intéressantes (ch. 56-35, § 2, à propos du terme « circonstant », qui a été calqué sur l'allemand *Umstandswort*. On perd aussi des spécifications importantes pour la théorie, par exemple à propos de la nature du tiers actant requis par les verbes de don (ch. 57–36).

Les exemples de phrases en français qui servent de support à l'analyse sont traduits en italien, avec parfois des adaptations nécessaires (par exemple dans le cas où le français recourt au possessif comme déterminant du nom, alors que l'italien requiert aussi un article). S'il est vrai que les traducteurs ont gardé les exemples relatifs aux différents systèmes linguistiques, dans quelques cas les exemples tirés de certaines langues modernes (comme le basque) ont été remplacés par des équivalents en latin ou en grec.

Un grand effort a été déployé pour la substitution des exemples littéraires français avec des exemples italiens équivalents : Petrarca remplace Victor Hugo pour le style poétique (ch. 8, § 12), *Il cinque maggio* de Manzoni vient illustrer la polysyndète à la place du poème *Tristesse* de Musset (ch. 138–198) ; le stemma

---

[16] L'importance du concept de métataxe au sein de la théorie de la traduction a été soulignée par Newmark (1988 : 67).

d'un extrait de *À la recherche du temps perdu* de Proust (36) est remplacé par celui du sonnet de Foscolo *In morte del fratello Giovanni*. Un extrait d'un conte de Maupassant riche en interjections est remplacé par des phrases des *Promessi sposi* de Manzoni (ch. 45-27) ; pour la phrase nominale on passe de *Tartarin de Tarascon* à la prose de D'Annunzio. Boccaccio, Collodi, Pirandello, Gozzano, Pascoli, Moravia, Gadda, Calvino sont également cités. Parmi les stemmas de textes contenus dans le dernier livre (F. *Applications*), on trouve un poème de Ungaretti (*Veglia*) qui figure également sur la couverture du livre italien.

La nouvelle terminologie a été calquée sur le français : *valenza, nucleo, attante, circostante, nodo, stemma* forment un lexique cohérent et tout proche de l'originel (qui, par la suite, sera partiellement remanié par les linguistes italiens : cf. De Santis 2016).

En général, la traduction garde les nombreuses métaphores et similitudes qui animent le texte, en contribuant à sa « figurabilité » (Jacobi 1999), et qui pointent vers une surprenante variété de domaines (la chimie, évidemment, mais aussi l'anatomie, la botanique, les mathématiques, l'astronomie, l'architecture, la musique, la technologie, etc.)[17].

Compte tenu du public visé par la traduction (cf. *supra*), on regrette de ne pas pouvoir lire en italien les *Indications pédagogiques* de Tesnière (ch. 276) ni le *Programme d'étude de la syntaxe structurale* qu'il avait mis au point à Montpellier pour l'école primaire attenante à l'École Normale d'Institutrices (ch. 277).[18] Dans ces dernières pages, Tesnière abordait la probable résistance à l'égard des nouveautés de la part des maîtres ayant reçu un enseignement grammatical traditionnel, plutôt que des élèves, qui auraient pu bénéficier des avantages du modèle en termes de simplification terminologique, vision nette et compréhension profonde des mécanismes de la phrase (§ 1–3) ; ce que Tesnière suggère c'est un « panachage » entre la vieille et la nouvelle terminologie, ou bien la simplification de la nouvelle terminologie au bénéfice des jeunes élèves (§ 11–12) ; il nous rappelle l'importance d'une classe « vivante » et « active » (§ 13, 16) et la nécessité d'avancer à petits pas, en répartissant la matière à enseigner entre les différents niveaux scolaires, tout en respectant le principe de la complexité croissante (§ 27)

---

17 Tesnière recourt à d'autres procédures de visualisation (Jacobi 1988 : 108) : outre les schémas et les métaphores, on peut noter la présence d'images (le trousseau de clé dessiné pour décrire la construction de phrase en allemand, ch. 58 ou la feuille bifide du ch. 145–105), de cartes linguistiques et tableaux de synthèse.

18 Les matériaux du fond Tesnière déposé à la Bibliothèque nationale de France (BNF-NAF 280226) témoignent d'une correspondance intense avec les instituteurs et institutrices qui testaient chaque point du programme de syntaxe avec les enfants pour en informer Tesnière par la suite (Mazziotta & Kahane à par.).

et en essayant « de pousser à la fois et petit à petit dans toutes les directions, en passant constamment de l'une à l'autre » (effet « boule de neige » : § 29).

On pourrait également regretter l'élimination de certaines observations à propos d'erreurs typiques des apprenants (Tesnière avait longuement enseigné le français langue étrangère à des étudiants slaves ainsi que le russe à des étudiants français)[19] : c'est le cas notamment du chapitre 2 (§ 18), dans lequel il affirme que « Les prépositions françaises sont fort souvent vides, ce que nombre d'usagers d'autres langues, en particulier les langues germaniques et slaves, arrivent difficilement à concevoir » (d'où les erreurs fréquentes relativement aux choix des prépositions, même dans le cas de l'italien langue étrangère). Il en va de même pour les clitiques (ch. 60, § 14) :

> Les indices *en* et *y* constituent une des grandes originalités des langues latines et en particulier du français, parce qu'ils expriment à eux seuls autant que les subordonnées qu'ils représentent, et qui sont parfois fort longues. Généralement les étrangers ne savent pas les employer et, quand un texte, même écrit en français correct, a été rédigé par un étranger, la chose est facile à déceler par l'absence totale des indices *en* et *y*, qui viennent au contraire tout naturellement sous la plume des français de naissance.

Finalement, s'il est vrai que la traduction italienne est animée d'un souci pédagogique remarquable, elle finit par effacer dans bien de cas les traces de l'expérience pratique de l'enseignement grammatical et des expérimentations que Tesnière avait menées au cours de sa vie.

De même, l'adaptation et la substitution des exemples, tout en permettant une lecture plus aisée du texte, risquent d'altérer l'image de l'auteur, en cachant ses préférences littéraires et sa maîtrise des langues anciennes et modernes. La réduction du nombre de stemmas, d'ailleurs, a pour effet de passer sous silence le fait que l'élaboration de cette théorie syntaxique passe par son inscription graphique.

De façon générale, la traduction italienne ne rend pas justice à la richesse et à la finesse des intuitions d'un linguiste attentif aussi bien au système de la langue qu'à l'activité de parole, à l'histoire des langues et à la comparaison des langues vivantes. Elle finit en outre par effacer la portée novatrice de l'œuvre de Tesnière ainsi que sa posture en tension avec la linguistique contemporaine. L'élimination de chapitres et la simplification des notes, en effet, en effaçant les nombreuses références (souvent polémiques) à d'autres linguistes, trahit le sens d'une entreprise menée dans la solitude et à l'écart des milieux universitaires dominants (la linguistique historique subordonnée à l'étude de la morphologie).

---

[19] Parmi les textes inédits de Tesnière, on trouve une *Grammaire française pour étrangers* de 1200 pages (1932–34), inachevée et une *Petite grammaire allemande* de 300 pages (terminée en 1953). Sa *Petite grammaire russe* fut publiée en 1934 chez Didier (cf. Kahane & Osborne 2015).

5 Conclusions

Soixante ans après la parution de l'ouvrage de Tesnière, un bilan s'impose autour de sa réception en Italie. La traduction (partielle et tardive) de son œuvre majeure en italien ne semble pas avoir contribué au succès de Tesnière. Ce dernier est plutôt dû à l'effort de linguistes italiens (tels que Francesco Sabatini ou Michele Prandi) qui ont contribué à la diffusion des idées de Tesnière, en les adaptant progressivement, dans le but de surmonter les incohérences et les apories de l'enseignement scolaire de la grammaire italienne, calqué sur l'enseignement du latin.[20]

Une vision déformée par la réception scolaire du modèle in Italie se trouve dans Tomasin (2019 : 114), qui fait de Tesnière le champion de la lutte contre une prétendue « grammaire traditionnelle », alors que Tesnière s'opposait plus directement à l'ensemble des collègues néogrammairiens, concentrés sur la « forme extérieure » de la phrase[21].

Il a fallu l'œuvre d'un historien de la linguistique comme Giorgio Graffi pour reconnaître la portée novatrice de la théorisation tesniérienne en dehors du champ des pratiques où il a été longtemps confiné :

> La teoria di Tesnière è nota come « grammatica della valenza », ma questa etichetta è un po' riduttiva, in quanto si concentra solo su un suo aspetto. La nozione chiave è piuttosto quella di « connessione ». [...] La connessione è un fatto intrinsecamente gerarchico : tra gli elementi connessi c'è relazione di dipendenza. [...] Di tale struttura gerarchica dà una rappresentazione grafica in forma di stemma. [...] Gli stemmi, dice Tesnière, rappresentano « l'ordine strutturale della frase ». [...] All'ordine strutturale si oppone l'ordine lineare, che è quello direttamente osservabile, ossia la successione delle parole nella frase. Questa distinzione tra ordine strutturale e ordine lineare è la scoperta fondamentale di Tesnière : in precedenza, le lingue erano considerate delle semplici successioni di elementi (fonemi, morfemi, parole).[22] (Graffi 2019 : 174–175)

---

[20] Pour un panorama du succès de la « grammaire valencielle » en Italie, cf. De Santis (2016), Dallabrida & Cordin (2018), Duso & Paschetto (2019).
[21] Sur le destin en général de la théorie de Tesnière, cf. Kabano (2000).
[22] Trad. : 'La théorie de Tesnière est connue comme « grammaire de valence », mais il s'agit d'une étiquette un peu réductrice, car elle ne se concentre que sur un de ses aspects. La notion clé est plutôt celle de « connexion ». [...] Il s'agit d'un fait intrinsèquement hiérarchique car entre les éléments connectés il existe une relation de dépendance. [...] Il donne de cette structure une représentation graphique en forme de « stemma ». [...] Les stemmas, selon Tesnière, « représentent l'ordre structurel de la phrase » [...]. Dans cette distinction entre un ordre structurel qui n'a pas d'expression explicite, et un ordre linéaire directement observable réside la découverte fondamentale de Tesnière : les langues étaient jusqu'alors considérées comme de simples successions d'éléments (phonèmes, morphèmes, mots)'.

Il est vrai d'ailleurs que l'œuvre de Tesnière est plus souvent citée que réellement connue et que son apport à la linguistique moderne est trop souvent réduit au concept de valence (Andreose 2017 : 57 et suiv.) – aisément conciliable avec la perspective du générativisme, toujours majoritaire en Italie.[23]

Les idées de Tesnière ont pourtant marqué le chemin de la linguistique italienne, en contribuant – de façon directe ou indirecte – au renouvellement de l'arsenal théorique (Prandi 2006) et de l'enseignement universitaire de la grammaire (Prandi & De Santis 2011).

Il est temps alors, sinon de penser à une nouvelle traduction, d'au moins reconsidérer la figure d'un linguiste formidable, soucieux de pénétrer la partie immatérielle de la langue, tout en gardant une attitude expérimentale ; de traduire sa curiosité scientifique par une approche multiforme et vivante des langues ; de rendre parlantes ses analyses à travers l'utilisation d'images, de métaphores, de schémas.

Un linguiste qui, entre autres mérites, nous a appris à considérer la phrase comme un agencement hiérarchisé d'éléments et un creuset de liaisons : car « il ne suffit pas de poser deux termes : le fait syntaxique ne commence que si l'on pose un tiers, le lien que les unit » (Fourquet 1996 : 2).

Bibliographie

Andreose Alvise, 2017, *Nuove grammatiche dell'italiano. Le prospettive della linguistica contemporanea*, Roma, Carocci.

Angelini Maria Teresa, Fábián Zsuzsanna, 1998 [1981], *Olasz igei vonzatok. Reggenze dei verbi italiani*, Budapest, Tankönyvkiadó.

Balbo Andrea, 2014, « La didattica delle lingue classiche in Piemonte nelle riflessioni di Germano Proverbio e Italo Lana », *in* E. Nuti, G. Brandone & T. Cerrato (dir.), *Didattica delle lingue classiche*, Quaderni del Liceo Classico "Massimo D'Azeglio" (Torino), 6 : 17–29.

Chomsky Noam, 1970, *Le strutture della sintassi*, Bari, Laterza (*Syntactic Structures*, The Hague, Mouton & co. 1957).

Chomsky Noam, 1981, *Lectures on Government and Binding. The Pisa Lectures*, Dordrecht, Foris.

De Santis Cristiana, 2016, *Che cos'è la grammatica valenziale*, Roma, Carocci.

Dallabrida Sara, Cordin Patrizia (dir.), 2018, *La grammatica delle valenze. Spunti teorici, strumenti e applicazioni*, Firenze, Franco Cesati.

Dressler Wolfgang, 1970, « Comment décrire la syntaxe des cas en latin ? », *Revue de Philologie, de Littérature et d'Histoire anciennes*, 44, I : 24–36. Trad. : « Come descrivere la sintassi

---

[23] La connaissance du texte original, par contre, a permis dans certains cas de valoriser en Italie des aspects novateurs de la pensée de Tesnière, comme le traitement de l'aspect du verbe (Squartini 2002, 2015).

dei casi in latino ? », *in* G. Proverbio (dir.), *La sfida linguistica. Lingue classiche e modelli grammaticali*, Torino, Rosenberg & Sellier, 1979 : 169-185.
Duso Elena, Paschetto Walter (dir.), 2019, *Riflessione sulla lingua e modello valenziale*, Speciale *Italiano Lingue Due*, 9 XI/2 : 222-483.
Fábián Zsuzsanna, *Ricerche sulla valenza*, Szeged, Grimm Kiadó.
Fillmore Charles J., 1968, « The Case for Case », *in* E. Bach & R.T. Harms (dir.), *Universals in Linguistic Theory*, New York, Holt Rinehart & Winston : 1-88.
Fillmore Charles J., 1977, « The Case for Case Reopened », *in* P. Cole & J.M. Sadock (dir.), *Syntax & Semantics. 8. Grammatical Relations*, New York, Academic Press : 58-81.
Fourquet Jean, 1959, « Préface », *in* L. Tesnière, *Éléments de syntaxe structurale*, Paris, Klincksieck : 3-7.
Fourquet Jean, 1996, « Ce que je dois à Lucien Tesnière », *in* G. Gréciano & H. Schumacher (dir.), *Lucien Tesnière – Syntaxe structurale et opérations mentales*, Tübingen, Max Niemeyer Verlag : 1-6.
Graffi Giorgio, 2001, *200 Years of Syntax. A Critical Survey*, Amsterdam & Philadelphia, John Benjamins.
Graffi Giorgio, 2010, *Due secoli di pensiero linguistico*, Roma, Carocci.
Graffi Giorgio, 2019, *Breve storia della linguistica*, Roma, Carocci.
Greimas Algirdas Julien, 1966, *Sémantique structurale : recherche de méthode*, Paris, Larousse.
Happ Heinz, 1976, « Möglichkeiten einer Dependenz-Grammatik des Lateinischen », Gymnasium, 83, I-2 : 35-58. Trad. « Possibilità di una grammatica della dipendenza del latino », *in* G. Proverbio (dir.), *La sfida linguistica. Lingue classiche e modelli grammaticali*, Torino, Rosenberg & Sellier, 1979 : 186-214.
Jacobi Daniel, 1988, « Le discours de vulgarisation scientifique. Problèmes scientifiques et textuels », *in* D. Jacobi & B. Schiele (dir.), *Vulgariser la science. Le procès de l'ignorance*, Seyssel, Éditions Champ Vallon : 87-117.
Jacobi Daniel, 1999, *La communication scientifique*, Grenoble, Presses Universitaires de Grenoble.
Kabano Alphonse, 2000, « Le destin de la théorie syntaxique de Lucien Tesnière (1893-1954) », *Historiographia Linguistica*, XXVII/1 : 103-126.
Kahane Sylvain, Osborne Timothy, 2015, "Translators' Introduction", *in* L. Tesnière, *Elements of Structural Syntax*, Amsterdam/ Philadelphia, John Benjamins: XXIX-LXIII.
Jiang Jingyang, Liu Haitao, 2015, "Review of L. Tesnière, *Elements of Structural Syntax*", trad. S. Kahane, T. Osborne, *Linguistics*, 51 : 705-709.
Martinet André, 1966, *Elementi di linguistica generale*, Bari, Laterza (*Eléments de linguistique générale*, Paris, Armand Colin, 1960).
Martinet André, 1984, *La considerazione funzionale del linguaggio*, Bologna, il Mulino (*A Functional View of Language*, Oxford, Clarendon Press, 1962).
Mazziotta Nicolas, Kahane Sylvain (à paraitre), « L'émergence de la syntaxe structurale de Lucien Tesnière », *in* Actes du colloque « Entre vie et théorie : la biographie des linguistes dans l'histoire des sciences du langage », Amiens, France : en ligne.
Newmark Peter, 1988, *La traduzione: problemi e metodi*, Milano, Garzanti (*Approaches to Translation*, Oxford & New York, Pergamon Press, 1981).
Prandi Michele, 2006, *Le regole e le scelte. Introduzione alla grammatica italiana*, Torino, UTET Università.
Prandi Michele, De Santis Cristiana, 2011, *Le regole e le scelte. Manuale di linguistica e grammatica italiana*, Torino, UTET Università.

Proverbio Germano, 1979, « Introduzione. Lingue classiche e modelli grammaticali », in G. Proverbio (dir.), *La sfida linguistica. Lingue classiche e modelli grammaticali*, Torino, Rosenberg & Sellier, 1979 : 7–30.

Proverbio Germano, 1981, *Lingue classiche alla prova. Note storiche e teoriche per una didattica*, Bologna, Pitagora.

Proverbio Germano, 2000, « Presentazione », in G. Proverbio (dir.), *Dum docent discunt. Per una didattica delle lingue classiche*, Bologna, Patron.

Proverbio Germano, 2001, « Premessa », in L. Tesnière, 2001 : 15–22.

Proverbio Germano, 2002, « Oltre Tesnière : funzioni sintattiche e funzioni semantiche », in *La teoria della valenza in linguistica. Tesnière e oltre*, Université de Turin, 15 mai 2002 : 1–4, en ligne (http://www.bmanuel.org/dottoratolinguistica/materiali/Proverbio.pdf).

Przepiórkowski Adam, 2018, "The origin of the valency metaphor in linguistics", *Lingvisticæ Investigationes*, 41/1: 152–159.

Renzi Lorenzo, Salvi Giampaolo, Cardinaletti Anna (dir.), 2001 [1988–1995], *Grande grammatica italiana di consultazione*, 3 vol., Bologna, Il Mulino.

Sabatini Francesco, 1984, *La comunicazione e gli usi della lingua*, Torino, Loescher.

Sabatini Francesco, Coletti Vittorio, 2008 [1997], *Dizionario Italiano Sabatini Coletti*, Firenze, Giunti.

Sabatini Francesco, Camodeca Carmela, De Santis Cristiana, 2011, *Sistema e testo. Dalla grammatica valenziale all'esperienza dei testi*, Torino, Loescher.

Salvi Giampaolo, 2001 [1988], « La frase semplice », in L. Renzi, G. Salvi & A. Cardinaletti (dir.), *Grande grammatica italiana di consultazione*, vol. 1, Bologna, Il Mulino : 37–127.

Seitz Fritz, Proverbio Germano & *al.*, 1983, *Fare latino. Manuale di latino*, Torino, SEI.

Squartini Mario, 2002, « Tesnière e l'aspetto verbale », in *La teoria della valenza in linguistica. Tesnière e oltre*, Université de Turin, 15 mai 2002 : en ligne (https://iris.unito.it/retrieve/handle/2318/61295/62922/Squartini%20Tesni%C3%A8re.pdf).

Squartini Mario, 2015, *Il verbo*, Roma, Carocci.

Tesnière Lucien, 1934, « Comment construire une syntaxe », *Bulletin de la Faculté des Lettres de l'Université de Strasbourg*, 7 : 219–229.

Tesnière Lucien, 1953, *Esquisse d'une syntaxe structurale*, Paris, Klincksieck.

Tesnière Lucien, 1966 [1959], *Éléments de syntaxe structurale*, Paris, Klincksieck.

Tesnière Lucien, 1980, *Grundzüge der strukturalen Syntax*, Herausgegeben und übersetzt von Ulrich Engel, Stuttgart, Klett-Cotta.

Tesnière Lucien, 1994, *Elementos de sintaxis estructural*, versión española de Esther Diamante, Madrid, Gredos.

Tesnière Lucien, 2001, *Elementi di sintassi strutturale*, trad. par Germano Proverbio & Anna Trocini-Cerrina, Torino, Rosenberg & Sellier.

Tesnière Lucien, 2015, *Elements of structural syntax*. Translated by Timothy Osborne & Sylvain Kahane, Amsterdam & Philadelphia, John Benjamins.

Tomasin Lorenzo, 2019, *Il caos e l'ordine. Le lingue romanze nella storia della cultura europea*, Torino, Einaudi.

Trocini Anna, 2002, « Tesnière e l'insegnamento delle lingue classiche », in *La teoria della valenza in linguistica. Tesnière e oltre*, Université de Turin, 15 mai 2002 : en ligne (http://www.bmanuel.org/dottoratolinguistica/materiali/Trocini.pdf).

www.ingramcontent.com/pod-product-compliance
Lightning Source LLC
Chambersburg PA
CBHW051533230426
43669CB00015B/2584